广东省高等学校教学质量与教学改革工程本科类项目"法学专业综合改革试点"（粤教高函【2012】204号）建设成果
广东省高等学校教学质量与教学改革工程本科类项目"法学专业系列特色教材"（粤教高函【2012】97号）建设成果
广东教育教学成果奖（高等教育）培育项目"应用型法学人才培养系列精品教材"（粤教高函【2015】72号）成果
全国高等学校法学类应用型人才培养系列规划教材

宪法与行政法学

主　编　陈　光
副主编　郭玉坤　钱锦宇　何跃军
编　者　陈　光　陈国栋　郭玉坤　侯　宇
　　　　何跃军　李　亮　梁红霞　门中敬
　　　　牛犁耘　王俊峰　王仰文　钱锦宇
　　　　徐　梅　张晓晓　周　敏

北京邮电大学出版社
www.buptpress.com

内 容 简 介

本书的编写根据全国公共管理专业学位研究生教育指导委员会有关宪法与行政法课程设置的要求,结合公共管理教学和实践需要设置相应的内容。本书主要由宪法学和行政法学两部分组成。在内容上侧重于结合公共管理专业对法律实务应用的需要,每节都以案例引入并尽量以实例方式来阐述有关知识点。在体例上也会设置相应的实践训练或案例分析。此外,还将对宪法学与行政法学中一些前沿性的问题作相应的介绍。

本教材既可以适用于法学专业研究生和本科的教学,也可用于管理类应用人才的培养。

图书在版编目(CIP)数据

宪法与行政法学 / 陈光主编. -- 北京:北京邮电大学出版社,2016.10(2023.3重印)
ISBN 978-7-5635-4930-6

Ⅰ.①宪… Ⅱ.①陈… Ⅲ.①宪法学－中国－研究生－入学考试－自学参考资料 ②行政法学－中国－研究生－入学考试－自学参考资料 Ⅳ.①D921.01 ②D922.101

中国版本图书馆 CIP 数据核字(2016)第 210798 号

书　　　名:宪法与行政法学
著作责任者:陈　光　主编
责 任 编 辑:满志文　穆晓寒
出 版 发 行:北京邮电大学出版社
社　　　址:北京市海淀区西土城路 10 号(邮编:100876)
发　行　部:电话:010-62282185　传真:010-62283578
E-mail:publish@bupt.edu.cn
经　　　销:各地新华书店
印　　　刷:北京九州迅驰传媒文化有限公司
开　　　本:889 mm×1 194 mm　1/16
印　　　张:27.75
字　　　数:897 千字
版　　　次:2016 年 10 月第 1 版　2023 年 3 月第 9 次印刷

ISBN 978-7-5635-4930-6　　　　　　　　　　　　　　　　　　定　价:95.80元

· 如有印装质量问题,请与北京邮电大学出版社发行部联系 ·

前　言

建设社会主义法治国家这一目标的正式提出至今已有20年了,法治建设在这期间伴随着我国改革开放的迅猛发展取得了瞩目的成就。纵观我国法治建设的历程,一个突出的特点及成就便是以立法为中心的社会主义法律体系的建立,这一法律体系又是以宪法为基础的。如果说法治建设的核心在于通过国家权力规范而良好的行使,来最大限度地维护人民的尊严以及实现人民的福祉,那么宪法与行政法的功能便显得尤为重要。

宪法是一个国家的根本法,宪法也是我国法律体系和法治建设的基石所在。对于维护宪法权威以及保障宪法实施的重要性,习近平总书记在2012年12月4日首都各界纪念现行宪法公布施行30周年大会上的讲话中指出:"维护宪法权威,就是维护党和人民共同意志的权威。捍卫宪法尊严,就是捍卫党和人民共同意志的尊严。保证宪法实施,就是保证人民根本利益的实现。只要我们切实尊重和有效实施宪法,人民当家做主就有保证,党和国家事业就能顺利发展。反之,如果宪法受到漠视、削弱甚至破坏,人民权利和自由就无法保证,党和国家事业就会遭受挫折。"正是基于这样的定位,近年来宪法在全社会的认知度越来越高,相应的宪法宣传与实施机制也在不断建立。例如,2014年11月1日第十二届全国人民代表大会常务委员会第十一次会议通过决议,决定将每年的12月4日设为"国家宪法日"。再如,2015年7月1日,全国人大常委会表决通过实行宪法宣誓制度的决定,而宪法宣誓适用的对象为"各级人民代表大会及县级以上各级人民代表大会常务委员会选举或者决定任命的国家工作人员,以及各级人民政府、人民法院、人民检察院任命的国家工作人员"。这一系列举措充分显示了执政党推进依宪治国和依法治国的坚定决心,应当引起全社会的广泛重视,尤其是国家工作人员更应该增强宪法意识,自觉维护宪法尊严。

行政法与宪法有着非常紧密的联系。宪法的一个基本范畴是对国家权力的配置,行政权只是诸多国家权力中的一项,而且根据人民主权理念,行政机关要对代议机关负责并执行后者的决策。宪法政治的基本追求在于规范公权力以保障私权利,而行政法的核心功能则在于实现对行政权的有效规范。由此,行政法是宪法的直接承接者,也是宪法政治的基本实施维度之一。然而,自20世纪中叶以来,行政权不断扩大,行政活动几乎波及社会生活的各个领域,以至于出现了学者们所称的"行政国"现象。这对传统的宪法所设定的国家权力配置和运行体制产生了很大的挑战。如何维持和发展"法治行政",既要防止行政权滥用而侵害国家、社会和公民的合法权益,又要保障行政权得以良好行使,以增进国家、社会和公民的福祉,以求在最大程度上保证行政权的运作更具规范性、公平性、效率性、回应性和责任性,成为新时期法治国家和法治政府建设必须面对的核心问题之一。

行政权是政府实施公共行政和公共管理的权力来源与保障。换言之,政府公共行政和公共管理的过程也是行政权行使的过程。在这一过程中,作为行政权的直接行使者的公共行政或公共管理者的宪法与行政法理念及其知识掌握程度,对于公共行政和公共管理的成效有着直接的影响。"公共管理者,在民主法治社会乃是经正当法律程序进入政府担任公职的公务人员。其重要的使命在于捍卫宪法和法律的基本价值与原则,谋求公共之利益。他们是公共利益之'信托者'。因此,对于公共管理者而言,除掌握一般的管理知识、技能之外,更重要的是要了解宪法、行政法的价值、精神和原则。"(皮纯协、张成福,2001年)。

笔者近年来一直从事宪法学和行政法学的教学与研究,也是大连理工大学公共管理硕士(MPA)宪法与行政法课程的主要授课教师之一。2014年4月笔者参加了由全国公共管理专业学位研究生教育指导委员会主办、汕头大学法学院承办的"全国MPA核心课程'宪法与行政法'师资研讨班"。在该研讨班上,姜明安教授、焦洪昌教授和王磊教授分别做了主题报告,笔者与来自全国各高校从事公共管理专业宪法与行政法课程教学的老师们也做了深入的交流,受益匪浅。结合自己近年来的教学体会和思考,逐渐有了主持编写一部教材的想法。2014年年底,当获知谈萧教授正主持编写一套"全国高等学校管理类应用型人才培养系列规划教材"并与北京邮电大学出版社建立了合作之后,笔者立即与其联系并表达了意愿,幸运的是,笔者的想法获得了谈萧教授的支持。为此,来自全国多所专业法律院校有着较为丰富的宪法与行政法教学经验的中青年教师聚集到一起,合作编写了这部教材。

本教材注重将理论知识与实践知识相结合,尤其注重实践认知和问题分析能力的培养。在每一节前都设有案例或材料引导,用以引出本节所要学习的重点知识,在每一节后都附有相应的阅读资料或者案例解析,以帮助学习者更好地理解本节的理论知识及其实践应用。每一章都有本章小结,便于学习者概括性地掌握本章的知识要点。案例分析和复习思考两个模块则是为帮助学习者把握本章知识重点以及运用本章所学知识进行应用分析所设置。本教材还对立法原理和行政决策法治化等问题作了专章介绍。本教材既可以适用于法学专业研究生和本科生的教学,也可用于管理类应用人才的培养。

本教材各章节的编者和编写分工分别如下(按照章节编写顺序排序):

陈光(大连理工大学人文与社会科学学部法律系讲师、副主任(主持工作)、法学博士、硕士研究生导师):第一章、第三章、第五章、第八章、第十一章、第十四章。

侯宇(郑州大学法学院副教授、法学博士、硕士研究生导师):第二章第一节、第二节、第三节、第六节。

牛犁耘(河南财经政法大学副教授):第二章第四节。

王俊峰(河南大学法学院教授、硕士研究生导师):第二章第五节。

张晓晓(山东工商学院法学院副教授):第四章。

钱锦宇(西北政法大学行政法学院副教授、人权法研究中心执行主任、法学博士、硕士研究生导师):第六章、第十八章第一节。

门中敬(青岛大学法学院教授、法学博士、硕士研究生导师):第七章。

何跃军(宁波大学法学院讲师、法学博士):第九章、第十章、第十六章。

郭玉坤(大连理工大学人文与社会科学学部法律系副教授、法学博士、硕士研究生导师):第十二章。

王仰文(聊城大学法学院副教授、院长助理、宪法与行政法研究中心主任、法学博士、硕士研究生导师):第十三章。

李亮(中共浙江省委党校、浙江行政学院法学教研部讲师、法学博士、硕士研究生导师):第十五章。

陈国栋(大连理工大学人文与社会科学学部法律系副教授、法学博士):第十七章、第十九章。

梁红霞(西南政法大学行政法学院副教授、法学博士、硕士研究生导师):第十八章第二节。

徐梅(云南民族大学法学院讲师):第十八章第三节。

周敏(西北政法大学行政法学院讲师、法学博士):第十八章第四节、第五节。

全书由陈光、郭玉坤和钱锦宇负责确定编写大纲和编写体例,宪法部分由陈光负责审定,行政法部分由郭玉坤和钱锦宇负责审定,大连理工大学人文与社会科学学部法律系硕士研究生方媛、王玥琦和李炎卓同学,本科生王鑫和封宛廷同学做了文字校对工作,北京邮电大学出版社齐天骄老师对本教材也提出了很多宝贵的修改意见,全书由陈光负责统稿。

当然,受学识所限,书中在理论阐述和实例解析中定有不少瑕疵或纰漏之处,恳请诸位读者不吝赐教。

编 者
2016年3月

目 录

第一章 认识宪法 ··· 1
  第一节 宪法的概念与历史发展 ··· 1
  第二节 宪法基本原则 ·· 9
  第三节 宪法的意义 ·· 14

第二章 公民基本权利和义务 ·· 19
  第一节 公民基本权利概述 ·· 19
  第二节 平等权与政治自由 ·· 25
  第三节 人身自由与精神自由 ··· 34
  第四节 社会经济权利 ·· 43
  第五节 获得救济的权利 ··· 60
  第六节 公民的基本义务 ··· 64

第三章 国家机构 ·· 69
  第一节 国家机构概述 ·· 69
  第二节 中央国家机关 ·· 73
  第三节 地方国家机构 ·· 79
  第四节 审判机关和检察机关 ··· 84
  第五节 选举制度 ·· 87
  第六节 政党制度 ·· 94

第四章 宪法运行与宪法观念 ·· 101
  第一节 宪法创制 ·· 101
  第二节 宪法修改 ·· 105
  第三节 宪法解释 ·· 110
  第四节 违宪审查 ·· 114
  第五节 宪法观念 ·· 119

第五章 立法原理与程序 ··· 124
  第一节 立法原理 ·· 124
  第二节 立法程序 ·· 127

第六章 行政法概述 ··· 136
  第一节 行政与行政法 ·· 136
  第二节 行政法基本原则 ··· 142
  第三节 行政法渊源 ··· 151

第七章　行政主体与行政相对人 ... 156

第一节　行政法主体与行政主体 ... 156
第二节　行政机关 ... 161
第三节　法定授权组织 ... 166
第四节　受委托组织 ... 169
第五节　行政相对人 ... 171

第八章　公务员 ... 177

第一节　公务员概述 ... 177
第二节　公职关系 ... 184

第九章　行政行为概述 ... 191

第一节　行政行为概述 ... 191
第二节　具体行政行为的效力 ... 197
第三节　具体行政行为的合法要件 ... 203

第十章　抽象行政行为 ... 207

第一节　行政立法 ... 207
第二节　行政规范性文件 ... 212

第十一章　依申请行政行为 ... 217

第一节　行政许可 ... 217
第二节　行政确认 ... 225
第三节　行政给付 ... 228
第四节　行政奖励 ... 232
第五节　行政裁决 ... 238

第十二章　依职权行政行为 ... 243

第一节　行政命令 ... 243
第二节　行政征收 ... 245
第三节　行政强制 ... 249
第四节　行政处罚 ... 257

第十三章　行政指导与行政合同 ... 266

第一节　行政指导 ... 266
第二节　行政合同 ... 276

第十四章　行政决策法律风险评估 ... 286

第一节　行政决策的含义与必要性 ... 286
第二节　地方政府重大决策法律风险 ... 291

第十五章　行政监督 ... 302

第一节　行政监督的概念 ... 302

| 第二节 | 行政监督的类型 | 306 |
| 第三节 | 具体行政监督行为 | 308 |

第十六章 行政程序 … 315

| 第一节 | 行政程序概述 | 315 |
| 第二节 | 行政程序基本原则 | 322 |

第十七章 行政复议 … 329

第一节	行政复议概述	329
第二节	行政复议的范围与主体	333
第三节	行政复议程序	337

第十八章 行政诉讼 … 343

第一节	行政诉讼概述	343
第二节	行政诉讼受案范围与管辖	353
第三节	行政诉讼参加人	368
第四节	行政诉讼程序	380
第五节	行政诉讼的裁判	401

第十九章 行政赔偿 … 411

第一节	行政赔偿概述	411
第二节	行政赔偿范围	413
第三节	行政赔偿请求人和赔偿义务机关	417
第四节	行政赔偿程序	421
第五节	行政追偿	428

参考文献 … 432

第一章 认识宪法

学习目标

- 知识目标：掌握宪法的基本含义与特征；了解宪法的产生和发展历史；掌握宪法基本原则的内容和体现；能够系统阐述宪法的意义。
- 能力目标：能够运用对宪法含义和特征的理解来解读宪法文本或宪法现象；通过对中西宪法文本的比较，分析和思考中西宪法制度和宪政实践的差异及影响因素；能够运用宪法基本原则来分析和评判有关宪法案例或宪法现象；能够较为全面和深入地思考自己的生活与宪法的关系。

第一节 宪法的概念与历史发展

案例引导

1954年9月20日，第一届全国人民代表大会第一次会议通过了新中国第一部宪法，即后来所称的"五四宪法"。这部宪法序言的第三段，对宪法的产生和重要意义作了这样的表述："中华人民共和国第一届全国人民代表大会第一次会议，1954年9月20日在首都北京，庄严地通过中华人民共和国宪法。这个宪法以1949年的中国人民政治协商会议共同纲领为基础，又是共同纲领的发展。这个宪法巩固了我国人民革命的成果和中华人民共和国建立以来政治上、经济上的新胜利，并且反映了国家在过渡时期的根本要求和广大人民建设社会主义社会的共同愿望。""五四宪法"施行后不久，国内政治运动不断，至"文化大革命"的发生，宪法与法律更是被弃置一边，人权与法治遭到破坏。

改革开放之后，法治建设逐步获得重视。1982年12月4日，第五届全国人民代表大会第五次会议通过了经过全面修改后的新的宪法，即现行的"八二宪法"。这部宪法序言的最后一段，宪法的地位作了这样的表述："本宪法以法律的形式确认了中国各族人民奋斗的成果，规定了国家的根本制度和根本任务，是国家的根本法，具有最高的法律效力。全国各族人民、一切国家机关和武装力量、各政党和各社会团体、各企业事业组织，都必须以宪法为根本的活动准则，并且负有维护宪法尊严、保证宪法实施的职责。"2012年，国家主席习近平在首都各界纪念现行宪法公布施行30周年大会上的讲话中指出："30年来的发展历程充分证明，我国宪法是符合国情、符合实际、符合时代发展要求的好宪法，是充分体现人民共同意志、充分保障人民民主权利、充分维护人民根本利益的好宪法，是推动国家发展进步、保证人民创造幸福生活、保障中华民族实现伟大复兴的好宪法，是我们国家和人民经受住各种困难和风险考验、始终沿着中国特色社会主义道路前进的根本法制保证。"

思考：究竟什么是宪法呢？宪法具有哪些特征呢？宪法又是如何产生与发展的呢？

一、宪法的含义与分类

(一) 宪法的含义

对于宪法是什么这个问题,看似简单,实则并非那么容易回答。国内学者在阐述宪法的含义时,都会首先考证和列举一下"宪""宪法"或"宪章"等词语在中国古代典籍中的含义,然后再介绍"宪法"这个术语所对应的外文及其含义。通说认为,中国古代的典籍中多次出现"宪"或"宪法"等术语,但其含义无论是指一般的法律还是优于一般法律的基本的法律,都不具有西方近代意义上的宪法的含义。在西方,"宪法"所对应的英文为constitution,是由拉丁文constitutio发展而来的,而constitutio在拉丁文中具有组织、构造之义。在亚里士多德《雅典政制》一书中,宪法便被用于指称政体的构成。

中国现代意义上的"宪法"概念从日本传入,根据龚刃韧教授的考证,日本学者箕作麟祥在明治维新时期最早用日语中的汉字"国宪"来翻译西文中的"constitution"一词。明治十五年(1882年)伊藤博文出使欧洲各国调查各国实行立宪政治情况后,第一次正式使用了"宪法"一词。日本的宪法概念及相关理念又取自欧洲特别是普鲁士。其实不只日本,美国在起草1787年宪法时也深受此影响,将宪法定位为一部国家政权的构造法,在宪法文本中主要规定了国家权力的配置和运行机制的问题。西方有代表性的布莱克法律词典在定义宪法时,也主要遵循这一立场确定了宪法的几个要义:宪法是法律的一种,它不同于法律之处在于宪法规定的是建立国家或者州政府机构的基本的组织法,而组织法的内容在于确定政府主权行使的范围,宪法的目的在于保障个人权利和自由,欲实现此目的,就需要对政府权力进行制约、分化和规制,同时这种宪法一般是指成文宪法,也包括宪法修正案。

受欧美的影响,中国近代政治学学者张佛泉也认为宪法是构成法,即一个组织体之所以成立的基本构成规范,而无论这个组织体是国家还是一个社团,只要是规定其基本构成和运行机制的规范都可以称为该组织体的"宪法"。"因此,宪法就其广义含义而言,是指不同的组织体之所以构成的基本规章,其主体有公司、地区、国家、超国家实体等。在性质上,国家的宪法与公司的章程等有相通之处。……但是,在宪法学界一般研究的都是作为国家基本规范的宪法,并且是现代意义的宪法,不涉及其他。"① 在我国,也有学者从阶级统治的视角对宪法的本质属性进行了研究,认为"宪法内容上的本质属性是指集中表现统治阶级建立民主制国家的意志和利益,宪法形式上的本质属性则指它是国家的根本法",因此,我们可将宪法定义为"集中表现统治阶级建立民主制国家的意志和利益的国家根本法"。② 显然,这一认识从一个角度揭示了宪法的重要内涵。

随着时代的发展,宪法也不断被赋予新的含义与期待。尤其是自"一战"后德国魏玛宪法和苏俄宪法诞生之后,宪法承担了更多的社会保障功能,已经逐渐由原来消极地限制政府权力以保障公民权利转向积极地行使政府权力来更好地实现公民的权利。相应地,宪法所规定的内容也开始变得广泛起来,突破了"构造法"的范畴而成为"蓝图法",即通过对国家或政府基本权力配置和行使机制、根本任务和目标设定,以及基本经济社会制度规划等内容的规定,来构筑或描画一国的发展框架和发展蓝图,最终指向的是公民集体人权和个体人权的良好平衡与更好实现。其实,本节案例引导中所摘录的三段内容就很好地体现了宪法的含义及其所承载的功能,同时也体现了宪法含义的发展与扩充。因此,若非要给宪法下一个定义的话,我们认为,宪法是指规定一国基本权力构造与运行机制以及社会根本发展愿景与配套制度,并以实现公民基本权利与自由以及社会良性运转为其价值追求和功能定位的基本规范。

(二) 宪法的分类

我国学界对宪法的分类有很多种,常见的分类包括:成文宪法和不成文宪法;刚性宪法和柔性宪法;钦定宪法、民定宪法和协定宪法;资本主义宪法和社会主义宪法;等等。本书对如下分类作重点介绍:

---

① 胡锦光主编:《宪法学原理与案例教程》,中国人民大学出版社2009年版,第5~6页。
② 周叶中主编:《宪法(第三版)》,高等教育出版社2011年版,第40页。

一是古代宪法与现代宪法。古代意义上的宪法含义较多,意义因不同的语言环境而不同。在罗马帝国的拉丁语中,宪法是指国王立法行为;教会中"宪法"一词是指代整个教团或者某特定教区的教规。因此,古代宪法是指规定和命令的行为,或者借此确立的规定和命令,也指决定某事物性质的制作和结构。古代宪法既适用于外物也适用于人的灵与肉。现代意义的宪法是作为整个国家法律框架基础的根本法,其以规定国家权力和保障个人基本权利与自由为主要内容。现代宪法在整个国家法律体系中居于根本地位,一般具有最高法律效力,其制定和修改程序也最为严格。

二是形式意义的宪法与实质意义的宪法。这是依据宪法的本质所做的分类。形式意义的宪法是从宪法的表面文本角度来看宪法的,一个国家只要有一个称为宪法的文本就具有形式意义的宪法,比如美国、法国、德国和中国等都有形式意义的宪法。实质意义的宪法主要是从宪法的内容及其实施角度来看待宪法的。法国1789年《人权宣言》第16条规定:凡权利无保障和分权未确立的社会,没有宪法。这是对实质意义宪法的定义。英国不存在一部名为宪法的法律文件,但是我们却不能说英国没有宪法,因为英国存在实质意义的宪法。实质意义宪法是宪法理念与现实相一致的情况。宪法不仅是一种名义上的东西,也是实际上的东西,它的存在不是理想的而是现实的;如果不能以具体方式实施宪法,就无宪法可言。

三是成文宪法与不成文宪法。依据宪法是否以成文的形式存在,可将宪法分为成文宪法和不成文宪法。以一部系统的文件集中在一起规定的宪法称为成文宪法。世界上绝大多数国家的宪法都是成文宪法。不成文宪法则是指国家的基本统治原理和组织构造的规范散见于法律、法规、判例甚至习惯中,而不存在一部统一的宪法典。不成文宪法的代表国家是英国。成文宪法在制定和修改程序、效力等方面与其他规范性法律文件不同,而不成文宪法则与一般性法律文件没有什么区别。也有学者将成文宪法称为刚性宪法,把不成文宪法称为柔性宪法。

四是钦定宪法、民定宪法与协定宪法。这是依据宪法创制的主体不同所做的分类。钦定宪法是指在君主主权思想主导下由君主意志所制定的宪法,如1850年的普鲁士宪法和1889年的明治宪法。民定宪法是指在国民主权思想指导下,由国民直接或者通过国民代表间接制定的宪法,例如美国宪法,以及"二战"后的日本、德国和中华民国宪法等。所谓协定宪法,是指由君主主权和国民主权妥协而制定的宪法,如1830年法国宪法。

总之,当今世界上大多数国家具有实质意义的成文民定资本主义性质的宪法,只有少数国家的宪法是形式意义上的宪法。至于不成文宪法与钦定宪法、协定宪法则非常少。

二、宪法的特征

(一) 宪法所规定的内容具有根本性

宪法规定了一个国家基本的政治、经济、文化和社会制度等,而其实质内容则是对政府权力进行控制、规范和保障。它规定的是国家基本的政治权力架构,目的在于对个人基本自由的保障。宪法是一个国家法治体系金字塔的塔尖,其他法律都是在宪法内容的规范之下对国家的某些具体制度的规范。宪法是全局性的规范,其他任何法律都是依据宪法对社会生活某一领域所做的部分性的规定。从这个意义上讲,其他法律是对宪法内容的具体诠释和展开,宪法是对具体法律的规制,其他法律都不能超越宪法的规定。由此,从宪法对权力的作用视角看,宪法内容的根本性之真实含义在于其对立法权限的约束,由此也对行政权和司法权施加间接约束。

(二) 宪法具有最高的法律效力

宪法相对于国内其他法律而言具有最高法律效力,其他任何法律都不能与宪法的规定相抵触。对宪法效力的保障机制主要是违宪审查机制。当然,宪法效力的最高性也不是绝对的。一般而言,宪法的效力要服从于国际条约,也即国际条约可以对宪法效力的最高性形成约束。这一点在日本比较突出,日本法院认为日本的宪法与国际人权条约不得矛盾,否则服从后者。在欧盟,一般公民如果对国内的法院判决不服,在特殊情况下可以上诉到欧洲人权法院,欧洲人权法院的判决可能与国内宪法不一致,而欧盟的判决在国内却可以生效,这就在事实上否定了欧盟成员国各自国内宪法的最高效力。因此,要辩证地看待宪法效力的最高性。

此外,正如张千帆教授强调的那样,我们在理解宪法的最高法律效力时,还应该确立这样的观念:宪法是"最高"的,是"神圣"的,但不是万能的;事实上,只有承认宪法"有所不能",才能保证宪法"有所能"。虽然宪法的精神必须被贯彻到这些法律的解释中去,宪法的主要任务不是去干预广大的司法领域,而是保证政府在所规定的权限范围内行使权力,并尊重公民的基本权利。①

(三) 宪法制定和修改的程序非常严格

宪法内容的根本性决定了其相对稳定性和权威性比一般法律的要求更高。宪法的制定和修改程序相较于一般法律更为严格。宪法的制定可以通过全民公决的方式,由国民直接行使制宪权,其程序一般是先由专门的宪法委员会负责起草草案,而后交由全民公决。宪法的修改程序比一般法律要严格,一般法律只需要过半数就可以通过,绝大多数国家则规定宪法的修改要由比一般法律修改更加多的人数通过才算是有效的。例如,我国《宪法》第64条规定:"宪法的修改,由全国人民代表大会常务委员会或者五分之一以上的全国人民代表大会代表提议,并由全国人民代表大会以全体代表的三分之二以上的多数通过。法律和其他议案由全国人民代表大会以全体代表的过半数通过。"

三、宪法的产生与发展

(一) 资本主义宪法的产生

宪法是在特定的历史环境中产生的,这些环境包括政治、经济、文化和法律自身的发展等。资本主义宪法的产生是与资本主义经济发展以及自由、平等和民主意识的觉醒等分不开的。具体而言,资本主义宪法的产生离不开以下几个方面的因素或条件:

一是人人自由平等的思想是宪法产生的思想条件。西方自从文艺复兴后,以"自由""平等""人权"等为口号的资产阶级文化观念直接导致了近代资本主义宪法的产生。启蒙思想家高举理性大旗,运用自然法的理论武器,用人权反对专制,使自由、平等、博爱等思想观念得以传播,为宪法的产生提供了思想条件。另外,宗教改革对封建制度的精神支柱进行了批判,确立了近代资本主义精神的新教伦理和个人的宗教信仰自由观念,为清除宪法产生的宗教障碍做出了贡献。可以说,近代资本主义文化为宪法的产生提供了理论和观念支持,这主要是指倡导理性、民主和人权的近代社会科学,特别是哲学、政治学和法学理论的发展。

二是近代商品经济的发达和资本主义生产关系的确立是资本主义宪法产生的经济动因。商品经济的基本要求是等价交换和自由竞争。在商品经济形态中,等价交换的实现不仅取决于可供交换的商品的价值是否等值,还主要取决于商品交换的主体的社会地位是否平等、独立,而这与处于自然经济形态的奴隶和封建社会的等级、特权是不相容的。因此,等价交换的实现有利于平等观念在人类社会的普及。自由竞争的目的是提高劳动生产率、降低生产成本,这也要求劳动力的人身自由以及生产资料的私有制。

三是自由民主制度的建立是资本主义宪法产生的政治原因。宪法是民主事实的制度化,它作为国家根本法,是一切社会成员的最高行为准则,只能由统一的主权国家来创制并反映一定的民主事实。随着商品经济的高度发展和产业革命的进行,代表先进生产力的资产阶级逐渐取得经济上统治地位,并日益不满其在政治和社会生活中不相称的地位。随着资产阶级革命的胜利,最终以国家名义将已取得的民主事实法律化,并置于最高法的地位,这就是宪法。

四是法律部门的增多、法律体系的日渐完善和整合需求以及法律职业共同体的出现,是资本主义宪法产生的法律自身原因。随着产业革命的进行和社会生产力的高度发展,商品经济进入市场经济阶段,

---

① 张千帆主编:《宪法学》,法律出版社2014年版,第18页。

一方面,社会分工越来越细,各国人口猛增,人类的社会交往日趋复杂,客观上要求法律以部门法形式对社会关系进行分门别类的调整,这必然导致诸法合一法律旧体系的解体和法律规范的数量激增;另一方面,社会分工又促使社会各领域走向新的综合,它要求法律对社会关系进行更系统、更深入的整体调整,对新出现的各种社会主体及其权利义务关系进行统一的配置和制度化安排,这就需要出现一种凌驾于部门法之上的法律,即宪法。同时,律师、法官、法学教授、深谙法律的政治家等职业法律工作者等组成的法律职业共同体的出现,也为宪法的产生提供了法律上的知识资源和人力资源。

资料

五月花号公约

1620 年 11 月 11 日,经过在海上六十六天的漂泊之后,一艘名为"五月花"的大帆船向美洲陆地靠近。船上有 102 名乘客,他们的目的地本是哈德逊河口地区,但由于海上风浪险恶,他们错过了目标,于是就在现在的科德角外普罗温斯顿港抛锚。为了建立一个大家都能受到约束的自治基础,他们在上岸之前签订了一份公约,这份公约被称为《五月花号公约》,签署人立誓创立一个自治团体,这个团体是基于被管理者的同意而成立的,而且将依法而治。《五月花号公约》是美国历史上第一份政治性契约。其内容如下:

"以上帝的名义,阿门。

我们,下面的签名人,作为伟大的詹姆斯一世的忠顺臣民,为了给上帝增光,发扬基督教的信仰和我们祖国和君主的荣誉,特着手在弗吉尼亚北部这片新开拓的海岸建立第一个殖民地。我们在上帝的面前,彼此以庄严的面貌出现,现约定由我们全体组成公民政体,以使我们能更好地生存下来并在我们之间创造良好的秩序。为了殖民地的公众利益,我们将根据这项契约颁布我们应当忠实遵守的公正平等的法律、法令和命令,并视需要任命我们应当服从的行政官员。"

在整个人类文明史上,它的意义几乎可以与英国的《大宪章》、美国的《独立宣言》、法国的《人权宣言》等文献相媲美。美国几百年的根基就建立在这短短的几百字之上,信仰、自愿、自治、法律、法规……这些关键词几乎涵盖了美国立国的基本原则,现在美国总统宣誓就职时依然是手按《圣经》,向全体公民保证遵从和信守宪法与法律。

资本主义宪法的产生伴随着资产阶级革命的成功,下面我们分别对英国、美国和法国宪法的产生过程及其基本内容或特点作简要介绍。

资本主义宪法最先产生于英国。英国的宪法属于不成文宪法,虽然它已有三百多年的历史,但从来没有制定过一部统一的、完整的宪法典。所谓英国宪法,实际上是由一些陆续颁布的宪法性文件和不同历史时期逐步形成的宪法惯例、判例所构成的。英国在 1215 年就出现了宪法性文件性质的《自由大宪章》,在 1640 年英国资产阶级革命前后逐渐形成了正式的宪法。从内容上看,英国宪法扩大了议会的权力,并确立了议会至上的宪法原则;限制了王权,奠定了议会制君主立宪政体;规定了个人的基本权利,并强化了其保护措施。从形式上看,它包括一系列宪法性规范(如 1628 年的《权利请愿书》、1679 年的《人身保护法》、1689 年的《权利法案》、1701 年的《王位继承法》等)和宪法性惯例等。英国宪法产生的特点是:英国宪法并非一部统一的宪法典,而是由一系列宪法性法律和惯例等积累而成的,不具有根本法的形式特点;由于对传统的尊重和相对"保守",英国的宪政体制采取了君主立宪制,其宪法历史呈现出革命不彻底性和保守性。

如果说英国宪法的出现在形式方面还不"成熟"的话,那么美国联邦宪法的诞生则使宪法无论在内容上还是形式上都具有与普通法律的明显区别,它所确立的内容和形式为日后宪法在世界范围内的发展奠定了基本框架,标志着宪法作为一个独立的法律部门已经形成。1775 年,北美 13 个殖民地的资产阶级为了摆脱英国的殖民统治,发动了独立战争。1776 年,北美殖民地宣布独立并发表了著名的《独立宣言》,制定了《邦联条例》。1787 年,美国 13 个州的代表在费城召开制宪会议,会上制定的美国宪法是世界宪法发展史上第一部成文宪法,该宪法于 1789 年生效。美国宪法在内容上确认了"三权分立与制衡"的政治体制,在形式上表现为统一的法典,成为世界上第一部成文宪法。

法国宪法是欧洲大陆第一部成文宪法,产生于法国大革命。法国革命经历了第一次革命(1789—1791年)、第二次革命(1792年)、非常共和国(1792—1795年)和宪法共和国(1795—1799年),直至1799年拿破仑发动"雾月政变"结束。其间,都有宪法性文件和宪法法典的出台,主要有1789年的《人权和公民宣言》、1791年宪法、1793年宪法、1795年宪法和1799年宪法等多达15部以上的宪法性文件。法国宪法产生的特点是:法国宪法充分体现了人民主权原则、三权分立原则和共和政体原则;法国宪法随着革命进程经历了从宣布一般宪法原则到制定君主立宪制宪法,最后颁布民主共和制宪法的过程;法国启蒙思想家如卢梭的人权、法治、民主思想鼓舞了法国革命,甚至被直接写入宪法条文。

(二) 社会主义宪法的产生

社会主义宪法的产生原因基本上与资本主义宪法的产生原因相同,也是一定社会经济、政治、文化发展的必然要求,只是社会主义宪法是无产阶级革命的产物,其理论渊源主要是马克思主义的宪政理论。马克思主义宪政理论的基本观点是:宪法是一种社会历史现象,有其产生、发展和消亡的过程;宪法有阶级性,它是统治阶级意志的集中体现,反映了一国不同社会政治力量的对比关系;宪法是产生于一定经济基础之上的社会上层建筑,对经济基础有反作用;宪法是民主制度的保障书,是"一张写满人民权利的纸"(列宁语)。

世界上第一部社会主义宪法是1918年的苏俄宪法,它是俄国十月革命的产物,该宪法除前言外共6篇17章,90条。在俄国十月革命的影响下,蒙古人民共和国在1924年颁布了社会主义宪法,1949年之后,中国、越南、朝鲜、东欧诸国、古巴等也相继制定了社会主义宪法。

(三) 西方宪法的发展特点及趋势

近代资本主义时期主要包括两个阶段,即自由资本主义和由自由资本主义向垄断资本主义转型的时期。这一时期资本主义宪法的发展呈现如下特点:第一,确立了主权在民的宪法原则,民主共和成为宪法发展的主流;第二,特别强调对公民和个人权利、自由的保护,具有典型的个人主义和自由主义色彩,个人权利本位明显;第三,严格规制国家权力,国家的宪法角色被定位于社会政治领域,宪法具有浓郁的政治法特点;第四,成文宪法的形式被普遍采用,不成文宪法成为例外;第五,德、日等封建传统较深的国家颁布了主权在君的钦定宪法。

1919年,魏玛共和国成立并制定了魏玛宪法。这部宪法在西方乃至世界宪法史上都具有重要地位。魏玛宪法包括前言、两编及过渡规定与终结规定,共181条。作为现代宪法产生标志的魏玛宪法,其意义在于:第一,加强了对私有财产权的限制,使近代宪法中的自由主义精神受到抑制,而社会福利与公共利益得到重视和提倡;第二,议会的权力受到牵制,行政权力的扩大得到宪法认同;第三,宪法授予国家广泛干预经济、文化和社会生活的权力,国家的触角深入社会各个领域。

西方宪法发展的另一个重要特点是欧盟宪法的产生。欧盟宪法条约草案试图把欧洲一体化进程推进到宪法领域。通过宪法性文本来规制欧盟,其本质是要制定一部跨越国家界限的欧洲宪法。欧盟宪法的性质是资本主义自由民主宪法,它的价值观是人权、民主、法治、平等、团结等综合价值观。尽管欧盟宪法在各成员国批准过程中受到挫折,但是《里斯本条约》的签订并被成员国所通过,在很大程度上推进了欧盟一体化进程,这也在一定程度上反映了宪法发展的一种新趋势。此外,"二战"之后尤其是苏联解体以来,世界上自由民主国家及其宪法呈现增长趋势,伊拉克新宪法、阿富汗新宪法乃至埃及新宪法是人类进入21世纪之后所出现的新宪法,它们的出现是自由民主宪法发展的明证,几部新宪法受美国宪法影响较大,但也注意到了伊斯兰宗教自己的特色,这也代表了宪法发展的一种新趋势。

(四) 中国宪法的历史与发展:1949年之前

清朝末期,各种社会矛盾空前尖锐,人民求生存、民族资本主义求发展的呼声不断,向西方学习先进科学技术和引进先进宪政文化逐渐成为国人的共识。19世纪40年代,林则徐、魏源等开始向国人介绍西方宪政。随着洋务运动的开展,郭嵩焘、张树声等改良主义者将眼光投向议会制等西方先进的制度层面。甲午战争后,以康有为、梁启超等为代表的改良主义者,以"申民权、争民主、开议院、立宪法"为口号,发起了戊戌变法运动;以孙中山为首的资产阶级革命派则提出以暴力革命为手段建立三民主义的民主共和国宪政国家的主张。清王朝迫于内外压力,不再顽固坚持"祖宗之法不可变"的教条,而下诏变法,于1906年进行为期12年的预备立宪,1908年9月颁布《钦定宪法大纲》,1911年11月3日颁布《宪法重大信条十九条》,中国宪政运动自上而下拉开序幕。

《钦定宪法大纲》共23条,其中正文14条,为"君上大权",其条文内容模仿1889年大日本帝国宪法,君主集行政、立法和司法大权于一身;其他9条以附录形式规定了臣民的权利义务。《钦定宪法大纲》并非正式的宪法典,仅为宪法纲要,它以根本法的形式使君权合宪化,但受历史和时代局限,其带有浓郁的封建色彩。

1911年的辛亥革命推翻了清王朝,1912年中华民国成立。为限制袁世凯的政治野心,资产阶级革命派通过参议院制定并通过了《中华民国临时约法》。这部约法内容有两部分:一是确立了资产阶级民主共和国的国家制度,宣布中华民国的主权属于全体国民,中华民国为统一的多民族国家,按照三权分立原则配置各类各级国家机关,特别是规定了大总统不单独行使最高行政权(与国务总理和各部总长一起),并受参议院的牵制;二是赋予了国民广泛的人身自由和政治权利。《中华民国临时约法》是我国第一部反映民族资产阶级意志和利益,体现资产阶级民主共和国方案的宪法性文件。但受到时局影响,该部宪法性文件很快被弃用。

北洋政府时期先后颁行了几部宪法性文件,主要包括:(1)《天坛宪草》。即1913年10月31日由国会宪法起草委员会单独通过的在北京天坛祈年殿起草的《中华民国约法(草案)》。它的起草过程反映了袁世凯与国会的斗争,最后采用的是国民党为主的国会方案,即责任内阁制政体。但因为袁世凯不满,并于1914年1月14日解散国会,该草案而未付诸实施。(2)《中华民国约法》。这是袁世凯就任临时大总统后,为摆脱《临时约法》和《天坛宪草》的制约,扩大其个人权力而炮制的宪法性文件。其突出特点就是实行总统制并赋予总统极大的权力。(3)"贿选宪法"。袁世凯死后,直系军阀曹锟以恢复法统为名派军队包围国会,以每票5 000元大洋的价钱收买议员,"选举"他为民国大总统,并匆匆赶制出《中华民国宪法》。其特点是:为前两部宪法文件的拼凑物;形式上为议会内阁制而实质上却是总统专制;中央与地方军阀分权;对人民权利自由给予许多法律限制。(4)《中华民国宪法草案》。由皖系军阀段祺瑞政府于1925年12月起草,该草案规定了总统制,实行总统集权,各省有权制定本区宪法,总统实行间接选举,学校教育"党派中立"等。因段政府在拥有宪法议决权的国民代表会议召开前便倒台,该草案也就胎死腹中。

北伐战争的胜利结束宣告北洋军阀统治的结束,以蒋介石为首的南京国民政府先后制定了三部宪法性文件:(1)《中华民国训政时期约法》。该约法于1931年5月12日制定,其效力一直延续到1946年,共8章89条,主要内容是宣布训政时期实行国民党一党专政和蒋介石的个人独裁——虽然它也宣布了"中华民国之主权属于国民全体",并规定了政治、经济、文化等方面的制度。(2)"五五宪草"。"九一八事变"后,国民政府迫于抗日民主运动压力,于1932年底通过了制宪决议,1934年通过了宪法草案,并于1936年5月5日公布,共8章148条。该草案又称"五五宪草",基本上沿用了《中华民国训政时期约法》。作为历史遗产,这部宪法草案也有可资借鉴之处,如认为宪法要适应国情,注意结合本国的历史传统并总结实际政治经验,建立运行灵敏、集中国力的政治体制;对宪法内容宜作原则规定,条款不应繁多,文字务求简明等。(3)《中华民国宪法》。它是国民党政府在撕毁政治协商会议协议、准备发动内战的情况下于1946年年底制定并于1947年元旦公布的,共14章175条。它确立了高度专制的总统制体制,并按照孙中山的"五权宪法"思想设计了行政、立法、司法、考试和监察五院制国家机关体系;确认了以四大家族为代表的官僚资本的宪法地位;规定了一些人民权利和国家的政治、经济、文化和国防等方面的国策。

中国共产党领导中国人民开展武装斗争,建立了一系列农村革命根据地,并于1931年11月在江西瑞金成立中华苏维埃共和国,颁布了《中华苏维埃共和国宪法大纲》,自此,中国出现了两种政权并存又相互排斥的政治格局。抗日战争爆发后,为了建立最广泛的抗日民族统一战线,彻底打败日本侵略者,1941年11月,陕甘宁边区第二届参议会制定了《陕甘宁边区施政纲领》。在解放战争初期,革命政权的性质是无产阶级领导的、以工农联盟为基础的、人民大众的、反帝反封建反官僚资本主义的人民民主专政,政权的组织形式也由参议会向人民代表会议转化。为了反映这些新的变化,陕甘宁边区第三届参议会第一次会议制定了《陕甘宁边区宪法原则》。

(五)中国宪法的历史与发展:1949年以来

1949年中华人民共和国成立前后,我国先后制定颁布了《中国人民政治协商会议共同纲领》(简称《共同纲领》)、"五四宪法""七五宪法""七八宪法"和现行的"八二宪法"。

1949年9月29日由第一届中国人民政治协商会议通过的《共同纲领》包括序言及总纲、政权机关、军事制度、经济政策、文化教育政策、民族政策和外交政策,共7章60条。其基本内容包括:确认了国家性质和任务;规定了政权组织和原则;赋予人民广泛的权利和义务等。《共同纲领》并没有提出明确的社会主义目标和任务,具有明显的过渡性和临时性特征,是新中国的一部临时宪法性文件,但是它的颁布对于新中国成立初期国家各方面工作还是起了重要的作用。

1953年1月,中央人民政府委员会第二十二次会议决定成立以毛泽东为首的宪法起草委员会。1954年3月,毛泽东向宪法起草委员会提交了中共中央拟定的宪法草案初稿,进行讨论。1954年9月20日,第一届全国人民代表大会第一次会议一致通过《中华人民共和国宪法》(简称"五四宪法"),由大会主席团予以公布实施。"五四宪法"是我国第一部正式的社会主义宪法,包括序言及总纲、国家机构、公民的基本权利和义务、国旗国徽国都,共4章106条,在内容上体现了社会主义原则和人民民主原则,确认了国家的基本政治制度、过渡时期的经济政策、所有制形式以及公民的基本权利和义务等。

"七五宪法"和"七八宪法"是在我国特殊时期颁行的两部印有浓厚的时代痕迹的宪法。这两部宪法都是在"五四宪法"基础上进行的修改,但在内容上都做了较大的删减和修改。"七五宪法"于1975年1月由第四届全国人大第一次会议予以通过,只有30条。"七八宪法"于1978年3月5日由第五届全国人大第一次会议通过,共60条。

"八二宪法"是我国现行宪法,它是由第五届全国人大第五次会议于1982年12月4日通过的,保留了前三部宪法的基本格式,有序言、正文4章7节,共138条。自1982年实施以来,"八二宪法"先后进行了四次修改,共计31条修正案。第一次宪法修正案于1988年4月12日由第七届全国人大第一次会议通过,共计2条修正案;第二次宪法修正案于1993年3月29日由第八届全国人大第一次会议通过,共计9条修正案,内容涉及5个方面;第三次宪法修正案于1999年3月15日由第九届全国人大第二次会议通过,共计6条修正案;第四次宪法修正案于2004年3月14日由第十届全国人大第二次会议通过,共计14条修正案。"八二宪法"的颁行标志着我国社会主义民主和法制建设进入一个新的阶段,是新时期我国进行社会主义建设的根本指南和宪法保障。

资料

1908年《钦定宪法大纲》

清朝末年,国势渐衰弱,经过了义和团和八国联军,清政府在列强干涉下开始实施"庚子新政",派道大臣前往海外考察列强实施宪政内容。慈禧太后根据清宗室载泽、端方等五大臣的意见开始进行改革,使其成为君主立宪政体的国家。光绪三十二年(1906年)下诏预备立宪,成立宪政编查馆。后来由庆亲王奕劻等奏进,慈禧太后亲自裁定,于光绪三十四年八月初一(1908年8月27日)颁布《钦定宪法大纲》。这是中国历史上第一部宪法性文件。其具体内容如下:

一、大清皇帝统治大清帝国,万世一系,永永尊戴。

二、君上神圣尊严,不可侵犯。

三、钦定颁行法律及发交议案之权。凡法律虽经议院议决,而未奉诏命批准颁布者,不能见诸施行。

四、召集、开闭、停展及解散议院之权。解散之时,即令国民重新选举新议员,其被解散之旧员,即与齐民无异,倘有抗违,量其情节以相当之法律处治。

五、设官制禄及黜陟百司之权。用人之权,操诸君上,而大臣辅弼之,议院不得干预。

六、统率陆海军及编定军制之权。君上调遣全国军队,制定常备兵额,得以全权执行。凡一切军事,皆非议院所得干预。

七、宣战、讲和、订立条约及派遣使臣与认受使臣之权。国交之事,由君上亲裁,不付议院议决。

八、宣告戒严之权。当紧急时,得以诏令限制臣民之自由。

九、爵赏及恩赦之权。恩出自君上,非臣下所得擅专。

十、总揽司法权。委任审判衙门,遵钦定法律行之,不以诏令随时更改。司法之权,操诸君上,审判官本由君上委任,代行司法,不以诏令随时更改者,案件关系至重,故必以已经钦定为准,免涉分歧。

十一、发命令及使发命令之权。惟已定之法律,非交议院协赞奏经钦定时,不以命令更改废止。法律为君上实行司法权之用,命令为君上实行行政权之用,两权分立,故不以命令改废法律。

十二、在议院闭会时,遇有紧急之事,得发代法律之诏令,并得以诏令筹措必需之财用。惟至次年会期,须交议院协议。

十三、皇室经费,应由君上制定常额,自国库提支,议院不得置议。

十四、皇室大典,应由君上督率皇族及特派大臣议定,议院不得干预。

附臣民权利义务(其细目当于宪法起草时酌定):

一、臣民中有合于法律命令所定资格者,得为文武官吏及议员。

二、臣民于法律范围以内,所有言论、著作、出版及集会、结社等事,均准其自由。

三、臣民非按照法律所定,不加以逮捕、监禁、处罚。

四、臣民可以请法官审判其呈诉之案件。

五、臣民应专受法律所定审判衙门之审判。

六、臣民之财产及居住,无故不加侵扰。

七、臣民按照法律所定,有纳税、当兵之义务。

八、臣民现完之赋税,非经新定法律更改,悉仍照旧输纳。

九、臣民有遵守国家法律之义务。

第二节　宪法基本原则

案例引导

1972年6月17日凌晨,位于美国华盛顿特区西北区波托马克河畔的水门综合大厦的保安人员偶然发现,从地下车库通往大厦的门锁两次被胶布贴住,他便立刻报警。前来的两名便衣特警出其不意地抓获了5名潜入民主党全国委员会总部安装窃听器和拍照文件的嫌犯。之后,美国联邦调查局找到了这伙人的活动资金,这些钱中有不少联号的百元大钞,由此追查发现,其来源竟然是总统竞选连任委员会的政治捐款和经费。

1973年7月,案件的证据,包括前白宫幕僚在联邦参议院水门委员会的证词,都开始指向白宫幕僚。受到调查的白宫幕僚为了脱身,主动交代出总统上任后曾在整个白宫安装有由语音自动启发的录音系统并录下了白宫中几乎所有的谈话。根据对这些录音磁带进行监听后发现,时任总统尼克松在水门窃听案发前后,都曾经明示或暗示过应该掩盖其上任后无论是由其本人还是下属所有过的一些并不完全合的行动。经过一系列的司法诉讼,联邦最高法院做出判决,要求总统必须交出录音带,在几经较量和权衡后,尼克松总统最终服从了最高法院的判决。面对联邦众议院几乎可以肯定会通过的弹劾总统的动议,并且也很可能会被参议院定罪,1974年8月9日,尼克松发表电视讲话正式宣布辞去美国总统职务。福特继任成为新的美国总统后,宣布赦免他的一切刑事责任。

思考:"水门事件"反映了宪法的哪些基本原则?

法律原则是法的基本要素之一,无论在逻辑层面还是在经验层面,都发挥着重要的作用。对于法律原则,布莱克法律辞典的解释是:法律的基础性真理或原理,为其他规则提供基础性或本源的综合性规则或原理,是法律行为、法律程序、法律决定的决定性规则。法律原则大多分散于具体的部门法之中,即主要由各部门法的基本原则所构成,是构筑具体的部门法制度或规则的基准。就宪法基本原则而言,它是宪法创制和实施最重要的依据和准则。根据周叶中的观点,"当代宪法的基本原则具有价值判断的功能:一部宪法如果体现了这些原则,我们可以说这部宪法是一部现代意义上的良宪;反之,如果一部宪法不能体现甚至背离了这些原则,那么,这部宪法有可能就是一部伪宪法"。① 综合各国宪法与宪政理论与实践,宪法的基本原则具体包括四项,分别是主权在民原则、人权保障原则、权力制约原则和法治原则。这四项基本原则构成了现代民主宪政体制的基本支柱。其中,主权在民是逻辑起点,人权保障是终极目的,权力制约是基本手段,法治则是根本保障。

一、主权在民原则

英文中的"主权"(sovereignty)一词,其拉丁文的本意是指最高权力。近代意义的主权观念为法国古典思想家让·博丹首次提出。16世纪法国人博丹在其《论共和国》一书中最先将主权定义为"国内绝对的和永久的权力",即不受法律限制的统治公民和臣民的最高权力。受当时时代背景及那一代知识分子所承担的启蒙使命的影响,博丹的主权学说指向的是基督教的神权思想,主张主权者为君主,属于中央集权国家主权学说。被称为国际法奠基者的荷兰法学家格劳秀斯也认为主权属于国家,即主权是国家的最高统治权。英国著名的启蒙思想家洛克反对君主主权,提出了议会主权说。18世纪卢梭等提出并系统阐述了人民主权思想,由此开始逐渐在有关宪法文本中确立了主权在民的基本原则。

根据卢梭的观点,主权是公意的体现,人民的公意表现为最高权力。人民是国家最高权力的来源,国家是自由的人民根据契约协议的产物,而政府的权力都是人民授予的。因此,国家的主人不是君主,而是人民,治理者只是受人民委托,主权只能属于人民。人民主权学说的出现,是国家学说发展史上的一大飞跃,也是资产阶级民主思想的核心。自1776年美国《独立宣言》宣布"政府的正当权力得自被统治者的同意"、1789年法国《人权宣言》宣称"整个国家主权的本源寄托于国民,任何团体、任何个人都不得行使主权所未明白授予的权力"以来,无论是资本主义国家的宪法,还是社会主义国家的宪法,无不确认了主权在民原则。

就我国而言,《宪法》第2条规定:"中华人民共和国的一切权力属于人民。人民行使国家权力的机关是全国人民代表大会和地方各级人民代表大会。人民依照法律规定,通过各种途径和形式,管理国家事务,管理经济和文化事业,管理社会事务。"此即主权在民原则的宪法确认。

主权在民原则之于政府权力的产生和运行而言,它延伸出这样的理念:政府权力的正当性建立在人民授权基础上,政府与人民之间是一种委托代理关系。如果作为代理人的政府及其公务人员违背甚至侵害了或者可能侵害到作为委托人的人民的权益,人民就有权撤销本次委托而另行委托。回到本节案例引导中的"水门事件",尼克松总统违反法律实施的一系列活动已经背离了人民委托的原意,作为民意代表机构的联邦国会当然有权对其进行弹劾,直到尼克松为其违法行为承担相应的责任为止。因此,主权在民原则不仅要求在理念上强调国家一切权力属于人民,还应该在制度设计上确保那些接受委托行使权力的政府公务人员正当地代为行使这些权力,真正为人民的利益来服务。如果做不到这一点,人民则能够通过合理可行的

---

① 周叶中主编:《宪法(第三版)》,高等教育出版社2011年版,第90页。

机制来撤销委托,施以惩罚。

二、人权保障原则

宪法的原意虽然是对国家权力的一种构造,但构造权力本身不是目的,而是为了更好地保障公民的权利和良好的社会发展。因此,权利保障规范而非权力构造规范才应该是宪法文本的核心规范体系。宪法上公民的权利和自由又被称为人权。对于人权的含义,学者们做出了不同的界定和解读,例如英美学者倾向于将之称为"人权"(human rights),而德国学者则习惯"基本权"(Grundrechte)的称呼,许多日本学者则采用"基本人权"的说法。但无论赋予何种称呼,人权都被视为作为一个人所应该享有的权利,是一个人为满足其生存和发展需要而应当享有的权利。

"人权"这一概念尽管在西方出现很早,但是近代宪法意义上的人权理念或人权保障原则是在启蒙运动时期确立并得到系统阐述的。最早将人权理论予以规范化的是被马克思誉为世界历史上第一个人权宣言的美国《独立宣言》。这部宪法性文件明确宣布:"我们认为这些真理是不言自明的:人人生而平等,他们都从造物主那里被赋予某些不可转让的权利,包括生命、自由和追求幸福的权利。为了保障这些权利,所以在人们中间成立政府。"法国《人权宣言》也明确指出:"任何政治结合的目的都在于保存人的自然的和不可动摇的权利。这些权利就是自由、财产、安全和反抗压迫。"从这些古典文献中可以得知,人权保障原则是与对政府权力的要求结合在一起被提出的,即政府存在和运行的目的在于保障每个公民的自然的、不可动摇和转让的权利。

"人权"这个概念在新中国成立后的很长一段时间内被斥为"资产阶级的货色",时至20世纪90年代才开始逐渐在正统的意识形态上得到"正名",直到2004年对现行宪法进行修改时正式载入"国家尊重和保障人权"(第33条第3款)的条款,"人权"这一概念才正式获得根本法的地位,人权保障原则正式成为我国宪法的一项基本原则。相应地,人权保障也成为整个宪法价值体系和规范体系的核心。这一观点已经获得国内学者乃至普通民众越来越多的认可。张千帆教授指出:"对基本权利的确认和保障,正是整个宪法价值体系的一个重要核心;宪法同时创设有关国家制度、国家机构等方面的实在规范,但其终极的价值取向也必然归结于维护、协调并实现宪法自身的核心价值。"①诚如斯言。

三、权力制约原则

权力制约原则针对的是宪法的权力构造,要求国家权力的不同部分之间应该在相互分立的基础上实现相互监督、彼此制约。在历史上,权力制约思想由来已久。古希腊的亚里士多德从人性恶的角度分析了权力制约的必要性,他认为"人类倘若由他任意行事,总是难保不施展他内在的恶性",尤其是"常人不能完全消除兽欲,虽最好的人们(贤良)也未免有热情,这就往往在执政的时候引起偏向",②因此,为了有效消除执政者的"兽欲",防止政治偏向,亚里士多德提出了选举、限任、监督和法治等权力制约方法。波利比阿(Polybiu,前205——前125年)则通过考察罗马历史认为,罗马的强盛主要得益于它独具特色的政体,这就是执政官、元老院和平民会议三者的权力相互配合与制衡的政制。

启蒙运动时期的思想家发展了权力制约理论,其中典型的主要是以洛克、孟德斯鸠和汉密尔顿等为代表的分权学说和以杰弗逊为代表的民主共和主义。孟德斯鸠是近代分权学说的完成者,他比较系统地阐述了三权分立与制衡的思想。不同于洛克将国家权力分为立法权、行政权和对外权,孟德斯鸠把国家权力分为立法权、行政权和司法权,主张这三种权力应由三个不同的国家机关来行使。并且认为,"一切有权力的人都容易滥用权力,这是万古不易的一条经验"。在孟德斯鸠看来,"有权力的人们使用权力一直到遇有界限的地方才休止",因此,他得出这样的结论:"从事物的性质来说,要防止滥用权力,就必须以权力制约权力。"③美国1787年宪法主要起草者汉密尔顿也认为,领袖也总是"各种野心勃勃、争权夺力,而无意为公益

---

① 张千帆主编:《宪法学(第三版)》,法律出版社2014年版,第137页。
② [古希腊]亚里士多德:《政治学》,吴寿彭译,商务印书馆1965年版,第169页。
③ [法]孟德斯鸠:《论法的精神(上册)》,张雁深译,商务印书馆1961年版,第154页。

而合作"的人,提出"野心必须用野心来对抗"。基于此认识,汉密尔顿根据洛克、孟德斯鸠的分权思想阐述了美国政府的建制,提出了立法、行政、司法三权应该分立,而且应该相互牵制与平衡的原则。

在马克思主义经典作家的思想中,也有着丰富的关于权力制约的思想和论述。根据一些学者的观点,社会主义国家的宪法在理论上一般不把"三权分立"看作是宪法的原则,而是普遍确认权力的统一和民主集中制原则。在理论上确认国家权力的不可分割性,在实际中以人民的代表机关为统一行使国家权力的机关。但是,这并不意味着社会主义国家排斥国家权力由不同的国家机构来行使,也不排斥不同国家机构之间的监督和制约。①

例如,我国《宪法》第3条规定:"中华人民共和国的国家机构实行民主集中制的原则。全国人民代表大会和地方各级人民代表大会都由民主选举产生,对人民负责,受人民监督。国家行政机关、审判机关、检察机关都由人民代表大会产生,对它负责,受它监督。中央和地方的国家机构职权的划分,遵循在中央的统一领导下,充分发挥地方的主动性、积极性的原则。"该条规定就国家权力在横向和纵向两个维度上的配置确立了基本的原则,其中也包含着权力的分立、监督和制约等理念。再如,《宪法》第37条第2款规定:"任何公民,非经人民检察院批准或者决定或者人民法院决定,并由公安机关执行,不受逮捕。"还如,我国《刑事诉讼法》第7条规定:"人民法院、人民检察院和公安机关进行刑事诉讼,应当分工负责,互相配合,互相制约,以保证准确有效地执行法律。"这些规定都明确反映了权力分立和制约的基本原则和要求。

四、法治原则

法治思想和理论可谓源远流长。自古希腊亚里士多德以来就开始了对法治的系统讨论。亚里士多德认为,法治应当优于一人之治,并指出法治所应包含的两重意义:已经成立的法律获得普遍的服从,而大家所服从的法律本身又是制定得良好的法律。概言之,法治应是良法之治。古罗马的查士丁尼认为法律的基本原则或要求是为人诚实、不损害别人以及给予每个人他应得的部分。当然,对近代意义的法治理论进行系统阐述的仍是启蒙运动时期的思想家们。洛克认为,法律就其真正的含义而言,与其说是限制,还不如说是指导一个自由而有智慧的人去追求他的正当利益,它并不在受这种法律约束的人们的一般福利范围之外做出规定。不管人们怎么误解,法律的目的不是废除或者限制自由,而是保护和扩大自由。这是因为在一切能够接受法律支配的人类的状态中,哪里没有法律,哪里就没有自由。② 19世纪的英国法学家戴雪(A. V. Dicey)通常被视为近代西方法治理论的奠基人,他第一次比较全面地阐述了法治概念。戴雪的法治概念包括三层基本含义:(1)法治意味着不违法则不受法律惩罚;(2)法律面前人人平等;(3)宪法来自于普通法院对于私人权利义务纠纷的审判和判决,而不是私人权利来自于宪法所规定的普遍原则。

1959年印度德里法学家大会所通过的《德里宣言》,较为系统地总结和阐述了现代法治原则所包含的基本要求,其具体可归纳为四点:(1)立法机关的职能是创造和维持个人尊严得到维护的各种条件,并使《人权宣言》中的原则得到实施;(2)法治原则不仅要防范行政权力的滥用,也需要一个有效的政府来维持法律秩序,但赋予行政机关以委任立法权要有限度,它不能取消基本人权;(3)要求有正当的刑事程序,充分保障被告辩护、受公开审判权,取消不人道和过度处罚;(4)司法独立和律师自由。

中国传统文化中法治的观念淡薄,法治实践更是严重不足。清末以来开启的现代化转型,其中一项重要内容是法制的转型和法治道路的转向,时至今日我们都不能说这一转型已经完成。值得庆幸的是,在1999年3月15日九届全国人大二次会议通过的宪法修正案中,首次明确规定"中华人民共和国实行依法治国,建设社会主义法治国家"之后,我国的法治建设真正有了宪法上的依据,或者说法治原则才真正成为一项基本的宪法原则。随着执政的中国共产党更加意识到法治的重要性,一系列具体的制度建构和法治实践措施将被逐渐采取及落实,尤其是2014年10月召开的中国共产党十八届四中全会做出《关于全面推进依法治国若干重大问题的决定》之后,法治建设被提升到前所未有的高度,同时还就如何建设法治国家、法治政府和法治社会提出了一整套相对科学合理的机制与措施,设计了较为可行的法治建设方案,是一部具有里

---

① 许崇德主编:《宪法(第四版)》,中国人民大学出版社2009年版,第25页。
② [英]洛克:《政府论(下篇)》,叶启芳、瞿菊农译,商务印书馆1997年版,第35～36页。

程碑意义的政策性文件,必将在我国法治和宪政建设历史道路上留下浓重的一笔。

资料

法国1789年《人权宣言》

《人权和公民权宣言》(简称《人权宣言》)是法国大革命时期颁布的纲领性文件,于1789年8月26日颁布,起草者为穆尼埃。宣言以美国《独立宣言》为蓝本,采用18世纪的启蒙学说和自然权论,宣布自由、财产、安全和反抗压迫是天赋不可剥夺的人权。《人权宣言》所确立的基本原则和人权为之后法国的历部宪法所吸收或认可。《人权宣言》的内容具体如下:

代表认为,无视、遗忘或蔑视人权是公众不幸和政府腐败的唯一原因,所以决定把自然的、不可剥夺的和神圣的人权阐明于庄严的宣言之中,以便本宣言可以经常呈现在社会各个成员之前,使他们不断地想到他们的权利和义务;以便立法权的决议和行政权的决定能随时和整个政治机构的目标两相比较,从而能更加受到他们的尊重;以便公民们今后以简单而无可争辩的原则为根据的那些要求能确保宪法与全体幸福之维护。因此,国民议会在上帝面前并在他的庇护之下确认了十七条权利,它庄严宣布:

第一条　在权利方面,人们生来是而且始终是自由平等的。只有在公共利用上面才显出社会上的差别。

第二条　任何政治结合的目的都在于保存人的自然的和不可动摇的权利。这些权利就是自由、财产、安全和反抗压迫。

第三条　整个主权的本原主要寄托于国民。任何团体、任何个人都不得行使主权所未明白授予的权力。

第四条　自由就是指有权从事一切无害于他人的行为。因此,各人的自然权利的行使,只以保证社会上其他成员能享有同样权利为限制。此等限制仅得由法律规定之。

第五条　法律仅有权禁止有害于社会的行为。凡未经法律禁止的行为即不得受到妨碍,而且任何人都不得被迫从事法律所未规定的行为。

第六条　法律是公共意志的表现。全国公民都有权亲身或经由其代表去参与法律的制定。法律对于所有的人,无论是实行保护或处罚都是一样的。在法律面前,所有的公民都是平等的,故他们都能平等地按其能力担任一切官职,公共职位和职务,除德行和才能上的差别外不得有其他差别。

第七条　除非在法律所规定的情况下并按照法律所指示的手续,不得控告、逮捕或拘留任何人。凡动议、发布、执行或令人执行专断命令者应受处罚;但根据法律而被传唤或被扣押的公民应当立即服从;抗拒则构成犯罪。

第八条　法律只应规定确实需要和显然不可少的刑罚,而且除非根据在犯法前已经制定和公布的且系依法施行的法律以外,不得处罚任何人。

第九条　任何人在其未被宣告为犯罪以前应被推定为无罪,即使认为必须予以逮捕,但为扣留其人身所不需要的各种残酷行为都应受到法律的严厉制裁。

第十条　意见的发表只要不扰乱法律所规定的公共秩序,任何人都不得因其意见甚至信教的意见而遭受干涉。

第十一条　自由传达思想和意见是人类最宝贵的权利之一。因此,各个公民都有言论、著述和出版的自由,但在法律所规定的情况下,应对滥用此项自由负担责任。

第十二条　人权的保障需要有武装的力量。因此,这种力量是为了全体的利益而不是为了此种力量的受任人的个人利益而设立的。

第十三条　为了武装力量的维持和行政管理的支出,公共赋税就成为必不可少的;赋税应在全体公民之间按其能力作平等的分摊。

第十四条　所有公民都有权亲身或由其代表来确定赋税的必要性，自由地加以认可并注意其用途，决定税额、税率、客体、征收方式和时期。

第十五条　社会有权要求机关公务人员报告其工作。

第十六条　凡权利无保障和分权未确立的社会，就没有宪法。

第十七条　财产是神圣不可侵犯的权利，除非当合法认定的公共需要所显然必需时，且在公平而预先赔偿的条件下，任何人的财产不得受到剥夺。

第三节　宪法的意义

案例引导

2004年6月15日，时任韩国总统卢武铉以地区均衡发展为理由，公布了4处新首都候选地，准备加紧推进迁都工程。在没有进行认真论证的情况下，国会通过了《新行政首都建设特别法》。但民调显示，60%的国民认为政治家们在这一重大问题上过于草率，要求公决。7月12日，反对迁都的"违宪诉讼代理人团"向宪法法院提起宪法诉愿诉讼，要求审理《新行政首都建设特别法》是否违宪。

主张违宪的主要理由是：(1)韩国首都是汉城（现改为首尔）是《宪法》惯例。如需要迁都，需要根据《宪法》第103条进行宪法修改的国民投票；(2)迁都是关系国家安危的重要事项，应通过国民投票来决定；(3)迁都需要国家巨大的财政支出，有可能侵犯纳税人的利益；(4)迁都是国家的重大事项，应严格按照正当程序，须经听证会，而本次立法没有经过听证会，故程序上是无效的；(5)因迁都，汉城特别市议会议员和公务员有可能失去原有的地位和权利，会侵犯公务担任权和履行职业的自由；(6)因迁都，首都附近的住民将遭受经济和社会生活领域权利侵害，侵犯了请求人的职业选择自由、迁徙自由及幸福追求权。

10月21日，经过100多天的审理，宪法法院做出判决，宣布该特别法案违宪。主张违宪的7名法官的主要理由是：(1)韩国首都是汉城是一种宪法惯例，宪法惯例虽在宪法文本中没有规定，但与成文宪法典一样具有同等的效力；(2)《新行政首都建设特别法》未经国民投票，规定了迁都的内容，侵犯了请求人的国民投票权；(3)首都问题涉及国名、国语和领土等宪法的基本事项；(4)首都问题是宪法事项，如需迁都须经过宪法修改程序，但《特别法》未遵循相关程序，故违宪。

思考：宪法在国家法治建设、民主实践和人权保障等方面具有怎样的意义？

一、宪法是法治建设的基石

（一）宪法是整个法律体系的统帅者

2011年3月10日，全国人民代表大会常务委员会委员长吴邦国同志向十一届全国人民代表大会四次会议作全国人大常委会工作报告时庄严宣布，一个立足中国国情和实际、适应改革开放和社会主义现代化建设需要、集中体现党和人民意志的，以宪法为统帅，以宪法相关法、民法商法等多个法律部门的法律为主干，由法律、行政法规、地方性法规与自治条例、单行条例三个层次的法律规范构成的中国特色社会主义法律体系已经形成。尽管我国现行法律体系仍有许多需要完善之处，但"社会主义法律体系已经形成"的宣告可以视为对改革开放以来法治建设尤其是立法成绩的一个阶段性总结。在整个法律体系中，宪法显然居于统帅者的地位。

从功能主义的角度来看,无论是物质文明、精神文明还是政治文明的提升都离不开法律规则,后者不仅属于政治文明的一部分,还可以发挥相应的调整或约束功能,用于规制文明发展中的各种社会关系。由于社会关系是复杂的,因此需要一个体系庞大的法律体系来对各类社会关系分别进行调整或约束。如何使这个法律体系成为一个有机体而不至于散乱无章甚至相互冲突,并发挥其正当的积极功能呢?这就需要借助宪法的功能。宪法的一个基本功能便是保证整个法律体系的正当性或合目的性。正如张千帆教授指出的:"宪法禁止法律没有必要地限制个人自由,或以任意的方式区分人的权利和义务。在这个意义上,宪法是限制的限制,是衡量法律限制是否适当的标准。"①因此,要想学好法律,首先应准确理解和把握整个法律体系中宪法的意义或功能。

(二)宪法是法治建设目标和方案设定的依据

法治建设是中国走向现代文明之国必须具备的内容之一。自从党的十五大提出"依法治国,建设社会主义法治国家"的目标之后,法治建设基本上在朝着正确的方向发展。2014年党的十八届四中全会的召开以及《关于全面推进依法治国重大问题的决定》的发布,更是为今后法治建设提供了具体的路线或蓝图。在这部党的文件中,明确提出:"全面推进依法治国,总目标是建设中国特色社会主义法治体系,建设社会主义法治国家。这就是,在中国共产党的领导下,坚持中国特色社会主义制度,贯彻中国特色社会主义法治理论,形成完备的法律规范体系、高效的法治实施体系、严密的法治监督体系、有力的法治保障体系,形成完善的党内法规体系,坚持依法治国、依法执政、依法行政共同推进,坚持法治国家、法治政府、法治社会一体建设,实现科学立法、严格执法、公正司法、全民守法,促进国家治理体系和治理能力现代化。"如果将这段表述视为我国今后法治建设的目标和蓝图,那么宪法显然应该是这个蓝图的基石所在。因为宪法规定了国家的基本性质、政权组织形式、基本的经济文化和社会制度,并且规定了国家所要保护的公民的基本权利等,这些规定无论对于有关政策性文件或执行性法律的创制还是其实施,都是根本的依据或者所要实现的目标。概言之,我国的法治建设要以宪法为基础,要以宪法所设定的框架为依据。

(三)宪法是良好社会秩序的根本保障

法治建设的内在追求之一便是良好社会秩序的形成和维护,宪法在这一过程中同样不可缺少。康德曾说过:"我们不能指望一部由品德优良的人士制定的宪法必定是一部好宪法,反之,因为有了一部好宪法,我们才能指望出现一个由品德良好的人士组成的社会。"②这句话表明,宪法可以帮助社会形成良好的风尚。有了宪法和法律保障,个人的私心才有可能得到遏制,利他之心才可能得以弘扬,从而形成良好的社会秩序。反之,如果宪法出了问题,恶的行为得不到有效地控制和必要而及时的惩罚,良好的行为得不到相应的鼓励,那么整个社会的良好和谐的秩序就难以形成。

二、宪法是民主实践的根本保障

宪法是人类为了克服不确定性、追求良好秩序而要求规则体系和谐的产物,也是为了配置权力、反对滥权而期求制度生成的结果。宪法与民主政治原本并没必然的联系,只是到了近代资产阶级革命时期,随着人民主权学说的勃兴和少数资产阶级革命先行成功的国家都建立了宪法,而且宪法也基本满足了该国人民对民主的要求,同时也构成了对民主政治实践的规制。宪法与民主政治原本并没有必然的联系,只是到了近代资产阶级革命时期,随着人民主权学说的勃兴和少数资产阶级革命先行成功的国家都建立了宪法,宪法才基本满足了该国人民的民主要求,同时对民主政治实践施以规制。

(一)宪法规定了民主政治及其实践的机制

近代宪法主要来自于近代民主,而近代民主制度是自由主义民主的产物,是民主和自由的复合体。自

---

① 张千帆:《宪法学讲义》,北京大学出版社2011年版,第23页。
② 转引自[美]富勒:《法律的道德性》,郑戈译,商务印书馆2005年版,第176页。

由主义是培育近代民主的酵母。直到19世纪,人类社会的人民主权观念才作为积极的建设性因素进入政治进程之中,但是这一原则是在经过重要转换之后才成为积极因素的。限制国家权力和保障人民权利成为民主政治的内在要求之一,而在政治制度的设计上则由直接民主变成间接民主即代议制民主。这些都被规定在宪法的文本之中。例如,我国《宪法》第2条第2款和第3款规定:"人民行使国家权力的机关是全国人民代表大会和地方各级人民代表大会。人民依照法律规定,通过各种途径和形式,管理国家事务,管理经济和文化事业,管理社会事务。"而第3条第2款也明确规定:"全国人民代表大会和地方各级人民代表大会都由民主选举产生,对人民负责、受人民监督。"

由上可以看出,民主政治既可以构成宪法产生发展的环境,同时它也是宪政发展的一种成果,由宪法来规定民主实践的具体机制并加以保障。没有宪法的完善和良性演进,是不可能完成限制国家权力、保护人民权利这一民主政治的伟大目标的。

(二)宪法为民主实践提供了规则约束

民主不仅仅是一种理念,更是一种实践。当民主作为一种实践时,规则和制度便不可或缺,而宪法则是民主实践所需规则和制度的基本来源。例如,根据我国《宪法》规定,人民行使国家权力的机关是全国人大和地方各级人大,而人大代表则是通过民主选举产生的。具体而言,全国人大代表由省、自治区、直辖市、特别行政区和军队选出的代表组成(《宪法》第59条)。省、直辖市、设区的市的人大代表由下一级的人大选举;县、不设区的市、市辖区、乡、民族乡、镇的人大代表由选民直接选举产生(《宪法》第97条)。在规定了人大代表基本的来源和产生规则的同时,宪法还规定了人大的会议制度、代表的权利以及对代表的监督和任免制度等。这些规则和制度共同构成了我国民主实践的基本规范,不仅为我国人民代表大会的运转提供了制度保障,也为相应的民主活动或实践提供了规则约束。

在中国这样一个有着长期专制传统的国家,通过在整个国家体制上引入民主的要素,并在宪法中具体规定民主的实现机制和约束规则,使公民的权利和自由获得很大的保障和实现。然而,我们也应该意识到完善民主制度以更好地推动民主实践仍有很长的路要走。例如,我国采取了县级人民代表大会的代表由公民直接选举的办法,并有学者力主随着经济、科技(如电子表决)的发展,应修改宪法和选举法以逐步扩大直接选举的范围。但随着直接选举范围的扩大,其所带来的经济、政治、社会成本增加,直接选举对规模扩展的不适症,直接选举的程序简单化、立场极端化等一系列负面效应如何克服?这是现行宪法所没有解决的一个难题,也是需要今后在改进宪法规范时应该认真考虑和予以克服的一个问题。这也从另一个侧面表明了宪法对于民主制度改进和实践发展的重要意义。

三、宪法关切和保障公民基本权利和自由

(一)宪法为政府权力划定了终极边界

我们在阐述宪法的含义时已经指出,宪法的一个基本功能是构造权力(主要是政府权力)。这里的构造权力至少包含三层意思:一是为权力划定终极边界;二是将权力进行横向与纵向的配置;三是规定权力的运行和约束机制。根据主权在民原则,政府是人民授权产生的。但人民的授权对人民是一把双刃剑:一方面人民对政府有需要,即政府的存在是有正当性理由的;另一方面政府极有可能利用手中的权力侵害人民的利益。所以人民并没有把所有的权力都授予政府,授予政府行使的权力也是有目的、范围、程序等方面的限制条件的。也就是说政府是有限的政府,其权力是有界限的。而界定政府权力终极界限的正是宪法。

宪法是近代资产阶级革命的产物,其出发点和终极目标在于保障人权。控权则是宪法达到该目标的最主要的手段。换言之,现代国家的宪法,最为主要的和核心的问题,就是限制政府的权力。我们知道,主权在民的核心内容是国家权力属于人民。人民是国家的主人而非被管理的客体。人民通过代议制的方式行使权力,组建自己的政府并将行政权授予政府。政府必须在人民授权的范围内,按照人民的意志来管理国家和社会事务,维护和促进公共利益。否则人民可以推翻自己的政府而组建新的政府。但是为了防止权力

的过于集中导致人民无法控制,人民又将国家权力分立、制衡。最终的目的在于使政府权力在有限空间里实现良性运转,以最大限度地保障公民权利和自由的实现。

(二)宪法规定了公民基本权利及其实现机制

宪法是一个价值、原则和规则的统一体,具有良好的制宪权基础的宪法的基本价值取向是个人自由和民主宪政的基本秩序。近代宪法率先确认的宪法权利在当时又被称为自由,如人身的自由、精神的自由和经济的自由,即近代宪法所确立的三大权利,概称为三大自由权。当然,宪法不仅规定了公民的基本权利和自由,也规定了这些基本权利和自由的保障和实现机制。例如,我国《宪法》第40条规定:"中华人民共和国公民的通信自由和通信秘密受法律的保护。除因国家安全或者追查刑事犯罪的需要,由公安机关或者检察机关依照法律规定的程序对通信进行检查外,任何组织或者个人不得以任何理由侵犯公民的通信自由和通信秘密。"该条规定不仅是对公民通信自由和秘密权的确认,也是对这一基本权利的一种保护以及消极实现方式的规定。可以说,宪法的基本价值在于保障个人的自由,形成个人自由前提下的秩序。宪法是最关切个人自由和权利的法律。离开了对自由和权利的关注与维护,宪法就失去了存在的意义。因此,宪法的最重要的作用在于确认和保障公民个体的基本权利与自由。

本 章 小 结

本章共包括三节内容,分别介绍了宪法的含义与历史发展、宪法的基本原则和宪法的功能。宪法是指规定一国基本权力构造与运行机制以及社会根本发展愿景与配套制度,并以最终实现公民基本权利与自由以及社会良性运转为其价值追求和功能定位的基本规范。学界对宪法常见的分类包括:成文宪法和不成文宪法;刚性宪法和柔性宪法;钦定宪法、民定宪法和协定宪法;资本主义宪法和社会主义宪法;等等。宪法的特征则包括:宪法所规定的内容具有根本性;宪法具有最高的法律效力;宪法的制定和修改程序较为严格。

宪法是在特定的历史环境中产生的,这些环境包括政治、经济、文化和法律自身的发展等。宪法内容和理念也随着政治、经济、社会和文化的发展而不断调整或发展。中国的宪法发展伴随着整个社会的现代化转型进程,在曲折反复中不断探索前行。

宪法的基本原则包括主权在民原则、人权保障原则、权力制约原则和法治原则。对于宪法的意义或功能,我们可以从以下三个方面来把握:宪法是法治建设的基石;宪法是民主实践的根本保障;宪法关切和保障公民基本权利和自由。

案 例 分 析

2003年3月17日晚上,任职于广州某公司的湖北青年孙志刚在前往网吧的路上,因缺少暂住证,被警察送至广州市"三无"人员(即无身份证、无暂居证、无用工证明的外来人员)收容遣送中转站收容。次日,孙志刚被收容站送往一家收容人员救治站。在这里,孙志刚受到工作人员以及其他收容人员的野蛮殴打,并于3月20日死在这家救治站。由于此次受害者身亡,并且其身份不是流浪汉而是大学生,因而产生了极大影响。许多媒体详细报道了此一事件,并曝光了许多同一性质的案件,在社会上掀起了对收容遣送制度的大讨论。先后有8名学者上书全国人大,要求就此对收容遣送制度进行违宪审查。

全国人大及其常委会在事件发生及学者上书后,并未给予任何形式的违宪审查或调查程序甚至是回应。同年6月20日,在未公布详细程序的情况下由国务院总理温家宝签署国务院令,公布《城市生活无着的流浪乞讨人员救助管理办法》。6月22日,经国务院第十二次常务会议通过的《城市生活无着的流浪乞讨人员救助管理办法》正式公布,并于2003年8月1日起施行。1982年5月12日国务院发布的《城市流浪乞讨人员收容遣送办法》同时废止。"孙志刚事件"和三博士上书全国人大常委会事件,也许将被记入中国依法治国的历史之中:这是中国公民首次行使违宪审查建议权,由此引发的关于全国人大应当尽快启动违宪审查制度的讨论,也将对中国依法治国的进程起到一定的推动作用。

问题:(1)本案中宪法的最高效力是如何体现的?

(2)《城市流浪乞讨人员收容遣送办法》是如何违反宪法规定的?

(3)分析本案中宪法实施的方式及存在的不足。

复 习 思 考

1. 简述宪法的含义与特征。
2. 阐述宪法产生的条件与西方宪法发展的趋势。
3. 试比较清末《钦定宪法大纲》和法国《人权宣言》制定背景与内容的异同。
4. 论述宪法的基本原则。
5. 思考宪法、民主、法治之间的关系。
6. 论述宪法的功能及学习宪法的意义。

第二章
公民基本权利和义务

 学习目标

- 知识目标：掌握公民和国籍等基本的宪法概念；了解公民基本权利和义务在我国宪法学当中的地位；了解我国公民基本权利和基本义务的基本含义与特征；掌握我国现行宪法关于公民基本权利和义务的规定；能够系统阐述公民基本权利的宪法意义。
- 能力目标：能够运用公民的基本权利理论来解读宪法文本和宪法现象；能够通过对古今中外宪法文本的比较，分析和思考我国现行宪法关于公民基本权利和义务规定的差异及其影响因素；能够运用公民的基本权利理论分析和评判相关的宪法案例或宪法事例；能够比较全面和深入地思考公民的基本权利和义务对于自己生活的意义。

第一节　公民基本权利概述

 案例引导

哈郎（Veit Harlan）在纳粹期间因导演反犹太人影片而声名狼藉。在"二战"后，他导演了含有比较强的反犹色彩的影片《不朽的爱人》。1950年9月20日，在汉堡举行的"德国电影周"的开幕式上，当时的汉堡市新闻处长吕特（Erich Lüth）以汉堡新闻协会会长的身份致词，呼吁电影制片商、发行商和影剧院抵制该影片。《不朽的爱人》的制片商要求吕特做出解释，于是吕特在报纸上发表了一封公开信，指出哈郎是纳粹电影的头号导演，是纳粹煽动屠杀犹太人的重要人物之一，他的复出必定会撕开那些尚未愈合的伤口，并重新唤起已逐渐消退的那些有害于德国重建的不信任，因此抵制这位有失体面的导演的影片不仅是所有正直德国人的权利，甚至也是他们的义务。由此，《不朽的爱人》的制片商和发行商诉至汉堡地方法院，要求法院禁止被告吕特呼吁德国影剧院和发行商不要接受《不朽的爱人》以及德国观众不要前去观赏《不朽的爱人》。汉堡地方法院认为被告的言论违反了德国民法典有关善良风俗的规定，判决原告胜诉。吕特不服，认为法院的判决侵害了其受到基本法（即德国宪法）保障的言论自由权，向联邦宪法法院提起了宪法诉愿。联邦宪法法院第一庭于1958年1月15日做出判决，判处"地方法院的判决"违宪，侵犯了吕特的言论自由权。这就是德国著名的"吕特案"。

思考：什么是公民的基本权利？公民的基本权利为什么如此重要？如何对公民的基本权利进行保障？

一、公民和国籍

（一）公民

公民又称作国民，是指具有一个国家的国籍，根据该国的法律规范享有权利和承担义务的自然人。公民资格的取得与丧失是以国籍的取得与丧失为依据的。"公民"这一概念反映了个人与国家之间的固定的法律关系，属于某一国的公民，就享有该国法律所赋予的权利，可以请求国家保护其权利；同时也负有该国法律所规定的义务，并接受国家的管理。

根据我国《宪法》规定，凡具有中华人民共和国国籍的人，都是中华人民共和国公民。我国公民在法律面前一律平等，都依法享有宪法和法律规定的权利，同时必须履行宪法和法律规定的义务。

（二）国籍

国籍是指一个人属于某个国家的一种法律上的身份。国籍反映了一个人与某个国家之间固定的法律联系。具有某国国籍即为该国公民，丧失某国国籍就不再是该国公民。如果具有双重或多重国籍，就可能是两个或两个以上国家的公民。而没有任何国家的国籍，就没有公民资格。

根据各国法律的规定，国籍的取得有两种基本方式：一种是出生国籍，即因出生而取得国籍；另一种是继有国籍，即因加入某国而取得国籍。各国对因出生而取得国籍的立法不尽一致，主要有三种原则：血统主义原则，即以一个人出生时父母的国籍为依据确定其国籍；出生地主义原则，即以一个人的出生地所属的国家为依据确定其国籍；混合主义原则，即血统主义和出生地主义相结合的原则。因加入而取得国籍是指个人因婚姻、收养或者申请等事实，经过一定的法律程序，由某个国家批准其入籍，从而取得该国国籍。由于各国对于国籍取得的法律规定不尽相同，因出生、加入而取得国籍时就会出现一个人同时具有两个或两个以上国籍的情况，法律上称为双重国籍或多重国籍。

国籍的丧失是指一个人由于某种原因丧失他所具有的某一国家的国籍，可分为自愿丧失国籍和非自愿丧失国籍两种。自愿丧失国籍是指根据本人的意愿而丧失国籍。如本人自愿申请退籍和自愿选择某一国国籍两种情况。非自愿丧失国籍是指由于法定原因而非本人自愿而丧失本国国籍，发生这种情况，主要是由于取得外国国籍、婚姻、收养、认领和被剥夺等原因而丧失国籍。

我国采取出生地主义和血统主义相结合的原则。根据我国《国籍法》规定：父母双方或一方为中国公民，本人出生在中国的，具有中国国籍；父母双方或一方为中国公民，本人出生在外国的，具有中国国籍。但如果父母双方或一方为中国公民并定居在外国，本人出生时即具有外国国籍的，不具有中国国籍。父母无国籍或国籍不明，定居在中国，本人出生在中国的，具有中国国籍。外国人或者无国籍人加入我国国籍必须具备两个前提：一是申请人须愿意遵守中国宪法和法律；二是须出于本人自愿。同时必备如下条件：(1)申请人是中国公民的近亲属；(2)定居在中国；(3)有其他正当理由。只要具备前述两个前提，同时又符合上述条件之一的，就可以申请加入中国国籍。申请中国国籍，须经过法定程序的批准；申请人可以具有中国国籍，但同时不再保留其外国国籍。若本人未满18周岁，可由监护人或其他法定代理人代为办理申请手续。在国内，可以向当地市、县公安局申请；在国外，可向中国外交代表机关或领事机关申请。上述机关负责受理申请并审查申请人是否符合法律规定，然后由中国公安部审批。经公安部批准并由有关公安机关发给证书后，申请人取得中国国籍，同时丧失外国国籍。我国不承认中国公民具有双重国籍，即不承认在中国具有中国国籍的人同时具有外国国籍，也不承认在外国具有外国国籍的人同时具有中国国籍。

（三）公民与人民的区别

在我国，公民和人民是两个不同的概念。它们区别主要有：(1)属性不同。公民是法律概念，人民是政治概念；公民所表达的是一种个体概念，人民所表达的是一种群体概念；公民是与外国人（包括无国籍人）相对应的法律概念,人民是与敌人相对应的政治概念,是指以劳动群众为主体的社会基本成员。人民在不同的历史时期有着不同的内容,现阶段,人民是指全体社会主义劳动者、社会主义建设者、拥护社会主义的爱国者和拥护祖国统一的爱国者。(2)范畴不同。公民比人民范围大,公民是指具有某国国籍的自然人,我国公民包括全体社会成员,人民不包括全体社会成员,依法被剥削政治权利的人和敌对分子不属于人民。(3)法律地位不同。公民中的人民,享有宪法和法律规定的一切权利并履行全部的义务;公民中的敌人,则不能享有全部权利,也不能履行公民的某些光荣的义务。

二、基本权利的概念和特征

(一)基本权利的概念

学者们对基本权利有着不同的理解。有学者认为,基本权利是指那些对于个人和公民所不可缺少、不可替代、不能转让的具有母体性的基础权利。① 有学者认为,所谓基本权利,也可称为宪法权利,是指那些表明权利人在国家生活的基本领域中所处的法律地位的权利。它具有固有性、法定性、不可侵犯性、普遍性和稳定性。② 也有学者指出,基本权利的"基本性"只是宪法制定者或解释者为寻求自己立宪或释宪结论的正当性而使用的工具而已,而不是权利本身就具有"基本性",而且这种正当性是以制宪权或释宪权为后盾的。③ 还有学者认为,基本权利是由"宪法规范所确认的一种综合性的权利体系","是宪法赋予的、表明权利主体在权利体系中重要地位的权利"。④

基本权利是宪法赋予公民的最基本、最重要的权利,表明了公民的宪法地位,反映了国家权力与公民权利的相互关系,是政治制度运行的基础。它反映了民主、法治的真谛,即对人权的尊重。而公民拥有基本权利的全部意义便在于人人均可过上有尊严的生活。基本权利的"基本性"是指权利内含的基本价值的实现至关重要,这些权利的丧失或者减损会使得权利基本价值的实现不再可能,权利主体地位因此而丧失或贬损,基本权利对于权利主体具有绝对的意义。基本权利在客观上不可取代,是公民生活中不可缺少的部分。

人权是宪法的起点和归宿,宪法必然以人权保障为最基本、最核心的价值追求。宪法通过对基本权利的规定,把人权变成实定法上可诉求的个人权利,从而使人权具备了可直接实现的效力。宪法和人权保障制度的历史表明:宪法与人权是互为表里、紧密联系的。离开了宪法保障的人权,只能是自然法学者们的空想;离开了人权保障的宪法,只能是专制主义者们的"遮羞布"。现代各国宪法都对人权予以明确规定,但囿于人权的内涵宽泛,难以准确把握,于是首先将各国制宪者认为个人所必不可少的权利即基本权利加以规定。

(二)基本权利的性质

关于基本权利的性质,学界存在不同的认识,主要有实定权说、反射利益说、自然权利说、制度保障说、基本权利双重性质说等。其中,基本权利双重性质说是学界的通说。根据基本权利双重性质说,基本权利被认为具有"主观权利"和"客观法"双重性质⑤。

基本权利在"个人向国家主张"的意义上被称作"主观权利"。也就是个人依据自己的意志向国家提出要求,而国家必须按此要求作为或者不作为。基本权利的此种"主观属性"包含两层含义:首先,个人得直接依据宪法上的基本权利条款要求公权力主体为或者不为一定的行为;其次,个人得请求司法机关介入以实现自己的要求。基本权利作为主观权利的核心功能是所谓的"防御权功能",也就是当国家侵害基本权利

---

① 徐显明:《公民权利义务通论》,群众出版社1991年版,第132页。
② 李龙、周叶中:《宪法学基本范畴简论》,载《中国法学》1996年第6期。
③ 夏正林:《从基本权利到宪法权利》,载《法学研究》2007年第6期。
④ 胡锦光、韩大元:《中国宪法》,法律出版社2004年版,第175页。
⑤ 参见张翔:《基本权利的双重性质》,载《法学研究》2005年第3期。

时,个人得请求国家停止侵害,而且此项请求可以得到司法上的支持。除"防御权功能"外,基本权利在一定条件下还具有直接请求国家积极"作为"以使个人享有某种利益的"受益权功能"。

基本权利作为"客观法"的基本含义是:基本权利除了是个人的权利之外,还是基本法所确立的"客观价值秩序"。这一秩序构成立法机关建构国家各种制度的原则,也构成行政权和司法权在执行和解释法律时的上位指导原则。公权力必须自觉遵守这一价值秩序,尽一切可能去创造和维持有利于基本权利实现的条件。在这种意义上,基本权利又是直接约束公权力的"客观规范"或者"客观法"。

(三) 基本权利的特征

第一,基本权利是实定法上的权利。虽然基本权利的理念根植于自然法,但它却有别于自然权利,仅指各国宪法文本中规定的权利。

第二,基本权利是个人针对国家提出的主张。① 首先,基本权利是个人权利。任何时候,集体属性的权利都有可能削弱权利的价值和分量,成为某一社会政治团体行不义之举的借口。正是在公民与国家对应关系的意义上,个人获得了对抗国家的属性,要求强大的国家不得无视弱小的个人,个人权利遂成为国家行动的界限。其次,基本权利是针对国家提出的主张。基本权利旨在界定国家和个人间的关系,为国家划定不得逾越的边界而使公民权利免遭侵蚀。基本权利是个人要求国家作为或不作为的权利。在早期自由国家理念之下,基本权利旨在抵御国家的不法侵犯,其内容是要求国家不作为的、消极的防卫性权利。进入21世纪后,随着社会国家、福利国家理念的勃兴,基本权利不再消极对抗国家权力,进而积极要求国家以作为的方式促成权利的实现。

第三,基本权利具有不可让渡性。基本权利在一般情况下具有不可转让性。基本权利是确定公民宪法地位的权利形态,是公民不可缺少的权利。基本权利反映了受国家保护的公民基本的权利要求,是人的主体意志的体现,与做人的资格有着密切联系。当国家通过宪法赋予公民基本权利时,这一权利通常成为公民专有权利,一般不得将其转让给别人,否则就失去了基本权利的性质。

第四,基本权利具有综合性。基本权利作为宪法的最高价值规范,在权利体系上具有综合性,即概括了公民在社会生活领域中应有的最基本的权利,涉及政治领域、经济领域、文化领域与社会领域。在主要的、基本的社会生活领域中,宪法确定了基本权利的范围,以保证公民的宪法地位。

第五,基本权利是相对稳定的权利体系。② 对于一个公民来说,基本权利既是最重要、最根本的权利,同时也是从事社会活动的最低限度的权利。在多样化的权利形态中被纳入到基本权利范畴的,一般是国家有能力予以保护并加以实现的具有现实基础的权利,具有相对的稳定性。即便随着社会的发展变化,对基本权利的调整都需要经过慎重的选择与判断,以维护公民宪法地位与社会关系的稳定。

第六,基本权利是依赖司法救济的权利。虽然不排除基本权利具有政治追求的含义,但是它并不单纯是某一社会政治团体的道德宣示,而是具有法规范意义上的权利。而"无救济即无权利",权利的这一属性决定了基本权利与私权利一样,在受到侵犯之虞,需要依赖法院或中立机构予以救济。

三、基本权利的历史发展

(一) 旧中国基本权利的发展

为了挽救摇摇欲坠的统治,1908年清朝政府不得不颁布《钦定宪法大纲》,它是中国历史上第一个宪法性文件,首次公开宣告和承认个人享有某些基本人权。但是,《钦定宪法大纲》对基本权利的规定不仅以"臣民"而非"公民"为主体,而且规定基本权利的条款并非宪法正文的组成部分,仅作为"君上大权"的附录加以规定。它规定的基本权利有:担任文武官吏及议员之权,言论、著作、出版及集会、结社等自由,不受任意逮捕、监禁、处罚之权,诉讼权,审判权,财产及住宅不受侵犯权。随着1911年辛亥革命的爆发,清政府匆忙颁

---

① 参见韩大元主编:《比较宪法(第二版)》,高等教育出版社2008年版,第149～151页。
② 参见胡锦光、韩大元:《中国宪法》,法律出版社2004年版,第176页。

布了一个《宪法重大信条十九条》，对基本权利未有只字规定。

辛亥革命胜利后，中华民国南京临时政府于1912年颁布了《中华民国临时约法》。它宣告人民享有的基本权利有：人民之身体，非依法律，不得逮捕、拘禁、审问、处罚；人民之住宅，非依法律，不得侵入或搜索；人民有保有财产及营业之自由；人民有言论、著作、刊行及集会、结社之自由；人民有书信秘密之自由；人民有居住迁徙之自由；人民有信教之自由；人民有请愿于议会之权；人民有陈诉于行政官署之权；人民有诉讼于法院，受其审判之权；人民对于官吏违法损害权利之行为，有陈诉于平政院之权；人民有应任官考试之权；人民有选举与被选举之权。《中华民国临时约法》规定的个人享有的基本权利自由所具有的广泛性在中国历史上是空前的，为日后宪法对基本权利自由的规定提供了蓝本。

随后，辛亥革命的成果被袁世凯窃取，从而使中国进一步陷入了战乱时期。在这一期间所出现的宪法性文件主要有1913年的"天坛宪草"、1914年的"袁记约法"、1923年的"贿选宪法"、1925年的《中华民国宪法草案》、1931年的《中华民国训政时期约法》、1936年的《中华民国宪法草案》（即"五五宪草"）和1946年通过并于1947年正式生效的《中华民国宪法》。这些宪法性文件都在不同程度上对基本权利做出了规定。1947年正式生效的《中华民国宪法》，在第一章"总纲"之后以"人民之权利义务"为标题将基本权利规定在第二章之中。它规定的基本权利有：平等权，人身自由权，不受军事审判的权利，居住自由，迁徙自由，表达自由，通信自由，宗教信仰自由，集会结社自由，财产权，人民有依法律请愿、诉愿及诉讼之权，参政权，考试权，人民有依法律应考试之权，国家赔偿权等。

新民主主义革命时期人民革命根据地的《中华苏维埃共和国宪法大纲》《陕甘宁边区施政纲领》和《陕甘宁边区宪法原则》等宪法性文件，也都对基本权利做出了规定。

(二) 新中国基本权利的发展

1.《共同纲领》与公民基本权利

1949年9月29日通过的《中国人民政治协商会议共同纲领》（简称《共同纲领》）是新中国宪法史上第一部具有宪法性质的文件。《共同纲领》在第1章总纲中规定了公民的基本权利，主要有：选举权和被选举权；思想、言论、出版、集会、结社、通讯、人身、居住、迁徙、宗教信仰及示威游行的自由权；男女平等权；国外华侨的正当权益；保护守法的外国侨民。

2. 1954年宪法与公民基本权利

1954年宪法是中国历史上第一部社会主义宪法，它是《共同纲领》的继承和发展。宪法第三章专设"公民的基本权利和义务"，有关基本权利的条款共15条，主要内容为：平等权（第85条），选举权和被选举权（第86条），言论、出版、集会、结社、游行、示威的自由（第87条），宗教信仰自由（第88条），人身自由（第89条），住宅不受侵犯、通信秘密和迁徙的自由（第90条），劳动权（第91条），休息权（第92条），物质帮助权（第93条），受教育权（第94条），科研、文艺创作和其他文化活动的自由（第95条），妇女与男子的平等权（第96条），取得赔偿权（第97条），保护华侨的正当权益（第98条）等。1954年宪法的制定，标志着新中国基本权利保障体系的初步形成。

3. 1975年宪法与公民基本权利

1975年宪法是在国家政治生活极不正常的情况下制定的，宪法本身缺乏正当性。宪法虽保留了1954年宪法的一些原则和内容，但在基本权利体系和保障方面缩小了范围，仅规定了选举权；受教育权；劳动权；对国家工作的监督权；言论、通信、出版、集会、结社、游行示威、罢工的自由；宗教信仰自由；人身自由和住宅不受侵犯等。取消了一些基本的、最重要的原则和权利，如法律面前人人平等原则、法院独立进行审判的原则、审判公开原则和被告人有权获得辩护等权利，诸如迁徙自由、休息权、物质帮助权、文化活动的自由、取得赔偿权、保护华侨的正当权益等也被取消。由于当时的政治环境，宪法理念上存在着严重的错误，宪法规定的基本权利体系缺乏整体性。

4. 1978年宪法与公民基本权利

1978年宪法恢复了1954年宪法规定的一些重要权利与自由，并对权利的实现规定了保障条款。如

第47条第2款规定,任何公民,非经人民法院决定或者人民检察院批准并由公安机关执行,不受逮捕;第49条规定,国家规定劳动时间和休假制度,逐步扩充劳动者休息和休养的物质条件,以保证劳动者享受这种权利;第55条规定,公民在权利受到侵害的时候,有权向各级国家机关提出申诉等。1978年宪法规定的公民基本权利比1975年宪法有了很大的发展,对基本权利体系作了必要的调整,但仍未恢复到1954年宪法的程度。

5. 1982年宪法与公民基本权利

1982年宪法是我国的现行宪法,在认真总结"文化大革命"经验教训的基础上,对原有的基本权利体系作了较大的调整,建立了符合中国实际的基本权利保障体系。为了突出地标示基本权利在宪法体制中的重要地位,1982年宪法将公民的基本权利与义务由第三章提前到第二章,位于总纲之后、国家机构之前,合理地处理了公民权利与国家权力之间的关系。宪法结构的这种变化,同时表明了政治秩序中基本权利所具有的价值与普遍的约束力。同时,1982年宪法重新调整基本权利体系,增加了基本权利内容,如公民人格尊严不受侵犯、退休人员生活受保障、残疾公民受物质帮助等权利。从总体上看,1982年宪法完善了对基本权利的保障,丰富了基本权利的内涵,建立了一个较为完备的基本权利体系。2004年修宪进一步明确了对私有财产权的保护,规范了财产权的内涵;而且将"国家尊重和保障人权"写入宪法,使人权从政治原则上升为宪法原则,标志着国家对基本权利保障的价值观发生了重大转化。

四、基本权利的保障

基本权利如果得不到实际上应有的保障,其实效将会无从体现,人权入宪也将失去意义。人权的实效在很大程度上取决于现实中的人权保障制度,而不单单取决于基本权利的宪法规定或宪法规范本身。当然,基本权利的保障效果,在客观上受到宪法上基本权利保障模式的影响。基本权利保障模式主要包括绝对保障模式和相对保障模式两种。①

(一) 绝对保障模式

绝对保障模式是指对宪法所规定的基本权利,其他法规范不能加以任意限制或规定例外情形。由于绝对保障模式是直接依据宪法规定并通过宪法自身所设置的制度而实现的,因此又被称为"依据宪法的保障模式"。绝对保障模式并不意味着对宪法权利的绝对不加限制,因为绝对的权利仅仅是一种道德上的诉求,而宪法权利则是对这种道德诉求的宪法认可。

从各国宪法实施状况来看,在实际操作中,在该模式下一般都采取具有实效性的违宪审查制度。通过违宪审查机制,可以排除其他法规范对宪法所规定的基本权利所可能加诸的、逾越了该基本权利自身的内在制约限度且为宪法所不能接受的那些制约。同时,这种制度本身就是一种宪法上的权利救济制度。宪法基本权利在宪法中的真实存在,内在地要求救济制度的真实建立。违宪审查制度使宪法具有了适用性,而且它已成为保障宪法权利的一种颇具实效的制度。因此,建立行之有效的违宪审查制度是保障人权的极其重要的路径,也是我们确立绝对保障模式的最终目的。

(二) 相对保障模式

相对保障模式,即允许其他法规范对宪法所规定的基本权利加以直接有效的限制,或客观上存在这种可能性。采取这种模式,一般也是宪法自身的一种选择。正是由于其自身的这种选择,有些宪法本身就规定或默许其他法律对自身所确定的某些权利予以限制。如规定某种宪法权利的"内容由法律规定","在法律的限制之内"或"在法律的范围内"予以保障,"其例外依法律规定"以及"非依法律不得限制"等。这些用语都表明相对保障模式其实为宪法本身所选择。由于在相对保障模式下,宪法的某些基本权利并不是通过宪法自身而是通过相应的普通法律来保障的,因此又被称为"依据法律的保障"模式。根据芦部信喜教授的

---

① 参见林来梵:《从宪法规范到规范宪法》,法律出版社2001年版,第94~95页。

看法,德国魏玛宪法的权利保障就属于这种模式,故又把相对保障模式称为"魏玛宪法型"。

当然,在一些国家的同一部宪法中,可能既存在着被绝对保障的权利也有被相对保障的权利。根据德国魏玛宪法时期著名公法学家托马的观点,前者是"拥有宪法之力",而后者是"拥有法律之力"。

第二次世界大战后的西欧各国宪法中的人权保障出现了一种转型,即从传统的"依据法律的人权保障"转向"针对法律的人权保障",并建立了违宪审查制度,但同时又沿袭了部分"法律保留"的机制,为此出现了一种介于绝对保障和相对保障模式之间的另一种人权保障模式,这就是芦部信喜教授所说的折中型保障模式。这种模式一方面建立在具有实效的违宪审查制度之上,另一方面宪法本身又将对某些基本权利的保障委之以普通法律,当代德国所采行的保障方式即被认为是这种保障模式。

资料

1776年美国《独立宣言》节选

我们认为下面这些真理是不言而喻的:人人生而平等,造物者赋予他们若干不可剥夺的权利,其中包括生命权、自由权和追求幸福的权利。为了保障这些权利,人类才在他们之间建立政府,而政府之正当权力,是经被治理者的同意而产生的。当任何形式的政府对这些目标具破坏作用时,人民便有权力改变或废除它,以建立一个新的政府;其赖以奠基的原则,其组织权力的方式,务使人民认为唯有这样才最可能获得他们的安全和幸福。为了慎重起见,成立多年的政府,是不应当由于轻微和短暂的原因而予以变更的。过去的一切经验也都说明,任何苦难,只要是尚能忍受,人类都宁愿容忍,而无意为了本身的权益便废除他们久已习惯了的政府。但是,当追逐同一目标的一连串滥用职权和强取豪夺发生,证明政府企图把人民置于专制统治之下时,那么人民就有权利,也有义务推翻这个政府,并为他们未来的安全建立新的保障——这就是这些殖民地过去逆来顺受的情况,也是它们现在不得不改变以前政府制度的原因。当今大不列颠国王的历史,是接连不断的伤天害理和强取豪夺的历史,这些暴行的唯一目标,就是想在这些州建立专制的暴政。

第二节 平等权与政治自由

案例引导

2002年12月23日,中国人民银行成都分行在《四川日报》《成都商报》等媒体上发布招录行员的启事:2002年普通高等院校全日制应届毕业生,具有大学本科及以上学历的经济、金融、计算机、法律、人力资源管理、外语等相关专业的学生,男性身高168厘米以上,女性身高155厘米以上,生源地不限。原告蒋韬看了启事后,认为成都分行的招录广告,是对包括自己在内的因身高不符合上述条件的报名者的身高歧视,侵犯了原告享有的《宪法》赋予的担任国家公职的平等权,遂向成都市武侯区人民法院提起行政诉讼,请求法院依法确认被告的被诉具体行政行为违法。①

思考: 什么是平等权呢?我国宪法上的平等权是一项权利还是一项原则呢?

---

① 即蒋韬诉中国人民银行成都分行招录公务员身高歧视侵犯宪法平等权案。

一、平等权的基本理论

(一) 平等权的概念

平等是指人或事务的地位完全出于同一标准或水平,都被同等对待。在法律用语中,平等一般被认为是自然权利的一种,或是理想和正义的特征之一,平等的基础是人人皆具有自由的意志。① 平等的观念源远流长,由于人类社会普遍存在着不平等的现象,人们追求平等的努力从来未曾停止过。

由于人权原则同时在积极方面和消极方面包含最低限度的具有普遍性的道德要求②,因此,"平等原则追求之目的,是针对那些处于不利状态的人民使其得到改善,而不是针对那些处于有利状态的人民削减其权益。"③由此可见,平等是一积极的主张,而非一种消极的诉求,即它不是一种自愿堕落、违法意义上的平等对待。如果因出身、性别差异等原因而受到非难,应在法律所容许的范围内以正当方式加以纠正,且不可以一种"同态复仇"式的原始、野蛮的对抗方式进行。④

(二) 平等权的性质

平等究竟是一种权利还是一种宪法原则,学者们还有争论,不过当今的宪法学理论和实践都已将其作为一种权利来对待。平等,理应在作为一项原则的同时也作为一项基本权利存在;否则,平等的理念只能始终停留在文本与口号中。也可以这样认为,宪法规范意义上的平等,对于国家一方来说,即表现为一种原则(平等原则);对于个人一方而言,即表现为一种权利(平等权)。⑤

平等权在宪法上主要是作为一种基本权利而存在的,但它与其他基本权利不同,在整个宪法的基本权利体系中具有一定的超越性。它不但通过民族平等、男女平等,而且还广泛地通过政治平等权、社会经济平等权以及其他具体的基本权利,体现其作为一种基本权利的具体内容,因此是一种原则性、概括性的基本权利。

(三) 平等权的内涵

众所周知,"法律平等地适用于每一个人,同样地约束每一个人,而不论每个人的动机如何。这是法律的核心"。⑥ 近代宪法则将平等、自由和财产作为最重要的三大基本人权予以确认。平等原则最初强调的是"执法的平等",立法权可以不受平等原则的约束。后来人们逐渐意识到,平等原则也要求在立法过程中加以体现。自此,人们对平等原则与平等权的观念发生了重大转变,"透过立法权来形成一个符合平等原则的法律秩序,无疑是现在法治国家的主要理念。因此,法治国家对平等权的重心已大幅度地移植到'立法平等'之上。"⑦现在,立法平等已经成为衡量现代法治国家的标志之一。

综上所述,平等和平等权包括三个方面的含义:(1)立法上的平等,即公民都有权亲自或由其代表参与法律的制定。(2)适用法律上的平等,即所有公民受法律的平等保护;公民在触犯法律时,在惩罚上一样对待;不允许公民在法律上享有任何特殊对待。(3)执法上的平等,即每个公民都能平等地按其能力担任一切

---

① 《牛津法律大辞典》,光明日报出版社1988年版,第303页。
② [英]米尔恩:《人的权利与人的多样性——人权哲学》,夏勇、张志铭译,中国大百科全书出版社1995年版,第154页。
③ 法治斌、董保城:《宪法新论》,元照出版有限公司2004年版,第255页。
④ 如2004年出现的"男体盛"风波。在云南"女体盛"事件两个月后,即2004年6月,重庆又上演了一出"男体盛"风波。其始作俑者《新女性》杂志社总编王继认为,这是一场批判女体盛的行为艺术,要以毒攻毒,借此反讽大男子主义,对"女体盛"这种流毒做一次另类批判。参加当天"男体盛"的食客一共6位,清一色的女嘉宾。其中一位食客事后说:"当时给我的感觉就是有一种男女平等,有种复仇快感。"另一位食客则认为此举"有一种很解气的、很扬眉吐气的感觉"。参见《央视名栏目评说"男体盛"》,载《江南时报》2005年9月24日,第14版。
⑤ 韩大元、林来梵、郑贤君:《宪法专题研究》,中国人民大学出版社2004年版,第302页;另见林来梵:《从宪法规范到规范宪法》,法律出版社2001年版,第111页。
⑥ [美]德沃金:《认真对待权利》,信春鹰、吴玉章译,中国大百科全书出版社1995年版,第155页。
⑦ 参见陈新民:《平等原则拘束行政权的问题——论"不法平等"》,载台湾行政法学会主编:《行政法争议问题研究(上)》,五南图书出版公司2000年版,第61页。

官职、公共职位和职务。

我国《宪法》第 33 条第 2 款明确规定,"中华人民共和国公民在法律面前一律平等"。同时,《宪法》第 4 条、第 5 条、第 32 条、第 36 条、第 38 条、第 45 条、第 48 条、第 49 条、第 50 条等条款,也对平等权做出了相应规定。在我国,学理上通说认为,平等权主要是指公民在适用法律上的平等。① 它主要包括以下内容:(1)我国公民不分民族、种族、性别、职业、家庭出身、宗教信仰、文化程度、财产状况、居住期限,都一律平等地享有宪法和法律规定的权利,也都平等地享有宪法和法律规定的义务。(2)所有公民的合法权益都一律平等地受到宪法和法律的保护,对违法行为都一律平等地予以追究。(3)任何公民都不得有超越宪法和法律的特权,也不得强制公民承担法律之外的义务。就广义而言,我国的平等权还包括民族平等和男女平等。这和"公民在法律面前一律平等"既有联系,又有区别。民族平等和男女平等的内容更为广泛,不仅包括"在法律面前一律平等",还包括政治、经济、文化、社会、家庭等方面的平等。

(四)平等和合理差别

平等决不意味着不加区别地一视同仁、整齐划一,平等必须正视人类的"合理的差别"。事实上,各国宪法通常在规定平等权的同时,根据个人在自然、生理和社会等方面的不同情况,做出了差别待遇的规定。其主要原因在于,对不同的情况、不同的人不作区别的对待可能造成事实上的不平等。因此,基于"合理差别"的考虑,如果其他基本权利或重大公共利益更值得保护,可以对基本权利做出限制性的规定,但该限制必须限定在合理的限度内。所谓合理差别,即根据实质上的平等原则,在合理程度上所采取的具有合理依据的差别。② 如何确定"合理依据"和"合理程度"实为一个操作性很强的技术性问题,很多国家主要依赖判例来拓展。从各国的实践来看,合理差别大致可归为以下几类:(1)由于年龄上的差异所采取的责任、权利等方面的合理差别;(2)依据人的生理差异所采取的合理差别;(3)依据民族的差异所采取的合理差别;(4)依据经济上的能力以及所得的差异采取纳税负担轻重方面的合理差别;(5)对从事特定职业的权利主体课以特殊义务,或对其特定权利施加特定限制。此外,合理的差别除了需要合理的依据之外,还必须限定于合理的程度之内,否则将导致"逆反差别"。③

基于合理的差别,为了充分保障特定群体公民的平等权,我国宪法对特定主体的权利予以了特殊的保障,或者施加了特别的限制。

1. 保护婚姻、家庭、母亲和儿童

《宪法》第 49 条规定:"婚姻、家庭、母亲和儿童受国家的保护……禁止破坏婚姻自由……"

1992 年通过的《妇女权益保障法》,对妇女在家庭生活中的平等权、同工同酬权、受教育权、平等就业权、劳动保护权、生育权作了特殊保护。2006 年修订通过的《未成年人保护法》,对儿童的抚养、受教育权、社会安全、人格权、收养、残疾儿童成长作了特定保护。1996 年通过的《老年人权益保障法》,对老年人的退休、赡养、生活保障作了特定保护。

2. 残疾人权利保护

《宪法》第 45 条第 2 款、第 3 款规定:"国家和社会保障残废军人的生活,抚恤烈士家属,优待军人家属。国家和社会帮助安排盲、聋、哑和其他有残疾的公民的劳动、生活和教育。"

《残疾人保障法》和其他相关法律,对残疾人的生活保障权、劳动就业权、受教育权、政治权利、人格权利做出了特定保护。

3. 保护华侨、归侨和侨眷的正当权利

华侨是指侨居在国外的中国公民。归侨是指回国定居的华侨。侨眷是指在国外居住的华侨在国内的

---

① 参见吴家麟主编:《宪法学》,群众出版社 1983 年版,第 365~366 页;许崇德主编:《宪法学》(修订本),中国人民大学出版社 1996 年版,第 409 页。
② 林来梵:《从宪法规范到规范宪法》,法律出版社 2001 年版,第 116 页。
③ 参见林来梵:《从宪法规范到规范宪法》,法律出版社 2001 年版,第 117~118 页。

亲属。《宪法》第50条规定:"中华人民共和国保护华侨的正当的权利和利益,保护归侨和侨眷的合法的权利和利益。"此外,《归侨侨眷权益保护法》对归侨、侨眷权利予以保护。

4. 在中国境内的外国人的合法权利

《宪法》第32条第1款规定:"中华人民共和国保护在中国境内的外国人的合法权利和利益……"同时,宪法要求在中国境内的外国人必须遵守中华人民共和国的法律。《宪法》还规定:"中华人民共和国对于因为政治原因要求避难的外国人,可以给予受庇护的权利。"

此外,公务员的言论自由、结社自由受到的限制,军人受军事法院的审判,人大代表的言论免责权与不受逮捕的规定,军人及其家属的社会优待权,妇女权益的特殊保护等,也都是基于平等权的相对性和合理差别而对平等权设定的合理限制。

二、基本权利体系中的平等权

(一) 平等权在宪法中的地位

对于平等权在基本权利体系中的性质和地位,大致存在三种不同的认识:第一种观点认为,平等权在《宪法》"公民的基本权利和义务"一章中规定,当然是公民基本权利的一种①;第二种观点认为,平等权在公民基本权利体系中具有概括性、原则性的特点,"平等权可以说不是一种具有具体内容的权利,而是一种实现权利的原则";②第三种观点认为,平等权既是公民的一项基本权利,又是公民的一项基本原则。第三种观点逐渐成为宪法学界的通说。

平等权在宪法中的地位具体体现为:首先,平等是一项宪法基本原则,是人类社会所追求的基本价值。作为一项法律原则的平等权,它要求无论是国家机关还是公民个人,都要承认并维护个人作为人的价值和尊严。其次,平等权是公民的基本权利,与其他基本权利一起构成宪法上的基本权利体系。再次,平等权也是一个历史发展的产物。和其他基本权利一样,平等权经历了从无到有、内容逐步扩大的发展历程。最后,平等权主要依赖它与其他基本权利的相互关系展现出来。平等权不像其他基本权利那样具有特定而具体的内容,其权利性主要体现在与其他基本权利的相互关系中,集中通过政治平等、经济平等、文化和社会平等权等体现其价值。③

(二) 平等权的类型

1. 形式意义上的平等和实质意义上的平等

形式上的平等,即宪法保障每个人在其人格的形成和实现过程中所应当享有的机会上的平等。这种平等实际上并不考虑站在现实起点上的各个具体的"人"是否真正具有对等的实力等前提条件,当然更不问自由竞争之后的结果是否可能达到平等。然而,人们却在各方面存在着天然的差别,形式上的平等无视人的差别,无视存在着的先天缺陷,将导致对自由的背离,并不可避免地产生不平等。因此,现代宪法或多或少地吸收了实质上平等的原理。所谓实质上的平等,主要指的是为了在一定程度上纠正由于保障形式上的平等所招致的事实上的不平等,依据各个人的不同属性分别采取不同的保障方式。

日本有学者认为:"对于法律面前的平等来说,其重要之处在于,平等作为近代民主政治的理念并不是实质上的,而是形式上的。……只有这样形式上的平等,才和自由联结在一起。"④而对自由的平等保障具有特别重要的意义,进一步说,为了能使自由本身充分发挥其效能,每个人所具有的具体特质在任何情况下都不能和自由保障关联在一起。要确保做到这一点,自由的主体在形式意义上必须是完全平等的。所以平等

---

① 参见韩大元主编:《宪法学》,高等教育出版社2006年版,第199页。
② 何华辉:《比较宪法学》,武汉大学出版社1988年版,第226页。
③ 胡锦光、韩大元:《中国宪法》,法律出版社2004年版,第225页。
④ [日]大须贺明:《生存权论》,林浩译,法律出版社2001年版,第32~33页。

观念实际上就意味着主体的平等,且必须是形式上的平等,这对自由的保障是十分必要的。此外,个体还存在着个性和能力的多样性。要保护个性和能力的多样性,重要的途径只能是保障自由。为此,平等决不能成为阻碍个人个性和能力得以发展的障碍物。平等只要保障站在起跑线上的个人机会均等就可以了,只有形式上的平等,对自由的保障来说,并非真正必要的平等。

也有学者指出,形式上的平等主要是从抽象的法律人格意义来要求平等地对待一切个人的,全然没有考虑到现实中各人所拥有的经济和社会地位,故经济和社会的不平等被置之一旁而不顾。随着社会问题的严重化,有学者指出,实在有必要在一定程度上对形式的平等加以修正,以此推进实质上的平等。实质性平等的保障需要通过国家积极干预才能实现,实质性平等的内容需要通过国家权力的干预,来消除国民之中的经济与社会的不公平。但是,所有平等权效果的范围,应当停留在能消除由自由以及形式上的平等带来的弊端程度上。①

2. 机会的平等、条件的平等和结果的平等

这是依据日本学者小林直树的观点做出的分类。一般而言,机会平等产生于反对封建身份制度和特权制度的斗争中,它旨在保障人们在各种社会活动的起点上的平等,所以又称形式上的平等。而条件的平等则是依据各人的不同属性采取不同的方式,对作为个人的人格发展所必需的前提条件进行实质意义上的平等保障,又称为实质上的平等。而结果上的平等,是指不问具体的过程,只追求最终得到平等的结果,"是作为一种结果的事实关系的平等状况,通俗地说,是自由竞争之后的结果的平等"。

然而,对于如何理解结果上的平等,国外宪法学界存在不同的看法。日本的芦部信喜教授认为,实质上的平等旨在纠正由于自由竞争中机会平等所引起的现实的不平等,为此,实质的平等即相对于机会的平等而言的结果平等。而小林直树教授等学者认为,实质上的平等不同于结果的平等,后者主张所有的人在最后必须站在同一终点线上,这有可能招致"无视生活过程中努力或才能之优劣"的那种"恶的平等"。② 提出"结果平等"的意义在于,警示人们要杜绝绝对平均主义的乌托邦思潮,从机会的平等和条件的平等来改善平等的诉求才是务实之举。

总之,机会平等是个人均有竞争的资格,条件平等是保证人们从同一起点出发,结果平等是个人的最终结果的相同。社会平等中最重要的是机会平等,政府和法律为保障机会均等而做出的各种措施,通常被人们称为"积极的差别待遇"。③

3. 立法上的平等和适用法上的平等

对平等权的传统认知,如法律面前人人平等,是将平等权适用在法律执行上,即"法律适用之平等"。这种偏重形式意义的平等,要求执法机关不能因该法律所规范对象存在差异,而实行不同的规范标准。这种注重形式的平等权的理论,并不能清晰了解法律本身应该如何实践此平等权利的内容。倘若一个法律本身即不公平(例如采取种族歧视、男女不平等政策),那么严格遵守这一类法律,足以对平等权造成严重的损害。

因此,在20世纪30年代,德国兴起了一种新的理论,要求立法者也必须遵守平等权,而且在违反平等权时法律会因违宪而无效。《魏玛宪法》第109条规定:法律面前,人人平等。但是,传统的理论仍认为这种平等只是法律适用的平等。由于受到美国宪法及瑞士宪法学理的冲击,以及基于魏玛宪法不同于以往宪法之特性,德国宪法学界开始将平等权的作用对象转加到立法者身上。1925年,两位德国学者莱布厚兹及阿达,分别出版了相同书名的《法律之前的平等》的论著,提出平等权也应该拘束立法者的新理论。莱布厚兹宣称,这是平等权意义的转变。主张新理论者认为,若平等权不能有效地拘束立法者,那么宪法上的平等权就形同虚设。为了拘束立法者使其不致违反平等原则,宪法同时拥有审查法律有无违反平等原则之权限。因此,新的理论明确提出,宪法平等权不仅是法律适用上的平等,同时也是"法律制定之平等"。④

---

① [日]大须贺明:《生存权论》,林浩译,法律出版社2001年版,第32～37页。
② 林来梵:《从宪法规范到规范宪法》,法律出版社2001年版,第108页。
③ 谢鹏程:《公民的基本权利》,中国社会科学出版社1999年版,第198页。
④ 参见胡锦光、韩大元:《中国宪法》,法律出版社2004年版,第229～230页。

三、政治性权利

政治性权利,是人们参与政治活动的所有自由(或权利)的总称。政治自由属于"消极的自由"范畴,是一种参与国家政治生活而免受国家干预的自由。政治性权利主要包括选举权和被选举权、罢免权、请愿权、创制权、复决权和公决权等。

(一)选举权和被选举权

选举权是指公民依法享有选举代议机关代表和国家公职人员的权利;被选举权是指公民依法享有被选举为代议机关代表和国家公职人员的权利。

对于选举权的法律属性,人们存在不同的认识。在英美法系,选举权被认为是一项不证自明的权利;而在大陆法系,学界对其究竟属于权利还是公务或权限存在三种不同学说,即权利说、公务说(或权限说)和二元说。① 目前,二元说占据主流,即认为选举权既是因创设或组织国家立法机关而存在的具有公务或权限性质的权利,又是一种参与国家政治生活的权利。而对于被选举权究竟属于一种资格或地位还是一种权利,大陆法系宪法学界存在两种认识,即资格说和权利说。通说认为,被选举权只是一种被选举的资格,而非主张被选举的权利。我国宪法学界通常采用选举权权利说,这种权利说并不认为选举权是一种天赋的权利,而是从人民主权角度出发加以阐述,即从权利的来源上看,人民的意志是政府权力的基础,这一意志应以定期的和真正的选举加以表现,这是选举权存在的法理。

普遍、平等、自由是选举应遵循的基本原则,由于选举是现代国家公民最重要的政治行为,为了保证选举的规范和有效,国家应从本国的具体情况出发,通过立法来保障选举权,规范选举行为,如规定享有选举权的主体、选举的原则、选举的程序、选举的方式和对选举权的救济等。同时,国家不能对选举权做出不适当的限制。正如联合国人权委员会1996年就《公民权利和政治权利国际公约》所做出的第25号一般性意见中第10条指出:"选举权和公民投票权必须由法律规定,仅受合理的限制,如为投票权规定的最低年龄限制,以身体残疾为由或强加识字、教育或财产要求来限制选举权都是不合理的。是不是党员不得作为投票资格的条件,也不得作为取消资格的理由。"第11条指出:"国家必须采取有效措施,保证有投票权的所有人能行使这项权利。"因此,国家有义务为公民行使选举权提供及时有效的法律保障。

在我国,不是每个人都直接行使国家权力、参加国家的重大决策和日常事务管理,而是采用选举的方式,选出能够代表自己意愿的代表参加各级国家权力机关,管理国家事务,行使国家权力。关于公民的选举权和被选举权,我国几部宪法都作了规定,但规定的方式不尽相同。1975年宪法和1978年宪法的规定比较简单,仅仅规定:"年满十八周岁的公民,都有选举权和被选举权。依照法律被剥夺选举权和被选举权的人除外。"1982年宪法恢复了1954年宪法规定的内容,把不分民族、种族、性别、职业、家庭出身、宗教信仰、教育程度、财产状况、居住期限等内容详细列举出来,从法律形式上体现了我国公民选举权和被选举权的普遍性。为保证这项最基本的政治权利的行使,我国还制定了《全国人民代表大会和地方各级人民代表大会选举法》,对公民行使选举权和被选举权的原则、程序和方法做了符合我国国情的规定,并规定了选举经费由国库开支以及对破坏选举的行为给予法律制裁,从而使我国公民的选举权和被选举权得到了法律上与物质上的有效保障。

(二)罢免权

所谓罢免权,是指选民对通过选举产生的特定代表在其任期届满前将其撤换的权利。它是选民对代表行使的最严厉的监督手段之一。由于国家权力源于人民,因此,享有选举权的公民就应有权监督代表使之根据自己的意志和利益进行活动。否则,选举权就很可能落空,只能是公民在进行选举时的一瞬间的权利。如果没有罢免权,通过选举而获得了权力的代表,可能会从事背离选民利益的行为而不受选民制约,选民的

---

① 参见林来梵:《从宪法规范到规范宪法》,法律出版社2001年版,第126~127页。

利益将受到损害而无法补救。罢免权的存在和行使,不仅可使选民的利益得以维护,同时也使代表恪守诺言,增强代议制的生机和活力。在此意义上,罢免权是选举权的一种延伸或展开形态,它们相辅相成、不可偏废。

罢免权观念最早可追溯至欧洲历史上的等级会议,但随着近代议会制度的成立,这种观念被抛弃,取而代之的是资产阶级的无拘束委任制。因此,罢免权鲜见于资本主义宪法,它们对待罢免权显得比较谨慎,罢免权在理论上应否存在尚存在争议①,实践中各国罢免权的适用范围也不尽相同。② 罢免权最初在1852年为瑞士各州所采用,到第一次世界大战以后才扩及整个联邦。社会主义国家的宪法中一般都确立了罢免权制度,其理念直接发轫于1871年的巴黎公社体制中的人民代表的强制委托制,又称命令委托制,即要求代议机关的议员必须接受选举母体的拘束和指令,否则,选举母体可以将之罢免。③ 后来的社会主义国家宪法长期沿用了罢免制度,确认了公民有罢免代表的权利。

我国《宪法》第77条和第102条规定:全国和地方各级人民代表大会的代表受选民和选举单位的监督,选民或者选举单位有权依照法律规定的程序罢免由他们选出的代表。在此宪法原则性规定的基础上,《选举法》第48条、第49条、第50条、第51条、第52条和第53条,《全国人民代表大会和地方各级人民代表大会代表法》第5条,《全国人民代表大会组织法》第45条以及《地方各级人民代表大会和地方各级人民政府组织法》第38条,分别对罢免权主体、罢免代表的法律程序和备案程序、罢免的效力作了详细规定。但是,我国宪法和选举法只是规定了选民对人大代表的罢免权,而没有规定选民可以对行政机关和司法机关的工作人员行使罢免权。我国实行议行合一的人民代表大会制度,行政机关和司法机关受人大监督,对人大负责。我国现阶段罢免权的适用范围是比较小的。此外,从实效上而言,在实践中很少有选民或选举单位罢免代表的事例。因此,如何完善我国选举制度已成为人大制度建设的一个重要环节。欲使罢免权成为一项真正的宪法权利,需要确立一个足以彻底梳理有关人民主权、代表制、选举制度以及罢免权之间内在协调统一的制度体系。

(三) 请愿权

请愿权是指人们对国家或其他公共机关就一定事项提出希望、不满与要求的权利。④ 请愿权在基本人权体系中占有重要的位置,既是一项表达自由权,又是一项参与权和抵抗权。每一个人在法律共同体中都有权向有关机构表达自己的愿望;对于共同体事物和有关事项,享有要求有关机构受理和回答请愿的权利。在近现代社会,请愿权是公民行使和实现人民主权的一个重要方式。请愿权还是一项重要的和平抵抗权,在现代法治社会中,和平抵抗运动主要表现为请愿活动。

请愿虽然也是思想言论的表达,但此种权利与一般思想言论自由、学术自由和新闻出版等自由的区别在于,请愿是向特定机关提出的,它产生受理机关受理和答复的义务。而一般思想言论自由、学术自由、新闻出版自由等不具有此种性质。如果公民的某种愿望或意见只是表达出来,而非向特定国家机关提出,则有关国家机关不负有审理和答复的义务。请愿权的特殊意义就在于请愿人不仅有向有关机关提出请愿的途径和机会,而且享有获得被提出机关给予审理和答复的权利。

请愿权也是国际人权体系的一个组成部分。1945年的《联合国宪章》第13章有关托管理事会的规定中涉及保障请愿权的问题,但并未明确请愿权为一项基本人权。联合国大会于1950年做出决议,强调请愿权

---

① 持委托说者认为,当选的议员或代表是本选区选民的受托人,他们在代表机关中的一切活动都须以本选区选民的意志为依据,并受本选区选民的监督,因而选民可以罢免他们选出的代表。持国民代表说者认为,代表一经选出,就和全体代表一起成为全国人民的受托人,他们代表整个国家的人民而不是某一选区的公民,原选区的选民无权罢免他们。
② 一般而言,罢免权与选举权的适用范围是一致的,即可以适用于代表机关的代表(议员)和其他由选举产生的国家公职人员。但是,各国的情形又存在差异。如美国总统由选举产生但选民无权罢免总统;日本宪法规定:选举或罢免公务员为公民之固有权利,这就从原则上确认了凡经公民选举的公务员均可为公民所罢免。
③ 林来梵:《从宪法规范到规范宪法》,法律出版社2001年版,第136页。
④ [日]小林直树:《宪法讲义(新版)》(上),第604页,转引自韩大元、林来梵、郑贤君:《宪法专题研究》,中国人民大学出版社2004年版,第405页。

是一项基本人权,并相应加强了请愿受理机构的设置,成立了专门审查委员会。1948年的《世界人权宣言》没有提及请愿问题,也未明确规定请愿权是一项基本人权。但是,1966年的《公民权利和政治权利国际公约任意议定书》作了部分弥补。此后,诸多国际条约、协定中都纷纷对请愿权做出规定。

当今西方国家的宪法大都规定了请愿权,如《美国宪法第1修正案》、《日本宪法》第16条、《德国基本法》第17条等。我国现行《宪法》第41条第1款规定:"中华人民共和国公民对于任何国家机关和国家工作人员,有提出批评和建议的权利;对于任何国家机关和国家工作人员的违法失职行为,有向有关国家机关提出申诉、控告或检举的权利……"虽然该条款中的"提出批评和建议的权利"和"提出申诉、控告或检举的权利",可以视为请愿权。但是,申诉、检举、批评和建议并不具有真正的法律意义。于是,有学者试图运用法解释学技术将其作为请愿权的发展形态——监督权来对待。① 然而,由于我国宪法对监督主体、监督程序及监督责任没有明确的规定,监督制度难以成为行之有效的法律制度。因此,恢复和增强请愿权以及加强对请愿权的宪法保护,仍是一个需要关注的问题。

(四) 创制权

创制权是指达到法定人数要求的公民联名提出法案,请求立法机关制定,或经投票直接制定法律的权利。创制权是公民通过直接参与立法活动而行使政治自由的重要形式,它与复决权均属于公民的直接立法权。

创制权直接源于人民主权原理,即人民是国家权力的最终来源,因此只有人民才拥有对自己事务的最终决断权。于是,"凡任何政府,必须有一个最高权力,能说最后一句话,其所决断的事,就是最终的判断,不能再上诉。在民治国内,此项权力应属诸人民,唯独人民才能终止一切的争端"。② 由于代议制存在着代表背离选民意志的可能与危险,出于对立法机关的不信任和不满,20世纪初创制和复决运动兴起。正如威廉姆斯教授所说:"创制允许公众绕过未能尽职的州议会,对不得人心的法律效果提供制衡……当立法机构拒绝行动时,创制允许人民采取直接行动。复决则依赖允许人民针对具体立法,而非依赖程序限制的间接抑制作用。"③ 创制权制度大体可分为以下三类:

1. 直接创制与间接创制

这是根据创制程序进行的划分。前者是指提出的立法建议案不经立法机关讨论而直接交付公民投票表决;后者是指将立法建议案先交立法机关讨论,若议会通过则成为法律,若遭否决或修正,则提交公民公决。

2. 原则创制与草案创制

这是根据创制方式所做的分类。前者是指由公民提出制定或修正法律的原则,再由立法机关根据这些原则制定成法律;后者是指由公民提出完整的法律草案,经立法机关讨论通过后成为法律。原则性建议案的优点在于既能发挥公民在制宪与立法方面创制的积极性和主动性,又可以使法律草案经由有经验的议会来制定,确保法律草案的精确性。但公民的原则性建议案一旦由议会被动采纳后,经由议会制定的法律草案往往又会与公民的原则性建议案的精神有很大出入。如果议会原先不赞同公民的原则性建议案,但经公民复决后不得不根据它制定成法律草案,就容易出现明纳暗拒的弊端。在现代宪政国家,由公民若干人草拟并提出的完整性法律草案被议会采纳的事情也是经常发生的。如在美国一些州,公民的完整性建议案由州议会主动采纳或经公民复决后由州议会被动采纳的情形均可见到。

3. 宪法创制与法律创制

这是根据创制范围做出的划分。宪法创制又称制宪创制,是指承认公民有权利就宪法修正问题提出建议案,并要求付诸全民公决。法律创制是指,承认公民有权就普通法律的制定提出建议案,而要求付诸全民公决。在瑞士各州,公民创制既适用于制宪问题,也适用于普通立法问题。除宪法创制和立法创制外,公民创制还包括对其他事项的动议。

---

① 韩大元、林来梵、郑贤君:《宪法专题研究》,中国人民大学出版社2004年版,第404~418页。
② [英]布莱斯:《现代民主政体》,张慰慈译,吉林人民出版社2001年版,第397页。
③ 张千帆:《西方宪法体系(上册)》,中国政法大学出版社2000年版,第251页。

创制权制度的优点在于公民可以直接或间接地控制立法机关的立法活动,防止立法机关的失职,补救立法机关立法的不周之处,最大限度地体现民意;但也存在容易被少数人利用等明显的缺点。因此,各国都对创制权的行使设置了以下两方面的限制性规定:一是法定人数的限制。即为了防止创制权被滥用,各国宪法均规定创制建议的提出须有一定数量公民的联署,如《意大利宪法》第71条规定"人民经五万人的联署可以提出创制案"。二是事项的限制。即增加公民负担的有关法案,如预算案、租税案、俸给案等不得由公民创制,以免公民利用创制权来减免负担,危及国家财政。我国现行宪法尚未对创制权做出规定,如何构建符合我国实际情况的创制权制度,已成为我国宪法理论和实践面临的新课题。

(五) 复决权

所谓复决权,是指公民对于立法机关通过的法案,有以投票方式决定其应否成为法律的权利。与创制权一样,复决权也是在形式上承认公民有立法提案权,它实质上是公民的直接立法权。复决权制度在于确保人民权益,防止立法机关专权。

创制权与复决权是有区别的,其区别在于:(1)提案不同。复决的宪法案或法律案是由议会提出或通过的;而创制的宪法案或法律案是由公民草拟提出的。(2)手段不同。复决只是对议会已经通过的议案表示赞成或否定;创制是指公民自己提出关于宪法或法律的建议案,要求付诸全民投票表决,在达到法定人数时,该建议案必须付诸全民公决。(3)目的不同。复决的目的在于防止议会违反民意而制定恶法或做出恶的抉择;创制的目的在于防止议会违反民意而不制定某种法律或不修改宪法。

复决权制度大体上可分为两种:(1)宪法复决与法律复决。这是根据复决权行使范围所做出的分类。前者是指对宪法或宪法修正案行使复决权;后者是指对一般法律或其修正案行使复决权。(2)强制复决与任意复决。这是根据复决权行使方式进行的划分。前者是指立法机关所通过的宪法案或法律案必须经过复决才能成立;后者是指根据公民或者其他机关的主动要求对宪法案或法律案等相关事项进行的复决。任意复决又可根据提出复决议案的提议者的不同,分为由公民要求进行的复决、由立法机关要求进行的复决、由行政机关要求进行的复决、由各州或省或地方自治团体要求进行的复决。[①] 虽然复决权制度有利于防止立法机关专权、保障人民权益,但也容易被少数人操纵和利用。因此,与创制权一样,各国都对复决权的行使设置了法定人数的限制和复决事项的限制。

(六) 公决权

全民公决,又称"全民公投""全民投票"等,是指全体公民通过行使投票权对国家或社会的重大事项进行表决,在有的情况下还包括某一地方(州、省、市、区等)的全体居民在有关地方自治的事项中投票表决。就广义而言,全民公决涵盖创制权和复决权在内。

全民公决既是公民个人的一项基本权利,又是社会全体成员表达公意的一项集体性权利,它可以弥补间接民主的缺陷,使民意得到最通畅的表达,越来越受到各国的重视。全民公决的理论基础在于人民主权理论,通过全民公决的决议具有最大的民主正当性,它能真正体现大多数人的民意。因此,为了在特定情形下践行政治抱负,西方许多政治家有时会不经正常的法律程序而直接通过全民公决寻求民意支持。

全民公决主要包括以下几方面的内容:(1)直接选举总统;(2)独立公决;(3)宪法公决,是指通过新宪法或宪法性法律草案或是否赞成宪法修正案的全民投票;(4)大选公决,是指有关是否提前进行大选及总统或议会的选举,以及选举方式、选举时间的公决;(5)改革公决,是指一些国家所进行的是否赞同经济、政治、文化等改革措施的全民投票;(6)国际关系问题公决,包括是否参加国际组织、签订国际条约等问题的公决。[②]

全民公决的进行需要如下前提:首先,选民具有较高的素质。由于全民公决是一种付诸全体公民的理性判断行为,所以选民必须接受良好的教育,在行使其判断时能够做到理智而不情感用事。其次,需要信息畅通,能够及时有效地沟通。否则,在信息不对称的情形下,选民难以做出正确的判断,其决定有被误导、操纵之嫌。最后,主题必须是明确的,同时是可回答的。由于全民公决是面向全体公民,其成分复杂,人员素

---

① 参见王世杰、钱端升:《比较宪法》,中国政法大学出版社1997年版,第180~182页。
② 参见刚威:《谈全民公决问题》,载《云南行政学院学报》1999年第3期,第44页。

质良莠不齐,因此,公决事项应当明确而且和日常生活息息相关,专业性较强的事项则不宜付诸公投。

全民公决具有以下优点:(1)一些重大事情由民众直接决定,可避免政党与国会的专断。由于全民公决结果具有法律上的绝对效力,它可有效避免代议机关为各种利益团体操纵。(2)明确了解民众的真正需求。(3)磨炼人民对政治事务的责任感。以往在精英政治的理念下,人民鲜有机会参政议政,通过全民公决来实践自己决定的权利,则可为人民提供参与政治的机会。(4)强化对议员的监督和控制,防止民主政治成为游说者的天堂。(5)可平息重大政治争端。国家政治生活中有时会遇到一些不能解决的事情,诸如加入国际组织、签订国际条约、政府体制的重大变革等,常常造成政党对立,各方相持不下。而交由全民公决,或能解决某些棘手的问题,平息政治纷扰。(6)全民公决本身也是一种对全体公民的法治教育,可使公民增强主权在民理念,关心国计民生,真正发挥自己的作用。

当然,全民公决也存在弊端:第一,可能会导致多数人的暴政。全民公决虽然是民意的展现,但它越过了正常的民主程序,很可能演变成多数人为自己的利益而压迫少数弱势者的局面,从而违背了正义的要求。而且,由于全民公决的效力具有绝对性,几乎无法对受压迫的少数人进行救济。第二,易衍生民粹主义。民众往往易被误导,于是少数政客利用本身的魅力,通过欺骗手段来达到其目的。如希特勒就是借助公民投票取得其合法地位的。第三,容易引发社会动荡。由于全民公决很可能造成支持者和反对者双方势均力敌,加之公决本身又是一种赢者全得的博弈行为,整个社会截然被划分为两大对立的阵营,社会矛盾反而日益尖锐。如加拿大的魁北克独立公投。第四,造成立法懈怠。由于某些敏感问题会引起特定利益群体的强烈指责,于是立法机关把决策责任转嫁到人民身上,这使得现代民主制度失去其存在意义和价值。

综上所述,应当对全民公决权的行使进行适度的限制,既使其便于民意的直接表达,又不至于导致意外事件。一般而言,大体上可以从以下几个方面进行限制:首先是主体方面的限制,即必须有具有一定资格的选民和必须达到一定的数量。如《瑞士宪法》第89条规定:"如有5万有选举权的公民或8个州提出要求,则联邦法律和具有普遍约束力的法令应交付全民表决。"第120条规定:"如有10万有表决权的瑞士公民要求全部修改联邦宪法,该问题应交付瑞士全民表决。"其次是内容方面的限制。有的国家公决的内容限于宪法修正案,有的国家除宪法之外,法律案也在公决范围之内,有的国家还包括条约。有的国家宪法规定得比较模糊,比如使用"国家和社会生活的重大问题"一类的术语。一般而言,这些重大问题主要包括:政体的变更,主权和领土的变动,总统、总理等主要国家领导人的任免,国家行政区域的划分等。为了防止公民通过公民投票规避法律上的义务,与公民经济利益有关的法案一般都不在各国公民投票的范围,包括预算、赋税以及工资等内容。如《意大利宪法》第75条规定:"有关税收和预算、大赦和免罪减刑以及授权国际条约的法律,不得举行公民投票公决。"一般而言,宪法没有规定的事项,不能进行全民公决。最后是程序的限制。主要体现在:举行公决的期限、公决的原则、发起公决的人数和地方政府(州)的数量或比例、是否经议会批准、必须履行的法律程序等。这些规定,各国宪法各有特色,不一而足。

第三节 人身自由与精神自由

案例引导

2002年8月18日晚11时许,延安市宝塔公安分局万花派出所民警称接群众举报,新婚夫妻张某夫妇在位于宝塔区万花山乡的一处诊所中播放黄碟。三名民警称从后面的窗子看到里面确实有人在放黄碟,即以看病为由敲门,住在前屋的张某父亲开门后,警察即直奔张某夫妻所住的屋子,一边掀被子,一边说"有人举报你们看黄碟,快将东西交出来",并试图扣押收缴黄碟、VCD机和电视机。张某阻挡,双方发生争执,张某抡起一根木棍将警察的手打伤。警察随之将其制服,并将张某带回派出所留置,同时扣押收缴了黄碟、VCD机和电视机。第二天,在家人向派出所交了1 000元暂扣款后张某被放回。10月21日,即事发两个月以后,宝塔公安分局以涉嫌"妨碍公务"为由刑事拘留了张某。10月28日,警方向检察机关提请逮捕张某。11月4日,检察院以事实不清、证据不足为由退回补充侦查。11月5日,张某被取保候审。11月6日,张某在医院被诊断为"多处软组织挫伤(头、颈、两肩、胸壁、双膝),并伴有精神障碍"。12月5日,宝塔公安分局决定撤销此案。12月31日,张某夫妇及其律师与宝塔公安分局达成补偿协议,协议规定:宝塔公安分局一次性补偿张某29 137元;宝塔公安分局有关领导向张某夫妇赔礼道歉;处分有关责任人。

思考:如何从公民权利角度评价上述案例中公安机关的行为?

一、人身自由

(一) 人身自由的概念

人身自由又称身体自由,是指公民享有不受任何非法搜查、拘禁、逮捕或奴隶般的拘束、奴役的权利,即人身自由不受非法限制或剥夺的权利。人身自由是近代伴随着个人的解放所确立的一种基本人权。英国1215年的《自由大宪章》中最早出现了自由民和贵族人身不受侵犯的规定。1628年英国的《权利请愿书》将人身自由赋予所有臣民,其后,各国宪法和法律都有保护人身自由的规定。

作为宪法权利的人身自由,主要是公民针对国家或公共权力的一项权利。有学者特别强调,人身不受侵犯是指人民的身体不受国家权力非法侵犯之意。[①] 人身自由是指人的身体及其活动不受不合理拘束的自由。人身自由是人们一切行动和生活的前提,因此,它被视为"最小限度"的自由。[②]

不过人身不受侵犯不能被绝对化,在为了维护公益诸如打击犯罪等时,可以有条件地限制或剥夺该项权利。也就是说,只有在符合法定条件和程序的情形下,才可由国家司法机关通过运用司法权而对特定公民的人身自由施加必要的限制。否则,倘若公民可以被肆意地拘禁、逮捕、拷打、迫害,统治者可以任意施以严刑峻法,则人民的各项权利、自由便都会形同具文。故各国宪法都有关于刑事程序的详细规定,国家诉诸刑事诉讼职能而限制或剥夺公民人身自由的,必须符合宪法所规定的程序要件。

我国《宪法》第37条明确规定:公民的人身自由不受侵犯。任何公民,非经人民检察院批准或者决定或者人民法院决定,并由公安机关执行,不受逮捕;禁止非法拘禁和以其他方法非法剥夺或者限制公民的人身自由,禁止非法搜查公民的身体。我国《刑事诉讼法》对拘传、取保候审、监视居住、拘留、逮捕等五种强制措施,同样规定了严格的程序;并规定国家机关工作人员利用职权实施非法拘禁、刑讯逼供、报复陷害、非法搜查、侵犯公民人身权利的犯罪,由人民检察院立案侦查。《刑法》还专门规定了侵犯公民人身权利的犯罪行为以及应负的刑事责任,从而使公民的人身自由得到了更加切实的法律保障。

(二) 居住自由

居住自由是指在居所或住所享有的自由,任何人在其居所或住所内享有一切安宁居住的权利,国家机关、个人和组织不得非法侵入。人们在安宁居住空间自由地发展其人格,同时衍生出公民的隐私权。

居住自由这一权利源于普通法的传统。英国法谚曰:"每个人的住宅就是他的一座城堡。"对住宅权的保护可追溯至古罗马时代,古罗马法谚曰:"住宅为最安全之避难所。"居住自由的成文法渊源肇始于1628年的《权利请愿书》,后来各国纷纷在宪法中对居住自由予以规定。1948年的《世界人权宣言》第12条和1966年的《公民权利和政治权利国际公约》第17条,也都明确了对居住自由的保护。

居住自由是与公民的人身自由密切相连的一项基本权利。公民的居所或住所是公民日常生活、工作和休息的地方,保护公民居所或住所不受侵犯,就是保护公民人身起居的安全,因此,对公民居所或住所的保

---

① 参见谢瑞智:《宪法新论》,文笙书局1999年版,第192页。
② 参见林来梵:《从宪法规范到规范宪法》,法律出版社2001年版,第170页。

护,是对公民人身自由保护的必然延伸。

居住自由中的居所或住所应作宽泛的理解,即不仅指住宅,还应包括公民长期或临时栖身之处,以及寄宿宿舍、旅馆等其他各种私生活在物理空间上展开的场所,其成立也无须具备独立的建筑结构或持续性的使用等时空上的要件,如桥涵、废弃的建筑物等。居住自由包含以下几方面的内容:(1)居所或住所不受侵犯。即任何机关、团体、组织或者个人,不得非法侵入、搜查或者查封公民的居所或住所。而所谓对居所或住所的非法侵入或搜查,不仅指直接非法侵入居所或住所的物理空间内部的行为,实际上还应包括在居所或住所外部通过一定的器具非法监听或窥视居所或住所内部的私生活或家庭生活情景等行为。(2)选择居所或住所的自由。公民在法律许可的范围内,可自由选择居住的物理空间。(3)居所或住所安全。即居所或住所作为建筑物或构筑物能保持使用功能的正常、完整,并且排斥外界可能对居所或住所使用所带来的任何现实的或潜在的危害。①

居住自由并非不受任何限制,在下列情形下,国家可对居住自由做出必要的限制:在对犯罪嫌疑人或犯罪行为进行必要的搜查时,在紧急情况下为了维护公共利益可以直接进入或利用居所或住所。进行此种限制,必须有明确的法律依据而且必须符合法定程序。

我国现行《宪法》规定:"中华人民共和国公民的住宅不受侵犯。禁止非法搜查或者非法侵入公民的住宅。"根据我国有关法律的规定,公安机关、检察机关为了收集犯罪证据、查获犯罪人,侦查人员需要对犯罪嫌疑人以及可能隐藏罪犯或者犯罪证据的人的身体、物品、住所和其他有关地方搜查时,必须严格依照法律规定的程序进行。进行搜查必须向被搜查人出示搜查证,应有被搜查人或者他的家属、邻居或者其他人在场。搜查后,要将搜查的情况写成笔录,由侦查人员和被搜查人或者他的家属、邻居或其他见证人签名盖章。除此之外,任何人都不得侵入、搜查或者查封公民的住宅。此外,我国《刑法》还规定:"非法搜查他人身体、住宅,或者非法侵入他人住宅的,处三年以下有期徒刑或者拘役。司法工作人员滥用职权,犯前款罪的,从重处罚。"

(三) 迁徙自由

所谓迁徙自由,是指公民拥有居住和迁徙的自由,该自由非经法律规定,不受限制。即公民在本国领域内自由地行动和居住的权利。迁徙自由包含三方面的含义:一是公民可以根据自己的需要选择居住地或停留地;二是这种选择或停留非经法律规定不受限制,即除国家法律规定不能居住或停留的地方(军事禁区、自然保护区)外,公民都可以自由居住或停留;三是迁徙自由不仅指本国公民在国内领域行动的自由,也包括本国公民自国外入境和前往国外旅行或迁徙的自由。

迁徙自由是人们劳动就业、从事一切社会活动的基本条件。从另一个角度讲,迁徙自由也是广大公民别具一格的民意表达方式,形象地说,亦即用"脚"投票的权利。在现代文明社会中,基于完全自愿和理性选择的自由迁徙行为,往往可以发展成为民意表达的有效方式,通过间接地对政府当局施加无形的压力,有助于形成尊重人权、尊重民意、尊重人才的良性局面。因此,迁徙自由是公民的一项基本权利,它是自由权的重要内容,是对公民追求幸福生活、实现人生价值的确认和保障。"丧失了迁徙自由(一种用脚投票的权利),也就丧失了其他权利和自由的最后救济"。②

关于迁徙自由的成文法渊源最早可追溯至1215年英国的《大宪章》。在封建时代,尽管法律上规定了迁徙自由,但由于人们对君主和贵族存在强烈的人身依附关系,而且还受到地理和交通条件的限制,因而只有极少数自由民能实际享有这一权利。③到了近代,随着高度发达的商品经济的建立,商品的大规模流通必然伴随着人员的大规模自由流动。于是,出于经济上的要求,加之启蒙思想家们"自由、平等、博爱"理念的推波助澜,西方资本主义国家于19世纪初开始在其宪法中确立迁徙自由。自1791年法国宪法第一次在成文

---

① 参见周伟:《宪法基本权利》,法律出版社2006年版,第118~119页。
② 蒋兆康:《迁徙自由——它的意义、历史:一种以〈国际人权法案〉为蓝本的比较研究》,载《宪法比较研究文集》,中国民主法制出版社1993年版,第351页。
③ 朱福惠:《论迁徙自由》,载《四川师范大学学报(社会科学版)》2001年第3期。

宪法中规定了迁徙自由之后,保障人权的观念日益深入人心,迁徙自由的重要性也为人们普遍认识。19世纪之后,各国宪法普遍以直接或间接的方式确立了迁徙自由,众多国际条约也都对此做出了规定。如《世界人权宣言》第13条规定:"人人在各国境内有权自由迁徙和居住。"《公民权利和政治权利国际公约》第12条也规定,"合法处在一国领土内的每一个人在该领土内有权享受迁徙自由和选择住所的自由"。

关于迁徙自由的性质问题,学者们有不同看法。有学者认为,迁徙自由与财产权、择业自由、营业自由、劳动自由、契约自由等共同属于经济自由权。① 也有学者认为,迁徙自由属于人身自由的范畴,但"具有一定的政治权利的性质,是保障公民摆脱一定的政治压迫,谋求适合自己发展的社会政治环境的基本权利"。② 还有学者认为,迁徙自由虽然属于人身自由,但它与人的社会经济活动密切相关,因而还具有社会经济权利的性质。③ 实际上,迁徙自由是人的行动自由的重要内容,属于人身自由的范畴,但它同时又是某些社会经济权利如择业自由、工作自由的前提。从本质上而言,迁徙自由是一种消极防卫权,是国家、个人侵犯迁徙自由时行使的一种权利,属于"消极自由"的范畴。

权利必然存在界限,迁徙自由也不例外。一般来说,迁徙自由的行使以国家安全和对公共秩序的保护为限,而且法律限制不得与宪法的基本原则和精神相抵触。如《公民权利和政治权利国际公约》第12条规定:"合法处在一国领土内的每一个人在该领土内有权享受迁徙自由和选择住所的自由……上述权利,除法律所规定并为保护国家安全、公共秩序、公共卫生或道德,或他人的权利和自由所必需且与本公约所承认的其他权利不抵触所限制外,应不受任何其他限制。"当然,此种限制的最终目的在于保障公民能最大限度地行使宪法的基本权利与自由,而不是通过设置各种限制来禁锢人们的行动。

综观各国立法与实践,对迁徙自由的限制可归为以下几种情形:(1)为了维护公共秩序、公共利益及公共道德和健康。如《德国基本法》规定:"缺乏适当的生活基础,由此将造成当地社会的特殊负担","为了避免对联邦或某一州的存在或自由民主的基本秩序的紧迫危险","为与流行病的危险做斗争"以及"为应付自然灾害或特别重大事故",法律可以做出必要限制。(2)为了维护国家安全。如《保加利亚宪法》规定,只有在出于保卫国家安全的目的时,才由法律对公民的迁徙权加以限制。(3)禁止逃避法律上的义务。如各国破产法都规定,破产者未经法院允许不得离开自己的居住地;刑事诉讼法上为了确保刑事被告人能出庭受审也规定刑事被告人的住地限制等。(4)为了维护他人的权利或履行特定的社会义务。如民法规定:未成年人必须居住在亲权者指定的居住地,以保护其不致处于无人照管状态。此外,某些公务员基于职务身份的原因,其迁徙权也会受到一定的限制。④

迁徙自由在当代中国曾经历了一个由肯定到否定再到一定程度的默认的曲折历程。1954年宪法曾明文规定:中华人民共和国公民有居住和迁徙的自由。但是,由于新中国成立初期我国经济、文化发展水平较低而且城乡差距过大,当时实行迁徙自由的经济及社会条件都不太成熟。以1958年颁布的《中华人民共和国户口登记条例》为标志,我国政府开始对人口自由流动实行严格限制和管制。从此,城乡居民区分为"农业户口"和"非农业户口"两种不同户籍的格局形成。根据《户口登记条例》的规定:公民由农村迁往城市,必须持有城市劳动部门的录用证明、学校的录用证明或者城市户口登记机关的准予迁入证明,向常住地户口登记机关申请办理迁出手续。这显然在事实上废弃了1954年宪法关于迁徙自由的规定。1975年宪法取消了有关迁徙自由的规定,此后一直没有恢复。这种城乡二元管理体制极大地制约了经济的发展和文化的交流。随着改革开放后经济的飞速发展,大规模的人口流动成为不容否认的事实。鉴于人口流动对经济的促进作用,有关部门目前对迁徙自由采取的是一定程度的默认态度。

二、精神自由

精神与社会文化自由,即传统宪法学中的精神自由,是实现"自我价值"的必然途径,是针对国家的一种

---

① [日]芦部信喜:《宪法》(第三版),林来梵等译,北京大学出版社2006年版,第201页。
② 谢鹏程:《公民的基本权利》,中国社会科学出版社1999年版,第186页。
③ 岳智明:《我国宪法应恢复迁徙自由》,载《河南社会科学》1999年第4期。
④ [瑞典]格德门得尔·阿尔弗雷德松、[挪威]阿斯布左恩·艾德:《世界人权宣言:努力实现的共同标准》,中国人权研究会组织翻译,四川人民出版社2000年版,第273、276页。

"消极的自由"。精神与社会文化自由主要包括表达自由、思想与良心自由、信仰自由和学术自由等。

(一)表达自由

表达自由是人们与外界沟通和交流的基础与前提,否则就不能真正表达自己内心的思想,人性将受到抑制,整个社会将被虚伪所笼罩,这将极大地阻碍个人和社会的健康发展。正如英国诗人雪莱所言:"任何不能表示意见的现象本身意味着,在政府方面是赤裸裸的暴政,在被统治者方面则是无知的奴性。"①

表达自由作为一项基本权利,在国际公约和许多国家的宪法中都有体现。如《公民权利和政治权利国际公约》第19条规定:"人人有权持有主张,不受干涉。人人有自由发表意见的权利;此项权利包括寻求、接受和传递各种消息和思想的自由,而不论国界,也不论口头的、书写的、印刷的、采取艺术形式的,或通过其他选择的任何媒介。"《美国宪法修正案》第1条规定:"国会不得制定有关下列事项的法律:确立一种宗教或禁止信教自由;剥夺言论自由或出版自由;或剥夺人民和平集会及向政府要求申冤的权利。"我国《宪法》第35条规定:"中华人民共和国公民有言论、出版、集会、结社、游行、示威的自由。"通常来讲,表达自由主要包括言论和出版自由、集会和结社自由、游行和示威自由及通信自由。

1. 言论和出版自由

言论自由是指公民有权通过各种语言形式公开或不公开地发表自己的思想和观点的自由。言论自由是一个人与生俱来的天赋权利,从内容上来看,言论的内容包含政治言论、商业言论、学术言论、艺术言论、宗教言论等多种具体类型。言论自由在公民的各项自由权利中居于重要地位,因为言论是公民表达思想和见解的基本形式,也是交流思想、传播信息的基本工具,它还是联结人民群众、形成人民意志的重要手段,从某种意义上讲,一个国家言论自由的程度从一个侧面反映了这个国家的民主程度。言论自由的核心在于自由表达评价与判断,言论自由与真理完全无关。也就是说,宪法不能对特定的事物或观点预设"正确的"或"有价值的"价值判断,否则,将扼杀人的思想,走向专制的泥潭。而且,在一个日益多元化的国际和国内背景下,言论自由对于促进多元民主意义重大。

言论自由也并非是无限制的。第一,内容上的限制。言论自由在内容上不得对公共安全带来重大危险。根据美国的判例,其判断标准是"明显而即刻的危险",即对言论发表时所处的环境有潜在的危险;该言论所导致的结果将极端严重;有适当的理由确信如果不加以限制,严重的危害就会发生,或者危害已达到立即发生的程度。第二,主体上的限制。某些从事特定职业的人员因其职业身份等原因,不能随意发表意见。第三,时间上的限制。如在影响他人或公众休息的时间,不得发表言论、制造噪音。第四,地域上的限制。如在公共场所发表言论不得影响对公产的正常使用。第五,手段上的限制。使用扩音器等不得发出喧闹且刺耳的噪音而使人难以忍受。第六,对用语的限制。公民不得使用攻击性语言、下流的脏话、带有侮辱性的形容词等。②

出版自由是指公民可以通过公开发行的出版物,包括报纸、期刊、图书、音像制品、电子出版物等,自由地表达自己对国家事务、经济与文化事业、社会事务的见解和看法。出版自由属于广义的言论自由范畴,是言论自由以书面或者电子出版物等形式的延伸,即将口头言论以某种形式予以固定化。出版自由对个人而言,是表达和交流思想、观点和见解的手段,同时也是促进社会精神文明和科学文化事业发展的重要方式。

2. 集会和结社自由

集会是指特定或不特定的多数人聚集于一定的场所,发表意见、表达意愿的一时性集体活动。因此,集会自由是指公民享有的参加这种一时性集体活动的自由。

结社自由是指公民享有的为了某一共同目的而结成某种由特定多数人形成的,具有共同目的的持续性社会团体的权利。公民的结社因其目的的不同,可分为以营利为目的的结社和不以营利为目的的结社两种,其中不以营利为目的的结社又分为政治性结社(如组织政党、政治团体等)及非政治结社(如组织宗教、慈善、

---

① [英]雪莱:《雪莱政治论文选》,杨熙龄译,商务印书馆1981年版,第66页。
② 参见张千帆:《宪法学》,法律出版社2004年版,第206~207页。

文化艺术等团体)。结社自由起源于1793年法国宪法,其后为各国宪法所效仿。

集会和结社自由可培育公民的团结精神,是防止专制的有效手段。集会和结社自由均属于个人的基本权利。不过由于社会团体对其组建、运作、内部奖惩机制等享有自主权,德国学者主张结社自由具有双重基本权利性质:一方面它保障个人自由入会或不入会,另一方面也保障"社团"本身的自主性活动。[1]

集会自由既具有消极权利的一面,又具有积极权利的一面,因此,对集会自由的保障,包括两方面的内容:一方面指的是国家或者公共权力不能对集会的目的和行为进行肆意干涉,这是集会自由作为一种消极权利所应有的含义;另一方面则指的是国家或者公共权力对公民的集会不应肆意拒绝提供道路、公园、广场、会堂等一定的场所或公共设施,这是集会自由作为一种积极的权利所应有的含义。[2]

由于结社自由具有双重基本权利性质,所以对结社自由的保障应加以区分。对于私法性社团,个人是否结成团体、是否加入团体、是否退出团体,完全出于其个人的意愿,国家或者公共权力不应肆意干涉。这是《世界人权宣言》第20条第2款"任何人不得被强迫隶属于某一团体"所确立的消极不结社自由的体现。而对于公法性社团来说,除非法律有禁止性规定,否则,它们可以对是否入会等做出强制性的规定。此外,无论公法性社团还是私法性社团,对于团体以内部意见交流的形式形成团体的共同意志,并为实现其意志而付诸该团体的外部活动,国家或者公共权力也不应予以肆意干涉。

我国目前对集会自由进行规范的主要依据是全国人大常委会1989年制定并于2009年修订的《集会游行示威法》,而对结社规范的主要依据是国务院1998年颁布并于2016年修订的《社会团体登记管理条例》。

3. 游行和示威自由

游行是指在公共道路、露天公共场所列队行进、表达共同意愿的活动。示威是指在露天公共场所或者公共道路上以集会、游行、静坐等方式,表达要求、抗议、支持或者声援等共同意愿的活动。

各国对集会和游行示威的规范手段宽严不一,主要有登记制或许可制。登记制要求事先通知有关管理部门即可举行集会或游行,而许可制则要求事先申报并获得批准。根据1989年的《集会游行示威法》,我国目前实行许可制,对集会、游行和示威的时间、场所、方式、参加人数等方面采取相应的监督管理制度。

各国宪法和法律对游行、示威自由的保障,可概括为三个原则:一是和平进行原则,二是遵守宪法和法律原则,三是协商解决问题原则。

4. 通信自由

我国传统的宪法学理论认为,公民的通信自由和通信秘密,是指对于公民的通信(包括电报、电话和邮件),他人不得隐匿、毁弃、拆阅或者窃听。隐匿或毁弃公民的信件、电报,是对公民通信自由的侵犯;拆阅或者窃听公民的通信内容,是对公民通信秘密的侵犯。[3] 也有学者认为,通信自由,也称通讯自由,是指公民在与他人交往中,通过信件、电报、电话的形式表达意愿的自由,任何组织或个人均不得非法干涉。通信秘密,是指公民与他人在通信或打电报、电话过程中,任何组织或个人不得偷听、偷看或者涂改其内容。通信自由和通信秘密是公民通信权不可缺少的两个方面。如果只承认通信自由权,而无通信秘密权,公民的通信自由就没有保障;相反,如果只承认通信秘密权,而无通信自由权,公民的通信权就无法实现。因此,这两个方面都是不可缺少的,二者共同构成了完整的通信自由权。[4]

随着科学技术的进步,通过计算机网络等现代通信手段(如电子邮件)进行通信的自由,当然也应视为通信自由的一个具体展开形式。而对通信秘密的保障,则是作为保护个人私生活和隐私权的构成部分,主要包含两个方面的内容:第一,积极获知行为的禁止,即国家或公共权力不得肆意将公民通信的内容以及通信行为的存在本身作为调查对象。第二,泄露行为的禁止,即邮政当局的工作人员不得泄露在履行职务中

---

[1] 法治斌、董保城:《宪法新论》,元照出版公司2005年版,第239页。
[2] 林来梵:《从宪法规范到规范宪法》,法律出版社2001年版,第142页。
[3] 周叶中主编:《宪法》,高等教育出版社、北京大学出版社2000年版,第271页。
[4] 许崇德主编:《中国宪法》,中国人民大学出版社1996年版,第419页。

可能获知的公民个人的通信资料。另外,通信自由概念可以吸收通信秘密的内涵。①

通信自由也为人身自由的延伸,保障人民的通信自由,是对人民私生活自由的尊重,也是保障人民表达自由的体现,这是民主政治的基本要求,故各国宪法通常都对通信自由做出规定。我国现行《宪法》也明确规定:"中华人民共和国公民的通信自由和通信秘密受法律的保护。除因国家安全或者追查刑事犯罪的需要,由公安机关或者检察机关依照法律规定的程序对通信进行检查外,任何组织或者个人不得以任何理由侵犯公民的通信自由和通信秘密。"然而从严格的意义上讲,该条文中所谓的"受法律保护"的规定,存在着是不可以解释为同时也受宪法本身保护的问题。这是涉及通信的自由和秘密是不是宪法所保障的基本权利以及宪法如何保障这一基本权利的问题。如前所述,宪法对基本权利的保障主要存在绝对保障方式和相对保障方式,但是即使采取相对保障方式,也不排除某种基本权利首先作为一项宪法所保障的基本权利而存在的前提。从注释法学的角度来看,既然我国现行《宪法》第40条的通信自由和秘密是在宪法第二章公民的基本权利和义务之中予以规定的,那么理应将其纳入公民的基本权利体系之中加以理解和考察。②

当然,表达自由也要受到限制,限制的标准往往是通过判例发展而来的。根据美国的判例,对表达自由的限制要遵循以下原则:(1)"禁止事前抑制"原则,即表达行为在其发生之前不能对其予以制约或审查的原则。(2)"明显而即刻的危险"标准,即要求对某种表达自由的限制必须可以判断该表达行为所能引发的重大危险具有明显性和紧迫性为前提。(3)"明确性原则",即要求对表达自由的规范必须采用明确的基准,不至于导致权利享有主体在做出表达行为前产生自制或警戒的心理效果。(4)"较低限制性手段"标准,简称"LSA标准",要求法律对某种表达自由的限制手段必须具备最低限度的特性,一旦存在其他限制性程度低却也能实现预期目的的限制性手段,那么该法律可能构成违宪。③

(二) 思想与良心自由

思想与良心自由至关重要,西方先哲们对此都有精辟的论述。黑格尔曾说:"人之所以比禽兽高尚的地方,在于他有思想。"④帕斯卡尔更是认为:"人的最大尊严是思想。人最大的欢乐也是思想。"笛卡儿的"我思故我在"也道出了思想对人的重要性。因此,人不能没有思想,否则将沦为行尸走肉。思想自由的意义在于为社会创新和发展提供源泉和动力:没有思想自由就没有创新,而创新是社会发展的源泉和动力。可以说,思想自由是社会进步的最高条件。⑤

思想自由是指一个人进行思考,形成一定主张、意见和想法的权利。其与信仰自由、表达自由、宗教自由、学术自由、出版自由等权利有密切的联系。思想自由强调个人内心活动的自主性,它是保证公民依照自己的世界观与思维能力进行独立思考和独立判断,做出各种自主性行为的基础。⑥ 由于良心意味着思想之中伦理性较强的东西,因此有学者将思想自由和良心自由合称为"思想与良心自由"⑦,其内涵广泛地包括了世界观、人生观、伦理观、意识形态等内在的精神活动。

思想与良心自由是一项重要的权利,然而,纵观世界各国宪法,鲜有对思想与良心自由加以明确规定的做法。究其原因,在于思想与良心自由是一种天赋的权利,它是一种具有本原性、自主性的个人内心活动,而且思想与良心自由要透过表达自由才能为外界知晓,所以通常认为只要表达自由能够得到保障就足够了。因此,人们所说的思想自由,在很大程度上是指言论自由。如1948年联合国通过的《世界人权宣言》中,对思想自由的解释是:"人人有权享有主张和发表意见的自由;此项权利包括持有主张而不受干涉的自由,

---

① 日本宪法没有规定通信自由,只规定通信秘密。在日本学者看来,前者自然属于表达自由或精神自由,故无须另加规定,甚至由于后者也是保障通信这一表达行为的一种必然结果,故也可将其纳入表达自由的类别之中加以考察。参见林来梵:《从宪法规范到规范宪法》,法律出版社2001年版,第163页。
② 林来梵:《从宪法规范到规范宪法》,法律出版社2001年版,第163~164页。
③ 参见甄树青:《论表达自由》,社会科学文献出版社2000年版,第261~262页。
④ [德]黑格尔:《哲学史讲演录》(第一卷),贺麟、王太庆译,商务印书馆1978年版,第10页。
⑤ [英]J.B.伯里:《思想自由史》,宋桂煌译,吉林人民出版社1999年版,第21页。
⑥ 《中国人权百科全书》,中国大百科全书出版社1998年版,第551页。
⑦ [日]芦部信喜:《宪法》,林来梵、凌维慈、龙绚丽译,北京大学出版社2006年版,第129页。

和通过任何媒介和不论国界寻求、接受与传递消息和思想的自由。"也就是说,在更为普遍性的现实层面上,思想自由主要体现为不受任何干涉地发表言论的自由。

由于思想与良心自由是人的内心活动,所以应当受到全面的保护。法谚曰:"任何人不因心中思想而受到处罚。"德国哲学家费希特说:"思想自由是人固有的权利,人可以放弃一切,唯独思想自由的权利不能放弃;压制人的信仰、观念或言论是侮辱人的尊严,否定人的本性。"早在1918年,中国共产党的创始人李大钊先生就曾在《危险思想与言论自由》一文中写道:"思想本身,没有丝毫危险的性质。只有愚昧与虚伪,是顶危险的东西。只有禁止思想,是顶危险的行为。"英国哲学家休谟更是一针见血地指出:"没有任何东西像人的思想那样更不受限制,它不仅超出人类的一切力量和权威,而且甚至也被不限制在自然和实在的范围之中"。① 思想与良心自由不受侵犯包含两方面的内容:首先,无论公民抱有何种国家观、世界观、人生观,只要其存在于内心领域,就绝对地自由,国家权力不得基于内心的思想而加以责难,也不得禁止公民抱有特定的思想。其次,无论公民抱有何种思想,都不容许国家权力强迫其表白,也就是说,有关思想的沉默自由是受到保障的。国家权力对个人内心所抱有的思想进行直接或间接的窥探也是不被允许的。②

(三)信仰自由

信仰是指一个人的基本态度,是渗透在他全部体验中的性格特征,信仰能使人毫无幻想地面对现实,并依靠信仰而生活。③ 信仰有理性信仰和非理性信仰之区分,只有理性的信仰才能使人们彻底享受到精神欢愉。信仰自由,是指人们对其人生观、世界观或对具有超自然、超人格性质的存在的确信、敬畏或崇拜的心情和行为。信仰自由包括的范围很广,主要包括宗教信仰自由、政治信仰自由、道德信仰自由、科学信仰自由等。

信仰自由是人的基本权利之一,这已为世界大多数国家和国际组织所承认。《联合国宪章》《世界人权宣言》等对信仰自由都有专门规定,并已形成一些基本的准则。当然,各国如何实现这些原则,必须与本国具体国情相结合。

信仰自由既是绝对的又是相对的。信仰自由属于精神的范畴,它是精神自由的一种表现。一切人在精神上都是自由的,而自由是人的精神的本性,是任何外力都无法左右与限制的。因此,就精神的本性来说,信仰自由是绝对的。同时,信仰自由又是相对的。人的精神自由,包括信仰自由,只能是社会中的自由,也只能在社会中实现这种自由。对不同的个体来说,由于其知识水平、认识能力和所处社会地位的不同,对自己自由精神的理解和把握也有很大差别,自由的实现也不相同。因此,信仰自由要受到主客观条件的限制。

内心的信仰纯粹属于内心的精神作用,是宗教信仰的起点与归宿,宗教信仰自由则是信仰自由的最主要表现形式。宗教信仰指的是对具有超自然、超人格性质的存在的确信、敬畏或崇拜的心情和行为。宗教信仰自由主要包括以下三方面的内容:其一,内心的信仰自由。主要包括信仰特定宗教的自由、改变特定信仰的自由以及不信任何宗教的自由。其二,宗教行为的自由。主要包括礼拜、祷告以及举行或参加宗教典礼、宗教仪式等有关宗教行为的自由。此外,宣教或布教的自由也属于这一范畴。其三,宗教上的结社的自由。主要包括设立宗教团体(如教会、教派)并举行团体活动、加入特定的宗教团体以及不加入特定的宗教团体等方面的自由。④

由于宗教信仰自由往往并不停留于内心,通常还伴随着一定的外部行为。所以,当这种行为危及他人和社会的安全和利益时,国家可以依据该外部行为所引起的具体危害做出必要的限制。

我国现行《宪法》第36条规定:"中华人民共和国公民有宗教信仰自由。任何国家机关、社会团体和个人不得强制公民信仰宗教或者不信仰宗教,不得歧视信仰宗教的公民和不信仰宗教的公民。国家保护正常的宗教活动。任何人不得利用宗教进行破坏社会秩序、损害公民身体健康、妨碍国家教育制度的活动。宗教团体和宗教事务不受外国势力的支配。"除宪法的规定外,我国刑法、选举法、民法以及义务教育法等部门法

---

① [英]休谟:《人类理智研究》,吕大吉译,商务印书馆1999年版,第12页。
② [日]芦部信喜:《宪法》,林来梵等译,北京大学出版社2006年版,第129页。
③ [英]弗洛姆:《为自己的人》,孙依依译,三联书店1988年版,第14页。
④ 林来梵:《从宪法规范到规范宪法——规范宪法学的一种前言》,法律出版社2001年版,第155~156页。

中也具体规定了保障宗教信仰自由的条款。

(四) 学术自由

对于学术自由的内涵,学者们存在不同的认识。《简明不列颠百科全书》对该词条的解释是,学术自由是指教师和学生不受法律、学校各种规定的限制或公众压力的不合理的干扰,进行讲课、学习、探求知识及研究的自由。① 德国学者认为,学术自由是指所有的追求知识、真理的精神活动,而非只保护某一特定学术见解或理论。② 美国大学将学术自由明确概括为四个范围,即在学自由、研究自由、发表成果的自由以及对外评论的自由。前三项自由是在校园内探讨学术真理的自由,绝对受保障;对外评论自由是把通过学术探讨得到的认知延伸到社会,对社会评论的仲裁即便与官方的观点有所差别,国家也应加以容忍。③

学术自由来源于中世纪欧洲大学的自治传统,是一种以观念形态表现出来的管理思想,也是具体的管理实践活动;它反映的是当时大学与国家、教会、各种机构和利益集团的权利分配的准则。当时,皇室给予大学学术自由的理由是认为大学最终能给人类带来福祉,所以必须给予教师和学生自由探讨的空间。也就是说,最初并不是为了提供教师和学生教学上的方便,而是因为这样做有利于人类全社会的福祉。正如蒙罗所指出的,一个社会如果相信其安定、繁荣与进步需要依赖知识的创新与发展,但又不赋予大学以学术自由,则是显著的矛盾。"学术自由之存在,不是为了教师的利益,而是为了他服务的社会的福祉,最终则是为了人类的福祉。"④

学术自由虽然源于中世纪,但是直至19世纪中期,随着对公民自由的保障和近代意义上的大学的兴起,德国才在其草拟的"法兰克福宪法"中进行了人类历史上第一次将学术自由宪法化的尝试。1919年的德国魏玛宪法首次将学术自由纳入宪法保障之中。"二战"后,学术自由才为世界各国宪法所吸收,进而成为国际社会明确予以保障的基本人权之一。《经济、社会、文化权利国际公约》第15条第3款就明确规定:"本盟约缔约各国承担尊重进行科学研究和创造性活动所不可缺少的自由。"

学术自由的主要内容是大学自治,即大学享有不受国家机关、社会团体和个人干涉的自由。它包括如下几方面的内容:(1)大学教师的人事任免权;(2)推选大学校长、系主任等行政管理人员的权利;(3)大学课程的编制权;(4)学位资格的审查、承认和授予权;(5)制定学校规章制度的权利;(6)招生权;(7)大学设施、设备管理权;(8)大学财政自主权等。

我国《宪法》第47条规定:"中华人民共和国公民有进行科学研究、文学艺术创作和其他文化活动的自由……"从该条文的文本来看,科学研究和文艺创作,在终极的意义上多属于人内心的精神作用,虽然我国现行宪法没有明文规定思想与良心的自由,而上述从事科学研究以及文艺创作的自由,则显然属于思想与良心自由的范畴。该条所称"其他文化活动"的自由,除了包含公民学习科学技术、欣赏文艺作品、从事文化娱乐活动的自由之外,当然也包含进行科学研究或文艺创作成果的发表自由,而后者显然又属于言论和出版的自由。另外,《宪法》第47条再度予以特别规定:"……国家对于从事教育、科学、技术、文学、艺术和其他文化事业的公民的有益于人民的创造性工作,给以鼓励和帮助。"这不仅是因为这种权利和自由对于建设社会主义精神文明、提高全民族的文化水平具有重要意义,还因为人类的文化活动,尤其是其中的科学研究活动,本来就属于一种创建或创新的精神活动,为此必然要求更加高度的自由。⑤ 我国现行宪法虽然没有明文规定"学术自由",但上述第47条中的从事科学研究的自由以及从事教育事业的权利,实际上相当于其他国家宪法中的"学术自由"中的部分内容。

---

① 《简明不列颠百科全书》,中国大百科全书出版社1996年版,第726页。
② Werner Thiime, Deutsches Hochschulrecht. 1986, 2. Aufl., Rn. 62. 转引自法治斌、董保城:《宪法新论》,元照出版公司2005年版,第223页。
③ 沈君山:《高等教育学府外部运作》,载《教改丛刊BC34》,1996年12月,第20页以下,转引自法治斌、董保城:《宪法新论》,元照出版公司2005年版,第223页。
④ 金耀基:《大学之理念》,三联书店2001年版,第174页。
⑤ 林来梵:《从宪法规范到规范宪法》,法律出版社2001年版,第158页。

第四节 社会经济权利

案例引导

2008年5月12日,四川省汶川县发生了8.0级特大地震。地震发生后,国家采取了一系列措施:调集大量的人力、物力,营救出了成千上万的幸存者;向灾区调拨大量的衣物、粮食、食用油、饮用水、被褥、帐篷、活动板房、药品、燃油、煤炭等救灾物资;派出大批医疗、防疫人员救治伤员,实施环境消毒;拨出大量资金进行灾后重建,恢复灾区生产、生活。公民享有生存权和社会保障权,这些权利的实现需要国家的积极协助。当自然灾害发生、公民的生存受到威胁和危害时,国家采取措施实施救助,充分体现了生存权和社会保障权领域国家与公民之间的正当关系。

思考:公民享有哪些社会经济权利?这些社会经济权利如何得到保障?

所谓社会经济权利,是指公民依照宪法规定所享有的参与社会经济生活、获得经济利益的权利,是公民实现其他权利的物质保障。社会经济权利是一个复合的概念,它是经济权利与社会权利的统一。经济权利主要是公民参加经济活动方面的权利,如财产权;社会权利是通过国家对整个经济生活的积极介入来保障公民的社会生活的权利,如生存权、受教育权、劳动权等。由于各国经济发展水平与宪法文化的不同,各国宪法所规定的社会经济权利的内容也不尽相同。根据我国宪法和有关法律的规定,我国公民现阶段所享有的社会经济权利主要包括生存权、财产权、受教育权、劳动权、休息权和社会保障权。

一、生存权

(一) 生存权的概念

生存权是基于人类生存本能而产生的自然权利或者说是"法前"权利,是伴随人的出生而产生的一种权利。其理论基础是天赋权利和自然权利。这一理论认为,生存权存在于政治国家产生之前,是一种前社会、前国家和前宪法的权利,政府的成立和存在的目的只是保障这类权利的存在。其经典阐述见于启蒙思想家洛克等人的阐述,其宪法化形式则集中体现在1776年美国的《独立宣言》、同时期美洲各殖民地州宪法及1789年法国的《人与公民权利宣言》之中。《独立宣言》第二自然段庄严宣称的那些不可转让的权利中就包含了生存权,其中强调"我们认为这些真理是不证自明的:人人生而平等,他们都从他们的造物主那里被赋予了某些不可转让的权利,其中包括生存权、自由权和追求幸福的权利"。1776年《弗吉尼亚权利法案》第1条完整地表述了天赋权利的思想,其中包括生存权。该条规定:"一切人生而同等自由、独立,并享有某些天赋的权利。这些权利在他们进入社会状态时,是不能用任何契约对他们的后代加以褫夺的;这些权利就是享有生命和自由,取得财产和占有财产的手段,以及对幸福和安全的追求和获得。"法国《人与公民权利宣言》在序言中阐述人所享有的自然的、不可让与的、神圣的人权的前提下,第2条规定"一切政治结合的目的都在于保存自然的、不可消灭的人权;这些权利是自由、财产、安全和反抗压迫"。

法律上的"生存权"概念最早见于奥地利空想主义思想家安东·门格尔1886年写成的《全部劳动权史论》一书。该书认为生存权是个人按照生存标准提出的依靠国家提供物质条件予以保障的权利。生存权的宪法规范最早见于1919年德国的《魏玛宪法》,其第115条第1款规定:"经济生活的秩序,必须符合具有保障任何人之值得成为人的生活之目的的正义原则",其中"任何人之值得成为人的生活",即可视为生存权概念中所谓的"生存"的一种定义。此外,日本现行《宪法》第25条第1款规定:"任何国民均享有营构健康和文化意义上之最低限度的生活的权利"。日本学者也多据此解说生存权的概念。

关于什么是生存权,国内学者主要有以下几种主要观点:生存权是"公民享有维持其生存所必需的健康和生活保障的权利";①生存权是"人的生命安全及生存条件获得基本保障的权利";②生存权是"维持人的生存所必需的物质和其他方面的生活条件受保障的基本权利";③"生存权利保障生存所需要的起码资源,主要是食物和得到医疗的权利";④"生存权是指生命安全得到保障和基本生活需要得到满足的权利";⑤生存权包括生命权和尊严权、获得必要生活资料(包括实物、衣着、住房、医疗和必要的社会服务等)的权利、劳动并获得报酬的权利、提高生存质量的权利(即发展的权利);"生存权是指公民享有维持其身体必需的健康和生活保障权"。⑥

上述对生存权概念的认识,虽有差异,但也存在共性。其中多数学者认为生存权包括了生命安全得到保障的权利和基本生活需要得到满足与保障的权利。因此,我们认为,生存权就是指人的生命安全得到保障和基本生活需要得到满足的权利。

(二) 生存权的性质

日本法学界对生存权的理论研究比较深入,对生存权性质的争议也早已存在,主要有三种观点。

一是纲领性规定说。纲领性规定说否定生存权的法律性质,认为生存权只是宣告方针政策的规定,只是规定了立法权的政治性质与道德义务,而不直接约束立法权,因此人民生存权是否能够得到保障,完全由立法权来裁量。该学说认为生存权与自由权相同,都是不受国家非法侵害的一种消极权利。

二是抽象性权利说。抽象性权利说承认生存权是一种法律权利,认为宪法确实规定了国家有保障公民生存权的法律义务,但这仅仅是一种抽象的义务,不能以此作为依据起诉国家的不作为,只能将这种抽象的义务通过制定具体的法律形式变成法律才可以在实践中适用,即只有当某项生存权的内容被法律所固定时,人民才能以此具体权利来请求法律保护。

三是具体性权利说。具体性权利说认为生存权是一种可以积极请求国家保护的具体权利,当国家立法不作为对公民生存权造成侵害时,可以要求法院进行违宪审查,即公民可以直接依据宪法中对公民生存权保障的条款进行宪法诉讼。

以上关于生存权性质的争论,核心在于生存权是不是一项法律权利,如果是法律权利,则生存权是不是一种可以提出请求的积极权利。我们认为,生存权首先是一项法律上的具体权利,这可以从各国宪法中普遍规定的生存权的条款中看出。其次,生存权是一项可以直接适用的权利,其内容包括生命权、社会保障权和发展权,社会保障权和发展权又可以细化为诸多具体权利,形成了庞大的生存权体系。生存权作为这些具体权利的总的上位阶概念,在具体权利为法律所规定时隐而不用,可以直接适用具体规定;在生存权没有被法律细化,或者新发展出来的生存权内容还没来得及被法律所吸收时,抽象生存权条款可以起到补充适用的作用,此时可以直接援用之作为保护公民生存权的依据。

(三) 生存权的基本内容

生存权是一项不断发展的人权,基于我国现阶段的经济发展水平和实际状况,我们认为,生存权的内容主要包括以下几个方面:

一是生命权。生命权是生存权的自然形式,属于最低限度的普遍人权。⑦ 与早期的人权规范中的生命权含义不同,现代生命权中已增加了尊严权的内容,表现为体面的生存的权利。⑧ 作为最基本的人权,生命权是享有其他权利的基础,《公民权利和政治权利国际公约》第6条唯独将生命权称为每个人所固有的权利。

---

① 邹喻、顾明:《法学大辞典》,上海辞书出版社1998年版,第367条。
② 李步云:《人权法学》,高等教育出版社2005年版,第118页。
③ 付建明:《人权保障的两个基本理论问题探讨》,载《中共四川省委党校学报》2005年第1期。
④ [美]杰克·唐纳利:《普遍人权的理论与实践》,王浦等译,中国社会科学出版社2001年版,第35页。
⑤ 王家福、刘海年:《中国人权百科全书》,中国大百科全书出版社1998年版,第531页。
⑥ 许崇德:《中华法学大辞典·宪法学卷·"生存权"词条》,中国检察出版社1995年版,第524页。
⑦ [英]A.J.M.米尔恩:《人的权利与人的多样性》,夏勇、张志铭译,中国大百科全书出版社1995年版,第155页。
⑧ 徐显明:《生存权论》,载《中国社会科学》1992年第5期。

二是基本生活保障权。基本生活保障权是生存权的保障方式。人能否获得生命存在的权利,关键在于是否可以获得人生存所必需的物质条件和社会条件。人的生命的存在和延续必须依赖于一定的物质资料,这是由人的生理特征决定的。当个体无法获得基本生活保障时,即使国家没有施以专断行为,个体生命也会受到实际威胁。因而,对于失去生活能力和极度贫困的人提供基本的生存需求,不仅是社会保障权的内容,也是一个关涉个体生存权和人的尊严的问题。任何一个文明社会所保障的生存权,都蕴涵着获得食物、水、适宜的环境、教育、医疗和住所的权利。这些权利是文明社会里众所周知的基本人权,所有公民的政治的、社会的、文化的权利的实现,都不能离开这些基本的人权。因此,提供生存权保障是使人成为一个尊严的人的重要条件。

三是生存发展权。生存发展权是生存权的必然要求,是一种连带性的权利,广义的生存权应当包括发展权的内容。《经济、社会和文化权利国际公约》中明确规定,"人人有权为他自己和家庭获得相当的生活水准,包括足够的食物、衣着和住房,并能不断改进生活条件。"发展权概念的提出在人权发展史上第一次赋予了人权以动态发展的理念。个人发展权的现代内容主要包括个人潜能的自由开发与个性的充分发展、环境权等,而这些权利又可以进一步细化为不同的权利。

(四)我国宪法关于生存权保障的规定

我国宪法中虽没有明确的生存权的概念,但有生存权的具体内容,现行《宪法》第44条和第45条作了一些具体规定。《宪法》第44条规定:"……退休人员的生活受到国家和社会的保障。"第45条第1款规定:"中华人民共和国公民在年老、疾病或丧失劳动能力的情况下,有从国家和社会获得物质帮助的权利……"当然,生存权的保障依赖于一整套完善高效的社会保障体制。2004年《宪法修正案》第23条规定:"国家建立健全同经济发展水平相适应的社会保障制度。"

1991年10月,我国政府公布了新中国成立以来第一份人权白皮书——《中国的人权状况》,在其中第一次正式地提出了生存权的概念,并指出生存权是中国人民长期争取的首要人权,因为"对于一个国家和民族来说,人权首先是人民的生存权。没有生存权,其他一切人权均无从谈起"。该白皮书同时指出"人民的温饱问题基本解决了,人民的生存权问题也就基本解决了"。

我国政府在保障生存权方面做出了极大的努力,一直把解决人民的生存权和发展权问题放在首位,作为自己的头等大事和最紧迫的任务,使中国人民的生存状况在最近20多年来发生了巨大的变化。同时,中国政府积极参加国际人权领域特别是联合国人权方面的活动,尊重《世界人权宣言》和联合国人权公约及其基本原则。到目前为止,中国已经批准加入了18个国际人权公约,并依据中国的实际情况,将这些公约规定的保护人权的原则和标准纳入中国的法律当中。中国人民生存状况的巨大改善,是中国人权发展史上具有历史意义的进步,也是中国对世界人权事业发展做出的巨大贡献。

但是,无论是公民的生存权,还是国家对生存权的保障义务,其内容都是非常丰富的,而且分为不同层次,我国宪法的规定尚未涵盖其所有内容。当然,生存权也具有一定的界限。公民行使这种权利,必须以无法实现劳动权或已经尽了劳动的义务为前提。这是生存权作为一种权利所具有的内在界限。同时,毋庸赘言,作为一种社会权利,生存权的实现当然受到一个国家或社会的生产力发展水平、经济发展程度以及人口状况等社会经济条件的制约。

二、财产权

(一)财产权的概念

财产是人类生存的物质基础。如果说生命权是首要的人权,那么财产则是个体生命得以延续的基本物质基础。法律要保障个体的生命权,就必须保障财产权。黑格尔曾说过:"人之所以为人,就必须拥有所有权。"当人的生存问题被解决并拥有一定的财产权之后,维护个人人格独立、精神自由才成为可能。

财产观念很早就产生了,但是在学说上把财产分为私有财产和公有财产,则是在近代之后。罗马法中尽管提到了"私有财产",但由于罗马时期没有个人观念,只有城邦、集体,因而谈不上个人权利①,所以这种公有财产与私有财产的区分并没有很大的实质意义。直到近代,启蒙思想家们提出了社会契约论,个人权利上升到社会的中心,此时的私有财产才具有个人的意义。国家和社会二分后,国家成为与个人相对的领域,财产也随之划分为私有财产和公有财产。

自近代资产阶级革命产生宪法以来,保护财产权就成为各国宪法的共同内容。在现代宪政国家中,财产权与公民的生命权、自由权一起构成公民最基本的三大基本权利体系,宪法通常把私有财产权的价值保护作为社会追求的基础,各国宪法普遍规定了保障私有财产权的原则、范围、界限等,并通过普通法律把保护私有财产权的宪法原则具体化,为公民实现私有财产权提供法律基础。

关于财产权的定义,存在多种不同的观点:"财产权是指财产上的私权,即一切具有财产价值的权利,它不仅包括物权,还包括债权、知识产权、继承权等私法上的权利,同时还包括具有财产权性质的公物使用权(如国有土地或集体土地的使用权)。"②"凡是具有经济价值,使人自主决定或有助于人自主决定其生存与发展的权利,都被界定为财产权。"③"财产权就是以法律所允许的最独断的方式处置财产的权利,是市场制度的基础。"④"财产权就是对财产的占有、使用、收益和处分的某一项权利或全部权利。"⑤《世界人权宣言》将私有财产权界定为:"公民的财产权意味着:人人有权单独占有或与他人合有财产,任何人之财产不容无理剥夺。"

我们认为,所谓财产权,是指公民个人通过劳动或其他合法方式取得财产和享有占有、使用、收益、处分财产的权利。它不仅包括物权,也包括债权、知识产权等私法上的权利。私有财产权是公民基本权利的一项重要内容,表明公民在社会生活中获得自由与实现经济利益的必要途径。宪法上规定的私有财产权不同于民法意义上的财产权,宪法中的私有财产权属于宪法上的一种基本权利,它与其他宪法权利一样,同样是公民对国家的一种权利,即公民所享有的、国家权力不能不当侵害的一种权利,直接反映了公民与国家权力之间在宪法秩序中的关系;而民法上的财产权则是私人对抗私人的一种权利,由此形成私人间的财产关系。当然,宪法对私有财产权的保障,在规范的延伸意义上内在地蕴含了同时期待排除私人之间财产权侵犯行为的规范内涵,由此派生出民法上的财产权保障规范在宪法中的规范依据。⑥

(二)财产权的性质

关于私有财产权的性质问题,理论界有不同的学术观点。第一种观点认为,财产权是自由权,是个人享有的不可侵犯的权利。第二种观点认为,财产权是一种个人依照法律享有的法律制度,即私有财产权的制度性保障。第三种观点认为,财产权是个人对国家任意行为的防御权,同时具有个人财产权和法律制度的性质。第四种观点认为,财产权在宪法框架里具有双重性,即既有主观的防御性又有客观秩序的性质。作为防御性的权利,私有财产权是政府权力的界碑,是公民设防公共权力侵犯的权利,确立了公权力活动的基本界限。但是,财产权又具有制度保障的基本属性,是一种每个公民自由行使财产权的制度或客观的法律秩序。⑦ 因此,宪法对财产权的规定实际上起着保障个体自由地利用各种经济条件的"自由保障的"功能。从财产权的历史发展与基本属性来看,我们认为现代宪政下的财产权既是个人防御权,同时又具有客观秩序的性质。

(三)财产的范围

确立不同的标准,可以对财产进行不同的分类。根据财产用途的不同,可以把财产分为生活资料与生

---

① 梅夏英:《财产权构造的基础分析》,人民法院出版社2002年版,第8页。
② 许崇德:《宪法》,人民出版社1999年版,第175页。
③ 李累:《论宪法限制财产权的两种形式》,载《学术研究》2001年第8期。
④ 于恒魁、王玉兰:《论完善保护私人财产的法律制度》,载《学习论坛》2003年第5期。
⑤ 曹永军:《私人财产权宪法保障的法理学思考》,载《法学理论前沿论坛》(第三卷),第223页。
⑥ 林来梵:《从宪法规范到规范宪法》,法律出版社2001年版,第185页。
⑦ 胡锦光、韩大元:《中国宪法》,法律出版社2007年版,第290页。

产资料。生活资料主要是满足人们日常生活需要的物品,包括粮食、家电、衣物等;生产资料是人们从事物质资料生产所需的一切物质条件,包括生产工具、机器、厂房、设备等。按财产形态的不同,财产又可分为有形财产和无形财产。人们通常将基于智力创造所形成的专利权、商标权、著作权等一系列知识产权归为无形财产。从理论上看,我国公民的财产既包括生活资料,又包括生产资料;既包括有形财产,又包括无形财产。从我国现行宪法的具体规定来看,我国公民的财产主要包括:

第一,合法收入。合法收入是指公民在法律允许范围内,用自己的劳动或其他方法所取得的货币或实物收入。这里的"合法"旨在强调财产积累过程的合法性,要求社会成员必须通过诚实的劳动积累财富。随着市场经济的发展、公民个人财富的积累与公众法律意识的提高,公众对财产权的保护问题给予了高度关注,中共十六大报告明确提出:一切合法的劳动收入和合法的非劳动收入,都应当受到保护。可见,合法收入包括合法的劳动收入和合法的非劳动收入。①合法的劳动收入一般包括:工资、奖金、退休金、知识产权收入等;城乡集体劳动者用于生产的生产资料;个体劳动者所使用的生产工具和其他生产资料;公民出租房屋的租金、赠予及继承的财产等。②合法的非劳动收入主要是指持股分红、买卖差价收入等。

第二,储蓄。国家鼓励公民将暂时不用的货币存入银行、信用社。金融机构对公民的储蓄实行存款自愿、取款自由、存款有息以及为储户保密的原则。查询、冻结或提取公民的个人存款必须经司法机关批准。

第三,房屋。无论城市还是农村,凡是公民个人享有房屋所有权的房屋,任何单位或个人都不得非法侵占、查封或者破坏。如因公共利益的需要,国家必须占用或者拆除公民房屋时,应当依法给予合理补偿并妥善安排房屋所有人的住房。

第四,其他生产资料和生活资料。随着经济的发展,公民拥有的生产资料和生活资料的范围日益广泛,凡依法不禁止公民个人所有的有关衣、住、行的生活用品,都可以作为公民个人财产权的客体,受国家法律的保护。随着我国非公有制经济的快速发展,公民在从事非公有制经济活动中所需要的生产资料,同样受国家法律的保护。在市场经济发展中出现的非按劳分配而获得的收入,如证券收入、红利股息收入等,需要从法律上明确其性质和地位。

(四)宪法保护私有财产权的规范结构

从各国宪法所规定的保护私有财产权的条款来看,私有财产权的宪法规范在内容上主要蕴含了三重结构,包括不可侵犯条款(或保障条款)、制约条款(或限制条款)和征用补偿条款(或损失补偿条款)。

1. 不可侵犯条款

不可侵犯条款的近代经典是1789年法国《人权宣言》的第17条。该条明确宣称:"财产权是一个神圣不可侵犯的权利。"从法律规范科学的立场来看,对财产权加以"不可侵犯的和神圣的"这种价值判断,未必符合严格意义上的法律规范的要求,而是一种道德和哲学上的思想表述,是近代自然法思想的一种话语。现代财产权的宪法保障规范中的不可侵犯条款,则去除了"神圣的"这种表述用语。从条文上看,现代的不可侵犯条款主要有两种方式:一种是根本不作"财产权神圣不可侵犯"的宣称,如1919年德国《魏玛宪法》规定"所有权受宪法保障";另一种是去除对财产权"神圣的"表述,但仍规定"不可侵犯"。最典型的是日本的现行宪法,其第29条规定"财产权不可侵犯"。

2. 制约条款

现代西方各国宪法大多都承认私有财产权的社会性,肯定对财产权的公共制约。为此,制约条款的出现,构成了现代财产权宪法保障规范体系的一个重要特征。只是制约条款在表述方式上具有多样性:一是"伴随着义务",如《魏玛宪法》规定:"所有权伴随着义务";《法兰西第四共和国宪法》的序言也规定:"一切的财产、一切的企业的收益,都具有国家的公共义务和事实上的独占性质……"二是"公共福利"的制约,如《日本宪法》规定:"财产权之内容,应适合于公共福利,由法律规定之。"《意大利宪法》则采用"社会机能"这一用语,规定"法律确实保障私有财产的社会机能"。三是财产权的内容由"法律规定",德国、日本、意大利等国宪法都规定财产权的内容由"法律规定"。

3. 征用补偿条款

所谓征用补偿条款,就是规定国家根据公共利益的需要对私人财产进行征用时必须予以正当补偿的条款。在近代宪法中,基于对"神圣不可侵犯"的财产权的保障,一般均作了这种规定。如1789年法国《人权宣言》规定:"财产权是神圣不可侵犯的权利,除非当合法认定的公共需要所必需,且在公平而预先赔偿的条件下,任何人的财产均不得受到剥夺。"但在这里,财产权不可侵犯条款与征用补偿条款是结合在一起的,后者只是前者的一种直接延伸。进入现代福利国家时代之后,西方各国宪法一方面否定了财产权的神圣性,另一方面也并未把对财产权所进行的限制绝对化,而是根据既保障又制约的这种规范体系的内在逻辑要求,沿袭和发展了近代宪法中的补偿规定,并使之成为一个相对独立的条款,构成了现代财产权保障规范体系中的一个不可或缺的部分。

征用补偿的宪法规范有两个经典范式。一个是德国式的征用补偿条款,此类规范比较详细。如《德国基本法》第14条规定:"为公用的征用,只可裨益公共的福利始得行之。为公用的征用,仅限于依据规定补偿的方法和程度的法律,或只有依据法律上的根据始得实行。对补偿的规定必须公正地衡量公共以及关系人的利益。有关补偿的金额,如发生争议,可向法院提前诉讼。"第15条规定:"土地、自然资源和生产工具,如为社会化的目的,可被转化为集体所有或以其他形式出现的集体经济,并依法规定补偿方式和金额。"另一个经典范式是《美国宪法》第5条修正案,此类规范为概括式,其规定"没有正当补偿,任何人的私有财产均不得被征用为公共使用"。

宪法关于私有财产权保障的规范结构中,不可侵犯条款确定了现代财产权保障制度的一般前提,制约条款则旨在对财产权的保障加以适当的限定,补偿条款又进而对财产权的制约进行制衡,从而既维护了不可侵犯条款所确立的前提规范,又为制约条款在整个规范内部提供了缓冲机制。这三层结构逐层展开,相辅相成。建立于这种复合结构之上的现代财产权宪法保障规范体系,其实就是一种具有逻辑意义上的正反合的三段式规范体系。

(五)我国宪法对私有财产权的保护

1949年的《共同纲领》第3条规定了私有财产权的宪法地位:"……保护国家的公共财产和合作社的财产,保护工人、农民、小资产阶级和民族资产阶级的经济利益及其私有财产……"1954年《宪法》对私有财产权的保护也作了明确规定,1954年《宪法》第11条规定:"国家保护公民的合法收入、储蓄、房屋和各种生活资料的所有权。"第12条规定:"国家依照法律保护公民的私有财产的继承权。"第13条规定:"国家为了公共利益的需要,可以依照法律规定的条件,对城乡土地和其他生产资料实行征购、征用或者收归国有。"1954年《宪法》规定的保护私有财产,只是一种在公有化过程中的秩序性的保护,这部宪法颁行还不到一年,国家就掀起了农业合作化和资本主义工商业社会主义改造的高潮,并大力批判私有财产,否定商品等价交换和雇佣劳动关系,否定个人权利,使得1954年《宪法》名存实亡。

1956年以后,我国已基本完成了对农业、手工业和资本主义工商业的社会主义改造,我国的最后一个剥削阶级——民族资产阶级已经不复存在,普遍存在于城乡的个体经济也通过合作化的道路成为社会主义集体经济的一部分①,"私有财产"这个概念也从中国大地上消失。"文革"中颁布的1975年《宪法》,在私有财产方面,彻底废除了在生产资料方面保护私有财产的法律制度。该《宪法》规定,中华人民共和国的生产资料所有制现阶段主要有两种:社会主义全民所有制和社会主义劳动群众集体所有制。1978年《宪法》在保护财产权部分基本沿用1975年《宪法》的规定。1975年《宪法》和1978年《宪法》第9条均规定:"国家保护公民的劳动收入、储蓄、房屋和各种生产资料的所有权。"两部宪法虽然仍然承认"法律许可范围内的个体劳动者",承认有限范围内的个体劳动的形式,但已经不再使用"私有财产"这一概念了。这就意味着公民个人拥有的生产资料以及各种债权、知识产权等其他权利不受宪法的保护。这样,宪法所保护的公民的私有财产权就已经不再是完整意义上的财产权了。

---

① 王锴:《中国宪法与私有财产保护的完善》,载《法苑》2003年第10期。

1982年《宪法》是我国的第四部宪法,这部宪法在私有财产的保障条款方面与1975年《宪法》和1978年《宪法》相比,有所发展。1982年《宪法》第13条规定:"国家保护公民的合法的收入、储蓄、房屋和其他合法财产的所有权。国家依照法律规定保护公民的私有财产的继承权"。使"私有财产"这一概念重新回到了法律范畴内。但1982年《宪法》对私有财产权保护的规定仍存在缺漏,主要表现在两个方面:第一,1982年《宪法》对私有财产权的保障,仍局限于对公民生活资料的保障,且只涉及所有权,而其他的物权、知识产权、债权等仍不在保护之列。第二,对私有财产权宪法保障的三层规范结构中,宪法条文仅有保障条款和制约条款,而缺失损害补偿条款。这种情况必然导致宪法规范与宪法实践的冲突和矛盾。也就是说,如果在实践中对财产权的损害或制约不予补偿,已有的保障条款则会受到挑战;反之,如果在实践中对财产权的损害或制约给予补偿,则会在宪法上缺乏明确而又直接的规定。

1982年《宪法》是我国在改革开放初期制定颁行的,随着改革的不断深入和非公有制经济的飞速发展,对这部宪法中私有财产保护的内容加以修改和完善势在必行。我国分别于1988年、1993年、1999年、2004年采用宪法修正案的方式对其进行了四次修改和补充,共通过了31条宪法修正案。我国对私有财产权的保护也在对宪法的四次修改中逐渐得到发展和完善。

1988年宪法修正案明确了私营经济的合法地位,将公民从事私营经济所得纳入宪法保护的财产权范围,该修正案第1条规定:"国家允许私营经济在法律规定的范围内存在和发展。私营经济是社会主义公有制经济的补充。国家保护私营经济的合法权利和利益,对私营经济实行引导、监督和管理。"1993年宪法修正案在私有财产保护方面,没有较大的改进和完善。但由于市场经济被写入宪法,中国随后进入了一个大力发展市场经济的时代,资本市场和技术市场等逐步建立并得到扶持,私有财产也在中国得到前所未有的发展,为进一步完善私有财产保护制度提供了坚实的社会基础。1999年宪法修正案不仅用非公有制经济这个外延较大的概念涵盖个体经济、私营经济等经济成分,而且把非公有制经济作为社会主义市场经济的重要组成部分,并赋予其与公有制经济平等的法律地位。1999年修宪以后,我国的经济结构已经转变为以公有制经济为主体,公有制经济与非公有制经济并存的局面。与此相适应,"各尽所能、按劳分配"的分配制度,也转变为以按劳分配为主体、按劳分配和按生产要素分配并存的分配制度,因此,1982年《宪法》第13条中公民的合法财产就不仅只是生活资料了,还包括公民发展非公有制经济所需要的生产资料。由于意识形态的限制,1999年的宪法修正案并未采用"私有财产权"的表述方式,当然更未直接涉及私有财产和私有制的定位,虽然宪法修正案第16条明确提到"非公有制经济"并承认其合法性,但却仍然将它限定在"社会主义市场经济的重要组成部分"的范围内。

2004年宪法修正案第22条对宪法第13条关于公民财产权的规定,进行了全面系统的修正。宪法修正案第22条规定:"公民的合法的私有财产不受侵犯。国家依照法律规定保护公民的私有财产权和继承权。国家为了公共利益的需要,可以依照法律规定对公民的私有财产实行征收或者征用并给予补偿。"与修改之前的原条文相对比,第22条宪法修正案对私有财产的保护做了如下发展:

一是扩大了私有财产和私有财产权的保护范围。具体表现在:①公民的私有财产权作为一项基本权利的地位和价值得到确认和肯定;②扩大了保护公民私有财产的范围,不仅仅限于生活资料,还包括生产资料;③扩大了保护公民私有财产权的范围,不仅仅限于所有权,还包括所有权以外的与财产有关的其他权利。

二是突出私有财产针对国家的特点。私有财产权是公民的一项宪法权利,国家有义务予以保护。而且对于公民的合法的私有财产权,国家自身也不得侵犯,突出了私有财产权抵抗公权力的特点。

三是完善了私有财产权保护条款的规范结构,体现对公民私有财产权保护的彻底性。根据各国对私有财产权保护的经验,按照三重结构的原理,即不可侵犯条款、制约条款和征用补偿条款,对我国宪法中公民私有财产权增加了征收、征用与补偿的条款,体现了保护体系和保护结构的完整性。宪法原有的规定只局限于保护公民的生活资料,而且在当时的社会背景下,公民所拥有的生活资料的内容也非常简单,因此,不存在国家对这些财产进行征收或者征用的必要。伴随着宪法确认的公民私有财产权范围的扩大,国家在必要时需要对公民的私有财产进行征收或者征用,但必须是基于"公共利益的需要"才能进行,且需要对个体利益的损失进行必要的或者合理的补偿。

三、受教育权

(一) 受教育权的概念

在我国,关于受教育权的概念学界有多种观点。主要有以下几种:"受教育权是指公民在各类学校、各种教育机构或通过其他途径学得文化知识的权利。"①"所谓受教育权,是指个人在国家和社会创建的各类学校、教育机构等学习文化知识的权利。"②"受教育权是指公民有通过学校和其他教育设施和途径,学习科学文化知识和专业技能,提高文化素质、政治素质或其他业务水平的权利"。③ 这些定义主要是从受教育者所享有的权利的途径以及所享有的权利的内容来对受教育权进行界定,有一定的合理性,不足之处是这些概念淡化了国家对教育应承担的义务和责任。

综上所述,我们认为,受教育权是指公民依法享有的要求国家积极提供均等的受教育条件和机会,通过学习来发展个性、才智和身心能力,以获得平等的生存和发展机会的权利。

(二) 受教育权的功能

我国现行《宪法》第 46 条第 1 款规定:"中华人民共和国公民有受教育的权利和义务。"宪法之所以把受教育既规定为公民的权利,同时又规定为公民的义务,主要是从教育的功能上来说的。因此,我们认为,教育的功能主要体现在对公民个人的功能和对国家的功能两个方面:

其一,教育是公民提高自身素质、获得更大发展的主要手段。公民通过接受教育,培养个人才智,开发个人潜能,全面提高自身素质,为人类的文化生活和有尊严的职业生活提供必要的基础,从而获得更大的、更好的发展空间。

其二,教育是提高民族素质、建设文化国家、推动社会发展的重要手段。国家通过普及义务教育,要求每一个公民都必须接受义务教育。同时国家大力推广中等教育、高等教育及各种职业教育,以达到提高全民族文化素质,建设文化国家、推动社会发展的目的。

(三) 受教育权的内容

我国宪法确认的受教育权究竟包括哪些内容在理论界存在分歧。之所以会出现这种情况,主要是在界定受教育权的内容时没有统一的标准。李步云在《宪法比较研究》一书中以我国受教育权的立法现状来界定受教育权的内容,我们认为采用这一标准界定受教育权的内容是科学的、可行的。我国现行《宪法》第 19 条和第 46 条对我国公民的受教育权做出了一系列原则性的规定,在此基础上,又颁布了一系列有关教育方面的法律、法规,包括《中华人民共和国义务教育法》《中华人民共和国教师法》《中华人民共和国教育法》《中华人民共和国职业教育法》《中华人民共和国高等教育法》等。根据宪法和法律的规定,我国公民受教育权的内容主要包括以下几个方面:

一是学龄前儿童的学前教育。不满六周岁的学龄前儿童有接受学前教育的权利。目前我国学前教育的场所主要是幼儿园。

二是适龄儿童、少年的义务教育。现代世界上多数国家都实行义务教育制度,并同时实行一定的义务教育的无偿化,以确保公民义务教育的实现。根据《中华人民共和国义务教育法》的规定,我国实行九年制的义务教育。凡年满六周岁的适龄儿童,不分性别、民族、种族、家庭财产状况等,依法享有平等接受义务教育的权利。我国的义务教育包括初等教育(即小学阶段的教育)及初级中等教育(即初中阶段的教育)。地方各级政府应当合理设置小学、初级中等学校,使每一个适龄儿童就近入学。2005 年,我国已在 90% 以上的

---

① 李步云:《宪法比较研究》,法律出版社 1998 年版,第 541 页。
② 韩德培、李龙:《人权的理论与实践》,武汉大学出版社 1995 年版,第 615 页。
③ 谢鹏程:《公民的基本权利》,中国社会科学出版社 1999 年版,第 110 页。

人口地区普及了小学教育,小学适龄儿童入学率为 99%;小学升入初中的升学率为 95%。同时,《义务教育法》第 2 条规定:"实施义务教育,不收学费、杂费。国家建立义务教育经费保障机制,保证义务教育制度实施。"但由于各种原因,我国政府在《义务教育法》中承诺的义务教育无偿化并没有得到实施。自 2006 年起,义务教育的无偿化才开始得到落实,义务教育成为公共财政保障的教育。2006 年,国务院对西部农村所有中、小学生实施免收学杂费,使西部农村 4 900 万名义务教育阶段的学生享受到了免费的义务教育。2007 年,对全国农村小学、初中开始全部免收学杂费。2008 年,对城市义务教育阶段的学生免收学杂费。目前,我国已全面实行义务教育的无偿化,并且在农村义务教育阶段,由国家提供免费的教科书。

三是劳动者的职业教育。劳动者有权接受系统正规的职业技术教育,以获得从事各种职业所需的专业知识和实际操作技能。

四是高等教育。达到一定年龄并具有一定智力的公民有权在大学、学院、高等专科学校接受高等教育。近年来,我国大力发展高等教育,高等教育的规模逐年扩大,接受高等教育的人数逐年攀升。如 2004 年,全国普通本专科招生 447.3 万人,研究生招生 32.6 万人。目前,全国各类高等教育在校人数超过 2 000 万人,高等教育的毛入学率已达 21%,高等教育在我国教育体系中占据着十分重要的地位。

五是成人教育。成人教育是我国教育的一个重要组成部分,其教育对象主要是已经参加工作的从业人员。我国有大量的成人教育机构,从业人员通过在成人院校接受教育,既可以提高自身的素质,又可以提高经济效益和工作效率。

六是残疾公民的特殊教育。我国《教育法》第 9 条第 2 款规定:"公民不分民族、种族、性别、职业、财产状况、宗教信仰等,依法享有平等的受教育机会。"可见,教育机会均等理应是我国公民受教育权应涵盖的内容。为使盲、聋、哑及其他有残疾的公民享有平等的受教育权,国家开设了一些特殊教育机构,以确保残疾公民的受教育权得到实现。此外,特殊教育还包括 12~17 周岁有违法或轻微犯罪行为的公民,可以进入工读学校接受特殊教育。

七是文盲、半文盲公民的扫盲教育。《扫除文盲工作条例》规定,凡 15~40 周岁的文盲、半文盲公民,除丧失学可能力的以外,不分性别、民族、种族,均有接受扫除文盲教育的权利和义务。通过扫盲教育,我国文盲、半文盲的人数逐年减少。2003 年,联合国教科文组织统计局公布全球过去 10 年扫盲最新统计数据表明:在所统计的 40 个国家中,中国在扫盲教育方面的成绩最大,中国青壮年文盲已降到 5%以下。

(四) 受教育权的保障

受教育权真正得以实现有赖于国家提供的保障措施是否有力、有效。受教育权的保障可分为事前保障和事后保障。按照实施保障的主体的不同,立法机关和行政机关的保障属于事前保障,而司法机关的保障则为事后保障。

第一,受教育权宪法与法律保障。立法数量的多少、立法质量的高低直接显现出教育立法保障的力度。就目前来看,我国现行宪法对公民受教育权的保障作了一系列的规定。现行《宪法》第 46 条规定:"中华人民共和国公民有受教育的权利和义务。国家培养青年、少年、儿童在品德、智力、体质等方面全面发展。"第 19 条第 1~4 款规定:"国家发展社会主义教育事业,提高全国人民的科学文化水平。国家举办各种学校,普及初等义务教育,发展中等教育、职业教育和高等教育,并且发展学前教育。国家发展各种教育设施,扫除文盲,对工人、农民、国家工作人员和其他劳动者进行政治、文化、科学、技术、业务的教育,鼓励自学成才。国家鼓励集体经济组织、国家企业事业组织和其他社会力量依照法律规定举办各种教育事业。"同时,我国已经参加数部受教育权保障的国际条约,也制定了众多的教育方面的法律规范,以确保我国公民受教育权的全面实现。

第二,行政机关的执法保障。受教育权需要国家教育行政执法机关积极主动地促成和提供条件才能实现,对受教育权保障最有力、最主要的措施有教育经费管理措施、教学工作管理措施、高校学位授予工作管理措施等。另外,制定有普遍约束力的行为规则也必不可少。

第三,司法机关的救济性保障。司法保障是权利的最后一道保护屏障。从国际上看,对受教育权的司法保障不仅有行政诉讼、民事诉讼,还有宪法诉讼。从我国教育法律规范的规定来看,目前的法定保障受教育权的方式是民事诉讼,而且仅限于侵犯受教育者人身权和财产权的范围,受教育权本身是没有直接的法律救济依据的。但从实践来看,已经远远突破了法律规范的界限,为适应现实所需,受教育权的司法救济范围已经扩大至受教育权本身,甚至是某些涉及大学自治的事项也逐渐进入司法的范围,而且把涉及受教育权本身的保障纳入了行政诉讼的范围。

四、劳动权(工作权)

(一)劳动权的概念

劳动权是首先在西方国家出现的一个概念。1831年法国里昂工人起义时提出了"生活、工作或死亡"的口号。1848年法国"二月革命"时,资产阶级政府在当年2月26日发布的命令中被迫承认了劳动权,但随后又废除了该命令。最早把劳动权作为明确的法律概念提出来的,是奥地利法学家安东·门格尔,他在1886年完成的《全部劳动权史论》一书中提出:劳动权、劳动收益权、生存权,是造成新一代人权——经济基本权的基础。但直到"二战"后,劳动权才开始被一些资本主义国家宪法所确认。如1946年《日本宪法》规定:"一切国民都有劳动的权利。"1946年《法国宪法》规定:"任何人有工作的义务,并享有就业的权利。"1947年《意大利宪法》规定:"共和国承认全体公民均享有劳动权,并帮助建立实现此项权利的条件。"社会主义国家的宪法则普遍规定了公民的劳动权。如1936年《苏联宪法》第118条规定:"苏联公民有劳动的权利,即有权利取得有保障之工作以及按其劳动数量质量发给之报酬"。我国的1954年《宪法》、1975年《宪法》和1978年《宪法》均规定"公民有劳动的权利"。1982年《宪法》第42条第1、2款规定:"中华人民共和国公民有劳动的权利和义务。国家通过各种途径,创造劳动就业条件,加强劳动保护,改善劳动条件,并在发展生产的基础上,提高劳动报酬和福利待遇。"

由于不同国家、不同社会经济发展状况所保障的劳动权的内容不同,在不同时期人们赋予了劳动权不同的含义。对劳动权概念的理解在我国国内学者中也存在分歧。《中国大百科全书(法学卷)》(1984年版)将劳动权界定为:"具有劳动力的公民能够得到有保障并有适当报酬的工作的权利。"也有一些学者认为"劳动权作为宪法规定的公民享有的一项基本权利,已在世界范围内成为通用的有特定含义的概念,其含义就是指工作权,即公民享有的使自己劳动力与生产资料结合实现职业劳动的权利"。[①] 还有学者认为,劳动权是指"具有劳动能力的公民,有获得参加社会劳动并按照其所提供的劳动的数量和质量取得与其劳动相适应的劳动报酬和其他劳动收入的权利"。[②]

当然,我国多数学者认为劳动权的定义有狭义、广义之分。狭义的劳动权,也称工作权,是指有劳动能力的公民,有获得工作的机会并按照其所提供的劳动的数量和质量取得与其劳动相适应的劳动报酬的权利。而广义的劳动权,是指以狭义劳动权为核心的一系列相关权利的总称,具体包括劳动就业权、劳动报酬权、劳动保护权、职业培训权、休息休假权等。

(二)劳动权的基本特征

劳动是公民谋生和发展的基本手段,劳动权是公民赖以生存的基础。它具有以下特征:(1)从内容上看,劳动权是一个综合性的权利体系。就狭义而言,它包括就业权和获得劳动报酬的权利;就广义而言,它还包括劳动保护权、职业培训权和休息休假权等。(2)从性质上看,劳动权是自由权与社会权的统一。公民的劳动权不受国家任意侵犯,对公权力具有防御功能,这体现了自由权的基本精神。与此同时,公民有权通过劳动追求幸福生活,并要求国家积极创造条件满足劳动者的各项需要。在这种意义上,劳动权又具有社会权的性质。当然,在劳动权的具体实现过程中,其社会性表现得更为突出。(3)参加社会劳动的公民有权根据所提供的劳动数量和质量获得相应的劳动报酬。

---

① 关怀:《劳动法学》,群众出版社1985年版,第77页。
② 李步云:《宪法比较研究》,法律出版社1998年版,第535页。

(三)劳动权的基本内容

从现代社会的发展趋势来看,各国宪法和国际人权公约规定的劳动权的内容不断丰富、发展,形成了以就业权为中心的权利体系。综合起来考察,广义劳动权的内容主要包括劳动就业权、劳动报酬权、劳动保护权、职业培训权和休息休假权。

1. 劳动就业权

劳动就业权是劳动权的核心内容。我国《劳动法》第三条规定:"劳动者享有平等就业和选择职业的权利……"第十二条规定:"劳动者就业,不因民族、种族、性别、宗教信仰不同而受歧视。"由以上规定可以看出,就业权又包括职业获得权、自由择业权和平等就业权。其中职业获得权包括两层含意,即要求国家提供就业机会的权利和拒绝雇主非法解雇的权利。要求国家提供就业机会的权利因具有请求性而被称为积极的工作获得权,它是指政府应采取积极政策和措施来促进和保证就业,在劳动者未能实现就业和失业时,政府应通过失业保险制度等社会保障制度来帮助劳动者维持基本生活,但并不赋予劳动者在国家不提供劳动机会时通过诉讼方式把国家告上法庭的权利。"失业者不能因自己失业而提起诉讼"[①]"有就业愿望的公民不能就业,暂时无法实现劳动权时,公民不能就此以国家为被告通过诉讼方式直接主张该权利"。[②] 拒绝雇主非法解雇的权利因具有对抗性而被称为消极的工作获得权。劳动者在与雇主签订劳动合同后,如雇主一方以侵害劳动者权益解除合同等非法手段解雇劳动者的,劳动者有权拒绝。自由择业权是劳动者可以依自己的意愿和规划,结合社会的需要自主选择职业的权利。平等就业权是指平等地获得就业机会的权利,是社会平等在就业方面的必然要求。劳动者不分性别、年龄、民族,在就业机会面前一律平等。

2. 劳动报酬权

劳动报酬权是指劳动者付出劳动后有取得劳动报酬的权利。劳动权的行使与报酬是相适应的,劳动者有权根据其所提供的劳动数量和质量获得相应的劳动报酬。劳动报酬具有生活保障的价值,是劳动者生存得以维系的基础。《世界人权宣言》第二十三条和《经济、社会和文化权利国际公约》第七条对此项权利做出规定,其内容为:每一个工作的人有权享受公正和合理的报酬,保证使他本人和家属有一个符合人的尊严的生活条件,工作价值相等者享受同等报酬,不能有任何区别和歧视,男女同工同酬。《意大利宪法》第三十六条规定:"每个受雇之人都有权获得与他的工作的质和量相当的报酬,在任何情况下,必须保证其本人及其家庭宽裕地和体面地生活。"我国《劳动法》第四十六条规定:"工资分配应当遵循按劳分配原则,实行同工同酬。工资水平在经济发展的基础上逐步提高,国家对工资总量实行宏观调控。"

3. 劳动保护权

劳动保护权是指劳动者在劳动中享有人身安全和健康保障,免遭职业伤害的权利。劳动者的安全卫生环境已经成为一个全球性的问题。根据国际劳工组织统计,全球每年发生的各类伤亡事故大约为2.5亿起,平均每天68.5万起,死亡人数约为82万,平均每天死亡2 200人。职业安全性质上属于人身安全的范畴,是人身安全在职业劳动中的要求和体现。劳动关系兼有财产和人身双重属性,用人单位对劳动者负有保护的义务,用人单位要避免或减少职业伤害,确保劳动者的职业安全。

4. 职业培训权

职业培训权是指劳动者享有通过职业培训而获得从事各种职业所需的专业知识和实际操作技能的权利。职业培训是保障劳动者实现其就业权的一项重要制度,有利于提高劳动者的素质,提高劳动生产率和企业的经济效益,促进社会生产力发展。职业培训权对劳动者就业权、报酬权和劳动保护权的实现有一种现实的保障作用,同时能够间接地为劳动者带来人格和财产利益。因为职业培训有助于增强劳动者的就业竞争能力,扩大其择业领域,使其获取较高的劳动报酬,并有效降低职业伤害的可能性。我国《宪法》第四十

---

① 刘海年:《经济社会和文化权利国际公约研究》,中国法制出版社2000年版,第25页。
② 沈同仙:《劳动权探析》,载《法学》1997年第8期。

二条第4款规定:"国家对就业前的公民进行必要的劳动就业训练。"第十九条第3款规定:"发展各种教育设施,扫除文盲,对工人、农民、国家工作人员和其他劳动者进行政治、文化、科学、技术、业务的教育……"此外,《劳动法》第八章以专章规定了职业培训。在我国,职业培训制度包括就业前的职业培训和在职职业培训。

5. 休息休假权

休息休假权是指劳动者在行使劳动权的过程中,为保护身心健康、提高劳动效率而依法享有的休息和休假方面的权利。关于这一内容我们把它放在本节休息权里面来叙述。

(四)劳动权的保障

劳动是公民谋生和发展的手段,为确保公民劳动权的实现,我国宪法和法律作了相应的规定,并采取了一些具体措施,主要包括:

第一,我国现行宪法保障劳动权的规定。现行《宪法》第四十二条规定:"中华人民共和国公民有劳动的权利和义务。国家通过各种途径,创造劳动就业条件,加强劳动保护,改善劳动条件,并在发展生产的基础上,提高劳动报酬和福利待遇……国家对就业前的公民进行必要的劳动就业训练。"可见,该条款相对完整地规定了劳动权的主要内容,为我国公民劳动权的实现提供了宪法依据。

第二,国家采取一系列积极的政策与措施确保公民劳动就业权、职业培训权及职业安全权的实现。国家制定有关各种职业能力开发、就业或雇用对策、男女就业或雇用机会平等以及失业对策等法律、法规,为劳动者提供更多的就业机会和社会雇用。国家积极开展各种职业教育与职业培训,提供具体的职业介绍服务以及失业者的最低生活保障。《中华人民共和国就业促进法》第二章为"政策支持",第六章是"就业援助",《就业促进法》的颁布实施有助于我国公民劳动就业权的充分实现。为保证特定主体劳动就业权的实现,《劳动法》对妇女、残疾人、少数民族人员劳动就业问题还作了特殊的保护性规定。此外,国家还须制定有关劳动保护的法律,规定劳动报酬、劳动时间、休息以及其他劳动条件的基本标准。

第三,实行最低工资保障制度以确保劳动者劳动报酬权的实现。根据《劳动法》的规定,最低工资的具体标准由省、自治区、直辖市人民政府规定,用人单位支付劳动者的工资不得低于当地最低工资标准。

当然,我们还应当认识到,劳动权是社会权利的一种,与其他社会权利一样,它的实现必然受到一个国家或社会的劳动组织程度、经济发展水平以及人口结构状况等多方面社会经济条件的制约。

五、休息权

(一)休息权的概念

所谓休息权,是指劳动者在行使劳动权的过程中,为保护身心健康而依法享有的休息和休假的权利。我国现行《宪法》第四十三条规定:"中华人民共和国劳动者有休息的权利。国家发展劳动者休息和休养的设施,规定职工的工作时间和休假制度。"

休息权与劳动权具有内在的关联性。原因在于:(1)人的生理特征决定了人需要通过休息才能恢复充沛的身心能力状态。从这种意义上说,人均享有休息的权利。但我国宪法理论中所谓的休息权指的是劳动者所享有的特定权利,是劳动者在进行一定的劳动之后为消除疲劳、恢复正常的劳动能力所必需的条件,从而也是持续实现具体的劳动权的一个必不可少的契机。在这种意义上说,休息权既是劳动权存在的一个前提条件,也是劳动权的一个派生形态。(2)从更宽泛的意义上来说,在劳动权概念的内部结构中,特别是劳动条件受保障的具体内容之中,已经内在地蕴含了休息的内涵,因此,许多国家的宪法在明确规定劳动权之后,不再单独规定休息权。我国现行《宪法》第四十三条的规定,可理解为是对第四十二条规定的一种具体的展开和强调。

休息权不仅与劳动权有内在的关联性,与劳动者的生存权以及精神、文化活动的自由也有着密切的联系。一般而言,休息权是劳动者实现生存权的一个重要条件,而劳动者对休息权的行使也可结合对精神、文化活动自由的行使方式(例如享受文化、娱乐生活)来得以实现。

(二) 休息权的特征

休息权的特征包括:(1)休息权的必要性。劳动者在付出一定的劳动后,需要消除疲劳,恢复必要的劳动能力,休息权本身是劳动权存在和发展的基础。(2)休息权的重要性。休息权不仅为劳动者提供充分的恢复体力的时间,而且为劳动者参加各种文化与社会活动,提高文化素质提供了机会,是劳动者享受文化生活、自我提高、自我发展不可缺少的重要条件。(3)休息权的法定性。休息权是宪法明确规定的基本权利,用人单位不得以任何理由侵犯劳动者法定的休息权。劳动者有权自行安排自己的活动,用工单位不得扣除应支付的工资。

(三) 休息权的基本内容

从世界各国的法律规定来看,休息权的基本内容主要包括两个方面:一是要保证劳动者享有充分的休息时间;二是要保证劳动者不因休息而遭受经济上的损失。

(四) 休息权的保障

为了保障公民休息权实现,各国宪法和法律规定了许多具体措施,主要包括:

第一,工作时间限制。欧洲产业革命以后开始对工时限制进行立法。1917年8月,英国的空想社会主义者欧文提出未来社会施行8小时工作制的理想。20世纪,这一工时制度被许多国家所采用,成为国际标准工时制度。国际劳工组织成立以来,共制定过有关工时的15个公约和21个建议书,其中1935年第十九届国际劳动大会上制定了《每周工作时间减至40个小时公约》。于是,每天工作8小时,每周工作五天的规定逐渐成为目前国际上的通行惯例。我国《劳动法》第四章以专章规定了劳动者的"工作时间和休息休假",该法第三十六条明确规定:"国家实行劳动者每日工作时间不超过八小时、平均每周工作时间不超过四十四小时的工时制度。"

第二,工作安排限制。限制用人单位在夜间安排工作、限制加班加点以及规定旨在保证职工得到工间休息的时间中断。我国《劳动法》限制加班加点,限制某些人员和某些工作的夜班工作,在职业当班过程中应有休息时间,两个工作日之间的休息长度应以保证劳动者的体力及工作能力能得到恢复为标准。

第三,休息日制度。休息日制度包括公休日和法定节假日。我国自1995年5月1日起实行"双休日"制度(即每周工作五天),并不断增加法定节假日的天数,以使我国公民有更多的休息时间。目前我国的法定节假日有:元旦(1天)、春节(3天)、清明节(1天)、国际劳动节(1天)、端午节(1天)、中秋节(1天)、国庆节(3天),共计11天。

第四,年休假制度。职工每年享有一定期间的带薪连续休假。国务院制定的于2008年1月1日实施的《职工带薪年休假条例》对年休假制度做出了明确规定。该法第二条规定:"机关、团体、企业、事业单位、民办非企业单位、有雇工的个体工商户等单位的职工连续工作1年以上的,享受带薪年休假(以下简称年休假)。单位应当保证职工享受年休假。职工在年休假期间享受与正常工作期间相同的工资收入。"第三条第1款规定:"职工累计工作已满1年不满10年的,年休假5天;已满10年不满20年的,年休假10天;已满20年的,年休假15天。"目前,带薪年休假制度已开始在我国逐步实施。另外,我国还规定异地工作的职工享有探亲假。

当然,作为一项社会经济权利,休息权的保障形态和实现程度也受到一定的社会经济条件的制约。随着国家经济实力的增强和劳动效率的逐渐提高,劳动者休息的时间也会逐渐增加。

六、社会保障权

(一) 社会保障权的概念

人类社会的发展历史,是与人类自身不断抵抗天灾人祸的威胁伴生的。随着人类文明的进步,人类除了要抵御自然界的风险外,还要与工业灾害、疾病、失业等抗争,因而对社会保障的需求日趋复杂,实现有保障的生活是人类社会孜孜以求的目标。

"社会保障"一词是从英文 social security 翻译而来的,又被译为"社会安全"。其最早出现在1935年美国罗斯福总统签署的一项历史性法案——《社会保障法》。1938年,新西兰也在其相关法案中沿用了该名称。此后英美两国在1941年签署的《大西洋宪章》、1942年英国的贝弗里奇报告、国际劳工组织第26届大会于1944年通过的《费城宣言》及1948年联合国《人权宣言》中也先后使用该词。国际劳工组织积极推动国际性社会保障政策,1952年第35届国际劳工大会专门通过了《社会保障公约》,规定了社会保障的基本准则。从此,社会保障为世界各国所普遍采用。

社会保障制度涵盖了社会的、经济的、法律的和文化的意义,是一个多学科的综合,因此,对社会保障的概念难免因从不同的角度考量而有不同的侧重。更何况,社会保障作为现代各国普遍采用的一项制度,因各国之间在政治制度、经济条件、文化背景、历史传统等方面存在着巨大的差异,使得社会保障的项目、内容、目标等在各国的发展极不平衡,因此,也就难免出现各种不同的社会保障理论,对社会保障也难有统一的定义。

在社会保障制度的发展历史中,英国和德国是最具代表性的两个国家,其对社会保障所下的定义也具有最重要的代表意义。英国关于社会保障的概念,以著名的经济学家贝弗里奇在其《社会保险及其相关服务》的报告中的定义最具影响力。贝弗里奇将社会保障视为一项以国家为主体的公共福利计划,认为社会保障是人民失业、疾病、伤害、老年退休、家长死亡后、工资中断时生活费用、辅助其生育的费用或其他必要的费用的保障。在他的理论中,社会保障是一种国民收入再分配的手段,其建立遵循的是普遍性原则,社会保障的明确定义就是确保最低生活安全。贝弗里奇的理论被认为是西方福利国家的理论基石,对福利国家产生了巨大的影响。德国的社会保障是从社会保险发展而来的,在德国,最初多认为社会保障应当与工作有关,只有劳动者才是参与者和享受者。"二战"后,德国开始增加了对非劳动者的保障,引入了社会补偿的概念,对退役的士兵、因公伤亡者、因恐怖暴力而受难者均提供社会补偿。此外,还增加了社会津贴,包括家庭津贴、老人津贴、助学津贴、房屋津贴等,这些属于社会救助的方案也成为社会保障的重要内容。德国的社会保障主要遵循特殊性原则,强调个人在社会保险中的责任。德国著名经济学家路德维希·艾哈德认为,社会保障即社会公正和社会安全,是为因生病、残疾、老年等原因丧失劳动能力或遭受意外而不能参与市场竞争的人及其家人提供的基本生活保障,其目的是通过保障使之重新获得参与竞争的机会。① 该理论主要将社会保障纳入市场经济来考察,将社会保障看作社会公平和社会安全的重要保障。美国对社会保障的理论秉承了德国的理论。《美国社会福利辞典》将社会保障定义为:"社会保障是对国民可能遭遇的各种危险,如疾病、年老、失业等加以防护的安全网。"英国《牛津法律大辞典》则这样解释:"社会保障(social security),是对一系列相互联系的,旨在保护个人免除因年老、疾病、死亡或失业而遭受损失的法规的统称。

与西方国家相比,我国的社会保障制度建立得比较晚,但对社会保障的定义也有多种提法,主要有以下三种观点。第一种观点是,社会保障是以社会的力量保证全体社会成员至少都能达到最低生活水平而形成的分配关系。其确切内涵可以表述为:社会保障是在社会成员暂时或永久丧失工作能力、失去工作机会或收入不能维持必要的生活水平时,由政府负责提供的生活保证。② 这一概念强调社会保障是一种分配关系,保障的是最低的生活水平,由政府承担责任。第二种观点是,社会保障是社会成员因年老、疾病、伤残、失业、生育、死亡、灾害等原因而丧失劳动能力或生活遇到障碍时,有从国家、社会获得基本生活需求的权利。③ 该定义主要强调社会保障所涉及的具体内容。第三种观点是,社会保障是国家通过立法,采取强制手段,对国民收入进行分配和再分配形成社会消费基金,对基本生活发生困难的社会成员给予物质上的帮助,以保证社会安定的一种有组织的措施、制度和事业的总称。④ 该定义主要强调社会保障必须采取强制手段实施。

---

① [德]路德维希·艾哈德:《大众的福利》,武汉大学出版社1995年版,第181页。
② 徐放鸣、路和平、朱青:《社会保障初论》,中国财经出版社1990年版,第1页。
③ 郭崇德:《社会保障学概论》,北京大学出版社1992年版,第12页。
④ 葛寿昌:《社会保障经济学》,复旦大学出版社1990年版,第2页。

从人权角度讲,社会保障权是人在生存、发展过程中,基于人的尊严而从国家和社会获得物质帮助和其他形式的服务,以满足其维持基本生存、提高生活质量乃至享受社会普遍福利之需要的权利。因此,社会保障权是指公民在发生暂时(如自然灾害、失业等)或永久的(如年老、伤残等)生活困难时,有向国家要求给予物质帮助,以保障其基本生活的权利。其内涵包括:①社会保障权的权利主体是一国公民,是所有社会成员,不能因等级、身份、性别等因素而受到限制。②社会保障权的义务主体是国家,国家有义务采取立法、行政、司法等措施保障公民社会保障权的实现。而社会组织(如用人单位)是社会保障的参与主体,但并非天然地承担对雇用工人的基本生活保障义务。① ③社会保障权的享有和履行必须在符合法定条件时才可主张。如我国《宪法》第四十五条第一款规定:"中华人民共和国公民在年老、疾病或者丧失劳动能力的情况下,有从国家和社会获得物质帮助的权利……"可见,只有符合了"年老、疾病或者丧失劳动能力"这些法定条件时才可以主张从国家和社会获得物质帮助的权利。④国家对该义务的履行也是有限度的,只在一定程度上给予物质帮助,以满足公民基本生活需要。

(二) 社会保障的特征

1. 社会保障的安全性

社会保障旨在保障全体社会成员在生、老、病、死、伤、残、失业以及遭遇其他各种风险时,能够从国家和社会获得必要的帮助与补偿。安全性是社会保障制度首先要实现的目标。从1883年德国制定《疾病保险法》到1935年美国颁布《社会保障法》,无一不把社会保障与社会安全联系在一起。由于社会成员(包括劳动者)在社会生活以及劳动过程中,难免会遇到各种风险和事故,通过社会保障制度,能够使社会成员和劳动者在遭受意外和风险时不至于生活无着,从而使社会每一个成员都能得到必要的安全保障。社会保障的目的在于保障国民生活,稳定社会秩序,使全体社会成员能够安居乐业,实现文明进步的大同社会的理想。

2. 社会保障的强制性

社会保障是由国家通过立法强制实施的。就社会保险而言,凡依照法律规定必须投保的劳动者及用人单位都必须参加保险,当事人没有选择的权利,也不能任意退出保险,保险的险种和保险费的缴纳也必须按法律规定执行,不能由当事人自由协商。因此,社会保险是由政府采用危险集中管理的方式,对发生损失的被保险人提供现金和医疗服务,属于政策性保险。② 社会保障以社会利益为本位,为社会大众谋求利益与安全,尽管因缴纳社会保险税或费会减少一部分人的所得,但基于社会整体利益,仍需采取强制性的手段,以维持社会保障制度的正常运转。如我国《劳动法》第七十二条规定:"……用人单位和劳动者必须依法参加社会保险,缴纳社会保险费。"此外,《失业保险条例》第二条第一款规定:"城镇企业事业单位、城镇企业事业单位职工依照本条例的规定,缴纳失业保险费。"社会保障的强制性是国家对社会经济生活实行国家干预的表现,也是社会保障制度得以存在和实施的根本保证。

3. 社会保障的社会性

社会保障的社会性是指政府通过制定社会政策来谋求社会多数人的福利。社会保障涉及的是社会问题,这种社会问题自工业社会以来已带有普遍性、危险性和严重性,且非个人力量所能解决的,必须借助于国家力量来制定社会政策,以确保国民的生存。社会保障的对象是全体社会成员。其中,社会保险主要为劳动者提供养老、医疗、失业、工伤、生育等保险。而社会救助、社会福利是为全体社会成员提供的保障,凡符合条件的社会成员,都可以获得救助或相应的福利待遇和服务。社会优抚主要是针对对社会有特别贡献和特殊身份的人所建立的,具体来说是对军人及其家属所制定的优待和各种措施。除上述内容外,还有许多国家将社会保障的内容扩大到了家庭补贴、免费教育及就业服务等。此外,社会保障的运作也完全是社会化的,通过建立专门的社会保障管理机构,对社会保障事务进行具体的管理并提供相应的服务。

---

① 张慧平:《论社会保障权》,载杨海坤主编《宪法基本理论新论》,北京大学出版社2004年版,第274页。
② 梁宪初、冉永萍:《社会保险》,五南图书出版公司2000年版,第5页。

4. 社会保障的互助性

社会保障是由国家出面组织,并通过各种具体制度来实施的。社会保障基金来源于用人单位和劳动者个人的缴纳以及政府的财政支持,因而,社会保障实际上是借助国家力量对国民收入进行再分配的一种方式,是国民收入在不同群体之间的转移。这种转移既有横向转移也有纵向转移。横向转移是收入在富裕者和贫困者之间、在健康者和病残者之间、在职者和退休者以及失业者之间的转移;纵向转移是一种"代际互助",是后代人对前代人的互助,如在实行现收现付的养老体制下,在职人员缴纳的养老保险费就需即时地支付给退休人员作为养老金。由于社会成员遭受风险和意外事故的情况不同,通过社会保障的互助性,能够解决不同情况下、不同社会成员的特殊需要,以帮助那些急需救助的群体,使他们渡过难关,维持基本的生活需要,所以,社会保障通过其互助性,在全体社会成员之间实现和维持一种公平的状态。

(三)社会保障权的基本功能

社会保障权在基本权利体系中有着重要功能,具体表现在以下三个方面:

其一,政治功能。现代社会生活极其复杂,为了形成安定的政治局面,需要以社会保障制度及时调整各种矛盾,保证社会成员利益不受侵害,切实保障人权。因此,社会保障实际上是现代社会的安全阀。

其二,社会功能。通过社会保障的行使,一方面保障社会成员最低生活标准,防止社会成员陷入贫困;另一方面可逐步缩小贫富差距,协调国家和公民之间的关系,达到社会和谐稳定的目的。

其三,法律功能。社会保障权的基本内容是实现生存权,并通过法律确定社会保障的具体内容,明确公民对国家的社会保障请求权,如社会福利请求权、补助请求权等。

(四)社会保障权的基本内容

社会保障权是社会成员从社会获得基本生活保障的权利,是满足人民基本需要的一种手段。从实体方面来讲,社会保障权的内容主要包括:

(1)社会保险权。社会保险权是指公民作为劳动者,依照国家所建立的社会保险制度在履行一定的义务后,得到特定金额的权利。社会保险分为养老保险、医疗保险、工伤保险、失业保险和生育保险等项目。

(2)社会救济权。社会救济权是指因社会原因造成贫困,在无法维持基本生活的情况下,从国家获得物质帮助的权利。

(3)社会福利权。社会福利权是指公民享受国家和社会提供的诸如文化、教育、娱乐和医疗保健等方面的各种公共社会福利,以提高自身生活质量,发展自我的权利。社会福利权的具体内容与经济发展水平有密切联系。

(4)社会优抚权。社会优抚权是指公民享有的国家和社会给予优待、抚恤以及其他物质照顾、工作帮助和精神鼓励的一种权利。

当然,随着社会的发展变化,社会保障权的权利内容也会不断地发展变化,社会保障权的相关权利内容将会越来越丰富。

(五)我国社会保障权的主要内容

第一,退休人员的生活保障权。《宪法》第44条规定:"国家依照法律规定实行企业事业组织的职工和国家机关工作人员的退休制度。退休人员的生活受到国家和社会的保障。"

第二,物质帮助权。《宪法》第45条第1款规定:"中华人民共和国公民在年老、疾病或者丧失劳动能力的情况下,有从国家和社会获得物质帮助的权利。国家发展为公民享受这些权利所需要的社会保险、社会救济和医疗卫生事业。"为解决贫困人口的生活问题,我国在城市和农村先后建立了最低生活保障制度。1993年6月,上海市在我国率先实施了城镇居民最低生活保障制度。1999年国务院制定了《城市居民最低生活保障条例》,该条例规定:"凡共同生活的家庭成员人均收入低于当地城市居民最低生活保障标准的,均有从当地人民政府获得基本生活物质帮助的权利。"据此规定,我国各地均规定了本地城市居民的最低生活保障标准。2007年国务院决定在全国建立农村最低生活保障制度,将农村贫困人口(家庭年人均纯收入低于当地最低生活保障标准的农村居民,主要是指因病残、年老体弱、丧失劳动能力以及生存条件恶劣等原因造成生活常年困难的农村居民)纳入保障范围。农村最低生活保障标准由县级以上地方人民政府按照能够维持当地农村居民全年基本生活所必需的吃饭、穿衣、用水、用电等费用确定,并报上一级地方人民政府备案后公布执行。目前,农村低保制度在我国各省已先后建立。同时,随着人们生活水平的提高和社会经济状况的变化,城市和农村最低生活保障标准也会不断提高。

第三,伤残军人及其家属的生活保障权。《宪法》第45条第2款规定:"国家和社会保障残废军人的生活,抚恤烈士家属,优待军人家属。"

第四,残疾人的生活保障权。《宪法》第45条第3款规定:"国家和社会帮助安排盲、聋、哑和其他有残疾的公民的劳动、生活和教育。"

第五,逐步建立与经济发展水平相适应的社会保障制度,以确保公民社会保障权的全面实现。《宪法》第14条第4款规定:"国家建立健全同经济发展水平相适应的社会保障制度。"

虽然我国宪法对公民的社会保障权做了一些规定,但社会保障制度仍存在一些缺陷和不足。其中,主要表现在两个方面:(1)社会保障的法规体系不健全。社会保障权需要完善的法律制度做基础,但我国目前关于社会保障权的立法层次较低,大部分为行政法规、地方性法规、行政规章和其他规范性文件。我国应抓紧制定统一的社会保障法,并在此基础上制定其他单行法规。(2)城乡社会保障之间存在较大的差距。我国城市和农村之间的社会保障存在很大的差距,具体包括社会保障待遇、社会福利待遇、最低生活保障等方面。随着国家经济实力的增强及人们权利意识的觉醒,完善社会保障制度,缩小城乡之间社会保障制度的差距,使宪法规定的社会保障权得到全面实现是必然的发展趋势。

资料

《中华人民共和国社会保险法(2010年)》节选
第二章 基本养老保险

第十条 职工应当参加基本养老保险,由用人单位和职工共同缴纳基本养老保险费。

无雇工的个体工商户、未在用人单位参加基本养老保险的非全日制从业人员以及其他灵活就业人员可以参加基本养老保险,由个人缴纳基本养老保险费。

公务员和参照公务员法管理的工作人员养老保险的办法由国务院规定。

第十一条 基本养老保险实行社会统筹与个人账户相结合。

基本养老保险基金由用人单位和个人缴费以及政府补贴等组成。

第十二条 用人单位应当按照国家规定的本单位职工工资总额的比例缴纳基本养老保险费,记入基本养老保险统筹基金。

职工应当按照国家规定的本人工资的比例缴纳基本养老保险费,记入个人账户。

无雇工的个体工商户、未在用人单位参加基本养老保险的非全日制从业人员以及其他灵活就业人员参加基本养老保险的,应当按照国家规定缴纳基本养老保险费,分别记入基本养老保险统筹基金和个人账户。

第十四条 个人账户不得提前支取,记账利率不得低于银行定期存款利率,免征利息税。个人死亡的,个人账户余额可以继承。

第十五条 基本养老金由统筹养老金和个人账户养老金组成。

基本养老金根据个人累计缴费年限、缴费工资、当地职工平均工资、个人账户金额、城镇人口平均预期寿命等因素确定。

第十六条 参加基本养老保险的个人,达到法定退休年龄时累计缴费满十五年的,按月领取基本养老金。

参加基本养老保险的个人,达到法定退休年龄时累计缴费不足十五年的,可以缴费至满十五年,按月领取基本养老金;也可以转入新型农村社会养老保险或者城镇居民社会养老保险,按照国务院规定享受相应的养老保险待遇。

第十七条 参加基本养老保险的个人,因病或者非因工死亡的,其遗属可以领取丧葬补助金和抚恤金;在未达到法定退休年龄时因病或者非因工致残完全丧失劳动能力的,可以领取病残津贴。所需资金从基本养老保险基金中支付。

第十八条 国家建立基本养老金正常调整机制。根据职工平均工资增长、物价上涨情况,适时提高基本养老保险待遇水平。

第十九条 个人跨统筹地区就业的,其基本养老保险关系随本人转移,缴费年限累计计算。个人达到法定退休年龄时,基本养老金分段计算、统一支付。具体办法由国务院规定。

第二十条 国家建立和完善新型农村社会养老保险制度。

新型农村社会养老保险实行个人缴费、集体补助和政府补贴相结合。

第二十一条 新型农村社会养老保险待遇由基础养老金和个人账户养老金组成。

参加新型农村社会养老保险的农村居民,符合国家规定条件的,按月领取新型农村社会养老保险待遇。

第五节 获得救济的权利

案例引导

2007年9月25日,杭州市定海社区被确定为杭州钱江新城核心区F08地块农居拆迁安置用地,拆迁范围包括东至钱江路,西至定海村居委会,南至定海村居委会,北至规划江锦路,拆迁期限自2007年9月28日至2010年3月27日,搬迁期限自2007年9月28日至2007年11月27日。2007年9月26日,杭州市国土资源局在《杭州日报》上发布了上述拆迁公告。截至2008年1月23日,定海社区绝大部分居民都搬迁,唯有缪宝水、陈宝龙、吕连兴、赵鸿等22人成为最后的"集体钉子户"。2008年1月23日,吕连兴、缪宝水、赵鸿、陈宝龙等7人以杭州市国土资源局发布的杭土资拆许字(2007)第081号许可证"行政行为违法"为由,向浙江省国土资源厅提出行政复议,要求依法撤销该许可证。浙江省国土资源厅以其超过了法定的申请期限为由驳回了他们的要求。此后,他们向杭州市西湖区人民法院和杭州市中级人民法院提起行政诉讼,两级法院均认定其"超过法定的申请复议期限"。

思考:公民享有哪些司法救济权?公民的司法救济权是否应当受到保障?

一、获得救济权利的概述

获得救济的权利是指在一定的法律关系中,为法律规范所认可的主体以相对自由的作为或不作为的方式获得赔偿或补偿的一种资格。获得救济的权利是宪法上的一项基本人权,它的存在使宪法与部门法之间关于权利救济方面有了更多的联系,因此,只有将其纳入公民的宪法权利范畴之内,才能给予公民的权利救济强有力的保障,才能给各部门法中具体的权利救济制度的设计提供最高的准则和依据。因此,作为一项基本人权的获得救济的权利具有重要的宪法意义。

第一,获得救济的权利是为了权利的自我保障而衍生出来的一种权利。它主要是保障宪法中的其他基本权利的实现而产生的。宪法中规定的平等权、自由权、政治权利以及社会经济权利等公民的基本权利,一且受到了损害或侵犯,则必须要求给予恢复、补救或者对损害、侵害行为予以纠正和惩罚,给受损害方以赔偿或补偿,这就是获得救济的权利的意义之所在。

第二,获得救济的权利是具有一定程序意义性质的基本权利。相对于宪法中规定的平等权、人格尊严、自由权、政治权利以及社会经济权利等实体性或实质性的基本权利而言,获得救济的权利是为实现其他基本权利而存在的一种基本权利。从这种意义而言,其更具有程序性意义。

第三,获得救济的权利是具有一定前提条件的基本权利。获得救济的权利属于每项基本权利必然包含的内容,但事实上并非独立的基本权利。它只是其他基本权利衍生出来的一种权利,只有其他基本权利受到侵犯或损害时,获得救济的权利才能发挥其作用。

目前,获得救济权的方式主要有两种:一是通过诉讼程序,也就是通过司法程序;二是通过行政救济程序。因此,获得救济的权利从性质上和行使方式上来分,主要分为司法救济权和行政救济权。司法救济权是宪法上的一项基本人权,在我国具体的法律制度上的体现主要包括民事诉讼救济权、刑事诉讼救济权、行政诉讼救济权、行政赔偿救济权和刑事赔偿救济权。行政救济权是宪法中获得救济权的一项重要内容,具体包括:行政监察救济权、行政申诉救济权、人事争议仲裁救济权、行政复议救济权、行政赔偿救济权、行政补偿救济权和信访救济权。

二、司法救济权

(一) 司法救济权的概念

司法救济权是指任何人的由宪法和法律赋予的权利受到侵害时,均享有向独立而公正的法院提起诉讼,并由法院经过正当审讯做出公正裁判的权利。该项权利蕴涵着以下几个方面的基本内容:第一,向法院提起诉讼的权利。即公民、法人或其他组织在认为自己的权利受到不法侵害时,有权向合格的法院提起诉讼并要求其予以保护。第二,接受法院的正当审讯权。当一项争议被提交给法院后,当事人有权在法定的程序和时效限制内,得到法院公正而无区别的审讯或裁判。人们也有权接受法院正当法律程序的审讯,拒绝非正当的审讯。第三,接受争议的法院主体应适格。这要求法院应该能够独立地行使专有司法管辖权,并排除一切外部势力对其独立审判权的干涉。

(二) 司法救济权的特征

第一,司法救济权是公民应享有的一项基本人权。所谓人权,是指在一定的社会历史条件下每个人按其本质和尊严享有或应该享有的基本权利。人权是以人的自然属性为基础的权利,所以人权具有自然性。人权不仅是实际意义上的权利,更是应然意义上的权利,这就是人权的应然性。通常,从逻辑上来看,所谓人权的应然性主要来自两个方面:一是制度的确认;二是制度外价值的要求。制度外价值的要求一般可以总称为道德性人权,这种人权不具有普遍的意义。道德性人权的应然性从属于道德的特性。制度所确认的人权是通过制度的力量来创造的,可以依靠制度手段加以保障。在制度效力所及的范围内,人权的应然性是可靠的。司法救济权的直接意义就在于给每一个公民提供了一条实实在在的在合法的制度空间内主张和实现自己权利的有效途径,从而使其成为维护脆弱人权的最强有力手段和确保宪法所确定的基本权利得到保护与尊重的基础性权利。正因为如此,莫纪宏教授将其称为"现代法治社会中的第一制度性人权"。[1] 没有这项权利,其他各项人权就只能是一种停留在"自然状态"中的道德性人权,而不可能获得实在的制度性力量的保护。公民在宪法上的各项权利的实现,除了需要普通法律的具体化、行政行为的积极引导外,更有赖于司法救济权作为最后一道屏障[2]。从这个意义上说,司法救济权就是公民权利的最后一道防线。司法救济权在整个公民权利体系中是具有基础性地位的权利。

第二,司法救济权是需要借助司法权得以实现的基本人权。人权要想实现或者受到侵犯时要想获得救

---

[1] 莫纪宏:《论人权的司法救济》,载《法商研究》2000年第5期。
[2] 苗连营:《公民司法救济权的入宪问题之研究》,载《中国法学》2004年第5期。

济,必须依靠司法权。当一国宪法和法律所规定的人权受到挑战时,必须通过法律上的救济手段才能实现人权从应然性向实然性的转变。在正常的法治状态下,权利存在与否的最终判断权以及权利纠纷的最终解决权都应当由代表国家行使审判权的法院排他性地独占。法院对某一案件做出的裁判生效之后,也就意味着纠纷得到了最终的解决;对不执行裁判的当事人,国家可以通过强制力来保障判决内容的实现,任何力量都不得动摇或否定司法裁判的权威与效力。其他任何公权力机构的决定都有可能受到另一个公权力机构的挑战、质疑乃至否定,而司法机关的终审判决在一般情况下,却不再接受审查而具有终局性的权威。正所谓"经过司法裁判所认定的事实关系和法律关系,都被一一贴上封条,成为无可动摇的真正的过去"①。从这个意义上讲,权利是由判决创造出来的,"获得法院的判决,也就可以说获得了权利在观念上的实现"。② 人们通常所说的"司法最终裁判原则",其实就指明了司法裁判对于个人权利的最终救济和终局保障作用。③ 司法裁判是国家向每一个公民个体所提供的唯一具有平等性、终局性的主张权利的法律救济制度,是公民个人直接主动参与其间的法律活动。在此意义上,甚至可以说,司法权是直接实现公民权利的权力,司法制度及司法程序是为公民设置的,而不是国家特权的反映。这也意味着司法权在权利的实现与保障方面应当发挥最终的决定性作用。

第三,司法救济权是一项宪法权利,同时更是一种保障性权利。法律上的人权的实然性取决于政府对法律上的人权的应然性的保障。也就是说,政府根据宪法所行使的国家权力与宪法所保障的基本人权处于平等的地位。由于政府根据宪法规定所享有的国家权力很容易疏忽对宪法所保障的人权的保护,因此,必须在宪法制度上建立一种救济性的人权保障机制,使得政府根据宪法规定所享有的国家权力不能随意超越宪法的规定。要做到这一点,只有通过司法救济权的彻底性才能实现。即公民应当依据宪法有权将政府行使国家权力侵犯宪法所规定的基本人权行为,或者是未根据宪法的规定有效地履行人权保护责任的行为,通过宪法评价的方式予以纠正。所以,依据宪法对人权做出保护应当是人权保护最有效的手段。

(三) 司法救济权在宪法层面的确认

1. 外国宪法对司法救济权的确认

司法救济权的宪法确认,是指司法救济权为一国宪法所确认,成为一国公民所享有的基本权利。既然司法救济权属于公法上的权利,必然要在宪法上寻找其生存空间,这样把司法救济权作为一项基本人权加以确认,便成为各国宪政制度中的一个普遍现象。从国外司法救济权的立法和实践来看,无论是英美法系国家还是大陆法系国家,无论是成文宪法国家还是不成文宪法国家,大都把司法救济权作为本国公民应享有的一项基本权利来对待。

对司法救济权的宪法性规定,最早可追溯到1215年英国的自由大宪章。正如人们所普遍认为的那样,整个英国宪政的发展史在某种意义上即为大宪章的发展史,近现代宪法上的许多重要规定和制度,都可以溯源到大宪章。④ 大宪章第39条规定:"任何自由民,如未经其同级贵族之合法判决,或未经国家法律之判决,皆不得被逮捕、监禁、没收财产、剥夺法律保护权、流放,或加以任何其他损害。"第40条规定:"余等不得向任何人出售、拒绝或延搁其应享之权利与公正裁判。"这可视为司法救济的雏形。

美国是世界上最早制定成文宪法的国家,但是1789年生效的宪法并没有关于权利与自由的规定。美国于1791年通过了10条宪法修正案(即人权法案),后来又通过了17条宪法修正案。正是在相关的宪法修正案中,美国公民享有的司法救济权得到了确认。美国宪法第5条、第14条修正案关于正当法律程序的规定,意味着任何人在其生命、自由和财产受到侵犯时,都有权获得法院符合正当法律程序的审判,即公正的审判。"司法平等在美国是或者应当是一种不可辩驳的权利。"⑤

---

① 季卫东:《法治秩序的建构》,中国政法大学出版社1999年版,第19页。
② [日]谷口安平:《程序的正义与诉讼》,王亚新、刘荣军译,中国政法大学出版社1996年版,第66页。
③ 陈瑞华:《司法权的性质——以刑事司法为范例的分析》,载《法学研究》2000年第5期。
④ 转引自张千帆:《西方宪政体系(上册)》,中国政法大学出版社2000年版,第491页。
⑤ [美]约翰逊:《走向司法平等》,载宫晓冰主编:《各国法律援助理论研究》,中国方正出版社1999年版,第187页。

1947年生效的日本宪法在制定时深受美国宪法的影响,因此,对司法救济权作了明确的规定。第31条规定:非依法律规定程序,不得剥夺任何人的生命或自由,或科以其他刑罚。第32条规定:任何人在法院接受裁判的权利不得被剥夺。第37条规定:对于一切刑事案件,被告人均有接受公正的法院迅速、公开审判的权利;刑事被告人享有询问所有人的充分机会,并享有使用公费依强制程序为自己寻求证人的权利;刑事被告人在任何场合都可以委托有资格的辩护人,被告人不能自行委托时,由国家提供之。第39条规定:对任何人的行为在其实行当时为合法者或已判无罪者,不得追究刑事责任;对同一犯罪不得重复追究刑事责任。第40条规定:任何人在拘留或拘禁后被判无罪时,得依法律向国家要求赔偿。学者们一般认为宪法所规定的财产、自由、生命等权利,应该通过国家行使裁判权的方式来加以保护。因此,"接受裁判的权利"是"确保基本权的基本权"。

联邦德国基本法第101条第1款规定:"禁止另设其他法院,不得剥夺任何人由法定法官审判的权利";第103条第1款规定:"任何人都有请求在法庭上依法审判的权利。"一些德国学者进一步主张导入美国"正当程序"(due process)条款的原理,要求在法律中将公民有获得公正程序的权利作为诉讼基本权利加以规定,并以基本法第14条、第28条、第29条为依据认为要求接受公正审判的权利就如保护所有权一样重要。① 法国宪法虽然没有关于司法救济权的直接规定,但得到了普通立法的确认和最高行政法院、最高司法法院的保障,尤其是宪法委员会将司法救济权归结为具有宪法价值的原则而使其实际上上升到了宪法的高度。

2. 司法救济权在我国宪法层面的现状

我国宪法虽然列举了公民享有的较为广泛的权利和自由,但对于这些权利和自由的司法救济权尚无直接的规定。我国《宪法》第41条规定:"中华人民共和国公民……对于任何国家机关和国家工作人员的违法失职行为,有向有关国家机关提出申诉、控告或者检举的权利,但是不得捏造或者歪曲事实进行诬告陷害。对于公民的申诉、控告或者检举,有关国家机关必须查清事实,负责处理。任何人不得压制和打击报复。由于国家机关和国家工作人员侵犯公民权利而受到损失的人,有依照法律规定取得赔偿的权利。"

从内容上看,该条款规定了批评权、建议权、检举权、国家赔偿请求权、申诉权和控告权六项权利,这其中既包括政治性权利,又包括非政治性的权利。但是,即使对这一规定作扩大性解释,也很难引申出司法救济权的内涵。因为,它实质上是赋予公民的一项监督国家机关和国家工作人员的政治性权利,主要为行政诉讼及信访制度提供了宪法依据,而不是从人权角度出发而设置的保障人权实现的机制,也不具有司法救济权所必备的独立、公正裁判等构成要素。此外,我国《宪法》第123条规定:"中华人民共和国人民法院是国家的审判机关"。第125条规定:"人民法院审理案件,除法律规定的特别情况外,一律公开进行……"第126条规定:"人民法院依照法律规定独立行使审判权,不受行政机关、社会团体和个人的干涉。"这些规定只是对司法权的规范,而不是对司法救济权的规定,也不属于公民的宪法权利。把司法救济权作为公民的一项基本权利在宪法中予以明确规定,对于完善人权保障法律体系具有重要意义。

三、行政救济权

(一) 行政救济权的概念

行政救济权是指公民、法人或其他组织认为行政主体的违法或不当行政行为侵害其合法权益时,请求有权的国家机关依法对行政违法或行政不当行为实施纠正,并追究其行政责任的一种权利。行政救济权和司法救济权同属公民的基本权利,它是司法救济权外的又一种救济性权利。它主要包含以下两方面的内容:首先,向有关有权国家机关提出请求的权利。即公民、法人或其他组织认为其宪法或法律赋予的权利受到行政主体的违法或不当行政行为侵害时,有权向有关国家机关提出救济请求。其次,有权国家机关应当主体适格。即其必须是依照我国宪法和有关法律设立的合格有效的国家机关。需要强调说明的是,这里的

---

① 刘荣军:《程序保障的理论视角》,法律出版社1999年版,第86页。

行政救济权排除了行政诉讼救济权,因为行政诉讼救济权属于司法救济权的范畴。

人权最根本的价值就在于通过现代法治社会制度上的设计,使其能够得到彻底的实现。在自然法学者的眼中,人权是"天赋"的,是不可剥夺的。这种人权观只是强调了其"应然性"的一面,却没有指明"天赋"了哪些具体的明确的人权。如果不能在制度上具体地表明人权的各项具体内容,这种人权便缺少实质的保护意义。行政救济权就是这样一种在法律层面对人权进行救济的制度性权利。公民在宪法上的各项权利的实现,不是每次都要进入司法程序,通过司法救济权来实现救济的。一般情况下,应先通过其他救济途径,比如行政救济,进行解决,只有穷尽了所有行政救济途径还不能获得救济时才进入司法程序。

(二)完善我国行政救济权的法律制度

我国宪法并无关于行政救济权的直接规定,公民行使行政救济权的权利是通过《行政复议法》《行政监察法》《公务员法》《信访条例》《国家赔偿法》等一些普通立法而得以实现的。这种状况不仅淡化了宪法在保护公民行政救济权方面的功能,割裂了宪法与部门法之间在权利保护上的联系;也使得行政救济权这样一项基本人权被淹没在非基本权利之中而容易为人们所忽视甚至否定。我国行政救济权的具体制度存在行政救济的范围较窄、救济机构缺乏独立性、救济程序的效率不高等问题。为此,有必要进一步完善我国实现公民行政救济权的具体制度建构,如扩大行政救济制度所覆盖的范围,完善信访制度,完善国家赔偿制度和国家补偿制度等,以充分实现公民的行政救济权。

第六节 公民的基本义务

案例引导

陈某现年19岁,参加征兵体检初检合格后,被县征兵办确定为入伍对象。可就在向陈某送达复检通知书的时候,陈某却拒绝,偷偷逃走,不知去向。征兵办工作人员上门反复做陈某父母的思想工作,但其父母仍隐瞒儿子的去向,默认儿子逃避兵役。2004年12月16日,县征兵办依据《中华人民共和国兵役法》和《宁波市征兵工作若干规定》,对陈某做出了行政处罚1.26万元的决定书,可陈某在法律规定的时间内仍拒不履行行政处罚决定。2005年10月26日上午,陈某因拒绝、逃避履行服兵役的义务,被浙江省象山县人民法院执法人员从上海带回,等待他的将是司法拘留15天的处罚。据悉,拒绝、逃避履行服兵役义务的人在象山县尚属首例。为搞好征兵工作,县征兵办向县法院申请对陈某予以强制执行,县人民法院经审查后,认为符合法律规定,准予强制执行,遂对陈某予以司法拘留15天。

思考:公民负有哪些宪法上的义务?公民该如何履行宪法上的义务?

一、公民基本义务概述

公民的基本义务与公民的基本权利是宪法学上的一对平行概念。公民的基本义务是指宪法中规定的公民对国家所承担的义务。加强对公民基本义务的研究,探讨公民基本义务的实现方式,对于促进公民自觉履行义务,具有重要意义。

二、公民基本义务在我国宪法上的发展

我国宪法对基本义务的规定始于清末。1908年《钦定宪法大纲》规定:"臣民按照法律所定有纳税当兵之义务""臣民有遵守国家法律之义务"。1921年《中华民国临时约法》第13条、第14条分别规定了人民依法纳税、服兵役的义务。1936年《中华民国宪法草案》规定了人民依法纳税、服兵役及工役以及服公务的义

务。1947年公布的《中华民国宪法》除规定人民依法纳税、服兵役的义务外,还规定人民有受教育的权利与义务。

新中国成立以后,我国1949年《中国人民政治协商会议共同纲领》第8条规定了公民的基本义务包括:中华人民共和国国民均有保卫祖国、遵守法律、遵守劳动纪律、爱护公共财产、应征服兵役和缴纳赋税的义务。与《共同纲领》相比,1954年《宪法》增加了遵守宪法、遵守公共秩序、遵守社会公德的义务,使公民义务带上了道德色彩。1975年《宪法》第26条在公民的基本权利之前规定了公民的基本义务,内容包括拥护中国共产党的领导,拥护社会主义制度等。1975年《宪法》去掉了一些道德性义务,增加了更多意识形态方面的义务,这与当时的社会背景有关。1978年《宪法》相比1975年《宪法》而言,又恢复了爱护和保卫公共财产、遵守劳动纪律、遵守公共秩序、尊重社会公德的义务,增加了维护祖国统一和各民族团结、保守国家秘密的义务。1982年《宪法》则系统全面地规定了我国公民的基本义务。

三、我国宪法关于公民基本义务的规定

(一) 维护国家统一和各民族团结的义务

我国《宪法》第52条规定:"中华人民共和国公民有维护国家统一和全国各民族团结的义务。"这是《宪法》规定的公民的首要义务。

维护国家统一是指维护国家主权和领土完整,反对外来侵略和危害祖国统一的一切行为。国家主权是国家最重要的属性,是国家独立自主地处理国内外事务、管理自己国家的权力。领土是国家构成的要素之一,国家在自己的领土上行使排他性的管辖权。

维护民族团结的义务是指每个公民都有责任维护各民族间的平等、团结和互助关系,同一切破坏民族团结和制造民族分裂的言行作斗争。我国是多民族国家,国内各民族的团结,对祖国的兴旺发达具有极其重要的意义。我国《宪法》第4条第1款规定:"中华人民共和国各民族一律平等。国家保障各少数民族的合法的权利和利益,维护和发展各民族的平等、团结、互助关系。禁止对任何民族的歧视和压迫,禁止破坏民族团结和制造民族分裂的行为。"要把我国建设成为富强、民主、文明的社会主义国家,没有国家的统一和各民族的团结,根本是不可能的。我国公民都必须自觉履行这项义务,自觉地维护国家的统一和民族的团结。

(二) 遵纪守法的义务

我国《宪法》第53条规定:"中华人民共和国公民必须遵守宪法和法律,保守国家秘密,爱护公共财产,遵守劳动纪律,遵守公共秩序,尊重社会公德。"

1. 遵守宪法和法律

宪法和法律是全国人民意志和利益的集中体现。遵守宪法和法律的义务,就是指公民应当遵守宪法和法律,维护宪法和法律的尊严,保障、协助宪法和法律的实施。由于公民的其他义务都规定在宪法和法律之中,履行这项义务,也就包括了履行其他义务,因而遵守宪法和法律可以说是履行其他义务的基础。

2. 保守国家秘密

国家秘密,也称国家机密,指涉及国家安全和利益,尚未公开或不准公开的有关政治、经济、军事、外交和科技等方面的重大事项。国家秘密关系国家安全和利益,每个公民都必须严格履行这项义务,对泄露国家机密情节严重的,要追究刑事责任。

3. 爱护公共财产

社会主义公共财产,包括国家所有和集体所有的财产,它是建设社会主义的物质基础,是人民物质文化生活不断提高的源泉,是公民享受各种权利的物质保证。公民都有责任爱护公共财产,有权检举和制止一切破坏、侵吞社会主义公共财产的行为。

4. 遵守劳动纪律

劳动纪律是劳动者进行社会生产必须遵守的秩序和规则。劳动纪律是进行社会劳动的基本条件之一,

是有秩序地进行生产和工作的必要保证。现代化的大生产是一个统一的整体,没有劳动纪律,生产就不能顺利进行。遵守劳动纪律是国家和人民利益的要求,公民必须自觉履行遵守劳动纪律的义务。

5. 遵守公共秩序

公共秩序也称社会秩序,是指公共场所的社会生活准则。包括工作秩序、生产秩序、生活秩序、教学科研秩序等。遵守公共秩序,是人们进行正常活动的必要条件,也是进行社会主义现代化建设所必需的。遵守公共秩序是公民的一项基本义务,对少数扰乱公共秩序的公民,必须给予社会舆论的谴责和必要的行政纪律约束。对于那些严重扰乱和破坏公共秩序的行为,则应依法给予处罚和制裁。

6. 尊重社会公德

社会公德,是指一定社会中占统治地位的道德,是评价人们行为的是非标准之一,社会全体成员应该共同遵守。社会制度不同,社会公德的性质和内容也不同。我国《宪法》规定:"国家提倡爱祖国、爱人民、爱劳动、爱科学、爱社会主义的公德。"《公民道德建设实施纲要》也提出公民应当爱国守法、明礼诚信、勤俭自强、团结友善、敬业奉献,这些内容是我国道德建设的基本要求。

(三) 维护祖国安全、荣誉和利益的义务

我国《宪法》第54条规定:"中华人民共和国公民有维护祖国的安全、荣誉和利益的义务,不得有危害祖国的安全、荣誉和利益的行为。"

国家的安全是关系每个公民生死存亡的大事,每个公民都有维护祖国安全的义务。国家的荣誉也就是国家和民族的尊严,维护祖国的荣誉是爱国主义的具体体现,表现为公民对祖国的热爱、忠诚,有较强的民族自尊心和自信心。国家利益是全国各族人民共同利益的集中表现,它代表着每个公民的最高利益和长远利益。在我国,国家利益、集体利益和个人利益在根本上是一致的,维护国家利益是公民的神圣职责,是公民义不容辞的责任。维护祖国的安全、荣誉和利益是爱国主义的具体体现,表现了民族的自尊心和自信心,是我国公民应有的道德情操。

(四) 保卫祖国,抵抗侵略,依法服兵役和参加民兵组织的义务

我国《宪法》第55条规定:"保卫祖国、抵抗侵略是中华人民共和国每一个公民的神圣职责。依照法律服兵役和参加民兵组织是中华人民共和国公民的光荣义务。"

国家的独立和安全,关系着国家、民族的前途和命运,也关系着个人的命运。保卫祖国不受侵犯是每个公民的神圣职责。为了保卫我国的社会主义现代化建设,必须建设一支现代化、正规化的军队,这就要求公民必须依法服兵役。服兵役的义务是指公民应召入伍担负保卫国家的责任。我国《兵役法》规定我国实行以义务兵役制为主体的义务兵与志愿兵相结合、民兵与预备役相结合的兵役制度。《兵役法》要求男女公民都必须依法服兵役,公民不分民族、种族、职业、家庭出身、宗教信仰和教育程度,都有服兵役的义务。民兵是中国解放军的后备军,参加民兵组织是公民的光荣义务。

(五) 依法纳税的义务

我国《宪法》第56条规定:"中华人民共和国公民有依照法律纳税的义务。"新中国成立之初,《共同纲领》及1954年《宪法》规定了公民的纳税义务,但受到经济工作中左的思想的影响,1975年、1978年《宪法》均没有关于公民纳税义务的规定,而到1982年《宪法》又重新规定了公民的纳税义务,这是改革开放、市场经济建立、所有制成分以及分配方式多样化所带来的自然结果。

税收是国家筹集资金的重要方式,是国家财政收入的主要来源,也是国家调节生产和分配的重要经济杠杆。依法纳税是现代社会中公民的一项基本义务,纳税义务的履行是纳税人享受权利的基础和条件。我国的税收是用来发展社会主义现代化建设和提高人民物质文化生活水平的。公民依法纳税是对国家的一种贡献,也为个人享受权利创造条件。因此,每个公民都应该根据宪法和法律的规定,自觉履行纳税义务。

（六）其他义务

《宪法》第49条第2款规定："夫妻双方有实行计划生育的义务。"实行计划生育，有计划地控制人口的增长，是我国的一项长期的基本国策，它不仅关系到全国人民的切身利益，而且关系到民族的兴衰。

《宪法》第49条第3款规定："父母有抚养教育未成年子女的义务，成年子女有赡养扶助父母的义务。"这是我国公民家庭关系的基本准则。父母遗弃和虐待未成年子女、成年子女虐待父母的行为，不仅要受到舆论的谴责，严重的还要受到法律的处罚。

受教育和劳动的义务在宪法上一般都是作为权利和义务的双重性加以规定的。我国《义务教育法》规定："国家实行九年义务教育制度"，"凡年满六周岁的儿童，其父母或者其他法定监护人应当送其入学接受并完成义务教育；条件不具备的地区的儿童，可以推迟到七周岁"。

本章小结

本章共有六节内容，主要讲述了宪法所规定的公民的基本权利和义务。

公民基本权利是宪法赋予公民的最基本、最重要的权利，表明了公民的宪法地位，反映了国家权力与公民权利的相互关系，是政治制度运行的基础。平等权在宪法上主要是作为一种基本权利而存在的，但与其他基本权利不同，它在整个宪法的基本权利体系中具有一定的超越性，包括立法平等、司法平等和执法平等。政治性权利主要包括选举权和被选举权、罢免权、请愿权、创制权、复决权和公决权等。人身自由又称身体自由，是指公民享有不受任何非法搜查、拘禁、逮捕或奴隶般的拘束、奴役的权利，即人身自由不受非法限制或剥夺的权利。精神与社会文化自由主要包括表达自由、思想与良心自由、信仰自由和学术自由等。社会经济权利，是指公民依照宪法规定所享有的参与社会经济生活、获得经济利益的权利，是公民实现其他权利的物质保障。我国公民现阶段所享有的社会经济权利主要包括生存权、财产权、受教育权、劳动权、休息权和社会保障权。获得救济的权利是指在一定的法律关系中，并为法律规范所认可的主体以相对自由的作为或不作为的方式获得赔偿或补偿的一种资格。

公民的基本义务是指宪法中规定的公民对国家所承担的义务。根据我国宪法规定，公民应当履行维护国家统一和各民族团结的义务，遵纪守法的义务，维护祖国安全、荣誉和利益，保卫祖国、抵抗侵略、依法服兵役和参加民兵组织和依法纳税的义务等。

案 例 分 析

【案例分析一】

周香华生于1949年10月，退休前任建行平顶山分行出纳部副经理。2005年1月，建行平顶山分行以周已经达到法定退休年龄为由，通知其办理退休手续。周认为自己应和男职工同龄退休，单位要求自己55周岁退休的决定与我国宪法和法律的有关规定相抵触，应予以撤销，遂向劳动仲裁部门提起仲裁。2005年10月17日，平顶山市劳动争议仲裁委员会对此案裁决如下：因申诉人未提供支持其观点的有效证据和法律依据，故仲裁庭对申诉人的申诉请求不予支持。周香华不服该裁决，于2005年10月28日向湛河区法院递交了民事起诉状。法院审理认为，原告周香华对已满55岁且参加工作年限满10年并无争议，依照国务院《关于安置老弱病残干部的暂行办法》的规定，符合办理退休手续的条件，被告建行平顶山分行以此为据为其申报退休的决定符合现行国家政策和法规，并无不当，原告认为被告为其办理退休手续的决定违背了宪法关于男女平等的原则，要求予以撤销的理由无法律依据，法院不予支持。

问题：（1）本案中公民的休息权是如何体现的？

(2) 本案中周香华的主张和理由是否成立？
(3) 到底该如何理解我国宪法上的平等原则？

【案例分析二】

材料一：2004年，湖南省嘉禾县名动海内外，一是因为该县在拆迁中要求公职人员做好拆迁户亲属的拆迁工作，完不成任务者，或停职停薪或免职或下放至边远地区甚至开除公职。县政府门前还贴着一则标语："谁影响嘉禾发展一阵子，我影响他一辈子。"二是为了强制拆迁，该县公检法全面出动，仅2004年4月21日对李会明房屋实施强制拆迁时，县人民法院就出动了200多人参与强制拆迁。三是事件被媒体曝光后，该县县委书记周余武亲赴北京，成功地"摆平"了中央电视台，使节目"顺利不重播"。与此同时，对"站在房顶上"保护自己房屋，并没有实施暴力、威胁手段的李会明夫妇等3名被拆迁户实施正式逮捕，罪名是"妨害公务"。

材料二：一面插在门口的国旗，一本刚刚修订过的宪法单行本，其中的"公民的合法的私有财产不受侵犯"一句被特意用圆珠笔画出，一句精心挑选出的"国家尊重人权和保障人权"被放大了贴在门上，63岁的北京老人黄振机和他的街坊就靠着这么几件简单的武器，阻止了崇文区政府危房改造工程的强制拆迁人员，暂时保住了他的房子。

(1) 联系材料，运用所学宪法学知识分析这一现象。
(2) 如果你是其中一名拆迁户，你可能会选择哪些途径保护你的权利？

复习思考

1. 简述基本权利的概念。
2. 如何理解宪法上的合理差别？
3. 试述表达自由的内涵及其保护与限制。
4. 如何理解选举权的性质？
5. 劳动权包括哪些内容？如何理解劳动权既是权利，又是义务？
6. 简述公民基本义务的内容。

第三章 国家机构

学习目标

- 知识目标：了解国家机构活动原则；掌握我国中央和地方国家机构的设置情况；掌握我国全国人大及其常委会的职权；了解中央国家机关的设置及职能；掌握我国民族区域自治地方的自治机关和自治权；了解我国的特别行政区制度和基层群众性自治组织制度。
- 能力目标：能够运用权力制约原则评价各国国家机构的设置；通过调研掌握我国地方国家机构的实际设置情况；思考国家机构设置和运行的原则；能够运用国家机构的基本制度评价国内外热点事件。

第一节 国家机构概述

案例引导

全国牙病防治指导组（简称牙防组）是卫生部领导下的，指导牙防工作的组织，它没有法人资格，但是几十年来却向消费者认证口腔护理用品。在我们每天使用的牙膏上，大家经常会见到它，但是这家组织却遭到质疑。人们对它有没有认证资格、认证是否科学、对产品的认证是不是与企业之间存在商业交易提出了质疑。全国牙防组共对9家企业的10种产品进行了认证。而在国家认证认可监督管理委员会向社会公布的认证机构名单中并没有找到全国牙防组的名字。

全国牙防组负责人承认，全国牙防组并不具备国家法定的认证资格。2003年实施的《中华人民共和国认证认可条例》明确规定：未经批准，任何单位和个人不得从事认证活动。2007年4月，卫生部发出公告，决定撤销全国牙病防治指导组。卫生部公告指出，随着近年来政府公共服务职能的不断强化和行业民间组织的快速发展，牙防组已难以适应卫生事业发展的要求，卫生部决定予以撤销。牙防组原来承担的工作由卫生部统一安排。群众性牙病预防保健技术工作和有关事务性管理工作，将以委托形式交专业社团或机构承担。同时，卫生部在疾病预防控制局成立口腔卫生处，负责全国牙病防治管理工作。[①]

思考：什么是国家机构？国家机构的设立和功能如何确定？

一、国体与政权组织形式

（一）国体与国家性质

从政治学上讲，一切政治活动和政治现象都是以国家为中心的。马克思主义认为，国家不是从来就有

---

① 案例引自胡锦光主编：《宪法学原理与案例教程（第二版）》，中国人民大学出版社2009年版，第292页。《中华人民共和国认证认可条例》在2016年做出了修正，但此处引用的规定并未改动，特此说明。

的,曾经有过不需要国家而且根本不知道国家和国家权力为何物的社会,在经济发展到一定阶段而必然使社会分裂为阶级时,国家就由于这种分裂而成为必要了。也就是说,国家是社会发展到一定阶段的产物。对于国家是什么,恩格斯认为:"国家无非是一个阶级镇压另一个阶级的机器"。① 列宁则认为:"国家是一个阶级压迫另一阶级的机器,是迫使一切从属的阶级服从于一个阶级的机器。"② 对于国家性质,按照马克思主义国家理论,国家性质指的是国家的阶级本质,即在一个国家里各个阶级在国家政治生活中的地位,也就是哪个阶级是统治阶级,哪个阶级是被统治阶级。它和国家本质、国体是同义词。

宪法学上的国家的概念是从政治学上借用而来的。按照马克思主义宪法学说,国家性质也即国体是指通过特定的宪法规范和宪法制度所反映的一国在政治、经济和文化方面的基本特征,它反映着该国社会制度的根本属性。因此,国体一般用来指国家的根本制度。从各国宪法的一般规定来看,目前世界上主要存在三类不同性质的国家,即资本主义国家、社会主义国家和民族民主主义国家。国体或国家性质作为国家制度和宪政制度的核心内容,主要是各种社会因素综合作用的结果。具体而言,社会各阶级在国家政治生活中的地位直接体现和决定着国家性质,社会经济基础是国家性质的根本决定因素,而社会文化制度也是影响和体现国家性质的重要因素。

(二) 政体与政权组织形式

政体与国体是关于国家问题的一对紧密联系的概念,两者的关系是内容与形式的问题,国体明确了社会各阶级在国家中的地位,实际上是指国家主权的阶级归属,即国家主权的阶级属性。政体是指拥有国家主权的统治阶级实现其国家主权的宏观体制。政体必须适应国体的需要,在一定国体下,政体的形式不是可以任意选择的。例如,我国《宪法》第1条第1款对国体规定如下:"中华人民共和国是工人阶级领导的、以工农联盟为基础的人民民主专政的社会主义国家。"第2条则规定了我国的政体,即人民代表大会制。在这一政体下,人民行使国家权力的机关是全国人民代表大会和地方各级人民代表大会,国家行政机关、审判机关、检察机关都由人民代表大会产生,对它负责,受它监督。

与政体相关的另一个概念是政权组织制度,二者之间实际上分属两个不同的层次。换句话说,政体是对政权组织制度的抽象概括,政权组织制度则是政体的具体化;政体是宏观上的国家政权架构,政权组织制度则是宏观政权结构的微观体现。对于国家政权组织制度,我们可从以下三个方面来理解:第一,它是国家政权机关的组织体系,即关于国家机关如何产生和设置、权力如何分配、国家机关相互之间的关系等内容;第二,它反映了统治阶级的意志,表现了国家的阶级本质,是统治阶级行使的国家权力的外部延伸和实现形式;第三,它因历史传统、民族习惯、经济文化发展水平的不同而各不相同,又有因政治、经济、文化扩张和地缘渗透而相互影响、融合趋同的普遍共性。

人民代表大会制度是我国基本的政治制度,是人民民主专政的政权组织制度。它是指我国的一切权力属于人民;人民在民主普选的基础上选派代表,组成全国人民代表大会和地方各级人民代表大会作为行使国家权力的机关;其他国家机关由人民代表大会产生,受人民代表大会监督,对人民代表大会负责;人民代表大会常务委员会向本级人民代表大会负责,人民代表大会向人民负责的制度。

人民代表大会制度具有以下三个特点:第一,人民代表大会制度以民主集中制为根本原则。所谓民主集中制,是一种民主与集中相结合的制度,是指在民主基础上的集中和在集中指导下的民主。它是社会主义民主制的最本质的体现,也是我国国家机关组织活动的基本原则。第二,人民代表大会制度的主体——人民代表大会是国家权力机关。在我国,不仅全国人民代表大会及其常务委员会行使国家立法权,而且各级人民代表大会都是国家权力机关,享有对国家事务的决定权等重要权力。第三,人民代表大会制度在组织结构上采取一院制。这是由我国的民族状况、历史传统和精简效率原则所要求和决定的。

---

① 《马克思恩格斯选集(第3卷)》,人民出版社1995年版,第13页。
② 《列宁选集(第4卷)》,人民出版社1995年版,第33页。

二、国家机构的含义与分类

尽管从理念上讲国家的一切权力属于人民,但是国家权力具体运行的载体不是人民而是相应的机构,即国家机构。根据周叶中的观点,国家机构是国家借助国家权力为实现政治统治和政治管理职能,依照宪法和法律规定建立起来的国家机关的总和。[①]

按照不同的标准,对国家机构可作不同分类。例如,按照国家机构行使权力的属性不同,可以将国家机构分为立法机关、行政机关和司法机关等。根据国家机构的地位,在单一制国家,按照级别有中央国家机关和地方国家机关之分;在联邦制国家,可以将国家机构分为联邦国家机关和组成联邦的各组成单位的国家机关。

根据我国宪法的规定,我国的国家机构从行使权力的属性看,可以分为国家权力机关、国家主席、国家行政机关、国家军事机关、国家审判机关和国家检察机关。从行使权力的范围看,可以分为中央国家机关和地方国家机关。中央国家机关包括全国人民代表大会及其常务委员会、国家主席、国务院、中央军事委员会、最高人民法院和最高人民检察院。地方国家机关包括地方各级人民代表大会(县级以上人大还包括其常务委员会)、地方各级人民政府、地方各级人民法院和地方各级人民检察院、民族自治地方的自治机关和特别行政区。

三、我国国家机构的活动原则

第一,民主集中制原则。它主要体现在四个方面:(1)在国家机构与人民关系方面,体现了国家权力来源于人民;(2)在国家机关之间的关系方面,国家权力机关居于核心地位;(3)在国家机关内部的关系方面,各国家机关的组织活动不同程度地实行民主集中制;(4)在中央和地方国家机构关系方面,遵循在中央统一领导下,充分发挥地方主动性和积极性原则。

第二,联系群众,为人民服务原则。它主要体现在三个方面:(1)国家机关工作人员在思想上意识到自己只是权力的行使者,权力的所有者是人民,在行使权力过程中树立一切为人民服务的意识;(2)国家机关及工作人员要坚持"从群众中来,到群众中去"的工作方法;(3)建立、健全公民参与制度,提供更多公民参与的渠道和途径。

第三,法治原则。它主要体现在五个方面:(1)国家机构的产生由宪法和法律规定;(2)国家立法机关依照宪法和法律立法,加强立法工作,完善社会主义法律体系,这是法治原则实现的前提;(3)国家机构的职权都必须有法律依据,职权的行使也必须依据法定的程序;(4)国家机构职权行使的责任性;(5)国家权力机关要加强法律监督。

第四,责任制原则。责任制原则是指国家机关及工作人员行使职权、履行义务,均应对其后果负责,具体表现为两种形式,即集体负责制和个人负责制。实施集体负责制就是一切重大问题的决定必须由全体组成人员集体讨论,按照少数服从多数的原则做出决定。集体组织每个成员地位和权利平等,任何人都没有特殊的权利,由集体承担责任。实行集体负责制的机关有全国人民代表大会及其常务委员会、地方各级人民代表大会及其常务委员会、各级人民法院和检察院等。个人负责制也称首长负责制,是由首长个人决定问题并承担相应责任的领导体制。实行个人负责制的机关有国务院及其所属的各部、各委员会、中央军事委员会、地方各级人民政府等。

第五,精简与效率原则。它主要体现在四个方面:(1)依法设定机构,明确具体职权,定岗定员;(2)简政放权;(3)实行工作责任制;(4)严格执行公务员制度,在人事制度中引入竞争机制。

四、地方国家机构的作用

地方国家机构或地方政府的作用和价值主要体现在民主与效率两个方面,具体而言:第一,地方国家机构的存在有利于促进自由。英国学者布莱克斯通曾说过:英国人所享有的自由应归功于其自由的地方制度。法国学者托克维尔则断言,在没有地方自治的条件下,一个国家虽然可以建立一个自由的政府,但它没

---

① 周叶中主编:《宪法(第三版)》,高等教育出版社2011年版,第295页。

有自由的精神。第二,地方国家机构有利于发扬民主、增进平等。英国思想家密尔在《代议制政府》一书中认为,地方政府为在全国政府之外的参与活动和政治活动所提供的机会,加深了人们对自由政治制度的理解。他指出:"地方代表权的目的本身就是为了使那些具有和一般同胞的利益不同的共同利益的人们可以自行安排共同的利益。"①第三,地方国家机构不仅可以促进自由、民主和平等,还有利于公民参与,提高效率和增加福利。戴维·威尔逊和克里斯·盖恩在2006年合著的《联合王国地方政府》一书中认为,地方政府的作用和价值,一是可以代表和反映当地居民的意志和需要;二是强调了不同地方的差异性;三是鼓励创新和相互学习;四是较迅速、有效地回应当地居民需要,提高行政效率;五是可以增强公民意识和参与意识;六是为公民的政治教育和训练提供场所;七是有利于分散权力。

资料

《全国人民代表大会常务委员会关于香港特别行政区行政长官普选问题和2016年立法会产生办法的决定》(节选)

2014年8月31日,第十二届全国人民代表大会常务委员会第十次会议审议了香港特别行政区行政长官梁振英2014年7月15日提交的《关于香港特别行政区2017年行政长官及2016年立法会产生办法是否需要修改的报告》,并在审议中充分考虑了香港社会的有关意见和建议。

会议指出,2007年12月29日第十届全国人民代表大会常务委员会第三十一次会议通过的《全国人民代表大会常务委员会关于香港特别行政区2012年行政长官和立法会产生办法及有关普选问题的决定》规定,2017年香港特别行政区第五任行政长官的选举可以实行由普选产生的办法;在行政长官实行普选前的适当时候,行政长官须按照香港基本法的有关规定和《全国人民代表大会常务委员会关于〈中华人民共和国香港特别行政区基本法〉附件一第七条和附件二第三条的解释》,就行政长官产生办法的修改问题向全国人民代表大会常务委员会提出报告,由全国人民代表大会常务委员会确定。2013年12月4日至2014年5月3日,香港特别行政区政府就2017年行政长官产生办法和2016年立法会产生办法进行了广泛、深入的公众咨询。咨询过程中,香港社会普遍希望2017年实现行政长官由普选产生,并就行政长官普选办法必须符合香港基本法和全国人大常委会有关决定、行政长官必须由爱国爱港人士担任等重要原则形成了广泛共识。

会议认为,实行行政长官普选,是香港民主发展的历史性进步,也是香港特别行政区政治体制的重大变革,关系到香港长期繁荣稳定,关系到国家主权、安全和发展利益,必须审慎、稳步推进。会议认为,2012年香港特别行政区第五届立法会产生办法经过修改后,已经向扩大民主的方向迈出了重大步伐。香港基本法附件二规定的现行立法会产生办法和表决程序不做修改,2016年第六届立法会产生办法和表决程序继续适用现行规定,符合循序渐进地发展适合香港实际情况的民主制度的原则,符合香港社会的多数意见,也有利于香港社会各界集中精力优先处理行政长官普选问题,从而为行政长官实行普选后实现立法会全部议员由普选产生的目标创造条件。

鉴此,全国人民代表大会常务委员会根据《中华人民共和国香港特别行政区基本法》、《全国人民代表大会常务委员会关于〈中华人民共和国香港特别行政区基本法〉附件一第七条和附件二第三条的解释》和《全国人民代表大会常务委员会关于香港特别行政区2012年行政长官和立法会产生办法及有关普选问题的决定》的有关规定,决定如下:

一、从2017年开始,香港特别行政区行政长官选举可以实行由普选产生的办法。

二、香港特别行政区行政长官选举实行由普选产生的办法时:(一)须组成一个有广泛代表性的提名委员会。提名委员会的人数、构成和委员产生办法按照第四任行政长官选举委员会的人数、构成和委员产

---

① [英]密尔:《代议制政府》,汪瑄译,商务印书馆1982年版,第211页。

生办法而规定。(二)提名委员会按民主程序提名产生二至三名行政长官候选人。每名候选人均须获得提名委员会全体委员半数以上的支持。(三)香港特别行政区合资格选民均有行政长官选举权,依法从行政长官候选人中选出一名行政长官人选。(四)行政长官人选经普选产生后,由中央人民政府任命。

三、行政长官普选的具体办法依照法定程序通过修改《中华人民共和国香港特别行政区基本法》附件一《香港特别行政区行政长官的产生办法》予以规定。修改法案及其修正案应由香港特别行政区政府根据香港基本法和本决定的规定,向香港特别行政区立法会提出,经立法会全体议员三分之二多数通过,行政长官同意,报全国人民代表大会常务委员会批准。

四、如行政长官普选的具体办法未能经法定程序获得通过,行政长官的选举继续适用上一任行政长官的产生办法。

五、香港基本法附件二关于立法会产生办法和表决程序的现行规定不做修改,2016年香港特别行政区第六届立法会产生办法和表决程序,继续适用第五届立法会产生办法和法案、议案表决程序。在行政长官由普选产生以后,香港特别行政区立法会的选举可以实行全部议员由普选产生的办法。在立法会实行普选前的适当时候,由普选产生的行政长官按照香港基本法的有关规定和《全国人民代表大会常务委员会关于〈中华人民共和国香港特别行政区基本法〉附件一第七条和附件二第三条的解释》,就立法会产生办法的修改问题向全国人民代表大会常务委员会提出报告,由全国人民代表大会常务委员会确定。

会议强调,坚定不移地贯彻落实"一国两制"、"港人治港"、高度自治方针政策,严格按照香港基本法办事,稳步推进2017年行政长官由普选产生,是中央的一贯立场。希望香港特别行政区政府和香港社会各界依照香港基本法和本决定的规定,共同努力,达至行政长官由普选产生的目标。

第二节　中央国家机关

案例引导

2005年4月13日,《扬子晚报》以《省内首家开发区法院在南通组建》为题报道:"最高人民法院近日正式批复,同意组建南通经济技术开发区人民法院。"其实,南通经济技术开发区法院的设立并非个案。如果我们通过百度进行检索,会检索到一个专门的"全国开发区法院网"(http://kfq.chinacourt.org/),这个网站对海南省洋浦经济开发区人民法院、合肥高新区人民法院、南昌高新区人民法院和大连经济技术开发区法院等14个开发区法院进行了介绍。在有关开发区法院的介绍中大都会像《扬子晚报》中所报道的那样,提及开发区法院是经最高人民法院批复而设立的。例如,"合肥高新技术产业开发区人民法院是由合肥市中级人民法院经济审判三庭发展而来,经最高人民法院〔1995〕28号函批复同意设立,1997年1月1日正式挂牌办案。"再如,"无锡高新技术产业开发区人民法院(以下简称开发区法院)于2000年12月经最高人民法院批复、无锡市第十二届人民代表大会常务委员会第二十一次会议审议通过成立,行使基层人民法院职权,依法管辖新区区划范围内的案件。"

针对此现象,有学者认为,最高人民法院以批复的形式设立开发区人民法院是违宪违法的行为,主要理由如下:第一,根据《宪法》和《立法法》的有关规定,人民法院的产生、组织和职权属于全国人大及其常委会的专属立法权限,只能由法律予以规定。最高人民法院一纸批复就可以在经济开发区组建人民法院的做法严重侵犯了全国人民代表大会及其常务委员会的专属立法权限,超越了宪法和相关法律规定的最高人民法院的权限。第二,开发区不是一级行政区划,不能设立人民代表大会制度。开发区不能设置政权体制,首先是不能设置人民代表大会,在没有同级人民代表大会的情况下,在开发区设立的人民法院是没有法定的产生基础的,是没有法定的任期和没有法定的监督主体的,这与人民代表大会制度背道而驰。

思考:最高人民法院以批复方式组建开发区人民法院的做法是否侵犯了全国人民代表大会及其常务委员会的权限?

中央国家机关是指行使中央国家事务权力的机关。在我国,中央国家机关主要包括作为代议机关同时也是最高国家权力机关的全国人民代表大会及其常务委员会、作为国家元首的国家主席、作为中央人民政府的国务院、作为最高司法机关的最高人民法院和最高人民检察院,以及作为最高军事领导机关的中央军事委员会。由于本章将设专节对国家的司法机关进行介绍,故本节中不涉及最高人民法院和最高人民检察院的相关知识。

一、代议机关或最高国家权力机关

(一) 代议机关的产生与职权

代议机关也称代表机关,在资本主义国家中的具体组织形式是议会。代议机关的历史可以追溯到公元前7世纪雅典民主政治中的议事会。雅典议事会在梭伦改革之前由400人组成,以抽签的方式从有权持有武器的大地主(贵族)阶层中选出,所以也有学者将这时的议事会译为贵族会议。梭伦改革后,议事会扩大为500人,平民(妇女和奴隶被排除在外)有权被选为议事会成员,议事会成员的任期为1年。雅典议事会具备了议会的雏形,但还不是真正意义上的议会,议事会尽管拥有很大实权,但它毕竟不是国家的决策机关,国家决策权由公民大会行使。它是作为现代是由民选代表组成并集体行使立法权等国家权力的国家机关。古罗马共和国的元老院对近现代国家代议机关的形成也有一定的影响。在古罗马,元老院由少数贵族、大地主和卸任的高级行政官组成。除世袭贵族和卸任的行政高官外,其他成员依其拥有达到法定标准的土地而进入元老院。与雅典议事会一样,元老院的实际地位很高,但公民大会才是法定的最高权力机关。罗马元老院虽然只代表贵族阶级,但当代某些西方国家议会的参议院(上议院)却是对它进行仿效和改造的产物。

近现代意义上的代议机关是资产阶级革命的产物。英、美、法三国是世界上最早确立议会制度的国家。一般认为,世界上第一个议会产生于1265年的英国(即所谓"孟福尔议会"),但此时的议会虽有议会之名,并无近现代议会之实,它仍是从属于国王的等级代议制机构,只有政治参与权,没有决定权。1688年"光荣革命"以后,英国议会取得对王权的决定性胜利,掌握了国家最高权力,近现代意义上的代议机关方始形成和确立。美国现代国会是根据1787年《宪法》设立的。《宪法》第一条规定国会行使最高立法权。国会实行两院制,由参议院和众议院组成。参议院又称上院,由各州立法会议选举两名参议员组成(1913年《宪法》第17条修正案把参议员的选举改由各州选民直接选举产生)。参议员的任期为六年,每两年改选1/3。众议院又称下院,众议员由各州选民直接选举产生,按照各州认可比例分配席位,每3万人中选出一名众议员。1929年通过的议席分配方案将议员人数固定为435人。众议员的任期为两年,届满时全部改选。法国议会起源于封建社会的三级会议(贵族、僧侣和平民)。现行的议会制度是根据1958年第五共和国《宪法》确立的。根据该宪法规定,法国议会由国民议会和参议院两院组成。国民议会由直接选举产生,任期五年,现国民议会议员共有577人。参议院的议员由间接选举产生,任期九年,每三年改选1/3。

1917年11月7日,俄国布尔什维克(共产党)领导的无产阶级革命取得胜利,建立了"俄罗斯苏维埃联邦社会主义共和国",这是世界上第一个社会主义国家,其代议机关"苏维埃代表大会"随之成为历史上最早的社会主义类型的代议机关。

从资本主义国家的宪法和政治实践来看,议会主要有以下三项基本职权:一是立法权。这是议会最重要、最基本的权力。许多国家宪法明文规定,议会的性质就是立法机关,甚至是唯一的立法机关。在立法范围上,一般没有明文限制。但在联邦制国家,由于实行联邦政府与其组成单位的分权制,因而宪法对议会的立法权有较具体的规定。二是财政权。掌握财政权是议会最原始的职权。财政权是指议会享有对国家财政的决定权和对政府财政的监督权。财政决定权包括决定国家财政以及预算、税收、关税、借贷等的权力。财政监督权包括审查决算和公共资金审计。在此,最重要的是批准政府的财政预算权。三是监督权。它主要是指对政府的监督权。无论是责任内阁制还是总统制国家,议会都有对政府高级官员的弹劾权。如果政府高级官员有违法、犯罪或者严重失职行为,议会可以对其进行弹劾。

(二) 我国的全国人民代表大会及其常委会

根据宪法的规定,全国人民代表大会是最高国家权力机关,全国人民代表大会及其常务委员会(以下简称全国人大及其常委会)行使国家立法权。这些规定表明了全国人民代表大会及其常委会的性质和它在整个国家机构体系中的地位。全国人大由省、自治区、直辖市、特别行政区和军队选出的代表组成。代表人数不超过3 000人,代表名额的分配按照一定的人口比例为基础,并适当照顾民族之间和某些地区人口比例的差别。全国人大每届任期5年。任期届满的2个月以前,由全国人大常委会组织完成下届全国人大代表的选举。如果遇到不能举行选举的非常情况,由全国人大常委会以全体组成人员的2/3以上多数决定通过,可以推迟选举,延长本届全国人大的任期。在非常情况结束后1年内,必须完成下届全国人大代表的选举。

全国人大的职权具体包括:(1)修改宪法、监督宪法的实施。(2)制定和修改刑事、民事、国家机构的和其他的基本法律。(3)最高国家机关领导人的任免权。包括选举中华人民共和国主席、副主席;根据中华人民共和国主席的提名,决定国务院总理的人选;根据国务院总理的提名,决定国务院副总理、国务委员、各部部长、各委员会主任、审计长、秘书长的人选;选举中央军事委员会主席;根据中央军事委员会主席的提名,决定中央军事委员会其他组成人员的人选;选举最高人民法院院长和最高人民检察院检察长。(4)国家重大问题的决定权。包括审查和批准国民经济和社会发展计划和计划执行情况的报告;审查和批准国家的预算和预算执行情况的报告;改变或者撤销全国人民代表大会常务委员会不适当的决定;批准省、自治区和直辖市的建置;决定特别行政区的设立及其制度;决定战争和和平的问题;(5)应当由最高国家权力机关行使的其他职权。

全国人大工作的方式主要是举行会议。根据宪法的规定,全国人大会议每年举行一次。一般是每年的第一季度举行,会期为15天左右。如果全国人大常委会认为必要或者有1/5以上的全国人大代表提议,可以临时召集全国人大会议。全国人大每次举行会议均选举主席团主持。主席团是一个临时性机构,其成员由每次会议在预备会议上选举产生,主要是解决大会的程序问题。主席团也有权提出议案。主席团设立秘书长,在秘书长领导下处理会务。在全国人民代表大会会议期间,国务院和中央军事委员会的组成人员、最高人民法院院长、最高人民检察院检察长列席会议。自1959年以来,全国人大和全国政协同时召开会议,全体政协委员列席全国人大会议,已成为宪法惯例。

专门委员会是全国人大的常设性工作机构,是全国人大的组成部分,其主要职责是帮助全国人大及其常委会审议和拟定议案,完成全国人大或其常委会所交给的任务,向全国人大及其常委会提出意见、建议或议案。当前,全国人大有9个专门委员会,即民族委员会、法律委员会、内务司法委员会、财政经济委员会、教育科学文化卫生委员会、外事委员会、华侨委员会、环境与资源保护委员会、农业与农村委员会。根据宪法的规定,全国人大及其常委会如果认为有必要,还可以组织关于特定问题的调查委员会。

全国人大常委会是全国人大的常设机关,是全国人大的组成部分,与全国人大一起行使国家立法权。在全国人大闭会期间,最高国家行政机关、审判机关和检察机关对全国人大常委会负责并报告工作。全国人大常委会由委员长1人、副委员长若干人、秘书长1人和委员若干人组成。全国人大常委会组成人员在每届全国人大举行第一次会议时从代表中选举产生。全国人大常委会组成人员中应当有适当名额的少数民族代表。全国人大常委会组成人员不得担任国家行政机关、审判机关和检察机关的职务。

根据宪法的规定,全国人大常委会主要行使以下职权:(1)解释宪法,监督宪法的实施。(2)立法权。包括制定和修改除应当由全国人民代表大会制定的法律以外的其他法律;在全国人民代表大会闭会期间,对全国人民代表大会制定的法律进行部分补充和修改,但是不得同该法律的基本原则相抵触;解释法律。(3)国家某些重大事项的决定权。包括在全国人民代表大会闭会期间,审查和批准国民经济和社会发展计划、国家预算在执行过程中所必须作的部分调整方案;监督国务院、中央军事委员会、最高人民法院和最高人民检察院的工作;撤销国务院制定的同宪法、法律相抵触的行政法规、决定和命令;撤销省、自治区、直辖市国家权力机关制定的同宪法、法律和行政法规相抵触的地方性法规和决议;决定同外国缔结的条约和重要协定的批准和废除;规定军人和外交人员的衔级制度和其他专门衔级制度;规定和决定授予国家的勋章和荣誉称号;决定特赦;在全国人民代表大会闭会期间,如果遇到国家遭受武装侵犯或者必须履行国际间共同防止侵略的条约的情况,决定战争状态的宣布;决定全国总动员或者局部动员;决定全国或者个别省、自治区、直辖市进入紧急状态。(4)人事任免权。包括在全国人民代表大会闭会期间,根据国务院总理的提名,决定部长、委员会主任、审计长、秘书长的人选;在全国人民代表大会闭会期间,根据中央军事委员会主席的提名,决定中央军事委员会其他组成人员的人选;根据最高人民法院院长的提请,任免最高人民法院副院长、审判员、审判委员会委员和军事法院院长;根据最高人民检察院检察长的提请,任免最高人民检察院副检察长、检察员、检察委员会委员和军事检察院检察长,并且批准省、自治区、直辖市的人民检察院检察长的任免;决定驻外全权代表的任免。(5)全国人民代表大会授予的其他职权。

全国人大常委会除设立办公厅、法制工作委员会等办事机构外,还设有代表资格审查委员会、香港特别行政区基本法委员会和澳门特别行政区基本法委员会等专门工作机构。两个特别行政区基本法委员会的主要职责是为常委会解释基本法提供必需的咨询意见,以及对修改基本法的议案进行事先研究并提出意见。

二、国家元首

(一)国家元首的含义与职权

国家元首在许多国家是一个重要的政治学和宪法学概念,但并非宪法用语,只有部分国家在其宪法中明确使用了国家元首的术语,并指明谁是国家元首。如《俄罗斯宪法》第80条明确规定:"俄罗斯联邦总统是国家元首。"美国、法国等西方重要国家的宪法并未明确规定总统是国家元首,但这不妨碍人们在政治和社会生活中认为其国家总统就是他们的国家元首。

国家元首依其实际权力的大小可分为两种基本类型,即实权型国家元首与象征型国家元首。实权型国家元首是指依据宪法拥有独立决策权,在一定范围内实际行使国家领导权的国家元首;象征型国家元首是指依照宪法没有独立决策权,不能实际行使国家领导权,仅在国务活动中起代表国家作用的国家元首。其中,实权型国家元首又可分为总统制国家元首与半总统制国家元首。象征型国家元首依其宪法权力的不同也可以分为两类:一类是在形式上拥有国家统率权但不能实际行使的象征型国家元首,君主立宪制国家的国王一般属于这种情形;另一类是仅有国家最高代表权而无形式上的国家统率权的国家元首,如瑞典国家元首。

国家元首的职权取决于国家元首的类型。总统制国家元首的实际权力最大。以美国为例,根据宪法以及有关法律的规定,总统拥有下列职权:(1)国家最高行政权;(2)法案的批准权;(3)武装部队的统率权;(4)赦免权;(5)缔约权(须经参议院2/3以上多数同意);(6)签订政府协定权(无须参议院批准);(7)人事任免权(须经参议院批准);(8)国会议案的提案权;(9)国会两院或一院会议的召集权(非常情况下);(10)战争和紧急状态决定权。半总统制国家元首的职权受到宪法更多的限制,但仍然拥有很大的实际权力。由于国家元首之下另设有政府首脑,政府首脑对国家元首的行政权有一定的分权制衡作用,国家元首不拥有全部行政权,而是以宪法实施监督者和保证人的身份行使权力。以法国为例,总统的职权包括:(1)公布法律与要求国会对其通过法案的重新审议权;(2)总理、政府成员以及文职和军职人员的任免权;(3)内阁会议的主持权;(4)将有关法律草案提交全民公决权;(5)解散国民议会权;(6)签署内阁法令和命令权;(7)军队统率权;(8)应急处置权;(9)赦免权。议会内阁制国家的国家元首一般都是"虚设"的,虽然依法享有若干应由国家元首行使的权力,但行使这些权力的决定权掌握在议会、内阁总理或首相手中。以比利时为例,比利时宪法赋予国王包括批准和颁布法律、任命内阁大臣、统率军队、宣战、缔结条约、解散议会、铸造货币、授予荣誉称号、赦免在内的广泛权力,但这些权力的行使必须有宪法的明确依据,并且非经内阁大臣的副署不得生效。相应地,国王对其行为的后果不承担责任,其责任由副署的内阁大臣承担。

(二)中华人民共和国国家主席

中华人民共和国国家主席是我国国家机构的重要组成部分,是一个独立的国家机关。国家主席对内、对外代表国家,依法行使国家元首的职权。国家主席是我国国家统一的象征和国家主权的代表。我国《宪法》第79条第2款规定:"有选举权和被选举权的年满四十五周岁的中华人民共和国公民可以被选为中华人民共和国主席、副主席。"国家主席、副主席的选举程序具体如下:首先由全国人大会议主席团提出国家主席和副主席的候选人名单,然后经各代表团酝酿、协商,再由主席团根据多数代表的意见确定正式候选人名单,最后由大会全体代表过半数选举产生国家主席和副主席。

国家主席的职权包括:(1)公布法律、发布命令。全国人大及其常委会制定的法律由国家主席以主席令的形式公布,这是法律生效的最后一道必经程序。国家主席还可以根据全国人大及其常委会的决定,发布特赦令,宣布进入紧急状态,宣布战争状态和发布动员令。(2)人事任命权。国家主席根据全国人大及其常委会的决定,任免国务院组成人员。(3)外交权。国家主席代表中华人民共和国进行国事活动,接见外国使节;根据全国人大常委会的决定,派遣和召回全权代表,批准和废除同外国缔结的条约和重要协定。(4)荣典权。国家主席根据全国人大及其常委会的决定,根据全国人大及其常委会的决定,授予对国家有功勋人员国家勋章或荣誉称号。

三、中央行政机关

(一)中央行政机关的类型

世界各国中央行政机关的体制差别很大,国外行政机关的组织形式主要有内阁制、总统制和委员会制三种。

内阁制的主要特点是:第一,政府由在国会中占有多数席位的政党或政党联盟的领袖组织,该领袖出任政府总理(在君主立宪制国家称为首相);第二,总理提名内阁组成人员的人选,形式上要经过国家元首的任命,但这只是一种形式,国家元首不可以否决;第三,政府的继续执政以议会的信任为前提,政府对议会负责。如果议会否决政府提出的财政预算或其他重要议案,或议会通过对政府的不信任案,或议会否决政府提出的要求议会确认信任自己的议案,政府就必须辞职,或提请国家元首解散议会,重新大选;第四,国家元首是虚位元首,不掌管实际行政权力。英国、日本和以色列等国家实行内阁制。

总统制的主要特点是:第一,总统和议会分别由选举产生,政府由总统组织产生。总统既是国家元首,又是政府首脑;第二,政府不向议会负责。政府成员向总统负政治上的责任,总统向国民负政治上的责任,国会不能通过对政府的不信任案,总统也不能解散国会;第三,政府与国会完全分离,政府成员不能来自于国会;第四,政府实行个人负责制,内阁成员是总统的下属,如不同意总统的意见就必须辞职。实行总统制的国家以美国最为典型。法国的总统制则有自己的特色。法国总统在与国会的关系上,总统不向国会负责,而且可在同总理和两院议长磋商后,宣布解散国民议会,总统不负直接行政责任,而是任命总理领导政府,对议会负责。

实行委员会制的典型国家是瑞士。瑞士最高国家行政机关是由7名委员组成的合议制组织,称为联邦委员会。联邦委员会委员由参加政府的政党提名,由联邦议会从有资格被选为国民院议员的瑞士公民中选举产生。联邦委员会委员不得担任联邦议会议员、联邦法院法官或其他公职人员。议会在选举时必须注意到地域、语言、宗教、政党等方面的合理分配。一般是社会党两名、激进党两名、基督教民主党两名、中间民主联盟一名。这种结构被瑞士人称为"二·二·二·一"的神奇公式。联邦委员的任期为四年,可连选连任。联邦委员会设公共经济、外交、内政等7个部,7名联邦委员各掌一部。另外,每年联邦议会从7个人中选出一人为主席,另一人为副主席,任期一年,不得连任。实际上是由7名委员轮流担任。主席作为联邦委员会的代表对外代表国家,履行一些礼仪上的国事行为,没有其他特殊权力,职权和地位与其他委员平等。联邦委员会从属于联邦议会,因而无权解散议会,但议会在任期内也不罢免联邦委员会或其中的某一成员,国家的大政方针由联邦议会决定,联邦委员会负责执行。

(二)我国的国务院

我国宪法规定,中华人民共和国国务院,即中央人民政府,是最高国家权力机关的执行机关,是最高国家行政机关。这一规定表明了国务院的性质和它在国家机构中的地位。

国务院的组成人员包括总理、副总理若干人、国务委员若干人、各部部长、各委员会主任、审计长和秘书长。国务院的任期同全国人大任期相同,每届五年。国务院的领导体制经历了一个历史发展过程,从新中国成立初期政务院的委员会制到1954年《宪法》规定的部长会议制,发展到现行《宪法》规定的总理负责制。

总理负责制是指国务院总理对自己主管的工作负全部责任,对自己主管的工作有完全决定权。与国务院实行总理负责制一样,国务院各部、各委员会实行部长或主任负责制。

国务院工作中的重大问题,须经国务院常务会议或国务院全体会议讨论决定。全体会议由国务院全体成员组成,常务会议由总理、副总理、国务委员和秘书长组成。除此之外,还有总理办公会议(研究和处理国务院日常工作中的重要问题)、省长会议(部署国务院的工作,就重大问题征询各省人民政府的意见)。

根据宪法规定,国务院的职权包括:(1)根据宪法和法律,规定行政措施,制定行政法规,发布决定和命令。(2)向全国人大及其常委会提出议案。(3)统一领导各部和各委员会工作,统一领导全国地方各级国家行政机关的工作等。(4)领导和管理各项行政工作。(5)依照宪法和法律任免国家行政机关的领导人员;培训、考核和奖惩行政人员。(6)决定省、自治区、直辖市范围内部分地区进入紧急状态。(7)批准省、自治区、直辖市的区域划分,批准自治州、县、自治县、市的建制和区域划分。(8)全国人大及其常委会授予的其他职权。

各部、各委员会是国务院根据全国行政工作需要而设立的专业性的部门机关,在国务院统一领导下,掌管某一方面的行政工作。国务院设审计署作为政府的审计机关,在国务院总理的直接领导下,对国务院各部门和地方各级人民政府的财政收支,对国家的财政金融和企事业单位的财务收支,进行审计监督。国务院办公厅是协助国务院领导处理国务院日常工作的综合性办公机构,由秘书长领导。直属机构是由国务院设立并在国务院统一领导下主管各项专门业务的机关,具有独立的行政管理职能,如国家统计局、国家工商总局、海关总署和民航总局等。国务院设立办事机构协助总理办理各项专门事项,如国务院法制办公室、国务院侨务办公室、国务院港澳办公室等,办事机构不具有独立的行政管理职能。国务院议事协调机构承担跨国务院行政机构的重要业务工作的组织协调任务。例如,科技教育领导小组、绿化委员会、国务院学位委员会等。国务院组成部门的设立、撤销或合并,由国务院提请全国人大或全国人大常委会决定,其他机构的设立、撤销或合并由国务院决定或批准。

四、中央军事委员会

中央军事委员会的性质是全国武装力量的领导机关,是中央国家机关体系中的一个独立机构。同时,它从属于全国人大,对全国人大及其常委会负责,但宪法并没有规定中央军事委员或其主席要向全国人大及其常委会报告工作,这是军事行动的国家秘密性所致。中央军事委员由主席、副主席若干人、委员若干人组成。

全国人大选举中央军事委员会主席;根据中央军事委员主席的提名,决定中央军事委员会其他组成人员的人选。中央军事委员会每届任期同全国人大每届任期相同,都是五年。中央军事委员会实行主席负责制。

资料

孟德斯鸠与三权分立[①]

横向分权的思想在洛克的《政府论(下篇)》已经出现,但三权分立制度及其对权利与自由的保障作用则还是首先由孟德斯鸠提出。孟氏早年曾游历英国,并对其议会分权制度留下深刻影响。受英国经验的启发,他进一步分析总结了政府权力的性质及其和个人自由之间的关系,并花费毕生精力,于1748年完成了鸿篇巨制《论法的精神》(严复翻译为"法意")。以下是该书的一段不朽名言:

当立法权与执法权联合在一人或单个行政机构手中时,自由就消失了,因为人们将害怕制造暴戾法律的同一个君主或元老院将以暴戾的方式执行它们。当司法权不和立法权或执法权分立时,自由也不复存在。如果它和立法权相结合,那么在公民的生命和自由之上的权力就将是任意的,因为法官也将是立法者;如果它和执法权相结合,法官就能具有压迫者的力量。如果同一个或一群人——贵族也好,平民也好——运用这三项权力:制定法律的权力、执行公共决议的权力和判定罪行或个人争议的权力,那么一切都将丧失殆尽。(Montesquieu, 1988:157)

---

① 转引自张千帆:《宪法学导论——原理与应用》,法律出版社2014年版,第290页。

第三节 地方国家机构

案例引导

2001年2月14日,沈阳市人民代表大会会议对市中级人民法院和市人民检察院的上年度工作报告进行审议表决。在所有的508名代表中,出席当天闭幕会议的代表474人,只有218人对法院的报告投了赞成票,投反对票的有162人,弃权票82人,未按表决器的9人,赞成票没有超过半数所以报告未被通过。沈阳市人民检察院的工作报告也仅仅以270人的微弱多数通过。代表们普遍认为,市中级人民法院2000年工作报告未获通过,是由于法院班子中出现了严重腐败问题,实质上是人民代表大会代表对法院领导班子和法院的工作不满意。"未通过"作为法律的裁决已既成事实,无须再重新修改报告并审议。依据《地方各级人民代表大会和地方各级人民政府组织法》,市人民法院根据第十二届人民代表大会第四次会议代表提出的意见,认真进行整改,并向第五次人民代表大会报告整改情况和2001年工作安排,符合"一府两院"年度工作安排须向同级人们民代表大会报告,经人民代表大会审议通过的法律要求。市人民代表大会常务委员会主任张荣茂在接受记者采访时说:"一府两院"产生于人民代表大会,同时又必须接受人民代表大会的监督。

思考: 本案中反映了哪些地方国家机构之间的关系?

地方国家机构是指行使地方国家权力的机构。在我国,地方国家机构主要包括地方各级人大及其常委会、地方各级人民政府、民族区域自治地方的国家机构、特别行政区的国家机构,以及地方各级司法机关。由于本章中设有专节介绍司法机关,故本节就不对地方各级人民法院和地方各级人民检察院作介绍。同时,考虑到我国宪法规定了居民委员会和村民委员会这两个基层群众性自治组织,所以在本节中也对这两类组织的基本情况加以说明。

一、地方各级人大及其常务委员会

根据宪法和《地方各级人民代表大会和各级人民政府组织法》的规定,中国的省、自治区、直辖市、自治州、县、自治县、市、市辖区、乡、民族乡、镇设立人民代表大会。地方各级人民代表大会都是地方国家权力机关。本级的地方国家行政机关、审判机关和检察机关都由人民代表大会产生,在本行政区域内要对它负责,受它监督。省、自治区、直辖市、自治州、设区的市的人民代表大会代表由下一级人大选举;县、自治县、不设区的市、市辖区、乡、民族乡、镇的人民代表大会代表由选民直接选举。地方各级人民代表大会每届任期五年。

地方各级人大的职权包括:(1)保证国家统一意志和上级国家权力机关决议的贯彻;(2)选举和罢免;(3)决定重大的地方国家事务;(4)监督其他地方国家机关的工作;(5)保护各种权利等。

县级以上地方各级人大设常务委员会作为其常设机关。省、自治区、直辖市、自治州、设区的市的人大常委会由本级人大代表在代表中选举主任、副主任若干人,秘书长、委员若干人组成。县、自治县、不设区的市、市辖区的人大常委会由本级人大在代表中选举主任、副主任若干人和委员若干人组成。常委会的组成人员不得担任国家行政机关、审判机关和检察机关的职务。

二、地方各级人民政府

根据宪法和《地方各级人民代表大会和各级人民政府组织法》的规定,省、自治区、直辖市、自治州、县、自治县、市、市辖区、乡、民族乡、镇分别设立人民政府。地方各级人民政府是地方各级人民代表大会的执行机关,是地方各级国家行政机关。作为地方各级人大的执行机关,地方各级人民政府对本级人大负责并报告工作;县级以上地方各级人民政府在本级人大闭会期间,对本级人大常委会负责并报告工作。作为地方国家行政机关,地方各级人民政府对上一级国家行政机关负责并报告工作,并接受和服从国务院的统一领导。地方各级人民政府每届任期与本级人大每届任期相同,为五年。

县级以上地方各级人民政府的职权包括:(1)执行本级人大及其常委会的决议,以及上级国家行政机关的决定和命令;(2)规定行政措施,发布决定和命令;(3)领导所属各工作部门和下级人民政府工作,管理本行政区域内的各项行政事务;(4)保护国家和公民的财产权利,以及公民依法享有的其他权利;(5)改变或撤销所属工作部门不适当的命令、指示和下级人民政府的不适当决定、命令;(6)办理上级国家行政机关交办的其他事项。

乡镇人民政府的职权包括:(1)执行本级人大的决议和上级国家行政机关的决定和命令,执行本行政区域内的经济和社会发展计划、预算;(2)发布决定和命令;(3)管理本行政区域内的经济、教育、科学、文化、卫生、体育事业和财政、民政、公安、民族事务、司法行政、计划生育等行政工作;(4)保护国家和公民的财产权以及公民依法享有的其他权利;(5)办理上级国家行政机关交办的其他事项。

三、民族区域自治

(一)民族区域自治制度的含义、建立原则与类型

民族区域自治制度是指在统一的祖国大家庭内,在国家的统一领导下,按照宪法的规定,以少数民族聚居区为基础,建立相应的自治地方,设立自治机关,行使自治权,民族区域自治的民族实现当家做主,管理本民族内部地方性事务。各民族自治地方都是中华人民共和国不可分离的组成部分。

在总结历史经验的基础上,我国《宪法》和《民族区域自治法》规定了建立民族区域自治地方的以下基本原则:

一是以少数民族聚居区为基础。所谓以少数民族聚居区为基础,有两层含义:第一,建立自治地方以少数民族聚居为基础,而不是以少数民族所占当地人口的一定比例为基础。我国法律没有对实行自治的民族所占人口比例做出具体规定,也就是说民族人口比例不是建立民族自治地方的前提条件。第二,建立民族自治地方是以少数民族聚居的地区为基础,而不是单纯以民族成分为基础。由于民族区域自治是民族在一定"地区"范围内的自治,离开一定地域基础就会变成空中楼阁;同时,民族区域自治是"民族"在一定地区的自治,离开实行自治的主体——民族,所谓民族自治就是一句空话,所以,我国的民族区域自治既不是单纯的民族自治,也不是单纯的区域自治,而是两者的有机结合。

二是尊重历史传统。在长期的历史发展中,我国各民族人民之间互相杂居,在政治、经济、文化、社会生活各方面已经形成了密不可分的关系。各民族共同开拓了祖国疆域,共同创造了悠久的历史和灿烂的文化,形成了汉族离不开少数民族,少数民族也离不开汉族的经济社会格局。因此,建立民族自治地方必须考虑历史因素,以便加强民族团结,促进各民族共同繁荣。

三是各民族共同协商。建立什么样的自治地方,直接关系到当地有关民族人民的切身利益。因此,在自治地方的建立、区域界限的划分、名称的组成等一系列问题上,必须同当地有关民族的代表充分协商后,按照法律规定的程序报请批准。

根据宪法和法律的规定,国家在少数民族聚居区逐步推行了民族区域自治制度。到目前为止,我国已建立起5个自治区、30个自治州和120个自治县(旗)。按其民族组成来看,这些民族自治地方主要可分为三种基本类型:一是以单一的少数民族聚居区为基础建立的少数民族自治地方,如西藏自治区、宁夏回族自治区、四川省凉山彝族自治州等。其特点是区域自治的民族只有一个,在所辖区域内一般未设立其他少数民族自治地方。二是以一个大的少数民族聚居区为基础,同时包括其他一些小的少数民族聚居区,共同建立的民族自治地方,如新疆维吾尔自治区,它是以维吾尔族聚居区为主体,同时还包括回族、哈萨克族、锡伯族等较小的少数民族聚居区,维吾尔族作为整个自治区实行区域自治的大的少数民族,其他少数民族又建立了相应的自治州和自治县。三是以两个或两个以上少数民族聚居区为基础联合建立的自治地方,如湘西土家族苗族自治州、黔东南苗族侗族自治州。在上述各民族自治地方内,通常都包括一定数量的汉族居民。

此外,凡是相当于乡的少数民族聚居的地方,应当建立民族乡。民族乡有权依照法律和有关规定,结合本民族的具体情况和民族特点,因地制宜地发展经济、文化、教育和卫生事业。

(二)民族自治地方的自治机关和自治权

民族自治地方的自治机关是自治区、自治州、自治县的人民代表大会和人民政府。民族自治机关与同级的一般地方国家权力机关及行政机关实行同样的组织原则和领导制度,但在组成方面又具有不同于一般地方国家权力机关和行政机关的特点。自治区、自治州、自治县的人民代表大会及其常务委员会是各自治地方的国家权力机关。自治区、自治州的人民代表大会由下一级人民代表大会选出,自治县的人民代表大会由选民直接选举产生。自治区、自治州、自治县的人民政府是本级人民代表大会的执行机关,是地方国家行政机关。民族自治地方的人民政府对本级人民代表大会及其常务委员会和上一级国家行政机关负责并报告工作。各民族自治地方的人民政府都是国务院统一领导下的地方国家行政机关,都服从国务院。自治区主席、自治州州长、自治县县长由实行区域自治的民族的公民担任。

自治权是民族区域自治的核心。1952年,我国颁布的《民族区域自治实施纲要》对自治权作过具体的规定。1954年制定的第一部《宪法》以根本法的形式规定了少数民族实行自治,享有自治权。现行《宪法》和《民族区域自治法》总结了我国实施民族区域自治的经验,详细规定了民族自治地方的自治机关所行使的广泛的自治权,具体包括:

(1)根据本地区的实际情况,贯彻执行国家的法律和政策,如果上级国家机关的决议、决定、命令和指示不适合本地情况,经过该上级国家机关批准可以变通执行或者停止执行。

(2)民族自治地方的人民代表大会有权依照当地民族的政治、经济和文化的特点,制定自治条例和单行条例。自治条例是确定如何实行民族区域自治,协调自治地方内的政治关系、经济关系、文化关系、民族关系以及各种权利义务关系的规范性文件。单行条例是民族自治地方为了解决某一方面的问题,照顾当地民族的特点而制定的单项法规。自治区的自治条例和单行条例报全国人民代表大会常务委员会批准后生效;自治州、自治县的自治条例和单行条例,报省或者自治区的人民代表大会常务委员会批准后生效,并报全国人民代表大会常务委员会备案。

(3)民族自治地方的自治机关在国家计划的指导下,自主地安排和管理地方性的经济建设事业,包括根据本地方的特点和需要,制定经济建设的方针、政策和计划;在坚持社会主义原则的前提下,根据法律规定和本地方经济发展的特点,合理调整生产关系,改革管理体制;根据法律规定,确定本地域内草场和森林的所有权和使用权;根据法律规定和国家的统一规划,对可以由本地方开放的自然资源,优先合理开发利用等。

(4)民族自治地方的自治机关有管理地方财政的自治权。凡是依照国家财政体制属于民族自治地方的收入,都应当由民族自治地方的自治机关自主地安排使用。

(5)民族自治地方的自治机关自主地管理本地方的教育、科学、文化、卫生、体育事业,保护和整理民族的文化遗产,发展和繁荣民族文化。

(6)民族自治地方的自治机关依照国家的军事制度和当地的实际需要,经国务院批准,可以组织本地方维护社会治安的公安部队。

(7)民族自治地方的自治机关在执行职务时,依照本民族自治地方自治条例的规定,使用当地通用的一种或者几种语言文字;同时使用几种通用的语言文字执行职务的,可以以实行区域自治的民族的语言文字为主。

四、特别行政区

自古以来,中国只有一个。但因为历史的原因,大陆与台湾地区、香港地区、澳门地区长期分离。由于这一问题的存在,国家的统一始终是我国宪法规定的目标。现行《宪法》在序言中明确宣告:完成统一祖国的大业是全中国人民的神圣职责。为了完成这一神圣职责,邓小平同志提出了解决国家统一问题的总的指导方针,即"一个国家,两种制度"。"一国两制"是指在统一的社会主义国家内,在中央的统一领导下,经过最高国家权力机关决定,可以容许局部地区由于历史的原因而不实行社会主义制度和政策,依法保存不同于全国现行制度的特殊制度。

特别行政区制度是"一国两制"方针的具体体现。特别行政区是指在我国版图内,根据我国宪法和法律的规定专门设立的具有特殊法律地位,实行特别的社会制度、经济制度,直辖于中央人民政府的行政区域。特别行政区是统一的中华人民共和国境内的一级行政区域,是为了通过和平方式解决历史遗留的港澳台问题而设立的特殊的地方行政区域。我国《宪法》第31条规定:"国家在必要时得设立特别行政区。在特别行政区内实行的制度按照具体情况由全国人民代表大会以法律规定。"《宪法》第62条规定,全国人民代表大会有权"决定特别行政区的设立及其制度"。这些规定为在我国设立特别行政区提供了宪法依据和具体程序。

在特别行政区的体制下,特别行政区行政、立法和司法三者的关系是:司法独立;行政机关与立法机关之间既互相制衡,又互相配合。

特别行政区的政权机关包括行政长官、特区政府、立法机关和司法机关。根据《香港特别行政区基本法》《澳门特别行政区基本法》的规定,特别行政区行政长官是特别行政区的首长,代表特别行政区。同时他又是行政机关的行政首长,领导特别行政区政府。行政长官在港澳地区通过选举或协商产生,由中央人民政府任命。每届任期5年,可连任一次。香港特别行政区行政长官由年满40周岁,在香港地区通常居住连续满20年并在外国无居留权的香港特别行政区永久性居民中的中国公民担任。澳门特别行政区行政长官由年满40周岁,在澳门地区通常居住连续满20年的澳门特别行政区永久性居民中的中国公民担任。行政长官负责执行应在特别行政区实施的法律;决定政府政策,制定行政法规,发布行政命令;签署并公布立法机关通过的法律及财政预算;提名并报请中央人民政府任命特别行政区主要官员;依法任免特别行政区的公职人员和各级法院的法官(在澳门特别行政区还任免检察官);执行中央人民政府发出的有关指令;处理中央授权的对外事务和其他事务;批准向立法机关提出的财政收支动议,决定政府公职人员是否向立法机关作证;赦免或减轻刑事罪犯的刑罚;处理请愿、申诉事项等。行政长官一方面依照基本法的规定对中央人民政府负责,另一方面又对特别行政区负责。此外,作为行政机关的行政首长,他还要对立法会负责。

特别行政区政府是特别行政区行政机关,通过行政长官向中央人民政府负责,也向特别行政区立法会负责。特别行政区政府是我国一级地方政府,负责对香港地区、澳门地区一切行政事务的组织与管理。香港特别行政区政府设政务司、财政司、律政司和各局、处、署。澳门特别行政区政府设司、局、厅、处。香港特别行政区政府的主要官员必须由在香港地区通常居住连续15年并在外国无居留权的香港特别行政区永久性居民中的中国公民担任。澳门特别行政区政府的主要官员必须由在澳门地区通常居住连续15年的澳门特别行政区永久性居民中的中国公民担任。特别行政区行政机关必须遵守法律,对特别行政区立法会负责。其职权包括:制定并执行政策,管理各项行政事务;办理中央人民政府授权的对外事务;编制并提出财政决算;提出法案、议案;委派官员列席立法会会议,听取意见或代表政府发言。

特别行政区立法会是特别行政区的立法机关,立法会依照法定程序制定、修改和废除法律。立法会制定的法律须报全国人大常委会备案,备案并不影响该法律的生效。香港特别行政区立法会由在外国无居留权的香港特别行政区永久性居民中的中国公民组成。但非中国籍的香港特别行政区永久性居民和在外国有居留权的香港特别行政区永久性居民也可以当选为香港特别行政区立法会议员,其所占比例不得超过立法会全体议员的百分之二十。澳门特别行政区立法会议员由澳门特别行政区永久性居民担任。立法会多数议员由选举产生。行政长官有权委任部分立法会议员。香港特别行政区立法会除第一届任期为2年外,每届任期4年。澳门特别行政区立法会除第一届另有规定外,每届任期4年。特别行政区立法会的性质和地位,决定了它必然拥有广泛的实质权力,包括立法权、财政控制权、行政监督权、对行政长官的弹劾权。

特别行政区各级法院是特别行政区的司法机关,行使特别行政区的审判权。特别行政区法院独立进行审判,只服从法律,不受任何外来干涉。香港特别行政区设立终审法院、高等法院、裁判署法庭和其他专门法庭。高等法院设上诉法庭和原讼法庭。原在香港地区实行的司法体制,除因设立香港特别行政区终审法院而产生变化外,予以保留。香港特别行政区不设检察院。根据《香港特别行政区基本法》的规定,香港特别行政区设律政司,主管刑事检察工作。澳门特别行政区行使司法职能的机关主要是法院和检察院。从法院系统来看,特别行政区设立初级法院、中级法院和终审法院,同时设立行政法院,行政法院是管辖行政诉讼和税务诉讼的法院。不服行政法院的裁决者,可向中级法院上诉。初级法院可根据需要设立若干专门法庭,原刑事起诉法庭的制度继续保留。特别行政区设置终审法院是港澳回归祖国后在司法制度上的重大变化。终审法院的设立和运作,意味着国家的最高人民法院不对属于特别行政区自行管辖的案件行使终审权。澳门特别行政区设检察院,独立行使法律赋予的检察职能。

五、基层群众性自治组织

基层群众性自治组织是我国宪法规定和保障的政治制度之一。基层群众性自治组织是实现城乡居民自我管理、自我教育、自我服务的基本形式。基层群众性自治组织包括居民委员会和村民委员会。基层群众性自治组织不属于地方国家机构,但为了体例编排的方便,本书将其放在本章加以介绍。

(一) 村民委员会

根据现行《宪法》和《村民委员会组织法》的规定,村民委员会是村民自我管理、自我教育、自我服务的基层群众性自治组织,实行民主选举、民主决策、民主管理、民主监督。村民委员会根据村民居住情况、人口多少,按照便于群众自治的原则设立。村民委员会的设立、撤销、范围调整,由乡、民族乡、镇的人民政府提出,经村民会议讨论同意后,报县级人民政府批准。村民委员会由主任、副主任和委员共3~7人组成,由村民直接选举产生。村民委员会根据需要设人民调解、治安保卫、公共卫生等委员会,负责相关工作。村民会议由本村18周岁以上的村民组成。村民委员会向村民会议负责并报告工作。

村民委员会实行村务公开制度。涉及村民利益的下列事项,村民委员会必须提请村民会议讨论决定,方可办理:(1)本村享受误工补贴的人员及补贴标准;(2)从村集体经济所得收益的使用;(3)本村公益事业的兴办和筹资筹劳方案及建设承包方案;(4)土地承包经营方案;(5)村集体经济项目的立项、承包方案;(6)宅基地的使用方案;(7)征地补偿费的使用、分配方案;(8)以借贷、租赁或者其他方式处分村集体财产;(9)村民会议认为应当由村民会议讨论决定的涉及村民利益的其他事项。村民会议可以制定和修改村民自治章程、村规民约,并报乡、民族乡、镇人民政府备案。村民自治章程、村规民约以及村民会议或村民代表讨论决定的事项不得与宪法、法律、法规和国家的政策相抵触,不得有侵犯村民人身自由、民主权利和合法财产的内容。

村民委员会与基层政权的关系为:(1)乡、民族乡、镇的人民政府对村民委员会的工作给予指导,但不得干预依法属于村民自治范围内的事务;(2)村民委员会协助乡、民族乡、镇人民政府开展工作。

(二) 居民委员会

根据《宪法》和《城市居民委员会组织法》的规定,居民委员会是居民自我管理、自我教育、自我服务的基层群众性自治组织。居民委员会根据居民居住状况,按照便于居民自治的原则,一般在100~700户的范围内设立。居民委员会的设立、撤销、规模调整,由不设区的市、市辖区的人民政府决定。居民委员会由主任、副主任和委员共5~9人组成。根据需要设人民调解、治安保卫和公共卫生的委员会。居民会议由18周岁以上的居民组成,居民委员会向居民会议负责并报告工作。居民会议可以讨论通过居民公约。

居民委员会的任务包括:(1)宣传宪法、法律、法规和国家的政策,维护居民的合法权益,教育居民履行依法应尽的义务,爱护公共财产,开展多种形式的社会主义精神文明建设活动;(2)办理本居住地区居民的公共事务和公益事业;(3)调解民间纠纷;(4)协助维护社会治安;(5)协助人民政府或者其派出机关做好与居民利益有关的公共卫生、计划生育、优抚救济、青少年教育等项工作;(6)向人民政府或者其派出机关反映居民的意见、要求和提出建议。

居民委员会应当开展便民、利民的社区服务活动,可以兴办有关的服务事业。居民委员会管理本居民委员会的财产,任何部门和单位不得侵犯居民委员会的财产所有权。居民委员会与基层政权的关系为:(1)不设区的市、市辖区的人民政府或者其派出机关对居民委员会的工作给予指导、支持和帮助;(2)居民委员会协助不设区的市、市辖区的人民政府或者其派出机关开展工作;(3)市、市辖区的人民政府有关部门需要居民委员会或其下属委员会协助进行的工作,应经市、市辖区的人民政府或其派出机关同意并统一安排;(4)市、市辖区的人民政府有关部门,可以对居民委员会有关的下属委员会进行业务指导。

资料

现代地方政府的特征

学者陈广胜在其《走向善治：中国地方政府的模式创新》（浙江大学出版社2007年版）一书中认为，现代地方政府本质特征是：以服务为宗旨，以公平为核心，以民主为基础，以法治为保障。相对于传统地方政府，它要求从体制、机制到文化、心理的综合型转变。具体而言，其要求如下：

其一，从"物本型"转为"人本型"。传统地方政府属于"物本型"管理，政府以物质财富为本位，把人仅仅作为谋取物质财富的手段，甚至将民生福利改善置于次要位置。现代地方政府把现实的人作为一切活动的出发点，充分考虑社会公众的利益、愿望和要求，不仅要努力满足人民的生存需要，还要满足其安全、享受和发展的需要。将人作为社会治理的主体和目的。围绕促进人的全面发展，地方政府摒弃见物不见人的思想，保障公民的政治、经济和文化权利，通过履行职能提供良好的社会管理和公共服务，真正把人的发展的实现程度作为衡量政绩的根本标准。

其二，从"全能型"转向"有限型"。传统地方政府被视为无所不能的"超人"，对社会全面行使权力，也包揽所有公共事务。现代地方政府是有限政府，实质上用理性确定自身的职能边界，将政府建构在市场自主、社会自治的基础之上，做到有所为、有所不为。在法治社会，宪法和法律划定了地方政府行为的明确边界，行政权力的行使受到法律的限制，政府职能的设置依据法律的规定，政府机构的规模来自法律的约束，所有这些都是一个有限的框架。

其三，从"权力型"转向"责任型"。传统地方政府对公民强调义务，却往往忽视其权利；而行政权力则被放大，有时甚至无限制地膨胀。现代地方政府则与责任相生相伴。从政府合法性的角度，政府的权力来源于人民，毋庸置疑要对社会公众负责，政府的一切措施与官员的一切行为都须以民意为依归。地方政府责任包括道德责任、政治责任、行政责任、诉讼责任和经济责任，承担责任成了地方政府的第一要义。

其四，从"暗箱型"转向"透明型"。传统地方政府从机构设置、职责权限到规章制度、运行程序等都不对社会公开，一切事务都由官员进行内部决定和实施，以致被视为暗箱操作。现代地方政府将掌握的信息，除了必须保密以及涉及个人隐私的部分外，全部向社会公开。这符合民主政治的本意，可以促使其更好地实现公民权利尤其是知情权、选择权和参与权。

其五，从"设租型"转向"廉洁型"。传统地方政府的官员是权力个体的代表，极易导致人们利用权力获取经济利益的设租行为，这也是腐败丛生的体制根源。现代地方政府加强对权力运行的监督和制约，营造腐败预期成本大于预期收益的制度环境。通过惩防并举，最大限度地减少权力设租的机会，确保公共权力为公共利益服务。

第四节 审判机关和检察机关

 案例引导

2007年9月29日下午，湖南省第十届人大常委会第二十九次会议闭幕，会议决定不批准任命许庆生的郴州市人民检察院检察长职务。许庆生曾在2007年年初郴州市"两会"上被任命为郴州市人民检察院检察长。湖南省第十届人民代表大会常务委员会第二十九次会议通过《湖南省人民代表大会常务委员会关于不批准任命许庆生同志职务的决议》，决议全文如下：湖南省第十届人民代表大会常务委员会第二十九次会议听取和审议了湖南省人民检察院检察长何素斌同志提请本次会议审议的"关于提请不批准任命许庆生同志职务的议案",决定不批准任命许庆生同志的湖南省郴州市人民检察院检察长职务。

根据我国《宪法》第101条的规定,县级以上的地方各级人大"选出或者罢免人民检察院检察长,须报上级人民检察院检察长提请该级人民代表大会常务委员会批准"。《检察官法》第12条第4款也规定:"地方各级人民检察院检察长的任免,须报上一级人民检察院检察长提请该级人民代表大会常务委员会批准。"那么,上述规定是否意味着上级检察机关有权否决下一级人大选举的检察长的任命?对此,有学者认为,《检察官法》第12条的有关规定并不是说上级检察机关是一个"传达室",只履行传递文件的职能,而是赋予了上级检察机关一种权力:可以决定不提请批准。它虽然没有人大所特有的选举权,但是有否决权。① 但更多学者则认为,《宪法》及《检察官法》中的相关规定并没有授予上级检察机关拥有对下级检察长人选的否决权。换言之,在下级人大选举出检察长并报上级检察院检察长之后,该检察长必须提请该级人大常委会批准,而没有决定"提请"或"不提请"的裁量权。

思考:为什么下级检察院检察长的任命需要由上一级检察院的检察长提请本级人大常委会批准?检察机关系统内部之间和审判机关系统内部之间各是一种怎样的关系?

一、审判机关和检察机关概述

审判机关是行使国家审判权的机关。现代世界各国的审判权无一不由各国的法院行使,并成为一个国家司法权的核心。在实行三权分立的国家中,司法权是与立法权、行政权并行的三大权力之一,在国家权力体系中占据非常重要的地位。行使司法权的法院也因此是国家机关体系的重要组成部分,其职能在于运用国家法律处理诉讼案件或非诉讼案件,解决纠纷,维护良好的社会秩序。检察机关一般被作为国家的公诉机关,主要担负刑事追诉的任务。

但是,由于历史、法律传统和国情等方面的不同,在法院和检察机关的设置体系方面各国有很大的不同。在法院和检察机关相互关系方面,主要有三种类型:第一种是审检合一型。检察机关没有自己独立的组织系统,而附设于法院内部。这种方式为很多大陆法系国家所采纳,如德国刑事诉讼法规定,法院设立检察机关办公室,在联邦最高法院设一名总检察长和若干名副检察长。第二种是审检分离型。检察机关自行单独设置,与审判机关完全分离,有自己的组织系统。如日本的审判机关和检察机关就采取分离模式。第三种是检察机关附属于行政机关。美国是典型代表。美国联邦政府的司法部长兼任检察总长。联邦最高法院审理重大案件时,司法部长代表政府出庭提起公诉。总检察长领导下的联邦检察官,被派往司法管辖区执行检察职务,各州的情况和联邦基本类似。

在法官的产生方式上,各国规定也不一样。英国大法官、常设上诉议员、上诉法院法官由首相提名,国王任命。高等法院法官由大法官提名,国王任命。其余法官由大法官任命。美国联邦法院的法官由总统提名,经参议院同意后由总统任命。各州的法官由选民定期选出。日本最高法院院长由内阁提名,天皇任命,其余14名法官由内阁挑选任命,天皇认证。下级法院的法官由最高法院提名,内阁任命。德国联邦法院法官由主管的联邦部长和法官委员会共同决定后任命。为了提高法官的素质,保证审判机关能正确适用法律,维护社会正义,各国都规定,对法官的资格要求比对律师和检察官的要求更高。英国规定,除治安法官以外的地方法院法官,至少必须具有7年以上出庭律师的资历;担任高等法院法官,须有10年以上出庭律师的资历。日本规定,高等法院法官必须有10年以上助理法官、建议法院法官、检察官、律师、法学教授等职位的资历。法官一旦被任命后,为贯彻司法独立原则,确保法官独立审判,各国大多规定法官不可更换。法官或终身任职,或虽有任期限制但可以连任。在经济上,一般都给法官以高薪待遇,以保证法官不为物欲所动,依法律公正审理案件。

二、我国的审判机关

根据我国宪法和《人民法院组织法》的规定,人民法院是国家审判机关。人民法院通过审判活动参与国家

---

① 高一飞:《"提请不批准"检察长任命中的权力关系》,载《南方周末》2007年10月25日。

权力的行使。审判权是指法院依法审理和裁判民事、刑事和行政等案件的权力。人民法院独立行使审判权,任何公民有权拒绝人民法院以外的机关、团体或个人的非法审判。这是为了维护国家法律的统一和尊严,确保正确适用法律,以维护国家和人民的利益。

我国各级人民法院基本上是以国家行政区为基础设置的,它包括最高人民法院、地方各级人民法院和专门人民法院。地方各级人民法院包括高级人民法院、中级人民法院和基层人民法院。专门人民法院包括军事法院、海事法院和森林法院等。各级人民法院院长由同级人大选举和罢免,其他组成人员由同级人大常委会任免。最高人民法院监督地方各级人民法院和专门人民法院的审判工作,法院系统内部上下级法院之间是一种工作监督关系。

我国实行两审终审的审级制度,即凡案件经两级人民法院审理即告终结的制度。对地方各级人民法院所做的第一审判决和裁定,如果当事人或他们的代理人不服,可以按法定程序向上一级人民法院上诉;如果人民检察院认为确有错误,应依法向上一级法院提起抗诉;上一级人民法院做出的判决和裁定是终审的、发生法律效力的判决和裁定,当事人不得再上诉;最高人民法院作为第一审法院审判的一切案件都是终审判决。

人民法院在审判工作中应当遵守以下原则:(1)公民在适用法律上一律平等原则;(2)人民法院依法独立行使审判权,不受行政机关、社会团体和个人的干涉;(3)公开审判原则,即除了涉及国家秘密、个人隐私等之外,一律公开审理,不公开审理的案件也应该公开宣判;(4)被告人有权获得辩护的原则;(5)各民族公民有权使用本民族语言文字进行诉讼的原则。此外,人民法院审判工作还涉及合议制、回避制度等审判制度。合议制是指除法律规定的情况外,人民法院应当组成合议庭审理案件。回避制度是指与案件有利害关系,可能影响案件公正审判的人不应参与案件的审理和裁判过程。

三、我国的检察机关

人民检察院是国家的法律监督机关。最高人民检察院检察长由全国人大选举和罢免,地方各级人民检察院检察长由同级人大任免,并报上一级检察院检察长提请该级人大常委会批准。各级人民检察院其他组成人员,由检察长提请本级人大常委会任免。

人民检察院的组织系统为:最高人民检察院、地方各级人民检察院和专门人民检察院。最高人民检察院领导地方各级人民检察院和专门人民检察院的工作,上级人民检察院领导下级人民检察院的工作。

人民检察院主要有以下几项职权:(1)法纪监督,例如对贪污、贿赂犯罪、国家工作人员的渎职犯罪等进行立案侦查。(2)侦查监督,包括对公安机关侦查的案件进行审查,决定是否逮捕、起诉或不起诉;对公安机关的侦查活动是否合法实行监督。(3)公诉和审判监督,这是指人民检察院对刑事案件提起公诉;支持公诉;对人民法院的审判活动是否合法进行监督;如果认为人民法院的判决和裁定确有错误,可以依法提出抗诉。(4)对刑事案件判决、裁定的执行和监狱、看守所的活动是否合法进行监督。

资料

我国检察机关领导体制的变迁

为更好地将我国检察机关领导体制的演变历史展现给大家,有学者按照历史发展的先后顺序将检察机关领导体制的演变过程分为六个阶段:

第一阶段(1949—1951年):垂直领导体制。1949年10月,根据《中央人民政府组织法》的规定,中央人民政府之下设置最高人民检察署。1949年12月中央人民政府主席批准的《中央人民政府最高人民检察署试行组织条例》第2条规定:"全国各级检察署均独立行使职权,不受地方机关干涉,只服从最高人民检察署之指挥。"这一阶段的检察机关领导体制,是我国检察制度发展史上最严格意义上的垂直领导体制:检察机关不仅不受地方国家机关的领导,而且不受地方党委的领导;各级检察机关均只服从最高人民检察署的指挥。当时选择这种体制主要是受到苏联检察制度模式尤其是列宁关于检察机关实行垂直领导思想的深刻影响。

第二阶段(1951—1954年):双重领导体制。1951年9月3日通过的《各级地方人民检察署组织通则》第六条规定:各级地方人民检察署与上下级及同级各机关之关系如下:(一)各级地方人民检察署受上级人民检察署的领导。(二)各级地方人民检察署(包括最高人民检察署分署)为同级人民政府的组成部分,同时受同级人民政府委员会之领导。……在这种体制下,基于地方党委与同级人民政府的关系,检察机关实际上当然接受同级党委的领导。

第三阶段(1954—1957年):垂直领导体制。1954年《宪法》第81条第2款规定:"地方各级人民检察院和专门人民检察院在上级人民检察院的领导下,并且一律在最高人民检察院的统一领导下,进行工作。"第83条规定:"地方各级人民检察院独立行使职权,不受地方国家机关的干涉。"

第四阶段(1957—1978年):无序领导和检察机关被砸烂。从1957年开始反"右"扩大化,检察机关行使法律监督职能被说成是专政矛头对内,实行垂直领导被歪曲为以法抗党。"文化大革命"开始后到1968年,全国检察机关大部分被砸烂。1968年12月,最高人民检察院被撤销。1975年《宪法》第25条第2款规定:"检察机关的职权由各级公安机关行使。"检察制度被完全破坏。

第五阶段(1978—1979年):一重监督、一重领导体制。1978年3月,第五届全国人民代表大会第一次会议决定重建人民检察院。1978年《宪法》第43条第2款规定:"最高人民检察院监督地方各级人民检察院和专门人民检察院的检察工作,上级人民检察院监督下级人民检察院的检察工作。"

第六阶段(1979年以后):双重领导体制。1979年通过的新的《人民检察院组织法》第10条规定:"最高人民检察院对全国人民代表大会和全国人民代表大会常务委员会负责并报告工作。地方各级人民检察院对本级人民代表大会和本级人民代表大会常务委员会负责并报告工作。最高人民检察院领导地方各级人民检察院和专门人民检察院的工作,上级人民检察院领导下级人民检察院的工作。"1982年《宪法》确认了这种双重领导体制。在这种双重领导体制之下,在人事方面,地方各级检察机关的人事任免基本上由地方党委提名经本级人大及其常委会决定,不过地方各级检察机关的检察长还需上一级检察机关的检察长提请该级人大常委会批准;在财政方面,地方各级检察机关的办案经费及工作人员的工资福利列入同级政府财政预算;在业务方面,地方各级检察机关接受上级检察机关的领导。(摘自北大法律信息网:赵梓楠,《垂直领导还是双重领导——我国检察机关领导体制的反思与变革》。)

第五节 选举制度

案例引导

据新华社报道,2013年12月27日至28日,湖南省人大常委会召开全体会议,对在衡阳市第十四届人民代表大会一次会议期间,以贿赂手段当选的56名省人大代表,依法确认当选无效并予以公告。据调查,2012年12月28日至2013年1月3日,湖南省衡阳市召开第十四届人民代表大会第一次会议,共有527名市人大代表出席会议。在差额选举湖南省人大代表的过程中,发生了严重的以贿赂手段破坏选举的违纪违法案件。经查明,共有56名当选的省人大代表存在送钱拉票行为,涉案金额1.1亿余元人民币,有518名衡阳市人大代表和68名大会工作人员收受钱物。

根据我国《选举法》和《代表法》的有关规定,湖南省第十二届人大常委会第六次会议决定,对以贿赂手段当选的56名省人大代表依法确认当选无效并予以公告;对5名未送钱拉票但工作严重失职的省人大代表,依法公告终止其代表资格。衡阳市有关县(市、区)人大常委会会议分别决定,接受512名收受钱物的衡阳市人大代表及3名未收受钱物但工作严重失职的市人大代表辞职。另有6名收受钱物的衡阳市人大代表此前因调离本行政区域已经终止代表资格。

湖南省委近日通报了这起案件的调查处理情况并强调,衡阳破坏选举案涉案人员多,涉案金额大,性质严重,影响恶劣,是对我国人民代表大会制度的挑战,是对社会主义民主政治的挑战,是对国家法律和党的纪律的挑战,必须依法依纪严肃查处。①

思考:如何评价维护正常选举秩序的意义?

一、选举制度的含义与意义

(一)选举制度的含义

选举制度是国家政治制度的重要组成部分,也是公民实现宪法所赋予的选举权与被选举权的制度载体。关于选举制度的含义,学界有不同的观点。例如,周叶中认为,选举制度是一国统治阶级通过法律规定的关于选举国家代议机关代表与国家公职人员的原则、程序与方法等各项制度的总称。选举制度的概念可分为广义和狭义两种。广义上的选举制度包括选举代议机关代表与特定公职人员的制度,选举主体与范围比较广泛。狭义选举制度是指选民依据选举法的规定选举代议机关代表的制度。② 胡锦光认为,选举制度是关于选举国家代议机关的代表和其他国家公职人员的各项制度的总称,其内容包括选举的基本原则、选举权的确认与保障、选举的组织和程序、选民和代表的关系、选举争议、选举诉讼的解决等。③ 本书认为,宪法视角下的选举制度指的是有关国家公权力机关工作人员产生和罢免等相关制度的总称。这里所谓的国家公权力机关主要指行使国家立法权、行政权和司法权等公权力的机关。

选举的方式在很早以前就存在,但近代意义上的选举作为国家一种基本的政治制度,产生于资产阶级民主革命时期的英国、法国和美国等,是资产阶级反对封建君主专制尤其是封建世袭制度的结果。

1953年,我国颁布了新中国成立后的第一部选举法,对全国与地方各级人大代表的选举程序与原则作了具体规定。1979年7月,五届全国人大二次会议通过了《全国人民代表大会和地方各级人民代表大会选举法》,对1953年《选举法》作了重大修改。1982年《宪法》颁行之后,根据国家政治生活的变化,全国人大或其常委会先后对《选举法》进行了六次修改。最近一次修改发生在2015年8月,是根据第十二届全国人民代表大会常务委员会第十六次会议通过的《全国人民代表大会关于修改〈中华人民共和国全国人民代表大会和地方各级人民代表大会选举法〉的决定》而做出的。经过多次修改后,《选举法》在更大意义上体现了选举平等原则,选举制度也不断得到完善。

(二)选举制度的意义

第一,选举制度是代议制民主政治的基础,是民主最重要的表现形式。近代资产阶级革命以来,各国普遍采用代议制民主政治模式。代议制民主的理论认为,国家的一切权力属于人民,人民可以通过直接或间接民主的形式行使自己的权力,由于直接民主受制于人口规模、地域空间和信息收集等局限,因此采用选举出代表来代为行使国家权力的间接民主便具有更大的科学性与可行性。代议制政治作为民主政治,以公正、平等、定期的选举为基础,因此,选举制度与代议制被视为现代社会民主政治的重要支柱。

第二,选举制度为国家权力的享有和行使提供了合法性依据。任何一个国家权力的享有和运行都应具有一定的合法性或正当性。在现代社会中,国家权力的合法性正如1776年美国《独立宣言》所称,政府的正当权力来自被统治者的同意。近代以来的选举制度建立在人民主权理论基础上,主张通过选举将国家的权力委托于代表人民行使国家权力的国家机关及其工作人员手中,这意味着国家机关行使权力是得到绝大多数人的认可与支持的,从而为现代国家权力的享有和运行提供了合法性或正当性的依据。

第三,选举制度有助于实现国家权力的平稳转移,是衡量现代政治文明程度的重要风向标。在人类历史

---

① 《湖南严肃查处衡阳破坏选举案》,载《法制日报》2013年12月29日A16版。
② 周叶中主编:《宪法学(第三版)》,高等教育出版社2011年版,第277页。
③ 胡锦光主编:《宪法学原理与案例教程(第二版)》,中国人民大学出版社2009年版,第183页。

上,在权力的更替过程中上演了无数血腥悲剧。随着选举制度的产生与发展,国家权力依照法定的选举程序,实现了和平的转移。在选举中获得国家权力行使者身份的一方,正是因为得到了大多数民众的支持或认可,所以在其掌握权力之后对权力的行使也才有了稳定的民众基础,这也保障了政权的稳定性。作为选举中未能成功获得职位也即权力行使者的一方,也不会如封建社会中"成王败寇"那般,担忧自己的身家性命,因为他们仍然可以在下次选举中去争取成功,或者至少可以作为普通公民那样过正常的生活。因此,选举制度的运行状况直接反映一国政治文明的程度高低。

第四,选举制度对于国家权力运行的规范化也有着重要意义。在现代民主国家中,选举是定期的、公开的,代议机关的代表或其他国家机关的公职人员的选举无一例外,不同于封建世袭制度下的权力执掌者或行使者,不受人民控制或监督地行使权力。如果代表或公职人员滥用权力,背离了人民的根本意愿或利益诉求,那么人民就可以通过选举的方式将其罢免。由此,选举制度可以使国家权力的运行规范化和制度化。

二、民主选举的基本原则

(一)选举权的普遍性原则

选举权的普遍性意味着选举权作为公民一项基本的政治权利,其享有的主体应该是普遍的,即只要具有一国的国籍并达到一定年龄的公民都应该享有选举权,除非依照法律规定被剥夺了政治权利。

人民享有普选权是民主国家的标志。民主选举承认人的利益和人的利益的差异性,而且这些利益应该得到代表和反映。作为个体的人是选举的主体,每个人不应因性别、种族、信仰、财产状况、教育程度和社会出身等差异而影响到其选举权的获得与行使。除非是基于公共利益保护的目的,否则不能通过法律来剥夺任何人的选举权。只有这样才能保证选举代表所有人的利益。不仅如此,被选举权也应该是普遍的,同样不应因非公共利益的目的而受到限制或剥夺。

在理解我国选举权普遍性原则时,还应该注意这样几个问题:一是精神病患者的选举权问题。精神病患者本身享有选举权和被选举权,但由于其患病失去了行使政治权利的能力,因此,经选举委员会确认,如果确实无法行使选举权,可以不列入选民名单,暂不行使选举权利。二是因犯有危害国家安全罪或其他严重刑事犯罪被羁押、正在受侦查、起诉和审判的人,经人民检察院或人民法院决定,在羁押期间停止其行使选举权利。三是旅居国外的中华人民共和国公民在县级以下人大选举期间在国内的,可以参加原籍地或出国前居住地的选举。

(二)选举权的平等性原则

选举权的平等性原则也称平等选举原则,是指凡选民在权利和地位上都是平等的,每人在每次选举中只有一次投票权,并且每一票的权重或价值是相等的。平等选举是从享有选举权的主体实现其选举权的效力而言的,它渊源于自由、平等、博爱等思想。

我国选举权平等性原则是法律面前人人平等原则的具体表现。根据我国《宪法》和《选举法》等的规定,凡年满十八周岁且未被依法剥夺政治权利的公民都享有参加选举的权利;每位选民在每次选举中只有一个投票权;每个选民所投选票的效力是等同的。当然,考虑到我国地域广阔及民族构成的复杂性等原因,我国选举权的平等性原则具有一定的相对性。例如,我国法律明确规定对少数民族给予特殊照顾,人口特别少的民族在全国人大也至少应该有一名全国人大代表等。此外,军队代表也不是按照人口比例平等原则产生的。

(三)以直接选举为主原则

直接选举和间接选举是选举的两种基本方式。直接选举是指由选民直接投票选举产生代表或国家公职人员等政策制定者,其可以是代议机关的代表(如议员),也可以是行政官员(如总统)。间接选举是指由选民选出的代表来进一步选举产生其他代表或公职人员。当今大多数国家奉行的都是以直接选举为主的原则。以直接选举为主意味着选举应该尽可能是直接的而非间接的,它是对选举权行使方式的具体要求。相对于间接选举而言,直接选举的成本会更高,但也更有利于对代表或公职人员的监督,因而更加民主。

(四)选举自由原则

选举自由原则意味着选举过程是自由的、不受外力的强迫或者操纵的,选民可以根据其利益或偏好自由选择任何候选人。选举作为让选民向彼此竞争的候选人表达具体偏好和意见的过程,不应该成为政客通过对选民施加压力的方式来操纵以实现其政治目的的工具。否则,任何"选举"都只能是徒有虚名而已。没有选择的选举是毫无意义的选举。如果选民是在外力尤其是暴力的压制或强迫下进行投票,就不可能有公正和平等的选举。

无记名与秘密投票是保障选举自由的两项重要机制。在无记名与秘密投票方式下,选民的意思表示是不公开的,从而能够避免受到他人的强迫与操纵。

三、民主选举的基本体制

(一)地域代表制与职业代表制

地域代表制是指按照选民的居住地区划分选区,根据区域的人口比例来分配代表选举人名额进行选举的一种制度。在地域代表制下,全国分为若干个选举区。每一选举区只能产生一名议员或代表的,称为小选举区制或者单一成员选举区制;每一选举区可以选举两名以上议员或代表的,称为大选举区制或复数成员选举区制。

职业代表制是指在对选举人进行职业分类的基础上按照职业团体(即同一职业的选举人构成为一个选举团体)而非居住区域划分选举代表的一种制度。采取职业代表制的理由主要有:(1)随着国民经济的日益发展,职业团体逐渐居于重要地位并成为相对稳定的利益群体;(2)现代立法工作日趋复杂化和专门化,采用职业代表制可以集中各方面的专门人才,因而更适应立法发展的需要;(3)在职业代表制下,选民更容易监督和联系他们选出的代表,使其真正反映民意。

现代各国选举,除采用地域代表制外,大多还兼采职业代表制。根据我国《宪法》和《选举法》的规定,我国选举制度主要实行地域代表制,同时也采用职业代表制。

(二)多数代表制与比例代表制

在地域代表制之下,根据对当选票数的计算方式不同,可以将选举制度分为多数代表制和比例代表制。所谓多数代表制,是指依照法定标准,得票最多的候选人即可当选,或者一个政党在一个选区内,只要比其他政党多得一票即可囊括该区的全部议员名额的选举制度。比例代表制又称政党比例代表制,是指选民不直接选举议员而是选举参加竞选的政党,然后由各政党根据所获得的选票比例分配在议会中的议员名额的选举制度。实行这一制度的国家大多将全国划分为数个复数选举区,比例代表制的选举结果能够比较公平地反映各政党的政治实力,使党员人数多的政党多出代表,人数少的政党也可依比例选出少数代表。德国、荷兰和奥地利等国采用比例代表制。

四、我国民主选举的程序

(一)选举组织机构

根据我国《选举法》的规定,全国人民代表大会常务委员会主持全国人民代表大会代表的选举。省、自治区、直辖市、设区的市、自治州的人民代表大会常务委员会主持本级人民代表大会代表的选举。省、自治区、直辖市、设区的市、自治州的人民代表大会常务委员会指导本行政区域内县级以下人民代表大会代表的选举工作。

不设区的市、市辖区、县、自治县、乡、民族乡、镇设立选举委员会,主持本级人民代表大会代表的选举,不设区的市、市辖区、县、自治县选举委员会的组成人员由本级人民代表大会常务委员会任命并受本级人民代表大会常务委员会的领导。乡、民族乡、镇的选举委员会的组成人员由不设区的市、市辖区、县、自治县的人民代表大会常务委员会任命并受其领导。选举委员会的组成人员为代表候选人的,应当辞去选举委员会的职务。

选举委员会履行下列职责:(1)划分选举本级人民代表大会代表的选区,分配各选区应选代表的名额。(2)进行选民登记,审查选民资格,公布选民名单;受理对于选民名单不同意见的申诉,并做出决定。(3)确定选举日期。(4)了解核实并组织介绍代表候选人的情况;根据较多数选民的意见,确定和公布正式代表候选人名单。(5)主持投票选举。(6)确定选举结果是否有效,公布当选代表名单。(7)法律规定的其他职责。同时,根据规定,选举委员会应当及时公布选举信息。

(二)选区划分和选民登记

选区是选民选举产生代表的基本单位。我国《选举法》第24条规定,不设区的市、市辖区、县、自治县、乡、民族乡、镇的人民代表大会的代表名额分配到选区,按选区进行选举。选区可以按居住状况划分,也可以按生产单位、事业单位、工作单位划分。选区的大小,按照每一选区选一名至三名代表划分。《选举法》第25条规定,本行政区域内各选区每名代表所代表的人口数应当大体相等。选区划分在选举组织过程中占有重要地位,选区的划分不仅应考虑是否便于选民参加选举活动、便于选民了解候选人、代表联系选民以及选民行使监督和罢免权,还应该考虑选区划分是否有利于选举结果的公平。选区的划分是否合理直接影响到选举结果的民主性和公平性。

选民登记也是选举工作非常重要的一个环节。《选举法》关于选民登记的要求是:选民登记按选区进行,经登记确认的选民资格长期有效。每次选举前对上次选民登记以后新满十八周岁的、被剥夺政治权利期满后恢复政治权利的选民,予以登记。对选民经登记后迁出原选区的,列入新迁入的选区的选民名单;对死亡的和依照法律被剥夺政治权利的人,从选民名单上除名。精神病患者不能行使选举权利的,经选举委员会确认,不列入选民名单。选民名单应在选举日的二十日以前公布,实行凭选民证参加投票选举的,并应当发给选民证。对于公布的选民名单有不同意见的,可以在选民名单公布之日起五日内向选举委员会提出申诉。选举委员会对申诉意见,应在三日内做出处理决定。申诉人如果对处理决定不服,可以在选举日的五日以前向人民法院起诉,人民法院应在选举日以前做出判决。人民法院的判决为最后决定(《选举法》第26条至第28条)。

(三)提名并确定代表候选人

代表候选人的提出与确定为选民提供了可以选择的范围,是民主选举的重要内容。《选举法》规定了代表候选人提名与确定的具体要求。

关于代表候选人的提名与差额选举制度:全国和地方各级人民代表大会的代表候选人,按选区或者选举单位提名产生。各政党、各人民团体,可以联合或者单独推荐代表候选人。选民或者代表,十人以上联名,也可以推荐代表候选人。推荐者应向选举委员会或者大会主席团介绍代表候选人的情况。接受推荐的代表候选人应当向选举委员会或者大会主席团如实提供个人身份、简历等基本情况。提供的基本情况不实的,选举委员会或者大会主席团应当向选民或者代表通报。各政党、各人民团体联合或者单独推荐的代表候选人的人数,每名选民或者代表参加联名推荐的代表候选人的人数,均不得超过本选区或者选举单位应选代表的名额(《选举法》第29条)。全国和地方各级人民代表大会代表实行差额选举,代表候选人的人数应多于应选代表的名额。由选民直接选举人民代表大会代表的,代表候选人的人数应多于应选代表名额三分之一至一倍;由县级以上的地方各级人民代表大会选举上一级人民代表大会代表的,代表候选人的人数应多于应选代表名额五分之一至二分之一(《选举法》第30条)。

关于正式代表候选人名单的确定:由选民直接选举人民代表大会代表的,代表候选人由各选区选民和各政党、各人民团体提名推荐。选举委员会汇总后,将代表候选人名单及代表候选人的基本情况在选举日的十五日以前公布,并交各该选区的选民小组讨论、协商,确定正式代表候选人名单。如果所提代表候选人的人数超过《选举法》第三十条规定的最高差额比例,由选举委员会交各该选区的选民小组讨论、协商,根据较多数选民的意见,确定正式代表候选人名单;对正式代表候选人不能形成较为一致意见的,进行预选,根据预选时得票多少的顺序,确定正式代表候选人名单。正式代表候选人名单及代表候选人的基本情况应当在选举日的七日以前公布。县级以上的地方各级人民代表大会在选举上一级人民代表大会代表时,提名、酝酿代表候选人的时间不得少于两日。各该级人民代表大会主席团将依法提出的代表候选人名单及代表候选人的基本情况印发全体代表,由全体代表酝酿、讨论。如果所提代表候选人的人数符合《选举法》第三十条规定的差额比例,直接进行投票选举。如果所提代表候选人的人数超过《选举法》第三十条规定的最高差额比例,进行预选,根据预选时得票多少的顺序,按照本级人民代表大会的选举办法根据《选举法》确定的具体差额比例,确定正式代表候选人名单,进行投票选举(《选举法》第31条)。县级以上的地方各级人民代表大会在选举上一级人民代表大会代表时,代表候选人不限于各该级人民代表大会的代表(《选举法》第32条)。

关于对候选人的介绍:选举委员会或者人民代表大会主席团应当向选民或者代表介绍代表候选人的情况。推荐代表候选人的政党、人民团体和选民、代表可以在选民小组或者代表小组会议上介绍所推荐的代表候选人的情况。选举委员会根据选民的要求,应当组织代表候选人与选民见面,由代表候选人介绍本人的情况,回答选民的问题。但是,在选举日必须停止代表候选人的介绍(《选举法》第33条)。

(四)组织投票与确定当选

根据《选举法》第35条至第47条的规定,各级人大代表的选举,一律采用无记名投票的方式。选举时应当设有秘密写票处供选民使用。选民直接选举人大代表时,在选举委员会的主持下,通过各选区设立的选举投票站或者召开选举大会进行选举投票。间接选举的投票由该级人大主席团主持。选民如果在选举期间外出,经选举委员会同意,可以书面委托其他选民代为投票,但每名选民接受的委托不得超过3人。

投票结束后开始投票结果的确认程序,从而确定最终的当选代表。确认时,要将投票人数和票数加以核对,做出记录并由监票人签字。每次选举所投的票数多于投票人数的无效;每一选票所选出的人数多于规定应选代表人数的作废。在选民直接选举人大代表时,选区全体选民的过半数参加投票,选举有效。代表候选人获得参加投票的选民过半数的选票时即可当选。间接选举时,代表候选人获得全体代表过半数的选票时才能当选。获得过半数选票的代表候选人的人数超过应选代表名额时,以得票多者当选。如果代表候选人票数相等不能确定当选人时,应当就票数相等的候选人再次投票,以得票多者当选。获得过半数选票的当选代表人数少于应选代表的名额时,不足的名额另行选举。另行选举时,根据在第一次投票时得票多少的顺序,按照《选举法》第31条规定的差额比例,确定候选人名单。如果只选一人,候选人应为两人。最后,选举结果由选举委员会或者人大主席团根据《选举法》确定是否有效,并予以宣布。作为禁止性规定,《选举法》不允许发生身兼两个无隶属关系的行政区域的人大代表的情形出现。

五、对代表的罢免、代表的辞职与补选

(一)对代表的罢免

根据我国《选举法》第49条等相关规定,对于县级的人民代表大会代表,原选区选民50人以上联名,对于乡级的人民代表大会代表,原选区选民30人以上联名,可以向县级的人大常委会书面提出罢免的要求。由于是直接选举的代表,所以只有选民联名才可以提出罢免案。罢免案必须写明罢免的理由。县级人大常委会是受理罢免案的单位,它在受理罢免申请案后,如审查程序合法,应将罢免案及时转告被提出罢免的代表,让其提出申辩意见。受理罢免案的县级人大常委会应将罢免要求和被提出罢免的代表的书面申辩意见,印发原选区选民,并决定在适当时间召开选民会议,会议由县级人大常委会派负责人主持。罢免案须经原选区过半数的选民通过。罢免代表采用无记名的表决方式。

根据《选举法》第48条等相关规定,县级以上的地方各级人民代表大会举行会议的时候,主席团或者十

分之一以上代表联名,可以提出对由该级人民代表大会选出的上一级人民代表大会代表的罢免案。在人民代表大会闭会期间,县级以上的地方各级人民代表大会常务委员会主任会议或者常务委员会五分之一以上组成人员联名,可以向常务委员会提出对由该级人民代表大会选出的上一级人民代表大会代表的罢免案。罢免案应当写明罢免理由。

县级以上的地方各级人民代表大会举行会议的时候,被提出罢免的代表有权在主席团会议和大会全体会议上提出申辩意见,或者书面提出申辩意见,由主席团印发会议。罢免案经会议审议后,由主席团提请全体会议表决。县级以上的地方各级人民代表大会常务委员会举行会议的时候,被提出罢免的代表有权在主任会议和常务委员会全体会议上提出申辩意见,或者书面提出申辩意见,由主任会议印发会议。罢免案经会议审议后,由主任会议提请全体会议表决。

罢免由县级以上的地方各级人民代表大会选出的代表,须经各该级人民代表大会过半数的代表通过;在人民代表大会闭会期间,须经常务委员会组成人员的过半数通过。罢免的决议,须报送上一级人民代表大会常务委员会备案、公告。县级以上的各级人民代表大会常务委员会组成人员,全国人民代表大会和省、自治区、直辖市、设区的市、自治州的人民代表大会专门委员会成员的代表职务被罢免的,其常务委员会组成人员或者专门委员会成员的职务相应撤销,由主席团或者常务委员会予以公告。

(二) 代表的辞职

根据我国《选举法》第54条和第55条的规定,代表可以自愿提出辞职。其中,第54条规定:全国人民代表大会代表,省、自治区、直辖市、设区的市、自治州的人民代表大会代表,可以向选举他的人民代表大会的常务委员会书面提出辞职。常务委员会接受辞职,须经常务委员会组成人员的过半数通过。接受辞职的决议,须报送上一级人民代表大会常务委员会备案、公告。县级的人民代表大会代表可以向本级人民代表大会常务委员会书面提出辞职,乡级的人民代表大会代表可以向本级人民代表大会书面提出辞职。县级的人民代表大会常务委员会接受辞职,须经常务委员会组成人员的过半数通过。乡级的人民代表大会接受辞职,须经人民代表大会过半数的代表通过。接受辞职的,应当予以公告。

《选举法》第55条规定:县级以上的各级人民代表大会常务委员会组成人员,县级以上的各级人民代表大会的专门委员会成员,辞去代表职务的请求被接受的,其常务委员会组成人员、专门委员会成员的职务相应终止,由常务委员会予以公告。乡、民族乡、镇的人民代表大会主席、副主席,辞去代表职务的请求被接受的,其主席、副主席的职务相应终止,由主席团予以公告。

(三) 代表职务的暂时停止和代表资格的终止

当出现某一法律事件或事实时,代表可能会被暂时停止执行代表职务甚至终止代表资格。根据我国《全国人民代表大会和地方各级人民代表大会代表法》(以下简称《代表法》)的规定,代表有下列情形之一的,暂时停止执行代表职务:因刑事案件被羁押正在受侦查、起诉、审判的;被依法判处管制、拘役或者有期徒刑而没有附加剥夺政治权利,正在服刑的。暂时停止执行代表职务由代表资格审查委员会向本级人民代表大会常务委员会或者乡、民族乡、镇的人民代表大会报告,当导致暂时停止执行代表职务的情形在代表任期内消失后,恢复其执行代表职务,但代表资格终止者除外。

根据《代表法》的规定,代表资格终止的情形有:地方各级人民代表大会代表迁出或者调离本行政区域的;辞职被接受的;未经批准两次不出席本级人民代表大会会议的;被罢免的;丧失中华人民共和国国籍的;依照法律被剥夺政治权利的;丧失行为能力的。《代表法》同时规定,县级以上的各级人民代表大会代表资格的终止,由代表资格审查委员会报本级人民代表大会常务委员会,由本级人民代表大会常务委员会予以公告。乡、民族乡、镇的人民代表大会代表资格的终止,由代表资格审查委员会报本级人民代表大会,由本级人民代表大会予以公告。

(四) 补选代表的程序

根据《选举法》第56条的规定,代表在任期内,因故出缺,由原选区或者原选举单位补选。地方各级人民代表大会代表在任期内调离或者迁出本行政区域的,其代表资格自行终止,缺额另行补选。县级以上的地方各级人民代表大会闭会期间,可以由本级人民代表大会常务委员会补选上一级人民代表大会代表。补选出缺的代表时,代表候选人的名额可以多于应选代表的名额,也可以同应选代表的名额相等。补选的具体办法,由省、自治区、直辖市的人民代表大会常务委员会规定。对补选产生的代表,依照《选举法》第46条的规定进行代表资格审查。

资料

我国1953年《全国人民代表大会与地方各级人民代表大会选举法》总则部分

第一条　根据中国人民政治协商会议共同纲领第十二条,中华人民共和国全国人民代表大会及地方各级人民代表大会由各民族人民用普选方法产生之。

第二条　全国人民代表大会之代表,省、县、乡(镇)各级人民代表大会之代表,市、市辖区人民代表大会之代表和各民族自治区人民代表大会之代表,均依现行行政区划选举之。

第三条　全国人民代表大会之代表,省、县和设区的市人民代表大会之代表,由其下一级人民代表大会选举之。乡、镇、市辖区和不设区的市人民代表大会之代表,由选民直接选举之。

第四条　凡年满十八周岁之中华人民共和国公民,不分民族和种族、性别、职业、社会出身、宗教信仰、教育程度、财产状况和居住期限,均有选举权和被选举权。

妇女有与男子同等的选举权和被选举权。

第五条　有下列情形之一者,无选举权和被选举权:

一、依法尚未改变成份的地主阶级分子;

二、依法被剥夺政治权利的反革命分子;

三、其他依法被剥夺政治权利者;

四、精神病患者。

第六条　每一选民只有一个投票权。

第七条　人民武装部队和国外华侨得单独进行选举。其选举办法另订之。

第八条　全国人民代表大会及地方各级人民代表大会之选举经费,由国库开支之。

第六节　政党制度

案例引导

2000年美国总统大选的两位主角是共和党的小布什(George W. Bush)和民主党的戈尔(Albert Gore)。在美国的总统选举中,由于实行"赢家通吃"的选举规则,所以选战的重点大都放在那些至关重要的人口大州,特别是民主、共和两党势均力敌的大州。2000年总统大选接近尾声时,两党均拿下了自己的"票仓州"和估计获胜的州,只剩佛罗里达州成为胜负的关键。佛罗里达州是全美第四人口大州(仅次于加利福尼亚、纽约和得克萨斯),有25张选举人票,谁失去佛罗里达州,谁就可能失去总统位子,因此它的每一张选票都成为争夺对象。

在美国,选举的具体方式和其他民政问题一样,属于州政府管辖,因此各州有不同的选举法。而佛罗里达州选举法规定,如果候选人所得的选票差距在0.5%以内,各选区(县)选举委员会必须重新机器计票一次,另外,候选人有权在选举结束后72小时以内提出人工重新计票的要求,由县选举委员会决定是否可行。该选举法还规定,在大选结束后7日内,各县选举委员会须将选举结果上报州务卿办公室,由州务卿将选举结果汇总、确认和签署,然后宣布全州的正式选举结果,从而决定本州25张总统选举人票的归属。

2000年11月8日下午,佛罗里达州完成了67个县的计票工作:在大约600万张选民票中,布什赢得2 909 135张,戈尔赢得2 907 351张,其他候选人赢得139 616张,布什仅比戈尔多得1 784张选民票(相当于佛罗里达州选票总数的0.029 9%)。对戈尔及其支持者来说,这一不到2 000票的微小差距,充满了诱惑。他们相信,通过对选票的重新计算,可能会改变选举结果。但对于布什来说,自然不肯放弃到手的胜利果实。结果,佛罗里达州计票还未结束,有关选票的争执即起。计票纠纷还引发了十几桩法律诉讼案,官司一直从佛罗里达州地方法院打到联邦最高法院。在万众瞩目之中,联邦最高法院以5:4做出裁定:"推翻佛罗里达州最高法院命令继续人工计票的决定。"法院多数意见认为,佛罗里达州最高法院的判决存在着宪法问题,违反了平等法律保护条款,必须给予上诉一方(布什阵营)补救。他们的裁决理由如下:(1)一旦州法律授予州居民有权选举总统候选人,这一选举权就成为一项基本的宪法权利;(2)如果州政府的行为损害了这一基本权利,联邦法院应对这些行为进行严格的司法审查;(3)在本案中,佛罗里达州的法律以及州法院均没有给出一个明确的标准来进行第二次重新计票,并且确保每一投票均能以一种平等的方式公平、准确地被统计;(4)因此,第二次重新计票,即人工计票,违反了《宪法》第十四条修正案所要求的平等保护,以及为正当程序所要求的公正对待每一个投票者。联邦最高法院的这一裁决,把小布什送进了白宫,而戈尔尽管获得了比小布什多的全国普选票,但是仍然痛失总统宝座。①

思考: 政党在现代民主政治中发挥怎样的作用?

一、政党的概念与功能

(一)政党的概念与特征

在中文中,"党"本指古代地方组织,五百家为一党。后引申为朋辈,意气相投的人,又有结党营私、拉帮结派的意思。现代意义上的政党是指人们基于共同意志和利益,以控制国家政权或影响国家政策为目的而建立起来的政治组织。政党作为一种政治现象,最早出现于17世纪的英国。"政党"的英文为party,它有"偏向"的含义,被定义为追求特定利益的政治派系。随着西方政党制度和民主制度的完善,政党虽然"天生为偏",但是并不能得出政党必然会"因为一党之私利而废天下之公"从而致使"天下大乱、国将不国"的结论。政党之间的斗争可以通过制度的控制而纳入民主政治的正常轨道,在不同立场、利益诉求的交锋和碰撞中,众多党派得到共同发展,从而形成良好的、公平的政治竞争秩序。

从广义上讲,政党属于利益集团的范畴。因为以一定阶级、阶层或集团的利益为基础,旨在实现其各自的利益诉求是利益集团的基本特征。但在现代民主政治中,政党又有诸多不同于一般利益集团的特征,具体而言:第一,政党有较为明确的政治纲领。这是政党区别于其他社会组织的重要标志。一个政党制定了明确的政治纲领,"这就是在全世界面前树立起一些可供人们用以判定党的运动水平的界碑"。② 第二,政党有较为定型的组织系统。政党组织是政党的存在形式。尽管在政治实践中,政党组织有严密和松散之分,但都有一定的组织系统。如果没有组织系统就难以形成集体的力量,也就难以称其为一个成熟的政党。第三,政党通过组织纪律来保障其运行。政党不同于国家机关,它主要通过成文或不成文的组织纪律约束其成员的行为,保障政党组织的正常运行。

---

① 本案案情的编写参阅了董晶晶《布什诉戈尔案》一文,该文载于"北京法院网"(http://bjgy.chinacourt.org/article/detail/2011/10/id/883604.shtml 访问时间:2015年7月15日)。
② 《马克思恩格斯全集(第19卷)》,人民出版社1963年版,第14页。

(二) 政党的功能①

作为现代民主政治的产物以及不可缺少的组成部分,政党在现代民主政治运行过程中发挥着重要的功能。政党的功能主要可总结为以下四个方面:

一是利益表达和沟通功能。利益的多元化是现代民主社会的基本特征,政党的一个重要功能是整合、凝聚各种分散的、复杂的利益和要求,使其转化为有代表性的"民意",并传达给政府的决策机构或执行机构加以采纳。政党成为利益表达的主要渠道之一,也是加强政府与公民联系的纽带、缩短统治者与被统治者之间距离的手段和向政府反映社会需求的桥梁。沟通的过程也是协调和缓和社会矛盾的过程,有利于社会的稳定。

二是组织选举和政治录用功能。政党反映与实现民意的重要途径和组织条件是:政党通过动员和组织选民参加各级各类的政治选举,使其推荐和提出的候选人在选举中获胜,从而担任政府职务。从民主国家的实践来看,国家领导人和主要官员都有政党背景。从这个意义上讲,政党是培养和举荐政治领导人的"学校"。

三是制定或影响政府公共政策功能。政党在选举过程中,为赢得选民的支持,必须制定和宣传自己的政治纲领,一旦在选举中获胜,则将本党的政治主张或政策主张落实在政府公共政策的制定中,以治理国家和解决各类社会问题。即使政党未能在选举获胜即未能成为执政党,也可以利用合法的途径和方式对政府的公共政策的制定施加影响,并监督政府的公共治理行为。

四是政治宣传和教育功能。为了使自己的立场和主张为公众所知悉并获得支持,为了向公众介绍参与政治活动的方法和政党运作的程序等知识,政党通过教育与媒介网络,宣传政治主张和为公众提供政治教育。

正是因为政党具有上述功能,因此从国家和社会管理角度看,近现代政党的出现在历史上具有重大的进步作用,它使古代君主个人终身统治的专制政治改变为近现代政党政治。而政党民主政治不仅使政治生活、政治斗争和政治决策公开化、程序化、法治化,从而发挥统治集团集体的作用,调动广大群众的积极性和主动性,提高其治理国家和管理社会的才能,而且还能减少和消除各种危害国家和社会的滥用权力现象,从而维护政局和社会的稳定,推动国家和社会的进步和发展。

二、宪法与政党制度

(一) 政党活动的宪法保护和规制

从西方主要国家来看,作为世界上第一部成文宪法,美国宪法没有对政党制度做出规定,主要原因是美国的政党兴起于美国宪法之后。但是,结社自由作为《宪法第1修正案》所保护的表达自由的延伸,同样受到法院案例法的保护。"二战"之后的德国和法国在宪法中则明确规定了政党制度。《联邦德国基本法》第21条规定:"政党应参与人民的政治意愿之形成。它们可以被自由建立。其内部机构应符合民主原则。它们对财源、资金使用及资产负有公共责任。如果出于其目标或追随者的行为,政党试图去破坏或废弃自由民主的基本秩序或危及联邦德国之生存,那么它就是违宪的。联邦宪政法院应决定其违宪问题。"《法国第五共和国宪法》第4条规定:"各政党和政治团体协助选举表达意见。它们可以自由地组织并进行活动,它们必须遵守国家主权原则和民主原则。"

在西方各国宪法中,各政党的地位都是平等的,都应受到平等对待,而不允许有差别待遇。在政党政治的运作过程中,尤其在财政资助、选举宣传等方面,获得平等保护至关重要。这是保证政党公平、有效竞争的需要。因此,任何有"非平等倾向"的法律和行为都会因某个党派的宪法诉讼而成为宪政审查的对象,即都有可能被认定为违宪。财政来源是政党有效运作的物质保障。在德国,为了保障政党之间的有效竞争,并避免使它们过分依赖利益集团,国家可以为政党提供资助。公共资助无须平等分配于各政党,但如果这类公共资助加剧现有政党在竞选中事实上的不平等,则也有违宪的嫌疑。在这个意义上,宪法为政党政治的良性运作提供了最根本的制度保障。

---

① 参阅张千帆主编:《宪法学(第三版)》,法律出版社2014年版,第278~280页。

对政党活动的宪法规制表现在政府在多大程度上保证政党活动的自由,又可以怎样限制政党的行为,甚至取缔政党组织。例如,在德国,为了防止政党滥用权力以推翻自由民主的基本秩序,基本法授权联邦政府取缔某些极端党派。但是,取缔行为必须受制于宪法和宪法法院的控制。

(二)政党与"国家机构"

政党作为一种介于政府和公民个人之间的社会组织,其本身不是国家机构。尽管在不同的政党制度下,政党与政府之间的关系各有差异,但是政党是独立于政府之外的社会组织这一点是共同的。在美国,两党制下政党与政府之间是一种"党政分家"的关系。虽然政党在选举中帮助本党候选人成功当选,但是当选者本身并不是党的领袖,而且一旦完成了组织选举的任务,政党的使命就暂告结束,直到下次政府选举到来再重新开始履行其选举职能。同样是两党制,实行责任内阁制的英国则有所不同,根据英国的宪法惯例,下议院多数党的领袖就是首相,在这个意义上,执政党与政府很难"分家",即使如此,执政党与政府仍然是两套独立的系统。我国学者张千帆认为,在西方一些多党制国家里,"为了防止专制垄断,执政党一般被禁止动用国家力量来促进本党利益。由于中央和地方政府都是自下而上单独选举产生,中央和地方政府的领导位置可能被不同的政党控制。因此,即使严格意义上的内阁责任制国家也可能存在多个党派的'分裂'统治"。

三、我国的政党制度

(一)中国共产党领导的多党合作与政治协商制度

我国的政党制度不同于西方国家的两党制或者多党制,在性质上也不同于某些西方国家多党制下的一党长期执政的政党制度。概括地讲,我国的政党制度为中国共产党领导下的多党合作与政治协商制度。这种政党制度根源于我国的国家性质,是指代表工人阶级即无产阶级的政党邀请其他政党参与执政,共同管理国家。我国政党制度的具体表现为:中国共产党居于国家政权的领导地位,是执政党;各民主党派则是与中国共产党合作的参政党。各民主党派与中国共产党的合作以接受中国共产党的领导为前提。目前,在我国与中国共产党合作共事的民主党派有8个,分别为:中国国民党革命委员会、中国民主同盟、中国民主建国会、中国民主促进会、中国农工民主党、中国致公党、九三学社、台湾民主自治同盟。

中国共产党领导的多党合作与政治协商制度是在我国新民主主义革命和社会主义革命和建设的历史进程中,在中国共产党与各民主党派长期合作的基础上逐渐形成和发展起来的,是我国具体历史条件下的产物。从民主党派形成和发展历史来看,民主党派历来不是单纯的阶级性质的政党,而是一种具有政党形式的政治组织,具有阶级联盟或者政治联盟的性质。民主党派都始建于中华人民共和国成立以前,从其所代表的阶级利益来看,介于国民党和共产党之间,代表中间社会群体,即代表民族资产阶级和小资产阶级及其知识分子的利益。各民主党派在其成立之初起就和中国共产党建立了良好的合作关系。在新民主主义革命时期,民主党派关于民族独立、统一、民主、和平的主张与中国共产党的政治纲领相一致。在社会主义建设时期,祖国统一和国家富强、民主、文明的愿望和主张则是中国共产党与各民主党派合作的政治基础。

从我国政党制度的形成历程来看,1949年召开的中国人民政治协商会议,标志着多党合作与政治协商制度作为一种新型政党制度的正式形成。中国共产党与各民主党派共同参加了中国人民政治协商会议第一届全体会议,制定了起临时宪法作用的《中国人民政治协商会议共同纲领》。各民主党派还积极参加了第一届中央人民政府,有27名民主党派人士和无党派人士担任中央人民政府的副主席、副总理、部长或副部长。改革开放以来,我国的多党合作与政治协商的政党制度得到新的发展。1982年9月,时任中共中央总书记的胡耀邦同志在党的十二大报告中指出:"我们党要继续坚持'长期共存、互相监督、肝胆相照、荣辱与共'的方针,加强同各民主党派、无党派人士、少数民族人士和宗教界爱国人士的合作。"1987年10月,党的十三大报告肯定了多党合作与政治协商的十六字方针,同时正式提出了"中国共产党领导下的多党合作与政治协商制度",还确认了多党合作与政治协商制度作为国家一项基本政治制度而存在。1989年12月,《中共中央关于坚持和完善中国共产党领导的多党合作与政治协商制度的意见》,更为直接地界定了多党合作的性质:"中国共产党是社会主义事业的领导核心,是执政党。各民主党派是各自所联系的一部分社会主义劳动者和一部分拥护社会主义的爱国者的政治联盟,是接受中国共产党领导的,同中共通力合作、共同致力于社会主义事业的亲密友党,是参政党。"这份文件宣示了新时期中国共产党的统一战线政策,是关于我国政党制度的重要指导文件。1993年的《宪法修正案》再次反映了上述意见的精神,在《宪法》序言第十自然段末尾增加:"中国共产党领导的多党合作和政治协商制度将长期存在和发展。"这为我国的政党制度提供了宪法依据,也标志着我国多党合作和政治协商的新型政党制度进入了一个新的阶段。

(二) 多党合作和政治协商制度的内容和形式

1989年《中共中央关于坚持和完善中国共产党领导的多党合作与政治协商制度的意见》中明确指出:"民主党派参政的基本点是:参加国家政权,参与国家大政方针和国家领导人选的协商,参与国家事务的管理,参与国家方针、政策、法律、法规的制定执行。"该意见还指出,发挥各民主党派监督作用的总原则是:在四项基本原则的基础上,发扬民主,广开言路,鼓励和支持民主党派与无党派人士对党和国家的方针政策、各项工作提出意见、批评、建议,做到知无不言,言无不尽,并且勇于坚持正确的意见。

根据上述意见文件的规定以及政治实践,中国共产党同各民主党派和无党派人士进行合作与协商的形式有以下几种:

一是以会议形式进行政治协商,主要有民主协商会、谈心会、座谈会等,内容是对中共中央提出的大政方针进行协商,通报或交流重要情况、传达重要文件,听取民主党派和无党派人士提出的政策建议,就共同关心的问题自由交谈、沟通思想。除此以外,中国人民政治协商会议是多党合作与政治协商的重要形式之一。

二是通过国家权力机关参政议政。各民主党派和无党派人士积极参加各级人大代表的选举,通过各级人大发挥人民代表的作用,行使国家权力。作为来自各民主党派的人民代表,他们享有各种作为代表应享有的权利,使他们能够发挥各自所代表的党派的影响力,参加或者影响政治决策和其他决策过程。

三是担任各级政府及司法机关的领导职务。除了作为人民代表在各级人大内直接参政议政外,各民主党派和无党派人士还可担任国家行政机关和司法机关的领导职务,他们在这些国家机关中与中国共产党的党员领导合作共事。

此外,各民主党派还可以在国务院和地方各级人民政府召开全体会议和有关会议讨论工作时,视需要应邀列席会议,还可以就某些社会关注的公共事务开展专题调研,提出建议等。

 资料

《中国共产党章程》之"总纲"摘选

中国共产党是中国工人阶级的先锋队,同时是中国人民和中华民族的先锋队,是中国特色社会主义事业的领导核心,代表中国先进生产力的发展要求,代表中国先进文化的前进方向,代表中国最广大人民的根本利益。党的最高理想和最终目标是实现共产主义。

中国共产党在社会主义初级阶段的基本路线是:领导和团结全国各族人民,以经济建设为中心,坚持四项基本原则,坚持改革开放,自力更生,艰苦创业,为把我国建设成为富强民主文明和谐的社会主义现代化国家而奋斗。

中国共产党在领导社会主义事业中,必须坚持以经济建设为中心,其他各项工作都服从和服务于这个中心。要抓紧时机,加快发展,实施科教兴国战略、人才强国战略和可持续发展战略,充分发挥科学技术作为第一生产力的作用,依靠科技进步,提高劳动者素质,促进国民经济又好又快发展。

坚持社会主义道路、坚持人民民主专政、坚持中国共产党的领导、坚持马克思列宁主义毛泽东思想这四项基本原则,是我们的立国之本。在社会主义现代化建设的整个过程中,必须坚持四项基本原则,反对资产阶级自由化。

坚持改革开放,是我们的强国之路。只有改革开放,才能发展中国、发展社会主义、发展马克思主义。要从根本上改革束缚生产力发展的经济体制,坚持和完善社会主义市场经济体制;与此相适应,要进行政治体制改革和其他领域的改革。要坚持对外开放的基本国策,吸收和借鉴人类社会创造的一切文明成果。

改革开放应当大胆探索,勇于开拓,提高改革决策的科学性,增强改革措施的协调性,在实践中开创新路。

中国共产党是中国工人阶级的先锋队,同时是中国人民和中华民族的先锋队,是中国特色社会主义事业的领导核心,代表中国先进生产力的发展要求,代表中国先进文化的前进方向,代表中国最广大人民的根本利益。党的最高理想和最终目标是实现共产主义。

中国共产党以马克思列宁主义、毛泽东思想、邓小平理论、"三个代表"重要思想和科学发展观作为自己的行动指南。

……

中国共产党领导人民发展社会主义市场经济。毫不动摇地巩固和发展公有制经济,毫不动摇地鼓励、支持、引导非公有制经济发展。发挥市场在资源配置中的基础性作用,建立完善的宏观调控体系。统筹城乡发展、区域发展、经济社会发展、人与自然和谐发展、国内发展和对外开放,调整经济结构,转变经济发展方式。促进工业化、信息化、城镇化、农业现代化同步发展,建设社会主义新农村,走中国特色新型工业化道路,建设创新型国家。

中国共产党领导人民发展社会主义民主政治。坚持党的领导、人民当家做主、依法治国有机统一,走中国特色社会主义政治发展道路,扩大社会主义民主,健全社会主义法制,建设社会主义法治国家,巩固人民民主专政,建设社会主义政治文明。坚持和完善人民代表大会制度、中国共产党领导的多党合作和政治协商制度、民族区域自治制度以及基层群众自治制度。发展更加广泛、更加充分、更加健全的人民民主,切实保障人民管理国家事务和社会事务、管理经济和文化事业的权利。尊重和保障人权。广开言路,建立健全民主选举、民主决策、民主管理、民主监督的制度和程序。完善中国特色社会主义法律体系,加强法律实施工作,实现国家各项工作法治化。

本章小结

本章共包括六节内容,分别介绍了国家机构的含义与活动原则、中央国家机构、地方国家机构、审判机关与检察机关、选举制度和政党制度。国家机构是依法组建的承载国家权力运行的专门机构。民主集中制原则、法治原则和责任制原则等是国家机构的基本活动原则。国家机构从层级上分为中央和地方国家机关两类。在我国,中央国家机关主要包括全国人大及其常委会、国家主席、国务院、中央军事委员会、最高人民法院和最高人民检察院。地方国家机关主要包括地方各级人大及其常委会、地方各级人民政府以及地方各级人民法院与检察院。此外,地方国家机关还包括民族区域自治地方的国家机关和特别行政区的国家机关。不同的国家机关分别行使不同的国家权力。

选举制度是国家政治制度的基本内容之一,也是保证国家权力得到有效配置和运用的基本制度之一。现代民主国家的选举应该遵循选举权普遍性原则、平等原则、以直接选举为主原则和选举自由原则。选举应该按照法定的程序和规则进行。现代意义上的政党是指人们基于共同意志和利益,以控制国家政权或影响国家政策为目的而建立起来的政治组织。政党具有利益表达和沟通、组织选举和政治录用等功能。政党的活动受宪法的保护与规制。我国实行中国共产党领导下的多党合作与政治协商制度这样一种新型的政党制度,中国共产党居于领导地位,各民主党派通过各种方式参政议政,共同致力于中国特色社会主义事业的发展。

案例分析[1]

2007年11月26日,广东省东莞市第32次党政领导班子联席会议研究决定,从2009年1月1日起,在全市范围内禁止养猪。按照计划,东莞将分4步逐步停止养猪业发展:从即日起到12月15日,对暂缓清理的养猪场进行核查,并进行立牌公示,实行统一管理,接受社会监督;2007年年底前对所有非暂缓清理的养猪场进行彻底清理;2008年年底前,对包括暂缓清理在内的所有养猪场进行全面清理;2009年1月1日起,全市范围内停止所有生猪养殖活动。东莞市政府称,"禁猪"的首要原因是东莞环境容量日益窘迫,不堪承受养猪业的污染之重。东莞市政府提供的资料表明,一头猪排放的污染负荷相当于7～10个人排放的污染负荷。东莞现有75万头生猪,要新建一座日处理132万吨的污水处理厂,才能有效净化处理。按照现在每吨0.8元的污水处理费计算,1年需要4亿多元污水处理费。东莞市副市长梁某说,大量、分散、简陋的畜禽养殖场,不仅严重污染地表水源、污染空气环境,而且六成养殖场采用潲水养殖,易发食品安全事件。

此"禁猪令"一出,引发社会广泛关注并且社会的指责之声日益浓密。2008年3月6日,东莞市市长在北京参加"两会"期间接受媒体采访时透露,饱受争议的"东莞2009年起禁止养猪"的政策已经取消。对于东莞市取消"禁猪令"的原因,专业人士认为可能有以下几方面的原因:首先,中央一直关注老百姓的"菜篮子",中央已明确规定要保证老百姓吃上猪肉,同时,老百姓也呼吁东莞市能继续养猪。其次,东莞禁猪之后,将不得不从外地引进生猪,这将增加猪肉的成本。最后,政府也会制定一些相关法规,减少养猪户因为养猪所造成的污染。

问题:(1)从"禁猪令"的颁布到取消,反映了地方政府怎样的职能?

(2)如何从宪法的视角评价案例中东莞市政府的行为?

复习思考

1. 简述我国国家机构的活动原则。
2. 如何理解我国国家机构活动原则中的民主集中制原则?
3. 什么是国家元首?我国的国家主席享有哪些职权?
4. 如何改进我国的国家元首制度?
5. 回顾和评述我国的司法改革进程与方向。
6. 如何有效推进我国地方民主选举实践?
7. 如何更好地发挥政党在国家治理现代化中的功能?

---

[1] 案例摘编自韩大元主编:《中国宪法事例研究(三)》,法律出版社2009年版,第169～171页。

第四章 宪法运行与宪法观念

学习目标

- 知识目标:掌握宪法创制的概念;理解制宪权的含义、特征与局限;了解制宪的基本程序;掌握我国历次宪法修改的内容;了解宪法解释的主体与程序;掌握违宪审查的概念与特征;了解宪法观念。
- 能力目标:能够区分制宪权主体与制宪机关的不同;能够阐述宪法修改的必要及其与宪法稳定性之间的关系;提出我国违宪审查的可行模式;探索宪法观念的培养机制。

第一节 宪法创制

案例引导

1952年12月24日,周恩来代表中共中央在政协常委会上,提议由政协全国委员会向中央人民政府建议召开全国人民代表大会,制定宪法。1953年1月13日,中央人民政府委员会举行第二十次会议,接受政协全国委员会的建议,通过决定。这次会议还决定了成立以毛泽东为主席、朱德等33人组成的宪法起草委员会。会后,即开始进行起草宪法草案等准备工作。宪法起草工作在毛泽东的直接主持下进行,至1954年6月,宪法草案基本形成。之后进行了3个月的全民讨论。在全国讨论的基础上,又进行了反复修改,于1954年9月15日提请第一届全国人大第一次会议审议,并由刘少奇作《关于中华人民共和国宪法草案的报告》。9月20日,第一届全国人大第一次会议庄严通过了《中华人民共和国宪法》。

1954年《宪法》是新中国第一部《宪法》,也是第一部社会主义类型宪法,在中国宪政史上具有崇高的历史地位。从1954年《宪法》的制定过程看,它是我国迄今为止唯一的一次制定宪法的活动,以后都是对1954年《宪法》的修改。

思考:为什么要制定宪法?制宪主体与宪法起草机关有什么区别?

一、宪法创制的概念

宪法创制,也称宪法制定,是享有制宪权的主体依照法定方式和程序制定宪法规范的活动。宪法创制是宪法运行的起点,也是宪法运行的首要环节。不论是作为成文宪法的宪法法典,还是作为不成文宪法的宪法法律,它们所包含的宪法规范都会有一个产生、存在和变更的过程。这一过程导致了新宪法规范的出现和旧宪法规范的消失,使宪法规范的存在具有了确定性。

宪法创制是宪法制定者将不能通过宪法制定者自身的行为直接实现的符合宪法制定者利益的事项以宪法规范的形式确定下来的,并通过宪法规范确定相应的实现宪法制定者利益的制度和机制来保证宪法制定者利益得到有效实现的创制宪法规范的活动。与宪法创制相关的主要问题是宪法制定者的身份、宪法创制权、宪法制定者的利益以及宪法规范反映宪法制定者的意志和实现宪法制定者旨在通过宪法规范来实现的利益的可能性。

二、制宪权的性质与局限

（一）制宪权的概念

制宪权即宪法制定权，是一国的全体人民亲自或者通过一定的组织机构，根据预设的立宪程序制定宪法的权力。制宪权、修宪权与立法权是属于不同层次的权力形态。修宪权是根据制宪权而产生的一种权力，可以理解为制度化的制宪权。当一个国家通过国民投票决定宪法修改时，这种国民投票权也是一种源于制宪权的修改宪法行为，但不可能是原始的制宪权。有时制宪权与修宪权行使主体相同，但其行为的性质不同。而行使立法权则要遵从制宪权宗旨，不能脱离制宪的目的与原则。

（二）制宪权的性质

如果我们把制宪权看成是一个国家统治的最高决定权，那么，制宪权本身不能成为游离于国家权力活动以外的权力，它实际上是最高决定权的具体表现，即有权决定国家统治形态的阶级运用制宪权，具体创造宪法，以巩固统治关系。在通过制宪权的运用反映主权者根本意志的同时，制宪权也可起到决定具体权力活动方式与界限的功能，从而有助于强化宪法规范的效力，建立以宪法为基础的权力制衡机制。这样，由于立法权、行政权与司法权的组织与活动原则由制宪权决定，它是一种制度化的权力形态，因此，制宪权是一种根源意义上的国家权力。

（三）制宪权的特征

第一，原创性。制宪权的原创性是指它是国家权力原始创立的唯一依据。国家权力在来源上绝不是空穴来风，也不可能是难以捉摸的神的意志，而是国家主权者——全体人民所拥有的制宪权。

第二，至高性。制宪权的至高性是指它高于一切由制宪权创设的国家权力，任何国家权力或者其他社会组织都必须臣服于制宪权。制宪权的至高性有助于形成一个统摄社会秩序的最高权威，从而确保社会的有序化。

第三，政治性。制宪权的政治性表现为，作为全体人民所拥有的权力是全体人民行使的自治权。制宪权就其内容而言具有自治权性质，表现为全体人民为实现共同的目标而进行自我管理的一种基本方式。制宪权的政治性可分解出如下内容：其一，政权是制定权行使的前提条件；其二，制宪权的政治性还表现为在人民内部，一部分人不能凭借制宪权支配另一部分人，并使之臣服。因为，在宪政主义看来，一种可以支配他人的权力，只能通过一定程序授予，任何人都不能声称自己天生拥有可支配他人的权力。制宪权不是经过一定程序被授予的，而是人民基本权利的集中体现；人民基本权利的平等性使一部分人凭借制宪权支配另一部分人的行为失去了正当性基础。

（四）制宪权的局限

制宪权是一种受制约的权力，客观上存在着一定的界限，主要表现为：第一，受宪法目的的制约。制宪目的是把社会共同体规定为政治的一元化，从而确定国家权力活动的组织体系与原则，确立公民的宪法地位，以形成社会的共同意志，使宪法获得正当性。从各国制宪过程看，制宪者本身有自己的制宪目的，不同的制宪目的产生不同性质的宪法。第二，受法的理念制约。制宪是一种法的现象，在法的领域内活动，并受法的原理制约。如受法的理论、正义、法的稳定性以及宪法的文化传统等因素的制约。第三，受自然法的制约。制宪过程必须尊重人权以及人格尊严不受侵犯的基本价值。因为不尊重人权的任何制宪活动，背离了宪法正当性的价值，都有可能失去其存在基础，从这种意义上说，以人权保障为核心的自然权利实际上约束着制宪权。第四，受国际法的制约。在一定条件下，制宪权受国际法的制约。这种制约主要表现在战败国的制宪权受战胜国宪法的影响或国际条约的影响。如"二战"后日本制定的新宪法的基本原则,受《波茨坦公告》的制约与美国宪法的影响等。

三、宪法制定的主体与制宪机关

在现代法治社会中,宪法制定者通常被视为人民,即宪法制定一般被视为人民主权原则的一种体现,宪法制定权也是人民主权的一种表现形式。人民在管理国家事务的过程中,可以通过直接民主的方式来实现自身的利益,也可以通过确立法律规范并在法律规范中确立相应的实现人民利益的制度和机制来间接地实现自身的利益。宪法制定是间接地实现人民利益的一种方式,它是基于人民民主理论产生的,即只有在人民民主的理论基础上才有宪法制定活动。宪法制定者只能是人民,宪法制定权也只能属于人民,任何国家机关和个人都无权作为宪法的制定者,也无权享有宪法制定权。人民通过宪法制定活动将符合人民利益的事项用宪法规范的形式肯定下来,并在宪法中设立相应的国家机关来保障人民的利益,这是宪法制定活动的根本意义所在。

宪法制定反映人民的利益的特征主要表现在宪法规范在正确地处理国家、集体和个人利益三者关系的基础上,设定了应当受到社会所尊重的公民的基本权利以及全体公民必须关注的对社会应尽的基本义务。为了保证宪法规范所确定的人民利益得到很好的实现,宪法制定者又通过宪法制定活动建立了相应的保障人民利益能够得到有效实现的制度和机制,其中,国家机关作为人民通过宪法规范的授权得以管理社会事务和国家事务的组织,在保障人民利益的实现方面具有重要的职责。宪法制定活动的重要意义就在于人民通过宪法制定活动,将人民不能通过直接民主方式实现的自身的利益用宪法规范的形式肯定下来,并通过国家机关对社会事务和国家事务的管理活动以及其他形式的制度和机制来保障人民利益得到充分有效地实现。新中国成立以来所制定的四部宪法充分反映了宪法制定的人民性。

宪法制定机关即制宪机关,制宪机关也称立宪机关,即有权制定或批准通过宪法的国家机关,如制宪会议、国民会议、立宪会议等。制宪机关依据民意行使制宪权,具体负责宪法的制定。实际行使制宪权的议会或代表机关一般是由国民通过选举而产生的。制宪会议不同于一般会议或民意机关,可不受旧宪法的约束,具有政治议会的性质。

为了保证制宪的民主性,由制宪机关通过的宪法,还需要有法定数量的地方议会批准才能生效。将地方议会批准作为宪法生效的条件,可以起到弥补制宪机关制宪程序的不足,并制约制宪机关合法行使制宪权的作用。制宪机关完成了制宪任务之后,即自行解散。由制宪机关来行使制宪权,首先必须确保制宪机关产生的公正性和合法性。就民主的程度而言,由制宪机关来制定宪法的程序不如全民公决程序,但它可能使制定的宪法更富有理性主义。大国的人民亲自行使制宪权似乎并不现实,但通过选举代表成立专门的制宪机关可能是一种较好的制宪程序:其一,可以防止公民被不良权势操纵而出现的盲目性;其二,可以让更多的专家参与制宪程序,提高制宪的质量。

制宪机关与宪法起草机构的主要区别在于:制宪机关是行使制宪权的国家机关,而宪法起草机构是具体工作机关,不能独立地行使制宪权;制宪机关一般是常设的,而宪法起草机关是临时性的机关,起草任务结束后便解散;制宪机关有权批准通过宪法,而宪法起草机关无权批准通过宪法;制宪机关由公民选举产生,具有广泛的民意基础,而宪法起草机关主要通过任命方式产生,注重来源的广泛性。

对制宪机关的规定,各国宪法不尽相同。有的国家的宪法明确规定行使制宪权的制宪机关,并赋予其独立地位。也有国家的宪法对制宪机关不作具体规定,只规定修宪权主体。如我国《宪法》没有具体规定全国人民代表大会是制宪机关,只规定全国人民代表大会有权修改宪法。从宪政实践与宪法原理上讲,全国人民代表大会作为制宪机关的地位是十分明确的,其根据在于:全国人民代表大会是最高国家权力机关,制宪权是国家权力存在的最高体现,自然由全国人大行使;全国人大行使组织国家权力行使的职权,国家具体权力的组织以制宪权为基础;从宪政实践看,在我国,制宪权与修宪权行使主体是相统一的,第一部《宪法》的制定与几次修改都由全国人大通过。这就说明,尽管在我国《宪法》条文中,没有具体规定制宪机关,但从宪政原理与实践中我们可以认定,全国人大是我国的制宪机关。

四、制宪程序

（一）一般制宪程序

宪法的制定程序是指国家制定宪法所经过的阶段和步骤。制定宪法一般都有不同于制定普通法律的特殊程序，通常包括起草宪法、讨论宪法草案、批准通过宪法、公布宪法等步骤。

第一，起草宪法。为了起草宪法，有些国家成立了专门机构，如"宪法起草委员会""制宪会议"等。

第二，讨论宪法草案。宪法草案草就之后，在批准生效之前有些国家先行公布宪法草案，在一定范围内展开讨论并征求修改意见。

第三，批准通过宪法。对宪法草案的通过或批准生效，许多国家都规定了比较严格的程序，如我国1954年《宪法》就是由全国人民代表大会以全体代表2/3以上的绝对多数正式通过的。法国1946年和1958年制定的《宪法》，都是经过公民投票通过正式生效的。

第四，公布宪法。宪法通过后一般交由国家元首（总统、国王或国家主席等）予以公布，公布之后即发生法律效力。除此之外，有些国家宪法制定的程序与普通法律相同，如英国的不成文宪法。

（二）全民公决

全民公决制定宪法是由一国有选举权的公民通过直接投票的方式表决宪法的一种制宪程序。这种程序性制度为拿破仑所首创，迄今已为众多国家所采用。现行《法兰西共和国宪法》和《俄罗斯联邦宪法》等都是采用全民公决的程序制定的。采用全民公决的程序制定宪法的国家，一般都会在宪法的序言中予以说明。全民公决的本质是人民直接参加宪法的制定，并对宪法是否生效表明最终的态度。

全民公决制定宪法的前提之一是应有一个可供表决的宪法草案。这个宪法草案一般由事先组成的宪法起草委员会完成，这个委员会由于不能对宪法草案做出最终的决定，因此，它不必是一个代表性的机构；为了确保宪法的科学性，宪法起草委员会更应当体现专业性。宪法草案也可以由政府组织起草。在实践中，所有公民不可能都会参加投票，但这并不影响全民公决的合法性。如在《法兰西第五共和国宪法》的全民投票中，只有36万公民参加了投票，其中赞成票为31万张，从而使该宪法草案获得了认可。全民公决做为制定宪法的程序之一，理论上说它最能体现出"人民主权"的精髓，但这种直接民主的适用也有其局限性。依顾准之观点，"直接民主制度唯有在领土狭小的城市国家中才有可能"。这话是有一定道理的，至少在我们这样的大国是不适宜采用全民公决的程序来制定宪法的。

资料

制定我国1954年宪法若干历史情况的回忆（董成美）

1953年1月13日，中央人民政府委员会第20次会议做出决定，成立以毛主席为首的中华人民共和国宪法起草委员会，负责宪法的起草工作。1953年12月24日毛泽东带着当时的中央政治研究室的主任陈伯达，副主任田家英和胡乔木等到杭州，亲自领导并参加宪法的起草工作。1954年1月7日到3月9日，共两个多月，期间草拟了100条条文的中华人民共和国宪法草案最初稿，并编辑了三辑资料，称为《宪法参考资料》。第一辑是1918年苏俄宪法和1924年苏联宪法；第二辑是美、英、法、德意志和瑞士宪法；第三辑是从清朝、北洋军阀到国民党蒋介石的宪法和宪法性文件。这三辑资料于1953年3月以中央人民政府委员会办公厅的名义印刷后发放给所有宪法起草委员会的委员以及参与宪法起草工作的有关人员。在杭州期间，还由董必武、彭真、张际春等组成研究小组，聘请当时著名的法学家周鲠生、钱端升为法律顾问，叶圣陶、吕叔湘为语文顾问。对杭州起草的宪法草稿，中共中央前后又讨论了三次，每次都做了很多修改，由于许多情况包括不进去，因此从100条增加到110条，即又增了10条，当时总想弄个整数。这样形成了一个宪法草案初稿。1954年3月23日将这个宪法草案初稿提交中华人民共和国宪法起草委员会第一次讨论,由陈伯达做了说明。讲了8个问题:(1)工作经过;(2)工作方向;(3)宪法草案是以共同纲领为基础,同时又是它的发展;(4)宪法草案反映了我们国家过渡时期特点;(5)宪法草案规定的国家政治制度和苏联以及各人民民主国家是同属于社会主义类型的;(6)宪法草案保证公民的各种权利,同时规定了逐步扩大物质保证的措施;(7)宪法草案保证国家各民族在平等的基础上友好、互助、合作;(8)宪法草案的结构。陈伯达还主要讲了为什么要制定1954年《宪法》的原因,一是为了巩固革命成果;二是总结人民民主革命的新中国成立以来所出现的社会关系的伟大变革;三是保证人民能实现建设社会主义的共同愿望。我国第一部《宪法》的制定过程是由1953年1月到1954年9月,共一年零九个月,是搞得很仔细的,是在充分民主基础上进行的。最初是由中共中央提到中国人民政治协商会议全国委员会,建议开始筹备宪法起草,再由中国人民政治协商会议全国委员会向中央人民政府提出建议。中央人民政府委员会组织了以毛泽东为首的宪法起草委员会,委员共32人,包括了中国共产党、各民主党派、各人民团体的负责人、社会公众领袖和专家们。此外,宪法草案还经过了三次规模巨大的群众性讨论。

第二节 宪法修改

案例引导

2003年3月27日,我国成立了以全国人民代表大会常务委员会委员长吴邦国为组长的中央宪法修改小组。2003年4月,中共中央请各省、自治区、直辖市在调查研究的基础上提出修改宪法的建议。2003年5月至6月,中央宪法修改小组先后召开6次座谈会,听取地方、部门和部分企业负责人、专家的意见,在此基础上拟订《中共中央关于修改宪法部分内容的建议》(以下简称《建议》)征求意见稿,由中央下发在一定范围内征求意见。2003年10月11日前,根据各地方、各部门和各方面意见对《建议》征求意见稿进行修改,形成中共中央《建议》草案。2003年10月11日至14日,中共十六届三中全会通过了《建议》草案,由中共中央提请全国人大常委会依照法定程序提出《宪法修正案(草案)》的议案。2003年12月22日,中共中央关于修改宪法部分内容的建议全文公布。2003年12月22日至27日,十届全国人大常委会第六次会议形成并全票通过了《全国人大常委会关于提请审议宪法修正案(草案)的议案》和《宪法修正案(草案)》,决定提请第十届全国人大第二次会议审议。2004年3月8日,全国人大常委会副委员长王兆国向第十届全国人大第二次会议作了关于《中华人民共和国宪法修正案(草案)》的说明。2004年3月14日,第十届全国人大第二次会议投票表决通过了《宪法修正案(草案)》。

思考:宪法修改应该通过怎样的方式和程序进行?

一、宪法修改的含义

(一) 宪法修改的含义

宪法修改是宪法制定者或者是依照《宪法》规定享有宪法修改权的国家机关或者其他特定主体对宪法规范中不符合宪法制定者利益的内容加以变更的活动。《宪法》之所以需要修改,其原因在于在《宪法》实施过程中,由于政治、经济、社会形式发生了重大变化或者《宪法》自身存在的条款缺陷,使得出现了《宪法》内容与社会实际不相符的情况,由国家相应机关依照法定程序对《宪法》的内容和条款进行相应修改。

宪法修改和宪法制定有所不同。在国家政权性质没有变化的情况下，无论宪法怎样改变（修改、解释、变迁等），都不发生制宪权改变的问题，只存在修宪权的行使问题。制宪权是一种原生性的权力，并不依赖于其他任何权利而产生、形成。因此，从实质来说，制宪权来源于不同性质的国家权力某种更迭（如革命、政变等）的事实。修宪权是一种派生性的权力，通常由宪法确定其主体、行使的程序。

宪法修改是变更宪法规范的活动，从保证宪法修改不影响宪法制定者的立宪意图来看，只有宪法制定者对自己制定的宪法规范进行相应的修改才能保证被修改的宪法规范符合宪法制定者的利益要求。因此，宪法修改权与宪法制定权一样，都应当属于宪法制定者。但是，由于作为宪法制定者的人通过直接民主来修改宪法规范在实践中往往程序复杂，不太可行，所以，在宪法制定者制定宪法规范后，就可以将修改宪法的权力通过宪法规范的规定授予某个特定的国家机关或者是其他特定的修改宪法的主体。得到修宪权的主体可以在宪法规范所授予的范围内依照宪法规范所确定的修改宪法规范的程序和步骤对宪法规范加以适当变更。宪法修改是对不符合宪法制定者利益的宪法规范所做出的变更。修改宪法规范既包括变更宪法规范的形式，也包括变更宪法规范的内容。对宪法规范的形式和内容修改存在一个质与量的规定性，即对于一个作为成文宪法的宪法典或者是一个作为不成文宪法的宪法性法律而言，在多大程度上对其中所包含的宪法规范通过宪法修改做出变更仍然能够保存原有的宪法典或者宪法性法律的基本内涵，这是宪法创制活动中的一个理论问题。

在各国宪政实践中，如果前一部宪法规定了修改程序，而后一部宪法没有按照这一修改程序进行，有时也被认为是修改宪法，如法国1958年《宪法》的修改。根据法国1946年《宪法》的规定，宪法修改权属于国民议会和共和国参议院，两院不能以绝大多数通过时应由公民投票再决定。但1958年《宪法》没有根据1946年《宪法》规定的修改程序进行，而是直接由公民投票通过。当然，从根本上来说，法国1958年《宪法》仍然是对1946年《宪法》的修改，而不能认为是制定。一是1958年《宪法》和1946年《宪法》所规定的国家性质，即体制没有改变，两者可以说是一脉相承；二是1958年宪法修改草案由共和国总统直接交与公民进行投票，而没有由议会首先进行讨论，是由议会授权共和国总统进行的。

新中国成立后共制定了四部宪法，即1954年《宪法》、1975年《宪法》、1978年《宪法》和现行的1982年《宪法》。从这四部宪法的创制特征来看，由于它们存在的基本社会制度条件都是一样的，所以，严格来说，只有1954年《宪法》是通过宪法制定的方式产生的，而其他三部宪法都应当视为对1954年《宪法》的修改，只是这些宪法修改活动的幅度比较大。

现行《宪法》自1982年12月4日由第五届全国人民代表大会第五次会议通过并于同日由第五届全国人民代表大会公告公布实施后，又根据1988年4月12日第七届全国人民代表大会第一次会议通过的《中华人民共和国宪法修正案》和1993年3月29日第八届全国人民代表大会第一次会议通过的《中华人民共和国宪法修正案》、1999年3月15日第九届全国人民代表大会第二次会议通过的《中华人民共和国宪法修正案》以及2004年3月14日第十届全国人民代表大会第二次会议通过的《中华人民共和国宪法修正案》予以修订，经过四次修改后，现行《宪法》目前有31条修正案，这些宪法修正案与现行《宪法》138条正文一起共同构成了我国宪法典所确定的宪法规范的宪法条文载体。

为了保证宪法修改活动能够准确地实现宪法制定者的利益，我国现行《宪法》确定了依照宪法规范的授权可以行使宪法修改权的主体是全国人民代表大会，并且，全国人民代表大会在进行宪法修改活动时必须依据特殊的修改宪法的程序。

（二）宪法修改的必要性

在能否对宪法进行修订的问题上，宪法学理论上存在着否定说和肯定说，否定说认为宪法是国家成立的一种契约，而这种契约是人民之间的相互承诺，如果要修改宪法就必须取得全体人民的同意。宪法就像是对继承者继承遗产的委托一样不能加以变更，否则就是亵渎神圣。例如18世纪的瑞士大法学家瓦特尔和法国的西哀耶士等人就持这一观点。而绝大多数学者认为，宪法是可以修改的，随着社会的发展和变化，宪法也要有相应的发展和变化。宪法实践也证明,宪法必须随着社会的发展和变化而进行修改,以与社会实践相适应。纵观世界各国,绝大多数国家的《宪法》都规定了宪法修改的程序。说明了制宪者已经意识到了宪法修改的必要性。但是,也有少数国家的《宪法》没有规定宪法修改的程序,或者直接将宪法称为"永久宪法",如阿拉伯也门共和国于1970年颁布了"永久宪法",苏丹共和国也于1973年颁布了"永久宪法",日本把于1889年制定的《大日本帝国宪法》(《明治宪法》)称为"不没的大典"。

宪法修改的必要性有三个:

第一,为了使宪法的规定适应社会实际的发展和变化,只有这样,才能发挥对社会关系的调整作用。由于社会实际总是在不停的变化中,因此就必然会产生宪法规范如何与社会实际相适应的问题。同样,这就决定了宪法规范与社会实际之间的矛盾和冲突是永恒的,而两者之间的相互适应是暂时的。尽管宪法规范具有相适应的特点,能够在较大幅度内适应社会实际的发展和变化,但是不能保证既定的宪法规范处于"永久"的不变状态。

第二,为了弥补宪法规范在实施过程中出现的漏洞。用一个词概括来说,就是"拾漏补缺"。因为实际的社会瞬息万变,再高明的立法专家也无法预料十年后或者五十年后的社会究竟是怎样的社会面貌,人们对宪法的认识是不是发生了变化,社会的各种基本矛盾和冲突又将如何变化。为了适时调整各种社会关系,因此需要通过修改的方式加以补充和完善。如我国1954年《宪法》第24条规定,"如果遇到不能进行选举的非常情况,全国人民代表大会可以延长任期到下届全国人民代表大会举行第一次会议为止"。这一规定对由什么机关来决定出现"非常情况",以及"非常情况"在消除后多长时间内必须进行选举工作都没有进行规定。1966年7月7日,第三届全国人大常委会第三十三次会议通过了《关于第二届全国人大第二次会议改期召开的决定》,决定全国人大第二次会议延期召开。这一决定致使全国人大会议的延期至10年后的1975年召开。而现行宪法针对这一问题,进行了相应的调整和完善。

第三,宪法的实际规定与这个国家、社会以及人们追求的最高价值目标不完全重合。这里的价值目标包括几个层面,如经济、政治、思想文化和法律方面的目标。当这两者不符合时,一般会有两种结果出现:一是对宪法进行修改;二是对最高价值目标的修正。

(三) 宪法的修改方式

其一,全面修改,又称整体修改,即在不改变国家的宪法精神的前提下,对宪法从头到尾或者对大部分内容(包括结构)进行整体修订并重新颁布。一般而言,各国宪法规定的宪法修改程序,既包括部分修改,也包括全面修改。对宪法进行全面修改次数最多的是多米尼加共和国。

宪法全面修改的基本原因是原宪法的基本指导思想、基本原则或者绝大部分内容已经不适应社会实际,无法调整社会现实。从各国全面修改宪法的实际看,一般都是在国家出现极为特殊的情况下,或者国家生活(特别是国家的政治生活)发生某些重大变化的情况下,才进行这种活动。从我国对宪法进行的三次修改来看每次都处于社会发展的不同阶段的转折时期。当然,宪法的全面修改是有利也有弊的。

其二,部分修改。部分修改是指宪法修改机关根据宪法修改程序,以决议或者宪法修改案等方式,对宪法中的部分内容进行调整或者变动的活动。

宪法的部分修改主要有以下三种具体方式:第一,以决议的方式直接在宪法条文中以新内容代替旧内容,修改之后,重新公布宪法。此种方式的优点是修改内容明确,一目了然。缺点是需要重新公布宪法,增加了宪法修改的频率。第二,以决议的方式直接废除宪法条文中的某些规定,修改后,也需要重新公布宪法。优缺点自然也和第一种相同。第三,以宪法修正案的方式增删宪法的内容。宪法修正案是指以修改宪法年代的先后重新设立条文,附于宪法典之后。这种方式的优点在于不需要重新公布宪法,所以能保证宪法的稳定性和完整性,进而强化宪法在人们心中的权威性。缺点在于,需要将前后条文相对照,才能确定实际有效的宪法规定,这在法律意识不够强的国家或者没有法律意识的公民在确定宪法实际有效的内容上会带来一定的困难,此种方式起源于美国。宪法修正案可以废除宪法原来的条款或者内容;变动宪法中的规定(绝大多数宪法修正案可以起到这种作用);增补宪法的条款或者内容。

其三,无形修改。宪法的无形修改即"事实违宪",是指在宪法条文未做改动(包括修改、解释或者由宪法惯例加以补充)的情况下,由于社会的发展、国家权力的运作等,使宪法条文本来的含义发生了变化。

宪法的无形修改不是宪法修改机关根据宪法规定的程序而进行的一种有意识的活动,所以不包含在上述宪法修改的含义中。关于"事实违宪",学术界存在两种对立观点:一是当达到一定条件(如继续、反复以及国民同意等)时,违宪的宪法现实具有法的性质,有改废宪法规范的效力;二是认为违宪的宪法事实毕竟是事实,不具有法的性质。我们认为,尽管无形修改是社会现实变化发展的产物,具有其存在的基础,但是无形修改使原有宪法条文的含义无形中发生了演变,而这种演变表面上仍然是在宪法原有条文的框架之内。因此,从树立宪法的权威和尊严、建设社会主义法治国家的角度来看,对于宪法的无形修改应予以避免。

(四)宪法的修改程序

各国的修改程序不尽一致,但通常包括提案、先决投票、公告、议决、公布五个阶段。

提案,有三个主体,分别是代表机关、行政机关、混合主体。一些国家规定在提议后,送交议决机关议决之前要就宪法修正案进行先决投票程序。实行先决投票的国家约有30个,这一程序的目的在于使得宪法修改的条文和内容明确、具体。在不实行先决投票程序的国家,提议机关在提出修改宪法的动议时,一般会同时提出宪法修正案的草案,以使须进行修改的内容明确、具体。一些国家还规定,在提议成立后,议决机关议决前,要将宪法修正案草案予以公告。约20个国家明确了公告程序,有的由立法机关公告,有的由行政机关进行公告。有的国家的宪法虽然没有规定宪法修正案草案的公告程序,但在修宪实践中,通常将草案予以公告,以使得社会成员知晓,并有希望社会成员参与讨论的含义。如我国《宪法》虽然没有规定公告程序,但现行《宪法》通过历次宪法修改均公布了宪法修正案草案。从各国宪法规定来看,宪法修正案草案的议决机关主要有立法机关、行政机关、特设机关和混合机关。除这些一般性质外,有些国家还作了特殊规定。宪法修改草案经有权机关依据法定程序通过以后还须由法定机关以一定的方式予以公布,才能产生相应的法律效力。受各国政治体制、历史传统等因素的影响,宪法修正案的公布机关也各不相同,其主要有三种情况:一是由国家元首公布,但绝大多数国家没有采取这种公布方式;二是由代表机关公布,少数国家采取这种公布方式,在实践中,我国一般由全国人大主席团以全国人大公告的方式发布;三是由行政机关公布,这种公布方式较为常见,主要为美国所采用。关于宪法修正案生效的时间,各国规定也各不一致。

(五)宪法修改的限制

一是对内容的限制。宪法的根本原则和基本精神、国家的领土范围、共和政体这三方面的内容不得成为宪法修改的对象。

二是宪法修改时间的限制。消极限制:不得修改宪法的时间限制,即规定在宪法颁布实施或者修改以后的若干年内不得修改宪法,或者是在特定的时间或时期内不得修改宪法。积极限制:明确规定宪法应当定期修改。有的国家会在宪法同一条文中对宪法修改的内容和时间同时做出限制。如《美国宪法》第5条规定:"在1808年以前制定的修正案,不得以任何形式影响本宪法第1条第9款第2项和第4项。"

资料

中华人民共和国宪法修正案(2004年)

(2004年3月14日第十届全国人民代表大会第二次会议通过)

第十八条 宪法序言第七自然段中"在马克思列宁主义、毛泽东思想、邓小平理论指引下"修改为"在马克思列宁主义、毛泽东思想、邓小平理论和'三个代表'重要思想指引下","沿着建设有中国特色社会主义的道路"修改为"沿着中国特色社会主义道路","逐步实现工业、农业、国防和科学技术的现代化"之后增加"推动物质文明、政治文明和精神文明协调发展"。这一自然段相应地修改为："中国新民主主义革命的胜利和社会主义事业的成就,是中国共产党领导中国各族人民,在马克思列宁主义、毛泽东思想的指引下,坚持真理,修正错误,战胜许多艰难险阻而取得的。我国将长期处于社会主义初级阶段。国家的根本任务是,沿着中国特色社会主义道路,集中力量进行社会主义现代化建设。中国各族人民将继续在中国共产党领导下,在马克思列宁主义、毛泽东思想、邓小平理论和'三个代表'重要思想指引下,坚持人民民主专政,坚持社会主义道路,坚持改革开放,不断完善社会主义的各项制度,发展社会主义市场经济,发展社会主义民主,健全社会主义法制,自力更生,艰苦奋斗,逐步实现工业、农业、国防和科学技术的现代化,推动物质文明、政治文明和精神文明协调发展,把我国建设成为富强、民主、文明的社会主义国家。"

第十九条 宪法序言第十自然段第二句"在长期的革命和建设过程中,已经结成由中国共产党领导的,有各民主党派和各人民团体参加的,包括全体社会主义劳动者、拥护社会主义的爱国者和拥护祖国统一的爱国者的广泛的爱国统一战线,这个统一战线将继续巩固和发展。"修改为："在长期的革命和建设过程中,已经结成由中国共产党领导的,有各民主党派和各人民团体参加的,包括全体社会主义劳动者、社会主义事业的建设者、拥护社会主义的爱国者和拥护祖国统一的爱国者的广泛的爱国统一战线,这个统一战线将继续巩固和发展。"

第二十条 宪法第十条第三款"国家为了公共利益的需要,可以依照法律规定对土地实行征用。"修改为："国家为了公共利益的需要,可以依照法律规定对土地实行征收或者征用并给予补偿。"

第二十一条 宪法第十一条第二款"国家保护个体经济、私营经济的合法的权利和利益。国家对个体经济、私营经济实行引导、监督和管理。"修改为："国家保护个体经济、私营经济等非公有制经济的合法的权利和利益。国家鼓励、支持和引导非公有制经济的发展,并对非公有制经济依法实行监督和管理。"

第二十二条 宪法第十三条"国家保护公民的合法的收入、储蓄、房屋和其他合法财产的所有权。""国家依照法律规定保护公民的私有财产的继承权。"修改为："公民的合法的私有财产不受侵犯。""国家依照法律规定保护公民的私有财产权和继承权。""国家为了公共利益的需要,可以依照法律规定对公民的私有财产实行征收或者征用并给予补偿。"

第二十三条 宪法第十四条增加一款,作为第四款："国家建立健全同经济发展水平相适应的社会保障制度。"

第二十四条 宪法第三十三条增加一款,作为第三款："国家尊重和保障人权。"第三款相应地改为第四款。

第二十五条 宪法第五十九条第一款"全国人民代表大会由省、自治区、直辖市和军队选出的代表组成。各少数民族都应当有适当名额的代表。"修改为："全国人民代表大会由省、自治区、直辖市、特别行政区和军队选出的代表组成。各少数民族都应当有适当名额的代表。"

第二十六条 宪法第六十七条全国人民代表大会常务委员会职权第二十项"(二十)决定全国或者个别省、自治区、直辖市的戒严"修改为"(二十)决定全国或者个别省、自治区、直辖市进入紧急状态"。

第二十七条 宪法第八十条"中华人民共和国主席根据全国人民代表大会的决定和全国人民代表大会常务委员会的决定,公布法律,任免国务院总理、副总理、国务委员、各部部长、各委员会主任、审计长、秘书长,授予国家的勋章和荣誉称号,发布特赦令,发布戒严令,宣布战争状态,发布动员令。"修改为："中华人民共和国主席根据全国人民代表大会的决定和全国人民代表大会常务委员会的决定,公布法律,任免国务院总理、副总理、国务委员、各部部长、各委员会主任、审计长、秘书长,授予国家的勋章和荣誉称号,发布特赦令,宣布进入紧急状态,宣布战争状态,发布动员令。"

第二十八条 宪法第八十一条"中华人民共和国主席代表中华人民共和国,接受外国使节;根据全国人民代表大会常务委员会的决定,派遣和召回驻外全权代表,批准和废除同外国缔结的条约和重要协定。"修改为："中华人民共和国主席代表中华人民共和国,进行国事活动,接受外国使节;根据全国人民代表大会常务委员会的决定,派遣和召回驻外全权代表,批准和废除同外国缔结的条约和重要协定。"

第二十九条　宪法第八十九条国务院职权第十六项"(十六)决定省、自治区、直辖市的范围内部分地区的戒严"修改为"(十六)依照法律规定决定省、自治区、直辖市的范围内部分地区进入紧急状态"。

第三十条　宪法第九十八条"省、直辖市、县、市、市辖区的人民代表大会每届任期五年。乡、民族乡、镇的人民代表大会每届任期三年。"修改为："地方各级人民代表大会每届任期五年。"

第三十一条　宪法第四章章名"国旗、国徽、首都"修改为"国旗、国歌、国徽、首都"。宪法第一百三十六条增加一款，作为第二款："中华人民共和国国歌是《义勇军进行曲》。"

第三节　宪法解释

案例引导

美国前司法部长艾德文·米瑟（Edwin Meese Ⅲ）曾指出："美国法律史就是一部宪法的辩论史。"而围绕宪法所展开的辩论几乎就是如何对宪法进行合理性与合法性的解释进行的,所以从一定意义上说,美国的法律史又是一部宪法解释史。美国社会自20世纪80年代初以来,尤其是自1987年里根提名罗伯特·博克为最高法院法官失败之后,以宪法的根本问题所展开的宪法解释论战已远远超过了学术本身,它对美国宪政共和的未来发展将产生深远的影响。这场论战不仅由学术界、律师界最杰出和富有思想的学者与法学家参与,而且连美国联邦三大政府部门的代表也加入进来。而这场宪法解释的论战迄今仍未终结。

美国宪法解释论战各方所争论的焦点,乃是传统意义上的多数民主与个人自由权利协调的问题,该问题又被称作"麦迪逊之两难"（Madisonian dilemrna）或"反多数之难题"（the counter-majoritarian difficulty）。美国宪法被认为是依照麦迪逊思想体系建构的,自宪法诞生起似乎就包含着两个彼此冲突的原则：一是民主多数下的自治原则；二是个人在某些领域和某些时候必须享有免于多数统治的自由权利原则。它们之间似乎存在着两难：即民主权威与个人自由之间的张力难以解决,无论强调哪一方面,都会面临陷入多数人专制或少数人专制的危险。美国宪法对该难题的解决采取了三种措施：(1)权力分离与制衡,限制联邦政府的权力；(2)总统、参议员与众议员分别在不同的时间、采取不同的方式进行选择,使之权力来源不同；(3)颁布权利法案,以保障个人权利与自由免遭多数人的侵害。对于麦迪逊难题的解决,宪法交予了处于中立地位的联邦司法机关,最终是最高联邦法院。①

思考：宪法为什么需要解释？

一、宪法解释的概念与功能

（一）宪法解释概念

宪法解释是宪法制定者或者是依照宪法的规定享有宪法解释权的国家机关或其他特定的主体对已经存在并且正在生效的宪法规范的含义所做出的说明。宪法规范一经产生,就存在一个如何适用和遵守宪法规范的规定的问题,而要在实际中正确地适用和遵守宪法规范,其基本前提之一就是必须对宪法规范所包含的含义有

---

① 范进学：《美国宪法解释"麦迪逊两难"之消解》,载《法律科学》2006年第6期,第10页。

一个准确的理解。为了保证通过宪法规范所体现出来的宪法制定者的意志和要求在实际中成为现实,要保证通过适用和遵守宪法规范来最大限度地实现宪法制定者的利益,就必须对宪法规范的含义进行说明。

(二) 宪法解释的功能

第一,宪法解释是解决宪法规范与社会现实之间冲突的经常性方式。宪法解释的必要性对于宪法实施的重要性是不言而喻的,由于宪法具有法规范的属性,具有相对的保守性和稳定性,而社会现实具有流动性。当社会现实发生变化和发展时,就会因为宪法规范体系的不完整性和滞后性产生社会现实中未被规范的领域与宪法调整之间的冲突,修改宪法和解释宪法就成为解决此问题的两种途径。然而,修改宪法又会损害宪法的稳定性和权威性,而宪法解释相对缓和,因此宪法解释就成为一种解决宪法规范与社会现实之间冲突的经常性方式。所以,宪法解释可以在不变动宪法文本的情况下,使宪法适应社会现实的变迁,使得宪法规范的稳定性价值与适应性价值能够得到很好的协调。

第二,明确宪法的含义,保证宪法的实施。由于宪法规范较为抽象和原则,其表面意义往往晦涩不清,这些原则性规定与社会现实之间存在着很大的距离,宪法规范是要运用于社会现实的,而宪法解释就发挥了这种桥梁性作用。

第三,补充宪法的缺漏。由于制宪的社会环境与制宪者认识水平的局限性,宪法中有些内容存在缺陷,或存在制宪者当时预料不到的情形。因上述各种原因而造成的宪法内容与存在方式的不确定性,需要通过宪法解释弥补其缺漏。由于补充漏洞是以超越现行制定法条文而另外演绎出宪法规范作为依据,因此补充宪法的漏洞本质上是一种"法的创造"。

第四,维护法制的统一。宪法作为国家的根本大法,是一国法律体系的基础。维护宪法权威是保障法制统一性的重要条件。对宪法条文的不同理解有可能造成法制统一性的破坏。通过宪法解释可以统一人们对宪法的认识,维护法制的统一。

第五,提高公民的宪法意识。在宪法实施中,公民的宪法意识起着重要作用,如果没有成熟的公民宪法意识,宪法实施就会遇到各种障碍。而提高公民的宪法意识的重要途径是及时做出宪法解释,使公民在具体的宪法实践中感受宪法的存在。

二、宪法解释的主体

由于宪法解释涉及宪法活动是否真正有效,也涉及宪法规范是否能够真正地反映宪法制定者的立宪意图,所以,要保证宪法解释活动符合宪法制定者的要求,必须由宪法制定者行使宪法解释权是完全符合宪法创制活动的特点的。但是,由于宪法解释往往发生在适用和遵守宪法规范的过程中,所以需要对宪法规范的含义做出大量的解释说明,其中有些解释不涉及为宪法规范创设新的含义,有的解释涉及为宪法规范创设新的含义,所以依靠宪法制定者来对宪法规范的含义做出说明和解释在实际中是很难操作的。因此,大量的宪法解释活动是通过宪法规范所授权的特定主体,依照宪法规范所赋予的宪法解释权来适用和遵守宪法规范过程中遇到的需要对宪法规范的含义做出说明的地方进行必要的解释与说明。

从世界各国的宪法规定来看,依照宪法规范规定可以对宪法规范的含义做出说明的、享有宪法解释权的主体涉及国家权力机关、国家立法机关、国家行政机关、国家元首、国家司法机关和专门的宪法实施监督机构等。各国宪法通常把宪法解释权赋予专门机关或特定的机关行使。从目前的宪法解释体制来看,主要有以下三种类型:

一是立法机关解释制。即立法机关依照一定的程序解释宪法。采用这种体制的国家主要是一些奉行议会主权的国家。在这些国家中,议会被认为是人民的意志直接体现者,是当然的主权机关,其权力不受其他国家机关的制约;不允许司法机关推翻议会所制定的法律,法律是否违宪由议会自己判断。

二是普通司法机关解释制。即普通司法机关按照司法程序解释宪法。其基本做法是法院在审理案件时,附带性地审查所适用的法律是否违宪,如果认为违宪则可予以宣布,并拒绝予以适用。普通司法机关解释制产生于美国 1803 年"马伯里诉麦迪逊案",马歇尔在该案的判决中明确宣布,宪法解释权属于法院。美国所确立的司法机关解释制产生了世界性影响,拉丁美洲各国、日本、印度、澳大利亚、加拿大、菲律宾等国都采用了这一体制。

三是专门机关解释制。即为了使宪法规范更加规范化、程序化,在立法机关和普通司法机关之外设立特定的专门机关解释宪法,主要有宪法法院、宪法委员会等。专门机关是专门解释宪法的具有权威性的机关,能够有效地解决宪法在实施过程中出现的各种违宪问题,解决的方式采用司法积极主义原则。"二战"后,许多欧洲大陆国家,如德国、西班牙、意大利、葡萄牙等,都采用了宪法法院的解释制。而 1958 年的《法兰西第五共和国宪法》则设立宪法委员会,以处理宪法争议和宪法解释。

三、宪法解释的程序

(一)立法机关解释的程序

在立法机关负责解释宪法的国家,宪法一般都不规定宪法解释的特有程序,因而往往都依据一般的立法程序做出宪法解释。宪法解释程序的一般立法化经常会使立法和宪法解释的界限较为模糊,何为立法机关所为的立法、何为立法机关所作的宪法解释难以辨识。

(二)普通司法机关解释的程序

在美国的普通司法机关解释体制下,原则上公民、社会团体、国家机构都有权提起宪法解释的申请,但这一申请不是任意的,必须以具体案件为前提。如果公民、社会团体认为自己为宪法所确认或保障的权利与自由受到联邦和州的侵害,可以向法院提起诉讼,由法院在审理案件时对所涉及的宪法条文进行解释。国家机构在以下情况下,也可以向联邦法院提起宪法解释的申请:联邦认为州宪法或州法律侵犯联邦的宪法权力,各州认为联邦法律侵犯州的权力。由于法院是在审理案件的过程中附带性解释宪法,因此宪法解释是依据一般的诉讼程序来进行的。

(三)宪法法院解释的程序

在宪法法院解释制的国家,宪法解释程序可分为具体解释程序和抽象解释程序两种类型。具体解释程序是指宪法法院就具体案件对有关的宪法问题进行解释所依据的程序。具体解释程序经常与宪法诉讼或宪法诉愿相联系。例如,根据意大利的宪法解释程序,如果公民在一般诉讼中认为普通法院所适用的法律违反宪法,可以向法院申请停止案件的审理而将案件移送宪法法院,由宪法法院进行解释;普通法院在审理案件的过程中,如果认为其所适用的有违反宪法的嫌疑,应中止案件的审理,将案件移交宪法法院,由宪法法院对此做出解释和判决。就抽象解释程序而言,中央政府在州法律正式公布后 15 日内、州政府在中央法律或他州法律在正式公布后 30 日内,可以申请宪法法院审查该法律有无违反宪法的情形,宪法法院对于该案件做出的有关宪法解释,应及时公布于政府公报。德国的宪法解释程序大致与此类似,也可区分为具体解释程序和抽象解释程序。就具体解释程序而言,公民如果认为自己为宪法所确认或保障的权利受到国家公权力的侵害,在穷尽所有普通法律诉讼救济程序之后可以向宪法法院提起宪法诉愿,由宪法法院对相关宪法问题做出解释。如果地方自治团体的自治权受到联邦法律或各邦法律的侵害,可以向宪法法院提起解释申请,宪法法院应予以受理。就抽象解释程序而言,在总统、联邦政府、联邦众议院或联邦参议院三分之一议员对特定宪法问题表示意见时,可以向宪法法院提起解释申请。

(四)宪法委员会解释的程序

根据 1958 年法国《宪法》的规定,宪法委员会关于宪法解释的程序包括:组织法和议会议事规则在实施之前,必须提交宪法委员会进行审查,由宪法委员会对相关的宪法问题进行解释;基于与前项相同的目的,各项法律在公布前,共和国总统、总理、国民议会议长、参议院议长,可以提请宪法委员会审查;宪法委员会对法律的审查期间为一个月,如果情况紧急,经政府要求时,此期限应缩短为八日;法律提交宪法委员会审查时,公布法律的期限不受原定期限的限制。从以上规定可以看出,宪法委员会对宪法的解释是一种抽象解释和事前解释,不以具体案件为前提,其审理的程序也较为简单,严谨性和创意性都较为不足。

四、宪法解释的效力与原则

(一) 宪法解释的效力

宪法解释的效力是指宪法解释的内容在时间和空间上以及对人的效力。由于宪法解释主体不同,宪法解释的效力也存在差异。

在立法机关解释制下,立法机关的解释为最终解释,具有最高的法律效力,对法院的判决具有拘束力。

由普通司法机关负责违宪解释,其效力大致具有以下三个特点:一是法院不能离开具体案件自动审查法律的内容,只能在审理有关宪法问题的案件时附带地审查所适用的法律有无违宪。二是判决只能拘束诉讼当事人,对于其他人则无任何拘束力。三是任何法院都有权审查法律违宪,但法院判决只能拘束自己的下级法院,不能拘束同等法院及其他下级法院,因此某一案件还未上诉到最高法院以前并不能因其违宪而无最终效力。

专门机关对宪法所进行的解释一般具有最终的法律效力,但在时间效力、空间效力和对人的效力又有所不同。

(二) 宪法解释的原则

宪法解释的原则贯穿于宪法解释活动的始终,并为宪法解释主体必须遵守的基本原则。

第一,解释宪法应符合制宪目的与精神。宪法是特定阶段社会生活需求的综合性反映,每一部宪法都具有自身的制宪目的和精神。宪法的目的和基本精神具有某种普世性,反映为人类社会普遍的法治信仰、道德价值和理性精神。

第二,依法解释原则。宪法解释是主观性与客观性的统一,其中客观性的因素占主导地位。为了保证宪法解释的公正性、科学性,各国宪法普遍规定了宪法解释的严格程序,对解释主体、解释界限、解释程序及其解释效力作了明确规定。

第三,解释宪法要反映社会发展的需求。由于制宪者或修宪者主观认识的局限性,宪法规定的内容不可能是完美无缺的,规定得再好,宪法在具体实施过程中也会表现出一定的滞后性,需要以解释的方式加以弥补。

五、宪法解释的方式

宪法解释的方式涉及如何阐释宪法条文、规范、原则和精神的含义问题,是宪法解释活动的中心环节。宪法解释有原意解释、文义解释、社会学解释和利益衡量方法等解释方式。

原意解释把诉求制宪者的原意作为宪法解释活动的中心,认为只有制宪者意图才是宪法解释的全部目的和宪法文本的真正意旨所在。

文义解释主张依照宪法文本用语之义进行解释,以阐释宪法的意义和内容。文义解释强调在解释宪法时,应树立宪法文本的权威,而使法官或解释者处于从属地位,要求解释者只能就宪法文本文字本身阐释意义,而不能超出文本文字本身的含义。

社会学解释将社会学方法运用于宪法解释,主张在宪法解释过程中要强调宪法解释可能带来的社会效益和现实意义。社会学解释着重于法官或解释者在特定的社会语境下的选择,以及法官或宪法解释者在该社会语境下所担负的社会责任和政治角色,主张法官或解释者在解释宪法时要首先看到宪法文本以外的社会内容和利益要素,而不是范围狭小的宪法文本。

利益衡量方法不是一种独立的宪法解释方式,它是社会学解释方式中的一种独特类型。利益衡量方法指的是法官或解释者在宪法解释过程中对所涉及的相互冲突的各种利益进行比较,做出评价并加以抉择的形式。利益衡量方法把宪法看成是社会共同体内部相互冲突的各种利益的合力,宪法解释的任务与目的之一就在于确认、平衡和保障利益。

我国宪法解释的主体

一般认为,根据《宪法》第67条的规定,全国人民常委会享有宪法解释的权力。虽然宪法没有规定全国人民代表大会有权解释宪法,但从宪法规范的内部逻辑结构上看,全国人大享有最终宪法解释权。根据我国现行的宪政制度设计,全国人大是全国的最高权力机关,其形式的权利具有最高性。现行《宪法》第62条第11项,全国人大有权"改变或者撤销全国人民代表大会常务委员会不适当的决定","改变"一词意味着全国人大对全国人大常委会的权威性宪法解释不仅具有否决权、判断权,而且还有权依照自己的意志"重起炉灶"、自行解释。不仅如此,依《宪法》第62条最后的概括性条款,全国人大行使应当由最高国家权力机关行使的其他职权。此项概括性条款,可以根据现行体制架构、立宪意图得到诠释,解释宪法的权力显然包含于"应当由最高国家权力机关行使的其他职权"之中。从制宪者的意图来看,制定者显然意识到全国人大会期短、任务繁重的情形,而把宪法解释权赋予全国人大常委会,作为经常性行使宪法解释权的机关,保证宪法解释权不致因会期短而中断。而使全国人大作为审查全国人大常委会的决定是否合理合宪的机关,行使宪法最终解释权。全国人大及其常委会根据宪法明示或默示的授权性规范进行的宪法解释具有宪法上的约束力,与其他宪法主体所进行的非权威性解释有着本质的区别。

第四节 违宪审查

案例引导

在1800年美国总统大选中,民主党人杰弗逊击败联邦党人约翰·亚当斯当选美国第三任总统。亚当斯为使联邦党人能够继续控制联邦政府,从而挽回在总统选举和国会选举中的失败,于1801年3月4日前杰弗逊正式就任总统前采取了一系列紧急措施,先是任命他的国务卿马歇尔为联邦最高法院首席法官,之后又借国会通过巡回法院法案之际,成倍地增加治安法官的数量,而且这些新增法官的人选全部是联邦党人。对这些人选,亚当斯政府于1801年3月3日深夜之前完成了提交参议院批准任命、总统签署、国务卿加盖国玺等任命程序,但因时间仓促,有些委任状在新总统就任的3月4日这一天仍未及时送出。新总统杰弗逊上任后,命令其国务卿麦迪逊扣发尚未发出的委任状。马伯里就是被任命为联邦治安法官而未能领到委任状的人员之一。在得知委任状被麦迪逊扣发之后,马伯里向美国联邦最高法院提起诉讼。审理该案的大法官马歇尔运用高超的法律技巧和智慧,判决该案中所援引的《1789年司法条例》第13款因违宪而无效,从而审结了此案。从此美国最高法院确立了有权解释宪法、裁定政府行为和国会立法行为是否违宪的制度,对美国的政治制度产生了重大而深远的影响。

思考:宪法的效力如何实现或其根本法地位如何保障?

一、违宪审查的概念与特征

违宪审查,是指享有违宪审查权的国家机关通过法定程序,以特定方式审查和裁决某项立法或某种行为是否合宪的制度。违宪审查制度是宪法监督的重要手段,其目的在于保证宪法运行,维护宪政秩序。一般认为,这种制度起源于西方资本主义国家。17世纪初,英国枢密院对其殖民地的立法进行监督审查被认为是违宪审查的先例。随着宪法运行制度的不断完善,违宪审查日益成为世界宪政国家十分重要的法律制度。违宪审查具有以下特征:

第一,违宪审查主体是享有违宪审查权的国家机关。审查立法、行政或党、社会团体等机关组织的行为是否违宪,是关系到宪法秩序与政局的大事,一般的国家机关和个人是不能承担此职的。因此,世界上大多数实行宪政的国家都通过宪法明文规定违宪审查机关。不过,也有少数国家的宪法本身并不规定违宪审查机关,而是在实际审判活动中通过宪法解释予以确立。美国就是这方面最典型的例子。虽然美国宪法并未明文规定违宪审查机关,但美国联邦最高法院在"马伯里诉麦迪逊"一案中,通过解释宪法和阐述三权分立的宪政理论,认定联邦最高法院是违宪审查机关,进而确立了联邦最高法院作为违宪审查机关的理论和实践。

第二,违宪审查有特定的审查范围。违宪审查机关是特定的国家权威机关。其本身的性质和地位决定了它不可能对一切违宪案件进行审查,只对那些涉及国家及社会生活的根本问题进行审查。在具体的审查实践中,由于各国的违宪审查机关不同,其违宪审查范围也不一样。一般来说,采用立法机关作为违宪审查的国家,主要审查立法是否合宪,同时也对行政法规、地方性法规是否合宪进行审查,但很少直接宣布某一行政法规或地方性法规违宪。一般来说,采用司法机关作为违宪审查机关的国家,审查范围基本上与采用立法机关的国家相同。而采用宪法法院作为违宪审查机关的国家,审查范围相对比较宽。不过,法国宪法委员会的审查范围最小,仅审查议会立法是否合宪。从世界宪政实践来看,违宪审查范围呈不断扩大的趋势。

第三,违宪审查程序多样化。违宪审查程序的多样性是由审查范围的广泛性决定的。违宪审查范围既涉及立法与行政行为是否合宪等对国家生活可能发生重大影响的根本问题,也涉及公民个人行为是否合宪等只对社会局部产生一定影响的具体问题。性质不同的审查范围决定了审查程序的差异。一般来说,涉及国家和社会生活根本问题的程序较为复杂、严格,其中弹劾案的程序尤为严格,而涉及公民个人行为的违宪审查程序则较为简便。审查程序的多样性还表现为不同的审查模式及同一审查模式在不同国家也有不同的审查程序。这种多样性具体表现在三个方面:一是在由司法机关负责审查的国家,其违宪审查程序与普通法院的诉讼程序并无区别,美国就是这方面的典型例子;二是以德国为代表的由宪法法院负责违宪审查的国家,一般都通过制定专门法律对违宪审查程序做出较为缜密、翔实的规定;三是个别国家对违宪审查程序并无具体法律规定。

第四,违宪审查方式有别于一般司法案件的审判。一般司法案件的审判主要采用辩论方式或控辩方式,而违宪审查有其独特方式,比如以被审查对象是否已经发生法律效力为标准,其方式就包括事前审查、事后审查、事前审查与事后审查相结合等方式等。

二、违宪审查的模式

违宪审查模式是指在宪法运行监督理论的指导下,由违宪审查主体、对象、方式、方法、原则等构成的可供人们理解、把握和仿照的固定形式。以违宪审查权的归属为标准,在世界范围内存在以下四种模式:

(一)立法机关审查模式

立法机关审查模式,是宪法或宪法惯例所规定的立法机关负责审查、裁决违宪案件的一种违宪审查模式。这种制度的理论基础是"议会至上"或"国家一切权力属于公民"原则。由立法机关负责保障违宪审查的体制源于英国。英国长期奉行"议会至上"原则,认为议会是代表人民的民意机关,是主权机关,因此作为立法机关的议会应当高于行政机关和司法机关。因此,应该由作为立法机关的议会负责保障宪法运行。社会主义国家的中央立法机关一般都是国家的最高权力机关,其他国家机关由它产生并且对它负责。在这种"议行合一"的体制下,最高法院等其他国家机关自然不具有保障宪法运行的职责,负责保障宪法运行的职责只能落在国家权力机关身上。因此,社会主义国家都采取这种立法机关负责保障宪法运行的体制。立法机关审查模式的优点在于:立法审查具有权威性和权力行使的统一性,监督的直接性和快捷性。但该模式也有时效性、经常性和公正性不够理想的缺陷。

(二) 司法机关审查模式

司法机关审查模式,是指普通法院在审理具体案件中,对该案件所适用的法律和行政法规的合宪性进行审查、裁决的一种违宪审查模式。这种制度起源于美国1803年"马伯里诉麦迪逊"一案的判例。从此以后,有许多国家受美国影响,也采取由司法机关负责保障宪法运行的体制,通过具体案件的审理以审查确定其所适用的法律是否符合宪法。在这类国家中,法律的违宪审查权一般为最高司法机关所保留,但日本等个别国家的地方法院也行使违宪审查权。

司法机关审查模式依据其违宪审查权的来源,又可分为通过司法判决确定违宪审查权归属的美国模式和由宪法明确规定违宪审查权的日本模式。如前所述,美国联邦最高法院享有违宪审查权是通过个案判决确定的,而日本最高法院享有违宪审查权则来自日本宪法的规定。

(三) 专门机关审查模式

专门机关审查模式,是指由宪法所规定的专门机关对法律、法规、行政章程等的合宪性进行审查、裁决的一种违宪审查模式。从发展趋势来看,由专门机关保障宪法运行的国家一直在逐渐增多,可以预见,这种体制很可能成为占主导地位的宪法运行保障机制。

专门机关宪法运行保障体制的优点在于:①专职性;②有效性;③审查形式多样性,既可以是抽象性专门审查法规的合宪性,也可以是具体的个案审查,还可以有弹劾性审查权;④权威性。专门机关审查制的不足之处在于,在一些政治动荡、各派政治力量斗争激烈的国家,专门机关往往为个别党派所利用,或者成为与宪政体制中心不同的另一政治中心,这对政局稳定是一个不利因素。

宪法所规定的专门机关可分为两类,即特设司法机关和专门政治机关。因此,专门机关审查模式又可分为特设司法机关审查模式和专门政治机关审查模式。

特设司法机关审查模式,是指由根据宪法规定设立的专门行使违宪审查权的法院负责违宪审查的一种模式。这种模式在大多数国家被称为宪法法院审查模式。同司法机关审查模式相比,特设司法机关审查模式不仅具有地位超脱、权限广泛、程序灵活与审查方式多样的特点和优点,而且特设司法机关的审查具有终极性效力。但是,特设司法机关的地位超脱,权限范围广泛也带来了不少消极影响。其突出表现是案件堆积如山,人手不够,难于应付。专门政治机关审查模式的特点在于,专门政治机关的职权主要是政治性职权。由于保障总统及议员选举的合法性是一项政治性极强的职能,再加上该委员会的审查范围不包括公民因国家机关的行为造成侵害公民基本权利的宪法诉讼案,因此该模式一般被称为专门政治机关审查模式。

(四) 复合审查模式

复合审查模式,是指一国的违宪审查权由两个或两个以上的国家权力机关共同行使,并根据法律规定或国家认可的权限、程序与方式对违宪案件进行合宪性审查和裁决的一种模式。目前,该模式中有由议会、政府和法院共同行使违宪审查权的瑞典模式;有由国家权力的最高领导机关和检察机关共同监督宪法运行的朝鲜模式等。但是,比较典型的是由宪法委员会与行政法院并行审查的法国模式和议会与普通法院并行审查的英国模式。

复合审查模式的特点在于审查主体的双重性或多重性,且各审查主体相互分工,密切配合,使违宪案件得到有效审查。不过,该模式也有违宪审查权分散、不统一的缺陷。

三、违宪审查的范围

第一,审查法律、法规和法律性文件的合宪性。国家立法机关制定的一般法律以及其他国家机关颁布的规范性文件必须遵循宪法的规定,并且要与宪法的原则精神相结合。如果法律、法规和法律性文件的法律规范与宪法内容及原则精神相悖,又将其在社会生活中适用,那必将损害国家的根本利益,同时也势必影响法律的权威。因此,各国宪法一般以审查法律、法规和其他法律性文件的合宪性作为保障宪法运行的主要内容。

第二,审查国家机关及其工作人员、各政党、武装力量、社会团体、企事业单位和全体公民的行为的合宪性。宪法是国家的根本大法,具有最高的法律效力。因此,一切国家机关及其工作人员、各政党、武装力量、社会团体、企事业单位和全体公民的行为都必须将宪法作为自己的根本行为准则。那么,所有的社会主体的行为都不能背离宪法所确立的基本准则,否则将有损宪法的权威和尊严,妨害宪法的运行,故审查国家机关及其工作人员、各政党、武装力量、社会团体、企事业单位和全体公民的行为的合宪性也是宪法运行保障的又一重要内容。

四、违宪审查的方式

从各国的宪政实践来看,尽管各国违宪审查的方式有差异,并且有多种表现,也有多种方式互补联用的情况,但大致可以分为以下几种:

其一,以备审查的对象是否已经生效为根据,可以分为事前审查、事后审查及事前审查与事后审查相结合的方式。

事前审查又称预防性审查,是指法律和规范性文件颁布实施以前,依照法定程序,先由专门的违宪审查机构予以审查,以确认其是否违宪的审查方式。通过定义,我们知道这种方式通常适用于法律、法规和法律性文件的制定过程中。实行事前审查方式的国家,都把法律及法律性文件的合宪性作为审查的唯一内容。实行这种方式审查的优点在于能预防不法后果的发生,其缺陷在于往往干扰正常立法和执法工作,在有的情况下还会成为独裁的手段。目前实行这种审查方式的国家有伊朗、爱尔兰、法国、瑞典等。

事后审查是指在法律、法规和法律性文件颁布实施之后,或者在特定行为产生实际影响之后,由有权机关对其是否合宪进行的审查,也称追惩性审查。事后审查往往根据特定机关、组织或者个人提出的合宪性审查请求而发生。但在有些国家,宪法运行保障机关有时也会主动审查。还有个别国家,其普通法院在具体的诉讼过程中,也对涉及的法律或其他法律性文件附带进行事后审查。总的来说,采取事后审查方式的国家,其违宪审查的对象各不相同。有的国家事后审查的对象主要是法律、法规和法律性文件,但在有的国家,特定国家机关及其工作人员、社会组织和公民个人的行为也可能成为事后审查的对象。事后审查的优点在于避免了事前审查的缺点,即尊重立法机关及其他国家机关实施宪法、行使法定职权,有利于保障立法和行政的效率。缺点在于,由于审查滞后,不利于预防和减少违宪事件的发生。

事前审查与事后审查相结合。在现代世界各国的违宪审查实践中,绝大部分国家采用事后审查方式,有的国家采取事前审查方式。由于事前审查与事后审查各有其优缺点,为了更好地发挥宪法运行保障机制的作用,有些国家采取事前审查与事后审查相结合的方式。目前,采取这种方式的国家主要有泰国、斯里兰卡、葡萄牙、摩洛哥等。我国以事后审查为主,事前审查为辅,对一般立法和行为实行事后审查,对民族自治立法实行事前审查。

其二,以审查的起因为根据,可以分为附带审查、起诉审查和提请审查三种方式。

附带审查。附带审查,是指法院在审理具体的案件过程中,因涉及适用的法律、法规和法律规范性文件是否违宪的问题,而对该法律、法规和法律规范性文件进行的合宪性审查,并据此判决该案件。其判绝不是针对该立法的合宪性问题直接进行,而是针对该具体案件进行判决,判决的约束力也只限于本案。如美国联邦最高法院的合宪审查就是典型的附带审查,日本也是如此,并且这是他们保障宪法运行、进行违宪审查的唯一方式。但是并不能说,所有由法院负责保障宪法运行的国家都是如此。有些国家虽然采取由司法机关保障宪法运行的体制,但它们的法院不仅进行附带审查,而且进行起诉审查和提请审查。

起诉审查。起诉审查也称宪法诉讼审查,是指有关国家机关、社会组织或者公民个人宪法上的权利或者权力受到侵犯或者可能受到侵犯时,依法诉请宪法运行保障机关对特定的法律性文件和行为的合宪性进行审查,而后由保障机关裁决的方式。这种方式有两种情况:一种是个人宪法诉讼,另一种是宪法控诉。要进行宪法诉讼首先以该国存在接受宪法控诉的机关和宪法诉讼制度为前提,大多数国家的保障宪法运行的专门机关主要从事这种审查工作,有些国家的司法机关也依法进行起诉审查。

提请审查。提请审查,是指特定的国家机关或国家领导人依法将有异议的法律性文件或行为,提请该国的宪法运行保障机关进行合宪性审查。葡萄牙、斯里兰卡、伊朗等国都存在这种违宪审查方式。

五、违宪审查与宪法监督、司法审查的区别

在我国宪法学界,不少人把违宪审查与宪法监督等同看待,但是"宪法监督是指为保证宪法运行所采取的各种办法、手段、措施和制度"。违宪审查只是宪法监督的一种。具体来说,它们两者在审查或监督对象、主体、形式上都不同。从对象上看,宪法监督对象宽,违宪审查对象窄,后者为前者的一部分;从主体上看,宪法监督主体包括任何政党、组织和全体公民,违宪审查主体则是指享有违宪审查权的国家机关;在形式上,宪法监督既包括违宪审查这种具有法律意义的监督,也包括舆论批评、抗议活动等不具法律意义的监督;而违宪审查对立法或行政行为等所作的是否违宪的结论则都具有法律意义。另外,我国法学界,也有学者把违宪审查等同于司法审查,例如《新编法学词典》中,违宪审查一条就有"'违宪审查'亦称'司法审查'"之说。这种说法也欠妥当,这是对违宪审查片面和狭义的理解。其实违宪审查有多种模式,司法审查只是其中一种。同时在实行司法审查的国家中,司法审查既包括对违宪的审查也包括对违法的审查,美国就是实行这种模式的典型,这表明违宪审查与司法审查的范围有时也不尽一致。

资料

《在首都各界纪念现行宪法公布施行30周年大会上的讲话》
(习近平,2012年12月4日)(节选)

宪法的生命在于实施,宪法的权威也在于实施。我们要坚持不懈抓好宪法实施工作,把全面贯彻实施宪法提高到一个新水平。

第一,坚持正确政治方向,坚定不移走中国特色社会主义政治发展道路。改革开放以来,我们党团结带领人民在发展社会主义民主政治方面取得了重大进展,成功开辟和坚持了中国特色社会主义政治发展道路,为实现最广泛的人民民主确立了正确方向。这一政治发展道路的核心思想、主体内容、基本要求,都在宪法中得到了确认和体现,其精神实质是紧密联系、相互贯通、相互促进的。国家的根本制度和根本任务,国家的领导核心和指导思想,工人阶级领导的、以工农联盟为基础的人民民主专政的国体,人民代表大会制度的政体,中国共产党领导的多党合作和政治协商制度、民族区域自治制度以及基层群众自治制度,爱国统一战线,社会主义法制原则,民主集中制原则,尊重和保障人权原则,等等,这些宪法确立的制度和原则,我们必须长期坚持、全面贯彻、不断发展。

坚持中国特色社会主义政治发展道路,关键是要坚持党的领导、人民当家做主、依法治国有机统一,以保证人民当家做主为根本,以增强党和国家活力、调动人民积极性为目标,扩大社会主义民主,发展社会主义政治文明。我们要坚持国家一切权力属于人民的宪法理念,最广泛地动员和组织人民依照宪法和法律规定,通过各级人民代表大会行使国家权力,通过各种途径和形式管理国家和社会事务、管理经济和文化事业,共同建设、共同享有,共同发展,成为国家、社会和自己命运的主人。我们要按照宪法确立的民主集中制原则、国家政权体制和活动准则,实行人民代表大会统一行使国家权力,实行决策权、执行权、监督权既有合理分工又有相互协调,保证国家机关依照法定权限和程序行使职权、履行职责,保证国家机关统一有效组织各项事业。我们要根据宪法确立的体制和原则,正确处理中央和地方关系,正确处理民族关系,正确处理各方面利益关系,调动一切积极因素,巩固和发展民主团结、生动活泼、安定和谐的政治局面。我们要适应扩大人民民主、促进经济社会发展的新要求,积极稳妥推进政治体制改革,发展更加广泛、更加充分、更加健全的人民民主,充分发挥我国社会主义政治制度优越性,不断推进社会主义政治制度自我完善和发展。

第二,落实依法治国基本方略,加快建设社会主义法治国家。宪法确立了社会主义法制的基本原则,明确规定中华人民共和国实行依法治国,建设社会主义法治国家,国家维护社会主义法制的统一和尊严。落实依法治国基本方略,加快建设社会主义法治国家,必须全面推进科学立法、严格执法、公正司法、全民守法进程。

我们要以宪法为最高法律规范,继续完善以宪法为统帅的中国特色社会主义法律体系,把国家各项事业和各项工作纳入法制轨道,实行有法可依、有法必依、执法必严、违法必究,维护社会公平正义,实现国家和社会生活制度化、法制化。全国人大及其常委会要加强重点领域立法,拓展人民有序参与立法途径,通过完备的法律推动宪法实施,保证宪法确立的制度和原则得到落实。国务院和有立法权的地方人大及其常委会要抓紧制定和修改与法律相配套的行政法规和地方性法规,保证宪法和法律得到有效实施。各级国家行政机关、审判机关、检察机关要坚持依法行政、公正司法,加快推进法治政府建设,不断提高司法公信力。国务院和地方各级人民政府作为国家权力机关的执行机关,作为国家行政机关,负有严格贯彻实施宪法和法律的重要职责,要规范政府行为,切实做到严格规范公正文明执法。我们要深化司法体制改革,保证依法独立公正行使审判权、检察权。全国人大及其常委会和国家有关监督机关要担负起宪法和法律监督职责,加强对宪法和法律实施情况的监督检查,健全监督机制和程序,坚决纠正违宪违法行为。地方各级人大及其常委会要依法行使职权,保证宪法和法律在本行政区域内得到遵守和执行。

第五节 宪法观念

案例引导

2015年7月1日,第十二届全国人大常委会第十五次会议以153票赞成、0票反对、2票弃权,表决通过了《关于实行宪法宣誓制度的决定》(以下简称《决定》),从2016年1月1日起,各级人大选举或决定任命的国家工作人员,以及"一府两院"任命的国家工作人员,就职时都要公开进行宪法宣誓。宣誓范围为各级人大选举或决定任命的国家工作人员,包括国家主席、全国人大常委会委员长、国务院总理等国家领导人,以及"一府两院"的国家工作人员。对宣誓场所的要求是"宣誓场所应当庄重、严肃,悬挂中华人民共和国国旗或者国徽"。誓词为:"我宣誓:忠于中华人民共和国宪法,维护宪法权威,履行法定职责,忠于祖国、忠于人民,恪尽职守、廉洁奉公,接受人民监督,为建设富强、民主、文明、和谐的社会主义国家努力奋斗!"

思考:宪法宣誓对于国家工作人员宪法观念的培养具有怎样的意义?

一、宪法观念概述

(一) 宪法观念的含义

宪法观念属于主体对宪法的主观认识。在历史上,宪法观念先于宪法规范而出现。近代宪法的产生是政治、经济、文化、社会多种因素综合作用的产物,宪法观念的形成与发展则是宪法产生的前提,同时生成的宪法也表征宪法观念的实现。由于个人对宪法的认识程度、知识背景、价值观、选择方法论的不同,对宪法观念的认识也不一样。与宪法观念相似的表述还有宪法精神、宪法意识、宪法思想、宪法文化等。

宪法观念具有以下几个特征:第一,宪法观念同宪法规范或现实宪法相比具有相对独立性。宪法观念的相对独立性,不是指宪法观念可以脱离宪法而存在,而是指宪法观念一般来说先于宪法而存在。第二,宪法观念是普遍性和民族性的统一。当今世界各民主国家宪法所蕴藏的宪法观念是人类文明发展的共同成果,近代宪

宪法与行政法学

法观念总体上讲是西方文明发展的产物,一国的宪政实践又受到宪法观念民族性的影响。因此,相同的宪法观念在不同国家的立宪实践中会导致不同的结果,例如,英国、美国、法国的经济基础都是资本主义商品经济,政治基础是民主政治,文化基础是由西方文明发展起来的理性文化,但在宪政实践中却有较大差别。第三,宪法观念直接受哲学、政治、宗教思想的影响,一国的主导宪法观念直接由该国主流意识形态所决定。

因此,宪法观念是人们对历史与现实中的宪法规范、宪法实施、宪政活动的认知和评价。这一概念表明人们接受宪法观念的过程也是价值选择的过程。

(二) 宪法观念的种类

第一,以时间为标准,可分为古代宪法观念、近代宪法观念和现代宪法观念。古代宪法观念是指资产阶级宪法产生以前的宪法观念。尽管古代宪法观念具备了一些近代宪法观念的外部特征,但缺乏内在的民主人权思想,因此只能说是近代宪法观念的萌芽。如在古罗马法律中,宪法表示皇帝颁布的诏令、御旨,以区别于其他法律。中世纪时的欧洲虽然受神学影响,但世俗法律中仍有根本法与普通法的区别。如英国把规定国王权力与公民权利的法律都称为宪章,以区别于其他法律。14世纪的法国则有"国法"与"王法"的分别,当时称"国法"为根本法或宪法。

近代宪法观念的起源最早可追溯到中世纪末期的但丁,以及马基雅维利、博丹的政治法律思想。但丁主张建立统一君主国家以反对教会,驳斥君权来自教皇。马基雅维利对封建制度进行批判,从人性论角度论证国家的起源。博丹的主权理论也极大地开启了近代宪法观念。自16世纪宗教改革开始到18世纪末期法国大革命是近代宪法观念由发展到成熟的时期。19世纪后,自由主义的宪法观念又得到了进一步的发展。

现代宪法观念是20世纪发展起来的。1919年德国《魏玛宪法》可以看作现代宪法产生的标志。现代宪法观念受多种社会思潮的影响,社会主义、民族主义、法西斯主义、新自由主义、保守主义等对各国宪法观念的形成都有影响。

第二,以宪法观念主体的不同为标准,可分为个体宪法观念、阶层宪法观念和社会宪法观念。个体宪法观念由于每个公民的年龄、文化程度、职业、社会阅历不同而呈现区别。比如青少年的宪法观念相对不成熟;接受法律教育和从事与法律相关工作的公民,宪法观念较其他公民要强等。阶层宪法观念是指具有相同职业、政治信仰的阶层在宪法实施过程中产生的整个阶层对宪法的认知、理解和评价。不同阶层的宪法观念也不一样。社会宪法观念是整个社会在一定阶段对宪法的整体认识。尽管不同时间、不同民族、不同种族、不同国家、不同地区的宪法观念存在不同,但毫无疑问的是,社会整体宪法观念对一个国家的宪政建设具有决定性的影响。

第三,以宪法包含的内容不同为标准,可分为整体宪法观念和具体宪法观念。整体宪法观念是指对宪法制定、实施的全面整体认识。具体宪法观念是指对宪法某一具体内容的认识。

第四,以主体对宪法认识程度的不同为标准,可分为大众宪法观念和深层宪法观念。大众宪法观念也称普通宪法观念,是指任何一个公民或阶层,无论他是否受到宪法教育,也无论他是否从事与宪法相关的职业而具有的对宪法的一般认识。深层宪法观念指对宪法的认识已经上升到理性高度,是对宪法整体的、系统的认识。

第五,以宪法历史类型的不同为标准,可分为社会主义宪法观念和资本主义宪法观念。资本主义宪法和社会主义宪法的区别也反映了宪法观念的不同。

二、宪法观念的历史发展

(一) 哲学化的宪法观念

这个阶段主要是从公元前5世纪至公元5世纪。公元前5世纪,古希腊哲学和思想发生了一次深刻变化,哲学从宗教中分离出来。古希腊哲学孕育了其后被称为政治学、伦理学、社会学、法学等一切人文社会科学的萌芽。正如恩格斯指出的:"在希腊哲学多种多样的形式中,几乎可以发现以后所有观点的胚胎、萌芽。"苏格拉底、柏拉图、亚里士多德及以后的斯多葛派哲学、伊壁鸠鲁派哲学都包含着丰富的政治哲学和法哲学思想。虽然古希腊城邦国家的宪法与近代意义的宪法根本不同,但古希腊的哲学思想家们却以哲学化的语言阐述了萌芽形态的宪法观念。

(二) 神学化的宪法观念

这个阶段主要是从公元5世纪至16世纪。古希腊、古罗马的宪法观念经过中世纪的传承与发展,对近代宪法观念产生了极大的影响。整个中世纪的宪法观念主要表征为神学化,它起于西罗马帝国的灭亡而止于16世纪的文艺复兴。中世纪的世俗与宗教合二为一,一切都披上了神学色彩,国家与法律学说更是如此。中世纪的宪法观念主要由教会思想家来解释。圣·奥古斯丁等中世纪思想家关于永恒法、自然法高于世俗法律的观念,对近代宪法效力高于普通法观念的形成有一定影响。尽管近代以来,很多思想家都认为中世纪的神学意识形态中很少有政治法律思想,但现有研究成果表明,基督教在法律发展史上起过很大作用,尤其在公法方面。一些西方学者认为,11世纪教皇革命引发的政教冲突,对西方法律传统的形成起过推动作用,认为法律的多元论根源于基督教教会政治体与世俗政治体的区分;认为宗教理想是了解西方法律传统的关键,教会法中也有教会宪法与普通法律的区分,而且效力高于世俗法,其精华体现在对教皇专制主义的宪法性限制,11世纪后的教会宪法对教会管辖权的限制。可以说,以"法律"限制教权和近代以宪法限制王权有异曲同工之妙。

(三) 理性化的宪法观念

这个阶段主要是从公元16世纪至20世纪。近代宪法观念是以民主代替君主,以人权代替神权,以科学代替愚昧,以人性代替神性,以社会进步作为标志发展起来的。它以实现个人的权利和自由为前提,因此我们可以将这一时期的宪法观念概括为理性化时期。近代宪法观念起源于16世纪的宗教改革和文艺复兴运动。中世纪末期,但丁、马基雅维利、博丹的国家主义观念,以及莫尔、康帕内拉的早期空想社会主义理论,对近代宪法观念都有影响。近代宪法观念的主要内容是:以自然法理念和社会契约论作为两面旗帜构建宪法基本原则,包括人民主权原则、分权原则、保护人权原则、实行法治原则、代议制原则、保护私有财产原则等。此外,还可以以自由主义、保守主义、社会主义作为一条线索来考评近代宪法观念。而且,近代宪法观念深受自由主义、功利主义、保守主义、社会主义以及历史法学派、实证法学派、社会法学派的影响。

(四) 多元化的宪法观念

这个阶段主要是从20世纪初至今。20世纪的宪法理念呈现多元化趋势,主要包括自由主义宪法观念、民主主义宪法观念、保守主义宪法观念、民族主义宪法观念和极权主义宪法观念,而影响较大的是以下两种:第一,自由主义宪法观念。霍布豪斯的《自由主义》一书,标志着20世纪新自由主义的诞生。在"二战"前,新自由主义的代表人物除英国的霍布豪斯外,还有美国经济学家凯恩斯、美国法学家霍姆斯、德国法学家耶利内克等,他们主要继承了英国思想家格林的积极自由与消极自由观点。认为自由不是个人的事情,国家也应该积极干预,国家干预是为了更完整地实现个人自由。"二战"后,在政治法律思想方面产生影响的自由主义者是哈耶克、罗尔斯、诺齐克、波普等人。哈耶克在《通向奴役之路》《自由秩序原理》中论述了自由主义的宪法观念,对现代自由主义理论的发展做出了开拓性的贡献。他使自由主义从功利主义时代走向以个人权利为核心的当代自由主义。第二,民主主义宪法观念。20世纪的民主主义主要有精英民主,代表人物有帕累托、熊彼特等;多元民主主义,代表人物有拉斯基、达尔等人;西方马克思主义的民主主义,代表人物有阿尔都塞、哈贝马斯,等等。

三、宪法观念的作用

(一) 对宪法创制的作用

任何一部宪法都不会凭空产生,而是由政治、经济、文化、历史传统等多种因素决定的。这些因素往往通过宪法观念对人们的立宪活动发挥作用。可以说,宪法观念尤其是制宪权主体的宪法观念,是决定制定什么样宪法的主要因素,不同的宪法观念是导致世界上宪法千姿百态的原因之一。比如,美国宪法就是当时美国统治者宪法观念的产物。无论是分权制衡体制、联邦制度,还是后来增加的"权利法案",无不是当时统治者拥有的宪法观念的产物。再如,日本现行宪法与明治维新宪法的一个主要区别就是加入了和平主义原则。"二战"以后,和平主义成为世界人民的共同追求,鉴于日本军国主义发动战争给邻国造成灾难,为制止日本军国主义复活,所以在制定宪法时加入了和平主义原则。1993年我国修宪的一个主要内容是把社会主义市场经济的内容体现在宪法中,1999年修宪又把"依法治国、建设社会主义法治国家"写进宪法,这都是20世纪90年代以来我国确立市场经济观念和法治观念在宪法中的体现。

(二)对宪法实施的作用

宪法实施与宪法观念可以相互促进,宪法观念在宪法实施中得到实现,同时在宪法实施中不断得到完善和发展,二者的良性互动必然导致宪政国家的实现,二者的恶性发展则可能导致对民主和人权的践踏。尽管保障宪法实施需要多方面的条件,但人是最基本的,由于人的活动都受一定观念的支配,因此具有什么样的宪法观念和什么水平的宪法观念,对宪法实施就显得尤其重要。总体来说,世界各国宪法,不论是发达国家的宪法,还是发展中国家的宪法,其宪法条文大都经过精心设计,其字面意义大都体现民主与进步,但在实施过程中却在各国导致不同的后果,其主要原因是各国公民宪法观念水平的高低不同。

(三)对民主政治的作用

宪法观念是联系民主政治与宪法制度的中介。一方面,宪法观念是对宪法的认知和评价;另一方面,民主政治的运行必然与宪法观念相伴相随。因为宪法观念的某些内容,如代议制、分权思想、人权保障思想、法治理念本身就是民主政治的重要内容。宪法观念发展的历史表明,它最初只为少数人所认知,或在少数国家被人所接受,这时的民主政治不仅受地域限制,而且呈现不稳定状态;但当宪法观念成为一种普遍的法律理念时,民主政治也就得到了很大的发展。尽管导致我国在近代并没有真正实现民主政治理想的原因很多,但传统法律文化观念的影响仍至关重要。

拓展

中西宪法观念比较①

定位层面:西方宪法学者将宪法视为国家之根本法,是着眼于宪法对国家权力(政府权力)做出规定和配置。宪法规定国家权力的运行和分配,表面上宪法似乎是在为国家权力的设置和运行寻求合法性的依据,而实际上宪法是在为国家权力的设置和运行设定框架与界限,其目标已经指向"政府",宪法限制的对象就是"政府",这体现了宪法限制政府权力的价值内核。新中国宪法学者将宪法视为国家之根本法,是着眼于宪法的阶级属性和民主属性,是在为人民民主专政寻找法律上的支撑。其主要特点有:第一,宪法"工具性"突出;第二,对宪法的认识过分强调其政治性;第三,宪法缺乏"宪政"观念。可见,西方学者是从"国家—宪法"的角度来挖掘宪法对于国家的必要性和重要性,从而能够论证出宪法对于国家稳定和有效运转的价值所在。而中国学者的认识更多的是从"宪法—阶级力量—民主制度"的角度来理解,将"宪法""阶级力量""民主制度"三个因素串联起来,注重宪法的阶级本质和统治属性。

价值层面:长期以来,西方国家确认的宪法基本价值是确立国家权力的实现形式,规范国家权力的运行。虽然各国的历史背景和政治条件都不同,但产生宪法的目的和功能是相同的,即通过权力约束,实现法律对国家权力的控制。宪法的发展也就表现为控权制度的深入,由此宪法的核心价值在于保护公民权利。在传统权力本位的宪法观念引导下,我国宪法的基本价值取向是国家本位,控制国家权力与保障人权的理念及制度需要强化和完善。

---

① 胡弘弘、马红军主编:《宪法同步辅导与案例集》,武汉大学出版社2010年版,第39~40页。

本章小结

本章主要介绍了宪法运行的相关原理与知识,共包括五节内容,涵盖了宪法创制、宪法修改、违宪审查和宪法观念等内容。宪法创制,也称宪法制定,是享有制宪权的主体依照法定方式和程序制定宪法规范的活动。宪法修改是宪法制定者或者依照宪法规定享有宪法修改权的国家机关或者其他特定主体对宪法规范中不符合宪法制定者利益的内容加以变更的活动。宪法解释是宪法制定者或者依照宪法的规定享有宪法解释权的国家机关或其他特定的主体对已经存在并且正在生效的宪法规范的含义所做出的说明。违宪审查是指享有违宪审查权的国家机关通过法定程序,以特定方式审查和裁决某项立法或某种行为是否合宪的制度。宪法观念是人们对历史与现实中的宪法规范、宪法实施、宪政活动的认知和评价。

案例分析

我国《宪法》第13条规定:"公民的合法的私有财产不受侵犯。国家依照法律规定保护公民的私有财产权和继承权。国家为了公共利益的需要,可以依照法律规定对公民的私有财产实行征收或者征用并给予补偿。"近年来,各地为了保障一些大型的会议或群体活动顺利举办,为了有效缓解中心城区交通拥挤堵塞,均衡城区交通流量,减少机动车尾气污染,时常采取"尾号限行"的行政措施。在取得积极效果的同时也引发了讨论,尤其是对公民私人所有车辆的通行限制,属于对公民私有财产权使用的一种限制。

问题:结合尾号限行制度谈谈你对《宪法》所规定的"公共利益"的理解。

复习思考

1. 试述制宪权。
2. 阐述宪法修改的必要性及其与宪法稳定性之间的关系。
3. 简述宪法解释的含义与方法。
4. 论述违宪审查制度。
5. 试述宪法观念的培养。
6. 结合实际谈谈你对我国宪法运行现状的看法。

第五章 立法原理与程序

学习目标

• 知识目标：了解立法的含义与我国立法体制的内容；了解社会公众参与立法的方式；熟悉我国法律和行政法规的立法程序；掌握规章的制定程序。

能力目标：能够起草立法性文件；能够对我国社会公众参与立法的现状进行评述，并就如何增强公众参与立法的效果提出自己的看法。

第一节 立法原理

案例引导

根据我国现行《立法法》的规定，一部法律经过全国人大常委会三次审议一般就会表决通过，但是《物权法》的审议和制定过程没有这么顺畅。自2002年年底的初审到2007年3月16日第十届全国人民代表大会第五次会议表决通过，《物权法（草案）》先后经历了七次审议，创造了全国人大及其常委会立法史上单部法律草案审议次数之最。在《物权法（草案）》向社会公开征求意见期间，学者们曾围绕物权法是否违宪的问题展开过激烈的讨论。事情的起因源于2005年8月12日北京大学法学院法理学教授巩献田的一封公开信——《一部违背宪法和背离社会主义基本原则的〈物权法（草案）〉》。在这封公开信中，巩献田"作为一位中共党员、一名中华人民共和国公民和一个从事法学教学研究多年的教授所具有的党性、良心、知识和经验"，认为《物权法（草案）》是一部"背离社会主义基本原则"和"违宪行为的产物"。这篇文章的矛头，直指草案对"社会主义公共财产神圣不可侵犯"的缄口不提。巩献田认为，根据《宪法》第12条关于"社会主义的公共财产神圣不可侵犯"的原则，《物权法》中应当规定：对于侵犯国有财产和集体财产的责任追究不受时间限制。否则，就会使那些侵吞公共财产的犯罪分子在一定时间之后将非法占有的公共财产变为合法的私有财产，应负的法律责任也就自然免除。2005年9月26日，时任全国人大常委会委员长吴邦国召开座谈会，提出修改《物权法（草案）》需要把握的三点原则：一是要坚持正确的政治方向；二是要立足于中国实际；三是重点解决现实生活中迫切需要规范的问题，不必求全。10月22日第十届全国人大常委会第十八次会议第四次审议《物权法（草案）》，并决定将草案提交全国人大大会审议通过的时间推迟至2007年。

思考：《物权法》的审议和公开征求意见的过程反映了哪些立法原理？

一、立法的含义

"立法"一词很早就见诸古代典籍之中。《商君书·更法》中有"当时而立法,因事而制礼"的说法。《史记·律书》云:"王者制事立法。"从文义来看,古代"立法"中的"立"主要是确立、制定的含义,"法"则既指法律、法令,也指社会规范、社会制度和社会秩序等。"立法"就是制定或确立某项或某些制度。

有学者将我国古代立法或称法典编纂的历史划分为刑书时代和律统时代。在刑书时代,法律创制带有一定的随意性,欠缺严格的程序性规范,法律采取"以例统刑,以刑同罪"的结构形式。法律创制之权完全操之于君主手中,始终未能形成制度性的法律创制机构。在律统时代,从曹魏开始,各地法律都由皇帝明令加以确定,以诏敕方式宣布组建立法的组织机构,君主有时亲自参与法律草案的讨论。在法律文本起草完成之后,由君主对文本进行最后的审定。经过审定的文本,以君主诏令的方式"颁行天下"。

现代立法具有不同于古代法律创制的民主、法治、分权制衡与程序公正等特点,立法权逐渐归于独立的立法机关,起草机构直接隶属于立法机构,并趋于常设化、专门化和制度化。对于现代意义上立法含义的形成过程,民国时期学者谢振民有过精辟的论述:"立法之名词,由立宪主义而发生。自君主立法,不免束缚人民自由,而流于专制,于是一般哲学家发表'社会契约'之理论。极力主张人民之自由平等。洛克(Jonh Locke)谓法律之目的,不再消灭或限制个人自由,而在保障或扩张个人自由,并主张分国权为立法、执行、外交三种,而以最高权力之立法权归之于人民。孟德斯鸠(Montesquieu)袭其说而发扬光大之,并参证应该政制,倡为三权分立之说,谓无论何等政府,其中皆有三权之分立,议会有立法权,元首握行政权,法庭行司法权,各不相侵,始可以保国群之自由。迨后北美独立,法国革命,均师其意,制定成文宪法,明示三权之鼎立。而立宪运动,日以普遍,世界大多数国家,亦先后步武法、美,实施宪政。于是国家权力分为立法、行政、司法,立法权由立法机关独立行使,立法机关依立法程序所通过决议,即为法律,而立法二字遂成为专有之名词。"

当代西方学者关于立法概念的界说主要有两种:一是过程和结果两义说。该说认为立法既指制定或改变法的一个过程,又指在立法过程中产生的结果即所制定的法本身;二是活动性质和活动结果两义说。该说认为立法是制定和变动法,因而有别于司法和行政的活动,同时又是这种活动的结果,而这种结果又和司法及司法决定不同。本书赞同周旺生教授对于立法含义的界定,即"立法是由特定主体,依据一定职权和程序,运用一定技术,制定、认可和变动法这种特定的社会规范的活动"。

现代立法的种类具有多样性。从立法的主体来看,有君主立法、代议机关立法和法定立法机关立法之分;从立法的效力等级看,可以分为中央立法和地方立法;从立法的内容看,有实体立法、程序立法、刑事立法、民事立法、行政立法及其他立法等之分;从立法的活动方式看,有制定法、认可法、修改法和废止法之分。

二、我国的立法体制

立法体制是指一国立法权限划分及运行制度。由此,立法体制的内涵包括三个方面的内容:一是立法主体制度。在特定时期,一个国家享有立法权的主体范围是什么,这是立法体制的前提与基础,没有一定范围的立法主体,就不存在立法主体的权限划分问题。二是立法权限的划分制度。要解决不同立法主体行使立法权力的范围,首先要合理划分不同立法主体的权力界限。这种权限划分表现在同级立法主体之间和不同级别立法主体之间的权限划分两个方面。三是立法权行使的制度。也就是立法权运行的有关制度,其主要内容是立法程序制度,即行使立法权的国家机关在立法活动中所须遵循的有关提案、审议、表决、通过法案和公布规范性法律文件的法定步骤和方法。

关于我国立法体制的模式,学界存在很大争议。汪全胜教授将我国现行立法体制界定为"一元两级多层次"的立法体制。"一元"包含这样的基本内容:一方面,全国人大最高的立法机关,它有权制定国家的根本大法——宪法,国家基本法律的制定权属于全国人大,其他任何立法机关的立法权限都不能超越全国人大的立法权,其他任何立法机关的立法权都具有派生性;另一方面,遵循法制统一原则,法制统一的根本依据是宪法,即宪法是其他立法主体从事立法活动时必须遵循的根本依据。"级"和"层次"意义相近,层次就表示有级别的差异。这里理解的级是指中央和地方的关系,国家的立法权可以分为中央和地方两个级别。因此,我国立法权的两级是指中央立法权和地方立法权。中央立法权包括全国人大及其常委会的法律立法权、国务院的行政法规立法权和国务院各部门的部门规章立法权。地方立法权则包括省级、较大的市和设区的市人大及其常委会的地方性法规的立法,省级、较大的市和设区的市的人民政府的地方政府规章的立法权,民族自治地方的自治条例和单行条例的立法权,特别行政区的立法权。"多层次"指的是不论中央立法还是地方立法,立法主体所处的地位是多层次的,主要包括两个方面:一是在中央立法中,全国人大的立法效力层次高于全国人大常委会的立法,全国人大常委会的立法效力层次高于国务院的立法,国务院的立法效力层次高于国务院各部门的立法;二是在地方立法中,省级人大的立法效力层次高于其常委会的立法,省级人大及其常委会的立法效力层次高于较大的市和设区的市人大及其常委会的立法,同级人大及其常委会的立法效力层次高于同级人民政府的立法,上级人民政府的立法效力层次高于下级人民政府的立法等。

资料

各国宪法有关中央和地方立法关系的规定

《美国宪法》第6条第2款规定:"本宪法和依本宪法所制定的合众国法律,以及根据合众国的权力已缔结或将缔结的一切条约,都是全国的最高法律;每个州的法官都应受其约束,即使州的宪法和法律中有与之相抵触的内容。"《美国宪法第10条修正案》规定:"宪法未授予合众国、也未禁止各州行使的权力,由各州保留,或由人民保留。"

《俄罗斯宪法》第76条第2款规定,俄罗斯联邦各主体就共同管辖对象颁布法律和其他规范性文件,必须以联邦法律为依据。第5款接着规定,俄罗斯联邦各主体就与联邦共同管辖对象颁布的法律和其他规范性文件,不得与联邦法律相抵触。

《德国基本法》第75条规定,只有在联邦立法有明文授权并在其授权范围内,各州才能与联邦并行立法,行使共有立法权。并且,第75条还规定了联邦有权确立地方立法就共同立法事项进行立法的原则,即联邦进行所谓的"框架性"立法和"基准"立法。州只有在联邦确定的这个框架和符合这些原则的范围之内就细节内容进行立法。

我国《宪法》第100条规定:"省、直辖市的人民代表大会和它们的常务委员会,在不同宪法、法律、行政法规相抵触的前提下,可以制定地方性法规,报全国人民代表大会常务委员会备案。"第116条规定:"民族自治地方的人民代表大会有权依照当地民族的政治、经济和文化的特点,制定自治条例和单行条例。自治区的自治条例和单行条例,报全国人民代表大会常务委员会批准后生效。自治州、自治县的自治条例和单行条例,报省或者自治区的人民代表大会常务委员会批准后生效,并报全国人民代表大会常务委员会备案。"

三、立法参与

民主的形式以及实现民主的方式有很多,而参与是实现民主的基本前提,尤其在代议制大行其道的今天,能否尽可能地保障公民参与国家权力运作过程,是验证一国民主成色的重要标尺。各国都从宪法或法律上确认了公民参与权力(或政治)过程的正当性,如我国《宪法》第2条第3款规定:"人民依照法律规定,通过各种途径和形式,管理国家事务,管理经济和文化事务,管理社会事务。"立法是公民直接参与国家权力运行的主要活动,也是实现人民主权的根本机制。立法中的社会公众参与问题是近年来讨论得非常热烈的话题之一。在这里,社会公众是一个非常宽泛的概念,它包括了一切不行使国家权力的社会组织和个体。无论是中央立法、地方立法还是区域立法,公众参与都是不可缺少的。所谓立法公众参与,指的是在立法过程中,与立法内容相关的利益主体和一般的社会公众,就立法所涉及的与其利益相关的或者感兴趣的问题,以提供信息、发表评论或表达诉求等形式参与到立法中来的各种行为和制度。

立法活动离不开社会公众的参与。立法权向来是一个国家最基本、最重要的权力之一,而且立法权的归属及其运行方式反映着一国的民主实践状况。孟德斯鸠曾指出:"民主政治还有一条基本的规律,就是只有人民可以制定法律。"人民制定法律或行使立法权的方式有很多。在代议制出现后,人民主要通过间接的方式来行使国家立法权,必要时可以通过全民公决这一直接的方式来决定某项法律的存废。无论是间接方式还是直接方式,人民都应享有充分参与到立法活动中的权利与自由。原因在于,立法的一个重要任务,"就是民主地、广泛地、正确地集中人民的意志,衡平、兼顾、全面地体现国家、社会和人民中不同群体的利益。这项任务,……更在于人民的立法参与。如果立法绕过这一程序,此项立法的生命力将大打折扣。"对于立法过程中公众参与的必要性,姚岳绒曾作过较为系统的论述,认为公众参与立法是立法过程民主化与正当化价值之要求、信息不对称社会中解决信息采集问题之必然、立法结果之适当并且有效之前提,以及代议制度的特点及其缺陷所决定。

从制度起源来看,公众对立法的参与早在古希腊和古罗马时期就已形成,并且是以公民个体直接参与的形式存在。其中最典型的当属在雅典共和国时期,"公民大会"成了唯一的、最高的立法机关,全国公民都要出席。后来随着代议制民主制度的建立和完善,人民很少再直接参与到立法中,而是由人民选出的代表组成的代议机关来代表人民制定法律,因此代议制下社会公众对立法的参与主要是间接的。但这并不意味着人民失去了对立法活动的直接参与权和最终决定权,社会公众依然可以通过各种途径直接参与立法,如各种听证会、座谈会和论证会,或者对公开征求意见的法规草案通过信件或网络来表达自己的意见和建议等,从而对立法产生不同的影响。此外,在一些非常重大的问题上,还可以通过全民公决的形式来表达对该项立法的态度。相比较于公众以个体的形式参与立法,各种社会团体或组织对立法的参与所造成的影响则更为显著。尤其在一些民主制度比较成熟、社会团体较为发达的国家和地区,由不同行业或领域且有着大致相同的利益追求的公民个体所组成的各种协会或组织,在政治学上这些协会或组织被称为利益集团,在许多情况下它们甚至能够决定立法文本的内容。以至于美国学者杜鲁门这样来描述这些利益集团的行为和影响:"在美国,联邦、州、地方立法机关的大多数立法会议记录中,充斥着各种组织化集团的阴谋动机和不良行为。媒体也连篇累牍地报道一项立法议案如何由商业集团、教师组织、农民协会、消费者组织、工会或者其他的公民集团提出。"

此外,依据公众参与立法的行为是否符合法律的规定,又可分为合法的参与和非法的参与。在立法实践中,绝大多数情形下社会公众都是以法律允许的形式参与到立法中,但也有个别的公民尤其是社会组织通过法律所禁止的或者不正当的形式来参与立法,试图对立法结果产生有利于其自身的影响,例如有的利益集团为了使某项立法能够满足自己更多的利益需求,而通过行贿或恐吓等方式来对参与立法表决的代表或工作人员施加影响,这显然是一种非法的参与,应予禁止。

总之,公众参与立法的途径有很多,并且在许多地方立法性法文件中也大都有所规定,如《江苏省制定和批准地方性法规条例(2016年修订)》第44条第1款规定:"列入常务委员会会议议程的地方性法规案,法制委员会、有关专门委员会、常务委员会有关工作机构应当听取各方面的意见;涉及老年人、妇女、未成年人和残疾人等法律特殊保护群体权益的,应当专门听取有关群体和组织的意见。听取意见可以采取座谈会、论证会、听证会等多种形式。"有学者结合我国立法实践,将其总结为以下十种:①组织公民讨论、广泛征求意见;②举行座谈会;③来信来访;④进行立法调查研究;⑤列席立法会议;⑥举行听证会;⑦立法辩论;⑧立法提议;⑨进行全民公决;⑩立法质询。

第二节　立法程序

一、法律的制定程序

广义上的立法程序包括立法准备阶段、由法案到法的阶段和立法完善阶段。狭义的立法程序仅指由法案到法的阶段。这里所要介绍的法律制定程序是指狭义的立法程序,它具体包括提出法案、审议法案、表决和通过法案、公布法律四个环节或阶段。

提出法案是指由有立法提案权的机关、组织和人员,依据法定程序向有权立法的机关提出关于制定、认可、修改、补充和废止规范性法律文件的提议和议事原型的专门活动。这是立法程序得以展开的前提性、基础性的程序。在美国只有国会议员有立法提案权。在法国,立法提案权属于总理和议员。在意大利,政府、议员、依法享有创制法律权利的机关、五万以上的选民都享有立法提案权。根据我国现行《立法法》的规定,全国人大主席团、全国人大常委会、国务院、中央军委、最高人民法院、最高人民检察院、全国人大各专门委员会、全国人大的一个代表团或者三十名以上人大代表,可以向全国人大提出属于全国人大职权范围内的法律案。全国人大常委会委员长会议、国务院、中央军委、最高人民法院、最高人民检察院、全国人大各专门委员会、全国人大常委会组成人员十人以上,可以向全国人大常委会提出属于全国人大常委会职权范围内的法律案。

法案提出后,不一定都能列入议程加以审议。在我国,立法提案列入全国人大立法会议议程的具体程序根据提案主体的情况不同而规定为:①全国人大主席团的提案,可以直接进入议程;②全国人大常委会、国务院、中央军委、最高人民法院、最高人民检察院、全国人大各专门委员会向全国人大提出的法律案,由全国人大主席团决定列入会议议程;③由全国人大一个代表团或三十名以上全国人大代表联名提出的法律案,由主席团决定是否列入会议议程,或者先交有关的专门委员会审议、提出是否列入会议议程的意见,再决定是否列入会议议程。立法提案列入全国人大常委会立法会议议程的程序为:①委员长会议提出的法律案,直接列入会议议程;②国务院、中央军委、最高人民法院、最高人民检察院、全国人大各专门委员会提出的法律案,由委员长会议决定列入常务委员会会议议程,或者先交有关的专门委员会审议、提出报告,再决定列入常务委员会会议议程。如果委员长会议认为法律案有重大问题需要进一步研究,可以建议提案人修改完善后再向常务委员会提出;③常务委员会组成人员十人以上联名提出的法律案,由委员长会议决定是否列入常务委员会会议议程,或者先交有关的专门委员会审议、提出是否列入会议议程的意见,再决定是否列入常务委员会会议议程。不列入常务委员会会议议程的,应当向常务委员会会议报告或者向提案人说明。

审议法案是指由有权机关通过一定的程序和方式,对列入立法会议议程的法律案进行审查与讨论的活动。审议法案工作的主要内容包括:该法案是否符合社会立法需求,以及此时立法所需的条件是否具备、立法时机是否成熟,还有法案本身的形式与内容是否符合相应的要求,如是否合乎有关法律和政策要求以及立法技术要求等。根据我国《立法法》的规定,对列入全国人大会议审议的法律案,先由全体会议听取提案人关于法律案的相关说明,再由各代表团召开全体会议和分组会议进行审议,然后由各专门委员会进行审议并向主席团提出审议意见,最后由法律委员会根据各代表团和有关的专门委员会的审议意见,对法律案进行统一审议,向主席团提出审议结果报告和法律草案修改稿,对重要的不同意见应当在审议结果报告中予以说明,经主席团会议审议通过后,印发会议。

列入常务委员会会议议程的法律案,一般应当经三次常务委员会会议审议后再交付表决。常务委员会会议第一次审议法律案,在全体会议上听取提案人的说明,由分组会议进行初步审议。常务委员会会议第二次审议法律案,在全体会议上听取法律委员会关于法律草案修改情况和主要问题的汇报,由分组会议进一步审议。常务委员会会议第三次审议法律案,在全体会议上听取法律委员会关于法律草案审议结果的报告,由分组会议对法律草案修改稿进行审议。列入常务委员会会议议程的法律案,各方面意见比较一致的,可以经两次常务委员会会议审议后交付表决;调整事项较为单一或者部分修改的法律案,各方面的意见比较一致的,也可以经一次常务委员会会议审议即交付表决。

法律案在经过法定的审议程序后,如果顺利地形成了表决稿,那么便可以进入立法程序的下一个环节,即经过表决程序并决定法案能否获得通过。表决和通过阶段对于法律案具有决定性意义,它是立法程序中最为关键的环节,直接决定法案的最终命运。根据我国《立法法》的规定,修改稿经各代表团审议,由法律委员会根据各代表团的审议意见进行修改,提出法律草案表决稿,由主席团提请大会全体会议表决,由全体代表的过半数通过。或者法律草案修改稿经常务委员会会议审议,由法律委员会根据常务委员会组成人员的审议意见进行修改,提出法律草案表决稿,由委员长会议提请常务委员会全体会议表决,由常务委员会全体组成人员的过半数通过。

法律的公布是指由法定主体依照一定的程序,将立法机关通过的法律文件向社会予以公开发布的活动。现代法治理念要求法律必须是公开的,法律的公开宣布是立法的必经程序。我国《立法法》规定,全国人大及其常委会通过的法律由国家主席签署主席令予以公布。

二、行政法规的制定程序

根据我国《行政法规制定程序条例》的规定,行政法规的制定要经过立项、起草、审查、决定和公布等环节。在名称使用上,行政法规一般称为"条例",也可以称为"规定""办法"等。国务院根据全国人民代表大会及其常务委员会的授权决定制定的行政法规,称为"暂行条例"或者"暂行规定"。国务院各部门和地方人民政府制定的规章不得称为"条例"。

立项是行政法规制定的首要环节。国务院于每年年初编制本年度的立法工作计划。国务院有关部门认为需要制定行政法规的,应当于每年年初编制国务院年度立法工作计划前,向国务院报请立项。国务院有关部门报送的行政法规立项申请,应当说明立法项目所要解决的主要问题、依据的方针政策和拟确立的主要制度。国务院法制机构应当根据国家总体工作部署对部门报送的行政法规立项申请汇总研究,突出重点,统筹兼顾,拟订国务院年度立法工作计划,报国务院审批。列入国务院年度立法工作计划的行政法规项目应当符合下列要求:①适应改革、发展、稳定的需要;②有关的改革实践经验基本成熟;③所要解决的问题属于国务院职权范围并需要国务院制定行政法规的事项。国务院年度立法工作计划在执行中可以根据实际情况予以调整。

行政法规由国务院组织起草。国务院年度立法工作计划确定行政法规由国务院的一个部门或者几个部门具体负责起草工作,也可以确定由国务院法制机构起草或者组织起草。起草行政法规,应当深入调查研究,总结实践经验,广泛听取有关机关、组织和公民的意见。听取意见可以采取召开座谈会、论证会、听证会等多种形式。起草部门应当就涉及其他部门的职责或者与其他部门关系紧密的规定,与有关部门协商一致;经过充分协商不能取得一致意见的,应当在上报行政法规草案送审稿(以下简称行政法规送审稿)时说明情况和理由。在起草行政法规过程中,起草部门应当对涉及有关管理体制、方针政策等需要国务院决策的重大问题提出解决方案,报国务院决定。起草部门向国务院报送的行政法规送审稿,应当由起草部门主要负责人签署;几个部门共同起草的行政法规送审稿,应当由该几个部门主要负责人共同签署。起草部门将行政法规送审稿报送国务院审查时,应当一并报送行政法规送审稿的说明和有关材料。行政法规送审稿的说明应当对立法的必要性、确立的主要制度、各方面对送审稿主要问题的不同意见,征求有关机关、组织和公民意见的情况等做出说明。有关材料主要包括国内外的有关立法资料、调研报告、考察报告等。

报送国务院的行政法规送审稿,由国务院法制机构负责审查。国务院法制机构主要从以下几个方面对行政法规送审稿进行审查:①是否符合宪法、法律的规定和国家的方针政策;②是否符合《行政法规制定程序条例》第11条的规定;③是否与有关行政法规协调、衔接;④是否正确处理有关机关、组织和公民对送审稿主要问题的意见;⑤其他需要审查的内容。重要的行政法规送审稿,经报国务院同意,向社会公布,征求意见。行政法规送审稿涉及重大、疑难问题的,国务院法制机构应当召开由有关单位、专家参加的座谈会、论证会,听取意见,研究论证。行政法规送审稿直接涉及公民、法人或者其他组织的切身利益的,国务院法制机构可以举行听证会,听取有关机关、组织和公民的意见。国务院法制机构应当认真研究各方面的意见,与起草部门协商后,对行政法规送审稿进行修改,形成行政法规草案和对草案的说明。行政法规草案由国务院法制机构主要负责人提出提请国务院常务会议审议的建议;对调整范围单一、各方面意见一致或者依据法律制定的配套行政法规草案,可以采取传批方式,由国务院法制机构直接提请国务院审批。

国务院法制机构应当根据国务院对行政法规草案的审议意见,对行政法规草案进行修改,形成草案修改稿,报请总理签署国务院令公布施行。签署公布行政法规的国务院令载明该行政法规的施行日期。行政法规签署公布后,及时在国务院公报和在全国范围内发行的报纸上刊登。国务院法制机构应当及时汇编出版行政法规的国家正式版本。在国务院公报上刊登的行政法规文本为标准文本。行政法规应当自公布之日起30日后施行;但是,涉及国家安全、外汇汇率、货币政策的确定以及公布后不立即施行将有碍行政法规施行的,可以自公布之日起施行。行政法规在公布后的30日内由国务院办公厅报全国人民代表大会常务委员会备案。

三、规章的制定程序

根据《规章制定程序条例》的规定,规章的制定程序包括立项、起草、审查、决定和公布等环节。在这里,规章主要包括国务院各部门制定的部门规章,以及省级人民政府、较大的市人民政府和设区的市人民政府制定的地方政府规章。涉及国务院两个以上部门职权范围的事项,制定行政法规条件尚不成熟,需要制定规章的,国务院有关部门应当联合制定规章。在名称使用上,规章一般称为"规定""办法",但不得称为"条例"。在形式上,除内容复杂的外,规章一般不分章、节。

立项是制定规章的首要环节。国务院部门内设机构或者其他机构认为需要制定部门规章的,应当向该部门报请立项。省级人民政府、较大的市人民政府和设区的市人民政府所属工作部门或者下级人民政府认为需要制定地方政府规章的,应当向该省级、较大的市或设区的市的人民政府报请立项。报送制定规章的立项申请,应当对制定规章的必要性、所要解决的主要问题、拟确立的主要制度等做出说明。国务院部门法制机构,省级、较大的市或设区的市的人民政府法制机构(以下简称法制机构),应当对制定规章的立项申请进行汇总研究,拟订本部门、本级人民政府年度规章制定工作计划,报本部门、本级人民政府批准后执行。年度规章制定工作计划在执行中,可以根据实际情况予以调整,对拟增加的规章项目应当进行补充论证。

部门规章由国务院部门组织起草,地方政府规章由省级、较大的市或设区的市的人民政府组织起草。国务院部门可以确定规章由其一个或者几个内设机构或者其他机构具体负责起草工作,也可以确定由其法制机构起草或者组织起草。省级、较大的市或设区的市的人民政府可以确定规章由其一个部门或者几个部门具体负责起草工作,也可以确定由其法制机构起草或者组织起草。省、自治区、直辖市和较大的市的人民政府可以确定规章由其一个部门或者几个部门具体负责起草工作,也可以确定由其法制机构起草或者组织起草。起草规章可以邀请有关专家、组织参加,也可以委托有关专家、组织起草。起草的规章直接涉及公民、法人或者其他组织切身利益,有关机关、组织或者公民对其有重大意见分歧的,应当向社会公布,征求社会各界的意见;起草单位也可以举行听证会。听证会依照下列程序组织:①听证会公开举行,起草单位应当在举行听证会的30日前公布听证会的时间、地点和内容;②参加听证会的有关机关、组织和公民对起草的规章,有权提问和发表意见;③听证会应当制作笔录,如实记录发言人的主要观点和理由;④起草单位应当认真研究听证会反映的各种意见,起草的规章在报送审查时,应当说明对听证会意见的处理情况及其理由。

起草部门规章,涉及国务院其他部门的职责或者与国务院其他部门关系紧密的,起草单位应当充分征求国务院其他部门的意见。起草地方政府规章,涉及本级人民政府其他部门的职责或者与其他部门关系紧密的,起草单位应当充分征求其他部门的意见。起草单位与其他部门有不同意见的,应当充分协商;经过充分协商不能取得一致意见的,起草单位应当在上报规章草案送审稿(以下简称规章送审稿)时说明情况和理由。起草单位应当将规章送审稿及其说明、对规章送审稿主要问题的不同意见和其他有关材料按规定报送审查。报送审查的规章送审稿,应当由起草单位主要负责人签署;几个起草单位共同起草的规章送审稿,应当由该几个起草单位主要负责人共同签署。规章送审稿的说明应当对制定规章的必要性、规定的主要措施、有关方面的意见等情况做出说明。有关材料主要包括汇总的意见、听证会笔录、调研报告、国内外有关立法资料等。

规章送审稿由法制机构负责统一审查。法制机构主要从以下方面对送审稿进行审查:①是否符合上位法规定,是否切实保障了公民、法人和其他组织的合法权益,是否体现了改革精神,是否符合了精简、统一、效能的原则等;②是否与有关规章协调、衔接;③是否正确处理有关机关、组织和公民对规章送审稿主要问题的意见;④是否符合立法技术要求;⑤需要审查的其他内容。规章送审稿直接涉及公民、法人或者其他组织切身利益,有关机关、组织或者公民对其有重大意见分歧,起草单位在起草过程中未向社会公布,也未举行听证会的,法制机构经本部门或者本级人民政府批准,可以向社会公布,也可以举行听证会。法制机构应当认真研究各方面的意见,与起草单位协商后,对规章送审稿进行修改,形成规章草案和对草案的说明。说明应当包括制定规章拟解决的主要问题、确立的主要措施以及与有关部门的协调情况等。规章草案和说明由法制机构主要负责人签署,提出提请本部门或者本级人民政府有关会议审议的建议。法制机构起草或者组织起草的规章草案,由法制机构主要负责人签署,提出提请本部门或者本级人民政府有关会议审议的建议。

部门规章应当经部务会议或者委员会会议决定。地方政府规章应当经政府常务会议或者全体会议决定。审议规章草案时,由法制机构做出说明,也可以由起草单位做出说明。法制机构应当根据有关会议审议意见对规章草案进行修改,形成草案修改稿,报请本部门首长或者省长、自治区主席、市长签署命令予以公布。公布规章的命令应当载明该规章的制定机关、序号、规章名称、通过日期、施行日期、部门首长或者省长、自治区主席、市长署名以及公布日期。部门联合规章由联合制定的部门首长共同署名公布,使用主办机关的命令序号。部门规章签署公布后,部门公报或者国务院公报和全国范围内发行的有关报纸应当及时予以刊登。地方政府规章签署公布后,本级人民政府公报和本行政区域范围内发行的报纸应当及时刊登。在部门公报或者国务院公报和地方人民政府公报上刊登的规章文本为标准文本。规章应当自公布之日起30日后施行;但是,涉及国家安全、外汇汇率、货币政策的确定以及公布后不立即施行将有碍规章施行的,可以自公布之日起施行。规章应当自公布之日起30日内,由法制机构依照《立法法》和《法规规章备案条例》的规定向有关机关备案。

资料

《辽宁省人民政府制定地方性法规草案和规章程序规定》

(2002年9月29日辽宁省第九届人民政府第110次常务会议审议通过,2002年10月28日辽宁省人民政府令第150号公布)

第一章 总 则

第一条 为了规范地方性法规(以下简称法规)草案和规章制定程序,提高法规和规章质量,根据《中华人民共和国立法法》、国务院《规章制定程序条例》和《辽宁省制定和批准地方性法规程序规定》,制定本规定。

第二条 本规定所称法规草案,是指省政府在法定权限内拟定、提请省人民代表大会及其常务委员会审议的规范性文件草案。法规草案使用条例草案、规定草案、办法草案、实施条例草案等名称。

本规定所称规章,是指省政府在法定权限内制定并以省政府令形式发布的规范性文件。规章使用规定、办法、实施办法、实施细则等名称。

第三条 制定法规草案的程序包括法规草案的立项、起草、审查、决定、提请审议和应用解释。制定规章的程序包括规章的立项、起草、审查、决定、公布、解释。

制定法规草案和规章按照本规定执行。

违反本规定制定的规章无效。

第四条 制定法规草案和规章应当遵循《中华人民共和国立法法》确定的立法原则,符合宪法、法律、法规和其他上位法的规定。

第五条 省政府法制办公室具体负责法规草案和规章的制定工作。其职责是:

(一)法规草案和规章的立项审核;

(二)拟定立法计划并组织实施;

(三)组织涉及重大改革措施或者涉及多个管理部门的法规草案、规章的起草;

(四)法规草案和规章的审查;
(五)法规草案和规章的协调;
(六)规章外文译本的审定;
(七)具体负责法规的应用解释及规章的解释;
(八)其他与制定法规草案和规章有关的事项。

第二章 立 项

第六条 省政府法制办公室负责拟定省政府年度立法计划。省政府有关部门应当按照省政府法制办公室的要求及时申报立法计划项目。

第七条 报送立法计划项目,应当对制定法规草案或者规章的必要性、可行性、立法依据、所要解决的主要问题和拟确定的主要制度、立法依据等做出说明。

第八条 省政府法制办公室对有关部门提出的立法计划项目进行汇总、研究,拟订省政府年度立法计划,经各分管省长审定,提交省政府常务会议审议通过后,由省政府发布。

经省政府常务会议审议通过的法规草案计划,由省政府办公厅报省人民代表大会常务委员会。

立法年度从当年的3月起至次年的2月止。

第九条 按照年度立法计划规定,承担法规草案、规章起草任务的部门,必须按照年度立法计划组织实施。因特殊情况,不能完成起草任务的,必须向省政府提交书面报告,并抄送省政府法制办公室。追加立法项目,必须进行可行性论证,并经省政府批准。

第三章 起 草

第十条 法规草案和规章由省政府组织起草。省政府可以确定一个部门或者几个部门具体负责起草,也可以由省政府法制办公室起草或者组织起草。

起草法规草案、规章可以邀请有关专家和组织参加,也可以委托有关专家和组织起草。

第十一条 起草法规草案、规章,应当深入调查研究,总结实践经验,借鉴国内外的立法成果,广泛听取有关机关、组织和公民意见。听取意见可以采取书面征求意见、座谈会、论证会、听证会等形式。

第十二条 法规草案、规章应当对制定目的、适用范围、主管部门、具体规范、法律责任、施行日期等做出规定。

法规草案、规章的内容用条文表述,每条可以分为款、项、目,款不冠数字,项和目冠数字。内容简单的法规草案、规章一般不分章、节。

法规草案、规章应当结构严谨、条理清楚、重点突出、用词准确、文字简明、语言规范。

第十三条 法规草案、规章涉及其他部门职责或者与其他部门关系紧密的,起草部门应当充分征求其他部门意见。起草部门与其他部门有不同意见的,应当充分协商。

第十四条 法规草案、规章送审稿必须经起草部门领导集体讨论通过,主要负责人签署后方可上报。几个单位共同起草的,应当由该几个起草单位主要负责人共同签署。

第十五条 省政府法制办公室对法规草案、规章的起草工作进行指导,并参与调研、论证工作。

第四章 审 查

第十六条 法规草案、规章送审稿由省政府法制办公室负责统一审查。

第十七条 起草单位应当将法规草案、规章送审稿以正式文件形式,连同下列材料,报送省政府法制办公室:

(一)法规草案、规章送审稿一式10份;
(二)法规草案、规章起草说明;
(三)相关部门的会签材料;
(四)起草法规草案、规章所依据的法律、法规以及其他有关参考资料。

起草说明应当对制定法规草案、规章的必要性、规定的主要措施、有关方面的意见及协调情况等做出说明。

第十八条 省政府法制办公室主要对下列内容进行审查：

（一）内容是否符合宪法、法律、法规规定，是否与其他地方性法规、规章相衔接；

（二）是否与世界贸易组织规则相抵触；

（三）是否符合立法技术要求；

（四）是否具备实施的环境和条件；

（五）是否正确处理有关机关、组织和公民对法规草案、规章送审稿主要问题的意见；

（六）需要审查的其他内容。

第十九条 法规草案、规章送审稿有下列情形之一的，省政府法制办公室可以缓办或者退回起草部门：

（一）未列入省政府年度立法计划的；

（二）制定法规草案、规章的基本条件尚不成熟的；

（三）有关部门或者机构对法规草案、规章规定的主要制度存在较大争议，起草部门未与有关部门或者机构协商的；

（四）法规草案、规章送审稿没有经起草部门领导集体讨论，主要负责人没有签署意见的。

第二十条 省政府法制办公室应当就法规草案、规章送审稿涉及的主要问题，深入实地调查研究，听取有关机关、组织和公民的意见。

第二十一条 省政府法制办公室对法规草案、规章送审稿进行修改，形成征求意见稿，发送有关机关、组织和公民征求意见。法规草案、规章征求意见稿涉及重大问题的，省政府法制办公室应当召开由有关机关、组织和专家参加的座谈会、论证会，听取意见，研究论证。

第二十二条 法规草案、规章征求意见稿直接涉及公民、法人或者其他组织切身利益的，省政府法制办公室可以向社会公布征求意见，也可以举行听证会。

第二十三条 有关部门或者机构对法规草案、规章征求意见稿涉及的主要措施、管理体制、权限分工等问题有不同意见的，省政府法制办公室按照合法和适当的原则进行协调；协调不成的，应当将主要问题、有关部门或者机构的意见和省政府法制办公室的处理意见上报省政府决定。

第二十四条 省政府法制办公室在认真研究各方面意见的基础上，形成法规、规章草案和对草案的说明，报分管省长审定同意后，提请省政府常务会议或者全体会议审议。

法规、规章草案及草案的说明，由省政府法制办公室主要负责人签署。

草案的说明由省政府法制办公室起草。说明主要包括下列内容：

（一）立法的依据和必要性；

（二）起草和审核的简要过程；

（三）拟解决的主要问题和确定的重要措施；

（四）重大争议问题的协调情况；

（五）其他需要说明的情况。

第五章 决定和公布

第二十五条 法规草案和规章由省政府常务会议或者全体会议决定。

第二十六条 审议法规、规章草案时，由省政府法制办公室作说明。与法规、规章草案内容有关的部门主管负责人列席会议。有关部门对已经协调一致的意见不得重新提出异议。

第二十七条 省政府法制办公室根据省政府常务会议或者全体会议审议意见，对法规、规章草案进行修改，形成草案修改稿，报省长或分管副省长审定。

宪法与行政法学

第二十八条 省政府常务会议或者全体会议审议通过的法规草案,以省政府议案形式报省人民代表大会常务委员会或者省人民代表大会审议;规章由省长签署,以省政府令形式公布。

提请省人民代表大会常务委员会或者省人民代表大会审议的法规草案,由省政府法制办公室主要负责人代省政府作说明,也可以由省政府指定的有关负责人作说明。

第二十九条 公布规章的命令应当载明该规章的制定机关、序号、规章名称、通过日期、施行日期、省长署名以及公布日期。

规章应当自公布之日起30日后施行,但涉及国家安全以及提前公布将有碍规章实施的除外。

第三十条 规章签署公布后30日内,应当在省政府公报和辽宁日报上刊登。辽宁日报公布的规章文本由省政府法制办公室提供。

在省政府公报上刊登的规章文本为标准文本。

规章未经公布不得施行。

第三十一条 有关或者影响货物贸易、服务贸易、与贸易有关的知识产权方面的规章,应当在实施前或者最迟不得晚于实施后的90日内,由起草部门组织翻译一种世界贸易组织语言译本。

规章的外文译本由省政府法制办公室审定。

第六章 解释与备案

第三十二条 地方性法规的应用解释权和规章的解释权属于省政府。

地方性法规的应用解释和规章的解释,由省政府法制办公室提出意见,报省政府批准后公布。

第三十三条 规章应当自公布之日起30日内,由省政府法制办公室按照有关规定报送备案。

第七章 附 则

第三十四条 省政府法制办公室应当参照本规定对拟由省政府或者省政府办公厅发布的其他规范性文件进行审查,提出意见。

修改、废止法规和规章的程序参照本规定执行。

第三十五条 本规定自2002年12月1日起施行。1995年12月10日省政府发布的《辽宁省人民政府制定地方性法规草案和规章规定》同时废止。

本 章 小 结

本章共包括两节的内容,分别介绍了立法的基本原理和立法程序。立法是由特定主体,依据一定职权和程序,运用一定技术,制定、认可和变动法这种特定的社会规范的活动。我国现行立法体制可概括为"一元两级多层次"。立法活动离不开社会公众的参与,应该重视立法公众参与机制的改进。广义上的立法程序包括立法准备阶段、由法案到法的阶段和立法完善阶段。狭义的立法程序仅指由法案到法的阶段,具体包括提出法案、审议法案、表决和通过法案、公布法律四个环节。行政法规和规章的制定应当分别依据《行政法规制定程序条例》和《规章制定程序条例》等进行。

案 例 分 析

我国《立法法》第8条规定:"下列事项只能制定法律:(一)国家主权的事项;(二)各级人民代表大会、人民政府、人民法院和人民检察院的产生、组织和职权;(三)民族区域自治制度、特别行政区制度、基层群众自治制度;(四)犯罪和刑罚;(五)对公民政治权利的剥夺、限制人身自由的强制措施和处罚;(六)税种的设立、税率的确定和税收征收管理等税收基本制度;(七)对非国有财产的征收、征用;(八)民事基本制度;(九)基本经济制度以及财政、海关、金融和外贸的基本制度;(十)诉讼和仲裁制度;(十一)必须由全国人民代表大会及其常务委员会制定法律的其他事项。"

《立法法》第9条规定:"本法第8条规定的事项尚未制定法律的,全国人民代表大会及其常务委员会有权做出决定,授权国务院可以根据实际需要,对其中的部分事项先制定行政法规,但是有关犯罪和刑罚、对公民政治权利的剥夺和限制人身自由的强制措施和处罚、司法制度等事项除外。"

问:(1)如何评价《立法法》第8条的规定?

(2)怎样看待《立法法》第8条和第9条之间的关系?

复习思考

1. 结合立法原理与实践评述我国的现行立法体制。
2. 比较我国法律、行政法规和规章制定程序的异同。
3. 评述我国立法公众参与制度及其实践的经验与不足。

第六章 行政法概述

学习目标

- 知识目标：了解行政法的调整对象和功能；掌握行政法基本原则的内容；掌握依法行政原则的基本要求；了解越权无效原则的表现；掌握信赖保护原则的适用条件和要求；掌握比例原则和正当法律程序原则的要求；了解行政法的渊源。
- 能力目标：能够运用行政法的基本原理评价有关行政现象；能够运用行政法基本原则评价政府及其工作部门的行政行为；树立运用行政法来解决行政纠纷的法律意识。

第一节 行政与行政法

案例引导

> 2001年1月8日晚，陕西省泾阳县蒋路乡蒋路派出所干警王××和聘用司机胡××在未出示任何证件的情况下，将19岁的少女麻旦旦从其姐姐经营的发廊中强行带走。抵达派出所后，两人轮流单独讯问麻旦旦，要求其承认曾有卖淫行为。麻旦旦否认后，两人将其吊绑在室外篮球架上，对麻旦旦扇耳光、辱骂。第二日凌晨四时许，所长彭亮参与询问。事后彭亮对此解释为"做思想工作"。最终麻旦旦被迫在"招供材料"上签字。1月9日晚7时许，麻旦旦被送回家。事后，泾阳县公安局治安管理处出具一份处罚裁决书，以"嫖娼"为由对其进行处罚，同时裁决书中将麻旦旦性别写成"男性"，日期也错写为2月9日。对此麻旦旦向咸阳市公安局申请复议。2月6日，麻旦旦在咸阳215医院所做的医疗鉴定，证明她仍是处女。此后，麻旦旦将泾阳县公安局和咸阳市公安局告上了法庭，要求赔偿精神损失费500万元。5月9日，咸阳市秦都区法院做出一审判决，除误工费和医疗损失费外，麻旦旦仅获得74.66元的赔偿金。随后麻旦旦上诉。12月11日，咸阳市中级人民法院二审判决，泾阳县公安局支付麻旦旦违法限制人身自由两天的赔偿金74.66元，加上医疗费、交通费、住宿费以及180天的误工费共9 135元整。同时法院驳回麻旦旦要求的500万元精神伤害赔偿和公安局在媒体上公开道歉等诉讼请求。法院审理认为，麻旦旦请求精神损害赔偿不符合国家赔偿法规定，请求公安机关在媒体上公开赔礼道歉也没有事实依据。
>
> **思考：**行政的外延有多大？该如何规范行政权的行使？

一、行政

欲理解行政法，首先应了解何谓行政。行政也可以称为行政管理、行政活动，是指社会组织对一定范围内的事务进行组织和管理的活动。根据行政发生的场域，可以把行政分为公行政和私行政。公行政（又称"国家行政"或"公共行政"）意指专门的国家机关基于公共利益而对国家和社会事务进行组织与管理。私行政是指其他社会组织（如各种企事业单位、社会团体等）对于与自身相关的事务所实施的组织和管理等活动。

行政法所专注的行政，指的是国家行政，即"公行政"。若将"公行政"与"私行政"相比较，则有以下不同之处：

其一，前者的主体只是国家行政机关和法律、法规授予其行使国家公权力的组织，而后者的主体则可以是任何组织、团体和单位。所以，前者的主体，就数量而言，要远多于后者。

其二，前者的范围和对象是国家的公共事务，包括政治、经济、文化、教育、治安等方面。后者的范围与对象，通常是某一社会组织及其内部机构管理自身事务。

其三，前者以实现国家利益（或公共利益）为核心。而后者所追求的利益虽然具有团体的整体利益的特征，但是从根本上来说还是私益。

其四，前者是在国家职能分工乃至分权的基础上，由宪法、法律所授权的专门国家行政机关或者主体所实施的公务活动。行政法所规制的行政活动，指的是由行政主体所实施的公共行政活动，公共行政就是实现国家行政职能的活动。这一点与私行政有着天壤之别。

二、行政法

（一）行政法的含义

行政法是调整行政关系，规定行政组织及其权限、实施行政行为的条件与程序，控制行政权力、对行政活动予以监督的各种法律规范的总称。对此可从以下三个方面来理解：

第一，行政法是调整行政关系的法。所谓行政关系，是指行政权在配置、行使，以及接受其他主体对于行政权进行监督时所形成的社会关系，主要有三种：①行政主体相互之间的关系；②行政主体与公民、法人或者其他组织之间的关系；③行政主体与其他国家机关之间的关系。一般而言，第一种关系涉及行政权力的配置关系，第二种关系涉及行政主体对行政相对人的管理或者调控关系，第三种关系涉及行政主体与其他有关主体之间的监督与被监督关系。

第二，行政法是规定行政组织及其行使职权、实施行政行为的实体和程序条件，控制行政权力以及对行政活动予以监督的法律规范的总和。这里的监督，严格来说，只包括对行政主体实施行政行为所进行的行政手段的监督，例如上级对下级进行的一般监督，审计部门实施的审计监督、监察部门实施的监察监督等，既不包括立法主体对于行政主体进行的立法监督，也不包括司法主体对于行政主体进行的司法监督。

第三，行政法是有关行政活动的各种法律规范的总和。在行政法所调控的领域中，行政法律规范是以体系化的结构发挥作用的。一般而言，行政法分别规定在宪法、法律、行政法规、地方性法规、行政规章、法律解释、国际条约、国际惯例等众多的规范性文件之中。这些法律规范是以体系性的面貌来规制行政活动的。

（二）行政法的特征

一是非法典化。在法律体系中，没有任何一部统一的法典能够将大部分乃至一切行政法律规范都囊括在内。由于行政事务的复杂性、多变性和广泛性，行政法尚难以制定出一部统一、完整、翔实的，可以将行政法所调控的所有事项与内容包括在内的综合性法典。

二是内容的广泛性和复杂性。自"行政国家"兴起以来，行政活动涉及包括国防、外交、治安、经济、文化、体育、卫生、城乡建设等在内的方方面面。调控对象的多样性决定了行政法内容的复杂性和广泛性。正因如此，才难以制定出一部包罗万象的统一行政法法典。

三是实体规范和程序规范融为一体。行政法更多的是为行政主体如何行使行政权力而制定出一个基本的操作性规定，从而达到控制行政权力、保护行政相对人的权利的目的。因此，行政法常常将实体性规范与程序性规范完全融合在一体予以规定。例如，在《行政处罚法》中，除了对行政处罚权的设定、行政处罚权的适用原则以及其适用标准做出规定之外，也对行政处罚的简易程序、一般程序和听证程序等程序性事项做了规定。不过需要指出的是,当下法治发达的国家,大都制定有行政程序法。中国也在努力制定符合本国国情的行政程序法,而且有的地方也有制定程序性规定的先例。

(三) 行政法的内容

按照性质不同,可以将行政法分为行政组织法、行政行为法和行政监督法三部分。

行政组织法的内容有:行政主体的组织形式、结构,行政主体的设置及权限配置,行政职权的设定和范围,以及公务人员的管理制度等方面。

行政行为法的内容有:行政主体实施行政行政活动的范围、方式,行政权力行使的条件与程序,行政相对人参与行政活动的方式等方面。

行政监督法的内容有:对行政主体所实施的行政活动监督,以及对违法的行政行为造成后果的补偿或者赔偿等。具体来说,行政监督法包括但不限于行政监察制度、行政复议制度、行政诉讼制度以及行政赔偿制度等方面。

按照实体性规范与程序性规范的标准,又可以将行政法分为实体行政法和程序行政法两大部分。前者是指对行政主体、行政相对人和行政监督机关在行政活动之中行使各自权力(利)和义务的过程予以规制的法律规范。后者是指行政主体、行政相对人和行政监督机关在行政活动之中,为保障实体性权力(利)和义务得以行使和正常运行的方式性、循序性的权力(利)和义务的法律规范。

(四) 行政法的调整对象

所谓行政法的调整对象,是指行政法所调整的、因行政行为的实施而形成的特定社会关系,主要包括三个分类:

一是行政权配置关系。它是行政权在配置过程中形成的行政机关与权力机关之间的关系,以及行政权在行政系统内部进行分配时形成的行政机关相互之间的关系。为了使行政主体能够合法地行使权力以及行使之时能够受到必要的监督,所以需要行政法对于权力机关与行政主体之间、行政主体相互之间的权限与职责予以规定和厘清。

二是行政管理关系。它指的是行政主体在运用行政权对行政相对人进行管理、服务、指导以及在履行行政合同等过程中所形成的行政主体相互之间的关系、行政主体与公务员之间的关系、行政主体与行政相对人之间的关系。其中,最后一种关系是所有的行政管理关系中最为主要的、最为常见的,同时也是行政法所要调整的最为主要的行政关系。行政法就是对上述三种关系之间的权力(利)和义务做出规定,从而使行政活动能够得以顺利地进行。

三是对行政权力的监督关系。这种关系也可以被称为"监督行政关系",是指在对行政权实施监督的过程中所形成的行政法律关系。不受制约的权力具有侵害性。为了使行政权力得以合法、合理地行使,法定的行政权力监督主体在对行政行为进行监督的过程中,会形成相应的社会关系。监督行政关系一般常见的是,在行政系统内部上级对下级行政机关进行的层级监督关系,专司监督职能的监察机关与审计职能的审计机关对行政机关及其公务员进行监督时形成的社会关系。

权力机关、司法机关、社会公众与新闻媒体对行政机关及其工作人员所形成的这三种监督关系,都属于对行政权力的监督关系。但是就实质而言,此三种监督关系都不能算作实质上的行政监督关系。

(五) 行政法的功能

行政法价值的实现,有赖于其功能的发挥。从世界范围以及行政法发展史来说,关于行政法的功能有如下六种理论:

一是公共权力论。这一论断认为行政法的功能,就是要确保行政主体得以充分地实现其维护公共权力的目的。此种论断诞生于法国行政法萌芽之初,是由以弗拉里耶尔为代表的学者提出来的。该理论主张,公共权力就是国家赋予行政主体的有关国防、外交、警政以及税收等方面的权力,行政主体与行政相对人之间是一种命令与服从的关系。所以,行政法就是以保障行政主体的命令被行政相对人所服从为目的。依照这种理解,行政法是行政机关行使公共权力的行为规则。从法国行政法学的萌芽到19世纪中后期以前,此种学说一直都占主流地位,并被法国行政法院所认可和采纳,甚至影响到其他大陆法系国家行政法学理论的构建。但是,随着垄断资本主义时代的到来,公共权力论逐渐被随后出现的公务论代替了,但是通过自我理论革新以新公共权力论这一理论形式,公共权力论继续存在着。

二是公务论。公务论也发源于法国。法国的司法机关在1873年2月8日一个被称作"布朗戈案件"的判决中,以公务作为行政法院管辖的标准,这标志着以公务论作为确认行政行为的开始。公务论认为,行政权力的行使在本质上是一种依法所作的公共服务,所以行政法的功能在于确保公务服务能够得以开展和实现。行政主体与行政相对人之间的关系,是一种提供服务与给予合作的关系,而不是一种命令与服从的关系。如果某一种关系属于调整行政主体所提供的公共服务与行政相对人给予合作的范畴,那么就属于行政法律规范对其予以保障和调控的领域。所以,行政主体的公务行为适用行政法律规范,引起的纠纷由行政法院予以管辖,否则就应该适用于私法,所引起的纠纷自然也应该由普通法院予以管辖。

公务论则迎合了垄断资本主义时代更加广泛的干预社会和公民个人生活的需要。所以随着社会形态过渡到垄断资本主义时期,公务论逐渐代替公共权力论成为行政法学功能方面的主流学说,认为行政法的功能就体现在对行政主体的公务行为予以保障、调整和规范。由于公务论这一学说为垄断资本主时代的行政主体与行政相对人之间的关系和性质,以及行政法适用的范围与功能提供了理论基础,所以在第一次世界大战以后的法国和大陆法系国家里,它是有关行政法适用范围与功能的主流学说。到了当代,这一理论则主要演变为福利行政法理论。其实,就本质而言,公务论和福利论两者并无本质的区别,前者重点在于强调服务的行为,后者重点在于强调服务的效果。公务论到了中国,其影响力也有所体现,主要表现为由应松年教授等提倡的为人民服务论和由陈泉生提出的社会服务论。①

三是控权论。控权论认为,行政法的功能在于控制行政权力的滥用,防止行政权的僭越,以及当行政权被滥用之后应该如何为权益受损的主体提供救济。其核心有两点:①如何"控权",即行政权没被滥用之前如何控权,就这一点而言,看重的是"行政程序法"。②如何"救济",即行政权被滥用之后如何提供救济,如何践行"有权利,即有救济"的理念,就这一点而言,看重的是"行政救济法"。在此理论视域中,行政主体与行政相对人以及其他权益受影响的主体(第三人)之间的关系是一种行政权力受控、权利受到保障的关系,行政法是控制行政主体行使权力的法,而不是用来管理行政相对人的法。而且,控权论认为行政法的功能只有一种——控制行政主体行使权力,当然也包括权力滥用之后如何救济。控权论的出现和形成,与英美资产阶级革命及其宪法政治发展密切关联,也是分权理论的实践与细化。控权论对包括中国在内的其他国家的影响力也不容小觑。控权论反映了英美国家对于政府权力所持有的警惕观念,即使到了以凯恩斯主义的"干预主义"为特征的"行政国家"兴起之后,控权论仍然实质上都一直占据主流地位。"二战"结束之后,美国通过了对行政权力进行严密控制的《联邦行政程序法》即是最为显著的一例。

四是管理论。管理论起源于苏联。该理论认为,行政法存在的基础,是国家行政管理范围之内的行政关系,而行政法的目的就是为了管理行政相对人,以实现国家对整个社会予以垄断式管理的目的,所以这种论断将行政主体与行政相对人的关系定位为管理与被管理的关系,行政主体处于主导地位,行政相对人处于附属地位,该论断的核心思想就是"管理"。该理论认为,行政法就是有关行政管理的法或调整行政管理范围内社会关系的法,行政法的原则就是国家管理的原则,行政权就是行政机关适用法律规范对行政事务进行管理的权力,行政行为就是国家行政管理活动,行政法律体系就由管理者、管理活动和被管理者对管理者及其管理活动的监督三部分法律规范构成,等等。② 管理论毕竟是与中央高度集权和国家在政治、经济以及各个领域的计划体制联系在一起的。但是,这种理论以及践行,容易把行政主体当成主体,将行政相对人

---

① 叶必丰:《行政法与行政诉讼法(第三版)》,武汉大学出版社2008年版,第36页。
② 叶必丰:《行政法与行政诉讼法(第三版)》,武汉大学出版社2008年版,第35页。

当成被管理的客体,其人格严重被弱化,甚至漠视被管理者的权利,与法治理念相背离。中国在改革开放之后,随着国家治理模式的革新以及权利意识的崛起,国家对社会各个领域的垄断式、集权式管理已经不合时宜了,而漠视行政相对人权利以及将其纯粹视为管理客体的做法也有悖于现代法治理念,所以管理论在中国逐渐式微,走向颓势也在情理之中。

五是服务论。服务论最早是由应松年等中国学者提出的,他们认为,行政法是规范行政主体行为的法,而中国作为社会主义国家,行政机关或者行政主体是人民代表大会的执行机关,所以它唯一的目的是执行人民的意志。因此,中国行政法学的理论基础只能是为人民服务,行政法的功能就是确保行政主体的行政行为是以为人民服务为归宿。行政法的功能就是确保行政主体所做出的行政行为以为行政相对人提供服务为追求。现代行政法开始转向为服务行政法,它的价值取向在于维护社会正义,增进社会福利,实现法治社会。它的基本功能仍然是保障民权,但同时兼具服务于授益功能。随着中国社会主义市场经济体制的逐步确立,服务论由于契合了政府职能转变,且服务论也符合了中国政府一直所强调的"为人民服务",所以服务论的影响力与日俱增,成为一种关于行政法功能的颇有影响力的学说。

六是平衡论。平衡论作为行政法的功能理论,是由以罗豪才教授为代表的部分行政法学者所提出的。该理论认为,行政法本质上是一种在行政主体与行政相对人之间确保双方地位平衡的法律规范。在该理论的视域中,"行政法史是一部平衡史。古代行政法本质上是'管理法',近代行政法总体上看都是'控权法',现代行政法则是'平衡法'。"①行政权力的行使,就是一个寻求平衡的过程。行政法的功能,是确保权力(利)和义务在两种层面上能够得以平衡:一是行政主体与行政相对人之间的平衡,二是行政法主体各自权力(利)义务的平衡。这一学说对我国的行政法学研究和行政法制产生了极为深刻的影响。

三、行政法学

行政法学是以行政法为研究对象的理论学说体系。具体来说,行政法学不仅研究行政法现象,也研究行政法的内在规律。何谓行政法现象?行政法现象是指行政法的制定、执行和救济等过程所呈现的表面现象。例如我国或者外国的行政法规范、特定的行政机关或者公务员、具体的执法案例等,属于行政法学研究的材料基础。对这些材料进行收集、整理、归纳、总结是行政法学的首要的任务。何谓内在规律?内在规律是指蕴涵在行政法现象之中、支配行政法产生和变革的客观规律。例如在行政管理过程中的信赖保护,法治、人治和德治之间的关系,行政自治分权的种类,行政法的国际化、民族性等,都属于行政法的内在发展逻辑。

行政法学就是以行政法为研究对象的部门法学。行政法产生了,行政法学也便随之而产生了。法国最初的行政法学著作其实就是在国家参事院判例的基础上所做的汇编。在17世纪和18世纪的德国,行政法和行政学还没分离开来。在19世纪上半叶,行政法学虽然已经从行政学中分离出来,但却是与宪法学混合在一起,共同构成了德国的"国法学"。一直到19世纪末期,以奥托·迈耶为代表的德国法学家才将行政法作为一门新兴的学科,认为行政法是宪法的细化,行政法的出现,是为了便于将宪法规定落到实处,由此将行政法学才从"国法学"之中一步步地分离出来,且为之建立起了独立的理论范畴和理论体系。

中国现代意义上的行政法开始于清末的"赴日研习法政运动",当时有关行政法的外国著作已经陆续借道日本被引进国内。民国时期,中国行政法学在移植国外,尤其是日本的行政法学基础之上,已经初步建立并成长起来。到1949年,国内出版的行政法专著、译著、教材等大约共有450种,论文、译文约120篇。比较具有代表性的是曹履贞的《行政法》、白鹏飞的《行政法大纲》、钟庚言的《行政法总论》以及管欧的《行政法各论》等。

新行政法学的建设,受到了苏联的深刻影响,其建设也多来源于对苏联行政法学的移植。但是,苏联行政法学是以命令与服从关系的"管理论"为理论基础而建立的,内容上阐述只是计划经济时代的管理学理

---

① 叶必丰:《行政法与行政诉讼法(第三版)》,武汉大学出版社2008年版,第35页。

论,行政法学色彩反而不重,权利保障和救济理论一片空白,在法与管理的关系上,法是从属于管理或者行政的,法是管理或行政的工具和武器,管理或行政是法的逻辑起点。此种理念在《行政诉讼法》制定与实施之前,在我国一直都占有绝对的支配性地位。改革开放以后,新中国的行政法学得以复立,行政法的理念也从管理转向规制,行政法学研究从质到量都有长足的进步和发展。

资料

《中共中央关于全面推进依法治国若干重大问题的决定》(摘录)

三、深入推进依法行政,加快建设法治政府

法律的生命力在于实施,法律的权威也在于实施。各级政府必须坚持在党的领导下、在法制轨道上开展工作,创新执法体制,完善执法程序,推进综合执法,严格执法责任,建立权责统一、权威高效的依法行政体制,加快建设职能科学、权责法定、执法严明、公开公正、廉洁高效、守法诚信的法治政府。

(一)依法全面履行政府职能。完善行政组织和行政程序法律制度,推进机构、职能、权限、程序、责任法定化。行政机关要坚持法定职责必须为、法无授权不可为,勇于负责、敢于担当,坚决纠正不作为、乱作为,坚决克服懒政、怠政,坚决惩处失职、渎职。行政机关不得法外设定权力,没有法律法规依据不得做出减损公民、法人和其他组织合法权益或者增加其义务的决定。推行政府权力清单制度,坚决消除权力设租寻租空间。

推进各级政府事权规范化、法律化,完善不同层级政府特别是中央和地方政府事权法律制度,强化中央政府宏观管理、制度设定职责和必要的执法权,强化省级政府统筹推进区域内基本公共服务均等化职责,强化市县政府执行职责。

(四)坚持严格规范公正文明执法。依法惩处各类违法行为,加大关系群众切身利益的重点领域执法力度。完善执法程序,建立执法全过程记录制度。明确具体操作流程,重点规范行政许可、行政处罚、行政强制、行政征收、行政收费、行政检查等执法行为。严格执行重大执法决定法制审核制度。

建立健全行政裁量权基准制度,细化、量化行政裁量标准,规范裁量范围、种类、幅度。加强行政执法信息化建设和信息共享,提高执法效率和规范化水平。

全面落实行政执法责任制,严格确定不同部门及机构、岗位执法人员执法责任和责任追究机制,加强执法监督,坚决排除对执法活动的干预,防止和克服地方和部门保护主义,惩治执法腐败现象。

(五)强化对行政权力的制约和监督。加强党内监督、人大监督、民主监督、行政监督、司法监督、审计监督、社会监督、舆论监督制度建设,努力形成科学有效的权力运行制约和监督体系,增强监督合力和实效。

加强对政府内部权力的制约,是强化对行政权力制约的重点。对财政资金分配使用、国有资产监管、政府投资、政府采购、公共资源转让、公共工程建设等权力集中的部门和岗位实行分事行权、分岗设权、分级授权,定期轮岗,强化内部流程控制,防止权力滥用。完善政府内部层级监督和专门监督,改进上级机关对下级机关的监督,建立常态化监督制度。完善纠错问责机制,健全责令公开道歉、停职检查、引咎辞职、责令辞职、罢免等问责方式和程序。

完善审计制度,保障依法独立行使审计监督权。对公共资金、国有资产、国有资源和领导干部履行经济责任情况实行审计全覆盖。强化上级审计机关对下级审计机关的领导。探索省以下地方审计机关人财物统一管理。推进审计职业化建设。

第二节 行政法基本原则

案例引导

在武汉,用于客运的三轮摩托车被人们称为"麻木"。以开"麻木"为生的武汉人曾一度有近两万人。这些三轮摩托车在大街小巷中肆意穿行,给市民带来一些便利的同时,也带来很大的安全隐患。2003年5月,武汉市人大常委会公布了经湖北省人大常委会正式批准的《武汉市城市道路交通管理若干规定》,该法规明确规定,从2003年6月20日起,武汉市7个中心城区和经济开发区、东湖新技术开发区的城市道路上,禁止三轮摩托车行驶。原来已经在交管部门核发牌证的,由原发证部门注销牌证,每辆按2 500~3 000元回收。为了安置这些车主,武汉市政府同时出台了一系列为他们提供补偿的政策:首先鼓励自谋职业,给予每位自谋职业的车主一次性补助2 000~6 000元,并为自谋职业的车主开辟办理有关手续的"绿色通道";然后为无法自谋职业的车主提供工作岗位(武汉市政府在这次取缔工作中,为"麻木"车主提供了近两万个岗位)。就武汉市政府针对"麻木"采取的赎买性质的取缔政策,央视国际网站进行了调查,结果3/4的被调查者认为,为了适应社会的发展,满足更多数人的利益,政府需要就一些现有政策进行调整时,如果损害了部分群众的利益,则应当给予补偿。

思考: 如何运用行政法基本原则来评价武汉市政府的做法?

一、行政法基本原则概述

(一)行政法基本原则的含义与特征

行政法基本原则是指贯穿于行政法规范的制定、实施和修改过程中的基本价值和精神、原理和准则,是人们对行政法现象的抽象和概括,反映着行政法的基本价值观念。行政法基本原则具有以下特征:

一是普遍性。行政法基本原则适用于行政法的所有方面,无论是行政立法、行政执法还是行政复议或行政监督,在涉及行政权力的行使或者被监督之时,均应受到行政法基本原则的束缚和制约。行政法基本原则是从行政法精神和价值追求的层面上对于与行政权力相关的活动进行宏观上的调控,而行政法律规则只是从微观的角度上适用于某一种具体的行政事务。

二是概括性。行政法基本原则是对行政法所要彰显的精神理念和价值追求的概括,它不同于行政法的具体规则或者法律规范,但却是在对具体规则和法律规范的基础上,对其精神意旨和价值追求的高度抽象的产物。它们是行政法律权利和法律义务赖以存在并从其中展开的精神价值内核,集中表达了行政法的价值追求,因为其具有高度的概括性。

三是特定领域性。行政法是规范行政权的法,其基本原则也是人们对行政法这一现象的概括,只适用于行政法领域。行政法基本原则主要是关于行政权的配置、行使以及受监督的准则,其基本内容是关于行政主体、行政职权、行政权力应该接受的监督、行政相对人的权利与义务的规定以及行政相对人权益受损之后的救济等方面。可以看出,行政法仅仅适用于行政事务或者与行政事务有关的领域,那么行政法基本原则肯定也是如此了。行政法的特有性表现在:①行政法基本原则是人们对行政法现象的认识和反映;②行政法基本原则的内容通过具体的行政法律关系得以实现;③行政法基本原则只适用于行政法领域。①

---

① 王周户主编:《行政法学》,中国政法大学出版社2011年版,第70~71页。

(二) 行政法基本原则的功能

姜明安教授认为,行政法基本原则是一种"基础性规范",是产生其他子原则和具体法律规则或者规范的基础。一般认为,行政法基本原则具有以下功能:

第一,指导和规范行政法律规范的制定、修改和废止。行政法律规范的制定者无论是立法机关还是行政机关,本质上都是通过运用立法权或者行政立法权制定法律规范,从而将行政主体对行政事务的处置行为予以规范化、法律化和体制化。行政法律规范的制定、修改和废止都应该符合法律的规范,遵守行政法的基本原则,并受其制约。行政法的基本原则虽然比较抽象,但其价值取向是明确的,有利于立法中的价值取舍,有利于立法者达成共识。

第二,在宏观上指导行政法律规范的实施,尽可能地防止行政执法出现违法、错误以及偏差。行政法律规范的实施,是行政主体在依据法律规范的前提之下的,通过行使行政权力,对某一种的特定行政事务予以规范化的处置。行政法基本原则,往往是将行政权力的行使所应该遵循的最基本的价值和理念予以高度的抽象化。当行政主体在行使自由裁量权时,依据行政法的基本原则,将有一个相对稳定的标准,有助于行政主体的自由裁量行为符合行政法的精神和理念。①

第三,弥补行政法律漏洞,缓解行政法律规范的不足和局限。相对于社会发展的瞬息万变,行政事务的复杂性和多样性,行政法律规范总是存在着法律漏洞或者模糊性。为了弥补这种漏洞和不足,可以直接将行政法基本原则予以适用。换言之,行政法基本原则由于其在文字呈现和价值彰显方面所具有的相对稳定性、普遍性特点,因而在行政法律规范缺失和含义太过模糊的情势之下,可以适用的规范有行政法基本原则,或者运用基本原则来解释具有模糊性的法条含义。

第四,有助于人们对行政法的学习、理解、认识和阐释。由于行政法基本原则是对行政法现象的高度的总结、概括和抽象。因而,对于学习者而言,通过对行政法基本原则的研习,可以大致了解到行政法所要彰显和追求的价值、目标和精神,只有明确了行政法的基本原则,才能够进一步了解行政法的具体制度和细致内容。

二、依法行政原则

依法行政原则是建设法治国家、打造法治政府的最根本的要求,是行政法的"帝王条款"。依法行政的要义有两点:①政府在法律的范围内行使权力,依法履行职责;②行政主体及其工作人员的履职行为,如果违反了法律规定,便要承担相应的责任。这一原则应该包括以下三个子原则:

(一) 职权法定原则

这一子原则要求任何行政权力的行使,都必须有法律明确的授权。依照法治原则,对于公权力而言,法无授权即禁止;对于私权利而言,法不禁止即自由。"换言之,只有当法律对某种行为明确加以禁止时,公民才不得为之;对于法律没有规定的事项,公民就可以自由地为之。然而,行政机关则不同,只有当法律对其进行明确授权时才能实施相应的行为;否则,缺乏法律的授权,行政机关就不得为之。"②职权法定的核心就是一切行政机关都不能自行设定权力,从而起到杜绝行政权力的滥用。职权法定通常是在两个层面上使用的:①行政组织法授予某种行政主体行使职权。例如,地方政府制定规章的权力来源于《地方各级人民代表大会和地方各级人民委员会组织法》的授予。②单行法律授予行政主体行使职权,或者授予某种——因为符合被授权资质而得到授权的——公共组织,从而使其成为可以代替公权力主体行使职权。例如,高等院校的管理权即来自《教育法》《高等教育法》等法律的授予。

---

① 马怀德主编:《行政法学》,中国政法大学出版社 2009 年版,第 43 页。
② 杨海坤、章志远:《中国行政法原论》,中国人民大学出版社 2007 年版,第 102 页。

(二)法律保留原则

法律保留原则是指宪法或法律将某些特别重要的事项保留给立法机关,由立法机关独享对这些事项的立法权力,行政机关非经特别授权不得对此制定任何规范性文并据此实施规制。法律保留的目的,主要是为了通过对行政机关所具有的行政立法权力的界定,防止行政主体行使行政立法权以追求其自身利益并损害国家利益、公共利益或者不特定公民的利益。简言之,法律保留原则是为了制约行政权过度膨胀而损害某些利益主体的合法利益。但是,这一原则对于某些事项的适用是具有相对性的,可以将这种相对性分为两种:

一是绝对保留。例如,有关公民政治权利的剥夺和限制人身自由的强制措施与处罚就只能由法律来规定,即使法律尚未予以规定,行政机关也不可能得到立法机关的授权而制定行政立法。

二是相对保留。例如,财政、税收、海关、金融及贸易的基本制度也属于立法机关通过制定法律予以规定的重要事项。但是在立法机关未给予规定之前,作为行政权力机关的国务院可以根据特别的授权率先制定行政法规,以解无法律规范可依的燃眉之急。

(三)法律优位原则

这一个子原则有两个主旨:其一,法律已经对于某事项已经做出规定的情况之下,行政法规、地方性法规以及部门规章和地方政府规章对于该事项的规定,都不能与法律所做出的规定相抵触。其二,对于某种事项,在法律尚未对之进行规定的情况之下,适格的行政机关通过行使行政立法权力而制定规范性文件对于该事项做出了率先的规定,但是一旦法律就该事项做出规定之后,对于该事项进行规制,法律便具有了予以优先适用的地位,那么规范性文件应该尽快通过梳理和改进,以保证尽快与法律保持一致,或者便应该将规范性文件予以废止。

法律优位的目的在于解决不同行政法律规范之间的效力等级问题,以防止行政机关置立法机关的法律于不顾而自行其是,超越于立法机关的权威。

三、越权无效原则

(一)越权无效原则在其他国家的表现

越权无效原则,是支配英国司法复审制度的核心原则,具有直接予以适用的法律效力。[①]这一原则是英国行政法的首要原则,它直接基于议会主权这一宪法原则而产生。越权无效原则的基本含义是行政机关必须在法定权限范围之内行使权力,如果超越了法定的权限,将会导致行政机关所做出的行政行为不具有行政行为所具有的公定力、确定力、拘束力和执行力。各国行政法虽然都承认越权无效原则,但是各国对于"越权"的具体解释和具体适用范围却存在着差异。

在英国,越权无效原则中"越权"含义远比中国行政法学理论之中"越权"概念含义要广。在英国学者看来,越权表现为两种情况:一是议会通过法律规定行政机关如何行为,行政机关无权违反法律要求,无权做出与议会法律的要求相矛盾或不一致的行政行为;二是行政机关一旦做出与法律矛盾或不一致的行为,便是越权。[②] 越权既可以发生在实体上,也可以发生在程序上。英国行政法之中"越权"与中国行政法之中"行政违法"含义接近。英国法院将行政机关行为的下述八种情形均列入越权的范畴:①违反管辖条件;②违反明确的法定程序;③不正当的委托;④不合理;⑤不相关的考虑;⑥不适当的动机;⑦违反自然正义;⑧案件表面错误。[③]

---

① 在英国,行政法的基本原则被概括为四项,即行政法治原则、议会主权原则、政府守法原则和越权无效原则。[英]威廉·威廉:《行政法》,徐炳等译,中国大百科全书出版社1997年版,第25~52页。
② 胡建淼:《比较行政法——20国行政法评述》,法律出版社1998年版,第69页。
③ 姜明安主编:《行政法与行政诉讼法(第五版)》,北京大学出版社、高等教育出版社2011年版,第72页。

在比利时,学者认为,越权是指公务机关在实施行政行为时做了属于另外机关权限内的事。它包括两种情况:一是公务机关做出某一行政行为,侵犯了另一机关的权限;二是公务机关基于自己不能再有或还没有的权力做出行政决定,即公务机关行使权力没有遵守时间方面的规定。如果公务机关在有权管辖的地域范围以外实施某种行为,这在比利时不称为越权,而称为无管辖权了。把无管辖权分离于越权而独立存在,这是比利时的独特做法。①

日本对行政越权的解释和适用的范围较宽。日本学者则侧重从行政法的基本原理角度来认识行政法基本原则,强调依法行政。②日本行政机关的权限存在下述四种限度,只要超出其一均为越权③:①事项上的限度(实质的限度),行政机关系统内上、下、左、右均不能越权,行使属于其他行政机关权限的事项;②地域上的限度,行政机关不得超越其管辖地域范围行使职权;③对人的限度,行政机关行使职权不能超出其权限涉及人的范围;④形式上的限度,行政机关行使职权不能超出规定的行为的形式。可见,日本行政法上的行政越权范围比比利时行政越权的范围要大。但是,日本对于行政越权的划定范围又远远不及英国宽泛。

(二) 越权无效原则在中国的表现

与上述的英国、比利时和日本相比,中国行政法对于行政越权的解释较为狭窄,可以将超越职权分为以下四种情形:

一是无权限,可称为"错位",指的是行政机关作了应由行政相对人自行解决的,或者应由市场调节解决的,或者应由社会团体、组织自律解决的事项。

二是级别越权,可称为"越位",包括三种情况:①下级行政机关行使了应由上级行政机关行使的职权;②行政机关的内部机构行使了应由行政机关本身行使的职权;③行政机关的工作人员行使了应由行政机关负责人行使的职权。

三是事务越权,包括两种情况:①主管甲事务的行政机关行使了主管乙事务的行政机关的职权,此种情形可称为"越位";②行政机关行使了立法机关、司法机关的职权,此种情形可称为"错位"。

四是地域越权,可称为"越位",即甲地域的行政机关行使了乙地域的行政机关的职权。

在中国行政法理论之中,往往将"越权无效"作为广义的"无效"来理解。广义的无效包括两种情况:①狭义的无效的行政行为;②可撤销的行政行为。狭义的无效,指的只是重大和明显的违法,至于不太严重的违法,可以通过程序补正,使其发挥效力。若是可撤销的行政行为,过了法定的撤销期间还未启动撤销程序,那么就使之拥有效力或者继续发挥效力。

四、尊重和保障人权原则

(一) 人权的概念

一般而言,人权就是人作为人所应当享有的权利和尊严。换言之,人权是指每个人按其本质和尊严享有或应该享有的基本权利。就其完整的意义而言,就是人人自由、平等地生存和发展的权利。人权既是一个法律概念,又是一个伦理概念和政治概念。

中国的人权理论认为,人权不仅包括公民的政治权利,而且包括经济、社会、文化权利;不仅是个体人权,而且也是集体人权;生存权和发展权是基础性人权,是其他一切权利的基础;人权的发展受制于各国的历史传统、文化、经济发展等因素;人权是权利与义务的统一。没有无义务的权利,也没有无权利的义务;稳定是实现人权的前提,发展是实现人权的关键,法治是实现人权的保障;反对人权外交;主张强化人权对话,积极参与和推动国际人权合作。

---

① 胡建淼:《比较行政法——20国行政法评述》,法律出版社1998年版,第532页。
② [日]南博方:《日本行政法》,杨建顺、周作彩译,中国人民大学出版社1988年版,第10页。
③ [日]室井力主编:《日本现代行政法》,吴薇译,中国政法大学出版社1995年版,第279~280页。

(二) 尊重和保障人权原则的要求

我国《宪法》第33条确立了尊重和保护人权的原则。这既是宪法的基本原则,同时也应该是行政法的基本原则。作为一个法治政府,尊重和保护人权是其获得统治正当性的必然要求。切实维护行政相对人的合法权益,使之不受侵犯,而不能以公权行为侵犯公民的人权,损害行政相对人的合法权益。《宪法》第33条表明国家权力对人权负有不侵犯的义务,同时国家还必须保护公民的各项权利免受来自国家机关、其他公民、法人与社会组织的侵害和破坏。将这一原则置于行政法的领域,它对于行政机关及其工作人员有以下要求:

第一,行政机关及其工作人员在行使行政权力、实施行政活动时,必须充分尊重行政相对人的人格尊严。具体来说,行政主体及其工作人员应该:①遵守法的明文规定,不对行政相对人实施法律明文禁止的行为;②不对相对人实施精神折磨或其他侮辱人格的行为;③在实施行政行为时应该文明、礼貌,不失最基本的礼节。在行政裁量权范围内,秉持节约要义的前提之下,行政相对人到行政机关办理事务时,应该给予必要的温馨服务和"待客之道";④任何行政事务,无论是基于行政相对人的申请,还是依照法律规定或者职权要求,都应该积极为行政相对人解惑释疑。

第二,行政机关及其工作人员在履行职责时,应该切实尊重和保护公民的包括但不限于人身自由、言论自由、信仰自由、出版、集会、结社、游行以及示威等各项基本权利。只有在为了保护国家安全和公共利益或者其他利益主体合法权益的前提下,才可以适当地限制公民的基本权利。但是即使是限制,也不能超过必要的限度而有违比例原则。一旦给予限制的情势消失,应该立即消除限制措施。

第三,行政主体及其工作人员在实施行政行为时,不能侵犯公民的包括但不限于选举权和被选举权,通过法定途径平等地参与国家事务管理权和担任国家公职权,以及对国家机关及其工作人员的监督权、申诉权、控告权、检举权等政治权利。行政主体及其工作人员不但不能侵犯公民的政治权利,而且在公民政治权利受到侵害时,如果是应公民申请才能做出的救济行为,在权利受损公民提出救济请求时,负有提供救济义务的行政机关及其工作人员应该及时提供救济措施。如果是依照法律规定的依职权而主动提供救济的情形,在得知有关公民或者利益主体的权利受损之后,应该及时履行职权,避免权利受损或者已经受损但是其受损之程度不会再继续扩大。

第四,如果行政机关及其工作人员做出了损害公民基本权利的行为,那么就应该按照法律承担必要的责任。政府对其违法行为是否承担法律责任,是法治政府的内在要求。对于法治政府而言,它必须遵守由人民代表组成的立法机关所制定的法律,并接受立法机关和人民的监督,如果其实施的行政行为因为违法而侵犯了行政相对人的合法权益,必须承担相应的法律责任,赔偿相对人因为违法行政行为所遭受的损失。

第五,为了国家、社会或者公共的利益,有权行使征收或者征用的行政机关在对行政相对人的财产、劳力进行征收或征用之前或者进行征收或征用时,应该对行政相对人给予必要的补偿。

五、信赖保护原则

行政法上的信赖保护原则是指当行政相对人及利害关系人对行政过程中的某些因素的变化形成合理的信赖且这种信赖值得保护时,行政主体不得变动这些因素,或者变动这些因素时必须合理补偿信赖人的信赖损失。① 信赖保护原则的实质是为了保护行政相对人对行政行为的信赖利益,必须对该行为的撤销或者禁止施加必要的限制。姜明安教授认为,在行政法领域,信赖保护原则和比例原则将会越来越发挥更大的功能。

(一) 信赖保护原则的含义

信赖保护原则的基本含义是政府对自己做出的行为或者承诺应该坚守信用,不得随意变更,不得反复无常。如果因为某种情势变更,政府必须对原先之行为有所变更的话,也得对因为信赖政府的言行反而遭受损失的利益攸关者给予必要的补偿。

---

① 王周户主编:《行政法学》,中国政法大学出版社2011年版,第86页。

在英美法系国家,信赖保护原则还有另一种表述,即"禁止反言"。其基本含义是"一个人提出或者陈述了某种事实或意见后,别人以他提出或者陈述的事实或意见为依据做出了某种对他不利的行为,他不能再否认或收回原已提出或陈述的事实或意见,即使这种事实或意见有误或不真实"①。随着社会的发展,这一原则被引用到了行政法领域之中,并被赋予了这样的含义:行政机关一经做出某种行政行为,特别是对于赋予或者授益了行政相对人一定权益的行为之后,行政机关便不得任意变更,即使随后发现这种行为确有违法之处,或者对于行政机关本身造成了某种不利的影响。

有原则就会有例外。"禁止反言"原则的适用并不是绝对的,在以下三种情况之下,可以对行政主体之前所做出的行为或者承诺予以变更:一是行政机关对于自己完全无权限或者严重违法、越权做出的行为;二是对于严重损害社会公共利益的行为;三是行政机关之前的行为或者承诺确实不存在任何不合法、不合理之处,但是随着情势的巨大变化,原先的行为或者承诺非变更不可,否则将会对国家、社会公共利益以及行政相对人带来严重的不利影响。其中,就包括行政机关因法律和政策的变化(法律和政策一般不溯及既往,但国家、社会公共利益特别需要时可以例外)也可以撤销或变更已做出的行为的情形。②

无论基于何种情形,行政机关对于之前所做出的行为或者承诺进行了撤销或者变更之时或者之后,对于因为这种撤销或者变更给无过错的行政相对人所造成的损失应该给予赔偿或者补偿。"只有政府信任公众,才能发展民主,为公众提供优良服务;也只有政府取得公众信任,才能获得公众的长久支持和积极合作。而政府要取信于公众,就必须遵循诚信原则。可见,诚信原则在行政法中的运用也是建立在现代公共服务的观念基础之上的。"③

从历史发展来看,行政法上的信赖保护原则萌芽于第一次世界大战前后的德国,当时德国的各邦行政法院在裁判有关撤销、废止行政处分的案件时,已经开始将此原则运用于案件裁判之中。第二次世界大战之后,信赖保护原则随着学说不断地深入研究,以及实践之中广泛地被接受,它被逐渐地提升到行政法基本原则的地位。在大陆法系的德国,其学者认为"信赖保护原则部分源自在法治国家原则中得到确认的法律安定性,部分源自诚实信用原则,学理上还根据社会国家原则,并且越来越多地根据基本权利。"④其中最具说服力的,莫过于法的安定性了,因为它是行政行为法律效果之中不受瑕疵影响和存续力的依据。

到了1973年10月召开的德国法学者大会上,信赖保护作为一项公法原则的地位最终被予以认可。1976年德国《行政程序法》的颁布,标志着行政信赖保护作为行政法上的一项基本原则在法典中得到正式确认,并为此后的多数大陆法国家所仿效。⑤此原则也逐渐被中国所引进,在某些法律之中也有所体现。⑥

(二) 信赖保护原则适用的条件

其一,存在信赖保护的基础。通说认为信赖保护只存在于具体行政行为的撤销和废止,但是随着理论研究的逐步深入以及通说被运用于实践之后所形成的结果都表明,信赖保护问题不仅存在于传统的具体行政行为的撤销和废止之中,还包括但不限于行政立法行为、行政指导行为以及行政合同等行政行为之中,因为这些普遍存在的行政行为因其言行不一,也会对行政相对人造成损害。

例如行政指导,它与具有法律效力的行政行为最大的区别在于,行政指导只产生事实效益而不发生法律效益,但是这并不意味着行政主体在行政指导时可以言而无信、反复无常,可以错误发布其所掌握的政府信息而不必承担责任。所以,信赖保护原则在行政权力运行的实际中,不应该因为行政行为种类的不同而有所不同,只要构成值得保护的信赖利益,就应该给予平等的保护。

---

① 姜明安主编:《行政法与行政诉讼法(第五版)》,北京大学出版社、高等教育出版社2011年版,第73页注释③。
② 姜明安主编:《行政法与行政诉讼法(第五版)》,北京大学出版社、高等教育出版社2011年版,第73页注释③。
③ 周佑勇:《行政法基本原则研究》,武汉大学出版社2005年版,第230页。
④ 姜明安主编:《行政法与行政诉讼法(第五版)》,北京大学出版社、高等教育出版社2011年版,第73页。
⑤ 王周户主编:《行政法学》,中国政法大学出版社2011年版,第86页。
⑥ 例如,《行政许可法》第8条规定:公民、法人或者其他组织依法取得的行政许可受法律保护,行政机关不得擅自改变已经生效的行政许可。行政许可所依据的法律、法规、规章修改或者废止,或者准予行政许可所依据的客观情况发生重大变化的,为了公共利益的需要,行政机关可以依法变更或者撤回已经生效的行政许可。由此给公民、法人或者其他组织造成财产损失的,行政机关应当依法给予补偿。

其二，存在信赖表现。信赖表现是行政相对人以及利害关系人根据法律秩序的安定性，基于信赖基础的稳定不变而对自己生活做出安排和对财产进行处分，从而使其在法律上的地位产生重大转变，包括作为和不作为。信赖保护的基础和信赖保护的表现之间必须存在着因果关系，只有信赖基础确实存在，行政相对人以及利害关系人依据行政主体所做出的行为、言论或者承诺所做出的实际行为才算有根有据。但是，如果行政相对人根本不了解行政行为存在的这一事实，只是在对自己的权益做出处置时，与行政行为的变更歪打正着产生了某种联系，然而在实质上却纯属巧合，那么在本质上就不存在信赖表现，所以信赖保护也就无从谈起了。

行政相对人以及利害关系人依据信赖基础所做出的信赖表现行为主要体现在以下三个方面：①对授益性行政行为所赋予的某种物质利益进行了处置。例如，对以物质利益为载体的特定物、不可分割物进行了处置。②依据授益性行政行为赋予他的某种资格做出了某种行为。③在特殊情况下，信赖表现还存在于负担性或者侵益性行政行为中，因为相关行政行为的变更，会使行政相对人为服从行政行为所付出的努力付之东流，使其利益遭受更大程度的损失。

其三，信赖利益值得保护。信赖利益是否值得保护是根据行政相对人以及利害关系人在主观上是否有过错以及该行政行为是否有可预测性来判断。受益人的信赖应当有值得保护的理由。①如果行政行为的做出不是因为行政机关存在违法或者不当之处，而是因为行政相对人以及利害关系人本身存在过错或者违法的行为，则不构成信赖利益。总的来说，信赖不值得保护的情形主要有以下五种：

①以欺诈、胁迫或者贿赂方法诱惑或者促使行政机关做出行政行为；

②对重要事项提供不正确的或者经过故意删减的数据，或者进行不完全的陈述或者信息，诱使行政主体依据该资料或者陈述而做出行政行为；

③根据一般常识，可以判断出行政行为确实存在违法或者因重大过失却据此做出了某种行为，受该行政行为影响的利益便不具有值得保护的信赖基础；

④由于行政相对人或者（和）利害关系人自身的过错甚至违法行为导致了行政机关行政行为的做出；

⑤行政相对人及利害关系人应当知道其权益处于不稳定状态，根据一般常识，能够预测到该行政行为的最后结果但却没有预测到。

（三）信赖保护原则对行政机关的要求

第一，行政行为一经做出，非因法定事由，且非经法定程序，不得随意撤销、废止、变更已经做出或者毫无悬念地即将做出的行政行为，即应当对于行政行为的确定力和公定力予以尊重。

第二，行政机关对于行政相对人以及利害关系人做出了授益的行政行为，即使在事后发现了行政行为存在违法的情形，但是只要违法原因的造成与相对人毫无关系，那么行政机关便不得将其所做出的行政行为予以撤销、废止或者变更。除非违法行为的存续会严重损害国家利益或者公共利益。如果确有将行政行为予以撤销、废止或者变更的必要，则要对行政相对人以及利害关系人给予必要的赔偿或者补偿。

第三，行政行为做出之后，据以做出该行政行为的法律规范却在事后被修改或者废止，或者发生了之前难以预料得到的重大情势变更，为了保护公共利益，行政机关根据法定程序，有权将之前所做出的行政行为予以撤销、废止或者变更。信赖保护原则的适用往往牵涉到利益之间的博弈，所以在撤销、废止或者变更旧有的行政行为之前，行政机关应该进行利益衡量。只要通过利益衡量，认定撤销、废止或改变已经做出的行政行为所获得的利益确实大于行政相对人将因此损失的利益时，才能撤销、废止或改变相应行政行为。

第四，行政机关在撤销、废止、变更其做出的违法行政行为之时或者之前，应该对行政相对人所受到的损失予以赔偿，除非违法行政行为的做出，实质上受到了行政相对人的严重影响。总是，即使行政机关撤销、废止、变更其做出的行政行为，是为了维护公共利益的需要，但却侵害了行政相对人以及利害关系人的合法利益，则需要对其予以必要的赔偿或者补偿。

---

① 王周户主编：《行政法学》，中国政法大学出版社2011年版，第87页。

六、比例原则

(一) 比例原则产生的法理阐述

比例原则源于德国19世纪的警察法学,该学说认为警察权力只有在必要时才可以限制人们的基本权利,其实质在于要求行政的方法和目的之间保持平衡,后扩充到行政法领域,现在已经被认为具有宪法的位阶。① 在日本,随着明治维新对于西方尤其是德国法治思想的汲取和引进,这一原则也被日本逐渐接纳并得以发展。在部分国家中,比例原则以立法形式得以确立。②

(二) 比例原则含义的分解

比例原则的基本含义是行政机关实施行政行为应兼顾行政目标的实现和保护相对人的权益,如为实现行政目标可能对相对人权益造成某种不利影响时,应将这种不利影响限制在尽可能小的范围和限度内,保护二者处于适度的比例。③ 比例原则有广义和狭义之分,广义上的比例原则主要有三项要求,即包括三项子原则:

一是必要性原则。必要性原则是从法律结果上来规范行政权力与其采取的措施之间的比例关系的。行政机关在实施某种行政行为之前,尤其是在对行政相对人实施不利的损益行政行为之前,应当考虑该行政行为对于达到相应行政目的或目标是不是必要的、必须的。如果认为这种行政行为确实必须实施,才能予以实施。

二是妥当性(适当性)原则。行政机关在实施某种行政行为之前,必须进行利益衡量,通过谨慎考虑之后,确认实施该行政行为对于实现相应的目标是适当的,而且有足够的把握认为取得的利益大于可能损害的利益,行政收益大于行政成本,才能实施该行政行为。如果行政权力行使的目的不是为了达到法定的目的,或者因为行政主体自身行使权力不力而达不到法定的目的,则违反了妥当性原则。

如果说"必要性原则是从法律结果上来规范行政权力与其采取的措施之间的比例关系"的话,那么,"妥当性原则是从行政目的上来规范行政权力与行政主体所采取的措施之间的比例关系的"。④

三是最小损害原则,又被称为狭义比例原则。该原则指的是行政机关实施某种行政行为,其目的和手段必须对称和相互适应。行政机关不得采取超过实现行政目的过分措施,应该尽可能采取对行政相对人利益损害最小的行政行为,且行政行为的实施,也应该将该行政行为对行政相对人的侵害降低到最低的限度。这一子原则的适用应该符合两个条件:①妥当性原则有得以运用的前提,即行政行为对于实现行政目的或者目标是适当的;②如果存在两种或者两种以上能够实现行政目的或者目标的行政处置措施,那么,必须选择对行政相对人以及利害关系人权益造成最小损害的行政措施。

例如,如果违法行政相对人确实"有款可罚",且法律规范将罚款和拘留都作为对其违法行为予以惩戒的处罚措施,那么若是采取利用罚款达到的行政目的,就尽量不要使用行政拘留。

七、正当法律程序原则

正当法律程序原则,也称程序正当原则,是指行政权力的行使应当遵循最低限度公正的程序要求。具体而言,行政机关在做出影响行政相对人权益的行政行为时,必须遵循正当的法律程序,包括事先告知行政相对人,向相对人说明行为的根据、理由,听取相对人的陈述、申辩,事后为相对人提供相应的救济途径等。

正当法律程序原则起源于英国古老的自然正义原则。自然正义原则包括两条基本的规则:①任何人不应该成为自己案件的法官。根据这一规则,行政机关实施任何行政行为,参与行为的官员如果与该行为有利害关系,或被认为有成见或偏见,即应回避,否则该行为无效;②任何人在受到惩罚或其他不利处分前,应

---

① 王周户主编:《行政法学》,中国政法大学出版社2011年版,第87页。
② 例如,《荷兰行政法通则》第3章第4条规定:某个(行政)命令对一个或更多的利害关系人产生不利后果,这不利后果须与命令的目的相当。《葡萄牙行政程序法典》第5条规定:行政当局的决定与私人权利或受法律保护的利益有冲突时,仅可在对拟达至的目标系属适当及适度的情况下,损害这些权利或利益。
③ 姜明安主编:《行政法与行政诉讼法(第五版)》,北京大学出版社、高等教育出版社2011年版,第74页。
④ 王周户主编:《行政法学》,中国政法大学出版社2011年版,第85页。

当为其提供公正的听证或其他听取其意见的机会。在美国,源自《宪法修正案》第5条的正当程序原则更是被学者们所推崇,以至于认为行政法既不是指行政机关所制定的行政实体规范,也不是指立法机关、法院所制定的由行政机关加以执行的实体法规范,而是指有关规范行政机关的权力和程序的法律规则。① 如今,正当法律程序原则无论是作为一种控制行政权力的理念,还是作为一种原则都盛行于两大法系的行政法中,行政程序法典化在全球范围内的浪潮迭起即是明证。

在行政法上,正当法律程序原则的要求主要包括四个方面:

一是信息公开。政党法律程序的首要要求就是信息公开。在行政权力的运用过程中,无论是吸收行政相对人的参与,还是自觉接受外部监督,相关信息的公开都是重要的前提条件。离开了信息公开,行政权力的公正行使就失去了屏障。信息公开的内容应当是全方位的,只要不涉及国家秘密和依法受到保护的商业秘密、个人隐私,都应当向相对人公开。

二是听取意见。是否认真听取行政相对人的陈述和申辩是区分开明行政与专制行政的重要标准。在现代法治社会,吸收民众广泛参与行政活动、充分听取民众意见已经成为政府施政的重要环节。听取意见不仅体现出对行政相对人的人格尊重和参与权的关怀,而且还能有效地避免行政偏私,进而提高行政相对人对行政活动的认同感。

三是说明理由。行政机关在做出涉及行政相对人权益尤其是将对其产生不同影响的行政行为时,必须向行政相对人及时说明做出该行为的事实依据、法律依据和裁量依据。是否充分说明理由是区分行政机关"以力服人"和"以理服人"的根本标尺。行政权力的行使要想获得行政相对人的自愿接受和通力配合,行政机关就必须进行理由的证成,通过说理赢得行政相对人的心悦诚服。

四是案卷排他。行政机关的任何处理决定都只能以行政案卷作为根据,不能在案卷之外以行政相对人未知或未经质证的事实作为根据。是否遵循案卷排他的要求是检验行政机关诚实程度、听取行政相对人意见实效的根本标准。如果行政机关公然置已为行政相对人认可的案卷所载事实于不顾,却直接以案卷外的事实作为其最终处理决定的根据,那么整个行政活动程序的运作就将沦为毫无意义的摆设。因此,案卷排他是正当程序的落脚点,是实现程序正义的关键所在。②

资料

2004年国务院《全面推进依法行政实施纲要》(节选)

三、依法行政的基本原则和基本要求

4. 依法行政的基本原则。依法行政必须坚持党的领导、人民当家做主和依法治国三者的有机统一;必须把维护最广大人民的根本利益作为政府工作的出发点;必须维护宪法权威,确保法制统一和政令畅通;必须把发展作为执政兴国的第一要务,坚持以人为本和全面、协调、可持续的发展观,促进经济社会和人的全面发展;必须把依法治国和以德治国有机结合起来,大力推进社会主义政治文明、精神文明建设;必须把推进依法行政与深化行政管理体制改革、转变政府职能有机结合起来,坚持开拓创新与循序渐进的统一,既要体现改革和创新的精神,又要有计划、有步骤地分类推进;必须把坚持依法行政与提高行政效率统一起来,做到既严格依法办事,又积极履行职责。

5. 依法行政的基本要求。

——合法行政。行政机关实施行政管理,应当依照法律、法规、规章的规定进行;没有法律、法规、规章的规定,行政机关不得做出影响公民、法人和其他组织合法权益或者增加公民、法人和其他组织义务的决定。

——合理行政。行政机关实施行政管理,应当遵循公平、公正的原则。要平等对待行政管理相对人,不偏私、不歧视。行使自由裁量权应当符合法律目的,排除不相关因素的干扰;所采取的措施和手段应当必要、适当;行政机关实施行政管理可以采用多种方式实现行政目的的,应当避免采用损害当事人权益的方式。

---

① 王名扬:《美国行政法》,中国法制出版社1995年版,第39页。
② 章志远:《行政法学总论》,北京大学出版社2014年版,第99~100页。

——程序正当。行政机关实施行政管理,除涉及国家秘密和依法受到保护的商业秘密、个人隐私的外,应当公开,注意听取公民、法人和其他组织的意见;要严格遵循法定程序,依法保障行政管理相对人、利害关系人的知情权、参与权和救济权。行政机关工作人员履行职责,与行政管理相对人存在利害关系时,应当回避。

——高效便民。行政机关实施行政管理,应当遵守法定时限,积极履行法定职责,提高办事效率,提供优质服务,方便公民、法人和其他组织。

——诚实守信。行政机关公布的信息应当全面、准确、真实。非因法定事由并经法定程序,行政机关不得撤销、变更已经生效的行政决定;因国家利益、公共利益或者其他法定事由需要撤回或者变更行政决定的,应当依照法定权限和程序进行,并对行政管理相对人因此而受到的财产损失依法予以补偿。

——权责统一。行政机关依法履行经济、社会和文化事务管理职责,要由法律、法规赋予其相应的执法手段。行政机关违法或者不当行使职权,应当依法承担法律责任,实现权力和责任的统一。依法做到执法有保障、有权必有责、用权受监督、违法受追究、侵权须赔偿。

第三节　行政法渊源

案例引导

杜某、李某系夫妻,杜某红系两人长女。杜某为劳动合同制工人,于1988年转为居民户口。李某于1980年接替其母参加工作,同时被转为居民户口;杜某红于1982年5月出生并于当年8月报居民户口。1991年5月,杜、李夫妇生育二胎,违反了《北京市计划生育条例》的规定,被双方所在单位开除公职。1990年11月16日,双方所在单位根据(88)京政农93号文件的规定,针对两人违反劳动纪律、长期旷工躲生的行为,报请有关部门改变两人的户别。某派出所于1992年4月对两人做出了非转农的变更户口的决定,根据户籍管理中未成年子女随母的惯例,同时将杜某红的户口也作了非转农的变更。杜某、李某和杜某红不服,向法院提起行政诉讼。法院经审理认为,原告杜某红系未成年人,在未独立生活之前,其户籍关系按惯例随其母亲变更,并无不当。因此,判决原告败诉。

思考: 惯例能否作为法院做出判决的重要依据?

行政法的渊源,就是行政法的具体表现形式。从行政法律规范的外在表现形式而言,一般可以将行政法的渊源分为成文法渊源和不成文法渊源。一个国家的行政法的渊源究竟应该包括哪些种形式,取决于该国的历史传统、法治观念与理论以及经济与政治制度等诸多因素。

一、成文法渊源

(一) 宪法

宪法是我国的根本法,具有最高的法律地位与法律效力,是各项立法的依据,行政法自然也不例外,所以宪法是我国行政法的根本渊源。宪法对行政法地位的确认主要有两个方面:①对有关行政活动进行一般原则性的规定。例如,《宪法》第5条对于遵守宪法和法律、不得超越宪法和法律的规定。②对行政活动所进行的规定,则直接成为行政主体实施行政行为,进行行政活动的具体依据。例如,《宪法》第89条对于作为最高国家行政机关的国务院享有的职权所做出的规定。尽管目前我国的司法审判并无法直接适用宪法,却仍然承认宪法具有指导实践的效力,这一点是不被怀疑的。

(二) 法律

法律包括基本法律和基本法律之外的其他法律，前者指的是由全国人民代表大会制定的基本法律，后者指的是由全国人民代表大会常务委员会制定的（除基本法律之外的）其他法律。行政法律规范，指的是法律文件中规范行政活动、调整行政关系的法律规范，例如，《国务院组织法》《治安管理处罚法》《行政许可法》等。也可能是某一项法律文件之中既包含行政法律规范，也包含其他部门法的法律规范，例如《土地管理法》《森林法》《大气污染防治法》等。

(三) 行政法规

行政法规是国务院制定的规范性文件的总称，是行政立法的一部分内容。其名称多为条例、规定、办法以及实施细则。行政法规由国务院制定并由国务院总理签署国务院令予以发布，例如《民用爆炸物品安全管理条例》《行政法规制定程序条例》等。随着国家干预主义的兴起，使国家迈向了"行政国家"，鉴于行政法规制定的周期较短，所以行政法规在数量上已经远远超过法律，成为规范行政活动的主要形式。

(四) 地方性法规和自治条例、单行条例

地方性法规制定主体有两种：一是省、自治区、直辖市的人民代表大会及其常务委员会；二是省、自治区人民政府所在地的市和经国务院批准的较大的市的人民代表大会及其常务委员会。这两种主体可以根据本行政区域的具体情况和实际需要，在不与宪法、法律和行政法规相抵触的前提之下有权制定规范性文件。

自治条例与单行条例是指民族自治地方的人民代表大会，依照法定权限并结合当地民族的政治、经济、文化特点而制定的规范性法律文件。

自治条例与单行条例不同于地方性法规，不同之处在于：

第一，遵守底线不同。地方性法规必须"不同宪法、法律、行政法规相抵触"；而自治条例与单行条例则可以依照当地民族的特点，对于法律和行政法规的规定做出某些适当的变通。

第二，制定主体不同。地方性法规由省、自治区、直辖市以及省、自治区人民政府所在地的市、经济特区和国务院批准的较大的人民代表大会及其常委会制定；而自治条例与单行条例则由自治区、自治州和自治县的人民代表大会制定。

第三，备案的规定不同。地方性法规须报全国人大常委会及国务院备案；自治条例和单行条例须报全国人大常委会批准，自治州、自治县的自治条例和单行条例须报全国人大常委会批准并报全国人大常委会备案。

在这三者之中，绝大多数的法律规范都属于行政法律规范，内容上也涉及行政权的配置或者规范，以及公民的权利和义务，所以自然是行政法的渊源。由于制定的主体具有地方性和区域性，后两者即自治条例与单行条例自然也只在制定主体的施政区域之内发挥效力。

(五) 规章

规章分为两种：一是部门规章，二是地方政府规章。部门规章指的是国务院各部门根据法律和国务院的行政法规、决定、命令在本部门的权限内按照规定的程序所制定的规定、办法、实施细则、规则等规范性文件的总称。部门规章的具体制定与发布形式有：①某部门在其权限之内单独制定并发布某项规章，如教育部制定的《高等学校预防与处理学术不端行为办法（2016年）》；②两个或者两个以上部门在其职权范围之内联合制定并发布的某项规章，如国家发展与改革委员会、科技部、外交部和财政部联合制定并发布的《清洁发展机制项目运行管理办法（2011年）》。

地方政府规章指的是由省、自治区、直辖市以及省、自治区人民政府所在地的市和国务院批准的较大的市的人民政府、设区的市政府根据法律和行政法规，按照规定程序所制定的普遍适用于本地区行政管理工作的规定、办法、实施细则、规则等规范性文件的总称。

（六）法律解释

就我国现行体制而言，法律的漏洞是通过法律解释来弥补的。法律解释的目的只有一个，那就是明确条文含义，使条文便于被理解、被实施。法律解释包括立法解释、行政解释和司法解释。

立法解释，是指全国人大常委会对于宪法、法律、法令的条文本身将其含义予以明确所作的解释，以及有权地方权力机关对其制定的地方性法规条文需要进一步明确其含义所作的解释。前者可以称为中央立法解释，后者可以称为地方立法解释。

行政解释，是指国务院及其主管部门对于不属于审判和检察工作的其他法律、法令以及行政法规、部门规章如何具体应用所做出的解释，以及有权地方政府对于地方性法规条文如何具体应用问题所作的解释。前者可称为中央行政解释，后者可以称为地方行政解释。

司法解释，是指最高人民法院在审判工作之中对于具体应用法律、法令等问题所做出的解释，以及最高人民检察院在检察工作之中对具体应用法律、法令等问题所做出的解释。

（七）国际条约与协定

中国所缔结或者加入的国际条约（或协定），都是中国法律的渊源，如果涉及的是公共利益和个人权益关系的，便是行政法的渊源。当然，中国声明保留的条款除外。一般而言，条约与协定并不相同，条约签署之后需要立法机关予以通过，而协定是由最高行政机关签订的，并不需要立法机关通过。

二、不成文法渊源

（一）判例

在目前的中国，判例还不是行政法的渊源。但是在实践中，无论成文法制定得多么缜密，总存在法律漏洞。而且，成文法条文本身具有模糊性和不确定性，所以需要司法判例等来弥补法律漏洞。当前《最高人民法院公报》公布的指导性案例，具有重要的审判指导意义，可以为法院以后判决案件提供参考和指导。

（二）法律原则

行政法相对于其他部门法而言，其法律原则更具有重要性。有学者主张将行政合法性和行政合理性，以及其所附属的具体子原则作为行政法律规范出现法律漏洞时的渊源。

（三）行政惯例

行政惯例是行政法的重要渊源。行政惯例产生于长期的、同样的做法，并已为当事人所确信和官方所认可，在内容上也已经具有确定性。例如，行政相对人在向行政主体提出申请时，行政主体如果在规定的期限之内不予答复的，除非有法律规范的明确规定，一般都将这种不作为拟定为对相对人申请的拒绝。如果行政惯例被后来的法律规范所吸纳或者给予了明确的规定，则其将转化为法律规范之中的内容，从而可以变成正式的行政法渊源。

一些学者认为在行政法的非成文法渊源之中，还应当包括学说，尤其是主流学说或者权威观点。实际上，国外的司法裁判之所以有大量引用学说的情形，还是法官为了论证裁判的正确性，从而增强司法裁判的说服力。换句话说，理论学说是作为司法判决或者行政决定的说理性或者说服性理由，并非支撑判决或者决定的核心理由。

总而言之，中国目前行政法的成文法渊源是宪法、法律、行政法规、地方性法规和自治条例与单行条例、规章、法律解释、条约与协定；非成文法渊源是判例、法律原则、行政惯例。另外，民商事方面的法律规范及司法解释，也可以作为行政法的补充渊源，尤其是在处置行政补偿或者行政赔偿时。而且，为了增强法院对同一种类案件判决结果的稳定性,以及节约司法成本,汲取判例法的精华,弥补成文法的缺陷,应该借鉴判例法国家的做法,循序渐进地构建起中国的判例法制度。

1981年全国人民代表大会常务委员会关于加强法律解释工作的决议

第五届全国人民代表大会第二次会议通过几个法律以来,各地、各部门不断提出一些法律问题要求解释。同时,在实际工作中,由于对某些法律条文的理解不一致,也影响了法律的正确实施。为了健全社会主义法制,必须加强立法和法律解释工作。现对法律解释问题决定如下:

一、凡关于法律、法令条文本身需要进一步明确界限或做补充规定的,由全国人民代表大会常务委员会进行解释或用法令加以规定。

二、凡属于法院审判工作中具体应用法律、法令的问题,由最高人民法院进行解释。凡属于检察院检察工作中具体应用法律、法令的问题,由最高人民检察院进行解释。最高人民法院和最高人民检察院的解释如果有原则性的分歧,报请全国人民代表大会常务委员会解释或决定。

三、不属于审判和检察工作中的其他法律、法令如何具体应用的问题,由国务院及主管部门进行解释。

四、凡属于地方性法规条文本身需要进一步明确界限或做补充规定的,由制定法规的省、自治区、直辖市人民代表大会常务委员会进行解释或做出规定。凡属于地方性法规如何具体应用的问题,由省、自治区、直辖市人民政府主管部门进行解释。

由于林彪、江青反革命集团对社会主义法制的严重破坏和毒害,有些人的法制观念比较薄弱。同时,对法制的宣传教育还做得很不够,许多人对法律还很不熟悉。全国人民代表大会常务委员会认为,各级国家机关、各人民团体,都应当结合实际情况和问题,并利用典型案例,有计划有针对性地加强社会主义法制的宣传教育工作,使广大干部、群众了解有关的法律规定,逐步普及法律的基本知识,进一步肃清林彪、江青反革命集团破坏社会主义法制的流毒,教育广大干部、群众,特别是各级领导干部和公安、检察、法院等司法工作人员,认真遵守和正确执行法律,依法处理人民内部的各种纠纷,同时要善于运用法律武器,同一切破坏社会主义法制的违法犯罪行为进行斗争。

本 章 小 结

本章包括三节内容,分别介绍了行政与行政法、行政法基本原则和行政法渊源。

行政法是调整行政关系,规定行政组织及其权限、实施行政行为的条件与程序,控制行政权力、对行政活动予以监督的各种法律规范的总称。行政法调整的对象主要包括行政权配置关系、行政管理关系和对行政权的监督关系。

行政法基本原则是指贯穿于行政法规范的制定、实施和修改过程中的基本价值和精神、原理和准则,是人们对行政法现象的抽象和概括,反映着行政法的基本价值观念。行政法基本原则具体包括依法行政原则、越权无效原则、尊重和保障人权原则、信赖保护原则、比例原则和正当法律程序原则。

行政法渊源,就是行政法的具体表现形式。从行政法律规范的外在表现形式而言,一般可以将行政法的渊源分为成文法渊源和不成文法渊源。其中成文法渊源主要有宪法、法律、行政法规、地方性法规、规章和国际条约等,不成文法渊源主要有判例、法律原则和行政惯例等。

第六章 行政法概述

案例分析

2002年11月,我国广东省佛山市最早出现SARS病毒(简称"非典")。"非典"给人们带了严重的危害和恐慌,正常的生活和工作节奏被严重打乱。对此,中国政府采取了一系列果断、有效的措施。其中包括强制隔离、强制火化措施,责令文体场所暂停活动,紧急取消人群聚集性活动,暂停部分旅游线路和组团活动,责令部分企业暂时停产停业,乘坐火车、轮船、汽车等交通工具强制登记等。这些措施对于控制"非典"疫情起到了有力的作用,从而最终战胜了"非典"疫情。然而,这些措施显然也和公民的人身自由权、财产权、隐私权等相冲突,引发了很多争论,争论的焦点在于这些措施是否符合合法行政原则。

问题:请运用行政法基本原则的原理来评述政府应对"非典"所采取的措施。

复习思考

1. 简述行政法的含义与特征。
2. 谈谈你对行政法功能的理解。
3. 结合实例阐述依法行政原则的要求。
4. 信赖保护原则对行政机关提出了怎样的要求?
5. 什么是比例原则?
6. 正当法律程序原则包括哪几个方面的具体要求?
7. 简述行政法的渊源。

第七章 行政主体与行政相对人

 学习目标

- 知识目标：了解行政法主体的概念和行政法主体的种类；掌握行政主体的资格要件和认定方法；理解行政主体、行政机关、法定授权组织、行政相对人的概念和特征；了解行政机关、法定授权组织的职权与职责；了解与行政机关、法定授权组织和受委托组织相关的法律规定；了解受委托组织的条件和范围。
- 能力目标：能够正确区分行政主体与非行政主体；能够正确区分各种类型的行政机关；根据相关知识分析确定行政诉讼的原告和被告。

第一节　行政法主体与行政主体

 案例引导

> 北京达明伟业经贸有限公司（以下简称达明伟业公司）诉称，2000年公司成立后，在中国建设银行石景山支行（以下简称石景山支行）开设一账号。2001年11月23日，达明伟业公司在该账号还有43万元的情况下，开出一张40万元的转账支票。石景山支行认为达明伟业公司开出的是一张空头支票，于2001年11月26日以开出的支票印签不符为由，依据《票据管理实施办法》《支付结算办法》做出行政处罚，强行从达明伟业公司账户上划走20 000元。达明伟业公司认为石景山支行行政处罚的权力来源于中国人民银行的行政委托，以中国人民银行为被告提起行政诉讼，请求人民法院判决撤销石景山支行做出的行政处罚，一审法院裁定不予受理，达明伟业公司不服裁定，向法院提起上诉。
>
> 一种意见认为，此类行政案件应以商业银行为被告。根据《中国人民银行关于结处处罚问题的复函》的解释，商业银行对单位和个人违反银行结算管理制度的行为实施行政处罚，其权力来源于行政规章的委托，因此当事人对商业银行实施的行政处罚不服，应以该商业银行为被告。另一种意见认为，此类行政案件应当以中国人民银行营业管理部为被告。理由是：《支付结算办法》第二百三十九条规定："对单位和个人承担行政责任的处罚，由中国人民银行委托商业银行执行。"从字面上理解，商业银行对单位和个人实施行政处罚，是受中国人民银行委托做出的。且依据《中国人民银行行政处罚程序规定》第六条关于人民银行处理金融违法行为管辖分工的规定，该两起案件的行政委托方应是中国人民银行营业管理部。所以，当事人对行政处罚不服，只能起诉委托机关，即中国人民银行营业管理部。
>
> 思考：如何确定此类行政案件的被告？

一、行政法主体的概念

所谓行政法主体，是指行政法所调整的各种行政关系中享有法定权利（职权）和负担法定义务（职责）的组织或个人。这里的"行政关系"不同于民法和刑法中的法律关系。后者通常以构成要件作为判断是否为法律关系的标准,以区别于非法律关系。比如,恋爱关系因不符合一般民事法律关系的构成要件,属于民事关系而非民事法律关系。在行政法学上,一般并不将行政法律关系作为论述的重点,而是将行政行为的合法性作为研究的重点,按照依法行政原理和行政过程理论,行政行为一旦对外产生法律效果,就要受法律的调整或约束。即便是内部行政行为,如果具有外部化的法律效果,同样应受法律的约束。从行政过程论的角度出发,凡是运用行政职权的行为,如果产生外部的法律效果,不论其是在行政过程的哪一个阶段,都属于行政法的调整范畴。

行政法主体的范围比较广,除行政主体和行政相对人以外,还包括行政法制监督主体和被监督的行政主体。传统理论一般认为,行政法主体因所涉及行政关系的不同,可区分为外部行政法主体和行政法制监督主体。外部行政法主体是行政管理关系中的当事人,包括行政主体和行政相对人。行政法制监督主体是行政监督关系中的主体,包括各级权力机关、司法机关、行政机关(作为监督者,上级行政机关、专门监督机关),以及被监督的行政主体。通常,在论及行政法主体时,主要指的是行政法所调整的行政管理关系中享有法定权利(职权)和负担法定义务(职责)的组织或个人。

二、行政主体的概念与特征

行政主体是行政法主体之一,其理论和概念在传统行政法学中具有奠基性的地位,是进一步深入学习行政法学的基础。传统行政法学上的一系列概念,如行政行为的实施主体、行政复议的被申请人、行政诉讼的被告、国家赔偿义务机关等,皆建立在行政主体理论及其概念之上。

我国的行政主体理论引自大陆法系国家。大陆法系国家的行政主体理论及其概念建立在行政分权和地方自治的理论基础之上,是从权利义务最终效果归属的法律人格层面来理解的,故而其行政主体一般分为中央政府、地方自治团体和其他行政主体(公法人)三类。我国的行政法学界在引入这一理论及其概念时,忽视了大陆法系国家建立行政主体理论的目的——权利义务最终效果的归属,将政府的工作部门也列入行政主体的范围。这种理论及其概念的变异,导致了诸多的理论误解和实践混乱。最显明的例子,莫过于在村民委员会、行业组织、公立学校等行使行政职权所引发的行政纠纷处理中的无所适从。

按照我国传统的行政主体理论,行政主体是指依法拥有行政职权,以自己的名义从事行政活动,并承受一定法律后果的组织,包括行政机关、法定授权组织和其他公权力组织。行政主体具有三个主要特征:

一是职权的公权力属性。行政主体是依法拥有行政职权、实施行政活动的组织,这是公权力属性的必然要求。虽然行政主体的行政管理活动是由行政人(主要是公务员)来具体实施的,但他们都是以机关或组织的名义进行具体的行政活动。即便是行政职权由法定的某个人(如总统或国家主席)行使,其行使的职权也不能归属于个人。

二是职权的法定性。依法拥有行政职权是行政主体的实质构成要件之一。不同的国家行政机关或法定授权组织,因依法享有不同的行政管理职权而成为各不相同的行政主体。在通常情况下,行政机关行使的职权可能是行政职权,也可能是刑事司法职权。行政机关只有在行使行政职权时才是行政主体。

三是职权的独立性。行政主体的职权具有独立性的特点,这表现在名义和法律后果两个方面:一是行政主体应当以自己的名义行使行政职权。所谓"以自己的名义",是指行政主体对外以自己的名义做出处理决定。是否能以自己的名义从事特定行为,是一个组织是否具有独立法律人格的重要标志。例如,机关内设的治安支队、治安大队可以实施治安处罚行为,但处罚决定书必须以局的名义做出,而不能以治安支队、治安大队的名义做出,因为治安支队、治安大队不是行政主体,其所在的机关才具有行政主体资格。二是行政主体必须能够独立承担一定的法律后果。独立承担一定的法律后果,实际上是以自己的名义行使行政职权的必然结论。我国的行主体理论之所以强调"承担一定的法律责任",目的在于强化法律责任的落实。由此能够确保行政主体作为行政复议的被申请人、行政诉讼的被告及行政赔偿义务机关承担相应的法律责任。从这一角度来看,行政机关的内设机构及受其委托的组织,原则上是不能成为行政主体的。

三、行政主体与相关概念的区别

（一）行政主体与行政法主体

在外部行政管理活动中，行政主体是行政法主体中的一方，行政相对人是行政法主体的另一方。因此，行政主体必然是行政法主体，而行政法主体未必是行政主体，也可能是行政相对人。比如，行政机关甲依法对王某做出200元罚款的行政处罚决定，行政机关甲是行政主体，同时也是该行政法律关系的主体。王某是行政法主体，但不是行政主体。

（二）行政主体与行政机关

行政机关是国家机构的组成部分，是依法成立的行使国家行政权的行政组织，包括政府以及有关机构和单位。学术界一般认为，行政主体与行政机关的主要区别有三点：第一，行政主体是法学概念，行政机关是法律概念；第二，行政主体主要由国家行政机关充任，还包括法定授权组织和其他公权力组织。也就是说，行政机关并非行政主体的全部，行政机关以外的其他组织如行政机关的部分内设机构，在法定条件下也可以成为行政主体；第三，行政机关并不一定是行政主体。只有在"依职权""以自己的名义""进行行政活动"的情况下，行政机关才是行政主体。进而言之，行政机关"无职权"或"以其他机关名义"进行行政活动时，不是行政主体。行政机关以机关法人的身份参加民事活动时，也不是行政主体。

（三）行政主体与行政人（主要是公务员）

行政人是一个学理概念，现行《行政诉讼法》第二条中规定的是"行政机关工作人员"，其中的"行政机关工作人员"应做广义解释，既包括行政机关工作人员，也包括法定授权组织和其他公权力组织的工作人员。行政人在行政法理论和法制实践中的问题不少，如"临时或长期被行政机关雇用的人"是不是行政机关工作人员，行政人的行为是公务行为还是个人行为，行政人因行为违法造成的责任谁来承担等。

在外部行政管理活动中，行政人是依法行使行政主体的特定职权、以行政主体的名义从事行政管理活动的公务人员。也就是说，行政人隶属于行政主体，与行政主体之间是一种职务上的委托关系。作为具体行政行为的实施者，行政人不能以自己的名义从事行政管理活动，也不直接对外承担因其公务行为而产生的法律责任，其替代责任通常由行政主体承担。

四、行政主体的资格要件与认定方法

（一）行政主体的资格要件

行政主体资格，是指符合法定条件的组织，经过法定途径和程序获得行政主体的法律地位。行政主体的资格要件，是指一定的组织取得行政主体资格所必须具备的条件。学理上一般认为，行政管理关系中的行政主体必须具备四个资格要件：第一，依法拥有行政职权，包括组织法规定的职权、法定的授权或委托的职权；第二，处理的事务属于法定职权范围内的事务；第三，以"自己的名义"行使行政职权；第四，能够（独立）承担一定的法律责任。针对上述资格要件，说明如下：

（1）依法拥有行政职权，是指其所拥有的行政职权具有法律上的规范依据。《最高人民法院关于执行〈中华人民共和国行政诉讼法〉若干问题的解释》第20条第2款规定，行政机关内设机构或派出机构，未经法律授权，以自己名义做出具体行政行为的，以该行政机关为被告。第21条规定，行政机关在没有法律、法规或者规章规定的情况下，授权其内设机构、派出机构或者其他组织行使行政职权的，应当视为委托。当事人不服提起诉讼的，应当以该行政机关为被告。据此，在法律、法规或者规章的许可条件下，行政主体可以通过法定的程序和形式将自己行政职权的部分或全部转让给有关组织。后者据此可以自己的名义行使该职权，并承受该职权行为的后果。但如果行政主体出于管理上的需要，委托其他组织或个人（受委托方）以其

(委托人)名义代行行政职权,该行为效果仍属于"委托方"行政主体。

(2)处理法定职权范围内的事务,是指行政主体实施行政行为时,不得超出法定的职权范围。《最高人民法院关于执行〈中华人民共和国行政诉讼法〉若干问题的解释》第20条第3款规定,法律、法规或者规章授权行使行政职权的行政机关内设机构、派出机构或者其他组织,超出法定授权范围实施行政行为,当事人不服提起诉讼的,应当以实施该行为的机构或者组织为被告。比如,《中华人民共和国治安管理处罚法》规定,派出所拥有警告和罚款的行政职权,如果派出所以自己的名义做出行政拘留的处罚决定,就应当以该派出所所在的公安分局或公安局为被告。也就是说,超越职权时不能作为行政主体。但是,如果行政主体滥用职权,由于处理的仍然是本组织职责范围以内的事务,那么便仍然是行政主体。比如某派出所做出1 000元的罚款决定(滥用处罚权)。

(3)以自己的名义,是指在行使行政职权、做出行政处理决定的文书上署名和盖章。共同署名的,为共同的行政主体。署名不对外的,通常是内部监督机关,不是行政主体,如《药品管理法》规定,经县级以上卫生行政部门审核批准发给《药品经营企业许可证》。这里的"审核批准",并不意味着主管部门就是行政主体,而是监督部门。

(4)(独立)承担一定的法律责任,是指具有独立承担法律责任的能力。不能独立承担法律责任的,即便是能够以自己的名义做出行政处理决定,也不是行政主体。《最高人民法院关于执行〈中华人民共和国行政诉讼法〉若干问题的解释》第20条第1款规定,行政机关组建并赋予行政管理职能但不具有独立承担法律责任能力的机构,以自己的名义做出具体行政行为,当事人不服提起诉讼的,应当以组建该机构的行政机关为被告。

(二)行政主体资格的认定方法

行政主体资格的认定,一般遵循以下基本方法:首先认定某行政行为是行使行政职权的具体行政行为,然后根据行政主体的资格要件,依次检查其"是否拥有法定职权""是否超越法定职权范围""是否以自己的名义做出具体行政行为"以及"是否能够承担一定的法律责任"。

此外,在行政主体资格的认定上,还要注意行政主体资格的变更与消灭问题。行政主体资格的变更,是指已经取得行政主体资格的组织,因组织机构分解或合并所导致的行政主体资格的变更。在发生主体资格变更后,便会发生职权和职责的继受、既往行为和事务的认可、救济等一系列法律问题。行政主体资格的消灭,是指已取得行政主体资格的组织,由于解散、撤销、授权到期或被取消授权而丧失行政主体资格。丧失资格后,也会发生一系列的法律问题,如行政复议的被申请人的变更。

五、行政主体的分类

行政主体的分类及其标准有很多种,以下仅介绍常见的三种分类及其标准。

依据行政主体资格取得的法律依据不同,行政主体可分为职权性行政主体和授权性行政主体。前者是指根据宪法和行政机关组织法的规定,在机关依法成立时就拥有相应行政职权并同时获得行政主体资格的行政组织,它只能是国家行政机关,包括各级人民政府及其职能部门以及县级以上地方人民政府的派出机关。后者是指根据宪法和行政机关组织法以外的单行法律、法规或规章的授权而获得行政主体资格的组织,包括行政机构、公务组织和其他社会组织。

依据行政主体的组织构成与存在的形态的不同,行政主体可分为行政机关、行政机构、公务组织和其他社会组织。行政机关是依照宪法和行政机关组织法设立并同时取得行政主体资格的行政组织。行政机构是设置于行政机关内部的通过授权方式取得行政主体资格的行政组织,包括内设机构和派出机构。公务组织是国家依法设立的专门从事某种公共职能事务活动的通过授权方式取得行政主体资格的组织。其他社会组织是通过授权取得行政主体资格的企业、事业单位和社会团体。

依据行政行为的单独做出或共同做出为划分标准,行政主体可分为单独行政主体和共同行政主体。每一个行政主体都是单独行政主体,但当两个以上的行政主体共同做出行政处理决定时,便成为共同行政主体。

六、行政主体的职权与职责

（一）行政职权

行政职权，是国家行政权的具体表现形式，是行政主体实施国家行政管理活动的具体行政权能。行政职权包括固有职权和授予职权两大类。固有职权随行政主体的依法设立而产生，并随行政主体的消灭而消灭。授予职权源自法律、法规或者规章的授权，既可因授权被收回而消灭，也可因行政主体的消灭而消灭。

因行政主体的不同，行政职权的内容和形式会有一定的差异。从行政过程论出发，行政职权主要包括行政立法权、行政命令权、行政处置权、行政决定权、强制执行权、行政救济权、行政司法权等。

（二）行政优益权

行政优益权，是指为保障行政主体有效行使职权和履行职责，法律、法规或者规章赋予行政主体的，享受职务上的优惠条件或物质条件的特定资格和可选择性。行政优益权通常由行政优先权和行政受益权两部分构成。

行政优先权，是指行政主体在行使职权时依法所享有的某些优惠条件。主要包括先行处置权、获得社会协助权和推定有效权。先行处置权，是指行政主体在紧急条件下的先行处置，如先行扣留、即时强制等。获得社会协助权，是指行政主体在从事紧急公务时，有关组织和个人有协助执行或提供方便的强制性义务，违反者可能会承担法律责任。如机关或消防机构在执行紧急公务时，有权要求其他交通车辆避让。推定有效权，是指根据法律的有关规定，在行政复议和行政诉讼期间，不停止该行政决定的执行，这是为了保障行政秩序的稳定性和连续性，而推定该行政决定只要未被依照法定程序加以撤销就一直是有效的。

行政受益权，是指行政主体所享有的、由国家保障行政主体行使行政职权而提供的物质条件的资格和可选择性。行政受益权是行政主体从国家所享受到的权益，而不是从相对方得到的，因此与行政优先权不同，体现的是行政机关与国家的关系，而不是行政机关与行政相对方的关系。

行政优益权与行政职权密切相关，但不同于行政职权，也不属于行政职权。两者最明显的区别在于：行政优益权可以被行政主体放弃不用，但行政职权不能被放弃，否则可能会导致违法或失职的责任承担问题。

（三）行政职责

行政职责是行政法学上的核心概念，国内外诸多学者对其进行过很多不同的定义。传统观点认为，行政职责是指行为主体及其授权的组织，依据法律、法规或者规章的规定，在行使职权过程中必须承担的法定义务。任何行政主体在享有或行使行政职权的同时，必须履行职责。行政职责随行政职权的产生、变更或消灭而发生相应的变化。值得注意的是，虽然行政（监管）职责与行政职权相对应，但两者并不相同。因为，有一些行政职责并不直接针对行政相对人的行为，即并不以行政执法行为为存在的前提。

行政职责的核心是"依法行政"，具体内容主要有下列几项：

（1）行政主体必须在法定的权限范围内忠实地履行职务，不作为、越权或滥权都属于失职行为。

（2）行政主体实施行政活动时，必须严格遵守行政程序和法定程序，未遵守行政程序或法定程序的行为，也属于失职行为。

（3）行政主体的"依法行政"，除了合法行政之外，尚需遵循合理、适当的原则，避免行政失当。

七、行政主体的法定代表人

行政主体的法定代表人，是指依法代表行政主体从事行政行为和诉讼活动的个人。该概念与行政首长的概念在实质上是相通的，行政机关的法定代表人通常由行政首长担任，只是前者侧重于诉讼身份，后者侧重于行政职权行使的地位。

行政主体的法定代表人的法律意义,主要表现在行政活动和诉讼活动两个方面:在行政活动中,行政决定、命令、指示和其他以机关名义进行的活动,一般都需由法定代表人签署。而在行政诉讼活动中,法定代表人虽然代表行政主体参加诉讼,但诉讼行为的后果却归属行政主体。当然,行政主体法定代表人基于法定理由也可委托诉讼代理人参加诉讼活动。

行政主体的法定代表人是能够代表行政主体做出行政活动和参加诉讼活动的自然人,其公务行为(做出行政决定或参加诉讼活动)的后果,自然归属该行政主体。在通常情况下,充当行政机关法定代表人的是正职行政首长,如市长、局长。在没有正职行政首长的情况下,由主持工作的副职行政首长作为法定代表人。在行政主体没有正职和副职行政首长的情况下,也可以由主持工作的行政负责人充当法定代表人。

案例分析

普通高等学校是否具有行政主体资格?

田某系北京某大学的学生,在一次考试过程中,因为夹带被查处。学校对田某做出"按作弊处理,决定给予退学处分"的处理决定。1998年6月,北京某大学以田某已按退学处理,不具备北京某大学学籍为由,未向其颁发毕业证和学位证。田某认为自己符合大学毕业生的法定条件,拒绝给其颁发毕业证、学位证是违法的,遂向北京市海淀区人民法院递交了起诉书。

该案的争议焦点是北京某大学的处理决定是否为行政行为,行使的是否为行政职权。《教育法》第21条第2款规定:"经国家批准设立或者认可的学校及其他教育机构按照国家有关规定,颁发学历证书或学位证书。"北京某大学属于法律直接授权的教育机构,负有履行颁发学历或其他学业证书的法定职责。《学位条例》第8条规定:"学士学位,由国务院授权的高等学校授予……"根据这些规定,高等学校虽然不是国家行政机关,但属于拥有一定行政职权的法定授权组织,其行使的职权没有超出法定职权的职务范围,且满足行政主体的其他资格要件,在依法履行教育行政管理职权的活动中具备行政主体资格,是行政诉讼的合格被告。

第二节 行政机关

案例引导

1999年11月,某市糖酒公司委托某市罐头食品总厂供销科长杨某购买"五粮液"酒。杨某委托其同学段某寻找货源。段某利用其表哥所在单位某县兴业经营部的名义,在无国家名酒权经营证的情况下,与哈尔滨市糖酒公司达成委托购买"五粮液"酒的书面协议,每瓶价格68元,供应4 000瓶。段某则找到赵某供货,每瓶结算价55元。赵某即去S省的Y市找到假酒制造者李某,购得假冒"五粮液"酒,结算价每瓶52.50元。赵某在某市实际交给段某假冒"五粮液"酒3 940瓶,然后由哈尔滨市糖酒公司的业务员朱某、曾某验货后发往哈尔滨市。某市酒类专卖管理局下属的检查大队认为,赵某和段某的上述行为严重违反《S省酒类管理条例》,已构成销售假冒"五粮液"酒的违法行为,并于2000年12月21日以检查大队的名义对赵某和段某做出行政处罚。赵某对此不服,于2000年12月28日向某市中区人民法院提起行政诉讼,状告某市酒类专卖管理检查大队(后变更被告为该市酒类专卖管理局)。

思考:某市酒类专卖管理检查大队是否为行政机关,可否独立行使职权?

一、行政机关的概念

行政机关是行政法和行政法学的重要概念。受一国宪法架构和立法体制的影响,各国行政法对"行政机关"的界定并不相同。我国传统上行政机关的概念,并不区分行政与执法。一般认为,行政机关是按照宪法和有关组织法的规定而设立的、依法行使国家行政职权的、对国家各项行政事务进行组织和管理的国家机关。

按不同的标准,行政机关可划分为不同的类别,如划分为中央国家行政机关与地方国家行政机关、一般权限行政机关与专门权限行政机关等。

行政机关应依法设立,包括组织法上的依据、合法的审批手续和对外宣告成立。除此之外,行政机关的设立一般还需具备物质和人员方面的条件,但这些条件不会影响其从事行政活动的法律效果。行政机关由具体的行政机构和单位组成,通常与行政机构合称为行政组织。行政机关大都具有行政主体的资格,可以成为行政法律关系中的一方主体。

行政机关在撤销或变更后,会产生一定的法律效果。行政机关撤销或变更以后,原机关的行政职权不因机关被撤销而消灭,而是转移到接受原机关相应的行政职权的机关。没有接受机关的,由做出撤销决定的机关承继相应的行政职权。

二、行政机关的类型

行政机关的类型因分类标准的不同而不同,以下仅介绍几种常见的分类及其标准。

按照所辖区域和行政层级的不同,行政机关主要分为中央行政机关和地方行政机关。中央国家行政机关的活动范围及于全国。我国最高国家行政机关是中华人民共和国国务院,即中央人民政府。地方国家行政机关的活动范围及于国家一定地域范围的行政机关,即地方各级人民政府,包括一般地方人民政府和民族自治地方人民政府。在实践中,我国还存在专业行政机关和实行垂直管理的行政机关,但范围并不确定,也没有组织法上的明确根据。专业行政机关是指经国务院批准,在国家有关部门内设立的专门从事一定范围内业务的行政机关,如铁路机关、民航机关、林业机关等。实行垂直管理的行政机关大体上可分为三类:中央垂直管理的行政机关,即在全国范围内实行垂直领导体制的行政部门,如海关、金融、国税、外汇管理、安监、广电、新闻出版等;省以下实行垂直管理的行政机关,如工商行政管理、质量技术监督、食品药品监督管理、地税等;市以内垂直管理的机关,如规划、国土资源。

按照工作权限,行政机关可分为一般权限行政机关和专门权限行政机关。一般权限行政机关,是指全面管理某一地区范围行政事务的行政机关,通常是指各级人民政府以及行署、区公所、街道办事处等派出机关。专门权限行政机关,是指在一般权限行政机关的管辖下管理某一方面或某几方面行政事务的行政机关,通常是指各级政府及其派出机构所属的各行政部门,如各部、委、厅、局、处等。

按照行政管理活动的不同环节,行政机关可分为决策机关、执行机关、咨询机关、监督机关和辅助机关。决策机关是在行政活动中做出决定、制定规则、发布命令的机关,如国务院、地方各级人民政府。执行机关是在行政机关系统中负责贯彻执行决策、决定的职能机关,如地方各级人民政府各工作部门。咨询机关是为决策机关提供意见和建议的机关,如国务院参事室。监督机关是对整个行政机关及其工作人员以及其他行政法主体执法和守法情况进行监督检查的机关,如审计署、监察部等。辅助机关是行政机关中的办公机构,如国务院办公厅。

三、中央国家行政机关

中央国家行政机关,是国务院和国务院所属各工作部门的总称。国务院即中央人民政府,是最高国家权力机关的执行机关,是最高国家行政机关。国务院的组成人员包括:总理、副总理、国务委员、各部部长、各委员会主任、审计长、秘书长。国务院实行总理负责制。各部、各委员会实行部长、主任负责制。

（一）国务院的机构设置

根据 2013 年《国务院关于机构设置的通知》（国发〔2013〕14 号）的规定，国务院设置的机构包括办公厅、25 个组成部门、1 个直属特设机构、15 个直属机构、16 个部委管理的国家局、4 个办事机构和 13 个直属事业单位。

国务院行政机构的编制确定原则，实行依据职能配置和职位分类实行精简的原则。国务院机构编制的确定，在国务院行政机构设立时进行。编制方案的内容包括：①机构人员定额与人员结构比例；②机构领导职数和司级内设机构领导职数。

国务院行政机构编制的增加和减少，由国务院机构编制管理机关审核方案，报国务院批准。国务院机构编制管理机关负责机构设置和编制执行情况的监督检查权。国家行政机构每年向国务院机构编制管理机关提供其机构设置和编制管理情况的报告。

（二）国务院及其组成机构的职权

1. 国务院

根据《宪法》第 89 条和《国务院组织法》的规定，国务院行使下列职权：

（1）行政立法权。根据宪法和法律，规定行政措施，制定行政法规，发布决定和命令。

（2）议案提出权。向全国人民代表大会或者全国人民代表大会常务委员会提出议案。

（3）领导权和管理权。规定各部和各委员会的任务和职责，统一领导各部和各委员会的工作，并且领导不属于各部和各委员会的全国性的行政工作；统一领导全国地方各级国家行政机关的工作，规定中央和省、自治区、直辖市的国家行政机关的职权的具体划分；编制和执行国民经济和社会发展计划和国家预算；领导和管理经济工作和城乡建设；领导和管理教育、科学、文化、卫生、体育和计划生育工作；领导和管理民政、公安、司法行政和监察等工作；管理对外事务，同外国缔结条约和协定；领导和管理国防建设事业；领导和管理民族事务，保障少数民族的平等权利和民族自治地方的自治权利。

（4）监督权。改变或者撤销各部、各委员会发布的不适当的命令、指示和规章；改变或者撤销地方各级国家行政机关的不适当的决定和命令；批准省、自治区、直辖市的区域划分，批准自治州、县、自治县、市的建置和区域划分。

（5）华侨、归侨和侨眷合法权益保护权。保护华侨的正当的权利和利益，保护归侨和侨眷的合法的权利和利益。

（6）紧急状态决定权。依照法律规定决定省、自治区、直辖市的范围内部分地区进入紧急状态。

（7）人事任命权。审定行政机构的编制，依照法律规定任免、培训、考核和奖惩行政人员。

（8）全国人民代表大会和全国人民代表大会常务委员会授予的其他职权。

2. 国务院组成机构

国务院各部、委员会是负责国家行政管理某一方面事务或某些职能的工作部门或职能机关，是国务院的组成部分，依法对某一方面或某一类行政事务享有全国范围内的管理权限。国务院的行政职能主要由各部委承担，各部管理比较专门的行政事务，如公安部、民政部、建设部等；各委员会则负责管辖较综合性的行政事务，如国家发展计划委员会、国家经济贸易委员会等。依据法律规定，国务院组成机构的职权包括以下三个方面：

（1）行政规章的制定权。根据《宪法》和《国务院组织法》的规定，国务院各部委可以根据法律、行政法规和国务院的命令、决定，对其所管辖的行政事项制定在全国范围内具有普遍约束力的部门规章。

（2）对本部门所辖事务的管理权。各部委对全国范围内的本部门所辖行政事务负责管理，依照相关法律、行政法规享有处理权，如对有关事项做出决定，采取行政措施等，同时，还享有对地方各级人民政府中相关职能部门的领导权或指导权。

（3）对行政纠纷的裁决权。各部委可以对因自身具体行政行为、下一级职能机关具体行政行为引起的争议进行复议,并做出复议决定。还可依法律规定裁决与行政管理密切联系的一些民事争议。

3. 国务院直属机构

国务院直属机构是国务院按照工作需要和精简原则设立的主管某项专门业务的职能机关,如国家税务总局、国家工商行政管理局、国家统计局、民航总局、新闻出版总署等。直属机构的法律地位低于各部委,其行政首长不是国务院组成人员,但直属机构具有独立的职权和专门职责,具有行政主体资格。依据法律规定,国务院直属机构的职权主要包括以下三个方面:

(1) 规章制定权。根据法律、行政法规的授权,可以制定本部门职权范围内的规章,多数是法律、行政法规的实施细则或办法。

(2) 行政事项处理权。有权对本部门职权范围内的公共事务实施行政管理,依法做出相应的行政行为。

(3) 争议的裁决权。有权对本部门管辖事务范围内发生的民事争议进行裁决,如土地管理部门对土地使用权纠纷的裁决,环保部门对环境污染损害赔偿纠纷的裁决等。

4. 国务院各部委管理的国家局

依照有关组织法的规定,国务院根据国家行政事务的需要,设立若干行政主管职能部门,负责有关法律的实施和执行。由于其行政事务与一些部委的职能有密切联系,因而由相应的部委进行管理。例如国家烟草专卖局由国家经济贸易委员会管理,国家语言文字工作委员会由国家教育委员会管理,国家文物局由文化部管理等。部委管理的国家局在成立时就具有独立的法律地位,依法行使某项行政事务的管理权和争议裁决权,具有行政主体资格。

5. 国务院办事机构

国务院办事机构是国务院根据工作需要设立的,协助总理办理专门事项、直接向总理负责的机构,如国务院外事办公室、侨务办公室、国务院研究室等。它们只负责某一方面事务的调查研究、政策分析、组织协调等工作,以及承办上级交办的有关事宜,自身没有独立的行政管理权,不能对外发布规范性文件,故在通常情况下不具有行政主体资格。

四、地方国家行政机关

我国的地方国家行政机关包括三类,即普通地方行政机关、民族自治地方行政机关和特别行政区行政机关。

(一) 普通地方行政机关的职权

1. 地方各级人民政府

我国地方各级人民政府分为省(自治区、直辖市)、市(自治州、直辖市的区、较大的市的区)、县(自治县、市)、乡(民族乡、镇)四级,实行首长负责制。自治区、自治州、自治县的人民政府是民族自治地方的自治机关。地方各级人民政府依法独立享有行政职权,并对权力行使的后果承担法律责任。

根据法律的规定,地方各级人民政府的法定职权包括:执行权;决定、命令的发布权和规章的制定权;领导和管理权;法律纠纷裁决权。

2. 地方人民政府的派出机关

派出机关是指地方县级以上人民政府经有权机关批准,在一定区域内设立的行政机关。根据地方组织法的规定,省、自治区人民政府可设行政公署为派出机关,县、自治县人民政府可设区公所为派出机关,市辖区、不设区的市人民政府可设街道办事处为派出机关。派出机关不是一级人民政府,但实际上履行着一级人民政府的职能,具有行政主体资格。

根据宪法、组织法和有关法律的规定,派出机关的法定职权包括:就辖区内行政事务做出决定权;对本区域内行政事务的管理权;行政公署作为省级人民政府的派出机关,还拥有对所辖职能部门与下级人民政府的领导和监督权。

3. 地方各级人民政府的职能部门

根据宪法和有关法律,地方县级以上各级人民政府可根据工作需要,设立若干职能部门,承担某一方面行政事务和组织与管理职能。职能部门是行使专门权限和管理专门行政事务的行政机关,在接受同级政府领导的同时,在业务上接受上级政府工作部门对口或对应机构的指导。政府各工作部门在同级政府的统一领导下工作,相互之间具有配合、协调以及一定的制约关系。

根据有关法律、法规的规定,地方各级人民政府的职能部门独立享有并行使相应的行政职权,包括对自己管理的行政事务发布决定和命令,就主管事务进行一定范围和方式的处理,如颁发行政许可证照,对违法行为采取强制措施和依法进行处罚等职权。

(二) 民族自治地方行政机关的职权

民族自治地方的行政机关是指中国境内各少数民族自治区、自治州(盟)、自治县(旗)的人民政府及其所属的厅、委、局、科、办等工作部门。民族自治地方的行政机关是自治机关的组成部分,是民族区域自治地方人民代表大会的执行机关。

根据我国宪法、地方组织法和民族区域自治法的规定,民族自治地方的行政机关同样行使一般地方的行政机关所行使的各项职权;此外,民族自治地方的行政机关还与当地的人民代表大会一道行使所辖区域内的民族自治权。

(三) 特别行政区行政机关

特别行政区是指在我国版图内,根据宪法和法律的规定所设立的具有特殊法律地位,实行特别的政治、经济制度的行政区域。特别行政区是我国地方制度的组成部分,是一级地方行政区,直辖于中央人民政府。在特别行政区不实行社会主义制度和政策,保持原有的资本主义制度和生活方式,特别行政区享有高度的自治权,除外交和国防事务属于中央政府管辖外,特别行政区享有行政管理权、立法权、独立的司法权及终审权。

案例分析

某区公安分局治安科是否能够以自己的名义对张某进行行政处罚?
某区公安分局治安是否可以成为适格被告?

张某是某市车站路摆摊卖小吃的个体户。2000年8月20日,张某与顾客谢某发生争执,继而相互推搡,致使谢某跌伤了右腿。第二天,某市某区公安分局治安科依据《治安管理处罚条例》第22条的规定,以殴打他人为由,裁决张某治安罚款100元,并赔偿医药费45元。该治安科未制作、送达治安处罚裁决书,罚款由治安科出具了一个收据。张某不服,向某区人民法院提起诉讼,状告某区公安分局治安科违法实施行政处罚。

本案中,治安科是区公安分局的内部机构,是具体执行公务、实现区公安分局职能的机构,其自身不能以自己的名义对外行使行政职权,也不能独立承担由此所产生的法律责任,不具有行政主体资格。治安科对外所做出的一切具体行政行为只能是以某区公安分局的名义做出,由此产生的法律后果也应由某区公安分局来承担。因此,某区公安分局治安科不能以自己的名义对张某进行行政处罚,而张某也只能以区公安分局为被告。

第三节 法定授权组织

案例引导

霍小兵于2002年2月4日中午到招商银行北京分行东方广场支行(以下简称"招行东方广场支行")处存款。银行工作人员李某在收取存款时发现其中一张1999年版、冠字号码为GB0980301、票面金额为100元的人民币为假币,当即告知了霍某,并将该币交由在其邻侧工作的另一工作人员苏某复核确认。经苏某复核确认后,李某分别在该币正面水印窗和背面中间位置处加盖了"假币"印章,并向霍某出具了"假币收缴凭证",同时告知霍某如对收缴假币有异议,可在三个工作日内向中国人民银行或中国人民银行授权的中国工商银行、中国农业银行、中国银行、中国建设银行申请鉴定。霍某在该凭证"持有人签字"处签名。2002年2月6日,霍某向招行东方广场支行提出鉴定申请,招行遂委托有鉴定权的中国建设银行东四支行(以下简称"建行东四支行")进行鉴定。2002年2月8日,经鉴定为假币后,建行东四支行将其予以没收,并出具了有持币人为霍某、伪(变)造币字头号码为GB0980301等要素的中国建设银行"发现伪(变)造币没收证明单"。霍某不服,认为招行东方广场支行在收缴时由一名员工办理,送鉴定时又没通知自己,其在收缴及鉴定阶段皆有重大程序性错误,遂向北京市东城区人民法院提起行政诉讼,请求法院依法撤销招行东方广场支行的收缴行为及鉴定行为。

北京市东城区人民法院审理认为:根据《中华人民共和国人民币管理条例》第三十四条的规定,招行东方广场支行具有在办理人民币存取款业务中发现数量较少的伪造、变造的人民币时对其予以收缴的国家行政职权。其工作人员在发现霍小兵持有的人民币为假币,又经另一工作人员复核后当面予以收缴,加盖"假币"印章,同时向霍某出具由中国人民银行统一印制的收缴凭证,并告知霍某可以向有权机构申请鉴定,该行为符合上述法规规定。霍某认为招行东方广场支行的收缴行为违反法定程序的诉讼请求缺乏事实依据,法院不予支持。现在国家对假币的鉴定办法尚无明文规定,故霍某认为招行东方广场支行自行委托有关机构鉴定属鉴定程序违法,缺乏法律依据,其请求撤销被告鉴定行为的诉讼请求不能成立,法院予以驳回。

思考:本案中招行东方广场支行的行政主体资格是如何获得的?

一、法定授权组织的含义

行政主体除行政机关外,还包括法定授权组织和其他社会公权力组织。传统行政法学一般称法定授权组织为"法律、法规授权的组织",其主要依据是《行政诉讼法》第25条、《行政复议法》第15条第1款第3项和《行政处罚法》第17条。但在其后,为了顾及现实中规章授权的实际情况(如林业部《关于国家森林公园管理规定》对公园管理机构的授权),最高人民法院通过《最高人民法院关于执行〈中华人民共和国行政诉讼法〉若干问题的解释》第20条第2款的规定,将其范围扩大至法律、法规和规章。学理上已无奈地接受了这一行政法制现实,为了称谓的合理性和避免产生不必要的歧义,本书采用"法定授权组织"的名称。

顾名思义,法定授权组织是指行政机关以外的、依法被授予行政职权、以自己的名义进行行政活动并对外承担一定法律后果的组织。该定义包括以下三个方面的含义:

(1) 法定授权组织是国家行政机关以外的组织,不具有国家行政机关的法律地位。

(2) 法定授权组织行使的行政职权来自法律、法规或规章的授权,而非组织法的授权。

(3) 法定授权组织行使的是法律、法规或规章授予的特定行政职权,而非国家行政机关的一般行政职权。

二、法定授权组织的范围

法定授权组织在行政法上具有独立的行政主体地位。在我国,法定授权组织包括行政机构和其他符合一定条件的社会组织。

(一) 法定授权的行政机构

行政机构是行政组织的构成要素之一,是行政机关根据工作需要,在机关内设立的、按照内部分工办理或协助处理该机关的各项行政事务的工作机构。根据现行法律规定和我国行政活动运行的实际情况,可将能够取得行政主体资格的行政机构分为以下三类:

(1) 法定授权的行政机关内设机构。行政机关内设机构依照组织法和国家行政管理的需要而设立,既包括各级人民政府所属的内设机构,也包括政府职能部门的内设机构。

(2) 法定授权的政府职能部门派出机构。政府职能部门根据工作需要在一定区域内可设置派出机构,代表该职能部门从事一定范围内的某些行政事项的管理工作,如派出所、税务所、工商所等。尽管它们原则上没有独立的法律地位,但经过法律、法规、规章的授权后,就获得了行政主体资格。

(3) 依法设立的专门行政机构。为处理某些专业性、技术性的专门行政事务,法律、法规或规章往往直接明确规定行政机关内应当设立一定的专门管理机构,并授予其相应的独立职权职责,这些专门机构便具有了行政主体资格。

(二) 法定授权的社会组织

社会组织主要是指行政机关以外的、非政府的组织。如企业、事业单位、群众团体等。如《行政许可法》规定,行政许可职权原则上由行政机关行使,但也可以由法律、法规授予管理公共事务职能的社会组织行使。

社会组织是行政组织系统以外的组织。伴随着现代行政事务的增加和行政范围的扩展,一些社会组织依照法律、法规或规章的直接或间接授权而参与行政活动,承担了本应由行政组织完成的许多社会性和专业性的行政事项,取得和行政机关相同的法律职权,在行政活动中具有和行政机关类似的行政主体地位。根据法律、法规或规章的授权,可以成为行政主体的其他社会组织大致有以下三种类型:

(1) 法定授权的公用企业。在政企分开的改革实践中,为了对某些经营性、技术性或社会性的行政事项进行便捷有效的管理,国家将原来的政府主管部门(主要是一些专业经济管理部门)转变或改建成行政性公司。这些行政性公司依照法律、法规的直接或间接授权,取得了一定的行政管理职能和行政职权,并具备了法定授权组织的行政主体地位,如国务院《邮政法实施细则》规定:"市、县邮电局是全民所有制的经营邮政业务的公用企业,经邮电管理局授权,管理该地区的邮电工作。"

(2) 法定授权的事业单位。事业单位是指国家为了社会公益事业目的,由国家机关或者其他组织利用国有资产举办的,从事教育、科技、文化、卫生等活动的社会服务组织。比如,高等学校和科学研究机构如果经由法定授权,则可以取得行政主体的资格。

(3) 法定授权的社会团体、群众性组织及其他社会组织。这些组织是法定授权的行使社会公权力的组织,如行业协会、工青妇、私法人或民办非法人组织、民间社团组织等。

三、法定授权组织的法律地位

法定授权组织在行使法律、法规或规章直接授予的或者依法授予的行政职权时,具有行政主体的法律地位,并承担相应的法律后果。在理解法定授权组织的法律地位时,应注意以下几点:

(1) 所行使的行政职权,必须有法律、法规或规章的直接授权,或者在法律、法规间接授权下由行政机关授予。

(2) 法律、法规或规章的授权必须符合法定的方式。包括直接授权与间接授权两种。目前,我国法律法规并没有关于授权的统一规定,但从法理层面来看,授权应受目的和范围的双重限制。

(3) 必须在授权的事务范围内,以自己的名义行使行政职权。

(4) 法定授权组织在接受授予的行政职权的同时,必须承担相应的行政职责。

(5) 授权一般限于具有公共事务管理职能的组织,如全民所有制企业、国有大公司、事业单位等。目前,法定授权组织的条件限制并不清晰,只有少数几部法律和法规对法定授权组织进行了条件限制,如《行政处罚法》第17条规定,法律、法规授权的具有管理公共事务职能的组织,可以在授权范围内,实施行政处罚。

(6) 法定授权组织在不行使授予的行政职权或超越授予的行政职权事务范围时,不具有行政主体的法律地位。

案例分析

湖南省溆浦县邮电局是否具有行政主体资格?

原告湖南省溆浦县中医院(以下简称县中医院)认为被告湖南省溆浦县邮电局(以下简称县邮电局)不履行"120"急救专用电话(以下简称"120"急救电话)开通职责,向湖南省溆浦县人民法院提起行政诉讼。

原告诉称:原告根据上级文件的规定和主管部门批准,向被告申请开通"120"急救电话,被告拒不作为,致使原告购置的急救车辆和其他设施至今不能正常运转,损失惨重。请求判令被告立即履行开通"120"急救电话的职责,并赔偿原告的经济损失8万元。

被告辩称:湖南省卫生厅、省邮电局(1997)15号《关于规范全省"120"医疗急救专用电话管理的通知》(以下简称15号文件)规定,邮电与卫生行政部门对开通"120"急救电话有确定权。原告申办"120"急救电话,不符合15号文件的规定。"120"急救电话属于全社会,不属于原告。根据15号文件的规定,被告溆浦县开通"120"急救电话承担义务,但是不承担对某一医院开通"120"急救电话的义务。事实上,被告已经开通了溆浦县的"120"急救电话,不存在不履行义务的问题。邮电局是公用企业,不是行政机关,不具备行政诉讼中的被告资格,也没有法规授权给县邮电局行使行政职权。被告对原告未做出任何具体行政行为,原告无从提起行政诉讼。原告如果认为是湖南省邮电局委托被告做出具体行政行为的,那么本案的被告应该是湖南省邮电局,而不是溆浦县邮电局,原告的诉讼请求不符合行政诉讼法律规定,法院应予驳回。

人民法院审明:15号文件规定医疗机构申请开办急救中心、开通"120"急救电话的程序是:经当地卫生行政部门指定并提交书面报告,由地、市卫生行政部门审核批准后,到当地邮电部门办理"120"急救电话开通手续。1997年8月15日,湖南省卫生厅确认原告县中医院是一所功能较全、急诊科已达标的二级甲等综合医院,具备设置急救中心的条件。同年12月8日,溆浦县卫生局指定县中医院开办急救中心,开通"120"急救电话。同日,县中医院向被告县邮电局提交了《关于开通"120"急救专用电话的报告》,并经县长和主管副县长批示同意。同年12月13日,县邮电局为县中医院安装了"120"急救电话,并在《市内电话装拆移换机及改名过户工作单》上写明:12月16日安装完毕,装机工料费按3 323 208元计收,但是该电话一直未开通。1998年7月20日,县邮电局为没有经过卫生行政主管部门指定和审批的溆浦县人民医院开通了"120"急救电话。7月24日,县中医院向怀化市卫生局提出《关于请求设置"120"医疗急救专用电话的报告》。7月25日,该报告得到市卫生局批准。7月27日,县中医院再次书面请求县邮电局开通"120"急救电话,县邮电局仍拒不开通。

长期以来,我国对邮电部门实行政企合一的管理模式。邮电部门既具有邮电行政主管机关的职权,又参与邮电市场经营。经过改革,目前虽然邮政和电信初步分离,一些电信部门逐渐成为企业法人,但是由于电信行业的特殊性,我国电信市场并未全面放开,国有电信企业仍然是有线通信市场的单一主体,国家对电信方面的行政管理工作,仍然要通过国有电信企业实施。这些国有电信企业沿袭过去的做法行使行政管理职权时,应视为《中华人民共和国行政诉讼法》第二十五条第四款所指的"由法律、法规授权的组织"。

第七章 行政主体与行政相对人

开办"120"急救中心,是医疗机构救死扶伤的一项公益事业。鉴于此举能给医疗机构带来一定收益,为使责任专一,趋利避害,防止因混乱而耽误抢救病人。政府对"120"急救事业实施行政管理,规定在一个行政区域只允许一家医疗机构开办"120"急救中心、开通"120"急救电话。

"120"急救电话不是只要交纳安装费就能装的普通电话,因此省卫生厅、省邮电局联合下发的15号文件规定,只有功能较全、医疗急救水平较高、急诊科已达标的综合医院,在经县卫生局指定并报地、市卫生行政主管部门批准后,才能获得开通"120"急救电话的特许权。联合文件还规定,邮电部门对开通"120"急救电话只收电话安装费,免费安装显示系统和电脑自答系统,免收电话费。这些明显不同于企业营利行为的优惠政策,既体现了政府支持举办此项公益事业的行政意志,也表明了政府对此项事业进行统一规范和管理。

15号文件下发给地、市和县级的卫生行政主管部门以及邮电局,正说明政府要通过这些职能部门对"120"急救电话的开通实施行政管理。邮电局执行这个文件时与被审查的医疗机构之间发生的关系,不是平等的民事关系,而是特殊的行政管理关系。它们之间因此发生争议而引起的诉讼,不是民事诉讼,而是行政诉讼。尽管行政诉讼中的被告通常是行政机关,但是为了维护行政管理相对人的合法权益,监督由法律、法规授权的组织依法行政,将其列为行政诉讼的被告,适用《行政诉讼法》解决其与管理相对人之间的行政争议,有利于化解社会矛盾,维护社会稳定。

按照15号文件的分工,确定哪一家医疗机构有开办"120"急救中心的资格,由卫生行政主管部门负责;而审查申请开通"120"急救电话的医疗机构是否符合15号文件的规定,决定是否给其开通"120"急救电话,则由邮电局负责。上诉人县中医院是被批准开办"120"急救中心的合格单位。县中医院向被上诉人县邮电局提出开通"120"急救电话的申请后,县邮电局即着手安装。该局后来又以"120"急救电话的开通应由邮电局与卫生行政部门共同确定为由,拒绝对县中医院履行开通职责,却私自为另一家未经审批的医院开通"120"急救电话。这一事实说明,所谓"应由邮电局与卫生行政部门共同确定",只是县邮电局为达到与卫生行政部门分享开通确定权的目的而对15号文件的曲解;当其分权目的无法达到时,就不再坚持共同确定的主张,单方行使"120"急救电话的开通权力。

综上所述,被上诉人县邮电局在接到上诉人县中医院的申请后拒不开通"120"急救电话,是不履行职责的错误行政行为,应当纠正。县邮电局为推卸责任而提出的县中医院申办不符合文件规定、自己已经履行了开通"120"急救电话的义务、不具备行政诉讼被告资格等辩解理由,均不能成立。县中医院的主要上诉理由成立,应当采纳。据此,怀化市中级人民法院依照《行政诉讼法》第五十四条第3项的规定,于1998年10月28日判决:

一、撤销溆浦县人民法院(1998)溆行初字第66号行政判决;

二、限被上诉人溆浦县邮电局从接到本判决书的次日起15天内为上诉人溆浦县中医院履行法定职责。

第四节 受委托组织

 案例引导

某县计划生育管理委员会为了有效控制超生,将自治区《计划生育条例》规定给本部门的处罚职权委托给各村村委会行使。1999年2月25日,某村村委会以自己的名义对超生二胎的村民刘某做出罚款1000元的行政处罚决定。刘某不服,以"自己并未超生,是在政策允许范围内生育"为由,以该村村委会为被告向某县人民法院提起行政诉讼,要求撤销罚款处罚决定。

行政机关作为执法主体,负责具体实施法律、法规和规章,在行政执法活动中具有主导性地位。但在实际的法制实践中,某些行政主体因受条件限制或由于存在特殊原因,无法亲自行使某项行政管理职权,难以负担起某方面或某项行政管理任务,例如人员不足、专业人员水平和技术装备暂时不适应行政管理的客观需要等。为了更好地贯彻执行法律、法规和规章的规定,在理论和实务层面产生了行政委托制度,受委托组织应运而生。受委托组织被赋予行政职权后,便具有了执法行为主体的资格,可以依法行使被授予的行政职权,以达成行政管理目标。

思考: 某村村委会是否具有行政主体资格,本案的适格被告是谁?

一、受委托组织的含义

受委托组织,是指接受行政主体的委托、以行政主体的名义行使特定行政职权的非国家机关的组织。对于受委托组织的含义,我们可以这样理解:受委托组织,既不是国家行政机关,也不是其他国家机关;受委托组织行使的行政职权,来自行政主体的委托,而不是法律、法规或规章的授权;行政主体所委托的行政职权,限于特定的行政职权,而不包括一般的行政职权;受委托组织在行使职权时,不能以自己的名义,只能以行政主体的名义。

可见,受委托组织与法定授权组织之间,具有以下四个方面的显著区别:

第一,行为名义和效果归属不同。受委托组织不能以自己的名义,只能以委托方行政主体的名义行使委托的职权,行为效果归属于委托方行政主体。而法定授权组织却完全以新的行政主体的资格和名义行使行政职权,行为的效果也归属该组织。

第二,法律地位不同。法定授权组织是行政主体,而受委托组织不是行政主体。在行政诉讼法律关系中,法定授权组织是行政诉讼的被告;而受委托组织由于不是行政主体,不能成为行政诉讼的被告。

第三,法律责任不同。受委托组织应接受委托方行政主体的监督和指导,如果受委托组织在行使行政权力、办理行政事务的过程中,有故意或重大过失,委托方行政主体可以按照法律规定先负责赔偿,然后行使求偿权,责令有故意或重大过失的受委托组织承担部分或全部赔偿费用。法定授权组织应独立承担赔偿责任。

第四,条件和范围不同。法定授权组织应具备的条件严于受委托组织应具备的条件。行政授权的被授权方只能是组织,而行政委托的受委托方既可以是组织,也可以是个人,例如在交通管理实践中,协管员和交通部门就是一种委托与被委托的关系。法定授权组织比受委托组织的范围更广,既包括行政机构,也包括企事业单位,还包括其他一些社会公权力组织。而受委托组织的范围比较狭窄,原则上仅限于依法成立的管理公共事务的事业组织。

二、行政委托的条件和范围

在行政执法实践中,行政委托虽然大量存在于处罚、税收、治安、审计、检疫等领域,但目前法律法规并未统一设定受委托组织的条件和范围。除个别法律如《行政处罚法》对行政处罚权的行政委托做出明确的限制性规定以外,其他法律、法规以及其他规范性文件对受委托组织的条件和范围的规定并不严格,如《税收征收管理法实施细则》第44条就将部分行政职权委托有关单位和个人行使。

根据《行政处罚法》第19条的规定,接受行政处罚权委托的组织应具备以下条件:

(1) 依法成立的管理公共事务的事业组织。"行政机关不得委托个人实施行政处罚"。

(2) 具有熟悉有关法律、法规、规章和业务的工作人员。

(3) 对违法行为需要进行技术检查或者技术鉴定的,应当有条件组织进行相应的技术检查或者技术鉴定。

按照一般法理的要求,受委托组织在行使委托的特定行政职权时,还应符合以下要求:

(1) 委托方必须以法律、法规或规章的明确规定为依据。

(2) 受委托组织不得再行转让接受委托的行政职权。

三、受委托组织的法律地位与法律责任

(1) 委托组织是具体执法的行为主体,并不具有行政主体资格,不具有与委托方行政主体相同的法律地位。当受委托组织的行为引起纠纷或者争议时,既不能作为行政诉讼的被告,也不能作为行政复议的被申请人。

(2) 受委托组织必须在委托的行政职权范围内行使行政职权,履行行政职责,既不得滥用职权,也不得超越权限。

(3) 受委托组织必须以实施行政委托的行政主体即委托方行政主体的名义实施行政管理活动,其后果由委托方行政主体承担。

(4) 受委托组织应接受委托方行政主体的监督和指导,如果受委托组织在行使行政权力、办理行政事务的过程中,有故意或重大过失,委托方行政主体可以按照法律规定先负责赔偿,然后行使求偿权,责令有故意或重大过失的受委托组织承担部分或全部赔偿费用。

案例分析

某国有企业是否具有行政主体资格?

1998年4月6日,某省卫生行政部门考虑到其对位置偏远的某经济开发区进行日常食品卫生检查不方便,依据省政府1996年制定的《食品卫生监督管理规定》第31条的规定(省级卫生行政部门可确定有条件的单位具体形式日常食品卫生的检查),确定由开发区内的某国有企业进行本区域的日常食品卫生检查。1999年5月10日,某国有企业在进行突击检查中,发现该开发区某食品店正在出售发霉变味的香肠,当场做出停止出售并罚款300元的处罚决定。某食品店不服,以某国有企业调查失实、行政处罚违法为由,向人民法院提起诉讼。

人民法院审理后认为,某国有企业是企业法人,不是卫生行政管理机关,只有经法律法规授权之后才能进行食品卫生检查。某国有企业是通过某省人民政府指定的《食品卫生监督管理规定》这一地方政府规章的授权行使食品卫生检查权,因此,它不能成为本案的被告,适格的被告应是省级卫生行政部门。

第五节 行政相对人

案例引导

四川省金堂县云顶石城风景管理处的职责是负责云顶山风景区开发、建设、管理及旅游经济实体开发。1996年5月15日,金堂县物价局审批将云顶石城风景区游山门票价格调为5.00元/人,对朝山进香的佛教居士,凡持有云顶山慈云寺皈依证的,仍执行门票价格0.50元/人不变。然而,作为云顶石城风景名胜区主要景点的云顶山慈云寺却认为:管理处设卡收费的行为不仅违反了国家的有关法律、法规和国家对宗教事务的有关政策,同时也严重威胁到了慈云寺广大僧众的基本生存。因此,云顶山慈云寺向四川省金堂县人民法院提起行政诉讼,请求法院依法判令被告金堂县云顶石城风景管理处撤除云顶山进山

收费卡,停止向游客收取进山费。

根据《行政诉讼法》第49条和第25条的规定,原告是行政行为的相对人以及其他与行政行为有利害关系的公民、法人或者其他组织,从上述规定看,原告必须是行政机关行政管理对象。在通常情况下,行政诉讼的原告是具体行政行为指向的对象——行政相对人,但有些时候,具体行政行为对权利义务的影响,不仅局限于其指向的对象,往往还涉及其他公民、法人或者组织。虽然《行政诉讼法》第29条第1款规定,公民、法人或者其他组织同被诉行政行为有利害关系但没有提起诉讼,或者同案件处理结果有利害关系的,可以作为第三人申请参加诉讼,或者由人民法院通知参加诉讼,但如果具体行政行为的相对人不提起诉讼,与具体行政行为有利害关系的当事人就无法作为第三人参加诉讼,其合法权益就无法获得司法救济。最高人民法院《关于执行〈行政诉讼法〉若干问题的解释》第十二条规定,"与具体行政行为有法律上利害关系的公民、法人或者其他组织对该行为不服的,可以依法提起行政诉讼","与具体行政行为有法律上利害关系"是指具体行政行为对公民、法人和其他组织的权利义务关系已经或者将会产生实际的影响。因此,作为原告不一定是行政主体具体行为指向的对象,只要具体行政行为对公民、法人、其他组织的权利义务关系已经或将要产生实际的影响,即应当认定为有法律上的利害关系,即具有原告资格。

思考:云顶山慈云寺是否本案的行政相对人?是否只有行政相对人在行政诉讼中具有原告资格?

一、行政相对人的概念和特征

行政相对人,是指在行政管理关系中与行政主体(主要是指行政机关)相对应的另一方主体,即其合法权益受具体行政行为影响的组织或个人。行政相对人是一个学理概念而非制定法上的概念。在制定法上,一般称行政相对人为"公民、法人和其他组织"。在行政管理活动中,行政相对人一般处于被管理和被支配的地位,具有以下几个主要特征:

第一,行政相对人是指在行政管理关系中作为管理对象的个人或组织。行政相对人并不是一个恒定的概念,在某一个行政管理法律关系的行政相对人,可能成为另一个行政法律关系中的行政主体。

第二,行政相对人是在行政管理关系中与行政主体相对应的另一方当事人。在行政法律关系中,行政主体具有实施具体行政行为的法律身份和法律职权,而行政相对人则处于被管理者的地位。二者共同构成行政法律关系的主体,缺一不可。在行政管理关系中,虽然行政相对人处于被管理者的地位,但不能将其等同于义务人,因为行政相对人在行政法律关系中既享有法定的权利,又承担法定的义务。

第三,行政相对人是其合法权益受到具体行政行为直接影响的个人或组织。具体行政行为对相对人合法权益的影响是直接的,如行政处罚对被处罚人合法权益的影响。如果某一具体行政行为直接影响某个人或组织的合法权益,那么某个人或组织就是行政相对人。如果其影响不是直接的,而是间接的,则成为具体行政行为的利害关系人。对个人或组织的合法权益没有影响的行政行为,不是具体行政行为,而是行政事实行为。

二、行政相对人的分类

(一) 个人相对人与组织相对人

以其是否为组织体为标准,行政相对人可分为个人相对人和组织相对人。有些具体行政行为如行政拘留,只适用于个人相对人,而不适用组织相对人。需注意的是,个人相对人不一定是单个的个人,也可能是多个的个人,只要这些个人不构成一定的组织体,相互之间无组织上的联系,即使这些个人数量再多,仍为个人相对人,而非组织相对人。

作为行政相对人的个人,主要是指公民,也包括外国人和无国籍人。处在中国境内时,必须服从中国的法律,接受中国机关的行政管理,从而与行政主体发生各种行政法律关系,成为行政相对人。在绝大多数行政管理关系中,个人都可能成为具体行政行为(如行政许可、行政强制、行政处罚等)的行政相对人。

作为行政相对人的组织,主要是指各种具有法人地位的企业组织、事业组织和社会团体,包括在我国取得法人资格的外国企事业组织。除了法人外,非法人组织也可以成为行政管理关系中的行政相对人。行政主体进行管理社会,经常要对各种组织实施许可、处罚、强制等具体行政行为。在这些行政行为形成的行政管理关系中,这些组织通常处于行政相对人的地位。

(二) 内部相对人与外部相对人

以行政关系对内还是对外为标准,行政相对人可分为内部相对人与外部相对人。与内部行政主体相对应的当事人属于内部行政相对人;与外部行政主体相对应的当事人属于外部相对人。这种区分的意义主要体现在诉讼参加人的资格上,目前内部相对人尚无法获得行政诉讼原告资格。

(三) 直接相对人与间接相对人

以与行政主体的具体行政行为的关系为标准,行政相对人可分为直接相对人与间接相对人,直接行政相对人是具体行政行为的直接对象,其权益受到行政行为的直接影响;间接相对人是行政主体行政行为的间接对象,其权益受到行政行为的间接影响。严格来说,间接相对人的提法并不科学。根据目前的法律规定,利害关系人或第三人并非行政管理的对象,但依法可以申请行政救济。《最高人民法院关于执行〈中华人民共和国行政诉讼法〉若干问题的解释》第13条规定:"有下列情形之一的,公民、法人或者其他组织可以依法提起行政诉讼:(一)被诉的具体行政行为涉及其相邻权或者公平竞争权的;(二)与被诉的行政复议决定有法律上利害关系或者在复议程序中被追加为第三人的;(三)要求主管行政机关依法追究加害人法律责任的;(四)与撤销或者变更具体行政行为有法律上利害关系的。"

(四) 授益相对人与侵益相对人

以具体行政行为对其权益影响的性质为标准,行政相对人可以分为授益相对人与侵益相对人。行政行为对其权益产生有利影响,即通过行政行为赋予其某种权益的相对人为授益相对人。一般来说,行政许可等的相对人为授益相对人。行政行为对其权益产生不利影响,即通过行政行为使其失去某种权益或某种权益受到损害的相对人为侵益相对人。一般来说,行政处罚、行政强制等的相对人为侵益相对人。

三、行政相对人的权利

在行政法律关系中,行政相对人依法享有权利,并通过行使权利来保护自身的合法权益,制约和监督行政主体的行政管理活动。行政相对人的权利类型主要有以下五种:

(一) 参与权利

参与权利,是指行政相对人指参与行政管理、依法以各种形式和渠道参与决定、影响或帮助行政权依法有效行使的权利。主要包括批评权、建议权、控告权、检举权等。行政相对人对行政机关及其工作人员在执行职务过程中的违法行为,依法享有向有关机关和部门检举、控告和申诉的权利,并且享有不被打击报复的权利。

(二) 程序性权利

程序性权利,是指行政相对人或利害关系人在行政程序和行政救济程序中所享有的权利,主要包括以下六种权利:

(1) 知情权。行政相对人在机关实施具体的行政管理活动时,有了解有关事实和情节的权利,如机关在对相对人实施行政处罚时,相对人有权知晓机关做出行政处罚所依据的事实和情节。

(2) 申辩权。相对人对机关做出有关相对人权益的具体行政行为时,相对人就事实和情节有权进行辩解、反驳,维护自己的合法权益。

(3) 要求听证权。根据《行政处罚法》的规定,机关做出责令停产停业、吊销许可证或者执照,较大数额罚款的行政处罚之前,相对人有要求举行听证会的权利。

(4) 要求回避权。即对可能影响治安案件公正处理的行政机关工作人员,相对人有要求其回避的权利。

(5) 行政救济权。行政相对人认为行政人在履行职务时侵犯了其合法权益,有申请复议、提起行政诉讼的权利。

(6) 取得赔偿权。行政相对人认为行政行为侵犯了其合法权益并造成实际的损害后果,有要求国家赔偿的权利。

(三)受平等对待的权利

受平等对待的权利,是指行政相对人在行政活动中应当得到行政主体的平等对待,主要包括以下两个方面:

(1) 行政立法上的同等对待。要求行政机关在制定行政法规或规章时,对同等条件的相对人平等地分配利益,平等地确定义务,不能有歧视性的规则、标准和条款,不能搞地方保护主义和部门保护主义等。

(2) 行政执法中的同等对待。要求机关在实施行政奖励、行政许可、行政处罚、行政强制等具体行政行为时,必须平等地对待同等条件的行政相对人,不得滥用自由裁量权,做出不公正的行政处理决定。

(四)人身权、财产权、民主权利等基本权利不受非法侵犯的权利

人身权、财产权、民主权利等基本权利是宪法赋予的基本权利,虽然与行政相对人的资格没有直接的对应关系,但依法行政首先包括依宪行政。行政主体在实施行政管理活动的过程中,既应依照法律、法规和规章的规定保障当事人的合法权益,也应按照宪法的宗旨、原则和精神,不得非法侵害公民的人身权、财产权、民主权利等基本权利。

(1) 人身权。人身权是与财产权相对应的公民和法人的基本权利之一,是指与人身不可分离而无直接财产内容的权利。我国《民法通则》以基本法的形式对人身权作了较为集中和全面的规定,它可以分为人格权和身份权两部分。人格权包括人身自由权、生命健康权、姓名权、名誉权、名称权、肖像权等;身份权包括亲权、监护权、荣誉权、发明权、发现权等。

(2) 财产权。财产权是指具有一定物质内容的直接体现为经济利益的权利。包括对财产的占有权、使用权、收益权和处分权等,具体体现为经营权、抵押权、继承权以及知识产权中的财产权利等。

(3) 民主权利。民主权利是指管理国家和参加政治活动的权利。包括选举权,言论、出版、结社、集会、游行、示威、宗教信仰自由等。

(五)保护性受益权

保护性受益权是指相对人的各种合法权益受到他人妨碍、侵害时,申请行政主体保护或得到行政主体主动保护的权利。保护性受益权包括:①在紧急情况下申请行政主体救助的权利;②合法权益受他人侵害后请求行政主体予以处理的权利;③合法权益受行政主体确认的权利。

四、行政相对人的义务

行政相对人在享有权利的同时,也承担与此相适应的义务,即行政相对人必须履行遵守国家行政管理秩序,服从依法实施的行政管理的义务。行政相对人的义务主要包括以下两个方面:

(一)遵守行政法律规范的义务

为了保证有良好的社会秩序,国家颁布了治安管理、交通管理、户籍管理等许多行政管理法律、法规、规章等,遵守这些法律规范是每个公民、法人和其他社会组织的法定义务。如公民应当按照规定进行出生登记、遵守交通法规,特种企业应当遵守国家的有关规定,严格在法定范围内从事经营活动等。

(二)服从行政管理的义务

行政权具有权威性、强制性和优益性。在诸如治安管理、交通管理、危险物品管理、消防管理等行政管理活动中,行政相对人必须服从管理要求,依法履行义务。如《治安管理处罚法》第104条规定,受到罚款处罚的人应当自收到处罚决定书之日起十五日内,到指定的银行缴纳罚款。

案例分析

某物业管理委员会是否具有原告主体资格?

2003年9月8日,某物业管理委员会认为被告某市某区国土资源和房屋管理局不履行备案法定职责的行为违法,向某市某区人民法院提起行政诉讼。被告辩称:本案的原告不适格,物业管理委员会不是能够独立承担法律责任的组织,不具有诉讼行为能力,不具有原告主体资格。

某市某区人民法院认为,《行政诉讼法》第二条规定:"公民、法人或者其他组织认为行政机关和行政机关工作人员的行政行为侵犯其合法权益,有权依照本法向人民法院提起诉讼。"根据本案发生时实施的建设部《城市新建住宅小区管理办法》、某市人民政府《居住小区物业管理办法》以及原某市房屋土地管理局《关于开展居住小区物业管理委员会试点工作的通知》、《关于全面开展组建物业管理委员会工作的通知》、某市国土资源和房屋管理局《关于物业管理委员会委员补选、改选、换届选举及变更事项的通知》、某市人民政府办公厅《关于转发规范和加强本市居住区物业管理的若干意见》的规定,居住小区物业管理委员会是由居住小区内全体业主通过业主大会选举产生,代表本物业区域内全体业主的合法权益,负责对区域内物业实施管理的组织。物业管理委员会的成立及换届选举,均须报当地区县国土房管机关登记备案。物业管理委员会的主要职责包括选聘或解聘物业管理企业、与物业管理企业签订物业管理合同以及审议物业管理企业提出的物业管理服务收费标准、年度计划、财务预算和决算、监督物业管理企业的管理服务活动等,物业管理委员会的办公场所由物业管理企业提供,日常办公经费也暂由物业管理企业从其收入中支付。

据此可以认为,物业管理委员会的产生与改选均须经行政主管机关登记,有自己的组织章程和组织机构,有独立使用的办公场所,办公经费也有相应保障,因而具有一定的民事行为能力,虽然不具备法人的资格,但如果物业管理委员会认为房管局处理其申请换届登记予以备案的具体行政行为,侵犯了该委员会的合法权益,有权依照行政诉讼法的规定向人民法院提起诉讼。因此,对于被告某区房管局提出原告不具有诉讼主体资格的主张,不予采纳。

本 章 小 结

本章是学习行政法与行政诉讼法课程的重要基础理论章节,起着承上启下的作用。本章主要介绍行政法主体理论的一些基础知识,包括行政法主体、行政主体、行政人、行政相对人的概念及其特征,行政主体的类型,以及行政机关、法定授权组织和受委托组织的职权与职责等。这些都是学生进一步学习行政法理论的基础性知识。通过本章的学习,学生应能够正确区分行政法主体的不同类型、行政主体还是非行政主体、个人行为还是职务行为等,能够就实践中出现的行政法主体进行分析和辨别。

案 例 分 析

某甲与某乙发生债务纠纷,某甲欠某乙2万元。由于某甲长期拖欠不还,于是某乙便找到在县公安局工作的同学王某,请他帮忙解决问题,王某答应帮忙追款。2003年6月17日,王某身着公安人员制服,在没有出具任何法律文书的情况下,将某甲带到某招待所询问两个多小时,并扣押了某甲的手机、摩托车等物作抵押,令其5天内还款,否则将以经济诈骗论处。某甲无奈,第二天将2万元还给某乙。但王某却迟迟不将扣押的财物归还。经多次交涉无效,某甲遂以县公安局为被告,提起行政诉讼。

问题:王某的行为属于个人行为还是职务行为？为什么？

复习思考

1. 简述行政主体的含义与特征。
2. 试述行政优益权的必要性。
3. 简述法定授权组织的法律地位。
4. 简述法定授权组织与受委托组织的区别。
5. 简述行政相对人所享有的权利。

第八章 公务员

学习目标

- 知识目标:掌握公务员的含义与分类;掌握公务员的法律地位;了解公务员的权利和义务;了解公职关系的产生和消灭情形;了解公职关系的内容。
- 能力目标:能够分清公务员的类别;能够对具体案件中公务员的法律地位、权利和义务等进行分析;能够区分具体案件中的个人行为与公务行为。

第一节 公务员概述

案例引导

2009年4月,小周、小谢、小唐参加了佛山市公务员考试,一路顺利通过笔试、面试,最后进入体检环节。就在接近"终点"的时刻,三人却因检查出携带地中海贫血基因,被认定为体检结果不合格,从而失去了公务员录用机会。三人的代理律师指出,考生参加的"平均红细胞体积"检测和"地中海贫血基因分析"超出了《公务员录用体检通用标准(试行)》中规定的血常规检测项目,且从未对其必要性做出任何说明,这种做法违反了相关法律规定,侵犯了考生的"身体隐私"。广东省佛山市人力资源和社会保障局的代理律师回应,在公务员录用的过程中,委托医疗机构进行体检是依法行政。对于公务员体检过程中的检验方法,按照项目规定,由主检医生根据需要决定。作为公务员录用的主管部门,不录用上述三位人员符合法律规定。后者说法得到一审法院佛山市禅城区人民法院的支持。法院一审宣判驳回了三名考生的全部诉讼请求。败诉后,三名考生向佛山市中级人民法院提出上诉请求。经过二审开庭审理,审判长并未当庭做出宣判。

思考:担任国家公务员需要具备怎样的条件?

一、公务员的含义与分类

(一) 公务员的含义

根据我国《公务员法》的规定,公务员是指依法履行公职、纳入国家行政编制、由国家财政负担工资福利的工作人员。对于公务员含义的理解,我们可从以下几个方面进行:

其一,公务员是指在各级国家机关中依法履行公职的人员。各级国家机关在我国主要包括各级人民代表大会、政府以及司法机关等,而所谓的"公职"是指提供公共管理、公共服务等公共物品,以实现公共利益的职务。从公职的权力指向而言,主要是指国家的行政权。需要注意的是,公务员虽然是在国家机关中工作的人员,但在国家机关工作的人员并不都是公务员。只有在国家机关中依法行使行政职权或者执行国家公务的人员才是公务员。公务员不包括国家机关中的工勤人员。

其二,公务员在我国是指纳入国家行政编制并由国家财政负担工资福利的人员。这意味着我国公务员不包括国有企业和一般事业单位的职工。但是,法律法规授权的具有公共事务管理职能的事业单位中的工作人员,经批准可参照《公务员法》进行管理。不仅如此,我国公务员还包括执政党和参政党机关中履行公职的人员,这一点是由我国社会主义国家性质决定的。

其三,公务员是经过法定方式和程序任用的人员。法定方式是指我国宪法、组织法和公务员法等所规定的方式。我国现行法律规定公务员任用的主要方式有选任、考任、聘任和调任四种方式。法定程序是指我国宪法、组织法和公务员法等所规定的有关公务员任用的程序。例如,以考任方式任用公务员的程序包括公告、报名、资格审查、笔试、口试、身体检查、确定正式录用对象和送达录用通知书等环节与步骤。

值得注意的是,有的教材在介绍公务员相关知识时使用了"行政人"的概念。行政人是一个学理概念而非法律概念,是指行政主体内行使行政职权的工作人员。行政人既包括行政机关工作人员(公务员),也包括法定授权组织和其他公权力组织内行使特定行政职权的工作人员。如果仅用"公务员"这一概念来指称,将面临两个困难:一是行使职权的自然人并不限于公务员;二是公务员是一个静态意义上的制度性概念,其身份的确定是依据行政编制,不能动态地描述行政权行使者的活动及其权利义务归属。因此,有的学者提出了"行政人"的概念来指称具体做出行政行为的人。也有的学者认为,具体做出行政行为的人可以称为行政公务人员。① 本书则认为,公务员是一个被普遍接受的法定概念,而且对于行政机关或其他国家机关而言,公务员是其最主要的组成人员,无论是引入"行政人"还是"行政公务人员"都容易产生新的问题。

(二)公务员的分类

我国实行公务员职务分类制度。根据《公务员法》第14条规定,我国的公务员根据公务员职位的性质、特点和管理需要划分为综合管理类、专业技术类、行政执法类三大类。国务院有权根据实际需要增设其他类别。综合管理类公务员是指在国家机关中更多地担任政治方向、政治原则的领导责任和重大决策任务的公务员。因此,也可称为政务类公务员。他们主要是中央和地方人民政府的组成人员,由人民代表大会选举产生或决定。他们由《宪法》和《组织法》调整。他们是行政机关的决策者,对人民代表大会负有政治责任并由人民代表大会监督。人民代表大会有权依法罢免违法失职的政务类公务员。专业技术类公务员是指在行政机关和机构中在辅助技术岗位上任职的公务员,如工程师、会计师等。他们从事的主要是行政技术支持工作、行政机关或机构中的内部管理工作,一般不直接参与公共管理,不直接对外行使行政职权。行政执法类公务员是指直接履行行政监管、行政处罚、行政强制、行政稽查等现场执法职责的人员。他们不具备对法律的解释权,而只行使对法律的执行权。他们集中在履行对外管理和监管的行政机关的基层中。技术类公务员和行政执法类公务员也可称为业务类公务员,他们主要是通过国家公务员考试、择优录取的国家公务员。他们占我国国家公务员的绝大部分。

公务员职务分为领导职务和非领导职务。领导职务层次分为:国家级正职、国家级副职、省部级正职、省部级副职、厅局级正职、厅局级副职、县处级正职、县处级副职、乡科级正职、乡科级副职。非领导职务层次在厅局级以下设置,分为巡视员、副巡视员、调研员、副调研员、主任科员、副主任科员、办事员。

二、公务员的法律地位

第一,在外部行政法律关系中,公务员代表国家机关,以所在行政机关的名义行使国家行政权,其行为的结果归属于对应行政机关。外部行政管理法律关系是行政机关与作为行政相对人的个人、组织发生的关系,而不是国家公务员与相对人发生的关系。国家公务员在行政管理法律关系中并非作为一方当事人出现,不具有一方当事人的资格。

---

① 钱锦宇主编:《行政法与行政诉讼法》,华中科技大学出版社2015年版,第57~61页。

第二,在内部行政法律关系中,国家公务员则可以以公务员的名义作为一方当事人与行政机关发生法律关系。例如,行政机关对公务员进行考核、奖惩、晋升、确定工资福利待遇,公务员要求改善工作条件、工资待遇,对考核、奖惩、晋升结果不服,向行政机关提出申诉等,这些行为所引起的行政法律关系都是以国家公务员为一方当事人、国家行政机关为另一方当事人的内部行政法律关系。对于因内部行政法律关系发生的争议,一般由行政机关本系统处理,不能提起行政诉讼。

第三,在行政监督法律关系中,国家公务员可以作为监督对象与监督主体发生关系,成为关系的一方当事人。例如,行政监察机关可以对所有公务员进行监督;国家权力机关可以通过质询、特别调查、罢免等形式对作为政府组成人员的公务员进行监督;人民法院在对具体行政行为进行司法审查的过程中,也可以通过司法建议等形式间接对公务员进行监督。

第四,在行政诉讼法律关系中,国家公务员既不能做原告,也不能做被告,不具有诉讼当事人的地位。根据《行政诉讼法》的规定,只有公民、法人和其他组织认为行政机关具体行政行为侵犯其合法权益时,才能提起行政诉讼,取得行政诉讼的原告资格。只有做出具体行政行为的行政机关或通过行政复议改变原具体行政行为的复议机关才能被诉和取得行政诉讼被告的资格。

三、公务员的法律权利

公务员的权利,是指法律对公务员在履行职责、行使职权、执行公务的过程中,可以作为某种行为,要求他人为后者不为某种行为的许可和保障。公务员权利义务的内容,是与一个国家的政治制度、经济条件、历史文化等紧密联系的。国情不同的国家,对公务员权利义务的要求也不尽相同。

(一) 获得履行职责应当具有的工作条件

公务员享有获得履行职责应当具有的工作条件的权利,包含两层含义:一是公务员有权获得工作条件的保障,工作条件主要包括办公地点、办公用品等;二是这种工作条件的保障是与公务员的职责相适应的。公务员有权获得的工作条件是公务员履行职责所应当具备的,其应当获得的工作条件以满足履行职责为限。

(二) 非因法定事由和非经法定程序不被免职、降职、辞退或者行政处分

所谓非因法定事由、非因法定程序不被免职、降职、辞退或者处分是指公务员一经任用,非因法定事由、法定程序,不被免职、降职、辞退或者处分,这被称为公务员的身份保障权。

(三) 获得工资报酬,享受福利、保险待遇

公务员的工资包括基本工资、津贴、补贴和奖金。公务员的津贴包括按照国家规定享受的地区附加津贴、艰苦边远地区津贴、岗位津贴等。公务员按照国家规定享受住房、医疗等补贴、补助。公务员在定期考核中被确定为优秀、称职的,按照国家规定享受年终奖金。获得工资报酬权意味着公务员的工资应按时足额发放,任何机关不得降低、扣减或者拖欠公务员的工资。

(四) 参加培训

首先,公务员参加培训是宪法的要求。《宪法》第 46 条规定:"中华人民共和国公民有受教育的权利和义务。"公务员参加培训的权利,是公民受教育的权利在公务员身上的一种具体化。其次,公务员参加培训是现代社会经济科技发展对公务员提出的必然要求。再次,参加培训也是公务员自身发展的需要。最后,公务员培训情况、学习成绩是公务员考核的内容和任职、晋升的依据之一。参加培训也是公务员职务晋升的需要。

(五) 对机关工作与领导人员提出批评和建议

这是公务员的一项重要的民主权利。《宪法》第 41 条第 1 款规定,"中华人民共和国公民对于任何国家

机关与国家工作人员,有提出批评和建议的权利",这是设定公务员的该项权利的直接依据。作为公民,可以根据这项权利向任何国家机关与国家工作人员提出批评和建议;作为公务员,更有权利对本机关或上级机关及其领导人员的工作提出批评和建议。

(六)提出申诉和控告

公务员的申诉权利,是指公务员对涉及本人的人事处理决定(包括行政处分决定和被降职、被辞退的决定)不服时,可以向原告处理机关申请复核,同时有权向同级公务员主管部门或者做出该人事处理的机关的上一级机关申诉。其中,对处分决定不服的,也可以向监督机关提出申诉。公务员的控告权利,是指公务员对于机关及其领导人员侵犯其合法权益的行为,有权向上级机关或者有关的专门机关提出控告。

公务员提出申诉控告后,经有关机关调查,确认有关机关人事处理确属错误的、机关及其领导人员的确侵犯该公务员合法权益的,应当撤销对该公务员错误的人事处理,恢复其名誉,赔偿其遭受的损失。对于机关及其领导人员侵犯公务员合法权益的情况,有关部门应当进行调查,追究相关责任人的法律责任。

(七)申请辞职

公务员由于主观或客观原因不愿意继续担任公职时,国家允许公务员辞去公职。公务员的辞职必须严格按照国家的法律规定进行。按照《公务员法》的规定,公务员辞去公职,应当向任免机关提出书面申请。任免机关应当自接到申请之日起30日内予以审批,其中对领导成员辞去公职的申请,应当自接到申请之日起90日内予以审批。

(八)法律规定的其他权利

公务员除享有公务员法规定的权利外,还享有法律规定的其他权利。主要包括两部分内容:一部分是法律规定的一般公民的权利,另一部分是法律所特别规定的机关工作人员应享有的权利。规定公务员可以享受法律规定的其他权利,体现了公务员权利的完整性。

四、公务员的法律义务

(一)模范遵守宪法和法律

宪法是国家政治、经济、文化等社会生活有序运行的基石和保证。法律是根据宪法制定的,由国家强制力保障实施的行为规范。遵守宪法与法律,是各个国家机关、各种社会组织和每个公民的义务。作为行使公权力的公务员,应当树立宪法至上的思想,维护宪法与法律的权威,自觉在宪法和法律的范围内活动,成为守法的模范和楷模。模范遵守宪法和法律的核心意义是对于宪法的忠诚。所谓对宪法的忠诚是指以最好的能力与智力,以自身的言论与行为来维护宪法的权威与促进宪法的落实。就积极方面而言,对于宪法的忠诚就是要凡是有利于宪法实施的事情都尽最大的力量去做;就消极方面而言,就是凡是有害于和不利于宪法的事情都应当予以反对和回避。

(二)按照规定的权限和程序认真履行职责,努力提高工作效率

公务员应当按照权限履行职责。这包含两层含义:第一,该权限是明文规定的权限。公务员行使权力、履行公职应遵循依法原则,这是建设法治国家的基本要求。公务员只能在法律明文规定的范围内行使权力,不得超出法律的规定行动,否则就是滥用职权。第二,该权限属于实体法上的权限。实体法是确认权利义务关系以及职权和责任为主要内容的法律,公务员履行职责所依照的权限是实体法上所规定的权限,例如《食品卫生法》第27条规定:"食品生产经营企业和食品摊贩,必须先取得卫生行政部门发放的卫生许可证方可向工商行政管理部门申请登记……"食品卫生行政主管部门相关职位的公务员在进行食品卫生执法时可以依照这一规定,审查批准食品生产经营企业的许可证,其只能在这一范围内行使权力,而不能超越这一

权限从事消防器材等方面的审批。

公务员应当按照规定的程序履行职责。公务员应按照规定的程序履行职责,因为公正、公开的程序能够使得实体的权利义务得到公平的实现,有利于更好地保护公众、公民的合法权益。目前,对行政程序规定比较集中的法律有《行政处罚法》《行政许可法》等。公务员须按照法律规定的程序行使其权限,例如,食品卫生行政主管部门相关职位的公务员在审查批准食品生产经营企业的许可证的时候就必须按照《行政许可法》规定的有关申请受理、审查与决定、期限、听证等法律程序进行审批。

公务员应当认真履行职责。具体要求:一是应亲自履行职责,非有正当理由,并依照规定程序,不应将自己的职责委托他人来履行;二是应按时办公,不得迟到早退,请假须有正当理由并经过上级领导批准;三是不能擅离职守,一般情况下应坚守岗位,遇到突发的、特别紧急的事件,应经过上级领导同意后才能离开,出差、休假也应及时回到自己的岗位。

公务员应当努力提高工作效率。公务员享有较好的福利待遇,工作比较稳定,这虽然有利于稳定公务员队伍,维持社会安定与秩序,但也容易带来公务员效率低下、官僚作风严重等问题。因此,规定公务员提高工作效率的义务有利于公务员高效地为公众提供优质服务。同时,公务员应努力提高工作效率也是我国宪法提出的要求,《宪法》第27条第1款规定:"一切国家机关实行精简的原则,实行工作责任制,实行工作人员的培训和考核制度,不断提高工作质量和工作效率,反对官僚主义。"

(三) 全心全意为人民服务,接受人民监督

我国《宪法》第27条第2款规定:"一切国家机关和国家工作人员必须依靠人民的支持,经常保持同人民的密切联系,倾听人民的意见和建议,接受人民的监督,努力为人民服务。"人民群众是社会主义国家的主人,社会主义现代化建设事业必须依靠人民。国家机构及其工作人员的任务就是反映人民的愿望和要求,全心全意为人民服务。根据《宪法》的规定,所有的公务员都必须认真贯彻党的群众路线,采取群众路线的工作方法,深入实际,调查研究,把人民群众分散的意见科学地结合起来,形成计划、政策和法律、法规,然后再在群众中加以贯彻实施,"从群众中来,到群众中去";经常保持同人民群众的密切联系,倾听人民的意见和建议,尊重人民群众的主人翁地位和首创精神,并且依靠他们的支持来完成各项工作,自觉接受人民群众的监督,全心全意为人民服务。公务员应当接受公民的监督,这是由我国宪法规定的,《宪法》第41条第1款规定:"中华人民共和国公民对于任何国家机关和国家工作人员,有提出批评和建议的权利;对于任何国家机关和国家工作人员的违法失职行为,有向有关国家机关提出申诉、控告或者检举的权利,但是不得捏造或者歪曲事实进行诬告陷害。"在国家机构及公务员履行职责的过程中,人民有权通过各种途径和形式对他们实行监督,以保证其不折不扣地代替人民行使权力,全心全意为人民服务。

(四) 维护国家的安全、荣誉和利益

公务员应当积极维护国家的安全、荣誉和利益,这首先是基于公民义务而产生的,我国《宪法》第54条规定:"中华人民共和国公民有维护祖国的安全、荣誉和利益的义务,不得有危害祖国的安全、荣誉和利益的行为。"可见,维护国家的安全、荣誉和利益是我国每个公民的义务,公务员对此更是负有更大的责任和义务。国家的安全主要包括:国家的领土、主权不受侵犯;国家的政权不受威胁;国家的社会秩序不被破坏;国家的秘密不被泄露。国家的荣誉是指国家的荣誉和尊严,它主要包括:国家的尊严不受侵犯;国家的信誉不受破坏;国家的荣誉不受玷污;国家的名誉不受侮辱。国家利益的范围十分广泛,对外主要是指国家政治、经济、文化、军事等方面的权利和利益;对内主要是指相对于集体利益和个人利益的国家利益。

(五) 忠于职守、勤勉尽责,服从和执行上级依法做出的决定和命令

我国《宪法》第27条规定,一切国家机关"实行工作责任制"。公务员的所有职位都是在国家机关定职能、定机构、定编制的基础上,根据工作的需要设置的,每个职位都有明确的任务和职责。因此在每个职位上的公务员都应忠于职守,勤勉尽责,用自己的全部精力,兢兢业业、专心致志地工作,严格履行工作职责,

承担起本职位的责任。只有这样才能够提高工作效率,保证国家机关的正常运行。

"服从和执行上级依法做出的决定和命令"是关于公务员服从义务的规定。规定公务员的服从义务是十分必要的。首先,现代公务员体系的组织方式是科层制,公务员应当接受上级的指挥,以保证组织系统的权威性、统一性与效率性。其次,在法治化的政治体制和现代公务员制度下,公务员的首要职责是执行法律,其对上级不是人身依附关系,服从上级的决定与命令不过是执行法律的需要,服从上级的决定与命令是执行法律的手段和方式。

公务员应当服从和执行上级依法做出的决定与命令有以下含义:

第一,公务员服从的决定与命令应是上级做出的。所谓"上级",是指同一系统或组织中地位、等级较高的机构或人员。上级包括直接上级和间接上级,直接上级是指直接具有领导权、指挥权与主管权的上级,间接上级是指除直接上级以外的具有领导权、指挥权或监督权的上级。一般而言,对公务员实施领导应逐级进行。上级向公务员交代任务,一般应通过其主管的上级,但也可以越级直接向下级公务员发出决定与命令。

第二,公务员服从和执行的是上级做出的决定与命令。所谓决定和命令是指上级做出的下级公务员必须做出一定行为或者不得做出某种行为的指令。就形式而言,既有抽象行政行为的形式,又有具体行政行为的形式。

第三,公务员服从与执行的上级的决定与命令应是依法做出的。一方面,该决定与命令的内容应是合法的。该决定与命令应在上级的权限范围之内,否则下级公务员有权不执行;该决定与命令应与上级的职务有关,例如对上级领导的私事,公务员就可以拒绝执行;该决定与命令不属于法律所禁止的事项,对于明显违背法律的决定与命令,公务员可以拒绝服从与执行;该决定与命令不属于下级公务员独立执行职务的事项,一些特殊的部门如有关的监察部门、审计部门、统计部门等,一旦法律赋予这些部门的公务员独立执行职务的权力,上级的决定与命令即不能涉及其独立执行职务的范围。另一方面,决定与命令发布的程序须合法。上级做出的决定与命令必须是依照法定的程序做出的。程序合法是内容合法的重要保障,其具有独立的价值。在日常的行政管理活动中,行政机关实施行政许可、决定行政强制措施和执行行政命令时,都需要遵循严格的法定程序,才能保障相关行政命令内容的合法,保障行政活动的公正和效率。对于未经法定程序做出的命令,公务员有权不予服从。特别是公安机关在执行拘留、监视居住、取保候审、逮捕等刑事强制措施时,来自上级命令的程序合法性,就更应当成为公务员执行命令的前提条件。

第四,公务员执行公务时,认为上级的决定或者命令有错误的,可以向上级提出改正或者撤销该决定或者命令的意见;上级不改变该决定或者命令,或者要求立即执行的,公务员应当执行该决定或者命令,执行的后果由上级负责,公务员不承担责任;但是,公务员执行明显违法的决定或者命令的,应当依法承担相应的责任。

(六)保守国家秘密和工作秘密

国家秘密是关系国家的安全和利益,依照法定程序确定,在一定时间内只限一定范围的人员知悉的事项,包括尚未公布的或不准公布的政治、经济、军事、外交和科学技术等方面的重大事项。国家秘密直接涉及国家的安全,因此,保守国家秘密是关系到国家安全和人民利益,关系到我国社会主义现代化建设的大事。我国宪法和法律对此作了规定,我国《宪法》第53条规定,中华人民共和国公民必须"保守国家秘密";我国1988年9月通过、1989年5月施行的《保守国家秘密法》第3条规定:"一切国家机关、武装力量、政党、社会团体、企业事业单位和公民都有保守国家秘密的义务。"公务员作为国家工作人员,必须严格遵守国家法律规定,增强保密观念,严格保密纪律。对公务员而言,履行保密义务的基本要求是:不该说的国家秘密不说;不该问的国家秘密不问;不该看的国家秘密不看;不该记录的国家秘密不记录;不在私人交往中涉及国家秘密;不在公共场所办理、谈论属于国家秘密的事项;不在没有保密保障的地方和设备中存储、处理国家秘密信息和载体;不通过普通电话、明码电报、普通邮局、计算机公用网和普通传真递送、传输国家秘密信息和载体;不携带密件、密品参观、游览和探亲访友;此外,公务员对已知的窃取或者泄露国家秘密的行为,应当予以制止并及时向有关方面举报。国家秘密和工作秘密是有一定联系的。有的国家秘密是由一系列工作秘密组成的,泄露了工作秘密,就间接地泄露了国家秘密。公务员在工作任职期间负有保密的义务;在涉及国家秘密等特殊职位任职或者离开上述职位不满国家规定的脱密期限的,不得辞去公职。

(七)恪守职业道德

遵守纪律,恪守职业道德。公务员遵守纪律,恪守职业道德就是要严格遵守公务员从事公务活动应当遵守的纪律要求与道德准则。《公务员法》第53条对公务员的纪律作了全面的规定,包括公务员不得弄虚作假,误导、欺骗领导和公众;不得贪污、行贿、受贿,利用职务之便为自己或者他人谋取私利;不得滥用职权,侵害公民、法人或者其他组织的合法权益;不得参与或者支持色情、吸毒、赌博、迷信等活动;不得违反职业道德、社会公德等。社会公德是要求一般人共同遵守的公共道德准则,包括遵守纪律、讲究礼貌、讲究卫生等。公务员应当率先垂范,带头遵守。

(八)清正廉洁,公道正派

所谓清正廉洁、公道正派,是指要求公务员办事公正无私,廉洁自律,以个人利益服从国家利益,努力为人民服务。实现公务员的清正廉洁是党和国家的一贯要求,是维护党和政府的良好形象,加强党和政府同人民群众联系的重要措施。公务员代表国家执行公务,其权力是人民授予的,属于其所在的职位,不是属于个人的。公务员必须建立正确的权力观,正确运用手中的权力,为公共利益而工作,而不能利用职权搞不正之风,谋取私利。按照《中国共产党党员领导干部廉洁从政若干准则(试行)》实施办法的规定,对于党员领导干部,禁止利用职权和职务上的影响谋取不正当利益,禁止私自从事营利活动,禁止假公济私、化公为私,禁止借选拔任用干部之机谋取私利,禁止利用职权和职务上的影响为亲友及身边工作人员谋取利益,禁止讲排场、比阔气、挥霍公款、铺张浪费。

(九)法律规定的其他义务

《公务员法》规定的公务员的义务,有的是宪法规定的国家机关工作人员义务的具体化,有的是由公务员职业本身特点决定并衍生的义务。作为公务员,对于法律规定的义务当然应当履行。规定公务员必须履行"法律规定的其他义务",其目的和意义在于:能够弥补因职业不同,公务员法无法详细列举的公务员的其他义务,使得公务员义务的内容更加全面完整、更具体,也更能够反映时代特征与时代精神。需要注意的是,《公务员法》是先规定公务员的义务,后规定公务员的权利。一般来说,法律中有关权利的规定在顺序上往往是放在义务规定的前面。而公务员法将公务员的义务放在公务员权利的前面,这种做法是与其他法律的做法有区别的,但这种顺序上的安排有其深刻的含义,即考虑到公务员是履行公职的工作人员,需要对其严格加以约束和管理,因此,法律上先规定公务员义务可以突出强调公务员负有义务、承担着责任。有法律名言说,拥有权力的人往往会滥用其权力。公务员在履行公职的过程中,规定其义务,严格约束其行为,将其行为置于法律的管辖之下,对于维护公民权益、保持国家良好治理都是十分有益的。《公务员法》这种先行规定公务员义务的做法体现了控制权力的理念,也是对人民主权、公民权利理念的张扬。外国公务员法对公务员义务与权利的安排也是如此,例如,《德国公务员法》第三章"公务员的法律地位"中,第一节规定的是"义务",第二节规定的才是"权利"。

五、公务员的法律责任

行政机关工作人员的法律责任,是指行政机关工作人员实施了违反法律、法规规定的具体行政行为而承担的法律后果。不同类型的行政机关工作人员,因法律规定的而承担不同的具体法律责任。根据《公务员法》和有关法律、法规的规定,行政机关工作人员就其职务行为承担三个方面的法律责任。

一是行政责任。行政责任是指行政机关工作人员实施了违反法律法规的行为,尚不构成犯罪的,由主管机关给予的行政处分。行政处分分为警告、记过、记大过、降级、撤职、开除六种。

二是损害赔偿责任。损害赔偿责任是指行政机关工作人员在执行职务的过程中,侵犯公民或者组织的合法权益,造成了损害后果,依照《国家赔偿法》和其他法律、法规的规定所承担的赔偿责任。《宪法》第41条第3款规定:"由于国家机关和国家工作人员侵犯公民权利而受到损失的人,有依照法律规定取得赔偿的权利。"根据《国家赔偿法》的规定,行政机关工作人员的侵权赔偿责任包括刑事赔偿和行政赔偿。行政机关工作人员由于执行职务造成的损害赔偿,首先由其所在的行政机关承担国家赔偿责任,然后对有故意或者重大过失的行政机关工作人员实行追偿。

三是刑事责任。刑事责任是指行政机关工作人员实施了违反法律、法规的行为,构成犯罪而承担刑事制裁的法律后果。

案例分析

公务员刘某的权利是否受到侵害?

刘某是某县某单位副主任。该单位1998年7月被撤销后,其被安排到县林业局为科员,因病于1997年休假一年。在1997年度考核中,该单位将刘某列入考核对象并定为不称职等次,这一结果既没书面也没口头通知刘某本人。2000年,孔某发现自己工资没能正常晋档,随后找到现人事部门询问,方知自己1997年度考核为不称职,故不能晋档。争议由此产生,因该单位已撤销,孔某便直接向县人事局提出申诉。

本案中,张某是某县的公务员,其合法权益应受《公务员法》的保护。根据《公务员法》第13条的规定,公务员非因法定事由、非经法定程序,不被免职、降职、辞退或者处分。

第二节 公职关系

案例引导

某区公安局交通警察李某下班骑自行车回家途中,看到一辆小轿车驶入禁行道,便将车拦住。司机王某看到警察拦车就停车,问为什么,李某告知王某这是禁行路。王说:"对不起,不知道。"对话中,李某闻到王某身上的酒味,便问:"你喝酒了吗?"王某回答:"喝了点,没事,再说你下班了,不是多管闲事嘛!"李某说:"不行,酒后驾车属违章,罚款50元。"对此,王某不服,于次日向市公安局提出申诉。

思考: 本案中交警李某的行为属于公务行为还是个人行为?

一、公职关系的含义

公职关系是指公民经过一定的法律程序成为公务员,基于所担任的行政职务而与国家之间构成的权利义务关系。

第一,公职关系发生的基础是担任一定的行政职务。公职关系产生和存在的前提和基础是一定的行政职务,没有一定的行政职务,就不能产生公职关系。

第二,公职关系属于内部行政法律关系。公职关系是一种内部行政法律关系,所以,公务员对行政机关的行政行为不服,只能申诉,而不能复议或者诉讼。只有聘任制公务员与所在机关之间因履行聘任合同发生争议的,可以向人事争议仲裁委员会申请仲裁。对仲裁裁决不服的,可以向人民法院提起诉讼。

第三,公职关系主体是公务员和国家。国家公务员通常是直接与行政机关发生法律关系,如录用、考核、培训、职务升降、签订聘任合同。但行政机关是国家的机关,代表国家行使行政职权,所以,公职关系的主体可以说最终是国家和公务员。

第四,公职关系是一种特殊的劳动关系。公职关系是一种劳动关系,如工资、福利、保险,尤其聘任合同公务员,与一般劳动关系有许多共性。但公务员法律关系与一般劳动关系仍有许多不同,尤其是非聘任合同公务员,在录用、考核、培训、职务升降、交流、纪律、纠纷处理等方面均与一般劳动者不同。

二、公职关系的产生与消灭

(一) 公职关系产生的情形

公职关系产生的情形有以下四种:

一是考任。国家行政机关录用担任主任科员以下及其他相当职务层次的非领导职务公务员,一律按《公务员法》规定的程序,进行公开考试、严格考察、平等竞争、择优录取。新录用的公务员,试用期为一年,试用期满合格的,予以任职;不合格的,取消录用。也就是说,处于试用期的公务员和国家之间尚未正式形成公务员法律关系,试用期满合格的,公务员法律关系正式形成,且溯及录用之时。根据《公务员法》第45条第2款的规定,厅局级正职以下领导职务或者副调研员以上及其他相当职务层次的非领导职务出现空缺,也可以面向社会公开选拔,产生任职人选。

二是选任。选任是由各级国家权力机关通过选举的方式任命公务员,使得公民取得公务员资格,并与行政机关之间形成公务员法律关系。根据《公务员法》第39条的规定,各级人民政府组成人员按照宪法、组织法的规定选举产生。选任制公务员在选举结果生效时即任当选职务;任期届满不再连任,或者任期内辞职、被罢免、被撤职的,其所任职务即终止。

三是调任。调任是指行政机关以外的工作人员调入行政机关担任领导职务类公务员或者助理调研员以上的非领导职务类公务员。公民调入行政机关任职后,与行政机关的公职关系即形成。但是,调任与考任最主要的区别就是适用范围不同。考任适用于选拔担任主任科员以下的非领导职务的人员,而调任则适用于选拔担任领导职务或者副调研员以上的非领导职务的人员,以及专业技术类和行政执法类中相当于副调研员以上层次的非领导职务的人员。可见,调任所适用的职务层次要高于考任。对调任人选的条件,《公务员法》作了具体规定。

四是聘任。国家机关根据工作需要,经省级以上公务员主管部门批准,可以对专业性较强的职位和辅助性职位实行聘任制。职位涉及国家秘密的,不实行聘任制。聘任公务员可以参照公务员考试录用的程序进行公开招聘,也可以从符合条件的人员中直接选聘。国家机关聘任用公务员应当在规定的编制限额和工资经费限额内进行。聘任公务员应当按照平等自愿、协商一致的原则,签订书面聘任合同,确定国家机关与所聘公务员双方的权利、义务。

(二) 公职关系的消灭

公职关系的消灭,是指由于发生某些事实或行为,致使公职关系不能继续存在的情形。导致公职关系消灭的原因有法定原因和事实原因两种。

一是法定原因,包括开除公职、辞职、辞退、调出、退休和判处刑罚。

因严重违法失职、违反纪律受到的最为严厉的行政处分是开除公职。受开除处分者,其公职关系也随之消灭。辞职,国家公务员自愿按《公务员法》第80条规定的程序提出辞职申请,经任免机关批准后退出国家行政机关,不再具有国家公务员的资格。自申请批准起,申请人与国家的公职关系消灭。辞退,国家公务员因《公务员法》第83条规定事由之一,如经考核,不称职,不胜任现职工作也不接受其他安排。调出,即公务员调出国家行政机关。调出导致公职关系的消灭。退休,即公务员按照《公务员法》第87条、第88条规定的条件,退出国家行政机关,不再担任职务。需要指出的是,在这种情况下,根据《公务员法》第89条的规定,国家公务员的主要行政职务关系终止,但仍然享有福利权利和承担一定法定期限的保密义务。公务员若触犯了刑法,被人民法院判处刑罚,则公职关系便消灭。

二是事实原因,包括死亡、丧失国籍。公务员生命终结,其职务与责任关系便自然消灭。丧失国籍标志着其公民资格的丧失,其公职关系也必然消灭。

三、公职关系的内容

(一)人事管理关系

1. 考核机制

考核是公务员主管部门对公务员品行、才能和实际表现进行考查、审核,以确定其是否胜任现职和决定是否对其任用以及相关待遇等。根据《公务员法》的规定,我国对公务员的考核制度包括平时考核和定期考核两种,平时考核作为定期考核的基础。考核的范围包括德、能、勤、绩、廉五个方面,重点考核工作实绩。考核结果分为优秀、称职、基本称职和不称职四个等次,并以此作为调整公务员职务、级别、工资以及公务员奖励、培训、辞退的依据。

2. 奖励机制

奖励是公务员主管部门对工作表现突出、有显著成绩和贡献或其他突出事迹的公务员或公务员集体予以精神鼓励和物质鼓励的制度。公务员具有下列情形之一的,就可以获得相应的奖励:忠于职守,积极工作,成绩显著的;遵守纪律,廉洁奉公,作风正派,办事公道,模范作用突出的;在工作中有发明创造或者提出合理化建议,取得了显著经济效益和社会效益的;为增进民族团结、维护社会稳定做出突出贡献的;爱护公共财产,节约国家财产有突出成绩的;防止或消除事故有功,使国家和人民群众利益免受或减少损失的;在抢险救灾等特定环境中奋不顾身,做出贡献的;同违法违纪行为做斗争,获有功绩的;在对外交往中,为国家争得荣誉和利益的;有其他突出功绩的。根据法律规定,公务员的奖励分为嘉奖、记三等功、记二等功、记一等功、授予荣誉称号。对受奖励的公务员或者公务员集体予以表彰,并给予一次性奖金或者其他待遇。奖励与考核相联系,从而与工资级别的晋升相联系。

3. 惩戒制度

惩戒是公务员主管部门对违反纪律的公务员通过给予处分以示警戒的制度。根据相关法律规定,公务员具有下列情形之一的应当受到惩戒:散布有损政府声誉的言论,组织或者参加旨在反对国家的集会、游行、示威等活动;组织或者参加非法组织,组织或者参加罢工;玩忽职守,贻误工作;拒绝执行上级依法做出的决定或者命令;压制批评,打击报复;弄虚作假,误导、欺骗领导和公众;贪污、行贿、受贿,利用职务之便为自己或他人谋取私利,违反财经纪律,浪费国家财产;滥用职权,侵害公民、法人或其他组织的合法权益;泄露国家秘密或工作秘密;在对外交往中损害国家荣誉和利益;参与或者支持色情、吸毒、赌博、迷信等活动;违反职业道德、社会公德;从事或参与营利性活动,在企业或其他营利性组织中兼任职务;旷工或因公外出、请假期满无正当理由逾期不归;违反纪律的其他行为。

惩戒处分分为警告、记过、记大过、降级、撤职、开除,公务员受处分期间不得晋升职务和级别,除警告处分外,也不得晋升工资档次;受撤职处分的,同时按照规定降低级别。公务员受开除以外的行政处分,在受处分期间有悔改表现,并且没有再发生违纪行为,处分期满后,由处分决定机关解除处分并以书面形式通知本人。解除处分后,晋升工资档次、级别和职务不再受原处分的影响。但解除降级、撤职处分的,不视为恢复原级别、原职务。

4. 晋升制度

晋升是指公务员主管部门依一定原则和条件提升公务员职务的制度。我国公务员晋升制度主要包括下述内容:①公务员晋升职务,应当具备拟制职务所要求的思想政治素质、工作能力、文化程度与任职经历等方面的条件和资格。②晋升与考核结果相联系,先民主推荐,确定考察对象,然后由组织考察,研究提出任职建议方案,并根据需要在一定范围内进行酝酿。③依管理权限讨论决定后按规定履行任职手续。④晋职应当逐级晋升,特别优秀的或者工作特殊需要的,可以按照规定破格或越一级晋升。⑤机关内设机构厅局级正职以下领导职务出现空缺时,可以在本机关或者本系统内通过竞争上岗的方式,产生任职人选。厅局级正职以下领导职务或者副调研员以上及其他相当职务层次的非领导职务出现空缺,可以面向社会公开选拔,产生任职人选。⑥公务员晋升领导职务的,应当按照有关规定实行任职前公示制度和任职试用期制度。

5. 回避制度

回避是公务员主管部门为保障公务员公正执行公务和树立机关的公正形象而对具有某种法定情形的公务员进行特殊任职安排,使其避开某种地区、某种岗位任职或避开参与某种公务处理的制度。

公务员之间有夫妻关系、直系血亲关系、三代以内旁系血亲以及近姻亲关系的,不得在同一机关担任双方直接隶属于同一领导人员的职务或者有直接上下级领导关系的职务,也不得在其中一方担任领导职务的机关从事组织、人事、纪检、监察、审计和财务工作。公务员因地域或者工作性质特殊,需要变通执行任职回避的,由省级以上公务员主管部门规定。公务员担任乡级机关、县级机关及其有关部门主要领导职务的,应当实行地域回避,法律另有规定的除外。公务员执行公务时,涉及本人利害关系或涉及与本人有夫妻关系、直系血亲关系、三代以内旁系血亲以及近姻亲关系的亲属的利害关系的,或者其他可能影响公正执行公务的,应当回避。

(二) 特别劳动关系

1. 工资制度

公务员工资是公务员的基本劳动报酬。公务员工资由基本工资、津贴、补贴和奖金四个部分组成。实行国家统一的职务与级别相结合的工资制度。贯彻按劳分配的原则,体现工作职责、工作能力、工作实绩、资历等因素,保持不同职务、职级之间的合理工资差别。国家建立公务员工资的正常增长机制。公务员工资水平与国民经济发展相协调,与社会进步相适应。国家实行工资调查制度,定期进行公务员和企业相当人员工资水平的调查比较,并将工资调查比较结果作为调整公务员工资水平的依据。任何机关不得违反国家规定自行更改公务员的工资、福利、保险政策,擅自提高或者降低公务员的工资、福利、保险待遇。任何机关不得扣减或者拖欠公务员的工资。

2. 福利制度

公务员的福利因各国的国情不同而有很大的不同,一般包括所在机关为其提供的住房、交通、小孩入托等便利条件或补助以及各种带薪休假和培训进修等。我国在公务员住房、交通、小孩入托方面,计划经济时代都由政府全包下来,直接向公务员提供,现在则已经改革或正在改革,由政府"全包"改为行政机关仅提供补助(并相应地增加工资,改变过去的"低工资"政策),由公务员自己出钱购房、乘车和供小孩入托。在休假方面,公务员除享受各种节假(如春节、元旦、国庆节、劳动节等假日)外,还根据职务和任职年限,享受一定的年休假。在培训进修方面,行政机关通常为公务员提供各种脱产和不脱产、定期和不定期的带薪学习机会。现行《公务员法》规定,公务员按照国家规定享受福利待遇。国家根据经济社会发展水平提高公务员的福利待遇。公务员实行国家规定的工时制度,按照国家规定享受休假。公务员在法定工作日之外加班的,应当给予相应的补休。

3. 保险制度

公务员的保险主要包括退休养老保险、疾病医疗保险、伤残死亡保险、失业保险、女公务员的生育保险以及行政机关压缩编制、裁减工作人员而失去工作和工作报酬的保险等。公务员的保险费主要由国家各级财政分担,公务员个人不承担或只承担很小的比例(在其工资中扣除)。公务员享受的保险待遇不给予本人,而在其失去劳动能力或死亡后,根据有关规定还给予由他们抚养的直系亲属。至于保险待遇标准,则根据公务员的工龄、职务和其他法定条件,由相应行政机关具体确定。我国《公务员法》规定,国家建立公务员保险制度,保障公务员在退休、患病、工伤、生育、失业等情况下获得帮助和补偿。公务员因公致残的,享国家规定的伤残待遇。公务员因公牺牲、因公死亡或者病故的,其亲属享受国家规定的抚恤和优待。

四、公职身份与公务行为的认定

(一) 公职身份

行政机关工作人员具有三种身份:公民身份、公务员身份和公职身份。公民身份是行政机关工作人员作为普通公民的身份,在该身份下享有宪法和法律赋予的各项权利,承担各项法定义务。公务员身份是行政机关工作人员进入国家公务员队伍时取得的身份。离开国家公务员队伍时该身份丧失。在依法离开国家公务员队伍之前,无论是否执行公务,都享有宪法和法律规定的权利,承担相应宪法和法律规定的义务。公职身份是行政机关执行公务时、与行政相对人发生行政法律关系时所具有的身份。行政机关工作人员在执行公务时对外只能以所代表的机关的名义行使职权,其实施的行政行为所引发的法律后果由行政机关承担。

(二) 公务行为及其认定标准

与其多重法律身份相适应,公务员实施的行为主要可分为个人行为和公务行为两种。当行政机关工作人员以普通公民的身份或公务员个人的身份进行活动时,其行为属于个人行为,仅仅是其个人意志的反映,其行为后果由行政机关工作人员自己承担。行政机关工作人员实施的民事侵权行为和违反国家公务员纪律的行为,都由行政机关工作人员自己承担相应的责任。当行政机关工作人员以公职身份实施行政职务行为时,其行为属于公务行为,这种行为是行政机关意志或者国家意志的体现,其行为的法律后果由行政机关承担。正因为如此,正确认定行政机关工作人员的行为性质具有重要的法律意义。

英美法系大多采用行政主体主观说,即执行职务的范围应以行政主体(雇用人)的意思为准,行政人(公务员或受雇人)必须执行雇用人的命令,不可逾越雇用人委托的范围,否则将归入个人行为。如美国法律规定,职务行为是不进行超出职责界限的活动。美国的判例认为在美国如果雇用人仅告诉受雇用人执行职务的地点而未告诉具体路线,结果受雇人在途中发生车祸,属于执行职务,反之如果雇用人明确告诉执行职务地点及前往路线,而受雇人另行选择前往路线,而撞人伤之,则不属于职务范围。在英国,职务行为是以雇用人规定的业务范围为限。英国主张,构成国家责任的行为应当是违反对特定人的法定义或雇员对雇主的义务。

大陆法系的典型代表国大多采用客观说,又称形式说或外观标准说。该说认为公务行为的判断应以公务人员行为的外部特征为标准,在客观上、外形上、社会观念上属于职务范围的行为,都是公务行为。日本称为"外界标准理论"或"外表理论"。《日本国家赔偿法》所规定的执行职务即指在客观、外形上可视为社会观念所称的"职务范围",不论行为者意思如何,凡职务行为或与职务有关的不可分的行为均属于公务行为。日本最高法院明确了作为一般论而采用外形主义,《日本国家赔偿法》第一条规定:"不限于公务员以主观上行使权限的意思进行的情况,即使是以谋求自己利益的目的而进行的情况,只要客观上进行了具备执行职务之外形的行为。因此而给他们带来损害的情况下,让国家或公共团体承当损害赔偿责任,广泛地维护国民的利益,以此作为其立法的宗旨。"瑞士和法国也同样采用了这种外表理论,只要受害人有可信的理由相信国家雇员是在履行职务,国家就必须负责赔偿。此标准能够较大限度地保护相对方的利益。

我国目前在划分行政机关工作人员不同性质的行为方面,尚无法律上的确定性标准。在具体实践中,可以从确认的步骤和确认的标准两个方面进行操作。在确认步骤阶段,可以分两步:第一步是划分个人行为和组织行为。个人行为不是行政行为。第二步是根据组织行为的性质,再划分刑事侦查行为、民事行为或行政行为。行政机关工作人员行使行政职权的行为,其性质属于行政公务行为。

在具体确认标准阶段,应综合考虑和使用多种要素。其中,主要考虑的要素包括以下五个方面:

(1) 时间与地点。通常行政机关工作人员在公务时间内履行行政职责,所以对行为性质确认有现实意义。一般行政机关工作人员在上班时间实施的行为被视为是执行公务的行为;在下班后实施的行为通常视为非执行公务的行为。行政机关工作人员的行为属于职权管辖范围内的,视为执行公务的行为;超越职权管辖的地域范围,属于越权行为,一般不属于公务行为。

(2)公务标志。即行政机关工作人员以何者名义进行行为。根据现行《行政法》的相关规定,都要求行政机关工作人员在履行公务时必须表明身份。没有表明身份的行为,原则上不属于公务行为(秘密侦查等例外情况除外)。表明身份有明示与暗示两种形式,明示通常以口头和书面两种形式进行。暗示则通常由行为动作与公务标志结合而成,必须足以达到使相对人相信其代表某行政主体进行行政活动的程度。公务标志包括行政机关工作人员所特有的制服、警车、电警棍、警用器械和武器等。

(3)公益标准。这是以行为人行为时的动机和目的的性质为标准进行的判断。即行政机关工作人员的行为涉及公共利益的、与公共事务有关的,通常视为执行公务的行为;不涉及公共利益而仅涉及个人利益的,则视为非执行公务的行为。

(4)职责与命令。行政机关工作人员之所以能从事公务行为,是因为他获得了行政职权。同时,职权还可以成为判断行政机关工作人员进行的行为是否超越权限的标准。因此,行政机关工作人员的行为属于其职责范围的视为执行公务的行为。行政机关工作人员依行政首长命令、指示或委托实施的行为视为执行公务的行为,无命令或无法律根据的行为视为非执行公务的行为。

(5)行为表现。判断行为人的行为是否属于公务行为,要以其行为过程的整体表现为依据。行为表现是重要的公务行为判断要素,行为的目的、性质通常通过行为人的行为表现出来。如用枪射击取乐的行为显然不可能是公务行为,而身着警服处理报警事宜的行为则通常是公务行为。

需要注意的是,判断行政机关工作人员的行为是否为公务行为是一个综合性的判断。上述时间、地点、职责与行为表现等要素都不能独立构成公务行为的判断标准。比如,以时间为判断标准的话,仍有可能出现行政机关工作人员在上班时间从事个人行为和下班时间出于职业道德履行职责的情况。以名义要素为判断标准的情况,也仍有行政机关工作人员以表明身份为掩护进行实质的私人利益的行为,如非法干预经济纠纷。而职责要素更为复杂,虽然行政机关工作人员的行为属于其职责范围的视为执行公务的行为,但超越权限的行为则不一定就是个人行为。当今多数国家的立法都认为,一定范围的行政越权仍然是行政行为。但是,如果将上述要素全部作为标准则又必然出现互相矛盾而导致无法得出最后结论的情形。因此,一个行为属于个人行为还是公务行为,必须结合具体案件实际进行综合判断。

案例分析

公务行为包括哪些要素?

1991年5月9日下午五点半左右,商某从工厂下班回家,行至工厂大门外某浴池门口时,两个不明身份的人对商某说:"请你跟我们走一趟。"商某回答:"什么事,你们是干什么的?"这两个人说:"我们是市局的便衣,找你有点事。"商某便跟这两个人走进了某市某区分局治安科。这两人是该科的两位刑警张某和熊某。张某和熊某要商某交代刚才路过浴池时干了什么事。商某由于没有做什么事,便无从回答。张某和熊某对商某施以威胁,熊某还打了商某。无奈之下,商某说:"你们能否提示一下我究竟干了什么事。"张某和熊某说:"你刚才路过浴池的时候,偷看女同志洗澡。"商某没有承认,张某和熊某见商某不承认,便说:"你态度还不老实,得来点硬的。"张某和熊某又对商某拳脚相加。最后,在张某和熊某的威逼下,商某依此两人的授意,写了一个交代材料,承认有偷看女同志洗澡的行为。张某和熊某用事先准备好的行政处罚决定书裁决对商某行政拘留7天。事后商某自觉冤枉,提起行政诉讼。后经查商某根本没有偷看女同志洗澡的行为,某区分局治安科的科长周某与商某有个人恩怨,为了报私仇便让该科的张某和熊某对商某实施了处罚行为(参见关保英编著《行政法案例教程》)。

在本案中,以周某为首的治安科是该行政行为的具体实施者,周某授意张某和熊某以虚构的事实将商某行政拘留。有学者认为该行为尽管是以分局的名义做出的,但从实质看,这一行为应当是公务员个人的行为。但我们认为这一行为是混有个人因素的公务行为,其法律后果仍应由机关承担。因为在商某受行政处罚的全过程中,张某和熊某是根据其享有的行政职权而为的,包括最后出具了行政处罚决定书,及至行政拘留的实际执行,这是一个完整的行政行为。只不过这里发生了滥用职权,混进了个人因素。但这其中的个人因素与行为性质的认定关系不大,不能说有个人因素就是个人行为,要看这种行为的进行是否利用了行政职权,是否和岗位、职责有关。至于个人因素只是关系到行政机关"追偿"的程度,个人因素多的,行政机关"追偿"的比例就应该高一些,否则低一些。

本 章 小 结

本章共包括两节内容,分别介绍了公务员的一般知识和公职关系。

公务员是指依法履行公职、纳入国家行政编制、由国家财政负担工资福利的工作人员。我国的公务员根据公务员职位的性质、特点和管理需要划分为综合管理类、专业技术类、行政执法类三大类。在外部行政法律关系中,公务员代表国家机关,以所在行政机关的名义行使国家行政权,其行为的结果归属于对应行政机关。在内部行政法律关系中,国家公务员则可以以公务员的名义作为一方当事人与行政机关发生法律关系。公务员依法享有法定的权利并应当履行法定义务。

公职关系的范围非常广泛,大体包括两个方面:一是行政机关对公务员管理而产生的关系,即人事管理关系;二是公务员从行政机关获取工资福利待遇而产生的关系,即具有一定特殊性的劳动关系。判断行政机关工作人员的行为是否为公务行为必须结合具体案件实际进行综合判断。

案 例 分 析

某市铁路分局民警张某一天去饭馆吃饭正遇两伙人因琐事斗殴,尽管是下班时间,但张某还是准备制止斗殴,斗殴的人发现张某拔枪而来,纷纷逃跑。张某拎枪追去,不慎被饭馆中的桌腿绊倒,摔在地上,握枪的手碰到地面致使子弹走火,打在水泥地上,反弹后打在一旁观者王某的腿上,将其打伤。受伤的王某欲寻求赔偿,但张某说自己在执行公务,执行公务的责任应当归属于他所在的行政机关,而不能由他来承担责任。而张某所在的铁路分局领导却认为此损失不应由铁路分局来赔偿,理由是:其一,张某是在下班时间,并非在工作时间,执行公务应是上班时间,分局不能对张某24小时内的所有行为负责;其二,此事发生在饭馆内,其行为不在职权管辖地域范围之内。总之,只有在上班期间管铁路上的事才是执行公务的行为。张某及铁路分局各执一词,王某只能在经过法定程序后诉至法院,要求铁路分局赔偿。

问题:张某的行为是公务行为还是个人行为?为什么?

复 习 思 考

1. 简述公务员的含义与分类。
2. 简述公务员的法律地位。
3. 简述公务员的法律权利和法律义务。
4. 简述公职关系产生和消灭的情形。
5. 论述公职关系的内容。
6. 如何区分公务员的个人行为与公务行为?

第九章
行政行为概述

 学习目标

- 知识目标:掌握行政行为的基本含义与特征;掌握行政行为的具体分类。
- 能力目标:能够运用对行政行为的含义和特征的理解来解读现实中的行政行为;能够运用行政行为的一般理论判断行政行为的构成要件;能够较为全面和深入地思考现实中的行政行为。

第一节 行政行为概述

 案例引导

2008年11月18日,保山市人民防空办公室(以下简称市人防办)向保山市莛森房地产开发有限公司(以下简称莛森公司)下发《缴纳防空地下室易地建设费通知书》(以下简称《通知》),要求莛森公司依法缴纳防空地下室易地建设费,按面积计算,并载明逾期不申请复议也不向法院起诉又不履行的,将申请人民法院强制执行。2012年3月2日,市人防办再次向莛森公司做出防空地下室易地建设费征收决定(以下简称征收决定),决定莛森公司需补交防空地下室易地建设费987 180元。莛森公司不服提起诉讼,要求撤销市人防办的征收决定。一审法院判决驳回莛森公司的诉讼请求。二审法院认为,《通知》载明了行政行为所认定的事实、法律依据、法律后果、救济途径,已是一个成立并对当事人产生效力的具体行政行为。征收决定是对同一事项的重复行政行为,缺乏相应的事实根据,遂判决撤销一审判决,撤销市人防办做出的征收决定。

思考:什么是行政行为?一经做出的行政行为具备什么样的法律效力?行政机关是否可以重复做出与先前行政行为相同的行政行为?

一、行政行为理论意义

关于行政行为一般理论阐述在整个行政法学理论体系中具有举足轻重的地位,是全部行政法学理论的内核。行政行为理论在行政法学中的地位相当于犯罪构成理论在刑法学中所占有的位置。在具体的行政法制度中,认定一个出自行政机关的行为是否为行政行为以及为何种类型的行政行为具有重要意义。

第一,对于行政相对人来说,行政行为含有决定、命令的意思。一个出自行政机关的行为如果是行政行为,对外界就产生了行政法上的法律效果,有关相对人即有遵守和服从的义务。同时,如果相对人认为该具体行政行为损害了他的合法权益,理应允许其诉请法院予以审查,从而决定该行政行为的最终法律效力。可见,行政行为与相对人在行政法上的权利义务紧密相连。

第二,对于行政机关自身来说,行政行为是其进行行政活动的最主要的法律手段,是履行其职责的主要表现形式。所以,法律对行政行为的实施设定了严格的界限和程序,行政机关只能依法行政,实施行政行为,不得逾越法定界限。否则,就构成有权机关予以撤销的理由。

第三,对于人民法院来说,一个出自行政机关的行为的性质,决定了法院予以受理的诉讼的性质,相对人对行政行为才能提起行政诉讼,由行政审判庭受理。所以,行政行为与行政诉讼又是密切相关的。行政行为概念在实际的行政诉讼中,尤其是在划定行政诉讼的范围时获得了最有价值的实际运用。

二、行政行为的含义与特征

(一) 概念的来源

在行政管理学上,"行政行为"(administrative behavior)就是行政管理,是美国学者赫伯特·西蒙首创的(Herbert Simon,1916—2001年,诺贝尔经济学奖获奖者)。西蒙曾经于1939-1942年担任加利福尼亚大学的一个研究小组的主任,从事地方政府研究工作,并完成了关于管理决策制定的博士论文,该论文后来成为他的经典著作《行政行为:对行政组织中决策过程的研究》①,该中译本把书名译为《管理行为》。他借此开拓了运用行为科学方法探讨公共行政的决策、组织、执行机制及其效果,以促进行政效率的崭新研究领域。所以"行政行为"既是行政管理活动的概括性范畴,又代表着行为主义在政治学、行政学中的应用。

在行政法学上,"行政行为"概念(administrative act 或 administrative action)来源于大陆法系国家,一般认为,由德国"行政法之父"奥特·迈耶在19世纪末所确立。

行政法上的行政行为强调行政主体的职权性活动应当接受法治主义的约束,应当由行政法律规范调整,具有一定的权利义务内容,能带来法律关系的产生、变更、消灭,也就是将行政管理作为行政主体实施的法律行为来对待,着重其法律效果。行政法学不像行政学那样着力揭示行政行为的活动规律,而是将其视为一个概括行政主体的各种具有法律意义的管理活动的范畴。

"二战"后这一概念在行政法学界得到普遍应用,不仅被大陆法系国家以及受大陆法系国家影响的国家广泛采用,而且也被英美法系国家作为学术概念使用。新中国成立后第一本行政法学教材《行政法概要》②在中国大陆第一次正式使用"行政行为"这一概念。"行政行为"在行政法学体系中居于核心地位,我国现有的行政法学理论基本上是围绕着行政行为建立起来的。1989年通过的《中华人民共和国行政诉讼法》首次以立法的形式采纳"具体行政行为"的概念。

(二) 行政行为的含义

学术界关于行政行为的界定有以下观点:第一种观点是行为主体说。即一切涉及国家管理的行为都是行政行为,既包括国家行政机关的行为和公务人员的行为,又包括公民、法人和其他组织等引起行政法律关系产生、变更和消灭的行为。由此我们可以看出,行政行为明显区别于民事行为。民事行为是由民事主体做出的。从这一观点出发,国家行政机关的一切行为均是行政行为,包括行政机关的事实行为和法律行为、民事法律行为和行政法律行为。由此我们可以区别于其他机关的行为,如立法机关的行为、司法机关的行为。第二种观点是行政权说。这种观点认为行政行为是指行政机关或组织的构成人员依法规推行职务及执行方案或计划的活动。也就是说,行政行为包括行政法律行为、行政事实行为和准法律行为,而不包括行政机关非运用行政权所作的私法行为。第三种观点是公法行为说。这种观点认为行政行为是具有行政法意义或效果的行为。公法行为说将私法行为和事实行为排除在行政行为范围之外,又有全部公法行为说、行政立法行为除外说、具体行为说和合法行为说四种观点。

基于学术界对行政行为的认识,本书将行政行为界定为:行政主体为实现国家行政管理目标而行使行政权力,对外做出的具有法律意义、产生法律效果的行为。这一概念包含以下三个方面的要素:

一是主体要素。行政行为是行政主体所为的行为。除此之外的行为主体所为的行为都不能被称为行

---

① Administrative Behavior: A Study of Decision-making Processes in Administrative Organization, New York: Macmillan, 1945.
② 王岷灿主编:《行政法概要》,法律出版社1983年版。

政行为。当然,主体要素只是要求行政行为应当是行政主体所为的行为,并不要求必须是行政主体所为的行为。非行政主体所为的行为,虽然不是合法的,但可能是行政性质的行为,只是不符合法律的要求。

二是职权要素。行政行为是行政主体运用行政职权所为的行为。任何行政行为都是运用行政职权所为的行为,职权是行政行为的内核,行政行为是行政职权的外化。如果具备行政主体资格,但是该行为不包含行政职权的运用,也不是行政行为。

三是法律要素。行政行为是具有法律意义、产生法律效果的行为。所谓法律意义或法律效果是指对他人的权利义务产生影响的行为。由于对他人的权利义务产生影响,所以才有必要在法律上加以规定,必须要遵守一定的规则。这种影响包括积极的影响和消极的影响,例如行政许可赋予相对人某种资格、行政处罚剥夺相对人的权利等。在行政机关的活动中,有些是不具有法律意义的,如气象台广播天气预报,只不过将一天天气变化的客观情况告知于他人,不会有人因此而减少权利或增加义务,这种行为就不是行政行为。

(三) 行政行为的特征

对行政行为特征的分析,有助于更好地理解和掌握行政行为的概念与内涵。行政行为具有以下典型特征:

第一,单方意志性。行政行为是行政主体行使国家行政权的行为。行政主体实施行政行为,只要是在宪法、组织法或者其他法律、法规的授权范围内,即可自行决定和直接实施,而无须与行政相对方协商或征得其同意。行政行为的单方意志性不仅表现在行政主体依职权进行的行为,也体现在行政主体应行政相对方申请而实施的行为。虽然行政主体在相对方提出申请的前提下做出行政行为,但行政主体是否满足行政相对方的申请,却不取决于相对方的请求。行政主体无须与相对方协商,而是根据法律规定的标准和条件,自行决定是否做出某种行为。即使在行政合同行为中,也存在着单方意志性。尽管当前行政相对人的参与逐渐加强,但行政主体意志占主导地位的状况不会从根本上改变。不过单方性并不表明行政机关可以任意作为,而是必须依据法律规定,有权单方做出决定。

第二,效力先定性。效力先定,是指行政行为一经做出,就事先假定其符合法律规定,在未被国家有权机关依法宣布为违法无效之前,对行政机关本身和行政相对方以及其他国家机关具有约束力,任何个人或团体都必须遵守和服从。行政行为的效力先定是事先假定,并不意味着行政行为必定正确、合法、不可否定,不过要经国家有权机关依职权和法定程序审查认定。这种效力先定性源于行政行为行使的目的,是为了维护公共秩序和公共利益。正如日本学者杉村敏正指出的,"行政处分之公定力为,即令行政处分本身应具备之法律要件是否齐全尚成疑问,在有权限之行政机关或法院于依法令所定之程序确定其为不生效力之前,要求任何人均应认其为具有拘束力之适法妥当之行政处分之力;行政处分因具有这样的公定力,任何人均不得以自己之判断而否认其拘束力。"①

行政行为的这一法律效力是民事法律行为所不具有的。在民事法律关系中,一方当事人所作的意思表示,即使是一种单方面的意思表示(如合同的解除),另一方当事人认为该意思表示缺乏相应要件的,在法院做出有效判决前,就没有予以承认的必要。

第三,行为强制性。行政行为是行政主体代表国家,以国家名义实施的行为,故其以国家强制力作为实施的保障。但这并不是说,所有的行政行为都必须强制实施,只是概括地阐明行政行为具有以国家强制力作后盾,以保证其得以实施的性质。根据行政法的原则,行政主体为行使其管理职能,享有相应的管理权力和管理手段。行政主体行使职能的行为如遇到障碍,在没有其他途径克服时,可以运用行政权力和手段,或依法借助其他国家机关的强制手段,消除障碍,保障行政行为的实现。现代行政更加强调服务性,弱化强制色彩。

第四,从属法律性。一切行政权力的运用必须从属于法律,一切行政行为的实施都必须依据法律,即无

---

① [日]杉村敏正:《论行政处分的公定力》,载城仲模:《行政法之基础理论》,台湾三民书局1988年版,第176页。

法律则无行政。这是现代民主和法治国家的必然要求。行政行为是执行法律的行为,从而必须从属于法律,任何行政行为必须有法律依据,依法行政是民主和法治的基本要求,也是由行政主体的法律地位所决定的。行政行为不同于立法行为,立法行为是创制法律规范,行政行为是执行法律规范。行政机关虽然也可以创制行政性规范,但行政性规范只是从属于规范,是为执行法律规范而制定的规范。

当然,行政行为还应当具有服务性,尤其在当下中国,特别强调行政行为的服务性,这主要来自于为人民服务的宗旨。这也是我们建构服务型政府的主要依据所在。服务性是现代法治和人文精神赋予行政行为的一个时代特征。

资料

德国磨坊主人状告皇帝案①

毛泽东的老师兼岳父——杨昌济在他的《静观室札记》中记载一事,现转录于下:"德国前皇威廉第一在位时(1871—1888年——转录者注),有一离宫在坡疵坦(今译波茨坦,德国中部城市,在柏林西南约27千米——转录者注)地方。离宫之前有磨坊,欲登高远览一切景象,为所障碍。德皇厌之,传语磨坊主人曰:'此房价值几何,汝自言之,可售之于我。'孰意磨坊主人殊强项,应之曰:'我之房基,无价值可言。'德皇闻之赫然怒,令人将磨房毁去。磨坊主人袖手任其拆毁,从容曰:'为帝王者或可为此事,然吾德尚有法律在,此不平事,我必诉之法庭。'彼竟与德皇构讼。法庭依法判决德皇重将磨坊建筑,并赔偿其损失。德皇为法律屈,为人民屈,竟如法庭所判。事后且与人曰:'吾国法官正直如此,我之大错,彼竟有胆识毅然判决之,此吾国至可喜之事也。'"

"磨坊主人状告威廉第一"案距今已百有余年。看过它简直不敢相信自己的眼睛,莫说古代的中国人,即便今天的中国人似乎仍有天方夜谭之感,虽遍查数千年文明留传给后人的甲骨文、金鼎铭文、真草隶篆、四书五经、二十四史、唐诗宋词元曲明清小说等所有文献也找不到这样的事,非但找不到,就是做梦也梦不到,俨然非我族类。然而它或许正是攻我之玉的他人之石。

三、行政行为的分类

行政行为的分类关系到我们对现实生活中各种错综复杂的行政行为的有效认识,是认识各类行政行为的具体特征,分析行政行为是否合法、有效,是确定行政救济机制的现实需要。

按照不同的标准,行政行为可以分为以下种类:

(一)行政立法行为、行政执法行为与行政司法行为

以行政行为的内容和活动场域为判断标准,行政立法行为是指行政主体制定、发布普遍性行为规则的行为,是抽象行政行为的一部分。行政执法行为是指行政主体将法律法规的一般规定适用于具体的管理相对人,并与相对人发生行政法律关系的行为。行政司法行为是指行政主体以第三人的身份受理和裁决发生在特定双方当事人之间的争议纠纷的行为。

(二)抽象行政行为与具体行政行为

以行政行为的对象是否特定为标准,可将行政行为分为抽象行政行为与具体行政行为。

抽象行政行为是指以不特定的人或事为管理对象,制定具有普遍约束力的规范性文件的行政行为,如制定行政法规、行政规章等行政行为,它包括行政立法行为与制定不具有法源性规范性文件的行为两类。抽象行政行为一般在两种意义上使用:一是静态意义,是指行政机关制定的具有普遍约束力的规范性文件,例如国务院

---

① 高积顺:《德国磨房主人状告皇帝案透析——兼与中国法律史相比较》,《环球法律评论》2005年第4期。

的行政法规。二是动态意义,是指行政机关制定具有普遍约束力的规范性文件的活动,例如国务院制定行政法规的行为。一般情况下,这两种意义上的含义是通用的,不予以区别。抽象行政行为是行政主体行使职权的一种重要形式,具有调整范围广泛的特征,在行政管理中发挥重要作用;且因为调整范围的广泛性和长期性,对于相对人权利义务的影响非常大。所以抽象行政行为是行政行为中一种重要的类型。

具体行政行为是指行政主体在行政管理过程中,针对特定的人或事采取具体措施的行为,其行为的内容和结果将直接影响某一个人或组织的权利或义务,其最突出的特点就是行为对象的特定化和具体化。包括行政许可行为、行政处罚行为等。具体行政行为与抽象行政行为相比,具有特定性和直接性,对于特定对象的权利义务直接发生影响,并且调整对象是特定的对象。例如,行政处罚、行政许可、行政强制执行等属于具体行政行为。具体行政行为与抽象行政行为的概念不同,范围也不一样,在法律适用上和法律监督方面都有区别,应当予以区分。

(三) 羁束行政行为与自由裁量行政行为

以行政行为受法律规范拘束的程度为标准,可将行政行为分为羁束行政行为与自由裁量行政行为。

羁束行政行为是指法律规范对行政行为的范围、条件、标准、方式、程序等作了较详细、具体、明确规定的行政行为。如税务机关征税,只能根据法律、法规规定的征税范围、征税对象以及税种、税目、税率来进行税收征管,税务机关没有选择、裁量的余地。自由裁量行政行为是指法律规范仅对行为目的、行为范围等做出原则性规定,而将行为的具体条件、标准、幅度、方式等留给行政主体自行选择、决定的行政行为。

羁束行政行为与自由裁量行为划分的意义如下:首先,行政机关是否有自由裁量权,决定行政机关行为时的要求不同。行政机关行使羁束权力只能严格执行法律;而行使自由裁量权时则可以根据实际情况,在基本合理的前提下有在法定幅度和范围内自由决定的权利。其次,在行政诉讼中,直接决定司法审查的程度。因为行政诉讼审查行政行为的合法性,只有在行政处罚显失公正时,才成为司法审查的例外情况。因此,如果属于自由裁量权范围内的事项,法院一般不予审查;但如果是羁束行政行为,则受到法院的全面审查。最后,决定行政赔偿的范围。在行政赔偿中适用违法赔偿原则。对于羁束行政行为违法造成的损失应当予以赔偿;对于自由裁量行政行为,因为无法审查其合理性,即使造成损失,国家也不承担赔偿责任。

(四) 依职权的行政行为与依申请的行政行为

以行政主体是否可以主动做出行政行为为标准,可将行政行为分为依职权的行政行为与依申请的行政行为。

依职权的行政行为是指行政主体依据法律设定或授予的职权,无须相对方的申请而主动实施的行政行为。如税务机关的征税行为,是典型的依职权的行政行为。行政行为大多都是依职权的行为。依申请的行政行为是指行政主体必须根据相对方的申请才能实施的行政行为,未经相对方的请求,行政主体不能主动做出行政行为,如颁发营业执照、经营许可证等行政行为。行政机关只有接受行政相对人的申请,对于申请的条件进行审查,如果认为符合条件的,依法颁发许可;如果认为不符合条件的,驳回申请。但是如果没有相对人的申请,即使相对人符合颁发条件也不得颁发。

依申请行为与依职权行为划分的意义如下:首先,两者开始的程序不同。依申请的行为是行政机关应申请而动,没有申请就没有行为;但是依职权的行为的开始则不取决于相对人的意思表示。其次,不同的行为在行政程序中举证责任的分配不同。在依职权行政行为中,一般由行政机关主动调查证据,因此,由行政机关承担举证责任;但是在应申请的行政行为中,行政机关首先要审查相对人提供的证据是否充分,一般由相对人承担举证责任。

(五) 要式行政行为与非要式行政行为

以行政行为是否应当具备一定的法定形式为标准,可将行政行为分为要式行政行为与非要式行政行为。要式行政行为是指必须具备某种法定形式或遵守法定程序才能成立生效的行政行为。要式行政行为是对行政行为外在表现形式的要求,必须以法定的形式表现出来。如税务机关对违反税收征收管理规定的相对方处以罚款,必须依法以书面形式并加盖公章才能有效。例如行政许可必须以颁发许可证和执照的方式表现出来,才能具备许可的效力。

非要式行政行为是指不需一定方式和程序,无论采取何种形式都可以成立的行政行为。如公安机关对酗酒的人采取强制约束的行为。例如行政机关紧急封锁、戒严、交通管制等。只要能够向相对人表达这样的意思,无论通过何种形式表现出来,都具有法律效力。

要式行政行为与非要式行政行为的区别看似简单,实则对行政法非常重要。因为行政行为原则上是要式的,非要式行政行为只能是例外。行政行为大多是行政机关单方面运用行政权力强加社会于某种义务,如果缺少必要的形式和程序,无法明确内容,也就会使相对人无所适从。

因此,法律上对行政行为有许多要式的规定,甚至将是否符合法定程序作为行政行为是否合法的要件。区分要式行政行为和非要式行政行为,一般要严格按照法律规定进行审查和区分。对于要式行政行为,在审查该行为的合法性时,形式是否合乎法律规定,是确认该行为是否合法的重要方面,如果不符合法定条件,则不发生法律效力。例如《行政处罚法》规定行政机关收缴相对人罚款时,应当向相对人出具省级财政部门统一印制的收据,没有收据的,当事人可以拒绝缴纳罚款。而作为非要式行政行为,对于其形式是否合法一般不予以审查,主要审查其实质内容是否符合法律规定,即实体正义能否实现。非要式行政行为的形式要件不是该行为发生效力的条件。

(六)内部行政行为与外部行政行为

以行政行为的适用与效力作用的对象范围为标准,可将行政行为分为内部行政行为与外部行政行为。

内部行政行为是指行政主体在内部行政组织管理过程中所作的只对行政组织内部产生法律效力的行政行为。如行政处分等。外部行政行为是指行政主体在对社会实施行政管理过程中,针对公民、法人或其他组织做出的行政行为。如行政许可行为等。

(七)单方行政行为与双方行政行为

依参与行政行为意思表示的主体是单方还是双方为标准,可将行政行为分为单方行政行为与双方行政行为。

单方行政行为是指行政主体通过自己单方意思表示,无须征得相对方同意即可成立的行政行为。如行政处罚行为等。大部分行政行为都是单方行政行为。在单方行政行为中,行政机关可能是依职权的行为,也可能是应申请的行为;在行为过程中可能要听取相对人的意见,但是最终的行政决定由行政机关基于单方做出即发生法律效力。

双方行政行为是指行政主体为实现公务目的,与相对方协商达成一致而成立的行政行为。如行政委托行为、行政合同行为等。这种行为的基本特征在于行政行为必须征得相对方同意方能成立,即相对方的同意是双方行政行为有效成立的必备条件。

区分单方行政行为与双方行政行为,可以全面认识行政行为的各种形式。行政机关不仅是单方强制的行为,也有与相对人双方协商一致后的合同形式。现代行政广泛运用的招标投标就是双方行政行为广泛运用的重要表现。同时可以明确不同行为生效的条件。单方行政行为以行政机关单方意思表示为生效条件,而双方行政行为必须有相对人一方的同意或者认可,行政行为才能成立。

(八)附款行政行为与无附款行政行为

依行为的生效是否有限制条件为标准,可将行政行为分为附款行政行为与无附款行政行为。附款行政行为是指其效力附有一定条件限制的行政行为。限制条件包括时间条件、期限条件、作为条件、不作为条件等。如道路改造期间,禁止车辆通行。

无附款行政行为是指其效力不附有条件限制的行政行为。即行政主体做出相应行政行为不附加其他条件,相应行政行为只要符合法定标准和要求即生效。

第二节 具体行政行为的效力

案例引导

个体工商户林某,经批准在某市C区滨江道旁摆摊经营烟酒、小食品及饮料,工商执照、占道许可证、税务登记证等证照齐全。公安机关发放的临时占用道路许可证期限为1996年1月1日至1996年12月31日。1996年10月8日,C区人民政府委托该区繁华地区治安办公室对C区滨江道地段的个体摊位进行清理。林某摊位也属于清理对象,被要求撤摊易地经营。林某不同意。C区人民政府通过治安办公室以书面方式责令林某停止营业。林某不服C区人民政府决定,于1996年11月7日向某市中级人民法院起诉(滨江道为市管道,清理占道的个体摊位应由某市市政管理部门和某市公安交通管理部门共同实施)。

思考:被告责令原告停止营业的行为是否合法?请用行政行为合法要件分析。

一、具体行政行为的定义和构成

具体行政行为是我国行政法上的重要制度和行政法学上的重要概念。《行政诉讼法》以国家立法形式明确提出具体行政行为后,最高人民法院在1991年和1999年对此做出过两次司法解释。这些解释在很大程度上是从诉讼程序角度进行的,但是为阐明和发展这一制度提供了基础。

1991年的司法解释说,"具体行政行为"是指国家行政机关和行政机关工作人员、法律法规授权的组织、行政机关委托的组织或者个人在行政管理活动中行使行政职权,针对特定的公民、法人或者其他组织,就特定的具体事项,做出的有关该公民、法人或者其他组织权利义务的单方行为。1999年的司法解释改变了表达方式,把对具体行政行为的解释与人民法院受理行政案件的范围结合起来。首先规定公民、法人或者其他组织对具有国家行政职权的机关和组织及其工作人员的行政行为不服,依法提起诉讼的,属于人民法院行政法诉讼的受案范围;然后再列举提出不属于这一受案范围的六种行政行为。1999年的司法解释认为,法院受理的行政案件中的行政行为,是与行使国家行政权力有关的,对公民、法人或者其他组织权益产生实际影响的作为和不作为。这种意义上的行政行为,实际上包括了单方行为和双方行为。上述解释与认识的出发点和作用,是通过解释行政行为的内涵来确定法院受理案件的范围,这与行政法上具体行政行为制度的含义和作用并不完全相同。

从理论上说,具体行政行为是对有共同法律特征的一类行政措施的概括,赋予具备这些特征的行政措施以确定的法律效果,形成一个特定的法律制度。这些共同法律特征具有构成要素的性质。因此,了解具体行政行为概念的途径,就是认识具体行政行为的基本法律特征,并且以此掌握具体行政行为的构成要素。

具体行政行为是国家行政机关依法就特定事项对特定的公民、法人和其他组织权利义务做出的单方行政职权行为,是狭义的具体行政行为。这一定义强调具体行政行为是一种单方行政职权行为。这种意义上的具体行政行为,通过其构成要素与行政事实行为、抽象行政行为、行政合同行为、刑事法行为区别开来。构成上述意义的具体行政行为的基本要素有以下各项:

第一,具体行政行为是法律行为。具体行政行为是行政机关对公民、法人或者其他组织做出的行政意思表示。这种意思表示的目的是要发生一定的法律后果,使行政法上的权利义务得以建立、变更或者消灭。强调具体行政行为是法律行为,是为了指出它是行政法上的意志行为和有法律约束力的处理,以便与行政事实行为和准备性、部分性行政行为区分开来。

行政事实行为是不以建立、变更或者消灭当事人法律上权利义务为目的的行政活动。这种行为既可以是一种意思表示,也可以是一种实际操作。例如,提出供公众参考的信息、建议或者指导,交通管理部门在公共交通道路上设置交通安全指示标志,工商管理部门销毁已经依法没收的假冒产品。

准备性、部分性行政行为,是为最终做出权利义务安排进行的程序性、阶段性工作行为。它主要会涉及一些行政监督检查活动。例如,公共交通管理部门在公共道路上对所有过往车辆进行的车速测量活动,各种车辆不得拒绝和躲避。但是这些义务属于公民对国家的一般义务,检测活动本身也不构成独立完整的具体行政行为。

上述两类行政行为虽然不构成行政法上的具体行政行为,但是它们仍然属于行政职务活动。这种活动引起侵害当事人合法权益的争议属于行政争议,可以通过行政复议和行政诉讼解决。

第二,具体行政行为是对特定人与特定事项的处理。具体行政行为是对特定人或者特定事项的一次性处理,这表明处理的个别性是具体行政行为的重要特征。个别性特征是具体行政行为区别于抽象行政行为的主要标志。比较而言,抽象行政行为是为不特定事项和不特定人安排的,可以反复适用的普遍性规则。具体行政行为的个别性特征,既可以取决于受到处理的特定的人,也可以是特定的事项,但都是不能反复适用的。这种个别性特征可以表现为以下三种形式:

一是就特定事项对特定人的处理。它是人与事两方面特定性的结合,是具体行政行为的典型形式。例如,给予A以工商营业许可,给予B以100元的违反治安管理处罚。

二是就特定事项对可以确定的一群人的处理。其条件是有确定的时间段和与特定事项有关的一群人。例如,在特定的时间段和区域以内禁止车辆通行。个别性在这里并不体现为人的数量,而在于人的范围和对象在特定的时间段里的可确定性。如果在行政决定公布的时候,受到该决定约束的人已经可以确定,那么行政机关对这些人所采取的措施就应当属于具体行政行为。

三是就特定事项对不特定人的处理。例如,行政机关发布决定禁止使用有坍塌危险的桥梁。这里涉及的人尚未确定或者无法确定,这里具体行政行为个别性特征就只是取决于事项的特定性。事项的特定性是一个现实存在的特定事项或特定事实,而不是仅仅表现为一定标准特征的抽象事实或者事项。

具体行政行为与抽象行政在分类上确实也存在一些问题,并不是在任何情形下都可以按照一个或者两个标准贯彻到底的。例如,城市道路管理的交通信号、对产品型号的批准和对私人企业章程的批准行为,在区分上就有一定困难。对这种情形的处理,往往属于由立法者进行政策选择的领域,即出于政策的需要将一些事项归于具体行政行为或者抽象行政行为。

第三,具体行政行为是单方行政职权行为。具体行政行为是对公民、法人或者其他组织所安排的权利义务,是行政机关依据国家行政法律以命令形式单方面设定的,不需要公民、法人或者其他组织的同意。行政机关单方命令的根据,是行政决定基于法律规定的国家公共利益做出的,并且由此产生了公民、法人或者其他组织服从的必要。这一构成要素首先指明了具体行政行为具有命令服从性质,不同于民事行为;其次它说明具体行政行为是一种行政管理行为,需要与公安机关的刑事侦查和其他刑事诉讼行为区分开来。区分的主要根据是执法根据。根据刑事法律进行的侦查、拘留、执行逮捕、预审、拘传、取保候审、监视居住、通缉、搜查、扣押物证书证、冻结存款等行为,不属于具体行政行为;最后它说明具体行政行为不同于行政合同和双方性的其他行政协议行为。行政合同和双方性的其他行政协议行为的主要特征,是行政一方当事人与另外一方当事人就合同或者协议事项经过协商达成一致,不包含命令因素。

第四,具体行政行为是外部性处理。具体行政行为是对公民、法人或者其他组织权利义务的安排,是实现行政职能的外部行为措施,而不是行政机关的内部措施。行政决定的外部要素,是确定其具体行政行为属性的重要标志。没有外部法律效力的行政决定不是具体行政行为。

行政机关之间和行政机关与行政机关工作人员之间也存在法律关系,上级有权对隶属于他的下级行政机关或者行政机关人员发布有法律约束力的职务命令和指示。但是如果这种命令、指示没有规定可以直接影响外部公民、法人或者其他组织权利义务的内容,那么它只能是一种行政机关内部的管理措施,不适用关于具体行政行为的法律规则。当然如果行政机关内的管理措施设立、变更或者消灭了行政机关工作人员的普通公民权利,就应当被看作是具体行政行为。

二、具体行政行为的成立

具体行政行为的成立是指具体行政行为在法律上存在。只有首先确定具体行政行为的成立,才能对其进行法律评价确认其是否合法适当。具体行政行为成立的一般条件如下：

第一，在主体上，做出具体行政行为的是享有行政职权的行政机关，实施该具体行政行为的工作人员意志健全，具有行为能力。如果做出行政决定的不是执行国家职务、可以承担国家责任的国家机关或者其他合法的实施者，该决定不能发生法律效力，也无法按照行政法上的救济方式追究法律责任。

第二，在内容上，向对方当事人做出具有效果意思的表示。效果意思是行政机关做出行政决定所希望达到的法律效果，即设立、变更和消灭对方当事人的权利义务。行政机关要求对方当事人应当做什么或者不准做什么的意思，应当以正确和可识别的方式清楚地表示出来，使对方当事人知道行政机关为其安排了什么样的权利义务。

第三，在程序上，按照法律规定的时间和方式进行送达。对方当事人履行义务的内容限于领受送达的内容，领受送达的时间是对方当事人开始履行义务的最早时间。未经送达领受程序的具体行政行为，不发生法律约束力。

三、具体行政行为的效力

法律效力是具体行政行为法律制度中的核心因素。评价具体行政行为合法与否的实际意义，就在于对其法律效力的影响。具体行政行为的效力可以分为若干种，一般包括拘束力、确定力和执行力。

拘束力是指具体行政行为一经生效，行政机关和对方当事人都必须遵守，其他国家机关和社会成员必须予以尊重的效力。对于已经生效的具体行政行为，不但对方当事人应当接受并履行义务，做出具体行政行为的行政机关不得随意更改，而且其他国家机关也不得以相同的事实和理由再次受理或处理该同一案件，其他社会成员也不得对同一案件进行随意干预。

确定力是指具体行政行为不再争议、不得更改的效力。具体行政行为因此取得不可撤销性。一般而言，具体行政行为做出后都会有一个可争议和可更改期。权益受到损害的当事人可以利用行政复议、行政诉讼或者其他法定途径获得救济，行政机关也可以通过行政监督程序撤回已经生效却有法律缺陷的具体行政行为。但是出于稳定行政管理关系的需要，这一期限不可能无限延长。当法定的不可争议、不可更改期限到来时，该具体行政行为也就取得了确定力，当然这是形式意义的确定力。

执行力是指使用国家强制力迫使当事人履行义务或者以其他方式实现具体行政行为权利义务安排的效力。这是具体行政行为具有国家意志性的体现。在理论上，具体行政行为发生拘束力后，有关当事人应当积极主动地履行相关义务。如果当事人不自动履行这些义务，具体行政行为所规定的权利义务无法实现，具体行政行为的执行力就可以发生作用。有关机关可根据法律的规定依职权或者依申请采取措施，强制实现具体行政行为的权利义务安排。

四、具体行政行为的无效、撤销和废止

具体行政行为的无效、撤销和废止是终止具体行政行为效力的重要原因。以下首先讨论具体行政行为效力的开始、停止和终止，然后讨论具体行政行为的无效、撤销和废止。

（一）具体行政行为效力的开始、停止和终止

符合具体行政行为的成立条件，不存在具体行政行为的无效因素，具体行政行为在理论上就可以开始发生法律效力。即使有关当事人对该具体行政行为不服或者有合法性疑问，在有权国家机关做出最终裁判或者停止执行的程序裁决以前，一般还是要遵守该具体行政行为。具体行政行为开始生效的时间，一般来说，具体行政行为一经成立就可以立即生效。但是行政机关也可以安排某一事件发生后或者经过一段时间后才发生效力，这经常出现在附生效条件的具体行政行为中。

申请行政复议和提起行政诉讼会导致具体行政行为执行力的停止。我国《行政诉讼法》第44条规定了因为行政诉讼而停止执行具体行政行为的三种情形，《行政复议法》第21条规定了因为申请行政复议而停止具体行政行为执行的四种情形。

导致具体行政行为效力终止的原因,可以分为没有违法因素的情形和有违法因素的情形两类。没有违法因素的情形有:具体行政行为为其设定专属权益或者义务的自然人死亡,自然人放弃具体行政行为赋予的权益,具体行政行为为其设定专属义务的法人或者其他组织的不复存在;具体行政行为规定的法律义务已经履行完毕或者有关客观事实已经消失;新的立法规定取消已经实施的行政许可项目和其他行政管制项目,具体行政行为予以废止。有违法因素的情形主要有:无效的具体行政行为,可撤销的具体行政行为。

根据具体行政行为违法的严重程度,可以将具体行政行为分为无效的具体行政行为和可撤销的具体行政行为两大类。明显和严重的违法的具体行政行为是无效的具体行政行为,从一开始就没有法律效力;普通违法的具体行政行为是当事人可以请求撤销的,或者行政机关承认可以予以撤回的具体行政行为。客观事实和立法变化导致的具体行政行为与现行法律的冲突,可以由行政机关予以废止。

(二) 无效的具体行政行为

1. 构成具体行政行为无效的条件

如果一个具体行政行为有严重和明显的法律缺陷,如果这种违法一个有正常理智的普通人的常识性理解都可以明显地看出,那么它就是无效的具体行政行为。这种无效行为的构成原则表明,如果具体行政行为有明显和严重的法律缺陷,那么应当首先考虑的是依法行政原则,对具体行政行为的确定力和行政法上的其他原则的考虑则处于次要地位。

无效具体行政行为可以表现为许多具体情形,不能做一次性穷尽列举。但是如果一个具体行政行为发生如下情形,就可以构成无效的理由:①要求从事将构成犯罪的违法行为。例如,命令违法侵入公民住宅、发行非法出版物、捕杀珍稀濒危动物并达到违反刑事法律的程度。②明显缺乏法律依据的。例如,许可当地企业制作、销售传播淫秽内容的光盘。③明显缺乏事实根据的,或者要求从事客观上不可能实施的行为。例如,根据没有查证的材料给予一个无辜的公民以治安处罚。

2. 具体行政行为无效的后果

在实体法上,无效的具体行政行为自发布之时起就没有任何法律约束力,因此当事人不受它的拘束,其他国家机关和其他社会成员也可以不尊重它。当事人不履行它所规定的义务,不承担法律责任。

在程序法上,该具体行政行为致使其合法权益受到损害的公民、法人或者组织,可以在任何时候主张该具体行政行为无效,有权国家机关可在任何时候宣布该具体行政行为无效,因为无效行政行为不具有确定力。但在实际生活中,受到无效具体行政行为影响的人,一般会请求国家有关机关进行认定并宣布其无效,以避免由于自己法律认识错误造成违法的风险。

在后果处理上,具体行政行为被确定无效后,原则上应当尽可能恢复到具体行政行为发布以前的状态。行政机关应当返还从当事人处取得的利益(例如罚没款物),取消要求当事人履行的所有义务,赔偿对当事人造成的损失。行政机关应当收回无效具体行政行为给予当事人的权益。如果此种收回给善意的当事人合法权益造成损害,行政机关应当予以赔偿。

(三) 可撤销的具体行政行为

1. 可撤销的具体行政行为的条件

构成可撤销具体行政行为的条件,主要是具体行政行为违法和明显不适当。违法是指具体行政行为合法要件的缺乏。合法要件主要是指事实证据、法律适用和法定程序等具体行政行为的一般合法条件,以及单行法律法规规定的特定合法条件。明显不适当是指具体行政行为的内容明显地不合理。

2. 可撤销的具体行政行为的后果

在程序法上,可撤销的具体行政行为必须经过法定程序,由国家有权机关做出撤销决定,才能否定其法律效力,有关当事人、其他国家机关和其他社会成员无权擅自否定具体行政行为的法律效力。法定程序是指行政复议、行政诉讼和行政监督程序。行政复议和行政诉讼是权利救济程序,必须经过当事人的申请和提起程序。行政复议机关可以决定撤销违法的和明显不当的具体行政行为,法院可以撤销违法的具体行政行为,以此消除具体行政行为的法律效力。如果超过了行政复议的申请期限或者行政诉讼的提起期限,当事人就不能再在权利救济程序中对具体行政行为效力提出异议。行政监督是指行政系统中的法制监督,包括行政主管机关内部的监督和上级行政机关对下级行政机关的监督。在这些监督制度的运行中,如果发现具体行政行为违法,行政机关也可以主动撤销违法的具体行政行为,这称为具体行政行为的撤回。

在实体法上,具体行政行为被撤销的效力可以溯及该具体行政行为成立之日。根据法律规定的公共利益需要或当事人是否存在过错等情况,也可以自撤销之日起失效。但当事人在撤销决定做出之前一直要受该具体行政行为的约束。

在处理后果上,具体行政行为因为被撤销而丧失或者不能取得法律效力后,如果相关义务已经履行或者已经执行的,能够恢复原状的应当恢复原状。被撤销的具体行政行为给当事人造成损失的,应当由行政机关承担赔偿责任。

(四) 具体行政行为的废止

1. 具体行政行为废止的条件

废止是行政机关依职权使具体行政行为丧失法律效力的行为。废止的理由和条件是由于客观条件的变化,具体行政行为没有继续保持其效力的必要。废止的条件中没有违法或者明显不适当的因素,是废止区别于无效和可撤销制度的主要方面。具体行政行为废止的条件通常有如下三个方面:

(1) 具体行政行为所依据的法律、法规、规章、政策,已经为有权机关依法修改、废止或撤销。具体行政行为如果继续维持效力,将与法律、法规、规章、政策抵触,所以必须废止原具体行政行为。

(2) 具体行政行为所依据的客观事实已经发生重大变化或者已经不复存在,具体行政行为的继续存在已经没有事实根据,需要废止原来的具体行政行为。

(3) 具体行政行为所期望的法律效果已经实现,没有继续存在的必要。

2. 行政行为废止的法律结果

被废止的具体行政行为,自废止之日起丧失效力。原则上,具体行政行为废止之前给予当事人的利益、好处不再收回;当事人也不能对已履行的义务要求补偿。如果废止使当事人的合法权益受到严重损失,或者带来严重的社会不公正,行政机关应当给予受到损失的当事人必要的补偿。

案例分析

行政瑕疵对行政行为效力的影响①

一、案情及判决

2006年12月12日,原告陈晓艳与第三人孙立一同至被告处办理结婚登记,并提供了各自的身份证、户口簿及二寸合照照片。被告初审认为,两人提交的申请材料符合结婚登记的要求,随即受理,要求两人填写《申请结婚登记声明书》。由于陈晓艳写字速度较慢,孙立代其填写了应由陈晓艳填写的《申请结婚登记声明书》部分内容,并代其签名。其后,被告根据两人提交的申请材料及填写的《申请结婚登记声明书》,做出准予结婚登记的行政行为,并当场送达《结婚证》。嗣后,原告认为:自己不愿意和孙立结婚,被告在本人未签署《申请结婚登记声明书》的情况下,即准予两人结婚,行政程序违法,请求法院撤销该结婚登记行政行为。

---

① 本案及分析参阅訾莉娜:《婚姻登记瑕疵行政行为的司法审查》,载"110法律咨询网"(网址:http://www.110.com/ziliao/article-233928.html)。

上海市黄浦区人民法院认为,依照《婚姻登记条例》的规定,办理结婚登记应当经过以下程序:办理结婚登记的男女亲自去婚姻登记机关并提交相应材料,经过登记机关审查后准予登记的,婚姻登记机关当场发给《结婚证》。被告的行政程序符合《婚姻登记条例》的规定。但民政部为规范婚姻登记工作,制定的《婚姻登记工作暂行规范》(2003年10月1日起施行)规定:结婚登记应当按照初审—受理—审查—登记(发证)的程序办理,婚姻登记处的婚姻登记员负有对当事人有关婚姻状况声明的监誓职责。该规范还进一步明确了监誓职责的行使方式,即自愿结婚的双方各填写一份《申请结婚登记声明书》,其中"声明人"一栏的签名必须由声明人在监誓人面前完成,监誓人见证当事人本人亲自在《结婚登记审查处理表》的"当事人领证签名或按指纹"一栏中签名。在本案中,本应由原告本人填写并签名的《申请结婚登记声明书》却由第三人代签名。对照《婚姻登记工作暂行规范》,被告在进行结婚登记审查过程中存在明显的不规范之处。但是,该不规范之处并未影响到被告认定的两人系自愿结婚的事实,本案中,原告系亲自去被告处办理结婚登记,并提交户口簿等材料,还当场签名领取本人《结婚证》,原告的这些行为足以表明其系自愿与第三人结婚。综上,纵观被告办理原告和第三人申请结婚登记的整个具体行政行为,被告的上述不规范之处应系行政程序中的瑕疵,故依照《最高人民法院关于执行〈中华人民共和国行政诉讼法〉若干问题的解释》第五十六条第(四)项之规定,判决驳回陈晓艳的诉讼请求。

陈晓艳不服一审判决,向上海市第二中级人民法院提起上诉,法院经审理后裁定维持原判。

本案的焦点是行政机关在未履行结婚登记声明程序的情况下,即准予陈晓艳与孙立结婚,是构成行政程序违法还是行政程序瑕疵,对该问题的回答决定着判决方式的选择,然而在回答该问题之前,应先确认行政瑕疵的概念。

二、行政瑕疵的含义

目前,我国学术界从以下三个层次使用行政瑕疵的概念:一是最广义的行政瑕疵行为包括行政违法行为与行政不当行为;二是广义的行政瑕疵行为或指行政违法行为,或指行政不当行为,二者其一;三是狭义的仅指行政程序不当行为中的瑕疵部分。

对此,我国台湾学者陈新民认为:"瑕疵的行政行为是指一个行政行为没有明显与重大的瑕疵造成无效的后果,虽然构成违法,而且在多数情形是在形式或程序上没有完全符合法令的规定。但是这种违法性是属于瑕疵,也是属于极小的瑕疵,因此,可以利用补救的方法,修正违法之处,让此行为重新获得合法性。"依此定义,严重、明显的行政违法行为、一般的行政违法行为都不属于行政瑕疵行为,行政瑕疵行为是与之并列的轻微或微小的行政违法行为。此定义澄清了行政瑕疵行为的内涵,同时理顺了无效行政行为(明显严重的行政违法行为)、可撤销行政行为(一般行政违法行为,但须以合法性来检验)、补正性行政行为(轻微行政违法行为)的关系。

因此,行政瑕疵是在保证主要事实明确、实体基本公正基础上的次要性程序违反,不会根本影响程序公正与实体公正的实现。

三、婚姻登记瑕疵行政行为的认定

行政瑕疵与行政违法行为相比,具有以下两个基本特点:一是行政瑕疵对当事人的实体权益未造成影响;二是行政瑕疵系行政行为中次要程序的违反。在本案中,民政局在办理结婚证时,违反《婚姻登记工作暂行规范》规定的声明程序,是构成行政程序违法还是行政程序瑕疵的判断也应从上述两个特点入手分析。

1. 声明程序是否系婚姻登记行政程序中次要程序

我国至今还没法律明确规定主要程序和次要程序的划分标准,但在行政执法和司法审查中普遍认为主要程序是指行政主体若不遵守将可能对相对人合法权益产生实质影响的程序。如行政处罚中的告知程序、表明身份程序和听证程序等,主要程序的欠缺将直接影响行政行为的合法性。因此,对违反主要程序的行政行为,行政机关要承担败诉的法律后果。与之相对应,次要程序是指行政主体不遵守并不会对行政相对人合法权益产生实质影响的行政程序,对次要程序违反并不会构成行政违法。目前,我国尚无统一的行政程序法,行政程序的规定散见于各个部门法中,本案中可通过对婚姻登记的部门法的阅读来寻找相应的程序规定。我国调整婚姻登记行为的法律主要有两部:一部为全国人大制定的《婚姻法》,另一部为国务院制定的《婚姻登记条例》,两部法律多是有关婚姻关系实体的规定,程序规定甚少,其中《婚姻登记条例》仅规定办理结婚登记的男女亲自去婚姻登记机关并提交相应材料,经过登记机关审查后准予登记的,婚姻登记机关当场发给《结婚证》。而民政部为执行《婚姻登记条例》而制定的《婚姻登记工作暂行规范》,对婚姻登记程序的规定较为详细,将婚姻登记分为初审、受理、审查、登记(发证)四个环节,其中在受理程序中"自愿结婚的双方各填写一份《申请结婚登记声明书》;《申请结婚登记声明书》中'声明人'一栏的签名必须由声明人在监誓人面前完成,'声明人'一栏不得空白,也不得由他人代为填写、代按指纹。"由于考虑到婚姻关系的特殊性,因此,一旦婚姻登记程序办理完毕,即使婚姻登记违反法定程序,倘若均符合结婚的实体要件,此时以程序违法为由撤销婚姻登记行为,受损害的恰恰是婚姻当事人自己,因而与设定婚姻登记程序的本意不符,不论《婚姻法》《婚姻登记条例》,还是《婚姻登记工作暂行规范》均未规定违反程序后的法律后果。因此,声明程序难以成为婚姻登记中的主要程序。

2. 申明程序的违反是否影响到当事人的实体权益

行政程序是保证实体公正的手段和方式,行政程序的价值也在于保障实体公正,声明程序的违反是否影响到被告认定婚姻登记的基本事实,即是否影响到当事人的实体权利,是判断其是否构成行政瑕疵的另外一个重要标准。根据《婚姻法》的规定,被告做出结婚登记的基本事实应为:结婚必须男女双方完全自愿,不许任何一方对他方加以强迫或任何第三者加以干涉;结婚年龄,男不得早于22周岁,女不得早于20周岁,且双方不具有禁止结婚的血亲关系及疾病。如果被告在不履行申明程序未能查明上述事实的情形下即做出婚姻登记行为,本案当事人的实体权益即受到该程序的影响。在本案中,虽然陈晓艳签署《申请结婚登记申明书》可以在某种程度上证明其系自愿结婚,但反之,如果她不填写该声明书是否就不能证明其系自愿结婚呢?显然上述推论不能成立,因为,根据《婚姻登记条例》的要求,陈晓艳与孙立应亲自去办理结婚登记,并提交各自的户籍资料及两人合影照片,而上述程序陈晓艳与孙立均已履行,故声明书签署与否并不影响到被告认定陈晓艳自愿结婚的意愿。

综上所述,声明程序仅是政府规章设置的指导性程序,声明程序的违反并未影响到民政局认定陈晓艳具有结婚的意愿,应为行政程序瑕疵。

第三节 具体行政行为的合法要件

案例引导

1999年12月30日,某省计划委员会批准拟将山东省某市城区某公路改建工程列入山东省重点项目。某市交通委员会认为,只要能列为省重点项目,迟早会批地,应趁1999年春季早些动手,如果等到办完一系列手续再施工,有可能1999年内就无法开工了(因为进入汛期以后修路很困难)。于是,该市交通委员会在未依法办理征地手续的情况下,于1999年年初开始在某公路的平行线上又新修一条公路,占用了大量的基本农田。这一为改建公路而擅自征用土地的行政行为严重违反了《中华人民共和国土地管理法》的有关规定,被记者调查曝光后引起相当大的社会震动。

思考:某市政府交通委员会的行为是否合法?

根据我国的《行政诉讼法》和《行政复议法》,判断具体行政行为合法性的基本标准是:①行使行政职权的主体合法;②合乎法定职权范围;③做出具体行政行为的证据确凿;④适用法律法规正确;⑤符合法定程序;⑥不滥用职权。行政机关采取的具体行政行为,符合以上条件就是合法的,将得到司法审查机关或者行政复议机关的支持。否则就构成违法,将被撤销、变更。下文将对事实证据、法律适用、法定程序和滥用职权几个要件进行讨论。

一、有确凿的事实证据

这一要件的直接意义,是要求行政决定应当有确实可靠的证据。证据是客观存在的、关联行政的和依法收集和认定的事实。这一要件的内容有以下几点:

第一,做出行政决定首先要有事实,即存在需要行使行政职权的客观事实。事实是行使行政职权的第一个法定条件,是判断行政合法性的第一个条件,也是保证行政职权不滥用的第一个条件。否则就无异于放纵任性的行政职权,国家利益和公民权利就没有安全保障。安全来自于将行政职权联系在一定的事实条件上。没有事实不能行使权力;事实不变,行政决定就不能变。没有充分的证据就不能行使国家行政职权,没有证据就是违法行使行政权力。事实和证据有约束与稳定行政活动的作用。

第二,事实应当是确实充分的。只是有事实还不够,事实必须是客观的、合法的和与行政决定相关联的。

对于行政活动中的事实证据问题,《行政诉讼法》规定了一些重要的制度:第一,证据的法定种类,回答什么属于证据和证据表现为什么形式的问题。《行政诉讼法》第31条规定了七种证据,如果行政机关使用的证据材料不符合该条规定的证据特征和形式,那么在诉讼上就不能作为证据使用。第二,证据应当是充分的,不是零散的、残缺不全的,能够足以证明采取行政行为是正确合法的。在诉讼中,如果法院认为证据不够,法院有权向当事人、有关行政机关、其他的公民和组织收集证据。法院还可以组织证据的鉴定。经过取证和鉴定,法院确定行政机关所依据的证据不可靠、不充分,就可以判决行政机关败诉。

二、正确适用法律法规

第一,行政管理是一种适用法律的国家活动。如果行政机关打算使自己的意志产生预定的法律效果,必须依法处理行政事务。

第二,将法律法规作为处理行政事务的根本准则和依据。行政机关的活动应当服从上级的指示、命令,执行国家发布的关于行政管理的文件,但是根本的依据是宪法和根据宪法制定的法律法规。将法律法规作为处理行政事务的准则和依据,是讲它的最高性,而不是讲它的唯一性。

第三,正确适用还表现在正确把握法律法规与调整对象的联系。法律法规的适用是有条件的。法律是对社会关系的调整,社会关系的性质和状况是适用法律的条件。适用法律不能取决于行政官员的任意和偏好,而必须以法律所要求的事实条件作为适用法律的依据。

第四,只能适用有效的法律。适用法律的含义之一,是对现行有效法律的遵守。已经失去效力的法律和尚没有生效的法律,都不得适用。

如果行政机关在上述有关方面有缺陷,法院就可以在行政诉讼中以适用法律法规错误撤销行政决定,判决行政机关败诉。

三、符合法定程序

程序是实现行政管理目标过程中的行政方法和形式。法定程序赋予这些方法和形式以权利义务的法律属性,要求行政机关行使职权时必须遵守,成为判断行政行为是否正确合法的重要标准。例如,行政决定送达当事人,是行政决定生效的必要程序。送达之日是行政决定生效之时,生效的内容限于送达的内容。没有完成送达这一程序,行政决定的法律效力就是有缺陷的。《行政诉讼法》规定法定程序是行政行为合法的必要条件,在我国立法史上第一次将程序法提到与实体法同样重要的地位。

目前行政法中对行政程序规定得比较好的和体现时代精神的是《行政处罚法》。该法规定了行政处罚的决定程序和执行程序。决定程序有简易程序、听证程序和一般程序,这三个决定程序中有一个共同的地方,就是当事人的程序权利必须得到满足,即当事人的了解权、陈述权和申辩权必须得到行政机关的尊重。

如果行政机关不尊重、不满足当事人的程序权利,行政处罚决定就无效。所以这种对程序权利的尊重和满足,具有法律强制性。

四、不得超越职权和滥用职权

除了上面讲的三个基本条件以外,《行政诉讼法》还对行政机关提出了两个禁止性要求,即不得超越职权和滥用职权。行政机关的具体行政行为超越职权和滥用职权,侵犯当事人的合法权益,法院可以予以撤销。

关于超越职权的要件,是要求行政机关应当在法律授予的权限内活动。不能以公共需要的理由对抗职责权限的要求,过于热心也会构成违法和侵权。法院不是按照行为人的动机,而是按照法律的规定来判断行政行为的合法性。

行政机关的职权范围主要由《行政组织法》和授权法规定。首先是国务院组织法、地方组织法,包括行政机构的编制方案和公务员的职位分类;其次是单行的授权法。行政机关一定要按照《行政组织法》的规定,在法定的职权范围内进行管理活动。做出具体行政行为的行政机关必须是享有事务和地域管辖权的行政机关。地域管辖权涉及交由主管部门的空间范围,事务管辖权涉及委托给主管部门的行政任务内容。

滥用职权是一个比较复杂的问题,它在不同的场合有不同的含义。在行政法上它是一个实质违法的概念和制度。行政机关的具体行政行为违反了授权法的立法目的,即使在形式上符合条件,它仍然是一个违法的具体行政行为。行政机关在进行行政管理时,不只是机械和简单地按照有关法律与有关条款办事,而且还要执行法律的精神和立法目的。这就需要对法律的立法背景、立法目的、基本原则、制度和规则之间的内在联系有正确的认识与理解。

具体行政行为表达中的明显疏忽,不具有违法性。行政意思的表达错误,如书写错误、计算错误、明显的遗漏以及数字化加工过程的错误,因为它不是行政意思本身的错误,所以应当排除其违法性,可以由行政机关进行更正。如果给公民权益造成损害,因为行政机关有过错,应当给予赔偿,但是不应当认定为违法。

应当区分具体行政行为原始的违法和客观情形变化后的"违法"。违法行政行为的规则只是约束原始的违法行政行为,对后来的所谓"变化违法"要按照行政废止的规则处理。评价具体行政行为合法性的时间界限,是具体行政行为的发布时间。如果做出具体行政行为所根据事实和法律状态发生变化,不应当影响具体行政行为的合法性问题,也不会构成违法。对于一次性可以执行完毕的具体行政行为是这样的,对于延续性具体行政行为也是这样的,如工商许可。

资料

叶玲萍诉大理市房地产管理处房屋行政登记案

2008年4月18日,杭州中院裁定查封被执行人担保单位凤凰置业公司房屋。同日,杭州中院发出协助执行通知书,请大理市房地产管理处(以下简称市房管处)协助执行"轮后查封"凤凰置业公司名下位于大理市下关镇温泉村、塘子铺已设定抵押权给叶玲萍的房屋。此后,市房管处根据大理中院的协助执行通知书及凤凰置业公司与叶玲萍的协商意见,先后将凤凰置业公司的七套房屋转移登记至叶玲萍名下,并为叶玲萍颁发了七本《房屋所有权证》。2009年6月22日,杭州中院认为市房管处擅自将房产登记至叶玲萍名下的行为妨碍了法院执行,通知房管处将房产证恢复原状。市房管处要求叶玲萍主动交回颁发的房产证未果,遂在《云南法制报》刊登了《公告》,对叶玲萍持有的七本《房屋所有权证》依法注销并予以作废。叶玲萍不服该注销行为,提起行政诉讼。一审法院判决撤销了市房管处的注销登记,并责令市房管处将本案所涉房屋恢复登记到叶玲萍名下。二审维持一审判决。

典型意义:行政机关的登记行为具有公信力,行政机关变更、注销登记时应注意保护善意第三人合法权益。本案中,房屋登记机关未履行相应的审查义务,将已被法院查封的房屋登记在善意第三人名下,而后注销房屋登记,损害了善意第三人的合法权益,该行政行为依法不能得到支持。本案例对房屋登记案件中保护善意第三人合法权益,房屋登记机构在房屋登记时应尽到审慎审查义务具有一定指导意义。

本章小结

本章分三节,第一节的主要问题是行政行为的含义与特征。行政行为是行政主体为实现国家行政管理目标而行使行政权力,对外做出的具有法律意义、产生法律效果的行为。行政行为具有单方意志性、效力先定性、行为强制性、从属法律性等特征。从不同划分标准入手,行政行为可分为行政立法行为、行政执法行为和行政司法行为、抽象行政行为与具体行政行为、羁束行政行为与自由裁量行政行为、依职权的行政行为与依申请的行政行为、要式行政行为与非要式行政行为、内部行政行为与外部行政行为、单方行政行为与双方行政行为、附款行政行为和无附款行政行为等。第二节的主要问题是具体行政行为的效力。具体行政行为是国家行政机关依法就特定事项对特定的公民、法人和其他组织权利义务做出的单方行政职权行为,其成立需要主体、内容和程序条件。具体行政行为的效力可以分为若干种,一般包括拘束力、确定力和执行力。具体行政行为的无效、撤销和废止,是终止具体行政行为效力的重要原因。第三节的主要问题是具体行政行为的一般合法要件。判断具体行政行为合法性的基本标准是:①行使行政职权的主体合法;②合乎法定职权范围;③做出具体行政行为的证据确凿;④适用法律法规正确;⑤符合法定程序;⑥不滥用职权。

案例分析

某市房地产开发公司系中外合资企业,它欲在某市开发房地产。该市政府为了吸引外资,同意为其提供许多优惠条件。其中在征用土地项目上,该公司看中一块属于基本农田的土地。按照《中华人民共和国土地管理法》第45条的规定,对于基本农田的审批权属于国务院,但该市政府越权做出了审批,同意其开发该地块,从而使该房地产开发公司办妥了尔后的有关用地手续。

该房地产开发公司在征地开发过程中,引起了大量农民的上访,才使上级政府发现了此事件。上级政府的土地管理部门对该房地产开发公司做出了《行政处罚决定》。该《行政处罚决定》写道:该房地产开发公司征用开发基本农田没有被依法批准;有关市政府审批同意属于越权审批,批准文件无效;所开发土地属于非法占地,无条件收回。该房地产开发公司不服上级政府的土地管理部门所作的《行政处罚决定》。理由是:政府越权审批属于政府违法,不是房地产开发公司违法,怎么能对房地产开发公司做出行政处罚呢?于是,向当地人民法院提起了行政诉讼。

问题: 你认为土地管理部门所做的《行政处罚决定》对吗?为什么?

复习思考

1. 简述行政行为与民事行为的区别。
2. 简述判断具体行政行为合法性的基本标准。
3. 简述行政行为的含义与特征。
4. 论述行政行为的效力。

第十章 抽象行政行为

学习目标

- 知识目标:掌握抽象行政行为的基本含义与特征;掌握抽象行政行为的重要类型,行政立法的含义、特征和分类;掌握行政规范性文件的含义、特征和监督。
- 能力目标:能够运用抽象行政行为的基本知识分析现实中的抽象行政行为存在的问题;能够运用行政立法的基本知识对现实中中央和地方行政立法存在的问题进行有效分析。

第一节 行政立法

案例引导

2003年3月17日,就职于广州一家服装公司的大学生孙志刚未携带身份证逛街时,被广州黄村街派出所以没有暂住证为由予以收容。3月18日,孙被送往广州收容遣送中转站,后又被收容站送往广州收容人员救治站,并于3月20日死亡。中山大学中山医学院法医鉴定中心的鉴定表明:"综合分析,孙志刚符合大面积软组织损伤致创伤性休克死亡。"即孙志刚是被打死的。经过相关司法程序,相关责任人员被追究法律责任。通过本案,引发了其他法律问题。2003年5月14日,三位法学博士将一份题为"关于审查《城市流浪乞讨人员收容遣送办法》的建议书"传真至全国人大常委会法制工作委员会,建议全国人大常委会对收容遣送制度进行违宪审查。三位博士指出,根据《中华人民共和国宪法》第37条的规定,中华人民共和国公民的人身自由不受侵犯。任何公民,非经人民检察院批准或者决定或者人民法院决定,并由公安机关执行,不受逮捕。禁止非法拘禁和以其他方法剥夺或者限制公民的人身自由,禁止非法搜查公民的身体。《中华人民共和国行政处罚法》第9条规定,限制人身自由的行政处罚,只能由法律设定。《中华人民共和国立法法》第8条和第9条规定,对公民政治权利的剥夺、限制人身自由的强制措施和处罚,只能制定法律。因此,1982年由国务院颁布的《城市流浪乞讨人员收容遣送办法》及其实施细则中限制公民人身自由的规定,违反了《宪法》《行政处罚法》和《立法法》。所以建议对《城市流浪乞讨人员收容遣送办法》进行违宪和违法审查。

思考:普通公民是否可以直接"上书"全国人大常委会,建议对行政法规进行审查?

一、抽象行政行为的含义与特征

(一)含义与特征

抽象行政行为指的是行政主体针对非特定对象制定具有普遍约束力的、可以反复多次适用的行政法规、行政规章以及其他行政规范性文件的行为。由于《行政诉讼法》正式使用了具体行政行为这一概念,理论界便提出抽象行政行为的概念与之相对应。这两类行为的区别主要在于两点：一是适用对象，抽象行政行为适用于不特定对象，而具体行政行为适用于特定对象；二是适用次数，抽象行政行为一经制定便可反复多次适用直至其失效，而具体行政行为只是一次性的处理，不能多次适用。

对于抽象行政行为，可从动态和静态两方面进行考察分析：从动态方面看，抽象行政行为是指国家行政机关针对不特定的人和不特定的事制定具有普遍约束力的行为规则的行为；从静态方面看，抽象行政行为是指国家行政机关针对不特定的人和不特定的事制定的具有普遍约束力的行为规则，包括行政法规、行政规章和其他具有普遍约束力的决定、命令等。

概括起来，抽象行政行为的基本特征如下：

（1）对象的不特定性。抽象行政行为以不特定的人或事为行政对象，即它针对的是某一类人或事，而非特定的人或事，所以带有一种普遍性的特征。

（2）可反复适用性。内容的可反复适用是抽象行政行为的明显特征，也是区别于具体行政行为的一个显著标志。

（3）不可诉性。抽象行政行为不可诉是目前我国的行政行为的一个特点。随着行政法治化进程的发展，这一特点正在发生改变并将发生深刻改变。

（4）准立法性。抽象行政行为在性质上属于行政行为。

（二）抽象行政行为的分类

抽象行政行为依据不同的标准，有不同的分类。理论界比较认同且比较方便实用的分类方法是以抽象行政行为的规范程度与效力等级为标准所作的划分，即行政立法行为和制定其他规范性文件的行为；还有以抽象行政行为的权力来源不同为依据，将其分为依授权制定行为规则的行为和依职权制定行为规则的行为；等等。

第一，行政机关的行政立法行为。关于行政立法行为，按其效力等级可以分为制定行政法规的行为和制定行政规章的行为；从制定的机关来分，则可以分为国务院制定、发布行政法规，国务院各部委和直属机构制定、发布部门规章，省、自治区、直辖市、较大的市的人民政府制定、发布地方政府规章。

第二，制定其他规范性文件的行为。这一行为是除以上制定行政法规、规章以外，各级、各类人民政府和职能部门针对广泛的、不特定的对象制定的具有普遍约束力的规范性文件的行为。

（三）抽象行政行为的合法要件

目前，关于行政行为的合法要件的构成，得到广泛认同的是"三要件说"，即行为主体合法、行为内容合法和行为程序合法。抽象行政行为是一种行政行为，它的合法成立要遵循行政行为合法成立的一般要件，即行为的主体、内容和程序三个方面必须合法。尽管一些行政法学者也提出过"四要件说"、"五要件说"甚至"六要件说"，但主要的、实质性的合法要件仍可大致归结为上述三个方面。

二、行政立法行为

在当代，无论是曾经较为严格的奉行三权分立原则的西方国家（如美国）还是传统上行政权就有很显要地位并包含有立法职能的国家（如中国），都无可否认地处于一个人们称作"行政国家"的时代。行政国家有很多特征，其中之一就是行政机关制定的管理社会的规则数量远远超过立法机关制定的规则。针对此现象，"行政立法"的概念应运而生。在某些国家，凡是行政机关制定规则的活动，都可以纳入"行政立法"的范畴之内。在美国，称之为 rule-making（通常译为规章制定）。但在我国，行政机关制定普遍适用的规则的活动，被称为抽象行政行为，行政立法只是抽象行政行为中的一部分。

（一）行政立法的概念

"行政立法"一词在不同的场合有不同的用法，有人用"行政立法"泛指一切制定行政法的活动，包括国家权力机关制定涉及国家行政管理的法律规则的活动，以及国家行政机关在其职权范围内制定抽象行政规则的活动；也有人用"行政立法"特指国家最高权力机关制定有关国家行政管理的法律以及地方国家权力机关制定有关国家行政管理的地方性法规、自治条例和单行条例的活动。但在我国行政法学理论中,"行政立法"一词有其特定的含义,它是指一定范围内的国家行政机关依法制定抽象行为规则的活动,类似于一些西方国家所称的委任立法;而在前面一种理解中所界定的"行政立法",更加确切地讲,应当被称为"立行政法"。

(二) 行政立法权的性质与来源

行政立法权的性质是行政法学理论中争论颇多的问题,这个问题的关键在于行政立法权是行政权还是立法权? 有的学者提出,应把"法"和"法律"区别开来:"法"是国家制定或认可并以国家强制力保证实施的调整社会关系的所有规范,包括宪法、法律、法规与规章等;而"法律"仅指由全国人民代表大会及其常务委员会制定的调整重要社会关系的规范。"立法"如果仅指"法律",则立法权只能由全国人大及其常务委员会享有;但如果"立法"指制定所有法的规范,则立法权不仅全国人大及其常务委员会可以享有,地方权力机关及国家行政机关也享有。由于将"法"区别于"法律",因而,行政立法既有立法的性质,是一种立法行为,又具有行政权的性质,是一种抽象行政行为。

行政立法权的来源包括两个方面:一是《行政组织法》的规定;二是单行法律、法规的特别授权。然而,法律为什么要授予行政机关行政立法权呢?这就涉及行政立法权事实上的来源问题。从"依法行政"的理想状态而言,法律最好能对一切行政现象预先加以详尽地调整,行政机关及其工作人员只需机械地执行法律即可,不能在行政活动中介入行政组织和个人的意志。但是,由于行政现象的复杂性,上述理想状态是不可能存在的。这必然要求给予行政主体自由裁量权,否则,国家机器就难以正常运转。

(三) 行政立法的分类

1. 职权立法与授权立法

职权立法是行政机关依照宪法和行政组织法规定的权限所进行的立法。如《宪法》第89条第1项规定,"国务院行使下列职权:(一) 根据宪法和法律,规定行政措施,制定行政法规,发布决定和命令。"授权立法是行政机关根据宪法、组织法之外的其他单行法律、法规或国家权力机关、上级行政机关通过的决议、决定的授权所进行的立法。授权立法受到授权法律的严格制约,必须遵循授权法律、法规规定的标准、范围、内容、原则。例如,1985年,六届人大第三次会议就授权国务院在经济体制改革和对外开放方面可以制定暂行的规定或者条例,并同时规定,经过实践检验,条件成熟时由全国人大或者常务委员会制定法律。在法国,《第五共和国宪法》以列举的方式规定国会立法范围。范围以外的事项均属于行政立法的范围,即便在国会立法范围之内的某些事项法律也只能规定原则,而由行政机关做出具体的规定。如果国会的法律超越列举范围,政府可以请求宪法委员会宣告法律违宪。如果法律规定了应由政府条例规定的事项,政府也可以在咨询最高行政法院的意见后,用命令变更法律的内容。此外,政府还可以请求国会允许其通过法令规定应由法律规定的事项。可见,在法国,行政立法有职权立法和授权立法之分,而且,行政立法的权限相当大。

在美国,《宪法》没有规定行政机关有立法权,而是在第1条明确规定"所有在此赋予的立法权皆归于由参议院和众议院代表所组成的美国国会"。因此,在美国,行政立法通常被认为是立法机关将其自身固有的立法权力授予行政机关行使,因而是一种授权立法。

2. 执行性立法与创制性立法

执行性立法是指行政机关为贯彻实施国家权力机关制定的法律、法规而制定和发布该法律、法规的实施办法、实施细则的活动。执行性立法的特点是不创制新的权利义务,而只是进一步明确法律、法规既定之权利义务的含义、界限和适用范围,以增强法律、法规的可操作性。创制性立法是指行政机关根据法律的授权,就法律未规定的事项进行立法,创制新的权利义务规范的活动,创制性立法多属职权立法。

3. 执行性立法、补充性立法、自主性立法与试验性立法

执行性立法是指以执行法律或上级机关发布的行政立法文件为目的的行政立法。此类立法在名称中一般带有"实施办法""实施细则"的字样。补充性立法是指以补充法律、法规或规章为目的的行政立法。自

主性立法是指不是为了实施某些法律或其他行政管理法规,也不是为了补充某项行政管理法规,而是对法律或其他行政管理法规未规定的事项加以规定的行政立法。试验性立法是指行政机关基于法律或有权机关的授权,对本应由法律规定的事项,在条件尚不充足、经验尚未成熟或社会关系尚未定型的情况下,暂时先由行政立法加以规定,待条件具备以后,再正式制定法律的一种立法模式。

4. 中央行政立法与地方行政立法

中央行政立法是指中央行政主体依法制定和发布行政法规和规章的活动。中央行政主体包括国务院、国务院各部委以及国务院某些直属机构。前者制定的规范性文件称为行政法规,后者制定的规范性文件称为部门规章。中央行政立法所制定的行政法规和规章,在全国范围内具有法律效力。

地方行政立法是指地方行政主体依法制定和发布规章的活动。地方行政主体包括:省、自治区、直辖市人民政府,省、自治区人民政府所在地的市人民政府,经国务院批准的较大的市人民政府,以及全国人大常委会授权的经济特区特区市人民政府。自2015年《立法法》修改后,设区的市人民政府也具有地方立法权。地方行政立法制定的规范性文件被称为地方政府规章。地方政府规章只在本地区具有效力。

(四) 行政立法体制

行政立法体制是一个国家行政立法主体的设置及其权限划分,是一国立法体制的组成部分,有别于行政机关的体系。

我国行政立法主要包括三种情形:一是国务院立法。根据《宪法》规定,国务院具有制定行政法规的权力。名称一般为"条例",也可称为"规定""办法"。只有国务院才可以使用"条例"名称。国务院立法分为三类:①国务院制定、发布的行政法规;②国务院批准发布的行政法规;③国务院办公厅经国务院批准后发布的行政法规。二是国务院各部委立法。国务院部委依据职权制定行政规章。规章的名称一般为"规定""办法"。此外,国务院主管专门业务的直属机构也获得法定职权进行立法。三是地方政府立法。法律规定,省级政府、省会市、较大的市以及经济特区市的政府和设区的市政府有权制定地方政府规章。

行政立法体制的核心问题是行政权限问题。行政权限是指不同立法主体制定行政法律规范在内容与形式上的分工和限制,即哪些国家机关享有行政立法权以及在哪些方面、多大范围内享有行政立法权。行政立法权限的基本特性主要有三个方面:①立法先定性,即必须由法律事先规定行政立法的基本范围和基本权限内容,超越法律规定范围和内容的,行政机关无权进行立法;②层级性,行政立法权限在中央和地方层面进行划分,在中央行政机关内部之间进行划分,在地方行政机关内部之间进行划分,必然会产生多层次性;③授权立法权限范围的有限扩展。这一扩展主要来自于授权立法,授权的主体是人大权力机关,被授权的主体是行政机关,由此扩展了行政机关的立法权限。

行政立法的权限可以分为行政法规的立法权限和行政规章的立法权限。行政法规的立法权限的性质具有从属性、补充性和执行性,主要是为执行法律的规定需要制定行政法规的事项、宪法或法律规定由国务院做出规定的事项、行政机关内部工作制度和工作程序,如行政公文处理办法、具体的行政和经济管理事项,法律保留除外。在行政处罚方面,《行政处罚法》第10条规定,行政法规可以设定除限制人身自由以外的行政处罚。法律对违法行为已经做出行政处罚规定,行政法规需要做出具体规定的,必须在法律规定的给予行政处罚的行为、种类和幅度的范围内规定。在行政许可方面,《行政许可法》第14条规定:"本法第12条所列事项,法律可以设定行政许可。尚未制定法律的,行政法规可以设定行政许可。必要时,国务院可以采用发布决定的方式设定行政许可。实施后,除临时性行政许可事项外,国务院应当及时提请全国人民代表大会及其常务委员会制定法律,或者自行制定行政法规。"第16条第1款规定:"行政法规可以在法律设定的行政许可事项范围内,对实施该行政许可做出具体规定。"在行政强制方面,《行政强制法》第10条第1、2款规定:"行政强制措施由法律设定。尚未制定法律,且属于国务院行政管理职权事项的,行政法规可以设定除本法第9条第1项、第4项和应当由法律规定的行政强制措施以外的其他行政强制措施。"第9条规定:"行政强制措施的种类:①限制公民人身自由;②查封场所、设施或者财物;③扣押财物;④冻结存款、汇款;⑤其他行政强制措施。"

部门规章规定的事项应当属于执行法律或者国务院的行政法规、决定、命令的事项。应当注意的是,涉及两个以上国务院部门职权范围的事项,应当提请国务院制定行政法规或者由国务院有关部门联合制定规章。地方政府规章规定的事项主要有:①执行法律、行政法规的规定,需要根据本行政区域的实际情况作具体规定的事项;②地方性事务需要制定地方政府规章的事项。

(五) 对行政立法的监督

我国有权对行政立法进行监督的机关包括立法机关、上级行政机关以及司法机关,只是各个机关的监督权限以及监督方式有所不同。

1. 权力机关的监督

根据《立法法》第97条的规定:①全国人民代表大会常务委员会有权撤销同宪法和法律相抵触的行政法规;②地方人民代表大会常务委员会有权撤销本级人民政府制定的不适当的规章;③授权机关有权撤销被授权机关制定的超越授权范围或者违背授权目的的法规,必要时可以撤销授权。可见,立法机关没有权力直接改变行政立法。《各级人民代表大会常务委员监督法》2007年1月1日实施,明确了各级人大常委会对本级人民政府、法院和检察院的工作实施监督,促进依法行政、公正司法。

2. 上级行政机关的监督

根据《立法法》第97条的规定:①国务院有权改变或者撤销不适当的部门规章和地方政府规章;②省、自治区的人民政府有权改变或者撤销下一级人民政府制定的不适当的规章。由于这是行政系统内部的监督,不必像立法机关或者司法机关的监督那样顾及不同性质国家机关之间的分权,所以,上级行政机关不仅有权撤销而且可以直接改变。

3. 司法机关的监督

实际上,迄今为止,我国的法院还无权在诉讼过程中审理行政立法的合法性并确认和宣布违法的行政立法无效。在理论上,从法律、行政法规、地方性法规和规章之间的效力等级关系可以符合逻辑地推演出一个学术界承认的观点:如果在行政诉讼过程中,法院认定法律与行政法规相抵触或地方政府规章与法律、行政法规和地方性法规相抵触,就可以拒绝适用行政法规或者规章,而直接引用上阶位的规范。另外,《行政诉讼法》规定,法院审理行政案件"以法律、行政法规和地方性法规为依据",而"参照"规章,措辞上的区别也产生了一种推论:即便法院不考虑行政法规的合法性,对规章可以从法的角度予以审查。法规与法律相抵触、部门规章与法律相抵触的情形对于当前的法院而言,最多只能在具体案件中不适用与上阶位法律规范明显冲突、抵触的行政立法,即便是这一点,也更多地表现为学术界的"一厢情愿"。

资料

《行政法规制定程序条例》(节选)

第一章 总 则

第一条 为了规范行政法规制定程序,保证行政法规质量,根据宪法、立法法和国务院组织法的有关规定,制定本条例。

第二条 行政法规的立项、起草、审查、决定、公布、解释,适用本条例。

第三条 制定行政法规,应当遵循立法法确定的立法原则,符合宪法和法律的规定。

第四条 行政法规的名称一般称"条例",也可以称"规定""办法"等。国务院根据全国人民代表大会及其常务委员会的授权决定制定的行政法规,称"暂行条例"或者"暂行规定"。

国务院各部门和地方人民政府制定的规章不得称"条例"。

第五条 行政法规应当备而不繁,逻辑严密,条文明确、具体,用语准确、简洁,具有可操作性。

行政法规根据内容需要,可以分章、节、条、款、项、目。章、节、条的序号用中文数字依次表述,款不编序号,项的序号用中文数字加括号依次表述,目的序号用阿拉伯数字依次表述。

第二节 行政规范性文件

案例引导

湖北公安县在 2013 年 2 月份曾发布一份文件,明确对该县的卷烟销售数量提出了要求。一般而言,每箱卷烟里面包含 250 条卷烟,该文件要求 2013 年该县必须销售 25 100 箱卷烟,即 6 275 万包卷烟。据调查,湖北公安县人口总数是 100 万,则按照这个计划来算,每人要购 60 包烟才能完成这个任务。于是,该文件一出,各个乡镇的代表就将自己的销售任务告知村民并进行分配,据统计,有的乡镇分配到 4 000 多箱,有的则是 800 多箱。

思考:湖北公安县政府的上述文件的效力如何?

行政法规、规章以外的行政规范性文件(以下简称其他行政规范性文件)在我国行政管理中具有非常重要的地位。我国国家行政机关中有权发布行政法规、规章的只占少数,而有权发布其他行政规范性文件的则涵盖各级人民政府和政府的多数工作部门。行政机关的大量行政行为是直接根据其他行政规范性文件做出的。其他行政规范性文件虽然不属于行政法律规范的范畴,但是行政规范性文件更接近行政立法,对依法行政有着重大影响。

行政规范性文件的主要作用体现在以下几个方面:①将法律、法规、规章细化、具体化,规范行政机关行为,促进政府依法行政;②及时解决行政管理中出现的新问题,确保法律、法规、规章在特定地区、特定部门的贯彻实施;③在立法真空地带进行调整和规范,为制定成熟的行政法规、规章提供有益的探索和积累有益的经验。因此,行政规范性文件在行政法体系中占有重要地位。

一、行政规范性文件的分类

其他行政规范性文件是行政机关为执行法律、法规、规章,对社会进行管理而实施的一种抽象行政行为。行政规范性文件是抽象行政行为的一种,在这个范畴内,它与行政法规、规章具有相同的性质。对于其他行政规范性文件的发布权,宪法和组织法几乎授予所有的行政机关行使。例如《宪法》第 89 条规定,国务院可以规定行政措施,发布决定和命令;第 90 条规定,各部委可以发布命令、指示。《地方各级人民代表大会和地方各级人民政府组织法》第 59 条规定,县级以上地方各级人民政府可以规定行政措施,发布决定和命令;第 61 条规定,乡镇人民政府可以发布决定和命令。宪法和组织法中规定的"行政措施""决定""命令"等都可以是行政规范性文件的形式。

1982 年《宪法》颁布迄今,没有对"行政措施"作过立法解释,行政措施与行政立法、行政决定和命令之间的关系都不明确;目前"行政措施"概念在实际使用中十分混乱,有时把"行政措施"看作行政机关对具体事件作单方面处理的具体行政行为;有时把"行政措施"看作对有关事项针对不特定相对人具有普遍约束力的普遍行政行为。有人认为,行政措施作为普遍行政行为,可有命令、指令、决定、决议、指示、布告、通告、公告、通知等各类名称。有人认为,行政措施行为即"行政命令行为",其形式也包括布告、公告、通告、决定、决议、命令、指令、指示、通报等。总的来看,对于法律、法规和规章之外的规范性文件,由于长期缺乏研究,一直没有一个统一的名称,在《行政处罚法》第 14 条中,我国首次用"其他规范性文件"来概括行政立法以外的规范性文件,成为统一的法律用语。因此,"其他规范性文件"是指法律、法规和规章之外具有普遍约束力的决定、命令和行政措施。

根据行政规范性文件发布的主体,其他行政规范性文件可以分为两类:

第一类行政规范性文件虽然是由享有行政立法权的行政机关发布的,但仍然不属于行政立法的范畴,因为它们不具有行政立法的法定标准。例如,国务院的行政法规必须经国务院常务会议或全体会议审议,经国务院总理签署,以国务院令发布,并且使用"条例""规定""办法"等法定名称,国务院的文件如果不具备上述形式要件,就不是"行政法规",而只是其他行政规范性文件;地方人民政府的规章必须经享有规章制定权的相应地方人民政府常务会议或全体会议讨论、决定,经相应政府首长签署,以相应政府令发布。不具备这些条件,就不是规章,而是其他行政规范性文件。享有行政立法权的行政机关发布的行政规范性文件的效力低于其本身制定的行政立法,但高于其下级行政机关制定的规章。

第二类行政规范性文件制定的主体最为广泛。在各级地方人民政府中,目前只有省级人民政府、省级人民政府所在地的市的人民政府、17个较大的市和4个经济特区所在地的市的人民政府和设区的市人民政府享有规章制定权,其他数以千计的市、县和数以万计的乡、镇人民政府均只能发布行政规范性文件。这些行政规范性文件,调整着广泛的社会关系,对保障、维护社会经济秩序,促进国家政治、经济、文化等各项事业的发展具有重要的作用。

二、行政规范性文件的法律效力

其他行政规范性文件的法律效力主要体现在行政管理和行政诉讼两个领域。在行政管理领域,其他行政规范性文件的法律效力主要表现在下述几个方面:

第一,对行政管理相对方具有拘束力和强制执行力。其他行政规范性文件一经颁布,相应文件所调整的公民、法人和其他组织必须遵守,对相应文件所确定的义务必须履行。行政相对方违反行政规范性文件的规定,不履行相应义务,行政机关可以依法对其采取强制措施,强制其遵守和执行,或依法对其课处行政处罚,追究其行政法律责任。

第二,对行政机关本身具有确定力,对具体行政行为具有适用力。其他行政规范性文件不仅对行政相对方具有拘束力,对行政机关本身也有确定力。其他行政规范性文件一经发布,行政机关非经法定程序不得任意撤销、改变、废止。发布规范性文件的行政机关及所属的下级行政机关在实施具体行政行为时必须遵循相应文件的规定,在做出有关行政决定时必须适用相应文件的规定。行政机关在实施有关具体行政行为、做出有关行政决定时,如果违反相应行政规范性文件的规定,或者不适用相应的规范性文件,或者适用错误,都可能导致相关行为、决定的违法和被撤销。

第三,在行政复议中是行政复议机关审理复议案件的依据。根据《行政复议法》的规定,复议机关审理复议案件,不仅要以法律、法规、规章为依据,还要以上级行政机关依法制定和发布的具有普遍约束力的决定、命令为依据。

第四,在行政诉讼领域,人民法院可以选择适用其他行政规范性文件。在我国,司法审查的依据是法律、行政法规、地方性法规,规章作为参照。其他规范性文件是否为行政行为合法的依据,学术界对此存在争议。如有的学者认为,"必须明确,在行政审判实践中,一般规范性文件在行政诉讼中既不能以依据的形式,也不能以参照的形式适用";"一般规范性文件在行政诉讼中没有适用力,作为审理的依据,也不能参照一般规范性文件来判断具体行政行为是否合法"。但是,《最高人民法院关于执行〈中华人民共和国行政诉讼法〉若干问题的解释》第62条第2款对行政规章及规章以下的规范性文件持较宽容的态度,规定:"人民法院审理行政案件,可以在判决文书中引用合法有效的规章及其他规范性文件。"由此,人民法院对其他规范性文件在进行审查的基础上也可以选择适用。

总之,行政规范性文件是具有法律效力的国家政令。公民、法人和其他组织在进行各种活动时必须遵守相关规范性文件的规定,行政机关在实施具体行政行为时必须依据相关规范性文件的规定,人民法院在审查具体行政行为的合法性时,必须参照相关规范性文件的规定。

(一) 其他规范性文件与行政立法的关系

第一,制定主体范围不同。制定其他规范性文件的主体范围比行政立法的主体范围要广得多,几乎所有国家行政机关都可成为其他规范性文件的制定主体,而行政立法的主体则是由宪法和法律明确规定的特定的国家行政机关。

第二，效力大小不同。行政法规和行政规章的效力大于其他规范性文件的效力。制定其他规范性文件不能与行政法规、行政规章相抵触、相违背。

第三，有权规范的内容不同。其他规范性文件无权直接为行政相对人设立权利和义务，行政法规、行政规章可以在法定权限内对行政相对人设立某些权利和义务。

第四，制定的程序不同。制定其他规范性文件的程序比较简易，行政立法的程序比较严格，行政立法必须遵守比较正式的行政立法程序。

（二）对其他规范性文件的监督

其他规范性文件制定主体混乱，越权现象普遍，内容与上级规范性文件抵触，缺乏必要的程序等。因此，为了更好地发挥其他规范性文件的积极作用，必须加强对制定其他规范性文件的监督。制定其他规范性文件是抽象行政行为的一种，对其的监督方式与对行政立法的监督方式基本相同。1999年的《行政复议法》在对其他规范性文件的监督方面有了新的突破，该法第7条规定："公民、法人或其他组织认为行政机关的具体行政行为所依据的下列规定不合法，在对具体行政行为申请复议时，可以一并向行政复议机关提出对该规定的审查申请：①国务院部门的规定；②县级以上地方各级人民政府及其工作部门的规定；③乡、镇人民政府的规定。前款所列规定不含国务院部、委规章和地方人民政府规章。规章的审查依照法律、行政法规办理。"这一规定表明，除国务院制定的其他规范性文件外，其他行政机关制定的其他规范性文件已被纳入行政复议范围。这有利于制定其他规范性文件活动的法制化。

资料

天价滞纳金呼唤立法规范

2006年7月23日，河南荥阳市一辆吊车的养路费滞纳金总额达49万多元，一举打破了半个多月前一辆车40万元的滞纳金纪录。对此，车主感到非常不解，把车卖了也不够数，干脆放弃纠错机会而听天由命。理财专家称滞纳金年利率是同期银行活期存款利率的507倍。而交通部门则称，滞纳金按照每日1‰计算，是有法可依的。

其实，养路费天价滞纳金的形成，不仅在于它的高利率，还在于它"驴打滚"式的特殊计算方法。据专业人士透露，欠养路费半年时，滞纳金是所欠本金的一倍；欠一年时，滞纳金是所欠本金的两倍；欠两年时，滞纳金是所欠本金的3.8倍。"交通规费的算法很麻烦，反正欠的时间越长，滞纳金就会越多，其增长速度也越快，会对车主造成很大的损失。"因此，有车主称，如此收取养路费滞纳金简直就是倚仗法律"抢劫"。

据以产生"天价滞纳金"的《公路养路费征收管理规定》，是交通部、国家计划委员会等部门于1991年联合发布并于1992年1月1日起实施的。这也是当时公路管理部门对部分车主征收公路养路费的依据。该规定第21条规定："对拖、欠、漏、逃养路费的，除责令补缴规定费额外，每逾一日，处以应缴费额的1‰的滞纳金；连续拖、欠、漏、逃养路费3个月以上的，并处应缴养路费额度30%～50%罚款；连续拖、欠、漏、逃养路费6个月以上的，并处以应缴养路费额度50%～100%的罚款。"据此，似乎不能说公路管理部门决定对车主征收养路费、罚款和相应天价滞纳金没有依据。但是，并不能就此认为，公路管理部门的行为是合法的。

《公路养路费征收管理规定》总则第1条明确规定该规定的目的是"为加强公路养路费征收管理工作，保障公路养护和改善的资金来源"，制定该规定的依据则是《中华人民共和国公路管理条例》（国务院1988年1月1日起实施）第18条"拥有车辆的单位和个人，必须按照国家规定，向公路养护部门缴纳养路费"。

《中华人民共和国公路管理条例》是《公路养路费征收管理规定》的上位法。但是，对于欠缴养路费，《中华人民共和国公路管理条例》只在第35条规定可以由公路主管部门"分别情况，责令其补交或者返还费款并处以罚款",并无加收滞纳金的规定。因此,据以产生"天价滞纳金"的《公路养路费征收管理规定》(现已失效)关于加收养路费滞纳金的规定与《中华人民共和国公路管理条例》相抵触,应属无效规定。仅此就可以说公路管理部门对车主加收天价滞纳金不合法。

本 章 小 结

本章主要内容有两节,分别介绍了行政立法和行政规范性文件。

抽象行政行为是指行政主体针对非特定对象制定具有普遍约束力的、可以反复多次适用的行政法规、行政规章以及其他行政规范性文件的行为。它具有对象的不特定性、可反复适用性、不可诉性、准立法性等性质。抽象行政行为可以分为行政立法行为和制定其他规范性文件的行为。行政立法行为是指一定范围内的国家行政机关依法制定抽象行为规则的活动。可分为:职权立法与授权立法,执行性立法与创制性立法,执行性立法、补充性立法、自主性立法与试验性立法,中央行政立法与地方行政立法。行政立法以外的行政规范性文件被称为其他规范性文件。行政规范性文件的法律效力有四个方面:①对行政管理相对方具有拘束力和强制执行力;②对行政机关本身具有确定力,对具体行政行为具有适用;③在行政复议中是行政复议机关审理复议案件的依据;④在行政诉讼领域,人民法院可以选择适用其他行政规范性文件。

案 例 分 析

中国民航第一案

上海居民桂亚宁的丈夫陈苏阳罹难,陈生前任上海复旦复华科技有限公司的总经理。桂亚宁决定状告中国民航总局,因为她无法接受以21万元作为对丈夫生命的"廉价补偿",以及东方航空公司在通知她接受赔款时的"傲慢"态度。桂诉至北京市第二中级人民法院,诉讼理由为民航总局行政立法不作为。据悉,这是中国民航空难史上首次有遇难者家属打官司追究有关部门的行政责任。

2004年11月21日8时20分,从包头飞往上海的MU5210航班、东航所属CRJ200型客机刚起飞不到1分钟,就坠入距机场不远的南海公园。包头空难后6天,11月27日,东航即单方面制定了每位罹难乘客21万元的赔付方案。依据是1993年国务院修订的《国内航空运输旅客身体损害赔偿暂行规定》(下称"暂行规定")有关"民用航空运输旅客伤亡赔偿最高限额为7万元人民币"的规定,考虑到消费价格总指数的变动因素,东航在此基础上追加7万元,加上行李损失、丧葬费、家属抚慰金等,共计21万元。仅就陈苏阳而言,21万仅仅相当于他生前几个月的工资而已。在55位遇难者中,有13家家属拒绝接受这一"过低"的赔付。但事实证明,这是一个难以协商的复杂事件。东航表示,他们的赔付方案于法有据,赔付没有谈判的可能——仅此一句,便让所有罹难者家属哑口无言。

目前国内民航空难对国内旅客的赔偿依据,一直沿用1993年的"暂行规定"。尽管7万元这一最高限额越来越不合时宜,但作为航空事故的唯一赔偿依据,"暂行规定"一直未被修改。陈苏阳的代理律师赵霄洛表示,1993—2003年的10年间,城镇职工平均工资增长了4.33倍,民航业的总收入增加了近6倍。一份权威数据显示,2004年航空业的全年收入达到1 250亿元,2005年则预计达到1 435亿元。"在我们这个以人为本的社会中,在世界各国赔偿标准不断提高的情况下,没有人会认为赔偿7万元是一个合理的数额,这样不合时宜的法规是否还有存在的合理性?"

民航总局9年都不立法?

代理律师赵霄洛随后发现:1996年施行的《民用航空法》第128条第1款规定,"国内航空运输承运人的赔偿责任限额由国务院民用航空主管部门制定,报国务院批准后公布执行。"这就是说,依据该规定,民航总局在民航法施行后就应该制定新的赔偿规定,并报国务院批准。但时至当时,9年过去了,7万元最高限额还在"暂行"。赵霄洛律师表示,民航总局的行为属于行政立法不作为。赵霄洛认为,民航总局在有明确授权的情况下负有制定新赔偿限额的立法的责任,但在长达近10年的时间里却迟迟未予以履行。这种不作为严重影响了空难遇难者以及所有飞机乘客合法权益的实现。

为何出现这一状况呢?有关法律专家向本报记者表示,原因有三个:一是缺少有效的程序规则,怎么监督,责任如何追究,这些都没有规定;二是没有利害相关人的参与,监督缺少发起者;三是对立法不作为的监督缺乏宪法和法律依据。

但是,2005年3月15日,中国民航总局方面在接受本报记者采访时却表示,民航方面已于2003年起草并提交了新的赔偿规定草案,只是尚未得到批复。民航总局政策法规司副司长马正在接受媒体采访时也表示,民航法颁布实施后,民航总局也意识到了立法问题,制定了一个新的赔偿责任限额,但报送后,由于诸多内部原因,包括征询航空业界等方面的意见,至今没有出台。

"7万元实在太低",在2004年举行的"包头空难理赔引发的法律问题"研讨会上,已有专家呼吁:"7万元实在太低,必须尽快修改法律提高标准。"大多数人并不明白,为什么同为空难,各国理赔却千差万别?是什么原因导致中国的空难赔偿一直处于较低的水平?一般而言,空难赔偿包含两个方面:一方面是商业保险,即随机票同时购买的航空意外险。目前国内的普遍标准是40万元。因为有保险责任和赔付金额的详细规定,所以商业保险的理赔过程并不麻烦。另一方面就是责任赔偿,即发生事故的航空公司根据相关国内法和国际法所必须承担的赔偿。这种赔偿根据空难发生地、国际国内航线、事故原因等具体条件不同而导致理赔金额的不同,理赔过程十分烦琐。目前,国际社会对于责任赔偿普遍遵从的是1929年的《华沙公约》以及后来的《蒙特利尔公约》。中国也是其签署国,但目前在中国,这些《公约》只适用于国际航线的事故赔偿,对于国内航线则仍然依据1993年的暂行规定。由此出现了空难赔偿因航线不同而厚此薄彼的现象。

以中国国际航空公司2002年4月15日韩国釜山空难为例,虽然中国方面并未公布最终的赔偿数额,但从仅有的报道中获知,其中一名遇难者家属获得了94万元的赔偿。有人因此戏称:如果坐飞机出事,那也要死在国际航线上。航空法专业委员会委员、法学博士解兴权律师就曾表示,我国国内法和国际法在空难事故赔偿上存在较大差距,导致同样一次空难事故,适用国内法的中国旅客获得的赔偿和适用国际公约的外国旅客获得的赔偿相差很大。"解决中国人与外国人之间赔偿悬殊的问题,需要尽快衔接我国国内法和国际公约。"尽管《华沙公约》等国际公约都是缔约方政府签署的多边协议,不具有强制性,但很多国家都是将公约内容直接植入本国法律。例如,新加坡就将《华沙公约》的内容直接加入到其国内的空运法令中,使公约内容成为国内法。如此,不分国际国内航线,航空事故一律遵行《华沙公约》的赔偿规定。据称,美国和日本也是如此。另外,一些国家对空难赔偿还有一套自定的原则,赔偿金额计算中他们还将考虑受害者的年龄、职业、收入、受害者对家庭的贡献以及受害者未来发展潜力等。如果按此原则,就陈苏阳的个人成就及其对家庭的支柱作用而言,其赔偿将远远不止21万元人民币。

根据《行政诉讼法》的规定,老百姓只能告具体行政行为,而不能告抽象行政行为。这一点,中国民航总局同样心中有底,其有关负责人告诉本报记者:"这个案子法院是不可能立案的,因为这是一个抽象的行政行为。"

问题:如果遭遇行政立法不作为,公民如何获得救济?

复习思考

1. 简述抽象行政行为的含义与特征。
2. 简述行政立法的分类。
3. 思考行政立法与行政规范性文件之间的关系。
4. 思考行政规范性文件的监督和救济。
5. 思考行政规范性文件与内部行政行为与具体行政行为的关系。

第十一章 依申请行政行为

 学习目标

- 知识目标：掌握行政许可、行政确认、行政给付、行政奖励、行政裁决的概念、分类及其特征；掌握行政许可的设定机关及设定方式、实施程序；了解其他行政给付行为；理解行政奖励的概念、特征、种类、程序和救济；理解行政裁决的基本原则和程序。
- 能力目标：能够掌握行政许可、行政确认、行政给付、行政奖励、行政裁决的基本知识；能够具体区分行政许可与行政确认；能够依法办理行政许可和行政确认事项；能够运用相关法律规定解决特定法律问题。

第一节 行政许可

 案例引导

2002年8月27日，北京李老爹火锅方庄分公司取得工商营业执照，经营场所为方庄芳星园三区25号楼底层。2004年年初，分公司向丰台区环保局申请环保审批并提交了一份由芳星园三区居委会提供的证明大多数居民同意其在该地开设饮食服务的咨询意见。同年6月1日，丰台区环保局做出丰环保批字【2004】13号《关于餐饮建设项目环境影响报告表的批复》，对分公司的申请予以认可。自2004年8月起，陆续有该楼高层居民举报分公司在经营时噪声大、油烟大。丰台环保局组织对分公司的排烟及噪声进行了核查，结果显示未超过标准。9月25日，该楼居民李某向丰台区人民政府提起行政复议，要求撤销13号批复。李某同时提交了多户居民反对楼下开餐馆的联合签名。复议期间，丰台环保局认为分公司在申请环保许可时提交的民意咨询意见内容不真实，遂于2004年11月26日直接发出撤销通知，撤销了13号批复，但在撤销通知中未对撤销理由进行说明。分公司不服该撤销决定，向丰台区人民政府提起行政复议。丰台区政府维持了丰台环保局的撤销决定，于是分公司提起行政诉讼。丰台区人民法院经审理，以违反行政程序为由判决撤销丰台区环保局的撤销通知。

思考：本案中的丰台区环保局做出批复的行为属于何种行政行为？该行政行为能否撤销？

一、行政许可的概念与特征

（一）行政许可的含义

行政许可是一种典型的依申请的行政行为。对于行政许可的含义，我国《行政许可法》第2条规定："本法所称行政许可，是指行政机关根据公民、法人或者其他组织的申请，经依法审查，准予其从事特定活动的行为。"该法第3条第2款进一步规定："有关行政机关对其他机关或者对其直接管理的事业单位的人事、财务、外事等事项的审批,不适用本法。"从学理上看,行政许可具有广义和狭义两个方面的含义。广义上的行政许可包括行政许可的设定、实施和监督。狭义上的行政许可则仅指行政许可的实施和监督检查,仅指执法层面的内容,是具体意义上的概念。我国现行《行政许可法》在规范内容上表现出较为明显的广泛性,并且对核准、认可、登记等形态做出了相应的规定。

结合我国《行政许可法》的规定以及行政法学界的研究,我们可将行政许可的含义界定如下:行政许可是指在法律一般禁止的情况下,行政主体根据行政相对人的申请,依法进行审查并准予申请人从事特定活动或实施某种行为的权利或资格的行政行为。

(二) 行政许可的特征

第一,行政许可是法定行政主体实施的行政行为。行政行为是行政主体通过其工作人员依法代表国家,基于行政职权而做出的能够直接引起法律效果的行为。我国《行政许可法》第2条将行政许可界定为"行政机关的行为",因此,不具备法定行政主体资格的一般社会团体、自治组织或者民间协会等向其成员颁发资格证书及许可性文件的行为,不能被视为行政许可行为。

第二,行政许可是一种依申请的行政行为。行政主体只有在相对人提出许可申请的前提下才会做出行政许可决定。行政机关批准行政许可并不意味着行政机关与申请人之间达成一致。行政许可仍是一种单方行政行为,行政许可行为是否成立是基于行政主体的决定而非相对人的意志。在许可程序中,相对人的申请仅是一个程序性的形式要件。

第三,行政许可存在的前提是法律规范的一般禁止。这里所说的"一般禁止"是指非经过行政机关个别批准、认可、核准或资质确认,公民、法人或者其他组织不能从事相关活动的规定,与"绝对禁止"相对应。例如我国《麻醉药品和精神药品管理条例》第9条规定:"麻醉药品药用原植物种植企业由国务院药品监督管理部门和国务院农业主管部门共同确定,其他单位和个人不得种植麻醉药品药用原植物。"从事麻醉药品药用原植物的种植、实验研究和生产的企业由国家主管行政部门确定,其他的公民、法人或其他组织不得从事这类活动。而行政许可是行政主体在法律一般禁止的领域内对符合条件的特定相对人解除一般禁止,允许其从事某种特定活动,授予其特定权利的一种行政行为。

第四,行政许可是一种授益性的行政行为。行政许可行为成立后,行政管理相对人就拥有了特定的资格或权利行为能力,与没有获得行政许可的相对人相比,行政许可行为能带给相对人一定权益。

第五,行政许可是要式行政行为。要式行政行为是指必须遵循一定的法定程序并具备某种书面形式的行政行为。行政许可应遵循一定的法定程序,并应以正规的文书、格式、日期、印章等形式予以批准、认可和证明,必要时还应附加相应的辅助性文件。

二、行政许可的种类

(一) 一般许可和特别许可

一般许可是指只要符合法定的条件,就可向主管行政机关提出申请,经有权主体审查核实,该申请人就能获得从事某项活动的权利或资格,对申请人并无特殊限制的许可,如驾驶许可、营业许可等皆属于一般许可。

特别许可是指除必须符合一般条件外,还对申请人予以特别限制的许可,如持枪许可、烟草专卖许可等。

一般许可和特别许可都基于行政相对人的申请做出,但一般许可仅是对法律一般禁止的解除,而特别许可是赋予相对人可以与第三人抗衡的新的法律效力的行为,是为特定人设定新的权利和资格的行为。①

---

① 如我国《烟草专卖法》规定:国家对烟草专卖品的生产、销售、进出口依法实行专卖管理,并实行烟草专卖许可证制度。其他单位和个人不得变更烟叶收购计划、调拨计划,不得收购烟叶。未取得烟草专卖生产企业许可证,工商行政管理部门不得核准登记。卷烟、雪茄烟和有包装的烟丝必须申请商标注册,未经核准注册的,不得生产、销售。

(二) 排他性许可和非排他性许可

排他性许可是指某个人或组织获得该项许可以后,其他任何个人或组织都不能再申请获得的许可,如专利许可、商标许可、烟草专卖许可等。

非排他性许可是指可以为所有具备法定条件者申请、获得的许可,如驾驶执照、营业执照等。一般来说,一般许可都是非排他性许可。

(三) 权利性行政许可和附义务的行政许可

权利性许可是指行政许可获得者可以根据自己的意志来决定是否行使该许可所赋予的权利和资格的行政许可形式,如持枪证、护照、驾驶证、工商企业营业执照等。

附义务的行政许可是指行政许可获得者必须同时承担一定时期内从事该项活动的义务,否则要承担一定法律责任的行政许可形式,如专利许可、建设用地许可、商标许可等。

(四) 实在法上的行政许可类型

《行政许可法》将行政许可分为一般(普通)许可、特许、认可、核准、登记五类,并针对不同许可的特点规定了不同的程序。

(1) 普通许可。《行政许可法》第12条第1项规定,对"直接涉及国家安全、公共安全、经济宏观调控、生态环境保护以及直接关系人身健康、生命财产安全等特定活动,需要按照法定条件予以批准的事项"所设定的许可,均为一般许可的范畴。

(2) 特许。特许是行政主体在有限自然资源开发利用、公共资源配置以及直接关系公共利益的特定行业的市场准入等领域,应相对人的申请对其资质进行审查,并决定是否赋予其权利的具体行政行为。较为典型的行政特许有采矿许可、无线电频率许可以及电信业务经营许可等。

(3) 认可。认可是由行政机关对申请人是否具备特定技能的认定,主要适用于为公众提供服务、直接关系公共利益且具备特殊信誉、特殊条件或特殊技能的资格、资质的事项。经纪人资格、执业医师资格以及建设单位资质等都属于典型的行政认可。认可的功能主要在于保证从业水平以及信誉和技能的确实存在。因此,认可一般需通过考试、考核来认定,没有数量限制,但获得认可后的资格、资质具有人身性,不得转让。

(4) 核准。核准是行政主体应相对人的申请,对于直接关系公共安全、人身健康、生命财产安全的重要设备、设施、产品和物品,通过检验、检测或检疫的方式进行审定,以确定其是否符合技术标准、技术规范的具体行政行为。建筑工程竣工后由公安消防部门进行消防验收,环保部门对危险废物越境转移的核准,都属于行政核准的范畴。核准的功能在于防止社会危险、保障安全,没有数量限制。核准事项,行政机关一般要实地按照技术标准、技术规范依法进行检验、检测、检疫,并根据结果做出行政许可决定。

(5) 登记。登记是行政主体应相对人的申请,就企业或其他组织的设定等事项做出审查,从而决定是否赋予其主体资格的具体行政行为。我国现行立法中有关登记的规定十分庞杂,如户口登记、机动车辆登记、税务登记等。但并非所有登记都属于行政许可的范畴,一般认为,企业营业执照的颁发、户外广告登记以及商业展销会的登记,属于行政许可。行政许可中的登记和其他种类许可的区别不在于功能,而主要是形式或程序上的区别。在行政登记中,行政机关对相对人的申请只作形式审查,因登记材料真实性而产生的责任由申请人承担。

三、行政许可的原则与作用

(一) 行政许可的原则

第一,许可法定原则。行政许可的建立必须有法律依据,其运行过程不得违背法律,应当按照法律规定的权限、范围、条件和程序进行,纠纷的解决同样必须依照法律进行。

第二,公开、公平、公正原则。《行政许可法》第5条第1款规定:"设定和实施行政许可,应当遵循公开、公平、公正的原则。"公开、公平、公正是行政许可的设定和实施必须遵循的基本原则。许可公开原则的具体要求是:有关行政许可的规定应当公布;未经公布的,不得作为实施行政许可的依据。行政许可的实施和结果,除涉及国家秘密、商业秘密或者个人隐私的外,应当公开。许可公平是对结果的要求,要求行政许可的决定做到公平、合理。许可公正是对许可程序的要求,要求行政主体在许可程序上应当做到:没有利害关系;没有偏私;听取行政相对人的意见。

第三,便民、效率原则。行政许可的便民原则是指行政机关实施行政许可应尽可能简化手续,做到方便快捷,从而使许可申请人以最低的成本获得许可目的的实现。效率原则是指行政机关在履行许可职责时应当以尽可能小的社会成本来实现既定的行政管理目标,以使社会效益最大化。便民与效率原则密切相关,便民原则必然要求行政机关提高效率,而行政机关工作效率的提高则会方便行政相对人获得许可目的的实现。

第四,权利救济原则。行政许可的权利救济原则是指应当为行政相对人提供多种权利救济手段,以保护其合法权益避免因行政机关实施行政许可而受到侵害。权利救济原则要求行政相对人在许可的实施过程中享有陈述、申辩权,有权依法申请行政复议或者提起行政诉讼,当合法权益因行政机关违法实施行政许可而受到侵害时,有权依法要求赔偿。

第五,信赖保护原则。信赖保护原则是诚信原则在行政法中的运用。《行政许可法》第8条第2款规定:"行政许可所依据的法律、法规、规章修改或者废止,或者准予行政许可所依据的客观情况发生重大变化的,为了公共利益的需要,行政机关可以依法变更或者撤回已经生效的行政许可。由此给公民、法人或者其他组织造成财产损失的,行政机关应当依法给予补偿。"信赖保护原则要求当行政相对人对许可行为形成值得保护的信赖时,行政机关不得随意撤销或废止该行为,否则必须合理补偿行政相对人信赖该许可行为有效存续而获得的利益。

第六,许可不得转让原则。行政许可必须依法取得,必须符合法定条件、标准。而一旦转让,接受转让的一方很可能并不具备取得许可的条件,那么设立许可的目的就会落空。因此,被许可人取得的许可一般不得转让。只有特定事项的行政许可方可转让,但必须由法律、法规对这种转让做出明确规定。比如通过出让许可方式取得的土地使用权,可以依据有关法律、法规规定的条件和程序进行转让。

第七,许可与监督相结合原则。在我国,长期以来存在行政机关重许可、轻监管或者只许可、不监管的现象。此外,对行政机关实施行政许可也缺乏公开、有效的监督制约机制。因此,确立许可与监督相结合原则,对于规范行政许可行为、保护行政相对人的利益和促进法治建设具有重要意义。

(二) 行政许可的作用

行政许可是国家行政管理中的主要手段之一,具有将所有危及社会公共安全、经济秩序以及公民权益的活动纳入国家统一管理体系的特点,是国家宏观调控的重要形式。利用这种管理手段,既能使国家处于超然的地位进行宏观调控,又能发挥被管理者的主观能动性,被认为是一种刚柔相济、行之有效的行政权行使方式。然而,行政许可在现代国家中的作用并不仅仅局限于积极方面,也有消极影响。

1. 行政许可制度的积极意义

第一,行政许可制度有利于加强国家对社会经济活动进行宏观管理,实现从直接管理到间接管理的过渡,协调行政主体和行政相对人之间的关系。作为生产或者经营主体的市场经济组织,为了自身利益需要,根据市场变化情况来组织生产和销售,市场的自我调节功能也会对企业的数量、产量、从业人数、产品种类等产生影响。行政许可有利于实现从计划经济向市场经济的过渡,引导经济沿着正确的轨道发展。

第二,行政许可制度有利于保护广大消费者和大众的权益,制止不法经营,维护社会经济秩序和生活秩序。通过行政许可,行政主体对许可申请人的生产、经营能力、条件等进行审查,能有效地防止不具备该项生产、经营条件的经济组织从事该项经营活动,同时可以促进具备法定条件的生产、经营者在同等条件下展开公平竞争,防止违法活动和不正当竞争。

第三,行政许可制度有利于保护并合理分配和利用有限的社会资源、经济资源,搞好生态平衡,避免资源、财力及人力的浪费。通过行政许可,可以有效地管理社会生产和经营,使生产和经营符合国家与社会公共利益。尤其是在现代工业化社会中,行政许可制度还能控制环境污染,对有可能造成环境污染的活动予以控制,从而避免因环境污染而造成的资源浪费和生态环境的破坏。

第四,行政许可制度有利于控制进出口贸易,发展民族经济,保持国内市场的稳定。行政许可制度是各国加强经济宏观调控、维护国际经济贸易正常秩序、保障国家主权和经济利益的重要手段。各国通过在进出口产品方面实施许可制度,对一些关系国计民生和民族发展的产品实施许可制度,予以适当控制度,从而促进民族工业的发展,保持国内市场的稳定。

第五,有利于消除危害社会公共安全的因素,保障社会经济活动有一个良好的环境。通过作为许可制度前提的禁止,控制人们进入某领域、使用某种公共资源,从而实现规范竞争,保护人民利益,维护公共资源合理使用,实现公共安全、国家和民族经济稳定发展的目的。除此之外,国家行政主体通过行政许可制度,对武器、爆破物、药品等特殊物品的生产、运输、销售等进行有效控制,以保证公共安全。

2. 行政许可的负面影响

第一,滋生腐败。随着行政权力的拓展,行政官员利用行政管理权,特别是利用行政许可制度贪污受贿的现象日益增多,权力往往是滋生腐败的温床。我们在充分运用行政许可制度的同时,必须对行政许可制度进行规范,并根据社会的发展和需要调整行政许可的范围。

第二,限制社会发展的动力和活力。被许可人一旦取得从事某项活动的资格和能力,有了法律的特殊保护,就可能失去积极的竞争或进取精神。而没有获得许可的那部分人,即使达到了许可的标准,也会因数额等客观限制无法获得许可。这种消极作用在商业竞争和职业资格许可方面尤其突出。

四、行政许可的设定

行政许可是现代法治国家进行市场和社会管制的一种有效手段,但是,并非所有的社会经济事务都可以采用行政许可制度,设定行政许可通常需要遵循一定的原则。一般而言,行政许可的设定应当遵循经济社会发展规律,有利于发挥公民、法人或者其他组织的积极性与主动性,有利于维护公共利益和社会秩序,有利于促进经济社会的和谐发展。

(一)可设定行政许可的事项

《行政许可法》的立法宗旨之一并非要强化政府的行政许可权,而是要减少和规范行政许可,放松行政管制,给公民、组织以更多的自由。从我国的实际情况来看,对下述事项宜设定行政许可:①涉及国家安全、社会稳定的管理事项宜采用许可制度,如武器弹药的制造、运输、携带,外国人出入境等。②涉及国家经济秩序的管理事项宜采用许可制度,如开业登记、生产、经营许可等。但是,凡不会对市场秩序造成冲击的行为,都不应附加许可程序,以保证市场经济的自主性与自律性。③涉及自然资源和公共资源有效利用的管理事项宜采用许可制度,如森林采伐、出租车管理等。④涉及较强的专业技术知识要求的一些特殊行业,如律师业、会计业、审计业等,应当采用资格授予制度。

(二)不设行政许可的事项

行政许可的设定标准应当体现行政审批制度改革的方向。总的原则是:"自主决定优先""市场优先""自律优先""事后机制优先",即"四优先"原则。对于《行政许可法》第12条规定的设定行政许可的事项,有关法律规范并不必然设定行政许可。凡是通过下列方式能够予以规范的,可以不设定行政许可:①公民、组织能够自主决定的;②市场竞争机制能够有效调节的;③行业组织或者中介机构能够自律管理的;④行政机关采用事后监督等其他行政管理方式能够解决的。

下述事项则不应当设定行政许可:①属于最低限度维持公民生存和人格尊严的权利和自由的事项,如公民的生命权、健康权、姓名权、肖像权、名誉权等,属于绝对权,公民行使这些权利不能附加法定条件。

②属于宪法规定的公民基本权利和自由事项,如财产权、选举权、诉讼权、平等权、自由权等。③属于村民自治、居民自治等非行政领域的事项。④法律规定的公民的基本权利中不会对社会造成重大影响的行为事项,如公民自愿参加宗教活动、游览观光等。

五、行政许可的实施

(一) 行政许可的实施机关

(1) 具有行政许可权的行政机关。它可以在其法定职权范围内实施行政许可。

(2) 被授权组织。得到法律、法规授权的具有管理公共事务职能的组织,可以在法定授权范围内以自己的名义实施行政许可。

(3) 被委托行政机关。行政机关在其法定职权范围内,依照法律、法规、规章的规定,可以委托其他行政机关实施行政许可。委托行政机关对受委托行政机关实施行政许可的行为应当负责监督,并对该行为的后果承担法律责任。受委托行政机关则必须在委托范围内以委托行政机关的名义实施行政许可,不得再委托其他组织或者个人实施行政许可。委托机关还应当将受委托行政机关和受委托实施行政许可的内容予以公告。

(4) 相对集中行使许可权的行政机关。经国务院批准,省、自治区、直辖市人民政府根据精简、统一、效能的原则,可以决定一个行政机关行使两个或两个以上行政机关的行政许可权。相对集中行政许可权,是为了便利相对人的行政许可申请,加快许可的办理速度,减少多头实施许可的弊端。

(5) 行政机关的相对集中。除了行政许可权的相对集中外,行政许可的实施机关也可以相对集中办公,以达到和集中许可权相同的目的。《行政许可法》第26条就规定了一个窗口对外和联合办公的方式:"行政许可需要行政机关内设的多个机构办理的,该行政机关应当确定一个机构统一受理行政许可申请,统一送达行政许可决定。行政许可依法由地方人民政府两个以上部门分别实施的,本级人民政府可以确定一个部门受理行政许可申请并转告有关部门分别提出意见后统一办理,或者组织有关部门联合办理、集中办理。"

(二) 行政许可的实施程序

1. 申请

行政许可是应申请的具体行政行为,相对人的申请是行政机关实施行政许可的前提条件,因此,公民、法人或者其他组织从事特定活动,依法需要取得行政许可的,应当向行政机关提出申请。申请人可以委托代理人提出行政许可申请,但是,依法应当由申请人到行政机关办公场所提出行政许可申请的除外。在申请方式上,相对人可以通过信函、电报、电传、传真、电子数据交换和电子邮件等方式提出行政许可的申请。申请人在提出申请时,应当如实向行政机关提交有关材料和反映真实情况,并对其申请材料实质内容的真实性负责。

对于行政机关而言,在申请阶段行政机关肩负的义务有:①申请书需要采用格式文本的,行政机关应当向申请人提供行政许可申请书格式文本,申请书格式文本中不得包含与申请行政许可事项没有直接关系的内容;②行政机关应当将法律、法规、规章规定的有关行政许可的事项、依据、条件、数量、程序、期限以及需要提交的全部材料的目录和申请书示范文本等在办公场所公示,申请人要求行政机关对公示内容予以说明、解释的,行政机关应当说明、解释,提供准确、可靠的信息;③行政机关不得要求申请人提交与其申请的行政许可事项无关的技术资料和其他材料;④行政机关应当建立和完善有关制度,推行电子政务,在行政机关的网站上公布行政许可事项,方便申请人采取数据电文等方式提出行政许可申请;⑤行政机关应当与其他行政机关共享有关行政许可信息,提高办事效率。

2. 受理

行政机关在收到申请人提出的行政许可申请,经初步审查后,应当根据不同情况分别做出处理:①申请事项依法不需要取得行政许可的,应当即时告知申请人不受理;②申请事项依法不属于本行政机关职权范围的,应当即时做出不予受理的决定,并告知申请人向有关行政机关申请;③申请材料存在可以当场更正的错误的,应当允许申请人当场更正;④申请材料不齐全或者不符合法定形式的,应当当场或者在5日内一次告知申请人需要补正的全部内容,逾期不告知的,自收到申请材料之日起即为受理;⑤申请事项属于本行政机关职权范围,申请材料齐全、符合法定形式,或者申请人按照本行政机关的要求提交全部补正申请材料的,应当受理行政许可申请。

行政机关无论是否受理行政许可申请,都应当出具加盖本行政机关专用印章和注明日期的书面凭证。

3. 审查

根据《行政许可法》第34条的规定,行政主体对申请人提交的申请材料进行审查可以采用两种方式,即书面审查和对实质内容的核查。书面审查是指行政主体仅对申请材料进行书面上的检查,而对申请材料所载的实质内容不进行核实。书面审查的目的是检查申请材料所记载的内容能否证明申请人符合取得许可的法定条件和标准。在受理过程中的审查是对许可申请是否符合受理条件的审查,审查的目的是决定是否受理许可申请,其中包括对申请材料是否齐全、是否符合法定形式的审查。书面审查是行政主体审查的主要方式,只有在少数情况下,行政主体才需要对申请材料的实质内容进行核查,以确定申请材料所记载的实质内容是否真正地符合法定的准予行政许可的条件和标准。根据《行政许可法》第34条第3款的规定,对申请材料的实质内容进行核实的,应该具备以下条件:①必须根据法定条件和程序,需要对申请材料的实质内容进行核实。②核查必须由两名以上的工作人员进行。行政机关对行政许可申请进行审查时,发现行政许可事项直接关系他人重大利益的,应当告知该利害关系人,并听取申请人、利害关系人的意见。

4. 决定

经对行政许可进行审查,对申请人提交的申请材料齐全、符合法定形式,依法不需要对行政许可申请作实质性审查、核实,能够当场做出决定的,相应行政主体应当当场做出是否准予行政许可的书面决定。除前述可以当场做出行政许可决定的以外,相应行政主体应当自受理行政许可申请之日起20日内做出是否准予行政许可的决定;20日内不能做出决定的,经本单位负责人批准,可以延长10日,但是应当将延长审查期限的情况告知申请人。依法可以采取统一办理或联合办理、集中办理行政许可的,办理的时间不得超过45日;45日内不能办结的,经本级人民政府批准,可以延长15日,但是也应当将延长审查期限的情况告知申请人。

申请人申请符合法定形式和标准的,相应行政主体应当依法做出准予行政许可的书面决定。相应行政主体依法做出不予行政许可的书面决定时,应当说明不予行政许可的理由、依据,并告知申请人享有依法申请行政复议或提起行政诉讼的权利。

5. 听证

行政许可实施中的听证包括两种类型:①依职权听证。依职权听证是行政机关依据职权而主动依法举行的听证。依职权听证的举行有两种情况,即法律、法规、规章规定实施行政许可应当听证的事项以及行政机关认为需要听证的其他涉及公共利益的重大行政许可事项;②依申请听证。依申请听证是指行政机关根据行政相对人的申请,依法举行的听证。行政许可直接涉及申请人与他人之间重大利益关系的,行政机关在做出行政许可决定前,应当告知申请人、利害关系人享有要求听证的权利。申请人、利害关系人在被告知听证权利之日起5日内提出听证申请的,行政机关应当在20日内组织听证。

6. 变更、延续

行政许可的变更是指行政机关根据被许可人的申请,依法对已经准予的行政许可事项的具体内容加以改变的行为。行政许可具有确定力,被许可人不得随意要求行政主体变更已做出的行政许可,行政主体也不能任意变更已做出的行政许可。被许可人要求变更行政许可事项的,必须依法提出申请,而行政主体未经被许可人申请,也不能主动地变更行政许可事项。当然,如果行政主体做出的行政许可确有错误的,则行政主体可依法主动变更。

资料

《中华人民共和国行政许可法(2003年)》节选
第二章 行政许可的设定

第十一条 设定行政许可,应当遵循经济和社会发展规律,有利于发挥公民、法人或者其他组织的积极性、主动性,维护公共利益和社会秩序,促进经济、社会和生态环境协调发展。

第十二条 下列事项可以设定行政许可:

(一)直接涉及国家安全、公共安全、经济宏观调控、生态环境保护以及直接关系人身健康、生命财产安全等特定活动,需要按照法定条件予以批准的事项;

(二)有限自然资源开发利用、公共资源配置以及直接关系公共利益的特定行业的市场准入等,需要赋予特定权利的事项;

(三)提供公众服务并且直接关系公共利益的职业、行业,需要确定具备特殊信誉、特殊条件或者特殊技能等资格、资质的事项;

(四)直接关系公共安全、人身健康、生命财产安全的重要设备、设施、产品、物品,需要按照技术标准、技术规范,通过检验、检测、检疫等方式进行审定的事项;

(五)企业或者其他组织的设立等,需要确定主体资格的事项;

(六)法律、行政法规规定可以设定行政许可的其他事项。

第十三条 本法第十二条所列事项,通过下列方式能够予以规范的,可以不设行政许可:

(一)公民、法人或者其他组织能够自主决定的;

(二)市场竞争机制能够有效调节的;

(三)行业组织或者中介机构能够自律管理的;

(四)行政机关采用事后监督等其他行政管理方式能够解决的。

第十四条 本法第十二条所列事项,法律可以设定行政许可。尚未制定法律的,行政法规可以设定行政许可。

必要时,国务院可以采用发布决定的方式设定行政许可。实施后,除临时性行政许可事项外,国务院应当及时提请全国人民代表大会及其常务委员会制定法律,或者自行制定行政法规。

第十五条 本法第十二条所列事项,尚未制定法律、行政法规的,地方性法规可以设定行政许可;尚未制定法律、行政法规和地方性法规的,因行政管理的需要,确需立即实施行政许可的,省、自治区、直辖市人民政府规章可以设定临时性的行政许可。临时性的行政许可实施满一年需要继续实施的,应当提请本级人民代表大会及其常务委员会制定地方性法规。

地方性法规和省、自治区、直辖市人民政府规章,不得设定应当由国家统一确定的公民、法人或者其他组织的资格、资质的行政许可;不得设定企业或者其他组织的设立登记及其前置性行政许可。其设定的行政许可,不得限制其他地区的个人或者企业到本地区从事生产经营和提供服务,不得限制其他地区的商品进入本地区市场。

第十六条 行政法规可以在法律设定的行政许可事项范围内,对实施该行政许可做出具体规定。

地方性法规可以在法律、行政法规设定的行政许可事项范围内,对实施该行政许可做出具体规定。

规章可以在上位法设定的行政许可事项范围内,对实施该行政许可做出具体规定。

法规、规章对实施上位法设定的行政许可做出的具体规定,不得增设行政许可;对行政许可条件做出的具体规定,不得增设违反上位法的其他条件。

第十七条 除本法第十四条、第十五条规定的外,其他规范性文件一律不得设定行政许可。

第十八条 设定行政许可,应当规定行政许可的实施机关、条件、程序、期限。

第十一章　依申请行政行为

第十九条　起草法律草案、法规草案和省、自治区、直辖市人民政府规章草案,拟设定行政许可的,起草单位应当采取听证会、论证会等形式听取意见,并向制定机关说明设定该行政许可的必要性、对经济和社会可能产生的影响以及听取和采纳意见的情况。

第二十条　行政许可的设定机关应当定期对其设定的行政许可进行评价;对已设定的行政许可,认为通过本法第十三条所列方式能够解决的,应当对设定该行政许可的规定及时予以修改或者废止。

行政许可的实施机关可以对已设定的行政许可的实施情况及存在的必要性适时进行评价,并将意见报告该行政许可的设定机关。

公民、法人或者其他组织可以向行政许可的设定机关和实施机关就行政许可的设定和实施提出意见和建议。

第二十一条　省、自治区、直辖市人民政府对行政法规设定的有关经济事务的行政许可,根据本行政区域经济和社会发展情况,认为通过本法第十三条所列方式能够解决的,报国务院批准后,可以在本行政区域内停止实施该行政许可。

第二节　行政确认

案例引导

原告周某与第三人周茂昌于1992年3月21日登记结婚。2008年2月4日,周茂昌与一冒名"周某"的女子持相关证件到被告某区民政局婚姻登记处办理了离婚登记。被告发给了周茂昌及冒名女子"宁江宁离字010800143号离婚证"。2008年5月,周某得知周茂昌已经办理离婚登记的情况后,要求区民政局撤销周茂昌的离婚登记,区民政局未予撤销。2008年12月,周某提起行政诉讼,要求确认被告区民政局发给第三人周茂昌和冒名"周某"姓名女子的离婚证无效。南京市某区法院经审理认为,被告区民政局是具有依法履行婚姻登记行政职能的机关。区民政局在为第三人周茂昌和冒名"周某"女子办理离婚登记时,虽然已经根据《婚姻登记条例》的有关规定履行了相应的审查义务,但仅限于对形式要件审查,审查内容不全面,导致周茂昌和冒名女子得以骗取了离婚证。法律规定,行政主体因受行政相对人欺骗做出的行政行为,应属无效的行政行为,自始至终不产生法律效力。区民政局在受欺骗情况下做出离婚登记的发证行为,该行政行为存在重大明显瑕疵,应当确认无效。据此,依法判定"宁江宁离字010800143号离婚证"无效。

思考:政府民政部门发给结婚证的行为属于何种类型的行政行为?

一、行政确认的含义与特征

(一) 行政确认的含义

行政确认是指行政主体依法对行政相对人的法律地位、法律关系和法律事实进行甄别,给予确定、认可、证明并予以宣告的具体行政行为。行政确认是国家行政权的组成部分,尽管行政确认行为中的行政主体往往处在平等主体当事人双方之间,但行政主体的确认权不是源于当事人的自愿委托,而是直接来源于国家行政管理权,是由相关法律规范授予的。所以,行政确认行为是行政主体所为的具有强制力的行政行为,有关当事人必须服从,否则将要承担相应的法律责任。

(二) 行政确认的特征

第一,行政确认是要式行政行为。由于行政确认的直接表现形式是对特定的法律事实或法律关系是否存在的甄别和宣告,所以,行政主体在做出确认行为时,必须以书面的形式,并按照一定的技术规范要求做出。其中,参加确认的有关人员还应签署自己的姓名,并由进行确认的行政主体加盖印鉴。

第二,行政确认是羁束的行政行为。行政确认的目的是确定行政相对人的法律地位和权利、义务,是严肃的法律行为,具有严格的规范性。而且行政确认所宣告是否存在的法律事实或法律关系也是由客观事实和法律规定决定的,并受到各种技术性规范的制约。行政主体在确认时,只能严格按照法律规定和技术规范进行操作,并尊重客观存在的事实,做到以事实为根据、以法律为准绳,不能自由裁量。

第三,行政确认的外在表现形式往往以技术鉴定书等形式出现,在较大程度上受到技术规范的制约,并由此决定行政相对人的法律地位和权利、义务。行政主体通常以行政确认作为做出行政处理决定的前提,规定行政相对人的法律地位和权利、义务。可见,有时确认和做出处理是行政主体一个行政行为的两个不同阶段或两个组成部分。这就导致了行政确认还具有鉴定、检验等甄别性质的特点。

二、行政确认的形式与内容

(一) 行政确认的主要形式

根据法律规范和行政活动的实际情况,行政确认主要有如下五种具体形式:确定、认可、证明、登记、鉴证等。

(1) 确定。确定是对个人或者组织法律地位和权利与义务的确定。例如,颁发土地使用证、宅基地使用证、房屋产权证书以确定财产所有权,颁发专利证书、商标专用权证书以确认专利权、商标权等。

(2) 认可。认可又称认证,是行政主体对于个人、组织已有法律地位和权利与义务以及确认事项是否符合法律要求的承认和肯定。例如,对无效经济合同的确认,对企业性质的判定,产品质量是否合格的认证等。

(3) 证明。证明是指行政主体向其他人明确肯定被证明对象的法律地位、权利与义务或某种情况。例如,各种学历、学位证明,宅基地使用证明,居民身份证明,货物原产地证明等。

(4) 登记。即行政主体应申请人申请,在政府有关登记簿册中记载相对人的某种情况或事实,并依法予以正式确认的行为。如工商企业登记、房屋产权登记、户口登记、社团登记、婚姻登记等。

(5) 鉴证。鉴证是指行政主体对某种法律关系的合法性予以审查后,确认或证明其效力的行为。如工商管理机关对经济合同的鉴证,有关部门对选举是否合法的确认,对文化制品是否合法的确认等。

(二) 行政确认的内容

行政确认的内容是确定或否定相对人的法律地位和权利、义务。其直接对象为与这些法律地位和权利、义务紧密相关的特定的法律事实或法律关系。行政主体通过确定特定的法律事实或法律关系是否存在,达到确定或否定行政相对人的法律地位和权利、义务的目的。其所确认的内容可分为两个方面,即法律事实和法律关系。

1. 法律事实

行政确认中的法律事实,除具有一般法律事实的性质外,着重于强调其特定的确定行政相对人的法律地位和权利、义务的属性。即这些法律事实都与能否确认管理相对人的法律地位或者权利、义务紧密相关,是一种特定的法律事实。

2. 法律关系

行政确认中的法律关系是特定的,是确定行政相对人的法律地位或者权利、义务的法律关系。目前我国法律、法规规定的有关特定法律关系的行政确认大致有如下内容:①不动产所有权的确认;②不动产使用权的确认;③合同效力的确认;④专利权的确认。

三、行政确认的功能

第一,行政确认是国家行政管理的一种重要手段,并能为法院审判活动提供准确客观的处理依据。现代行政管理几乎离不开行政确认,无论是对合法行为的肯定,还是处理行政违法行为,都需要首先确定其行为的性质和状态。

第二,行政确认有利于行政机关进行科学管理,有利于保护个人、组织的合法权益。行政确认的本质在于使个人、组织的法律地位和权利、义务取得法律上的承认。只有在这种法律承认的基础上,个人、组织才能申请各种需要取得但尚未取得的权利,才能保护各种以往存在或者已经取得的权利,并且通过证明等手段使其权利地位为他人所公认。

第三,行政确认有利于预防和解决各种纠纷。行政确认可以使当事人的法律地位和权利、义务都得以明确。一旦发生纠纷,运用行政确认手法,有利于纠纷的正确解决。例如,行政机关对土地权属的确认,有利于土地侵权赔偿争议的解决。

资料

《中华人民共和国婚姻登记条例(2003年)》节选
第二章 结婚登记

第四条 内地居民结婚,男女双方应当共同到一方当事人常住户口所在地的婚姻登记机关办理结婚登记。

中国公民同外国人在中国内地结婚的,内地居民同香港居民、澳门居民、台湾居民、华侨在中国内地结婚的,男女双方应当共同到内地居民常住户口所在地的婚姻登记机关办理结婚登记。

第五条 办理结婚登记的内地居民应当出具下列证件和证明材料:

(一)本人的户口簿、身份证;

(二)本人无配偶以及与对方当事人没有直系血亲和三代以内旁系血亲关系的签字声明。

办理结婚登记的香港居民、澳门居民、台湾居民应当出具下列证件和证明材料:

(一)本人的有效通行证、身份证;

(二)经居住地公证机构公证的本人无配偶以及与对方当事人没有直系血亲和三代以内旁系血亲关系的声明。

办理结婚登记的华侨应当出具下列证件和证明材料:

(一)本人的有效护照;

(二)居住国公证机构或者有权机关出具的、经中华人民共和国驻该国使(领)馆认证的本人无配偶以及与对方当事人没有直系血亲和三代以内旁系血亲关系的证明,或者中华人民共和国驻该国使(领)馆出具的本人无配偶以及与对方当事人没有直系血亲和三代以内旁系血亲关系的证明。

办理结婚登记的外国人应当出具下列证件和证明材料:

(一)本人的有效护照或者其他有效的国际旅行证件;

(二)所在国公证机构或者有权机关出具的、经中华人民共和国驻该国使(领)馆认证或者该国驻华使(领)馆认证的本人无配偶的证明,或者所在国驻华使(领)馆出具的本人无配偶的证明。

第六条 办理结婚登记的当事人有下列情形之一的,婚姻登记机关不予登记:

(一)未到法定结婚年龄的;

(二)非双方自愿的;

(三)一方或者双方已有配偶的;

(四)属于直系血亲或者三代以内旁系血亲的;

（五）患有医学上认为不应当结婚的疾病的。

第七条　婚姻登记机关应当对结婚登记当事人出具的证件、证明材料进行审查并询问相关情况。对当事人符合结婚条件的，应当当场予以登记，发给结婚证；对当事人不符合结婚条件不予登记的，应当向当事人说明理由。

第八条　男女双方补办结婚登记的，适用本条例结婚登记的规定。

第九条　因胁迫结婚的，受胁迫的当事人依据婚姻法第十一条的规定向婚姻登记机关请求撤销其婚姻的，应当出具下列证明材料：

（一）本人的身份证、结婚证；

（二）能够证明受胁迫结婚的证明材料。

婚姻登记机关经审查认为受胁迫结婚的情况属实且不涉及子女抚养、财产及债务问题的，应当撤销该婚姻，宣告结婚证作废。

第三节　行政给付

案例引导

2002年4月郭某办理退休手续时，Z市建筑陶瓷厂欠缴郭某个人养老保险费6 134.02元，欠费时间为66个月，此情况郭某签字认可。市社保局按照豫劳险[1998]12号文规定对此进行了相应核减，并按照相关规定计算郭某基本养老金为472.88元/月。2007年，郭某发现其退休前下岗的期限应计入缴费年限而未计入。经市社保局审查，郭某下岗29个月应计入而未计入缴费年限，下岗期间政府为其缴纳的养老保险费1 101.32元应计入而未计入其个人养老保险费账户。基于该变化，2007年5月21日市社保局改变了郭某的基本养老金待遇：在退休时基本养老金472.88元/月的基础上，增加21.03元；2005年调整企业退休人员基本养老金时郭某应增加70元/月，实际增加65元/月，故又增加5元/月。共计增加基本养老金26.03元/月。经Z市劳动和社会保障局批准，已从2007年6月开始执行。郭某对被告改变后的基本养老待遇不服，随即提起诉讼，因市社保局未在法定举证期限内提供做出被诉具体行政行为的证据、依据，2008年5月20日，淇滨法院依法撤销了被诉具体行政行为，并责令市社保局重新计算郭某的基本养老金待遇。经市社保局重新计算，2008年6月16日，市社保局做出了与原计算结果相同的具体行政行为，并阐明了改变的政策依据、事实和理由。郭某仍不服，依法向Z市劳动和社会保障局提起行政复议，复议机关维持原具体行政行为后，郭某又向淇滨法院提起诉讼。

思考： 案例中劳动和社会保障局向郭某发放养老金的行为属于何种类型的行政行为？

一、行政给付的含义

行政给付的概念有广义和狭义之分。广义上的行政给付是国家通过行政主体做出的旨在给行政相对人提供物质与精神上利益的行政行为。它包括国家对公民提供福利待遇、贫困救助、公安保护、物质上或精神上的奖励以及赔偿与补偿等。

中国行政法学界对行政给付的研究一般都是从狭义上展开的，往往仅限于行政物质帮助。行政物质帮助是指行政主体在公民年老、疾病或者丧失劳动能力等情况下，以及在公民下岗、失业、低经济收入或遭受天灾、人祸等特殊情况下，根据申请人的申请，依照有关法律法规或者政策的规定，赋予其一定的物质权益或者与物质有关的权益的具体行政行为。

基于此,本书认为,行政给付是行政主体给予特定行政相对人以物质权益或与物质性权益相关的利益的具体行政行为。行政给付可以分为行政救助和其他行政给付两大类。由于行政救助与其他行政给付行为有很多差别,因此需要对二者分别阐述。

二、行政给付的种类

行政给付的内容是行政机关通过行政给付行为赋予给付对象一定的物质上的权益或者与物质相关的权益。物质上的权益表现为给付相对人一定数量的金钱或者实物。与物质相关权益的表现形式很多,如让相对人免费入学受教育、给予相对人享受公费医疗待遇等。综合我国现有法律法规和政策的规定,可以将行政给付的形式概括为以下四种:

(一)抚恤金

(1)牺牲、病故人员抚恤金,此类抚恤金的发放对象是:烈士和病故的军人、人民警察、参展民兵民工以及党政机关、民主党派、人民团体工作人员的家属。

(2)残疾抚恤金,此类抚恤金包括发给革命残疾人员的抚恤金,在乡革命残疾人员的副食品价格补贴,回乡安置的特等、一等残疾军人的护理费,革命残疾人员的伤口复发治疗费、装修假肢和辅助器械等按规定报销的费用,在乡三等革命残疾人员残疾医疗减免的费用。

(3)烈军属、复员退伍军人生活补助费,此项补贴费包括发给在乡退伍红军老战士的生活补助费、副食品价格补贴和护理费,符合规定条件的烈属、在乡复退军人定期定量补助费和烈军属、在乡复退军人临时补助费。

(4)退伍军人安置费,此项安置费是发给无住房或者严重缺房而自力确有困难无法克服的当年回乡义务兵的一次性建房补助费。

(二)特定人员离退休金

(1)由民政部门管理的军队离休干部的离休金、生活补助费、副食品价格补贴以及取暖补贴、护理费、丧葬费、遗属生活困难补助等。

(2)由民政部门管理的军队退休干部、无军籍退休职工和由民政部门发放退休金的地方退休人员的退休金、副食品价格补贴以及取暖补贴、护理费、丧葬费、遗属生活困难补助费等。

(3)由民政部门发放退职金的退职人员生活费、副食品价格补贴。

(三)社会救济、福利金

(1)农村社会救济,即用于对农村五保户、贫困户等的救济。老年、残疾或者未满16周岁的村民,无劳动能力、无生活来源又无法定赡养、抚养、扶养义务人,或者其法定赡养、抚养、扶养义务人无赡养、抚养、扶养能力的人,享受农村五保供养待遇。

(2)城镇社会救济,即用于对城镇居民中无依无靠无生活来源的孤老残幼和贫困户等的救济。

(3)精简退职老弱病残职工救济,包括待业救济金、医疗费、死亡丧葬补助费、供养直系亲属抚恤费、救济费、医疗补助费、转业训练费、生产自救费等。

(4)社会福利金,即用于对社会福利院、敬老院、儿童福利院等社会福利机构、流浪乞讨人员收容救助、安置以及社会残疾人团体及其福利生产单位、科研机构的经费资助。

(四)自然灾害救济金及救济物资

(1)生活救济费和救济物资,即用于解决灾民吃穿住及治病等困难,适当扶持灾民生产自救的经费和物资。

(2)安置抢救转移费及物资援助,即用于发生特大自然灾害、紧急情况下临时安置、抢救、转移灾民的费用支出及物资援助。

三、行政给付的原则

(一)公平、公正、平等的原则

行政给付的目的在于赋予特定行政相对人一定的物质权益或与物质权益有关的权益,应坚持公平、公正的原则,对符合条件的公民一律平等地实施,不允许有差别对待。一般来说,为确保公平、公正、平等,最有效的途径就是建立健全公开制度。

(二)信赖保护与持续给付的原则

除了一次性或者临时发放的行政给付外,大多数行政给付是定期的,应当进行连续的、稳定的供给。信赖保护和持续给付是以受给人所提供的真实、全面的相关信息为基础的,所以,申请人应当如实向行政给付主体提交有关材料和反映真实情况,并对其申请材料实质内容的真实性负责。受给人的相关情况发生变化的,应当及时向行政给付主体反映。行政给付主体应当建立完善的受给人信息数据库,并根据变化的情况做出适宜的调整。

(三)行政给付与助成性行政指导相结合的原则

狭义的行政给付只是金钱或者实物的支付活动,对于确保人们的生活达到一定水准具有立竿见影的效果。但是从长远来看,从整个社会协调发展的角度来看,为了达到标本兼治的目的,必须坚持行政给付与助成性行政指导相结合的原则。

(四)程序规范、透明原则

目前,我国在行政给付方面尚无统一的法律规定,根据实践中的做法,基本可以从以下三种情形分别来理解行政给付的程序:

(1)定期发放的行政给付,通常应当由给付对象本人或者所在组织、单位提出申请,主管行政机关依法对其进行审查,评定等级,在某些情况下,还需要通过技术专家或者专门部门的鉴定,以确定标准,然后再定期发给。

(2)一次性发放的行政给付,如因公牺牲或者病故人员的丧葬费、退伍军人安置费、烈士家属抚恤金等,通常由给付对象提出申请,主管行政机关予以审查核实,然后按照法律法规或者规章所确定的标准一次性发给。

(3)临时发放的行政给付,有的由给付对象提出申请,有的则由有关基层组织确定给付对象,或者经有关基层组织发给给付对象。

资料

《城市居民最低生活保障条例(1999年)》

第一条 为了规范城市居民最低生活保障制度,保障城市居民基本生活,制定本条例。

第二条 持有非农业户口的城市居民,凡共同生活的家庭成员人均收入低于当地城市居民最低生活保障标准的,均有从当地人民政府获得基本生活物质帮助的权利。

前款所称收入,是指共同生活的家庭成员的全部货币收入和实物收入,包括法定赡养人、扶养人或者抚养人应当给付的赡养费、扶养费或者抚养费,不包括优抚对象按照国家规定享受的抚恤金、补助金。

第三条 城市居民最低生活保障制度遵循保障城市居民基本生活的原则,坚持国家保障与社会帮扶相结合、鼓励劳动自救的方针。

第四条 城市居民最低生活保障制度实行地方各级人民政府负责制。县级以上地方各级人民政府民政部门具体负责本行政区域内城市居民最低生活保障的管理工作;财政部门按照规定落实城市居民最低生活保障资金;统计、物价、审计、劳动保障和人事等部门分工负责,在各自的职责范围内负责城市居民最低生活保障的有关工作。

县级人民政府民政部门以及街道办事处和镇人民政府(以下统称管理审批机关)负责城市居民最低生活保障的具体管理审批工作。

居民委员会根据管理审批机关的委托,可以承担城市居民最低生活保障的日常管理、服务工作。

国务院民政部门负责全国城市居民最低生活保障的管理工作。

第五条 城市居民最低生活保障所需资金,由地方人民政府列入财政预算,纳入社会救济专项资金支出项目,专项管理,专款专用。

国家鼓励社会组织和个人为城市居民最低生活保障提供捐赠、资助;所提供的捐赠资助,全部纳入当地城市居民最低生活保障资金。

第六条 城市居民最低生活保障标准,按照当地维持城市居民基本生活所必需的衣、食、住费用,并适当考虑水电燃煤(燃气)费用以及未成年人的义务教育费用确定。

直辖市、设区的市的城市居民最低生活保障标准,由市人民政府民政部门会同财政、统计、物价等部门制定,报本级人民政府批准并公布执行;县(县级市)的城市居民最低生活保障标准,由县(县级市)人民政府民政部门会同财政、统计、物价等部门制定,报本级人民政府批准并报上一级人民政府备案后公布执行。

城市居民最低生活保障标准需要提高时,依照前两款的规定重新核定。

第七条 申请享受城市居民最低生活保障待遇,由户主向户籍所在地的街道办事处或者镇人民政府提出书面申请,并出具有关证明材料,填写《城市居民最低生活保障待遇审批表》。城市居民最低生活保障待遇,由其所在地的街道办事处或者镇人民政府初审,并将有关材料和初审意见报送县级人民政府民政部门审批。

管理审批机关为审批城市居民最低生活保障待遇的需要,可以通过入户调查、邻里访问以及信函索证等方式对申请人的家庭经济状况和实际生活水平进行调查核实。申请人及有关单位、组织或者个人应当接受调查,如实提供有关情况。

第八条 县级人民政府民政部门经审查,对符合享受城市居民最低生活保障待遇条件的家庭,应当区分下列不同情况批准其享受城市居民最低生活保障待遇:

(一)对无生活来源、无劳动能力又无法定赡养人、扶养人或者抚养人的城市居民,批准其按照当地城市居民最低生活保障标准全额享受;

(二)对尚有一定收入的城市居民,批准其按照家庭人均收入低于当地城市居民最低生活保障标准的差额享受。

县级人民政府民政部门经审查,对不符合享受城市居民最低生活保障待遇条件的,应当书面通知申请人,并说明理由。

管理审批机关应当自接到申请人提出申请之日起的30日内办结审批手续。

城市居民最低生活保障待遇由管理审批机关以货币形式按月发放;必要时,也可以给付实物。

第九条 对经批准享受城市居民最低生活保障待遇的城市居民,由管理审批机关采取适当形式以户为单位予以公布,接受群众监督。任何人对不符合法定条件而享受城市居民最低生活保障待遇的,都有权向管理审批机关提出意见;管理审批机关经核查,对情况属实的,应当予以纠正。

第十条 享受城市居民最低生活保障待遇的城市居民家庭人均收入情况发生变化的,应当及时通过居民委员会告知管理审批机关,办理停发、减发或者增发城市居民最低生活保障待遇的手续。

管理审批机关应当对享受城市居民最低生活保障待遇的城市居民的家庭收入情况定期进行核查。

在就业年龄内有劳动能力但尚未就业的城市居民,在享受城市居民最低生活保障待遇期间,应当参加其所在的居民委员会组织的公益性社区服务劳动。

第十一条 地方各级人民政府及其有关部门,应当对享受城市居民最低生活保障待遇的城市居民在就业、从事个体经营等方面给予必要的扶持和照顾。

第十二条 财政部门、审计部门依法监督城市居民最低生活保障资金的使用情况。

第十三条 从事城市居民最低生活保障管理审批工作的人员有下列行为之一的,给予批评教育,依法给予行政处分;构成犯罪的,依法追究刑事责任:

(一)对符合享受城市居民最低生活保障待遇条件的家庭拒不签署同意享受城市居民最低生活保障待遇意见的,或者对不符合享受城市居民最低生活保障待遇条件的家庭故意签署同意享受城市居民最低生活保障待遇意见的;

(二)玩忽职守、徇私舞弊,或者贪污、挪用、扣压、拖欠城市居民最低生活保障款物的。

第十四条 享受城市居民最低生活保障待遇的城市居民有下列行为之一的,由县级人民政府民政部门给予批评教育或者警告,追回其冒领的城市居民最低生活保障款物;情节恶劣的,处冒领金额1倍以上3倍以下的罚款:

(一)采取虚报、隐瞒、伪造等手段,骗取享受城市居民最低生活保障待遇的;

(二)在享受城市居民最低生活保障待遇期间家庭收入情况好转,不按规定告知管理审批机关,继续享受城市居民最低生活保障待遇的。

第十五条 城市居民对县级人民政府民政部门做出的不批准享受城市居民最低生活保障待遇或者减发、停发城市居民最低生活保障款物的决定或者给予的行政处罚不服的,可以依法申请行政复议;对复议决定仍不服的,可以依法提起行政诉讼。

第十六条 省、自治区、直辖市人民政府可以根据本条例,结合本行政区域城市居民最低生活保障工作的实际情况,规定实施的办法和步骤。

第十七条 本条例自1999年10月1日起施行。

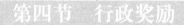

第四节 行政奖励

案例引导

1997年3月29日,某市沙湾区发生一起抢劫杀人案,宋某为该案提供了犯罪嫌疑人线索。同年6月4日晚,宋某要求某市公安局沙湾分局保护其人身安全。之后,宋某多次要求沙湾区公安分局保护其人身安全。1998年10月16日,沙湾区公安分局对宋某的行为给予奖金600元。同年12月29日,沙湾区公安分局对宋某的请求做出答复,认为宋某的人身安全尚不存在被他人非法威胁和侵害的事实,不属于沙湾区公安分局法定职责的范围。宋某不服,认为公安分局没有履行法定职责,要求法院判决沙湾区公安分局支付意外保险金3万元、奖金5000元。

思考:如何评价宋某的行为?对于宋某的诉讼请求,法院是否应支持?

一、行政奖励的含义与特征

(一)行政奖励的含义

行政奖励是指行政主体在行政管理的过程中,为了鼓励、褒扬对社会做出突出贡献或做出应受表扬的行为或模范遵纪守法,由行政主体依法给予的精神、物质或职位上的奖励的具体行政行为。在社会管理过程中,行政主体可以通过行政奖励的激励,形成正确的行为模式或国家积极鼓励的行为模式,从而促使其他社会成员或组织积极作出相应的行为模式,从而实现行政管理的目的,是一种正向的、积极的社会管理方式。在现代社会中,行政奖励往往与行政处罚、行政强制等管理手段并行成为一种重要的行政管理模式,也是一种独立的具体行政行为,被广泛运用于我国行政管理的各个领域。

需要说明的是,由于学术界对行政行为的界定不同,会影响到对行政奖励的界定,如将行政行为界定为既包括外部行政行为,也包括内部行政行为,则行政奖励就可能涵盖行政主体做出的所有奖励性行为,既包括对外部公民、法人和组织的奖励,同时也包括对公务员或者下级行政主体的奖励。如将行政行为界定为仅包括外部行政行为而不包括内部行政行为,则行政奖励仅指行政主体对外部公民、法人和组织所做出的奖励性行为,而不包括行政主体对内部公务人员或者下级行政主体的奖励性行为。

(二) 行政奖励的特征

第一,行政奖励是由行政主体做出的奖励。奖励是一种塑造行为模式的有效方式,通过奖励,塑造典型和模范,使得这些典型和模范的行为成为人们效仿的方式,从而在该领域建立起相应的行为范式。奖励在各个领域被普遍而广泛地使用。行政奖励区别于其他奖励的一大特征是:这种奖励是由行政主体做出的,包括行政机关和授权组织做出的相应的奖励,这种奖励往往比一般的奖励更具有法律性和更高的效力。

第二,行政奖励是授益性的行政行为。行政奖励是给予授奖主体的物质或精神上的利益,或者是某种权利性的利益,或者是某种职位上的利益,从结果上看,行政奖励不会给受奖主体带来任何负面的、不利的负担,因此,行政奖励是一种授益性的行政行为。

第三,行政奖励是一种无强制力的行政行为。尽管行政奖励是一个具体行政行为,但由于行政奖励是一种授益性的行政行为,对行政相对人而言是一种权利而非义务,因此,行政主体并无强制要求行政受奖人员接受奖励的权力,行政受奖人员有选择接受、处置或放弃接受该行政奖励的权利。

第四,行政奖励是给予行政相对人以物质上、精神上、其他奖励性权利或职务性奖励的行为。这是从行政奖励行为的内容上来看行政奖励的特征的,与其他行政行为相比,行政奖励的对象是普遍的,可以是公民、法人、组织、公务人员甚至是行政主体;其范围是广泛的,可以涵盖社会管理的方方面面,只要这种行为是行政主体认为值得提倡的行为,都可以予以行政奖励。相应地,对于行政奖励予以规范的规范性法律文件也难以统一,所以,行政奖励的相关规定总是散见于各个单行的行政法律规范。但基本可以统一的是行政奖励的内容,主要包括以下四种:①物质上的奖励,即给予授奖主体以一定的奖金、奖品等物质予以奖励;②精神奖励,即给授奖主体颁发荣誉证书、授予特定称号等精神上的认可和奖励;③其他奖励性权利(也有学者称为权能奖励)①,即赋予授奖主体以其他主体所不能行使的权利的奖励形式;④职务性奖励,即给予授奖主体晋职、晋级等奖励。

第五,行政奖励是具体行政行为。行政奖励是行政主体针对特定人所做出的,能够产生具体的行政法上的权利和义务的活动。

二、行政奖励的原则

(一) 依法奖励、实事求是原则

这是行政合法性原则在行政奖励领域的体现。依法行政原则是贯穿于行政行为的所有领域的基本原则,因此,对于行政奖励也应当要求其做到依法奖励。行政奖励的主体是国家行政主体,是行政主体行使行政管理权管理国家的方式之一,因此也属于国家权力之一,对于国家权力而言,有效规制以防止其被滥用是依法行政的要义。行政奖励是行政主体代表国家实施的奖励,因此,要求其应当严格依法进行。

---

① 参见胡建淼主编:《行政法学概要》,浙江工商大学出版社2012年版,第219页。

(二) 公正、合理、民主、平等原则

表彰奖励工作涉及面广、政策性强,因而只有确保奖励的科学性、公正性和权威性,才能调动广大人民群众的积极性和创造性。在这层意义上,强调公正、合理、民主、平等的原则,要求行政奖励必须以实际功绩和贡献为评奖的唯一依据,必须有一套体现民主、公正和平等的评奖机制。

(三) 奖励与授奖行为相当

行政奖励是行政主体代表国家对于为国家或集体做出突出贡献或值得奖励行为时,给予行政相对人的物质利益或精神利益。尤其是在给予物质利益时,需要把握一个适当的度。行政主体在实施行政奖励时,应当确保行政奖励与授奖行为相当,使行政奖励既能发挥其激励作用,也不侵害公民的合法权益。

(四) 物质奖励与精神奖励相结合

物质奖励和精神奖励是行政奖励的两种基本奖励方法,方式不同,所适用的领域不同,所产生的效果也不一样。精神奖励重在突出政治荣誉和社会荣誉,推动社会政治文明和精神文明的进步;物质奖励重在支持创新性劳动贡献和科研条件改善,推动社会生产力的提高。

(五) 及时、稳定、时效性原则

行政奖励的目的在于激励行政相对人积极做出国家鼓励或提倡的行为,因此,当行政相对人实施了应受行政奖励的行为后,行政主体就应当及时予以行政奖励,才能够发挥行政奖励应有的功效,延迟的行政奖励往往起不到相应的激励作用,甚至会打击行政相对人行为的积极性。稳定性原则要求行政奖励在一定时间内应当是持续和稳定的,只有持续、稳定地保障对某一行为或活动的行政奖励,才能将国家鼓励或提倡的行为或活动固定下来、形塑起来,鼓励和促进公民积极实施这些应受行政奖励的行为和活动,才能发挥行政奖励的社会管理功能。时效性原则要求除了特殊的终身制奖励外,行政奖励应当是具有时效性的,只能针对当时应受行政奖励的行为,而不是一次奖励、享受终生。这样可以避免授奖主体的惰性思维的产生。

三、行政奖励的种类与形式

行政奖励行为的广泛性决定了其表现形式的多样性。行政奖励既包括给予相对人物质方面的权益,如发给授奖者一定数额的奖金或者奖品,也包括给予相对人精神方面的权益,如授予授奖者某种法定的荣誉等。一定的行政奖励形式,是行政奖励内容的反映。行政奖励的内容是指行政主体通过行政奖励行为所赋予被奖励人的权益。根据不同法律法规和规章的规定,行政奖励的内容和形式体现为以下三个方面:

(1) 精神方面的权益,即给予授奖人某种荣誉,如授予"劳动模范"等荣誉称号、通报表扬、记功、发给奖状奖章等。

(2) 物质方面的权益,即发给奖金或者各种奖品。

(3) 职权方面的权益,即予以晋级或者晋职。当然,这种奖励的对象具有更进一步的限定性,并且由于牵涉职权方面的权益,往往要求有组织法上的根据。

这三种奖励形式,既可单独进行,又可合并实施。由于这三种奖励在刺激、调动积极性方面各有特色,因而在实践中往往三者并行:既有精神奖励,又有物质奖励,更重视职权方面的权益赋予。

资料

《辽宁省奖励和保护见义勇为人员条例(2013年)》(节选)

第一章 总 则

第一条 为了弘扬社会正气,鼓励和支持见义勇为行为,奖励和保护见义勇为人员,根据有关法律、行政法规,结合本省实际,制定本条例。

第二条 本条例所称的见义勇为人员,是指不负有法定职责、法定义务,为保护国家利益、社会公共利益或者他人的人身、财产安全,制止正在实施的违法犯罪行为或者在抢险、救灾、救人等活动中表现突出的公民。

第三条 本省行政区域内见义勇为人员的奖励和保护,适用本条例。

本省公民在省外见义勇为的,参照本条例执行。

第四条 奖励和保护见义勇为人员,实行政府主导与社会参与相结合,精神鼓励、物质奖励与权益保护相结合,坚持及时、公开、公平、公正的原则。

鼓励采取合法、适当、有效的方式进行见义勇为。

第五条 省、市、县(含县级市、区,下同)人民政府负责对见义勇为人员的奖励和保护工作。社会管理综合治理工作机构负责奖励和保护见义勇为人员的日常工作。

民政、人力资源和社会保障、财政、教育、卫生、公安、住房和城乡建设、工商、税务、司法行政、审计等有关部门,应当按照各自职责,做好见义勇为人员奖励和保护的相关工作。

文化、新闻出版、广播电影电视等部门应当大力宣传见义勇为人员的先进事迹。

工会、共青团、妇联、残联等社会团体,以及企事业单位、基层群众自治组织,在各自的工作范围内,协助做好见义勇为人员的奖励和保护工作。

第六条 有条件的市、县可以成立见义勇为基金会或者协会。

见义勇为基金会或者协会按照法律法规和章程协助做好见义勇为人员的奖励和保护工作。

第二章 申报确认

第七条 符合本条例第二条规定,有下列行为之一的,应当向见义勇为行为发生地的县级社会管理综合治理工作机构申报确认见义勇为行为:

(一)制止正在实施的危害国家安全、公共安全或者妨害社会管理秩序的违法犯罪行为的;

(二)制止正在实施的侵害国有财产、集体财产和他人的人身、财产安全的违法犯罪行为的;

(三)协助有关机关追捕、抓获犯罪嫌疑人、罪犯的;

(四)在抢险、救灾、救人活动中表现突出的;

(五)其他符合本条例第二条规定的行为。

第八条 见义勇为行为人及其近亲属可以向见义勇为行为发生地的县级社会管理综合治理工作机构申报确认见义勇为行为;居民委员会、村民委员会以及行为人所在单位,应当主动及时地向见义勇为行为发生地的县级社会管理综合治理工作机构申报确认见义勇为行为。

公安机关在处理治安案件和刑事案件时发现见义勇为行为的,应当告知见义勇为行为人享有申报的权利。

申报时限为见义勇为行为发生之日起六个月内;情况复杂的,可以延长,但最长不得超过一年。

第九条 县级社会管理综合治理工作机构应当自接到申报之日起二十日内完成调查、核实和确认工作。情况特殊的,可以延长至六十日。

对于无申报人的见义勇为行为,县级社会管理综合治理工作机构可以自行组织开展调查、核实和确认工作。

社会管理综合治理工作机构调查核实时,有关单位和个人应当予以配合。

第十条 对拟确认为见义勇为的,除确需保密外,县级社会管理综合治理工作机构应当将见义勇为人员及其主要事迹通过媒体或者网络向社会公示,公示期限为七日。

对公示期届满无异议或者经审查异议不成立的,由县级社会管理综合治理工作机构予以书面确认;不予确认为见义勇为行为的,应当向申报人书面说明。

申报人对不予确认有异议的,可以自收到不予确认书面说明之日起十日内,向市级社会管理综合治理工作机构申诉。市级社会管理综合治理工作机构应当自收到申诉之日起三十日内,完成调查、核实工作,并将核实结果书面告知申报人和县级社会管理综合治理工作机构。

第十一条　县级社会管理综合治理工作机构确认见义勇为行为后,认为符合市级表彰和奖励标准的,应当向市级社会管理综合治理工作机构进行申报。市级社会管理综合治理工作机构认为符合省级表彰和奖励标准的,应当向省级社会管理综合治理工作机构进行申报。

上一级社会管理综合治理工作机构接到申报后,应当在三十日内完成复核工作,符合表彰奖励标准的,报本级人民政府批准;不符合表彰奖励标准的,书面通知申报单位。

第三章　表彰奖励

第十二条　省、市、县人民政府对见义勇为人员,根据其表现和贡献,给予下列表彰奖励:

(一)县级人民政府授予见义勇为先进个人称号,颁发荣誉证书并给予不低于五万元的奖金。其中死亡或者完全丧失劳动能力的,增发不低于十五万元奖金;

(二)市人民政府授予见义勇为模范称号,颁发荣誉证书并在县级人民政府奖励的基础上再给予不低于十万元的奖金。其中死亡或者完全丧失劳动能力的,再增发不低于三十万元奖金;

(三)省人民政府授予见义勇为英雄称号,颁发荣誉证书并在市人民政府奖励的基础上再给予不低于二十万元的奖金。其中死亡或者完全丧失劳动能力的,再增发不低于四十万元奖金。

第十三条　省、市、县人民政府对见义勇为人员应当及时予以表彰和奖励。

第十四条　国家机关、社会团体、企业事业单位和基层组织,可以对本系统、本部门、本单位的见义勇为人员给予表彰奖励。

第十五条　省、市、县人大常委会对受到本级人民政府表彰奖励的见义勇为人员中,事迹特别突出的,可以授予地方荣誉称号。

第十六条　对见义勇为人员的奖金,经税务机关依照国家有关规定核准,免征个人所得税。

第四章　权益保护

第十七条　对见义勇为死亡人员,依法被评定为烈士、属于因公牺牲或者视同工亡的,按照国家有关规定享受相应待遇。不属于上述情形的,补助金发放标准按照国家有关规定执行。

对见义勇为致残人员,符合享受工伤保险待遇条件的,按照《工伤保险条例》享受相应待遇;不符合享受工伤保险待遇条件的,按照《伤残抚恤管理办法》及有关规定,由民政部门评定伤残等级并落实相应待遇。

对见义勇为负伤人员不够评定伤残等级而又生活困难或者已享受见义勇为伤亡人员抚恤补助待遇仍有特殊生活困难的,当地县级人民政府应当采取措施给予帮扶。

第十八条　见义勇为人员负伤、致残、死亡的,其医疗费、护理费、交通费等为治疗和康复支出的合理费用、因误工减少的收入、残疾生活辅助具费和残疾赔偿金、丧葬费、死亡赔偿金等,由责任人、加害人依法承担赔偿责任;没有责任人、加害人,或者不能确定责任人、加害人以及责任人、加害人无力支付的,依据有关法律、法规由以下各方承担:

(一)由社会保险机构按规定支付;

(二)由受益人适当补偿;

(三)见义勇为人员有工作单位的,所在单位给予适当补助;

通过上述方式未能解决的费用,由见义勇为行为发生地的社会管理综合治理工作机构从见义勇为奖励和保护基金中支付。

第十九条　对见义勇为负伤人员,医疗机构应当建立绿色通道,采取积极措施及时进行救治,不得拒绝、推诿或者拖延。当地社会管理综合治理工作机构应当及时协调解决见义勇为人员的抢救和治疗费用。

鼓励医疗机构、康复机构减收或者免收见义勇为人员救治期间的医疗和康复费用。

第二十条　见义勇为负伤人员在治疗期内,有工作单位的,原享有的工资、奖金和福利待遇不变;无固定收入、生活困难的,由当地县级人民政府给予生活补助。

第二十一条　对符合城乡低保条件的见义勇为人员及其家庭,应当纳入低保范围,其因见义勇为所获得的抚恤金、补助金、奖金等不计入家庭收入;符合申请专项救助和临时救助条件的,省、市、县人民政府应当给予优先救助。

第二十二条　因见义勇为伤残的人员,不能从事原工作的,用人单位应当根据实际情况调整其工作岗位;非因法定事由,不得解除劳动(聘用)合同。

第二十三条　对就业困难并且有就业能力和就业愿望的见义勇为人员,纳入就业援助范围。地方人民政府开发的公益性岗位,应当优先安排符合条件的见义勇为人员。

见义勇为人员申请从事个体经营的,工商、税务、质量技术监督等有关部门应当优先依法办理证照,依法减免有关费用。

第二十四条　对见义勇为死亡或者致残丧失劳动能力人员的家庭,无生活来源的,当地人力资源和社会保障、残联等部门应当优先帮扶其直系亲属或者与其具有抚(扶)养关系的亲属就业。

第二十五条　对符合廉租住房、公共租赁住房和经济适用住房保障条件的城市见义勇为人员家庭,应当优先纳入住房保障体系,优先配租、配售保障性住房或者发放住房租赁补贴。

对符合农村危房改造条件的见义勇为人员家庭,应当给予优先安排。

第二十六条　对见义勇为死亡而致孤的人员,属于城市社会福利机构供养范围的优先安排到福利机构供养,符合农村五保供养条件的纳入农村五保供养范围;对致孤儿童,纳入孤儿保障体系,按照相关标准发放孤儿基本生活费。致孤儿童的医疗保障,纳入城镇居民基本医疗保险、新型农村合作医疗、城乡医疗救助等制度覆盖范围,符合条件的应当优先给予救助,参保(合)费用可以通过城乡医疗救助制度解决。

第二十七条　对见义勇为死亡或者致残人员的子女,在入公办幼儿园时,同等条件下应当优先接收,并将其纳入学前教育资助范围;在义务教育阶段,应当按照就近入学的原则优先安排在公办学校就读;在报考普通高中、中等职业学校时,应当给予适当降分录取。

对见义勇为死亡或者致残人员子女以及获得市级以上表彰奖励的见义勇为人员本人报考省属以下高校时,应当给予适当降分投档。

上述人员在公办高中阶段学校以及省属以下大专院校就读期间,免收学费。

第二十八条　见义勇为人员及其近亲属人身、财产安全需要保护的,公安机关应当依法采取措施予以保护。

见义勇为人员近亲属遭受报复伤亡的,经县级以上社会管理综合治理工作机构的认定,适用本条例有关权益保护的规定。

第二十九条　见义勇为人员因见义勇为遭受人身伤害或者财产损失请求法律援助的,法律援助机构应当提供法律援助。

第三十条　因见义勇为造成他人财产损失,依法应当承担赔偿责任的,由见义勇为奖励和保护基金给予适当的经济补助。

第三十一条　受益人有保全证据、提供真实情况、救助见义勇为人员的责任,并应当对见义勇为人员及其家庭成员表达谢意、予以慰藉。

第五章　经费保障

第三十二条　省、市、县人民政府应当安排一定款项作为见义勇为基金,并将其纳入年度财政预算,确保奖励和保护见义勇为人员所需经费的支出。

见义勇为基金应当严格管理,专款专用,接受财政、审计部门和捐赠人的监督,每年向社会公布使用情况。

第三十三条　见义勇为基金来源包括:

(一)本级人民政府财政拨款;

(二)捐赠收入;
(三)募集收入;
(四)其他合法收入。
第三十四条 见义勇为基金主要用于:
(一)表彰奖励见义勇为人员的奖金;
(二)补助见义勇为死亡和伤残人员的抚慰费用;
(三)其他为奖励和保护见义勇为人员需要支付的费用。

第五节 行政裁决

案例引导

金某原承租上海市某路段一套公房,居住面积21.5平方米,房屋类型旧里。2002年8月30日,某房产公司依法取得房屋拆迁许可证,对金某承租房屋所在地实施拆迁。由于金某与某房产公司无法达成房屋拆迁补偿安置协议,2003年3月5日,某房产公司向某区房管局申请拆迁裁决。某区房管局于2003年3月18日做出房屋拆迁裁决,裁决安置金某上海市某地段的86.63平方米的产权房。房屋拆迁裁决做出后,2003年4月7日,金某又与某房产公司签订了房屋拆迁补偿安置协议,该协议约定某房产公司以货币方式对金某户进行安置,双方在协议和《动拆迁费用发放单》上签名并盖章。2003年6月12日,金某对某区房管局的拆迁裁决不服,向一审法院提起行政诉讼,要求撤销该房屋拆迁裁决。

一审法院认为,房屋拆迁裁决是对拆迁当事人之间因拆迁补偿安置产生的争议做出的处理决定,该处理决定确定的是当事人之间的民事权利义务,根据民事权利义务可自由处分原则,拆迁当事人在不违反法律规定的前提下,可以对拆迁裁决确定的安置内容进行变更,金某与某房产公司另行达成的补偿协议已经履行完毕,原拆迁裁决安置内容事实上已经被协议所变更,裁决所确定的权利义务已不再具有效力,判决驳回原告的诉讼请求。二审法院认为,拆迁安置补偿问题是拆迁人和被拆迁人之间的民事权利义务关系,当事人在不违反法律的禁止性规定的前提下,可以自愿对民事权利义务做出处分,判决驳回上诉,维持原判。

思考:案例中拆迁行政裁决行为的效力如何?行政裁决与安置补偿协议之间的关系如何,两者之一的内容是否具有优先适用性?

一、行政裁决的含义

行政裁决是指行政主体在法律法规的授权下,根据行政相对人的申请,对行政相对人之间的特定民事纠纷做出处理决定的行政活动的总称。行政裁决以当事人之间发生了与行政管理活动密切相关的民事纠纷为前提,随着社会经济的发展和政府职能的扩大,行政机关的活动范围打破了以前民事纠纷最终由法院裁断且只能由法院裁断、行政机关只行使行政权而不裁决处理民事纠纷的传统,获得了对民事纠纷的裁决权。但是,行政机关对民事纠纷的裁决,并非涉及所有民事领域,只有在特定情况下,即在民事纠纷与行政管理密切相关的情况下,行政机关才对该民事纠纷予以裁决,以实现行政管理的目的。所以,成为行政裁决对象的只能是与行政管理活动密切相关的民事纠纷。

行政裁决的主体是特定的行政机关。行政裁决是一种纠纷解决的方式,但与诉讼等纠纷解决方式不同的一点是,行政裁决是由特定的行政机关实施的行为,这是行政裁决与其他裁决方式在主体上的区别。并且,并非所有的行政主体都有行政裁决权,行政主体要实施行政裁决的行为,必须要有法律、法规的明确授权,只有经法律、法规的授权,行政主体才有权对行政相对人之间的民事纠纷进行裁决,如果没有授权,行政主体则不享有行政裁决权,不能对相对人之间的民事纠纷进行裁决。

行政裁决具有准司法性。行政裁决是由行政主体居中作为裁断者,对行政相对人之间的特定民事纠纷进行调查并做出决定的活动,其行为性质类似于司法活动,但其主体不是人民法院而是特定的行政主体,因此,行政裁决的活动类似于司法活动,具有准司法性。行政裁决的准司法性是由国家管理的需要决定的,一方面,尽管裁断纠纷属于司法权的职责,但是有些行政管理领域的纠纷涉及的专业化程度较高,由于司法机构不具有相应的专业知识,因此往往会延误纠纷的解决或者不能正确地解决纠纷。而相应领域的行政主体本身就是这类活动的管理者,具备相应的专业知识,在对与此相关的纠纷进行裁断时,也较为得心应手,并能够及时准确地裁断纠纷。例如,对于专利纠纷的裁断,专利管理委员会就比法院具备更多的知识和便利来做出正确的判断。另一方面,对于一些特殊物的所有权,依据我国《宪法》的规定,法院无权决定其所有权的归属,因而只能交由特定的行政主体来决定此类所有权纠纷。例如,关于土地所有权的归属纠纷、国有资产所有权的纠纷等,都需要交由特定的行政主体来裁断。

二、行政裁决的种类

(一)权属纠纷裁决

这类权属纠纷通常是指自然资源的权属纠纷。根据我国《宪法》的规定,我国土地、森林、草原等自然资源的所有权归属于国家和集体,确定所有权的范围属于政府的行政权力,从我国的权力体制看,法院不宜对这类纠纷进行裁判,因此,我国相关法律授权相关行政主体对这类权属纠纷进行裁决,属于行政裁决的主要类型。例如,《土地管理法》第16条第1款、第2款规定:"土地所有权和使用权争议,由当事人协商解决;协商不成的,由人民政府处理。单位之间的争议,由县级以上人民政府处理;个人之间、个人与单位之间的争议,由乡级人民政府或者县级以上人民政府处理。"《森林法》第17条规定:"单位之间发生的林木、林地所有权和使用权争议,由县级以上人民政府依法处理。个人之间、个人与单位之间发生的林木所有权和林地使用权争议,由当地县级或者乡级人民政府依法处理。……"《草原法》第16条第1款、第2款规定:"草原所有权、使用权的争议,由当事人协商解决;协商不成的,由有关人民政府处理。单位之间的争议,由县级以上人民政府处理;个人之间、个人与单位之间的争议,由乡(镇)人民政府或者县级以上人民政府处理。"

(二)侵权纠纷裁决

侵权纠纷裁决是指作为平等主体一方当事人涉及行政管理的合法权益受到另一方侵犯时,当事人依法申请行政机关进行制止,行政机关就此争议做出的制止侵权行为的裁决。例如,对商标权、专利权的侵犯引起的纠纷,分别由工商行政管理部门、专利管理机关进行裁决。我国《专利法》规定,对未经专利权人许可而实施其专利的侵权行为,专利权人或者利害关系人可以请求管理专利工作的部门处理。裁决侵权纠纷的目的在于制止侵权行为,保障当事人的合法权益。

(三)损害赔偿纠纷裁决

损害赔偿纠纷裁决是一方当事人的权益受到侵害后,要求侵权者给予损害赔偿所引起的纠纷。这种纠纷广泛存在于治安管理、食品卫生、药品管理、环境保护、医疗卫生、产品质量、社会福利等许多方面。产生损害赔偿纠纷时,权益受到损害者可以依法要求有关行政机关做出裁决,确认赔偿责任和赔偿金额,使其受到侵害的权益得到恢复或者赔偿。

权属纠纷、侵权纠纷和损害赔偿纠纷及其裁决之间具有内在联系,它们表现为:首先,权属关系的确定是侵权事实得以确定的基础,侵权事实的确定又为损害赔偿请求提供了依据。其次,三种纠纷各自的着眼点不同,分别强调了一个连续过程的不同阶段。由于各自的争议标的不同,行政裁决的目的便不完全相同,但在保护当事人的合法权益并服务于行政管理这一点上,三种行政裁决的目的则是一致的。

(四)民间纠纷裁决

这类行政裁决是由基层人民政府对于民间纠纷的一种处理活动,作为人民法院解决纠纷方式的补充,对于快速、及时、有效化解民间纠纷有着积极的作用。根据司法部《民间纠纷处理办法》的规定,基层人民政府可以处理公民之间有关人身、财产权益和其他日常生活中发生的纠纷。由基层人民政府的司法行政工作人员司法助理员具体负责民间纠纷的处理工作。基层人民政府在处理民间纠纷时,可以裁决责任一方按照《中华人民共和国民法通则》第134条第1款所列举的方式承担民事责任,但不得给予人身或者财产处罚。

三、行政裁决的原则

(1)合法性原则。合法性原则要求行政裁决要严格按照法律的规定进行,包括:行政裁决权的取得应当有法律法规的明确授权;行政裁决事项属于法律规定可以裁决的事项;行政裁决的程序应当符合法律规定的程序;行政裁决的内容应当符合法律的规定。

(2)公正、平等原则。行政机关运用行政裁决权,必须坚持和贯彻公正、平等的原则。首先,裁决机关必须在法律上处于独立的第三人地位。其次,裁决者应当实行严格的回避制度。最后,裁决机关必须客观全面地认定事实,正确地适用法律,并保证裁决程序的公正。行政机关行使行政裁决权,必须按照法律规定,在程序上为双方当事人提供平等的机会,以确保纠纷双方当事人在法律面前平等。

(3)简便、迅速原则。行政裁决存在的意义就在于这种纠纷解决的方式比诉讼简便、快捷、高效,特别是基层人民政府对大量民间纠纷的裁决,由于是政府做出的,因此有更高的权威性,而程序又没有诉讼烦琐,解决纠纷时间也较短,能够及时化解民间纠纷,维护地方稳定,因此,在行政裁决时,行政裁决主体应当贯彻简便、迅速的原则,发挥行政裁决应有的优势。

(4)调解原则。行政裁决解决的是民事纠纷,是对民事权利的处理,因此存在可调解的基础,调解是在纠纷双方互相让步的前提下,对各自的权利进行处置以达成一致的调解协议从而使纠纷得以解决。调解建立在双方自愿的基础上,因此一旦达成调解协议,双方当事人也较能遵守和执行。因此,在行政裁决中,只要存在调解可能的,行政裁决主体就应当组织双方当事人调解,使纠纷能够更好地解决。

(5)客观、准确原则。这一原则要求行政裁决要以事实为基础,以法律为准绳。行政裁决一定要以客观事实为基础,应当建立在对客观事实全面、客观的调查取证上,通过对客观事实的掌握,做出准确的行政裁决。

四、对引导案例的分析①

在本案中,根据申请,房管局做出拆迁行政裁决后,金某和房产公司本应该按照裁决所确定的权利义务内容执行安置补偿。然而,事后,金某和房产公司又另行签订并执行了新的安置补偿协议。这种情况应该是法律允许的。因为金某和房产公司之间的法律关系本身是民事法律关系,按照民事关系意思自治的原则,金某和房产公司只要在不违反法律规定的情况下,可以对自己的权利义务做出处分。然而,有疑问的是,如果按照新的安置补偿协议执行,房管局的拆迁裁决行为的效力如何?是否失去效力?是为安置补偿协议所确定的内容所变更,还是效力仍然存在?一审和二审法院的判决均认为,原拆迁裁决安置内容事实上已经被协议所变更,裁决所确定的权利义务已不再具有效力,拆迁裁决对当事人的权利义务已无影响。

行政行为具有公定力,目的是适应法律安定性的需要,为了稳定已做出的行政行为及行政行为所设定的权利义务关系,从而维护整个法律制度和法律秩序的稳定性。有关国家机关、社会组织或个人在实

---

① 案例及相关分析参阅夏红焰:"行政裁决的效力分析——以一起房屋拆迁案为例",载110法律咨询网,网址http://www.110.com/ziliao/article-233871.html。

施相关行为,设定、变更或消灭相关权利义务时,就应当对行政行为及其权利义务表示尊重,以不影响该业已存在的行政行为和权利义务关系为前提,即使对行政行为的合法性存有疑问并由此发生纠纷时,在有权的国家机关按照法定程序做出审查和宣告以前,有疑问的当事人仍应对行政行为表示尊重,推定它是合法有效的,以维持行政行为及其权利义务关系的稳定性。在上述案件中,两级法院只是做出驳回原告诉讼请求的判决,并未对房管局的拆迁行政裁决行为的成立要件与效力状况做出判断和宣告,由于行政行为具有公定力,在未被法院判决宣告违法无效以前,拆迁裁决行为仍然被视为合法有效,其所确定的权利义务关系是确定存在的,并未被新的安置补偿协议所变更。如果相对人金某和房产公司对新的安置补偿协议反悔,要求按照拆迁裁决内容执行,拆迁裁决所确定的权利义务关系还是继续有效,并对相对人产生规范效果。民事法律关系以平等主体意思自治为原则,意思自治原则包含达成合意的自由,也包括变更和消灭原先合意的自由,如果相对人协议消灭原先的合意,要求解除原先的安置补偿协议,并要求按照拆迁裁决内容执行,这时,如果按照法院所认为的拆迁裁决内容已经不存在,则相对人就会找不到有效的纠纷解决途径。除非向法院提起民事诉讼,或者向房管局再申请一次行政裁决,但这会产生法律决定之间的冲突。因此,这时不能保证法院的民事判决和拆迁裁决内容不会存在不一致之处,房管局也会因为已经做出拆迁裁决行为,且该行为仍然合法有效,而拒绝做出另一个拆迁裁决决定。因此,两级法院的判决理由——拆迁裁决所确定的权利义务已不再具有效力,在理论逻辑上不能获得自洽性,且是与行政行为的公定力原理相矛盾的。

另外,还要区分法律的效力和实效。"法律效力(validity)的意思是法律规范是有约束力的,人们应当像法律规范所规定的那样行为,应当服从和适用法律规范。""法律实效(efficacy)的意思是人们实际上就像根据法律规范规定的应当那样行为而行为,规范实际上被适用和服从。"法律效力和法律实效指的是完全不同的现象,法律效力是应然层面的问题,法律实效是实然层面的问题。法律决定可以具有法律效力但不具有法律实效。在本案中,房管局的拆迁裁决行为是合法有效的,具有法律效力,然而,拆迁裁决决定由于没有被付诸执行,没有获得实效。两级法院所认定的"拆迁裁决所确定的权利义务已不再具有效力",实际上是混淆了法律效力和法律实效的区别。其所表达的意思是:按照安置补偿协议内容执行,在效果上,已经等值于按拆迁裁决的内容确立权利义务,因此,无须再执行拆迁裁决内容。

因此,本案的实体处理结果是:金某和房产公司可以按照安置补偿协议执行,法院对房管局的拆迁裁决没有做出违法无效的宣告,拆迁裁决决定仍然合法有效存在,其与安置补偿协议并不会发生相冲突的问题,也不存在谁优先适用的问题。但基于法律的权威性考虑,法院在处理该类问题时,有必要出具司法建议,要求行政机关自行撤销或废止没有实效的拆迁裁决行为。

本 章 小 结

本章共五节内容,主要学习几类典型的依申请的行政行为。行政许可是指在法律一般禁止的情况下,行政主体根据行政相对人的申请,依法进行审查并准予申请人从事特定活动或实施某种行为的权利或资格的行政行为。《行政许可法》将行政许可分为一般(普通)许可、特许、认可、核准、登记五类。行政确认是指行政主体依法对行政相对人的法律地位、法律关系和法律事实进行甄别,给予确定、认可、证明并予以宣告的具体行政行为。行政给付是行政主体给予特定行政相对人以物质权益或与物质性权益相关的利益的具体行政行为。行政给付可以分为行政救助和其他行政给付两大类。行政奖励是指行政主体在行政管理的过程中,为了鼓励、褒扬对社会做出突出贡献或做出应受表扬的行为或模范遵纪守法,由行政主体依法给予的精神、物质或职位上奖励的具体行政行为。行政裁决是指行政主体在法律法规的授权下,根据行政相对人的申请,对行政相对人之间的特定民事纠纷做出处理决定的行政活动的总称。

案例分析

2009年10月28日,江苏省常州市规划局向九龙仓公司颁发了时代上院项目建设工程规划许可证。此后,常州市住房保障和房产管理局陆续向九龙仓公司颁发了7份商品房预售许可证。2010年4月至2011年8月,张建明等75人陆续与九龙仓公司签订了商品房买卖合同,购买时代上院小区商品房。商品房买卖合同上标明了建设工程规划许可证的证号,建设工程规划许可证的详细内容也在售楼处予以公示。张建明等75人认为该建设工程规划许可证与中华恐龙园南侧地块控制性详细规划不符,侵害了其合法权益,遂诉至法院,请求撤销该建设工程规划许可证。江苏省常州市新北区人民法院经审理认为,九龙仓公司与常州市规划局发生行政法律关系的时间早于其与张建明等75人发生民事法律关系的时间。张建明等75人与九龙仓公司签订商品房买卖合同时,建设工程规划许可证已经颁发,相关的建设和交付要求在销售前已经明确,建筑间距、建筑高度等均已对外公示。张建明等75人是在对自己购买房屋的现有规划条件知情且认同的情况下与九龙仓公司签订购房合同的,因此,后发生的民事行为未受到先发生的行政行为的影响,张建明等75人与被诉具体行政行为不存在法律上的利害关系,不具备原告的诉讼主体资格。法院裁定:驳回张建明等75人的起诉。张建明等75人不服一审裁定,提起上诉。江苏省常州市中级人民法院经审理认为,张建明等75人的上诉理由不能成立。法院裁定:驳回上诉,维持原裁定。

问题: 张建明等75人是否具备本案原告的诉讼主体资格?为什么?

复习思考

1. 评述行政许可制度的意义或影响。
2. 简述行政确认的含义与形式。
3. 简述行政给付的含义、种类与原则。
4. 简述行政奖励的含义与原则。
5. 简述行政裁决的含义、种类与原则。

第十二章 依职权行政行为

学习目标

- 知识目标:掌握行政命令、行政征收、行政强制和行政处罚的概念、特征、种类、原则;掌握行政处罚和行政强制的程序;了解行政命令、行政征收、行政强制和行政处罚中的实践问题。
- 能力目标:了解行政强制措施的实施程序;能够用催告程序实施代履行、申请人民法院强制执行;了解行政处罚决定书、行政强制法律文书的制作内容及送达方式;了解行政处罚证据收集、现场笔录的制作过程;掌握行政听证会的组织规则。

第一节 行政命令

案例引导

宁德市旅游局根据闽旅(2001)207号和闽旅(2001)218号文件,于2001年12月25日向全市国内旅行社发出宁旅(2001)91号"关于召开旅行社年检培训会议的通知",该通知中注明:"根据省旅游局计财处要求,今年旅行社年检审计必须统一由一家事务所负责审计上网输入,我市统一定在闽东益泰会计师事务所。"闽东远大有限责任会计师事务所知悉后,认为该会议通知侵犯了其经营自主权,请求法院依法撤销该通知中指定第三人为各旅行社进行年检审计的不合法行为。

思考:宁德市旅游局的行为属于何种性质的行政行为?如何评价其行为?

一、行政命令的概念

行政命令泛指政府的一切决定或者措施,行政法上的"行政命令"是指行政主体依法要求行政相对人为或者不为一定行为(作为或者不作为)的意思表示,是行政行为的一种形式,但不是唯一形式。对于行政命令的理解,可以作以下解释:

第一,行政命令的主体是行政主体。行政命令体现国家的意志,是国家命令之一,但它是由行政主体做出的,不同于由国家权力机关、司法机关等其他国家机关做出的法律、法规性命令。

第二,行政命令是一种意思表示行为。行政命令虽然属于行政主体的一种具体行政行为,但它表现为通过指令相对人履行一定的作为或者不作为的义务而实现行政目的,而不是由自己进行一定的作为或者不作为。较之其他行政处理决定,它更强调意思表示,以意思表示为基本成立要件。

第三,行政命令是一种设定义务或者规则的行政行为。行政命令的实质是为相对人赋予作为义务或者不作为义务,而不是赋予行政相对人权利。行政命令为行政相对人设定的行为规则属于具体规则,表现为在特定时间内对特定事项或者特定人所作的特定规范。此外,行政命令虽然能够设定行政相对人的义务,但不能直接处分该义务。

第四,行政命令以行政处罚或者行政强制执行为保障。行政命令意味着必须令行禁止,必须遵守和实现。行政相对人违反行政命令,行政主体可依法对其进行制裁,有时也可采取行政强制执行。由此可见,行政命令的做出往往会成为行政制裁或者行政强制执行的原因或根据,而行政制裁或者行政强制执行往往成为行政命令的形成效力得以最终实现的后续保障。

第五,行政命令是依职权的行政行为。行政命令无须以相对人的申请为前提,而是由行政主体依职权直接做出。这一特征决定了行政命令是直接实现行政目的的有效手段。行政命令一经做出,相对人便负有相关义务,必须按行政命令的要求进行一定的作为或者不作为,否则将受到行政主体给予的处罚或者被强制执行。

第六,行政命令适用特定的程序。与其他行政处理决定相比,行政命令所适用的程序呈现出较强的特殊性。例如,大多数行政命令具有即时性。不过也不能一概而论,责令改正、限期出境等命令并不适合于即时做出。

二、行政命令的种类

(一) 行政命令的分类

行政命令首先有形式意义上的行政命令和实质意义上的行政命令之分。前者是指一切以"令"作为形式或者名称的命令,如授权令、执行令、禁止令、任免令等。后者则是指行政主体依法要求行政相对人为或者不为一定行为的意思表示,这种意义上的行政命令不拘泥于其形式和名称,既可以是书面形式也可以是口头形式以及动作形式,其名称通常用"命令",但在实践中可能并不用"命令"名称,而用"布告""指示""通知"等名称。

实质意义上的行政命令只涉及相对人的义务,而不涉及相对人的权利。行政命令所规定的义务内容,就其性质而言,包括作为义务和不作为义务,前者表现为相对人必须进行某种行为,如命令纳税、命令服兵役、命令限期出境;后者表现为相对人的某些行为受到限制或者禁止,如因修建施工而禁止特定路段通行、禁止携带危险品的旅客上车等。

(二) 责令当事人改正或者限期改正违法行为

我国现行法律、法规有关行政处罚的规定,大多设有"责令改正或者限期改正"的规定。《行政处罚法》第23条规定:"行政机关实施行政处罚时,应当责令当事人改正或者限期改正违法行为。"这是基于我国有关具体法律、法规的规定进行的总括性规定。

改正违法行为,包括停止违法行为,积极主动地协助行政处罚实施机关调查取证,消除违法行为所造成的不良后果,造成损害的则要依法承担民事责任,依法予以赔偿。有些违法行为可以在受到处罚后立即修正,而有些违法行为的改正则需要一定的时间,如拆除违法建筑物、治理已被污染的环境、补种毁坏的树木等,应责令其限期改正。

三、行政命令的作用

与19世纪末以前自由资本主义国家所奉行的机械法治主义原理不同,在现代法治国家,基于福利国家和社会国家等理念,政府不得不积极地干预市场,政府在社会经济生活中的管理职能不断增加。可以说,作为行政权的一种表现形式,行政命令对于行政主体及时有效地处理不断增加的行政管理事务、适应瞬息万变的社会发展具有极其重要的意义。

行政命令同样具有局限性。行政命令一经做出便为行政相对人设定了义务,无论该行政命令是否合法或者适当,相对人都必须依行政命令为一定的行为或者不为一定的行为,否则将导致行政处罚或者行政强制执行的后果。可见,若违法或者不当地实施行政命令,将侵害行政相对人合法权益的。因此,为了确保最大限度地发挥行政命令的积极作用而抑制其负面效应,应建立和完善对于行政命令的监督、制约机制,通过立法确立实施行政命令行为的一系列程序和原则。

资料

行政令

行政令,也称行政法令,它不同于一般意义上的行政命令,行政令属命令中用于国家领导机关或领导人发布重大的强制性行政措施的一种公文,分为颁布性命令(令)和事项性命令(令)。行政令由三部分构成:

(1) 标题

行政令的标题也由发文机关、事由、文种类别三部分组成,且三部分必须俱全,不可简略为两部分或一部分。如"国务院关于实行棉花计划收购的命令",不能简略为"关于实行棉花计划收购的命令"或"命令"。

(2) 正文

正文一般先写发令目的、实施的起始时间和范围,后列具体内容,最后写明对违令者的处罚。

(3) 签署

落款可以是机关也可以是机关领导人,领导人前要写明职务。同时,要写明签发日期。

行政令的写作通常不如公布令简短,对于正文中的具体法令事项,要写得既明确简练又清楚周密。

行政令范文:

中华人民共和国国务院令(第305号)

《城市房屋拆迁管理条例》已经2001年6月6日国务院第40次常务会议通过,现予公布,自2001年11月1日起施行。

总理　朱镕基
2001年6月13日

第二节　行政征收

案例引导

安徽某镇人民政府为进一步加大教育投入,改善教学条件,弥补教育投入留下的资金缺口,于1999年8月12日以文件形式做出了《关于征收教育费附加的若干规定》:自1999年起,各小学、幼儿园按在校学生人数,每人每学年征收教育费附加60元。在新学期开始时,由各班一次性征收。根据这项规定,1999年秋季开学时,张某等人所在的实验小学分别向其收取了教育费附加人民币60元,并代镇政府财政所出具了相应的收据。张某等人认为,镇人民政府向小学生和幼儿开征教育附加费的行为完全是越权擅自设立收费项目,其任意自定收费标准,扩大征收对象范围,直接侵犯了未成年人的合法权益,违反了国家和省有关明令禁止乱收费的规定,要求法院予以撤销。

思考: 案例中镇政府征收教育费附加的行为属于何种行政行为?是否违法?

一、行政征收的概念与特征

(一) 行政征收的概念

行政征收是指行政机关根据国家和社会公共利益的需要,依法向行政管理相对人强制、无偿地征缴一定数额金钱或者实物的单方具体行政行为。行政征收主要包括国家税收和行政收费行为。行政征收与行政征用是两个密切联系的概念。我国行政法学界一般认为,政府相对人征收税、费以及对财产的无偿取得等为行政征收,而政府以单方行为有偿取得相对人土地使用权或者其他财产为行政征用。

2004年《宪法修正案》将私有财产入宪,出现了有偿征收,明确将补偿作为征收的一个必要条件。《宪法》第13条第3款规定:"国家为了公共利益的需要,可以依照法律规定对公民的私有财产实行征收或者征用并给予补偿。"因此,我们将行政征收定义为:行政主体为了公共利益的需要,根据法律、法规的规定,以强制方式取得行政相对人财产所有权或他物权的一种具体行政行为。

(二)行政征收的特征

第一,行政征收应以公共利益为其实施征收的目的。行政征收制度的法律基础就是国家利益高于个人利益,国家可以基于公共利益的考量对私人财产权予以正当剥夺。因为,个人利益与个人生活质量息息相关,而公共利益关注的是整个社会的稳定与发展,更重视社会全体成员的共同利益。当个人利益与公共利益发生冲突时,公共利益必须优先考虑。尤其是随着社会本位思想的发展,在现代社会,国家出于公共利益的需要,在宪法授权的范围内,不论个人是否同意,依照宪法和法律的规定强行征收私人财产,这已成为各国立法的通例和人们普遍接受的观念。各国都明确规定"公共利益"为行政征收的唯一目的,并作为判断行政征收正当性的唯一标准。

第二,行政征收以国家强制力作保障,具有强制性。行政征收机关实施行政征收行为,实质上是履行国家赋予的征收权,这种权利具有强制他人服从的效力。因此,实施行政征收行为,不需要征得相对人的同意,甚至可以在违背相对人意志的情况下进行。征收的对象、数额及具体征收的程序,完全由行政机关依法确定,无须与相对人协商一致。行政相对人必须服从行政征收命令,否则应承担一定的法律后果。

第三,行政征收具有法定性,需要依法实施。行政征收直接指向的是行政相对人的经济利益,决定了其对相对人的权益始终具有侵害性。因此,为了确保行政相对人的合法权益不受违法行政征收行为的侵害,必须确立行政征收法定的原则。将行政征收的整个过程纳入法律调整的范围,使具体的行政行为受相对稳定的法律支配,使行政征收项目、行政征收金额、行政征收机关、行政征收相对人、行政征收程序都有法律上的明确依据,这是现代行政、特别是侵益行政行为所必须遵循的原则。只要没有法律根据,任何擅自决定征收的行为,都是侵害相对人的合法权益的侵权行为,都为国法所不容。

二、行政征收的种类

(一)征税

税,是国家税务机关凭借其行政权力,依法强制、无偿地取得财政收入的一种手段。征税是行政征收的主要内容。根据《税收征管法》的规定,我国的税收包括普通税收和关税,且只能由国家特定的行政机关——税务机关及海关负责征收。按照征税对象的不同,可分为流转税、资源税、收益(所得)税、财产税和行为税五种。按照税收支配权的不同,可分为中央税、地方税和中央地方共享税。国家通过对各种税的征管,达到调节资源分配和收入分配、各行各业协调发展的目的。通过对中央税、地方税和中央地方共享税的合理分配,兼顾中央和地方的利益,有利于市场经济条件下宏观调控的实施。

税收一经征收入库就为国家所有,不管是什么税种,都处于国家整体支配之中,通过国家预算支出,统一用于社会各个方面的需要,在整个国家活动中体现出"取之于民,用之于民"的宗旨,而不是直接返还给纳税人或用于税收的这个项目。

(二)收费

费,即各种社会费用,是一定行政机关凭借国家行政权所确立的地位,为行政相对人提供一定的公益服务,或者授予国家资源和资金的使用权而收取的代价。行政收费是行政机关在税收之外依法向公民、法人或者其他组织收取的各种费用的总称。无论征收何种社会费用,都必须严格依法进行,不得自立名目、擅自订立征收标准。各种社会公益费用,由从事该方面服务的行政机关负责征收,遵循专款专用、列收列支、收支平衡的原则,以收取部门提供一定的专门公益服务为前提而用于其自身开支,或者将此项收费专门用于特定的社会公益事业,以直接为被征收人提供更好的公益服务。

目前,我国没有制定统一的行政收费法,作为行政收费依据的规定,散见于各种不同层次的法律法规中,甚至散见于够不上法律规范性文件的某些行政规范性文件中。从总的情况来看,层次越低的规范文件,涉及行政收费的内容越多。有权征收行政费用的机关几乎包括所有的行政机关,这是极不正常的现象。就目前的收费事项而言,主要集中在以下领域:

(1)资源费征收。在我国,城市土地、矿藏、水流、山岭、草地、荒地、滩涂等自然资源属于国家所有。单位和个人在开采、使用国有资源时必须依法向国家缴纳资源费。如国有土地使用权有偿使用收入征收(《国务院关于加强国有土地使用权有偿出让收入管理的通知》)、矿产资源补偿费的征收(《矿产资源法》第5条)、育林费的征收(《森林法》第8条)、渔业资源增殖保护费的征收(《渔业法》第28条)、水资源费的征收(《水法》第48条),等等。

(2)管理费征收。如根据《城乡集市贸易管理办法》第30条第1款规定:"……对进入集市交易的商品由当地工商行政管理部门收取少量的市场管理费。……"

(3)建设资金征收。这是为确保国家的重点建设,解决重点建设资金不足问题,面向公民、法人或其他组织实施的征收。如公路养路费的征收、港口建设费的征收、国家能源交通重点建设基金的征收等。

(4)排污费征收。根据《征收排污费暂行办法》(1982年2月5日国务院发布,现已失效)第3条第1款、第2款规定:"一切企业、事业单位,都应当执行国家发布的《工业"三废"排放试行标准》等有关标准。省、自治区、直辖市人民政府批准和发布了地区性排放标准的,位于当地的企业、事业单位应当执行地区性排放标准。对超过上述标准排放污染物的企业、事业单位要征收排污费;对于其他排污单位,要征收采暖锅炉烟法排污费。"

(5)滞纳金征收。如《税收征收管理法》第31条规定:"纳税人、扣缴义务人按照法律、行政法规规定或者税务机关依照法律、行政法规的规定确定的期限,缴纳或者解缴税款。……"第32条规定:"纳税人未按照规定期限缴纳税款的,扣缴义务人未按照规定期限解缴税款的,税务机关除责令限期缴纳外,从滞纳税款之日起,按日加收滞纳税款万分之五的滞纳金。"

(6)财物征收。如对集体土地及单位和个人的动产和不动产的征收,除依法进行的征税和收费属于无偿征收外,行政主体对财物的征收应当给予补偿。

为了规范行政收费行为,国家应当尽快完成费改税的工作,并应制定行政收费法,改变我国目前在设定行政收费权及行政收费上的混乱状况。

三、行政征收的作用

行政征收是国家凭借其权力参与国民收入分配和再分配的一种有效方式,其基本目的在于满足国家为实现其职能而对物质的需要。

第一,行政征收是国家及时、足额地取得财政收入和其他收入的重要手段。行政征收能够把应缴纳的各种应征款征收过来,成为国家的财政收入或其他国家事业费收入,由国家统一支配使用,以保证自身运转,满足国家建设事业及其他社会经济发展的需要。

第二,行政征收具有调节生产、调节收入的经济杠杆作用。在调节生产方面,行政征收按照反映价值规律的法律要求,对一些生产不足、市场短缺的产品,可以规定低税率和减免措施,以增加行政征收后的利润,刺激生产者的积极性,促进产品的生产。对一些应该限制生产的产品,可以规定较高的税率来减少税后利润,压抑生产者的积极性,以减少其产量。行政征收在调节收入方面的作用也是必不可少的。目前,在地区之间、行业之间、企业之间、产品之间,由于价格、自然资源、技术装备、交通条件等方面的原因,比较普遍地存在着利润水平悬殊和苦乐不均的现象。国家通过行政征收反映出对其不同的态度,即规定不同的税种、税率以及各种减免办法,在一定程度上可以合理地解决企业间的级差收入,把企业因外部条件优势而多得的利润收入国库,使主观努力基本相同的企业能够取得大体上相同的利润。

第三,行政征收有利于正确处理国家、集体和个人三者之间的经济利益关系。集体经济、个体经济所实现的收入,国家只能制定法律,通过行政征收的方式来动员和集中他们的部分收入,用于国家建设。国有企业的纯收入,长期以来就是采用利润方式上缴国家,企业所需资金又伸手向国家要,造成了国有企业吃国家的"大锅饭"、职工吃企业的"大锅饭"的被动局面。实行利改税以后,国家制定了有关对其进行行政征收的法律,以法律形式把国家对企业收入的分配方式固定下来,国家拿多少,企业留多少,必须按照法律办事,谁也不能任意侵占。企业和职工个人利益不是取决于国家给多少,而是取决于生产者的主观努力程度,企业经营管理好坏,经济利益高低,真正体现以按劳分配原则正确处理好国家、集体和个人三者之间的关系。

第四,行政征收发挥着维护国家主权和经济利益,促进对外开放正常进行的作用。我国通过对外商投资企业征税,与外国政府协商进行税收抵免等措施,维护国家主权和经济利益。既保证财政收入不流入外国,又能吸引外资。

四、行政征收的原则

(一) 征收法定原则

在现代法治社会,国家依据其政治权力进行行政征收的权力,必须以全体人民的整体意志——国家法律予以确定,征收的具体执行机关、征收的对象、数额、程序等,都必须有明确的法律根据。征收法定原则具体包括下述内容:

第一,行政征收主体法定。行政征收的主体只能是行政机关。根据有关法律规定,行政征收的各种税收,除关税由海关征收外,其余的均由国家税务机关组织征收。我国现行税务行政机关的组织体系大致是:在中央设税务总局,省、直辖市、自治区分别设税务局,县、市设税务局,县以下设税务所,大中城市的区或者街道可设税务分局。

第二,行政征收依据和程序法定。行政主体必须依据有关法律的规定,通过一定的程序实施行政征收,即必须依据为行政征收行为而确立的行政征收法律关系双方主体间的权利和义务来实施行政征收行为。

第三,行政征收的缴纳主体法定。在行政征收法律关系中,与行政征收主体相应的另一方主体即缴纳主体,是指按照有关法律、法规规定,直接负有缴纳税款或者其他款项义务的公民、法人或者其他组织。每一项具体征收的税费都有具体的缴纳义务主体,相对人只有符合法律规定的条件,才具有依法缴纳税费的义务。

(二) 效率原则

效率原则也是行政征收的基本原则。就税收来说,效率原则包含两方面的内容:一是指税收征收过程本身的效率,二是税收作用于社会政治经济的效率。公平和效率作为行政征收的原则,应力求兼顾。在处理问题时既要坚持原则,又要灵活多样,不可死板教条,要具体问题具体分析。公平和效率在每一具体问题上不可强求等量齐观,应是一种总体上的把握和追求。

(三) 费用抵偿原则

这一原则主要是确定收费总额的问题,目的是费用逾越禁止,即开支应用行政收费来抵销,而不应该使其成为公众整体承担的开支。不允许行政部门显著提高某一收费项目而为其他项目集资,或是补贴财政,或是挪做他用。计算支出时,应只计算行政部门在人力、物力方面的总体花费,不得考虑其他无关因素。

理论阐述

行政征收法律规制初探(节选)[①]

二、"公共利益":行政征收目的合法性限制

行政征收的概念告诉我们,行政征收的目的在于满足公共利益的需要,但是目前我国的法律对何为公共利益并未做出界定,由此导致了实践中立项征收的随意性很大,不利于相对人利益的保护。"钉子户"事件折射出政府有以"公共利益"为名征收土地之嫌。关于公共利益的正当合法性,我们缺少一个重要的依据,法律核准机关难以对某项行政征收是否合法做出有效判断,减弱了对行政征收的事前控制。

---

① 秦树忠、高中杰:"行政征收法律规制初探",载"广西法院网",网址:http://gxfy.chinacourt.org/public/detail.php?id=27897

公共利益属于不确定法律用语,法律之所以适用不确定用语,是因为个案情况千差万别,法律很难用列举的方式将其范围界定清楚,如果强行界定,也许会导致以形式的公正牺牲实质的公正。但是完全可以借鉴《行政诉讼法》关于界定行政诉讼受案范围的方法,对宪法和有关法律中"公共利益"用语的内涵和外延加以大致的界定,具体的方法为:①给"公共利益"下一个简要的定义,如公共利益是指涉及国家安全和广大社会公众福祉的利益,它具有必不可少性、非营利性及公共福利性等特征;②尽可能比较全面地列举出可能列举的属于公共利益范畴的事项;③设立一个概括性的条款,即立法时无法列举或难以列举的其他应属于公共利益范畴的事项;④设立一个排除条款,明确排除哪些事项不属于"公共利益"的范畴,如企业从事商业性开发、政府兴建高尔夫球等事项;⑤还可以设立一个一般限制性条款,即规定在处理个案中,"公共利益"的范围应以相应事项所必需者为限。

三、行政征收权来源合法:合理安排行政征收设定权

我国征收设定权混乱是个行政征收诸多问题中的一个比较突出的问题,主要表现在:①行使设定权的主体繁杂,具有制定规范性文件权力的若干政府及其工作部门,通过各式文件以各种名义征收财物。②征收设定权的层级划分不明确,何种行政主体可以设定征收,这些行政主体根据层次的不同,可以设定何种征收,均无法律依据。③一事重征、一因多征,相对人负担多重征收。④审批不严,审批机构在征收总量控制、立项是否重复、计算标准是否妥当以及征收相对人可能造成的影响等方面,问题考虑不周全。⑤滥用征收设定权的方法多样化,具有较强的掩饰性。借用"评比""竞赛""达标"等名义,强行要相对人参加测评、验收、培训和咨询活动。有的行政主体将征收权委托其附属的事业单位或者个体企业,收取费用后按比例分成,规避相关的政策规定。

导致此混乱局面的原因有以下几个方面:①由于立法滞后,我国至今尚未出台有关行政征收设定权的法律,仅有的几个不很系统的政策规定,其实施效果不甚理想;对于何种规范性文件有权设定何种征收,也无明确的法律规定。②计划经济向市场经济转制,遗留了一些陈旧的观念,部分行政主体未能及时地转变职能、转换观念,一味追求部门和地区的利益,将管理职权施行于滥用征收权。③行政机构膨胀,工作人员数量激增,财政部门通过允许行政主体自收规费解决财政压力。④对征收来的费用管理,采取"谁征收谁使用"的方式。即使在施行收支两条线管理制度以后,仍未废除这一方式。⑤在征收的设定期间和设定以后,行政主体的征收权力与相对人享有的权利不平衡,相对人处于劣势,仅在行政主体设定征收之后并对相对人权益造成损害,相对人才具有一定权利,对征收设定权本身并无多大影响。

行政征收设定权混乱问题的解决涉及规范立法;精简行政机构、缩减行政开支;转变政府职能;提高公务人员依法征收、相对人依法缴纳、依法保护自身合法权益的法治意识等因素。但是目前我国急需解决的是征收立法问题,尤其是非税行政征收的立法问题。

第三节 行政强制

案例引导

2005年3月30日,原告张某因吸食毒品被上海市公安局黄浦分局处强制戒毒6个月;2006年8月11日,原告张某又吸食海洛因被上海市劳动教养管理委员会处劳动教养1年6个月。2008年9月4日凌晨,被告接指挥中心指令,通过网上禁毒库比对,本市局门路×号某浴场有吸毒人员张某登记入住,被告出警传唤原告张某进行询问,原告张某承认其在温州市某大酒店KTV包房内吸食冰毒,被告委托上海交通大学医学院附属瑞金医院W分院对原告张某进行尿样检测,结论为:尿检甲基苯丙胺类药物阳性,原告张某并在该检测结论上签名承认尿样结论。被告上海市公安局W分局遂对原告张某做出沪公(卢五)强戒决字(2008)

第1号强制隔离戒毒决定,对其强制隔离戒毒两年。原告诉称,其曾少量吸毒,但被告对其作尿检时相隔日久,故尿液鉴定出含有甲基苯丙胺(冰毒)成分有误,且原告吸毒的社会危害性小,对被告处强制隔离戒毒2年过重,请求法院撤销被告做出的沪公(卢五)强戒决字(2008)第1号《强制隔离戒毒决定书》。被告辩称,被告做出强制隔离戒毒决定的具体行政行为认定事实清楚,执法程序合法,适用法律正确,请求法院予以维持。

思考: 被告W分局对原告做出强制隔离戒毒决定的具体行政行为是否合法?

一、行政强制的概念

行政强制是指行政过程中出现违反义务或者义务不履行的情况下,为了确保行政的实效性,维护和实现公共利益,由行政主体或者行政主体申请人民法院对公民、法人或者其他组织的财产以及人身、自由等予以强制而采取的措施。行政强制主要包括行政强制措施和行政强制执行两种具体类型。

第一,行政强制的主体是行政主体和人民法院。行政强制的主体大多是依法享有行政强制权的行政主体,包括行政机关和法律法规授权的组织。但有部分行政强制执行由行政主体申请人民法院来实施,人民法院是执行主体。

第二,行政强制的对象是特定的行政相对人。行政强制针对的并非所有违反行政法律规范的行政相对人,而是针对拒不履行行政决定的或对社会秩序及他人人身健康和安全可能造成危害或其本身正处于或将处在某种危险状态下的行政相对人。

第三,行政强制的目的是为了维护行政秩序,保障公共利益的实现。行政强制权与其他行政权力一样,其起点与终点只能是公共利益。行政主体实施制止违法行为、避免危害发生、控制危险扩大、迫使法定义务实现等行为,最终目的都是维护行政秩序,实现公共利益的保障。

第四,行政强制具有单方性、强制性和侵益性。单方性是指行政强制是行政主体基于单方面的意思表示而为的行为,不需要征得行政相对人的同意。强制性是指行政强制以国家强制力为后盾,是行政主体为实现行政目的而实施的,行政相对人必须服从。侵益性是指行政强制是对行政相对人的人身、财产权利的约束或侵犯,必然对相对人的权利产生不利影响。

二、行政强制的原则

(一) 行政强制法定原则

行政强制法定原则是指行政强制的设定和实施应当依照法定的权限、范围、条件和程序。这一原则是指行政强制的设定和实施必须是法定的,没有法律依据或者违反法定程序的行政强制是违法的。具体包括:①行政强制的设定法定。即哪些规范有权对哪些事项设定行政强制,必须由法律明文规定。②实施行政强制的主体及其权限法定。无行政强制权的机关和组织均不得实施行政强制。③行政强制的条件法定。即实施行政强制必须有法律依据,法律没有规定的情形不得适用行政强制。④行政强制的程序法定。行政主体必须依照法定程序实施行政强制。

(二) 行政强制适当原则

行政强制适当原则是指行政强制的设定和实施应当适当。采用非强制手段就可以达到行政管理目的的,不得设定和实施行政强制。该原则对行政强制的必要性与适当性做出了明确的层次处理。这一原则要求行政强制的设定和实施都应当客观理性,遵循比例原则的要求,在确保实现行政管理目标的前提下,能采取非强制手段的,不要采取强制手段;如果一定要采取强制手段的,应尽量选择对相对人损害小的方式。

(三) 教育与强制相结合的原则

实施行政强制,应当坚持教育与强制相结合。行政强制是一种侵益性的行政行为。对相对人的人身、财产采取强制措施不是目的,而是要通过必要的行政强制纠正违法行为,教育违法者和其他公民自觉守法,履行义务,自觉维护社会秩序和行政秩序。因此,实施行政强制不能片面地强调行政强制,而应当坚持教育与强制相结合。执法人员应当本着客观、公道之心,在实施过程中耐心听取相对人的意见,摆事实、讲道理,从实际出发,兼顾公私利益,以理服人。如果教育无效,则应当依法实施行政强制。

(四) 保障相对人合法权益原则

行政强制是典型的侵益性行政行为,这种行为应当受到更多的监督与制约。保障相对人合法权益的原则体现在行政强制实施的各个方面。例如,行政主体行政机关及其工作人员不得利用行政强制权为单位或者个人谋取利益;行政相对人对行政机关实施行政强制,享有陈述权、申辩权;行政相对人有权依法申请行政复议或者提起行政诉讼;因违法实施行政强制受到损害的,行政相对人有权依法要求赔偿。

三、行政强制措施

(一) 行政强制措施概述

行政强制措施是指行政机关在行政管理过程中,为制止违法行为、防止证据损毁、避免危害发生、控制危险扩大等情形,依法对公民的人身自由实施暂时性限制,或者对公民、法人或其他组织的财物实施暂时性控制的行为。

基于这一定义,行政强制措施可以分为对公民人身自由的行政强制措施和对公民、法人或者其他组织的财产的行政强制措施。但《行政强制法》并未进行这样的分类,而是在第9条规定了行政强制措施的4种类型:限制公民人身自由,查封场所、设施或者财物,扣押财物,冻结存款、汇款,并作了"其他行政强制措施"的兜底规定。

行政强制措施作为行政强制的构成部分,具有以下法律特征:

第一,强制性和法定性。行政强制措施是对公民身体、财产进行直接且重大的限制及侵害,且当行政机关实施行政强制措施时,相对人负有容忍的义务,因而具有明显的强制性。从无法律即无侵害行政的基本原则出发,行政强制措施需要法律根据,要有法律授权。

第二,紧急性和实力性。行政强制措施的强制性来源于行政强制措施实施条件的紧急性。行政强制措施的实施条件是:行政机关履行行政管理职责,在制止违法行为、防止证据灭失、避免危害发生、控制危险扩大的紧急情况下,可以依照法律、法规的规定采取的行为。行政强制措施的紧急性也决定了行政强制措施的实力性。因为在紧急情况下,行政机关需要对事态进行即刻有效的处理,以避免危害或者危险的进一步扩大,所以必须伴之以物理性的动作。正因为如此,国外有学者把行政强制措施的行为视为"事实行为"或"实力行为",以区别于行政决定的表意性。

第三,临时性和非处分性。任何行政强制措施都是一种中间行为,因而具有临时性。诸如扣押、冻结、暂扣证照等,都是一种临时性的保障措施,而不是最终目的。其只是对特定公民、法人或者其他组织人身、行为或财产的临时性约束或处置,而不是对当事人权利义务的最终处分。

(二) 行政强制措施的设定

根据《立法法》第8条的规定,限制人身自由的强制措施只能由法律予以设定,但涉及财产权的强制措施则不一定由法律来设定。国务院的行政法规以及地方性法规有权在一定约束的前提下设定有关行政强制措施。按照最高人民法院的司法解释,规章无权设定行政强制措施。

(1) 法律可以设定各种行政强制措施,且限制公民人身自由的行政强制措施只能由法律设定。

(2) 法律已经设定的行政强制措施,行政法规、地方性法规只能规定具体的实施程序,不得对法律规定的行政强制措施的对象、范围、条件、方式以及实施机关等做出变更或者补充规定。

(3) 对法规可区分不同情况适当并有限制地赋予少部分行政强制措施的设定权,如属于国务院行政管理职权的事项,尚未制定法律的,在确有必要时,行政法规可以设定对非法财物查封、扣押的行政强制措施;属于地方性事务且法律、法规尚未规定的,在确有必要时,地方性法规可以设定对非法财物扣押的行政强制措施。

(4) 规章及其他规范性文件不得设定任何行政强制措施。

(三) 行政强制措施的实施程序

1. 一般规定

行政强制措施实施程序的一般规定是指各种行政强制措施均要遵循的方式、步骤、顺序与时限。一般规定主要包括以下几个方面：

(1) 实施的主体。行政强制措施由法律、法规规定的行政机关在法定职权范围内实施。实施机关不得委托其他组织或个人行使行政强制措施权。法律、行政法规授权的具有管理公共事务职能的组织在法定授权范围内，可以实施行政强制措施。依据《中华人民共和国行政处罚法》的规定，行使相对集中行政处罚权的行政机关，可以实施法律、法规规定的与行政处罚权有关的行政强制措施。由此确立了相对集中行政强制措施权。基于行政强制措施直接作用于行政相对人人身、财产的特点，行政强制措施应当由行政机关具备资格的行政执法人员实施，其他人员不得实施。

(2) 实施的步骤。依据《行政强制法》第18、19、21条的规定，行政机关实施行政强制措施应当遵守下列规定：①实施前须向行政机关负责人报告并经批准；②由2名以上行政执法人员实施；③出示执法身份证件；④通知当事人到场；⑤当场告知当事人采取行政强制措施的理由、依据以及当事人依法享有的权利、救济途径；⑥听取当事人的陈述和申辩；⑦制作现场笔录；⑧现场笔录由当事人和行政执法人员签名或者盖章，当事人拒绝的，在笔录中予以注明；⑨当事人不到场的，邀请见证人到场，由见证人和行政执法人员在现场笔录上签名或者盖章；⑩法律、法规规定的其他程序。情况紧急，需要当场实施行政强制措施的，行政执法人员应当在24小时内向行政机关负责人报告，并补办批准手续。行政机关负责人认为不应当采取行政强制措施的，应当立即解除。违法行为涉嫌犯罪应当移送司法机关的，行政机关应当将查封、扣押、冻结的财物一并移送，并书面告知当事人。

2. 限制人身自由的行政强制措施的实施程序

实施限制公民人身自由的行政强制措施，除应当履行一般规定的程序外，还应当遵守下列规定：

(1) 当场告知或者实施行政强制措施后立即通知当事人家属实施行政强制措施的行政机关、地点和期限。

(2) 在紧急情况下当场实施行政强制措施的，在返回行政机关后，立即向行政机关负责人报告并补办批准手续。

(3) 法律规定的其他程序。实施限制人身自由的行政强制措施不得超过法定期限。实施行政强制措施的目的已经达到或者条件已经消失，应当立即解除。

3. 查封、扣押的行政强制措施的实施程序

(1) 依法确认查封、扣押的标的。实施机关应当认真判断并确认查封、扣押的标的，查封、扣押限于涉案的场所、设施或者财物，不得查封、扣押与违法行为无关的场所、设施或者财物；不得查封、扣押公民个人及其所扶养家属的生活必需品。如果当事人的场所、设施或者财物已被其他国家机关依法查封的，不得重复查封。

(2) 查封、扣押决定书和清单的制作。行政机关决定实施查封、扣押的，除应当履行行政强制措施实施程序的一般规定处，还应当制作并当场交付查封、扣押决定书和清单。查封、扣押决定书应当载明下列事项：①当事人的姓名或者名称、地址；②查封、扣押的理由、依据和期限；③查封、扣押场所、设施或者财物的名称、数量等；④申请行政复议或者提起行政诉讼的途径和期限；⑤行政机关的名称、印章和日期。查封、扣押清单一式二份，由当事人和行政机关分别保存。

(3) 遵守法定时限。为了提高行政效率，《行政强制法》第25条规定，查封、扣押的期限不得超过30日；情况复杂的，经行政机关负责人批准，可以延长，但是延长期限不得超过30日。法律、行政法规另有规定的除外。延长查封、扣押的决定应当及时书面告知当事人，并说明理由。对物品需要进行检测、检验、检疫或者技术鉴定的，查封、扣押的期间不包括检测、检验、检疫或者技术鉴定的期间。检测、检验、检疫或者技术鉴定的期间应当明确，并书面告知当事人。检测、检验、检疫或者技术鉴定的费用由行政机关承担。

(4) 履行妥善保管义务。对查封、扣押的场所、设施或者财物,行政机关应当妥善保管,不得使用或者损毁;造成损失的,应当承担赔偿责任。对查封的场所、设施或者财物,行政机关可以委托第三人保管,第三人不得损毁或者擅自转移、处置。因第三人的原因造成的损失,行政机关先行赔付后,有权向第三人追偿。因查封、扣押发生的保管费用由行政机关承担。行政机关不得以任何形式变相向相对人收取保管费用。

(5) 依法做出处理决定。行政机关采取查封、扣押措施后,应当及时查清事实,在法定的期限内做出处理决定。对违法事实清楚,依法应当没收的非法财物予以没收;法律、行政法规规定应当销毁的,依法销毁;应当解除查封、扣押的,做出解除查封、扣押的决定。适用解除查封、扣押的情形有:①当事人没有违法行为;②查封、扣押的场所、设施或者财物与违法行为无关;③行政机关对违法行为已经做出处理决定,不再需要查封、扣押;④查封、扣押期限已经届满等。解除查封、扣押应当立即退还财物;已将鲜活物品或者其他不易保管的财物拍卖或者变卖的,退还拍卖或者变卖所得款项。变卖价格明显低于市场价格,给当事人造成损失的,应当给予补偿。

4. 实施冻结存款、汇款的行政强制措施的程序

(1) 依法确认冻结标的。行政机关冻结存款、汇款时,要遵循比例原则,冻结存款、汇款的数额应当与违法行为涉及的金额相当;已被其他国家机关依法冻结的,不得重复冻结。

(2) 冻结机关的义务。行政机关依照法律规定决定实施冻结存款、汇款的,实施前须向行政机关负责人报告并经批准;由2名以上行政执法人员实施;出示执法身份证件;制作现场笔录;向金融机构交付冻结通知书。

(3) 金融机构的义务。金融机构接到行政机关依法做出的冻结通知书后,应当立即予以冻结,不得拖延,不得在冻结前向当事人泄露信息。法律规定以外的行政机关或者组织要求冻结当事人存款、汇款的,金融机构应当拒绝。

(4) 冻结决定书的制作。依照法律规定冻结存款、汇款的,做出决定的行政机关应当在3日内向当事人交付冻结决定书。冻结决定书应当载明下列事项:①当事人的姓名或者名称、地址;②冻结的理由、依据和期限;③冻结的账号和数额;④申请行政复议或者提起行政诉讼的途径和期限;⑤行政机关的名称、印章和日期。

(5) 遵守法定时限,做出处理决定。为了防止长期冻结当事人存款,保障当事人财产权利,《行政强制法》规定,自冻结存款、汇款之日起30日内,行政机关应当做出处理决定或者做出解除冻结决定;情况复杂的,经行政机关负责人批准,可以延长,但是延长期限不得超过30日。法律另有规定的除外。延长冻结的决定应当及时书面告知当事人,并说明理由。

(6) 解除冻结决定的情形。冻结是一种临时性行政措施,实施或解除冻结必须以一定条件为限。《行政强制法》规定,有下列情形之一的,行政机关应当及时做出解除冻结决定:①当事人没有违法行为;②冻结的存款、汇款与违法行为无关;③行政机关对违法行为已经做出处理决定,不再需要冻结;④冻结期限已经届满;⑤其他不再需要采取冻结措施的情形。行政机关做出解除冻结决定的,应当及时通知金融机构和当事人。金融机构接到通知后,应当立即解除冻结。行政机关逾期未做出处理决定或者解除冻结决定的,金融机构应当自冻结期满之日起解除冻结。

四、行政强制执行

(一) 行政强制执行的含义与特征

行政强制执行是指行政机关或者行政机关申请人民法院,对不履行行政决定所设定的义务的行政相对人,依法强制履行义务的行为。行政强制执行具有以下几个方面的特征:

第一,适用行政强制执行的前提条件是行政相对人不履行行政决定所设定的义务。行政强制执行是执行行政决定的行为,此处行政决定主要是指已生效的具体行政行为,如行政处罚、行政征收、行政裁决等,也包括行政复议。

第二,行政强制执行的主体是行政机关和人民法院。从执行主体来看,我国对行政决定的强制执行有

两种:行政机关自行强制执行和申请人民法院强制执行。前者的主体是法定的有行政强制执行权的行政机关,后者也被称为"非诉行政案件的执行",其主体是人民法院。人民法院只有根据行政机关的申请才能实施行政强制执行。

第三,行政强制执行的目的是迫使相对人履行义务。行政强制执行虽然对行政相对人的权利造成限制,但其本身并不具有惩罚性,而是为了实现已有行政决定的内容,是行政主体先前做出的行政行为的后续行为。

(二)行政强制执行的种类

根据执行方式的不同,行政强制执行分为加处罚款或者滞纳金、划拨存款、汇款;拍卖或者依法处理查封、扣押的场所、设施或者财物;排除妨碍、恢复原状;代履行;其他强制执行方式。这些方式均是《行政强制法》规定的行政机关的强制执行方式。人民法院的强制执行方式由《民事诉讼法》规定。

根据执行手段实现义务的直接性不同,行政强制执行可分为间接强制和直接强制。这是行政法学界通常的分类。间接强制是指行政强制执行机关通过间接手段迫使相对人履行义务的强制方式。间接强制可以分为代履行和执行罚。

代履行也称代执行,是指行政相对人不履行行政决定的义务,由他人代为履行的强制执行方式。代履行可以由行政强制机关实施,但通常由行政强制机关主持和指挥,委托与代履行之间无利害关系的第三人来具体实施。这种间接强制方式有利于执行目的的实现,提高行政效率,还有助于弱化义务人与执行机关之间的冲突。代履行的适用需要具备下列条件:①行政相对人不履行已生效的行政决定所设定的义务。这类义务通常表现为排除妨碍、恢复原状等。②代履行的义务必须是他人可以代为履行的作为义务,如与人身权利有关的义务无法由别人代履行。③代履行能够达到与义务人亲自履行相同的效果。

执行罚也称强制金、加处罚款或滞纳金,是行政强制执行机关对拒不履行行政决定的义务的相对人,处以财产上新的金钱给付义务,以迫使其履行原有义务的强制执行方式。执行罚的目的是为了促使相对人履行应当履行的义务,而不是对相对人进行金钱处罚。执行罚针对的相对人应当履行的义务主要是指金钱给付义务,最常见的执行罚是对拒不缴纳罚款、税款的相对人而收缴的滞纳金。

直接强制是指行政强制机关对拒不履行其应履行的义务的行政相对人的人身或财产施以强制力,以达到与相对人履行义务相同状态的强制执行方式。具体表现为强制传唤、强制划拨、强制销毁等。直接强制因其直接性,对相对人的人身、财产权利容易造成侵害,所以一般在无法适用其他强制执行方式或适用其他方式难以达到执行目的的情况下,才适用直接强制。

根据执行机关的不同,行政强制执行分为行政机关强制执行和行政机关申请人民法院强制执行(非诉行政案件的执行)两类。目前,间接强制执行主要由行政机关实施,而直接强制执行权在我国只有少数法律规定由行政机关行使,如《税收征收管理法》规定了税务机关的强制执行权力。如果法律没有赋予行政机关以直接强制执行权,则行政机关必须申请人民法院强制执行。

(三)行政强制执行的程序

1. 一般规定

(1)义务不履行的确认履行和履行义务的催告。行政机关做出行政强制执行决定前,应当对行政相对人不履行义务的事实予以确认,并事先催告相对人履行义务。经催告,相对人履行义务的,不再实施强制执行;如果相对人经催告仍不履行,且无正当理由的,行政机关可以做出强制执行决定。催告应当以书面形式做出,并载明下列事项:①履行义务的期限;②履行义务的方式;③涉及金钱给付的,应当有明确的金额和给付方式;④当事人依法享有的陈述权和申辩权。

(2)听取当事人陈述和申辩,依法、合理应对具体情形。当事人收到催告书后,有权进行陈述和申辩。行政机关应当充分听取当事人的意见,对当事人提出的事实、理由和证据,应当进行记录、复核。当事人提出的事实、理由或者证据成立的,行政机关应当采纳。

(3)制作强制执行决定书。强制执行决定应当以书面形式做出,并载明下列事项:①当事人的姓名或者名称、地址;②强制执行的理由和依据;③强制执行的方式和时间;④申请行政复议或者提起行政诉讼的途径和期限;⑤行政机关的名称、印章和日期。在催告期间,对有证据证明有转移或者隐匿财物迹象的,行政机关可以做出立即强制执行决定。行政强制执行决定书应当直接送达当事人。当事人拒绝接收或者无法直接送达当事人的,应当依照《中华人民共和国民事诉讼法》的有关规定送达。

(4) 行政强制执行的中止执行和终结执行。在强制执行过程中,可能会出现中止执行或终结执行的情形。中止执行适用的情形有:①当事人履行行政决定确有困难或者暂无履行能力的;②第三人对执行标的主张权利,确有理由的;③执行可能造成难以弥补的损失,且中止执行不损害公共利益的;④行政机关认为需要中止执行的其他情形。中止执行的情形消失后,行政机关应当恢复执行。对没有明显社会危害,当事人确无能力履行,中止执行满3年未恢复执行的,行政机关不再执行。导致终结执行的情形有:①公民死亡,无遗产可供执行,又无义务承受人的;②法人或者其他组织终止,无财产可供执行,又无义务承受人的;③执行标的灭失的;④据以执行的行政决定被撤销的;⑤行政机关认为需要终结执行的其他情形。

(5) 强制执行的实施。执行和解是我国行政强制执行制度的创新,是强制与教育原则的体现,有助于缓解社会矛盾,实现行政管理的目标。在强制执行的实施过程中,行政机关可以在不损害公共利益和他人合法权益的情况下,与当事人达成执行协议。执行协议可以约定分阶段履行;当事人采取补救措施的,可以减免加处的罚款或者滞纳金。执行协议应当履行。当事人不履行执行协议的,行政机关应当恢复强制执行。实施行政强制执行还要尊重相对人的合法权益,这是尊重与保障人权的要求,也是强制与教育相结合原则的体现,有利于行政管理目标的实现。《行政强制法》第43条规定,行政机关不得在夜间或者法定节假日实施行政强制执行。但是,情况紧急的除外。行政机关不得对居民生活采取停止供水、供电、供热、供燃气等方式迫使当事人履行相关行政决定。

(6) 强制执行的责任承担。在执行中或者执行完毕后,据以执行的行政决定被撤销、变更,或者执行错误的,应当恢复原状或者退还财物;不能恢复原状或者退还财物的,依法给予赔偿。

2. 金钱给付义务的执行程序

(1) 执行罚决定的做出。行政机关依法做出金钱给付义务的行政决定,当事人逾期不履行的,行政机关可以依法加处罚款或者滞纳金。加处罚款或者滞纳金的标准应当告知当事人。加处罚款或者滞纳金的数额不得超出金钱给付义务的数额。

(2) 执行罚的强制执行。行政机关依法实施执行罚超过30日,经催告,当事人仍不履行的,具有行政强制执行权的行政机关可以强制执行。行政机关实施强制执行前,需要采取查封、扣押、冻结措施的,依照查封、扣押、冻结措施的规定办理。没有行政强制执行权的行政机关应当申请人民法院强制执行。但是,当事人在法定期限内不申请行政复议或者提起行政诉讼,经催告仍不履行的,在实施行政管理过程中已经采取查封、扣押措施的行政机关,可以将查封、扣押的财物依法拍卖抵缴罚款。划拨存款、汇款应当由法律规定的行政机关决定,并书面通知金融机构。金融机构接到行政机关依法做出划拨存款、汇款的决定后,应当立即划拨。依法拍卖财物,由行政机关委托拍卖机构依照《中华人民共和国拍卖法》的规定办理。划拨的存款、汇款以及拍卖和依法处理所得的款项应当上缴国库或者划入财政专户。任何行政机关或者个人不得以任何形式截留、私分或者变相私分。

3. 代履行的程序

(1) 确认与催告。行政机关依法做出要求当事人履行排除妨碍、恢复原状等义务的行政决定,当事人逾期不履行,行政机关应对不履行事实进行确认,并按一般程序的规定进行催告,经催告仍不履行,其后果已经或者将危害交通安全、造成环境污染或者破坏自然资源的,行政机关可以代履行,或者委托没有利害关系的第三人代履行。

(2) 代履行的实施。行政机关在代履行前应当送达代履行决定书,代履行决定书应当载明当事人的姓名或者名称、地址,代履行的理由和依据、方式和时间、标的、费用预算以及代履行人;代履行3日前,催告当事人履行,当事人履行的,停止代履行;代履行时,做出决定的行政机关应当派员到场监督;代履行完毕,行政机关到场监督的工作人员、代履行人和当事人或者见证人应当在执行文书上签名或者盖章。代履行的费用按照成本合理确定,由当事人承担。但是,法律另有规定的除外。

(3) 即时代履行。需要立即清除道路、河道、航道或者公共场所的遗洒物、障碍物或者污染物,当事人不能清除的,行政机关可以决定立即实施代履行;当事人不在场的,行政机关应当在事后立即通知当事人,并依法做出处理。

(四) 申请人民法院强制执行的程序

申请人民法院强制执行即非诉行政案件的执行,依据《行政强制法》《行政诉讼法》及其解释的规定,当事人在法定期限内不申请行政复议或者提起行政诉讼,又不履行行政决定的,没有行政强制执行权的行政机关可以自期限届满之日起3个月内,依法申请人民法院强制执行。

(1) 申请执行前的催告。行政机关申请人民法院强制执行前,应当催告当事人履行义务。催告书送达10日后当事人仍未履行义务的,行政机关可以向所在地有管辖权的人民法院申请强制执行;执行对象是不动产的,向不动产所在地有管辖权的人民法院申请强制执行。

(2) 申请执行材料的提供。行政机关向人民法院申请强制执行,应当提供下列材料:①强制执行申请书;②行政决定书及做出决定的事实、理由和依据;③当事人的意见及行政机关催告情况;④申请强制执行标的情况;⑤法律、行政法规规定的其他材料。强制执行申请书应当由行政机关负责人签名,加盖行政机关的印章,并注明日期。

(3) 人民法院对申请的受理。人民法院接到行政机关强制执行的申请,应当在5日内受理。行政机关对人民法院不予受理的裁定有异议的,可以在15日内向上一级人民法院申请复议,上一级人民法院应当自收到复议申请之日起15日内做出是否受理的裁定。

(4) 人民法院对申请的审查与裁定。人民法院对行政机关强制执行的申请进行书面审查,对符合申请材料规定,且行政决定具备法定执行效力的,除法定情形外,人民法院应当自受理之日起7日内做出执行裁定。人民法院发现有下列情形之一的,在做出裁定前可以听取被执行人和行政机关的意见:①明显缺乏事实根据的;②明显缺乏法律、法规依据的;③其他明显违法并损害被执行人合法权益的。有学者认为,此处法律所列情形适宜做出不予执行的决定,而非听取双方意见。

人民法院应当自受理之日起30日内做出是否执行的裁定。裁定不予执行的,应当说明理由,并在5日内将不予执行的裁定送达行政机关。行政机关对人民法院不予执行的裁定有异议的,可以自收到裁定之日起15日内向上一级人民法院申请复议,上一级人民法院应当自收到复议申请之日起30日内做出是否执行的裁定。

(5) 紧急情况下的立即执行。因情况紧急,为保障公共安全,行政机关可以申请人民法院立即执行。经人民法院院长批准,人民法院应当自做出执行裁定之日起5日内执行。

(6) 执行费用的承担。行政机关申请人民法院强制执行,不缴纳申请费。强制执行的费用由被执行人承担。

立法解读

《行政强制法》的立法宗旨

《行政强制法》第1条规定:"为了规范行政强制的设定和实施,保障和监督行政机关依法履行职责,维护公共利益和社会秩序,保护公民、法人和其他组织的合法权益,根据宪法,制定本法。"《行政强制法》第1条开宗明义,指出了4个立法目的。

1. 规范行政强制的设定和实施

行政强制的设定是行政强制的源头,指的是哪些国家机关有权自行创设行政强制。行政强制作为一项重要的行政权力,是限制公民、法人或其他组织的权利、增加其责任的行为。如果不从源头上加以规范,一旦滥用行政强制,很容易侵害公民、法人和其他组织的合法权益。因此,为保护公民、法人和其他组织的权利,法律没有赋予所有机关行政强制设定权,这样做是为了避免具有行政强制权的机关过多,对公民、法人和其他组织的合法权益造成不必要的侵害。行政强制的实施是指是有行政强制权的机关具体实施行政强制的过程。一般需要从以下几个方面对行政强制的实施予以规范：一是实施的主体，即由谁行使行政强制权，做出行政强制行为；二是行政强制行为，即行政强制的实施主体可以采取哪些行政强制措施；三是行政强制的程序，即行政强制的实施主体做出行政强制行为应当采取的方式、步骤等。

2. 保障和监督行政机关依法履行职责

目前，我国行政强制制度存在的主要问题可以概括为3个方面：①"软"。表现为行政机关的强制手段不足，对某些严重违法行为不能有效制止，有些行政决定执行不力。②"乱"。表现为设定行政强制的行政机关不明确，实施行政强制的主体比较混乱。③"滥"。行政强制的具体形式名目繁多，缺乏规范，"滥"用行政强制普遍。《行政强制法》的出台和实施，一方面能够保障行政机关有效履行职责；另一方面，可以划定行政强制的边界，对行政机关实施行政强制权予以监督和控制，防止滥用行政权力对公民、法人和其他组织的合法权益造成侵害。

3. 维护公共利益和社会秩序

行政强制虽然会对公民、法人和其他组织行使权利构成限制，但有其存在的合理性。具体来讲，如果任由行政相对人不依法履行法定的或者行政处理决定所设定的义务，行政机关又不采取行政强制行为强制行政相对人履行义务或达至与履行义务相同的状态，那么行政决定毫无权威可言，行政管理也无法顺利进行。再进一步，如果任由危害社会利益或公民权益的违法行为或者危险事件发生、恶化，行政机关却不采取有力的措施加以预防和制止，公民的合法权益、社会公共利益必然受到难以弥补的损害。由此可见，行政强制在维护公共利益和社会秩序方面发挥着至关重要的作用。但是，行政强制权的滥用同样会对公共利益和社会秩序造成侵害，所以有必要对其加以规范。可以说，对行政强制立法是维护公共利益和社会秩序的需要。

4. 保护公民、法人和其他组织的合法权益

行政强制权，可以说是行政机关及其工作人员最青睐、最宠爱的权力，也是最容易膨胀和最可能威胁公民权利、自由的权力。因此，首先必须以法律限制、控制其范围。规范行政强制的设定和实施、保障和监督行政机关依法履行职责、维护公共利益和社会秩序，其最终目的就是保护公民、法人和其他组织的合法权益。《行政强制法》就是要通过划定行政机关行政强制权的疆域、规范行政强制权实施的程序、为受到行政强制权不当行使侵害的行政相对人提供救济途径，在恰到好处地运用行政强制权的同时，防止其滥用给行政相对人造成损害。《行政强制法》以保护公民、法人和其他组织的合法权益为立法宗旨，也必将成为公民、法人和其他组织抵御行政强制权侵害的有力武器。

第四节 行政处罚

案例引导

董焕芝与范志华系母子关系，范志华与陈宝运系夫妻关系。董焕芝、范志华、陈宝运与原告骆淑芬系同院邻居。双方平素关系不睦。2010年7月15日晨8时许，骆淑芬将自家门前的雨水向院内地漏清扫，董焕芝见状便将骆淑芬扫向地漏的雨水往回扫，范志华也帮其母往回扫雨水，双方发生争执。此时，董焕芝的丈夫范恩财用污秽下流语言辱骂骆淑芬。范恩财离开现场后，范志华继续当众用专指妇女生理特征的极其污秽下流的语言和手势对骆进行侮辱。骆淑芬在此情况下，打了范志华一记耳光。范志华、董焕芝、陈宝运便共同对骆进行厮打，范志华踢伤骆的腹部，被群众拉开后，董焕芝、陈宝运阻止骆离开现场，继续揪打骆淑芬，致其当场昏迷。董焕芝、范志华、陈宝运的行为引起了在场围观群众的公愤。对此，

天津市公安局河北分局依据《治安管理处罚条例》规定,分别以"殴打他人"为理由,给予董焕芝拘留15日处罚;给予陈宝运拘留10日处罚;以"公然侮辱妇女"为理由给予范志华拘留15日处罚。董焕芝、陈宝运、范志华不服上述处罚决定,向天津市公安局申请行政复议。天津市公安局经复议认为:董、骆两家此次纠纷,双方互有责任。依据《治安管理处罚条例》之规定,以"殴打他人"为理由,对董焕芝改裁罚款200元;对陈宝运改裁罚款100元;以"侮辱他人"为理由,对范志华改裁罚款200元。骆淑芬对申诉裁决不服,向天津市河北区人民法院提起诉讼。法院经审理认为:第三人董焕芝故意滋事,挑起事端,且殴打原告骆淑芬致伤;第三人范志华当众用专指妇女生理特征的极其污秽下流语言及手势,公然对原告骆淑芬进行侮辱,情节严重。根据第三人董焕芝、范志华的违法事实,被告天津市公安局予以罚款处罚,显失公正,依法做出变更判决。

思考:行政处罚应当遵循怎样的原则?

一、行政处罚的概念与功能

(一)行政处罚的概念

行政处罚是指行政主体为达到对违法者予以惩戒,促使其以后不再犯,有效实施行政管理,维护公共利益和社会秩序,保护公民、法人或者其他组织的合法权益的目的,依法对行政相对人违反行政法律规范但尚未构成犯罪的行为,给予法律制裁的行政行为。

第一,行政处罚的主体是行政主体。实施行政处罚的行政主体表现为具有法定权限的行政机关及法律、法规授权的组织,非行政主体的其他任何机关、团体、组织和个人均无权实施。行政主体实施行政处罚必须具有法定依据,任何超越法定权限实施的行政处罚都应承担相应的法律责任。

第二,行政处罚的对象是行政相对人。行政处罚是一种外部行政行为,行政处罚针对的对象是违反了行政法律规范的公民、法人或其他组织。如果公民、法人或其他组织违反了刑事、民事法律规范,则应承担刑事与民事责任,不能给予行政处罚。公务员在工作中违反行政法律规范时应受行政处分而非行政处罚。

第三,行政处罚的目的是对行政违法者予以制裁,使其以后不再犯。行政处罚通过剥夺或限制处罚对象的人身权、财产权,对违法者予以惩戒和教育,从而维护公共利益和社会秩序,实现行政管理的目标。这里的违法行为指的是违反了行政法律规范但尚未构成犯罪的行为,如果违法行为构成犯罪,则应受到刑事处罚。

(二)行政处罚的功能

行政处罚是行政法律规范得以遵守,社会、经济和生活秩序得以维护的重要且必要的手段。我们强调教育在维护秩序方面的作用,但教育不是万能的。对于不遵守行政法律规范、偷税漏税、不正当竞争、追逐暴利等行为,行政处罚具有较强的制裁和惩处作用,有利于良好市场秩序和社会生活秩序的建立。行政处罚的实施,还可以寓教育于惩戒之中,具有教育功能、预防违法的功能,是一种有效的维护行政管理秩序的手段。

但是,行政处罚只是维护行政管理秩序的一种手段,它无法代替其他法律手段,更无法代替道德、教育等其他手段在维持秩序方面的作用,具有其自身的局限性。尤其值得注意的是,行政处罚是典型的侵益性行政行为,潜存着侵害人们合法权益的危险性。因此,为了充分发挥行政处罚的积极作用,抑制其消极因素,必须为行政处罚设立一系列的制约机制和原则。

二、行政处罚的种类

行政处罚在学理上可分为申诫罚、财产罚、能力罚和人身罚四种主要类型。申诫罚又称名誉罚,是一种影响相对人名誉、声誉,给相对人施加一定精神上的压力,使其不再违法的处罚形式。申诫罚一般适用于较轻的行政违法行为,属于行政处罚中最轻的处罚种类,包括警告、通报批评等,其中以警告最为典型和常用。财产罚是一种剥夺相对人一定财产的处罚形式,这种处罚在于使违法者缴纳一定数额的金钱或者是剥夺其一定财物,并不影响违法者的人身自由和进行其他活动的权利。财产罚适用范围比较普遍,具体形式有罚款、没收、拆除(违章建筑)等,其中适用最多的是行政罚款。能力罚也称行为罚,是一种取消、限制相对人从事某种活动的能力或资格的处罚形式。这里的能力或资格是指通过法律许可获得的一种特殊的行为能力或资格,一旦被取消或者限制,相对人就不能或暂时不能从事某种特殊活动,具体包括暂扣、吊销许可证和执照、责令停产停业等。人身罚也称人身自由罚,是一种短期内剥夺相对人人身自由的处罚形式,是行政处罚中最为严厉的处罚种类。行政拘留是一种最典型的人身罚。

为了规范行政处罚的种类及其设定,《行政处罚法》对行政处罚的种类作了列举规定。根据《行政处罚法》第8条的规定,行政处罚包括以下几种:

(1) 警告。警告是对违法行为进行谴责以示警戒的处罚措施。警告作为一种法定的处罚形式,必须由有权的处罚机关做出书面的处罚决定书,指明相对人的违法行为,并交送违法者本人。简单、随便的口头批评不能被认为是行政处罚。

(2) 罚款。罚款是行政主体强迫违法者缴纳一定数额金钱的处罚形式。它是为违法行为人设定的金钱给付义务,罚款是目前我国运用最广泛的一种处罚形式,但也是问题最多的一种处罚形式。因此,在立法上和执行中都需要对其进行严格规范。

(3) 没收违法所得。没收包括没收违法所得和非法财物,即国家剥夺违法者一定财产所有权的行为。违法所得是指违法者从事违法活动所获得的利益;非法财产是指违法者从事违法活动所使用的工具、财物和违禁品等。没收的违法所得、非法财物,必须依法上交国库或通过法定的方式予以处理,行政机关不得私分、出售或随意毁损。

(4) 责令停产停业。责令停产停业是指行政主体限制违法行为人从事生产经营活动的处罚。责令停产停业并不直接限制或剥夺违法者的财产权,而是责令违法者暂停其所从事的生产经营活动,一旦违法者及时纠正了违法行为,仍可恢复生产经营活动。责令停产停业因其直接影响企业的经营效益,因此通常用于比较严重的行政违法行为。

(5) 暂扣或者吊销许可证、执照。这是限制或剥夺违法者从事某项活动的权利或者资格的处罚形式。暂扣许可证或执照是暂时中止违法者的某种资格或权利,待其改正违法行为或经过一定期限,可以恢复其资格,发还证件。吊销许可证或执照是终止违法者继续从事某种活动的资格或权利。吊销许可证、执照是最严厉的行政处罚之一,直接关系到相对人的人身权、财产权。

(6) 行政拘留。行政拘留是指行政主体在短期内剥夺违法行为人人身自由的处罚形式。它是一种最严厉的处罚形式,因此法律对其适用作了严格规定。拘留有严格的期限限制,根据《治安管理处罚法》的规定,行政拘留的时间是1日以上、15日以下,合并执行最长不超过20日。除县级以上公安机关外,其他任何行政机关都没有决定行政拘留的权力。

(7) 法律、行政法规规定的其他行政处罚。凡法律、行政法规规定的其他处罚都属于合法、有效的处罚种类。比如驱逐出境、禁止进境或出境、限期离境以及通报批评等。

三、行政处罚的原则

(一) 处罚法定原则

行政处罚法定原则是指行政处罚必须依法进行,即对什么样的违法行为给予行政处罚、由哪个机关依何种程序和形式来设定和实施处罚,必须由法律、法规明确规定。其具体含义包括以下几个方面:

第一,实施处罚的主体及其职权法定。除法律、法规、规章规定有处罚权的行政机关以及法律、法规授权的组织外,其他任何机关、组织和个人均不得行使行政处罚权。有权的行政主体也必须在法定职权范围内行使处罚权,不得越权。

第二,处罚的依据法定。从行政相对人的角度来说,法无明文规定不受罚。对处罚主体来说,必须按照法律、行政法规、地方性法规以及规章设定的行政处罚来实施。

第三,处罚的程序法定。行政处罚程序合法与实体合法同样重要,以非法手段收集的证据不得作为处罚的根据。不遵守法定程序的行政处罚无效。

(二)处罚公正、公开原则

公正原则是指处罚的设定与实施必须要对被处罚者公平对待,没有偏私。具体来说,要以事实为根据,杜绝主观臆断;应当按照过罚相当的要求,全面考虑违法行为的事实、性质、情节及社会危害程度等,防止处罚畸轻畸重;不得滥用自由裁量权。

公开原则是指行政处罚全过程要保持必要的透明度。具体包括:处罚的依据要公开,未经公布的,不得作为实施处罚的依据;处罚的程序要公开。贯彻公开原则是实现公平、公正原则的保障。

(三)处罚与教育相结合原则

行政处罚的目的是实现行政管理。在行政处罚过程中,不但要对违法的行政相对人实施处罚,还要对其进行教育,使其认识到行为的违法性,及时纠正自己的行为,并保证今后不再重复违法。如果只着眼于惩罚,易使行政主体为了罚而罚,甚至以处罚创效益,也不利于违法者自身认识的提高,不能达到良好的管理效果。而如果以教代罚,则使处罚失去应有的惩戒功能,不利于违法行为的纠正。因此,应在处罚的同时对违法者予以帮助与教育,这样才能使违法者愿意接受处罚,自觉守法,实现社会管理目标。

(四)保障当事人权利原则

行政处罚的实施会对相对人的权利与利益进行约束和限制,而法律必须对相对人的合法权益予以保障。这一原则的要求是:行政主体不能滥用行政处罚权,行政处罚权应当受到必要的监督,被处罚的相对人应当享有陈述权、申辩权、知情权、获得救济权和请求国家赔偿权等权利。

(五)处罚不相替代原则

违法者应承担法律责任。行政法律责任、民事法律责任与刑事法律责任适用于不同性质的违法行为。行政处罚作为行政违法者承担行政责任的主要方式,不能与民事责任和刑事责任相互替代。对违反行政法律规范的行为要予以行政处罚,对违反刑事法律规范的行为要予以刑罚处罚,对违反民事法律规范的行为要追究民事法律责任。如果同时违反了不同性质的法律规范,就要同时承担几种相应的法律责任,而不能以罚代赔,以罚代刑。

四、行政处罚的程序

行政处罚的程序是指行政主体实施行政处罚所应遵循的方式、步骤、顺序和时限。《行政处罚法》规定的行政处罚的基本程序,由决定程序和执行程序两部分组成。

(一)决定程序

行政处罚决定程序是行政处罚实施机关做出行政处罚决定必须遵循的方式和步骤,是行政处罚程序中的核心内容。

1. 简易程序

简易程序又称当场处罚程序,是指行政主体对案情简单清楚、处罚较轻的行政违法行为给予当场处罚的程序。其目的是为了提高处罚效率,节约成本,方便当事人,及时、有效地维护社会程序。

(1)简易程序的适用条件。适用当场处罚程序必须同时具备以下条件:一是违法事实确凿,即违法事实简单、清楚,证据充分的;二是有法定依据,即对此类违法行为,法律、法规或规章明文规定可以处的;三是处罚较轻,即对个人处以50元以下的罚款或警告、对组织处以1 000元以下罚款或警告的。

(2)简易程序的内容。行政主体在进行当场处罚时,应遵循下列程序:①表明身份。行政执法人员在实施行政处罚时,必须向当事人出示执法身份证件,以证明自己具有处罚权。此处的"证件"可以是工作证,也可以是特定的执法证,有时还要求附带出示执勤证章等其他标志。②确认违法事实,说明处罚理由和依据。执法人员当场认定违法情形符合简易程序的适用条件的,应当向当事人说明其违法事实,说明给予行政处罚的理由和依据。这一程序环节体现了尊重和保障当事人权利的原则,也使行政处罚建立在充分客观的基础之上,保证处罚的公正性。③给予当事人陈述和申辩的机会。在简易程序中,应当告知当事人的权利,当事人在被告知的前提下,可以对处罚进行陈述和申辩,这样既能保障当事人权利的合法行使,也有利于做出客观公正的处罚。④填写《行政处罚决定书》。执法人员当场做出处罚决定,应当填写《行政处罚决定书》,并在填写完毕后,当场交予行政处罚的当事人。⑤备案。执法人员在做出行政处罚决定后,应将案件处理情况及时报送其所属行政机关备案,以便于所属机关进行监督、检查。当事人对处罚决定不服的,可以依法申请行政复议或提起行政诉讼。

2. 一般程序

一般程序又称普通程序,是指除法律特别规定适用简易程序以外的、实施处罚所普遍适用的基本程序。相对于简易程序而言,一般程序适用范围广得多,程序比较严格、复杂。其具体步骤包括:

(1) 立案。行政主体对所发现的违法行为,认为有调查处理的必要的,应当正式立案。立案是行政处罚的开始,立案需要填写立案报告表,报单位主要负责人审批,并指派专人承办案件的调查取证工作。

(2) 调查取证。调查取证是办案人员核实案件情况、收集相关证据材料的活动。先取证、后处罚,是行政处罚程序最基本的准则。立案后办案人员应当全面、客观、公正地搜集证据,对主要事实、情节和证据进行查对核实。调查取证的执法人员应当不少于2名,调查人员应向被调查人出示证件以表明身份。为确保调查结果的客观公正,调查人员与当事人有利害关系时应当回避。在证据可能灭失或以后难以取得的情况下,经行政机关负责人批准,对有关证据可先行登记保存,并在7日内及时做出处理决定。

(3) 说明告知与听取陈述和申辩。行政机关在做出行政处罚决定之前,应当告知当事人做出行政处罚决定的事实、理由及依据,并告知当事人依法享有的权利,如申请回避权、陈述申辩权、申请听证权等。当事人有权就案件做出陈述和申辩,处罚机关拒绝听取当事人的陈述或者申辩的,行政处罚决定不能成立。处罚人员不得因当事人申辩而加重处罚。

(4) 审查决定。调查终结,办案人员应当对案件处理提出书面意见,报送行政机关负责人审批。依据《行政处罚法》的规定,行政机关负责人应当对调查结果进行审查,根据不同情况,分别做出如下决定:①确有应受行政处罚的违法行为的,根据情节轻重及具体情况,做出行政处罚决定;②违法行为轻微,依法可以不予行政处罚的,不予行政处罚;③违法事实不能成立的,不得给予行政处罚;④违法行为已构成犯罪的,移送司法机关。对情节复杂或者重大违法行为给予较重的行政处罚,行政机关的负责人应当集体讨论决定。

(5) 制作《行政处罚决定书》。对于决定给予行政处罚的,必须制作《行政处罚决定书》。《行政处罚决定书》应当载明下列事项:①当事人的姓名或者名称、地址;②违反法律、法规或者规章的事实和证据;③行政处罚的种类和依据;④行政处罚的履行方式和期限;⑤不服行政处罚决定,申请行政复议或者提起行政诉讼的途径和期限;⑥做出行政处罚决定的行政机关名称和做出决定的日期。《行政处罚决定书》必须加盖做出行政处罚决定的行政机关的印章。

(6) 《行政处罚决定书》的送达。《行政处罚决定书》制作后,应对当事人宣告并当场交付当事人。如果当事人不在场,行政机关应当在7日内依照《民事诉讼法》的有关规定,根据情况以直接送达、留置送达、转交送达、委托送达、邮寄送达或公告送达等方式送达当事人。《行政处罚决定书》一经送达,便产生一定的法律效力。当事人提起行政复议或行政诉讼的期限,从送达之日起计算。

3. 听证程序

听证程序是指在行政处罚决定做出之前,由行政主体举行的由全部利害关系人参加的,听取各方陈述,由各方提供证据并质证的程序。听证程序不是与简易程序和一般程序并列的独立的程序,而是一般程序中的一个程序环节。听证程序的目的在于广泛听取各方面的意见,保证行政处罚的公正性和合理性,保障行政相对人的合法权益。

(1) 听证程序的适用范围。听证程序是一般程序中的特殊环节,并非一概适用,只限于较严重的行政处罚,包括责令停产停业的处罚、吊销许可证或者执照的处罚、较大数额的罚款。

(2) 听证程序的过程。第一,听证的准备。行政主体在听证会举办之前要进行一系列的准备工作,具体包括：①告知听证的权利。听证是当事人的一项权利，对于符合听证条件的处罚，应告知当事人有要求举行听证的权利；当事人要求听证的，应在行政机关告知后3日内提出。当事人不承担举行听证的费用；②通知听证的时间、地点。行政机关应在听证的7日前，书面通知当事人举行听证的时间、地点；③决定是否公开举行听证。听证通常应公开举行，但涉及国家秘密、商业秘密及个人隐私的除外；④指定听证主持人。听证由行政机关指定的非本案调查人员主持，当事人认为主持人与本案有直接利害关系的，有权申请回避。

第二，听证的举行。听证会的具体步骤大致如下：①由听证主持人核对参加者的身份，并宣布听证会开始。当事人可以亲自参加听证，也可委托1～2人（包括律师）代理。主持人同时宣布听证事项、告知当事人的权利等；②调查人员提出当事人违法的事实、证据和拟予以行政处罚的建议。主持人询问相关人员并要求出示有关证据材料；③当事人针对所指控的事实与相关问题进行申辩和质证。经过调查取证人员与当事人相互辩论，由主持人宣布辩论结束后，当事人有最后陈述的权利。

第三，由主持人宣布听证会结束，制作听证笔录。听证的整个过程应由专人制作笔录，听证笔录交当事人审阅无误后签字或盖章。听证笔录是用来定案的重要证据之一，应当封卷上交机关负责人。

（3）听证的结果。听证程序只是一般程序中根据需要而进行的调查处理环节，听证结束后，行政机关应当根据听证的情况，依照行政处罚一般程序的有关规定，做出行政处罚的最终处理决定。

（二）执行程序

行政处罚执行程序是指执行主体为保证行政处罚决定所确定的义务内容得以实现而实施的执行活动。如果没有行政处罚的执行，行政处罚的内容无法实现，行政处罚的目的便成为空谈。

1. 执行中应遵循的原则

（1）当事人自觉履行与行政主体强制执行相结合原则。行政处罚决定原则上是通过当事人的自觉履行来实现的，只有在当事人无正当理由拒绝履行时，行政主体才能采取强制措施予以执行。

（2）申诉不停止执行原则。当事人对行政处罚决定不服的，依法可以申请行政复议或提起行政诉讼，但除法律另有规定外，行政处罚的执行不因当事人提起行政复议或行政诉讼而停止。

（3）罚缴相分离原则。罚缴相分离原则是指做出罚款处罚决定的行政机关与罚款收缴机构相分离。这一原则要求做出处罚的行政机关及其工作人员不能自行收缴罚款，当事人应当自收到行政处罚决定书之日起15日内到指定银行缴纳罚款。银行应当收受罚款，并将罚款直接上缴国库。但罚缴分离原则有例外，有下列情况之一的，可以当场收缴罚款：①依法给予20元以下罚款的；②不当场收缴事后难以执行的；③在边远、水上、交通不便地区，当事人向指定银行缴款确有困难，经当事人自己提出，可以实施当场收缴罚款。

2. 行政处罚执行程序的内容

（1）专门机构收缴罚款

《行政处罚法》并未对专门机构收缴罚款的具体程序做出规定。根据该法第46条第3项规定以及目前的试点情况，专门机构收缴罚款应遵循如下程序：①通知送达。送达《行政处罚决定书》，是行政处罚决定的最后一项程序，同时又是当事人缴纳罚款的第一项程序。行政机关应在《行政处罚决定书》中注明指定银行。当事人应当自收到《行政处罚决定书》之日起15日内，到指定的银行缴纳罚款。②催交。专门机构根据处罚决定书限定的当事人自动交纳罚款的时间，在期限届满之前，可以向当事人发出催交通知书，以提醒和督促当事人按期主动履行缴纳罚款义务。③收受罚款。当事人向专门机构缴纳罚款的，专门机构应向缴纳人开具统一的罚款收据。④上交国库。银行收受罚款后，应将罚款直接上缴国库。

（2）当场收缴罚款

当场收缴罚款的适用范围：①依法给予20元以下罚款的；②不当场收缴事后难以执行的；③边远、水上、交通不便地区，当事人向指定银行缴纳罚款确有困难，经当事人提出的。此外，《道路交通安全法》第108条第2款规定，对行人、乘车人和非机动车驾驶人的罚款，当事人无异议的，可以当场予以收缴罚款。

当场收缴罚款的程序:①出具罚款收据。行政机关及其执法人员当场收缴罚款的,必须向当事人出具省、自治区、直辖市财政部门统一制发的罚款收据;不出具财政部门统一制发的罚款收据的,当事人有权拒绝缴纳罚款。②罚款的缴付。执法人员当场收缴的罚款,应当自收缴罚款之日起2日内,交至行政机关;在水上当场收缴的罚款,应当自抵岸之日起2日内交至行政机关;行政机关应当在2日内将罚款缴付指定的银行。

(3) 强制执行

当事人逾期不履行行政处罚决定的,行政主体可以采取措施强制执行。强制执行措施主要有三种:①加处罚款。即当事人到期不缴纳罚款的,处罚机关可以每日按罚款数额的3%加处罚款;②强制拍卖和强行划拨。即将查封、扣押的财物拍卖或将冻结的存款划拨抵缴罚款;③申请人民法院强制执行。

强制执行的例外:如果当事人确有经济困难,需要延期或者分期缴纳罚款的,经当事人申请和行政机关批准,可以暂缓或者分期缴纳。

案例分析

周仰迅不服漳州市民政局殡葬管理处罚决定案

1993年11月23日,原告周仰迅岳父病故。次日,周仰迅到被告所属单位殡管所办理有关火葬手续,交纳火葬、撤尸、接车、消毒等费用,并交纳不能自请西乐队押金人民币400元。同月25日,周仰迅自请西乐队组织出殡。12月16日,被告认定原告在为其岳父治丧过程中,雇请西乐队,吹吹打打,招摇过市,违反了1985年12月20日漳州市人民政府漳政(1985)综125号《漳州市殡葬管理暂行办法》(以下简称《暂行办法》)第五条"……不准乐队吹吹打打,招摇过市"的规定,根据同一规定同一条款对原告处以300元罚款,并开出03858号收款收据。周仰迅不服,于12月19日以漳州市殡管所(以下简称殡管所)为被告向一审法院提起诉讼。一审法院审查后认为,被告应为漳州市民政局,征得原告同意后,变更被告为漳州市民政局。原告诉称:被告据以做出罚款的具体行政行为的依据是漳州市政府的《暂行办法》,而该《暂行办法》既不是法律、法规,也不是规章;罚款收据不是正式票据。要求撤销被告罚款的具体行政行为。被告辩称:殡馆所是政府编制系统内具有独立法人资格的行政事业单位,是全市殡葬工作的管理机构,有权对全市所属县(市、区)的殡葬工作实行有效的行政管理,有权对违反殡葬管理的行为进行处理。周仰迅在治丧过程中违反了《暂行办法》第五条"不准乐队吹吹打打,招摇过市,禁止沿途扔纸钱,禁止大队人马游行送葬"的规定,对其处以300元罚款并不为过,要求给予维持。

漳州市芗城区人民法院审理认为:原告在为其岳父治丧过程中,雇请西乐队,吹吹打打,招摇过市的行为属批评教育范畴,法律、法规并未授权殡葬所可以罚款,漳州市人民政府制定的《暂行办法》第五条关于罚款规定缺乏法律法规依据,故被告对原告的罚款没有法律依据,属超越职权之行为;被告经两次合法传唤,无正当理由,拒不到庭应诉,也不提供对原告罚款的事实证据和法律依据,原告要求撤销被告的具体行政行为,理由正当,应予支持。该院根据(1989年)《中华人民共和国行政诉讼法》第五十四条第(二)项第4目、第四十八条的规定,于1994年7月19日做出判决:撤销被告漳州市民政局1993年12月16日对原告周仰迅殡葬罚款300元的具体行政行为;被告漳州市民政局应在判决生效后十日内将300元殡葬罚款退还原告周仰迅。

漳州市民政局不服,向漳州市中级人民法院提起上诉称:原审法院将上诉人列为被告是错误的,本案被告应为殡管所;殡管所的具体行政行为并未超越职权。要求二审法院撤销一审法院的判决;被上诉人没有提出答辩。漳州市中级人民法院审理认为:原审判决认定事实清楚,适用法律正确,审判程序合法,上诉人的上诉理由不能成立。依照《中华人民共和国行政诉讼法》第六十一条第(一)项的规定,该院于1995年8月21日做出判决:驳回上诉,维持原判。

[评析]

(1)本案谁为适格被告,在这一问题上,存在着两种不同的意见。第一种意见认为:被告应为殡管所。理由是殡管所是规章授权的组织,具有被告主体资格。根据1983年6月4日民政部颁发的《殡葬事业单位管理暂行办法》(以下简称《办法》)第二条"殡葬管理所在同级民政部门领导下,负责管理本地区殡葬事宜和对本地区其他殡葬事业单位实行统一领导"的规定,殡管所有权对违反殡葬管理规定的行为进行处罚。第二种意见认为:被告应为漳州市民政局。理由是根据1985年2月8日国务院发布的《国务院关于殡葬管理的暂行规定》第十一条规定:在各级人民政府的领导下,民政部门负责管理殡葬工作……可见,行政法规已将殡葬管理的职权赋予了民政管理部门。而民政部颁布的《办法》,只能理解为对殡葬事宜的内部规定,实际上对外不具有法律约束力。根据(1989年)《中华人民共和国行政诉讼法》第二十五条第四款的规定:"由法律、法规授权的组织所作的具体行政行为,该组织是被告,由行政机关委托的组织所作的具体行政行为,委托的行政机关为被告。"殡管所仅是政府编制系列内的行政事业单位,不是行政机关,也不是法律、法规授权的组织,故不具有被告主体资格,适格被告应为漳州市民政局。

(2) 被告的具体行政行为是否合法对具体行政行为是否合法的审查,是法院审理行政案件的核心内容。根据1989年《中华人民共和国行政诉讼法》第三十二条的规定,被告对做出的具体行政行为负举证责任,应提供做出该具体行政行为的证据和所依据的规范性文件。本案中,被告提供的依据仅是漳州市人民政府发布的《暂行办法》,而法律、法规并未规定可以对死者家属予以罚款,故被告依据《暂行办法》对原告的罚款是没有法律依据的,属超越职权的行为;在一审结束前,被告未提供做出具体行政行为的主要事实证据和法律依据,根据(1989年)《中华人民共和国行政诉讼法》第五十四条第(二)项的规定,判决给予撤销是正确的。

本章小结

本章内容为行政主体所实施几类主要的依职权行政行为,包括行政命令、行政征收、行政强制和行政处罚等。行政命令是行政主体依法要求行政相对人为或者不为一定行为(作为或者不作为)的意思表示。行政命令首先有形式意义上的行政命令和实质意义上的行政命令之分。行政征收是指行政机关根据国家和社会公共利益的需要,依法向行政管理相对人强制、无偿地征缴一定数额金钱或者实物的单方具体行政行为。行政征收主要包括国家税收和行政收费行为。行政强制是指在行政过程中出现违反义务或者义务不履行的情况下,为了确保行政的实效性,维护和实现公共利益,由行政主体或者行政主体申请人民法院,对公民、法人或者其他组织的财产以及人身、自由等予以强制而采取的措施。行政强制主要包括行政强制措施和行政强制执行两种具体类型。行政处罚是指行政主体为达到对违法者予以惩戒,促使其以后不再犯,有效实施行政管理,维护公共利益和社会秩序,保护公民、法人或者其他组织的合法权益的目的,依法对行政相对人违反行政法律规范但尚未构成犯罪的行为,给予法律制裁的行政行为。

案例分析

2010年5月8日,某市卫生局的三位执法人员到王某所开的特色菜饭店进行检查,发生饭店内有不符合卫生管理标准的情况,三位执法人员在检查过程中并没有出示工作证,并对王某进行训斥,要求王某立即缴纳5 000元罚款。王某对此进行了辩解,三位执法人员认为王某的态度不好,其中一位执法人员立即拿出一张盖有该市卫生局公章的《行政处罚决定书》,并当场在上面填上了5 000元的罚款数额。该处罚决定书上还明确规定了做出处罚的依据是《省餐饮经营场所卫生管理条例》第35条之规定。王某表示对该处罚不服,但三位执法人员警告王某,如果不立即缴纳罚款,将被除以拘留的处罚。无奈之下,王某只得将5 000元罚款当场交给三位执法人员。

问题:上述案例中,卫生执法人员在执法过程中存在哪些违法之处?

复 习 思 考

1. 简述行政命令的含义与种类。
2. 简述行政征收的含义与特征。
3. 论述行政征收的作用及其原则。
4. 简述行政强制的含义与原则。
5. 简述代履行和执行罚的含义。
6. 简述行政处罚的含义与种类。
7. 论述行政处罚的原则。

第十三章
行政指导与行政合同

 学习目标

- 知识目标：了解行政指导和行政合同的法律概念与法律特征；了解行政指导的基本原则、基本种类；了解行政合同与民事合同的区别；了解行政指导的中国实践与未来发展；理解行政合同产生的背景与社会功能。
- 能力目标：能够根据行政指导的一般原理分析实践中所存在的行政指导事例；能够对实践中存在的行政合同的具体表现与功能进行分析；能够以行政指导和行政合同制度为出发点反思传统行政行为理论的局限，并对新行政法有更多的认知。

第一节 行政指导

 案例引导

"傩舞（浦南古傩）"是漳州市芗城区浦南镇当地特有的一种民俗文化形式，与我国台湾地区的"大神尪仔"极为相似，研究它们之间的渊源，可进一步说明台湾地区与祖国大陆同根同源、一脉相承的关系。2011年5月，"傩舞（浦南古傩）"被国务院批准列入第三批国家级非物质文化遗产扩展项目目录。在此背景下，如何传承、发展和保护这一非物质文化遗产，成为当地工商行政管理部门面临的新课题。当地工商行政管理部门经过大量的调研走访，发现"傩舞（浦南古傩）"的保护、发展面临着三大难题：一是现代生活方式改变，传统民俗日益淡化，主要活动阵地缩小，活动范围有限；二是"古傩"驱疫避邪功能不再，失去身上的神秘光环，相应地失去民间的保护基金，表演活动难以维持和发展；三是"古傩"表演后继乏人。

为此，当地政府指派专人对权利人开展上门走访工作，让非物质文化遗产的相关权利人和团体认识到非物质文化遗产名称被他人抢先申请注册商标，会给相关非物质文化遗产的保护、传承与发展带来极其不利的影响。近年来，漳州市芗城区工商局和下辖石亭工商所，从传承、发展和保护非物质文化遗产的目标出发，积极开展行政指导，强化"傩舞（浦南古傩）"非物质文化遗产的权利人的商标品牌意识，认真指导浦南古傩的传承人成立社会团体——漳州市芗城区浦南古傩文化研究会，并以"研究会"为权利人申请商标注册，详细拟定切实可行的保护方案，搭建起了非物质文化遗产商标扶持工作平台。及时向"研究会"发放了《商标注册建议书》《商标法律告知书》和《商标策略提示书》商标三书；指导权利人主动在多类别提出注册申请，指导他们除了对娱乐、演出等项目进行商标注册申请外，还在工艺品、玩具等类别上进行了商标注册申请，这一行政指导实践取得了良好的效果。

思考：如何评价案例中当地政府的行政指导行为？

一、行政指导的概念与类型

(一)行政指导的概念与特征

行政指导是行政机关在其职能、职责或管辖事务范围内,为适应复杂多样的经济和社会管理需要,基于国家的法律精神、原则、规则或政策,适时灵活地采取指导、劝告、建议等非强制性方法,谋求相对人同意或协助,以有效地实现一定行政目的的行为。简言之,行政指导就是行政机关在其职责范围内为实现一定行政目的而采取的符合法律精神、原则、规则或政策的指导、劝告、建议等不直接产生法律效果的行为。

行政指导行为具有以下特征:①行政指导是非权力行政活动,不以国家权力为后盾;②行政指导是一种事实行为,不产生法律效果;③行政指导是行政机关单方面的意思表示,属于单方行为;④行政指导一般适用于有较大弹性幅度的管理领域;⑤行政指导适用法律优先的原则;⑥行政指导是一种外部行为。

行政指导的典型特点是非强制性,它作为一种行政行为方式,在各国或多或少地均有运用,其中,日本对它的运用最为广泛。

(二)行政指导的类型

第一,以行政指导有无具体的法律依据为标准,可分为有法律依据的行政指导和无法律依据的行政指导。有法律依据的行政指导是指有法律、法规、规章等明文规定的行政指导,无法律依据的行政指导是指没有法律明文规定的行政指导。对于有具体法律依据的行政指导,可直接采取劝告、希望、建议等行政指导行为;对于没有具体法律依据的,行政机关应在其职责范围内,基于行政组织法的一般授权,按照法律精神或原则,实施行政指导。尽管行政机关做出的大多数行政指导缺乏具体的法律依据,但这并不表明行政指导是可以没有法律依据的恣意指导。行政指导仍然要根据法律的规定或法律授权以及有关的法律精神或国家政策进行。行政机关实施行政指导行为时,必须遵循合法性和合理性原则的基本要求。

第二,以行政指导的对象是否特定为标准,可分为抽象行政指导和具体行政指导。抽象行政指导是指行政机关针对不特定的行业、地区和行政相对方所进行的行政指导,如《环保产业发展规划纲要》。具体行政指导是指行政机关针对特定的行业、地区和行政相对方所进行的行政指导,如对某企业提出整顿建议。

第三,以行政指导的功能不同为标准,可分为规制型行政指导、调整型行政指导和促进型行政指导。规制型行政指导是指行政机关为了维护和增进公共利益,对妨碍社会秩序、危害公共利益的行为加以预防、规范、制约的行政指导,如责令限期处理。调整型行政指导是指行政相对方之间发生利害冲突而又协商不成时,由行政机关出面调停以求达成妥协的行政指导。促进型行政指导是指行政机关为行政相对方出主意以保护行政相对方利益而为的行政指导,又称出主意型行政指导。促进性行政指导通常附随补助金、奖励金或融资等利益,如提供咨询、提供信息和技术。

二、行政指导的意义与原则

(一)行政指导的意义

行政指导是行政机关在职权范围内,运用非强制性手段,引导行政相对人做出或者不做出某种行为,以实现一定行政目的的行为。行政指导对于推进现代行政管理民主化、补充当前法律的不足、推进服务型政府建设具有重要意义。

行政指导是现代行政管理民主化的发展趋势。传统的行政管理具有明显的"命令—服从"的关系特征。"二战"后,特别是近几十年来,各市场经济国家随着经济民主化的趋势,相应产生了行政管理民主化的趋势,由于行政指导是在行政相对人的自愿同意和协助下进行的,与强制性法律手段相比,行政指导更具民主性,更符合行政相对人的意愿,从而减少行政阻力,更有利于行政管理目标的实现。

行政指导是对目前法律不完备之处的及时补充。现代社会的发展一日千里,新的业态、经营领域不断涌现,如电子商务、基金、物流、证券、彩票等。法律由于受立法成本、法所调整的社会关系发展程度、立法者的认识水平等限制,具有明显的滞后性,不可能及时对所有新出现的业态做出明确的规定。此时,如果以传统的"无法律即无行政"的法治原则来限制政府,则有些行政管理领域可能陷入瘫痪状态;如果以维持"无法律即无行政"的法治原则为由,希望通过完善立法来解决一切社会问题,不但"无法可依"的现象难以除尽,手段成本也难以支付。而采用成本较低的行政指导手段进行积极有效和灵活机动的干预与调节,不仅可以弥补法律手段的不足,拓宽行政监管领域,也可以为以后的立法与监管创立良好的基础。

行政指导是推进服务型政府建设的必要手段。行政指导和服务型政府之间存在着内在的必然联系,不仅表现在二者具体内涵和价值取向上的契合,在实践中也显现出强大的互动作用。建设服务型政府,根本目的是进一步提高政府为经济社会发展服务、为人民群众服务的能力和水平,关键是推进政府职能转变、完善社会管理和公共服务。行政指导作为直接体现服务理念的现代行政管理手段,它以非强制的建议、辅导等方式,为行政相对人服务,为维护市场秩序服务,为经济社会发展服务,发挥了不可替代的重要作用。

(二) 行政指导的原则

行政指导的基本原则是实施行政指导行为所必须遵循的基本准则。它的作用一方面是统摄行政指导行为全过程不偏离法定的目的,另一方面是为了弥补行政指导行为实施过程中可能出现的成文法漏洞。根据行政法理论和现行的有关国家行政程序法律制度的规定,行政指导的原则主要有以下三个方面:

1. 必要性原则

必要性原则是指行政主体应基于以下主观认识,即采取行政指导的行为方式会比一般行政行为产生更好的客观效果而实施行政指导。行政主体行使行政职权的基本目的在于维持一个正常的社会秩序,促进社会的全面进步。如果通过非权力行政行为也能达到这一目的,或者可以降低行政成本,行政主体完全可以做出选择,采用非权力行政行为实现行政管理的目的。理解必要性原则应注意以下几点:

① 这里的"必要性"是一种客观状态在人们主观上的反映,指导人们对这种客观状态的认识方法是否科学正确,直接关系到人们对这一必要性的认识和把握。因此,对于必要性的理解与把握,必须从客观实际出发,实事求是地运用行政指导。

② 这里的"必要性"作为一种客观状态,会随着时间和情势的变化而变化,并且这种变化可以直接导致行政主体是否采用行政指导行为作为进行社会管理的一种手段。也就是说,在行政管理活动中,行政机关现在行之有效的行政指导行为方式,在将来的社会管理过程中未必也能够运用并收到良好的行政效果。

③ 这里的"必要性"是行政主体实施行政指导行为的一种客观依据,它不依人的主观意志而发生变化。因此,行政主体必须在正确的方法论指导下认识这种客观变化。如果实施行政指导的客观依据存在,行政主体就不应为显示权力而实施权力行政行为,同样,如果实施行政指导的客观依据不存在,行政主体不能为规避行为的法律责任而实施行政指导行为。

2. 自愿性原则

自愿性原则是指行政指导应为行政相对方认同和自愿接受。这里的"自愿"是指在不损害国家利益和社会利益以及他人合法权益的前提下,行政相对人在没有外在强制力的作用下依照自己的意志做出一定行为的心理状态。自愿性原则包括以下含义:

① 自愿性意味着行政相对方接受行政指导完全是出于自己的真实意思表示,而不是在受他人意志支配下做出的"接受",这是自愿性原则的本质要求。也正是行政指导的这一原则,使得其与其他行政行为之间有了一条明显的分界,从而区别于其他行政行为。

② 自愿性意味着行政相对方对行政指导是否接受具有选择权,行政指导实质上是为行政相对方的决策提供一个可选择的方案,它对行政相对方如何决策没有约束力,只有说服力。

③ 自愿性还意味着行政相对方接受行政指导后产生了不利后果,一般只能由自己承担而不能归咎于做出行政指导的行政主体。当然,这并不是说政府可以不计行政指导的后果而恣意行为,出于法治政府和责

任政府的基本理念,它应当加强行政指导的科学性、准确性,以维护政府的形象与权威。

案例分析

实施行政指导促进规范经营

2006年年初,泉州市泉港区电信局为配合创建"平安校园"活动,专门为各中小学推出一项集短信、语音为一体的"家校通"亲情卡业务。该业务具有刷卡签到、签退、拨打亲情电话、发送短信等功能,与家长的电话捆绑收费,每月5元至10元不等。然而,在"家校通"推出不久,泉港区12315投诉台就陆续接到一些家长的投诉,原因是话费清单上莫名其妙地增加了一项"家校通"功能费,可家长们从来没有与电信部门签订过什么协议。工商局分析认为,原因主要是由于电信部门不规范经营造成的。电信部门在未取得家长书面或口头同意的情况下,仅凭学生填写的登记信息,就单方面收取了使用费。于是,该局举办了一场"电信业务行政指导座谈会",使电信部门认识到中小学生属于无民事行为能力人或限制民事行为能力人,直接把学生填写的登记信息作为开通"家校通"的协议,不具有法律效力。在工商部门的介入下,电信部门规范了自己的经营行为。

3. 正当性原则

正当性原则是指行政指导必须最大限度地保障行政相对方对行政指导的可接受性,因为行政指导以行政相对方接受为产生预期作用的前提条件。这里的"可接受性"的基础在于人所固有的趋利避害的本性,表现为行政相对人对行政机关做出的行政指导主观上认为如果自己接受行政指导会使自己的利益在限定的范围内最大化,产生对自己有利的法律结果。行政指导的正当性原则包括以下含义:

① 行政指导的正当性必须以其合法性为前提,没有行政指导的合法性,行政指导的正当性也就失去了存在的基础。这里的"法"既包括成文的法律规范、符合法律要求的政策,也包括高于法律规范的法律精神。对于没有法律、政策依据的行政指导,应当要求行政机关具有组织法上的依据,任何超越职权的行政指导行为都应当在法律上予以否定。

② 正当性体现了行政指导是一种以理服人的"软性"行政活动,行政指导过程本身也应当是一个说理的过程,行政主体正是通过这一说理过程向行政相对方展示行政指导的正当性,期望行政相对方尽可能接受行政指导。这就要求在行政活动中重视行政相对人程序性权利的法律价值,使其由被管理的客体向参与主体的角色转变。

③ 正当性可以约束行政主体在实施行政指导过程中滥用自由裁量权。在现代行政中,行政自由裁量权是必不可少的,如果行政机关或执法人员不能很好地行使自由裁量权,行政指导的公平、公正性就将大打折扣,不仅破坏了法规的权威性、严肃性,使公民、法人或其他组织的合法权益受到侵害,也损害了行政机关在群众心目中的应有形象。因此,强调行政主体在行政指导过程中遵循正当性原则,可以确保行政指导中的自由裁量更具有可接受性。

三、行政指导方式与方法

行政机关实施行政指导应当采取适当的方式。行政指导的实施方式是行政机关实施行政指导的具体表现形式,是行政指导的载体,具有便捷、灵活、多样的特点。

从目前国内外行政法学者的研究情况来看,行政指导的外部形式主要有咨询、建议、训导、警告、告诫、反对、指导、意见、劝告、指示、希望、协商、期望、鼓励、敦促、提倡、引导、推广、宣传、示范以及提供信息技术服务、纲要、计划、信息公布等。现择几种具有代表性的行政指导方式分述如下:

(1) 说服。说服是行政机关通过陈述情理,希望行政相对人接受行政指导的一种方式。说服以行政机关说理为前提,虽然行政行为也要求行政机关说理,但行政行为总是与强制连在一起的。虽然我们几十年来一直宣传行政机关工作人员要"为人民服务",但为"官"高人一等的思想意识具有一定的普遍性。"以权压人""以势逼人"在行政管理领域中并不少见。虽然我们也提倡在行政管理中要做"说服"工作,但说服经常是与"教育"联系在一起的。当说服与教育成为一个独立的行为时,说服便成了行政机关单方面的训导、灌输。这与行政指导在平等地位之间的说服具有天壤之别。我国如要推行行政指导作为行政管理的一种方式,行政机关必须首先平等地对待行政相对人,学会讲道理。

(2)建议。建议是行政机关根据行政管理的需要,将自己对实现行政管理目的的方法、途径等形成的看法告诉行政相对人,希望行政相对人在政治、经济和文化活动中听从其建议,从而有助于行政机关达成行政管理的目的。建议一般具有具体的内容,行政相对人接受后具有可操作性。如果行政相对人在接受建议后需要行政机关的帮助,行政机关应当予以满足。行政机关正确运用行政指导的方式,客观上可以产生良好的社会效果,对提升"善良政府"形象具有重要的促进作用。

(3)协商。协商是行政机关为了取得行政相对人支持其实现某一行政管理目标,而与行政相对人就某一行政管理事项进行商讨,增进互相了解与沟通,谋求与行政相对人达成共识。当行政机关为了某一行政管理目标进行活动时,必然会影响部分行政相对人的现有利益,如城市道路拓宽、建造城市污水处理设施等。如果行政机关在事先就此问题与受不利影响的行政相对人进行协商,听取其意见,顾及其所受到的利益损失,那么,行政相对人是可以在理解的基础上支持行政机关的行政管理活动的。

(4)奖励。奖励是行政主体按照规定的条件,对为国家或社会做出贡献或在某方面有突出表现的单位或个人给予物质或精神奖励的行政行为。行政指导中的奖励方式是基于人从事社会活动具有谋利的本性,通过物质或者精神的刺激满足人的需要,可以使人从事某种特定的活动。例如,为了维护国家税收的正常秩序,政府鼓励公民向税务机关举报他人偷税行为,如经查实则按所交税款的一定比例奖励给举报人。这些行政指导的奖励方式的效果远远超过政府下达硬性指标的行政命令式的行政管理活动。

(5)帮助。帮助是行政机关通过为行政相对人提供某种便利的条件,引导行政相对人实施符合行政管理目标的活动。在现代社会中,行政机关因其所处的优越地位,掌握了许多政治、经济和文化发展的资讯,而行政相对人因处于行政被管理的地位,具有天然的被动性。如果行政机关在行政相对人从事政治、经济和文化活动时给予必要的帮助,必然可以引导行政相对人的行为朝着行政机关确定的管理目标方向发展。

除以上行政指导方式外,在符合实施行政指导基本原则要求的前提下,各级行政机关可以积极探索更多的行政指导实施方式,如政策辅导、走访约见、规劝提示、示范推荐、信用公示、信息披露、警示告诫、案件回访等,还可以将多种形式的行政指导加以组合,对特定行业或者特定行为、特定对象进行综合指导。

行政指导的具体方法主要有:口头告知、书面告知、电话传达、邮寄送达、短信发送、网络传输、媒体发布、召集座谈、进行约谈、组织培训等。

四、行政指导的实施依据和实施条件

(一)实施依据

行政指导作为一种新的实现行政目标的方式,在促进社会发展中能发挥特有的作用,成为传统行政法治的重要补充,并且越来越受到现代政府的广泛青睐,但是,这种新型的行政行为本身还存在着许多不成熟的因素,无论在理论上还是在实践中,对于行政指导是否需要依据以及需要什么样的依据,一直存在着诸多争议。有人认为,所有的行政指导都需要有法律上的依据,没有法律依据,任何行政指导都不得实施。也有人认为,只有实质上规制行政相对人权利和自由的规制性行政指导,才需要有法律的依据。也有学者认为,在是否需要依据问题上,应当"明确行政指导属于政府行政机关享有的法定行政职权。但其通常可得以依据法律对某行政机关或者某管理事项的原则性教授而为之。无须直接依照法律、法规等的具体条文规定"。

我们认为,从法治行政的要求看,一切行政行为均需法律的授权,这是由行政权的特征所决定的,也是法律保留与法律优先原则的具体体现。行政指导这种新型行政行为要有效地发挥其既保证政府必要的权威又充分尊重相对人意志自由的功能,其根本出路仍然在于法治行政原则的遵守,而不是对法治行政原则的超越,否则就会出现"依行政指导行政"取代"依法行政"的可怕局面。因此,我们倾向认为,对行政指导这种新型的行政行为,只要有组织法上的依据即可,而不必强求一定要有具体行为法上的依据。也就是说,"一切行政活动不得与法律相抵触,行政指导也必须合法化。因此不允许行政指导超越有关行政机关组织法规定的权限"。行政指导应当以组织法为其最后的保留领域,行政机关在组织法规定的职权和所管辖的事务范围内均有权采用行政指导的方法,进行有关事项的管理。如果对行政指导仍然坚持传统的法律保留原则,那么就失去了其存在的理由。

从行政指导的理论与实践看,行政指导的依据可以分为规范性依据和非规范性依据。

规范性依据是具有行政指导内容的明确的法律规范和政策规定。例如,《中华人民共和国教师法》第18条规定:"各级人民政府和有关部门应当办好师范教育,并采取措施,鼓励优秀青年进入各级师范学校学习……"《中华人民共和国民办教育促进法》第44条规定:"县级以上各级人民政府可以设立专项资金,用于资助民办学校的发展,奖励和表彰有突出贡献的集体和个人。"行政指导行为规范性的依据明确、直接,可以为行政主体实施行政指导行为提供明确的依据与有力的保障。

非规范性依据是指不具有行政指导内容的法律原则、客观情况和社会发展需求的状态等。行政主体对行政指导的非规范性依据具有解释的自由裁量权,因为这些非规范性依据本身在内涵上就具有相当的不确定性。这种不确定性可能会造成行政主体出于不正当的动机而滥用行政指导或者怠于履行行政指导的职责。因此,尽可能降低非规范性依据在行政指导中的地位具有重要的意义。但是,这并不意味着否定行政主体在法外实施行政指导。

(二) 实施条件

尽管行政指导不是行政行为,对行政相对人的合法权益不产生直接的影响,但它毕竟是行政主体基于公务而实施的一种行为,具有侵权的可能性。因此,行政主体在实施行政指导时,必须遵守如下条件:

第一,行政主体对行政指导行为的事务具有法定的管辖权。行政指导行为不是行政行为,但是它与行政主体的行政职权之间仍然存在法律关系。行政主体的行政指导行为必须在其行政管理职能、职责与管辖范围内适时、适地、适机地灵活实施,不得超越法定的权限。行政主体对超越法定管辖权所实施的行政指导应当承担相应的法律责任。这是行政职权法定原则在行政指导中的具体体现,离开这一原则来讨论行政指导的合法性原则是没有意义的。

第二,行政指导不以行政相对人的同意为实施的前提条件。行政指导行为是行政主体实施的一种主动行为,它依然是行政主体行使职权的体现,而不取决于行政相对人是否同意接受,这一点与依职权行政行为是相同的。但是行政主体不能借助于行政强制力实施和强迫行政相对人接受其行政指导。行政相对人拒绝接受行政指导的,行政主体也不得对其采取或变相采取强制措施以及其他不利于行政相对人的行政处理行为。但是,行政主体在行政指导中明确说明行政相对人如不接受行政指导将会面临某种具体的不利法律后果,也不能视为该行政指导具有强制性。

第三,行政主体实施行政指导行为应当明示其依据,并受其约束。行政指导行为既然是一种行政主体所实施的与其行政职权有关的行为,其所赖以做出行政指导行为的依据就应当予以明示。对于行政指导的依据,无论是规范性依据还是非规范性依据都予以公开,既是行政职权行使有据的基本要求,也是提高行政指导行为说服力,赢得行政相对人信任、尊重与接受的正当需要。行政主体实施了有依据的行政指导行为,非经法定程序不得随意撤销或变更。

五、行政指导的实施程序

行政指导的程序是行政机关实施行政指导行为时所必须遵循的方式、步骤、顺序和时限等所构成的一个连续过程。

由于行政机关实施行政指导具有相当大的自由裁量的余地,行政指导具有广泛性、灵活性、柔和性、隐蔽性等特性,如果不设法加以规范,行政机关滥用行政指导将不可避免。同时,由于行政实体法不可能为行政机关提供详尽的行政指导行为的依据,规范行政指导的重任必然有赖于严格的行政程序来承担,因此,对行政指导的法律程序控制具有特别重要的意义。

行政指导的多样化决定了行政指导程序统一设置的艰难，但这并没有阻止法治国家做这样的执着努力。日本就是在这方面进行了探索并获得成功的国家之一。日本是行政指导制度的发源地，它对行政指导程序所做的建构是任何一个建立行政指导制度国家所不能忽视的。根据日本《行政程序法》的规定，日本对行政指导的程序主要规定有三项：①说明，是指行政指导的实施者必须向有关的行政相对人明确说明该行政指导的宗旨、内容和负责人等情况；②交付，是指在没有特别的行政障碍的情况下，行政指导的实施者必须交付记载有该行政指导事项的书面文件；③公布，是指行政机关在实施多个行政相对人的行政指导时，应根据具体情况，规定有关行政指导的共同内容并予以公布。从实际效果来看，日本《行政程序法》中关于行政指导程序的规定也深刻地影响了韩国等国家和地区行政程序法的内容。如韩国《行政程序法》对行政指导所作的程序规定相比日本，仅多了"陈述意见"一项内容，即"行政指导之受指导者，就行政指导之方式、内容等，可向行政机关提出意见"。在这之后，我国台湾地区制定的行政程序规范也与之一脉相承。

从对行政指导程序的具体规定来看，日本、韩国以及我国台湾地区的行政指导程序规定大同小异。它们都强调行政指导的正当性，追求行政指导的透明化、明确化。但是，从三个文本的有关规定，我们也不难发现它们均存在一些有共性的问题：一是关于行政指导的程序规定过于粗线条，特别是体现行政指导柔性特点的程序性规定不齐备；二是缺乏对行政指导的监督与救济程序；三是民主参与原则在行政指导程序中尚未得到充分体现。尽管这些国家和地区的行政指导的程序规则还不够具体，有些地方还显得空泛，但是，日本、韩国以及我国台湾地区的相关立法还是为我们提供了许多有益的经验，对于我们制定行政程序法也同样具有相当重要的借鉴意义。

我们认为，既然行政指导是新型行政行为的一种，那么，行政指导的程序规则从总体上来说适用行政程序的一般程序规则。具体来说，抽象行政指导适用诸如行政立法等抽象行政行为的一般程序规则，具体行政指导则适用具体行政行为的一般程序规则。但是，由于行政指导的特殊性，在适用一般行政行为程序规则时，又不可机械对待。结合行政程序法的理论和日本等国家与地区的相关立法，我国的行政指导可以考虑确立如下程序：

（1）告知。行政机关实施行政指导，应当将行政指导的依据、内容、理由通过告知程序到达行政相对人。告知原则上应当以书面形式进行，除非法律有特别规定。对于需要行政相对人事先做相应准备的行政指导，行政机关应当提前告知行政相对人，并给予行政相对人合理的准备时间。

（2）听证。行政指导听证是政府在决策过程中就政策动议、方案或效果依法直接听取有关团体、专家学者特别是与该决策有利害关系的当事人意见的一种程序规定。行政听证是现代民主政治的产物，建立行政指导的听证制度，为行政主体和行政指导相对人提供了一个互动的机会，使相对人有机会参与行政指导的决策过程，这既可以完善行政指导的内容，也可以为实施行政指导提供社会服从的心理基础，最大限度地取得公众的支持与认同。在行政指导程序中适用听证主要是为了提高行政机关行政活动的透明度。因为行政机关的活动如果没有必要的透明度，会增加行政相对人的不安全感，从而影响正常的社会秩序。

（3）终止。行政指导除因实施完毕而自然终止外，行政机关在实施行政指导的过程中，相对人如拒绝行政指导或明显表示出不服从行政指导的，行政机关应当终止行政指导程序，不得强行要求行政相对人服从，更不得因当事人拒绝听从、配合行政指导而对其采取不利措施。行政指导终止制度是基于行政指导的非强制性这一根本特征建立的，也是行政指导相对人实现选择权的程序保障，如果行政机关强行实施行政指导，那么这种"行政指导行为"已经变为行政命令，行政相对人可以通过法定程序获得救济。

（4）备案。对于重大的、具有较大影响的行政指导，行政机关应当事后向上一级机关备案，以接受上一级机关的监督。

（5）救济。由于行政指导本身的灵活性，并不需要法律的明确授权，在如何采用行政指导手段上有很大的自由裁量权，这就可能出现不受法律约束的行政活动。因此，通过制度创新将行政指导行为纳入行政救济和司法救济的审查范围，形成比较完善的行政指导救济机制，这对于维护行政相对人的合法权益和提高行政机关认真履行职责的积极性，实现行政指导的法治化，具有重大的行政法治实践意义。

六、行政指导的实践问题与未来发展

由于行政指导在现代市场经济条件下的行政实务中日益显现出特殊的功效性和适应性,行政指导在一些西方国家经历了从争议到谨慎采用再到非常重视的发展阶段,行政指导作为对传统依法行政的一种必要补充和灵活有效的行政活动方式,已越来越多地运用于市场经济国家的经济与行政管理过程,成为当代行政管理和行政法学的重要范畴。

在我国,由于过去长期实行传统的计划经济体制,受那种高度集权、强制命令的传统观念束缚很深,在体制转型过程中还难以重视和正确运用政府的柔软干预方式。行政法学界也长期未能重视研究行政指导,这非常不利于行政指导的正确运用,也不利于行政法学科体系的创新。随着市场导向改革和经济社会发展的推进,行政指导的必要性、功效性和可行性及其负面性在行政实务中正日渐显露出来。

从宪法的层面来看,我国已经充分注意到行政指导的作用,并在宪法的具体规定中多次得到体现。我国现行《宪法》规定,国家鼓励、支持和引导非公有制经济的发展;鼓励、指导和帮助集体经济的发展;以及国家组织和鼓励植树造林,保护树木。此外,现行《宪法》中还有多处以指导、引导、提倡、帮助、鼓励、奖励等提法,对行政指导做出了规定。从法律的层面来看,很多法律条文也已经体现了行政指导。《中华人民共和国农业法》第28条规定:"国家鼓励和支持发展多种形式的农产品流通活动。……"该法还采用鼓励、支持等提法,对农业行政指导作了多处规定。又如,《中华人民共和国劳动法》在第5、6、10、11、67、75条等多处,采用提倡、表彰、奖励、支持、鼓励等提法,对行政指导作了规定。至于国务院制定的行政法规,更是多处体现了行政指导。《中华人民共和国中外合资经营企业法实施条例》《国有企业职工待业保险规定》等都规定了相关行政机关的行政指导职能。地方性法规(包括自治条例和单行条例)、部委规章、地方规章也有很多关于行政指导的规定,特别是《行政处罚法》《行政许可法》出台后,这一层级的立法已经不能随意运用行政处罚、行政许可等手段来实施管理,行政指导就逐渐成为有效手段。

但是,这些规定的绝对数量还不多,相对数量则更少,尚不适应市场经济条件下的公共管理需求,少数规定还带有计划经济模式的痕迹和影响。例如,宪法中规定的行政指导对象,是按所有制来划分的。其实,行政指导也应适用于国有企业。行政指导的名称使用得较为庞杂,一般使用的是"指导""引导""鼓励""提倡"等提法,在立法和行政立法中尚未见到完整地使用"行政指导"的提法,但《行政诉讼法》的司法解释出台后,这种情况已经有所改变。

行政指导尽管作为现代政府施政的主要方式之一,在促进社会发展的过程中,能发挥其特有的作用,但其本身还存在着许多不成熟的因素,在实践中还会产生负面影响。从我国的情况来看,行政指导制度与日本、美国等发达国家相比,还很不规范,行政指导的内涵和外延以及与其他行政行为的区别也缺乏统一的认识,导致实践部门操作较为困难。行政指导领域存在的问题主要有以下几个方面:

第一,行政指导缺少程序控制。程序正当要求行政机关实施行政管理应当公开,注重听取行政管理相对人的意见,保障相对人、利害关系人的知情权、参与权和救济权。行政指导的非强制性特征决定了行政机关对此类行为不承担法律后果。《最高人民法院关于执行〈中华人民共和国行政诉讼法〉若干问题的解释》第1条规定,公民、法人、其他组织对不具有强制力的行政指导行为提起的诉讼不属于人民法院行政诉讼的受案范围。目前,行政指导行为的规范化、制度化程度还比较低,并没有法律明确规定行政主体做出指导行为必须遵守的程序。这虽然与行政指导灵活多样、富有弹性等特点有关,但缺少程序上的制约会给行政主体的任意行政创造条件。一些公务员在实施行政指导时不注意信息的公开,不告知相对人行政指导的非强制性特征,不听取相对人的意见。一些相对人基于对行政机关的信任而盲目接受行政指导,当利益受损时,才得知不能获得救济,而行政机关无须承担责任,遂引发相对人的不满或者行政纠纷。

第二,行政指导导致权力异化。行政指导异化最突出的表现是背离其非强制性的特征,以指导之名行强制之实,违背相对人的意愿,增加相对人的负担。行政指导是一种非强制性的行为,相对人对行政指导没有必须服从的义务,即相对人是否服从行政指导是任意的。但是,对于行政指导服从的任意性,仅限于原则上,实践中的行政指导并不都具有服从的任意性。对于促进性行政指导,无论是原则上还是实践中,相对人是否服从,都是任意的。而规制性行政指导和调整性行政指导,尽管原则上是否服从是任意的,但实际上往往由不得相对人任意选择。为达到一定的行政目的,追求行政指导的实效性,行政机关以其享有的行政权力为背景,要求相对人必须服从其行政指导的情形普遍存在,相对人如违背行政机关的意旨,拒绝接受行政指导,往往难免在其他毫不相关的事项上遭受行政机关的故意刁难与报复。行政机关甚至还可以利用各种手段惩罚那些不听从行政指导者,或者同时利用几种方法迫使行政对象服从行政指导。特别是在我国,由于受传统计划经济中的管制惯性的影响,我国的行政指导往往留给相对人的自主空间较小,相对人的自由选择性难以实现,这就使得其在实施中更倾向于诉诸事实上的强制力。异化为行政命令的情形也多有发生,以致"许多指导性计划实际上必须执行"的现象频频出现。

第三,行政指导的透明度差。行政主体在做出一项具体的指导行为前,应进行充分的调研、论证。而在实践中,这个环节往往被忽略,行政主体仅凭单方的意愿就做出了指导行为,由于缺乏论证,指导行为不能达到预期效果。如为了加强和方便监管,一些基层工商人员在建议食品经营户自费安装"诚信通"设备时,利用监管身份对一些不愿意安装的相对人以做工作之名,行施加压力之实。而这种压力型强制又具有无形性和隐蔽性。还有些强制手段并不直接针对相对人不接受指导的行为,而是在其他的管理环节施行。此外,行政指导的许多内容还不能完全公开,不认真执行提供有关材料、公开说明、通知等程序,通常以口头形式做出,而口头表示究竟是行政机关的行政行为,还是指导者的个人意见,由谁承担行政责任,都不明确,也难以举证。

第四,行政指导可操作性差。尽管一些行政指导行为有具体的法律依据,但多数行政指导行为则是基于法律原则以及行政组织法上的职能规定做出的,有的则是直接根据国家政策适时灵活实施的。这些规定往往较为原则、简单,在理解上的伸缩性相当大。实践中如何把握行政指导与行政许可、行政强制等管理方式的关系,如何把握行政指导的外延,在行政指导的诸多方法中如何根据具体情形选择合适的方法,实施行政指导有无程序或其他的约束,等等,均有待深入研究。例如,《中华人民共和国农业法》第 28 条规定:"国家鼓励和支持发展多种形式的农产品流通活动。支持农民和农民专业合作经济组织按照国家有关规定从事农产品收购、批发、贮藏、运输、零售和中介活动。……"这些概括性的规定,使得行政指导在具体实践中的可操作性差,影响了行政指导积极作用的发挥。

第五,缺乏对行政指导的约束和纠错机制。任何一种行政管理方式都无法避免对相对人造成损害。行政指导拥有广泛的行政自由裁量权,必然存在违法运用、不当运用或出现失误的可能,因而需要加以约束并设定补救办法。但目前法律在这方面的规定几乎还是空白,这使得行政指导的实施缺乏必要的制度保障。行政指导往往具有事实上的强制力,相对人必须就范,又因行政指导不具有法律上的强制力,即使行政指导违法,相对人一旦服从并遭受损害,在法律上就被认为是自主自愿的服从,如果事后再主张行政指导的违法性并请求救济,往往是相当困难的,只能自己承担相应的后果,这也就导致相对人和行政机关矛盾的产生,造成人民群众和政府机关关系的不和谐。因此,按照现代行政法治的要求,无责任即无行政,无救济便无权利。对行政指导亟须进行规范与调整,应建立与之相应的救济制度。

案例分析

葛锐诉质监局要求撤销"购物放心商场"荣誉称号案

2002 年 4~9 月,郑州消费者葛锐在郑州金博大商场先后多次购买的商品均被证明是假货。金博大商场被郑州市质监局授予"购物放心商场"的荣誉称号。2002 年 11 月 17 日,葛锐向该局递交了书面申请,称郑州市质监局给商场颁发的"购物放心商场"称号悬挂在其大门正上方,对自己及广大消费者已经构成了误导,要求郑州市质监局责令金博大商场退还申请人的购货款并承担法律责任,同时要求该局收回或取消颁发给金博大商场的"购物放心商场"荣誉称号。2003 年 1 月 10 日,郑州市质监局对葛锐的申请做出了书面回复,认为无充分理由取消金博大商场相关称号。葛锐不服,于 2003 年 1 月 21 日将郑州市质监局诉至郑州市中原区人民法院，要求法院判令被告取消或收回颁发给金博大商场的"购物放心商场"荣誉称号。郑州市中原区人民法院经审理后认为，被告郑州市质量技术监督局授予金博大商场"购物放心商场"荣誉证书及牌匾，是对该超市一阶段工作的评价，该评价直接指向的是该超市，对消费者而言只是一种对消费的引导，不具有行政强制力，消费者并不因被告颁发牌匾及证书而必然到该超市购物，也不会因没有到该超市购物将承担相应的行政责任。被告郑州市质量技术监督局授予该超市"购物放心商场"荣誉证书及牌匾行为并不影响原告的权利和义务，属于不具有强制力的行政指导行为，不直接侵犯原告的财产权和人身权，不属于行政诉讼受案范围。法院依法裁定驳回原告的诉讼请求。

本案争议的焦点在于质监局授予"购物放心商场"的行为是不是行政指导行为。原告认为，质监局给商场颁发的"购物放心商场"牌号悬挂在商场大门正上方，对其消费行为构成了误导，要求郑州市质监局责令金博大商场退还申请人的购货款并承担法律责任，同时要求该局收回或取消颁发给金博大商场的"购物放心商场"荣誉称号。被告则认为，颁发荣誉称号的行为是针对商场实施的，对原告的消费行为没有任何强制力，没有直接侵犯或影响原告合法的人身权、财产权，因而属于行政指导行为，不属于人民法院行政诉讼受案范围。

在行政管理实践中，经常有行政机关鉴于某单位或个人的条件、业绩，通过一定的程序评定并授予其积极的称号，如"放心商场""信得过单位""卫生先进"等，我们暂且将它称为"授牌行为"。授牌是目前中国比较常见的一种行政管理方法，它对于正面引导、树立正气、表扬先进起到了一定的作用。但这种行政管理行为在"具体行政行为"中很难定性：它不是行政命令，不是行政许可，不是行政裁决，更不是行政强制措施或行政处罚。那么这种行为究竟属于什么行为呢？这个问题实际上就是本案的关键问题。

本案的关键就在于正确认定质监局授予"购物放心商场"称号的所谓行政"授牌行为"的性质，即它究竟是不是不具有强制力的行政指导行为。在给质监局行政"授牌行为"进行定性时，有以下几种不同的理解：

第一种理解：认为"行政授牌"是行政机关做出的一种保证或者承诺，即保证消费者在拥有这样称号的商场购买的商品都是在价格、质量上可以"放心"的商品。如果这样理解"行政授牌"行为的性质，则质监局当然应当为自己的保证行为承担法律责任。

第二种理解：认为"行政授牌"是行政机关的引导性行为，其中的引导又有两个指向，一是指向消费者，即通过这样的称号授予，旨在告诉消费者，到这样的商场购物可以"放心"，从而引导消费者前往消费；二是指向其他经营者，即希望其他经营者也向获得这样称号的商场学习，诚信经营，依法取利。这样理解的"行政授牌"行为，无论是对消费者的指导，还是对其他经营者的指导，都符合行政指导的基本特征，因而是不具有强制力的行政指导行为。

第三种理解：认为"行政授牌"是行政机关的褒奖性行为，即对获得这样称号的商场过去一个时期工作的褒扬和嘉许，以此希望他们在以后的经营活动中继续诚实守信。而对于褒奖性行为的定性，也有不同理解，有的认为褒奖性行为属于具体行政行为，如果属于具体行政行为，则当这样的行为对当事人的权利义务产生影响时，根据有关规定可以提起行政诉讼；有的则认为褒奖性行为属于指导性行为，即行政指导，如果这样理解，则根据有关规定，不属于行政诉讼的受案范围。

应该承认，以上几种理解都有一定的道理，但都不够全面。比如，如果单纯把这种行为看作政府的保证行为，显然从主观上来讲，政府没有为经营者提供相应保证的必要；从客观上来讲，政府也没有为经营者承担保证责任的能力。如果把它看作单纯的引导性行为，实际上就忽视了这种行为本身对受奖者的一个客观评价，即对经营者过去经营行为的褒扬。如果把它看作单纯的对受奖者的奖励行为，则无疑忽视了它对其他经营者、消费者的引导效益。因此，综合起来而言，质监局的行为应当被认为是一种带有多重指向的褒奖性行为，即作为行政管理部门的质监局，为更好地履行自己的行政管理职责，按照一定的标准，经过一定的程序，通过对金博大商场过去一定时期经营情况的评估，而对其采取的带有嘉许和褒扬性质的鼓励措施。

但质监局的这种行为一经做出,实际上不管其是否考虑到,这种行为都蕴含了这样三个指向:一是指向受奖者,表明政府管理部门对其过去经营成绩的认可,并期望其继续发扬光大,诚信经营。二是指向除受奖者以外的其他经营者,表明政府主管部门鼓励诚信经营行为,通过这样的褒奖给他们树立经营的榜样或者标兵,希望他们向受奖者学习。三是指向消费者,即以政府信誉为基础,表明政府部门对受奖者经营信誉的高度评价。但它对消费者的引导又是不具有强制力的,只是简单表明了政府主管部门对受奖者经营行为的正常评价,并没有强制消费者一定要到带有这样荣誉称号的经营者处购买商品。

综上,质监局对金博大商场的授牌行为对于一般消费者来说,仅具有表明以政府信誉为基础的主管部门的评价作用,并没有对一般消费者购买行为的实际约束力,这种行为对于一般消费者而言,只具有某种程度上的导向功能,并不对其权利义务产生实质上的影响。对于行政机关做出的这种不具有实质影响的褒奖行为,多数国家都因其不具有强制性而将其排除在行政诉讼和行政复议的审查范围内,我国也是如此。因此,法院的处理符合有关法律的规定。但是,不能因此就认为行政指导因为对行政相对人不具有实质上的约束力就可以不受任何限制,任何人都必须对自己的行为负责,作为代表人民行使行政管理权力的行政主体更不能例外。如果行政机关可以对销售假冒伪劣产品的经营者随意授予"购物放心商场",而对由此造成的后果可以不负责任,那政府的信誉就会荡然无存,公民的信赖利益就会受到最大的蔑视。

因此,虽然行政机关的行政指导行为未被纳入司法救济程序,但不少国家或地区的《行政程序法》都对行政指导做出限制性规定,特别是规定不得滥用行政指导。如日本《行政程序法》第32条规定:"行政指导时,行政指导实施者必须注意不得超越行政机关的任务或者所管事务范围。行政指导内容只有在相对人的协助下才得以实现。行政指导实施者不得以相对人不服从指导为由,做出不利益措施。"韩国《行政程序法》第48条规定:"行政指导应采取为达成其目的所必要且最少限度之方法为之,但不得违反受指导者之意思,不当地强为要求。行政机关不得以受指导者不执行行政指导为由,采取不利益之措施。"中国尚未制定行政程序法,但行将制定的行政程序法不会对行政指导袖手旁观,这一点应当是肯定的。具体到本案,原告虽然不能因为质监部门授予了经营者荣誉称号而通过行政诉讼得到赔偿,但原告可以运用《产品质量法》《消费者权益保护法》的有关规定,通过民事诉讼的形式得到相应的救济。

第二节 行政合同

案例引导

1998年,某市政府利用优惠政策吸引社会资金参与城市基础设施建设。当时在东城区出现采暖供热紧张的局面,市政府计划在此地区投资建设集中供暖锅炉房。1998年4月27日,某公司自愿招商引资建设集中供暖锅炉房和配套工程(泵站、管网、铁路专用线)等项目,并请求市政府在各方面给予照顾和支持。1999年1月22日,市政府办公会议形成办公会议纪要给予诉争项目优惠政策。在优惠政策实施过程中,由于政府相关政策出台,取消了部分收费项目。市政府停止向某公司支付优惠政策规定的费用,双方产生纠纷。2004年4月16日,某公司向法院起诉请求:市政府应当按照相关会议纪要支付欠付优惠政策未到位而形成的欠款3 563万元,利息1 618万元,共计5 127万元。2004年6月17日,市政府以某锅炉房为某供热公司自建,产权也归其所有,某锅炉房项目与某公司无关,某公司无权就此主张权利,据此提出反诉,请求某公司返还投资款13 124.8万元。

人民法院一审法院判决:驳回某公司的诉讼请求;驳回市政府的反诉请求。某公司不服一审判决,提起上诉。最高院认为:

第一,本案双方当事人在优惠政策制定和履行中地位不平等,不属于民法意义上的平等主体。本案某公司是响应市委的号召,以向市政府书面请示报告的形式介入讼争供热工程建设的。以后,市政府单方召开办公会议决定由某公司承建讼争项目并制定了优惠政策明细,某公司接受政府办公会议决定后,其职责是按照政府行政文书确定的权利义务履行,并无与市政府平等协商修订市政府优惠政策文件的余地。从整体上讲,在介入方式、优惠政策制定及如何履行优惠政策等方面,某公司居于次要和服从的地位,双方当事人尚未形成民法意义上的平等主体之间的民事关系。

第二,本案双方当事人之间没有形成民事合同关系。《合同法》第2条第1款规定:"本法所称合同是平等主体的自然人、法人、其他组织之间设立、变更、终止民事权利义务关系的协议。"合同是双方或者多方当事人在平等自愿基础上形成的意思表示一致的民事法律行为,是以设立、变更、终止民事法律关系为目的的协议。市政府制定的《办公会议纪要(二)》明确了优惠政策原则和优惠政策方案,是本案讼争供热建设项目得以执行的主要依据,但该优惠政策是市政府单方制定的,未邀请某公司参加市政府办公会议并与之平等协商,也未征得某公司同意,市政府做出的单方意思表示,没有某公司的意思配合。因此,市政府办公会议纪要等相关文件不是双方平等协商共同签订的民事合同。

综上,尽管本案双方当事人之间讼争的法律关系存在诸多民事因素,但终因双方当事人尚未形成民法所要求的平等主体关系,市政府办公会议关于优惠政策相关内容的纪要及其文件不是双方平等协商共同签订的民事合同,故本案不属于人民法院民事案件受理范围。裁定撤销一审判决,驳回某公司起诉和市政府反诉。

思考:本案中市政府与某公司之间的地位是否平等?两者之间签订的合同是否属于《合同法》调整的范围?

一、行政合同的概念

合同又称契约,原来是民法上的概念,是指当事之间设立的具有权利义务内容的协议。行政合同也称行政契约,是行政主体为维护与增进公共利益,实现行政管理目标,与行政相对人就有关事项经协商一致而达成的协议,如国有土地使用权出让合同、公用征收补偿合同、国家科研合同等。行政合同作为公私法融合的产物,是介于权力行为与普通合同之间的一种特殊形态,它将私法领域的合同制度引入了公法领域,是行政管理方式从"硬性行政"走向"柔性行政"的重要标志,也是现代政治、经济发展的必然产物,它比单方面的行政行为更能充分发挥相对人的积极性和创造性,已成为行政主体实现其管理目标不可缺少的手段。

行政合同最大的特点在于它是行政权力关系和民事契约关系的有效结合,因此其具有行政性和合同性两方面的特点。具体来说,行政合同具有以下特征:

第一,行政合同当事人中一方必定是行政主体。在行政合同中,一方是从事行政管理、执行公务的行政主体,另一方是行政管理相对人,且行政主体处于主导地位并享有一定的行政特权,行政机关凭借国家赋予的优越地位,通过合同的方式行使行政管理权。

第二,行政合同的内容是为了公共利益而执行公务,具有公益性。行政合同是为履行公法上的权利和义务而签订的,如果合同内容只涉及私法上的权利与义务,则应视为民事合同。由于行政合同的公益性决定其内容必须符合法律、法规的规定,双方都无完全的自由处分权。行政合同的签订,其目的是为了执行公务,实现特定的国家行政管理目标。

第三,行政合同以双方意思表示一致为前提。行政合同属于双方行政行为,双方的行政行为须以双方意思表示一致为前提。当然,双方意思表示一致并不等于双方追求的目的相同,行政主体签订行政合同的目的是为了执行公务,行政管理相对方则是为了赢利。

第四,在行政合同的履行、变更或解除中,行政主体享有行政优益权。在行政合同中,当事人并不具有完全平等的法律地位,行政机关可以根据国家行政管理的需要,单方面地依法变更或解除合同,而作为另一方当事人的公民、法人或其他组织则不享有此种权利。

第五,行政合同受特殊法律规范调整。行政合同的内容除少部分受民商法调整外,总体上是受行政法调整的,行政合同纠纷可以通过行政法的救济途径解决。我国目前尚未建立完善的行政合同法律制度,其纠纷的处理途径尚未规范化。

二、行政合同的种类

随着从计划经济向社会主义市场经济的转化,国家所有权和经营权的分离,我国行政机关的行政管理方式发生了很大变化,行政合同的运用日益广泛。目前,我国的行政合同主要有以下几种:

(一)国有土地使用权出让合同

这是行政机关代表国家与相对人签订的将国有土地使用权在一定期限内出让给相对人,相对人支付出让金并按合同的规定开发利用国有土地的合同。国有土地出让合同是一种比较典型的行政合同,由《城市房地产管理法》《城镇国有土地使用权出让和转让暂行条例》《协议出让国有土地使用权最低价确定办法》等法律、行政法规和部门规章对其进行规范。国有土地使用权出让合同由土地行政管理部门与土地使用者签订,并由土地行政管理部门对合同的履行进行监督,对使用者没有按合同的约定开发利用土地或者改变土地用途的,有权进行纠正、处罚或者无偿收回土地使用权。

(二)全民所有制工业企业承包合同

全民所有制工业企业承包合同是由人民政府指定的有关部门作为发包方,实行承包经营的企业作为承包方,双方协商一致而签订的国有企业承包经营合同。有不少人将这种合同视为经济合同,但实际上这是一种行政合同。理由如下:①政府签订全民所有制工业企业承包合同,是为了提高企业的经济效益,促进国民经济快速发展。不同于经济合同中当事人是为了自身利益而签订合同。②行政机关在合同履行过程中享有行政优益权。行政机关对承包方的生产经营活动享有监督权,有权按照合同的规定,对承包方的生产、经营活动进行检查、监督;承包方完不成合同任务时,应当承担违约责任,并视情节轻重追究企业经营者的行政责任和经济责任。③行政机关为合同的履行提供优惠条件,如价格优惠、政策优惠等,这是经济合同中当事人无法提供的。

(三)公用征收补偿合同

公用征收补偿合同是指行政主体为了社会公共利益,征用相对人的财产并给予补偿的行政合同。这类合同目前广泛运用于城市建设、交通铁路、水利设施等基础建设领域。《土地管理法》和《国有土地上房屋征收与补偿条例》对此都有明确的规定。在公用征收补偿合同中,关于征收的部分属于单方行政行为,即征收是行政主体的单方决定;但是行政补偿部分是行政合同的范畴,即如何补偿以及补偿数额的确定等,必须与相对人协商后达成一致。

(四)国家科研合同

国家科研合同是行政机关与科研机构之间就国家重大科研项目,由国家提供资助,科研机构提供科研成果而签订的协议。国家科研合同不同于《中华人民共和国合同法》所调整的技术开发、转让等民事合同,它以公共利益为目的,往往是为了完成某项与国计民生有重大关系的科研技术项目的开发。往往由政府牵头参与,与科研机构签订合同,政府提供资助,科研机构完成项目开发后将成果交付政府。

(五)农村土地承包合同

农村土地承包合同是我国出现最早的行政合同,但目前仍无法律、法规对此做出明确规定,主要是由地方性法规和地方政府规章调整。

(六) 国家订购合同

国家订购合同是指行政机关基于国防和国民经济的需要，与相对人之间签订的订购有关物资和产品所达成的协议。国家订购合同不同于民事合同中的买卖合同，行政机关的意思表示在其中起着主导作用，相对人必须认真完成合同中所规定的具体事项，不能拒绝，但双方在费用、方式等方面可以协商。我国目前军用物资和其他有关国防物资的订购，一般都采用订购合同的形式。粮食、棉花、烟草等订购合同，是以国家提供优惠条件并保证收购，农民向国家缴纳粮食、棉花、烟草取得报酬为内容，由各级人民政府及主管部门和农民之间签订协议。

(七) 公共工程承包合同

公共工程承包合同是行政机关为了公共利益的需要而与建筑企业签订的建设某项公共设施达成的协议，如修建国道、飞机场、大桥、大型供水、大型供电、大型供气工程等工程合同。公共工程合同是为了完成某项公共设施而签订的，行政机关为了修建宿舍而与建筑企业签订的合同不是公共工程合同。

(八) 计划生育合同

计划生育合同是指计划生育管理部门与育龄夫妇之间就育龄夫妇按国家计划生育指标生育、国家为其提供一定优惠所达成的协议。

(九) BOT 政府特许经营合同

BOT，即 Build-Operate-Transfer 的缩写，意为"建设——经营——移交"，是一种新型的行政合同形式。政府特许经营合同是指政府对涉及公共利益的项目，不是自己直接经营管理，而是与相关企业签订合同，由企业按照合同约定的方式、价格等进行经营活动，从而充分保障社会公共利益的需要。如政府为了保障城市居民供水，与供水公司签订合同。

(十) 政策信贷合同

政策信贷合同是国家为了扶持某些事业的发展，以成立国家开发银行等政策性银行的形式，向特定项目或事业提供低息贷款。企业必须承诺一些符合政策性贷款条件的特殊政策规定，并接受银行和政府主管部门的监督。

三、行政合同与民事合同的区别

究竟是否存在行政合同，理论界历来争议颇大。民法学者认为，合同是一种民事法律行为，是以在当事人之间设立、变更、终止财产性权利义务关系为目的的协议。国家在民事法律关系中是一种特殊民事权利主体，其与自然人、法人及其他经济组织设立民事法律关系的行为不是国家行为，而是民事行为，如国家发行债券的行为便属此类。同理，各级政府及其行政机关以平等主体身份与自然人、法人或者其他经济组织签订合同的行为也是一种民事法律行为而不是行政行为。因此，民法学界历来否认存在行政合同。

行政法学者则认为，行政合同是客观存在的，随着政府、行政机关职能的转变，尤其是现代行政执法理念的深刻变化，由过去"命令与服从"转变为"服务与合作"，行政管理手段随之也发生了变化，行政合同这种管理方式、手段便应运而生。它是将民事合同的各种优点嫁接到行政管理活动中，它最能体现以人为本的行政管理理念，最能实现人的潜能和价值。它一反传统行政管理手段强力对抗的色彩，更具有公平、诚信、和谐、灵活的时代特征。司法实务界对此虽有分歧，但行政合同的客观存在以及其不同于一般民事合同的观点为实务界所接受，有的地方法院已经受理和审结了部分行政合同案件。否认行政合同客观存在或者把行政合同作为一般民事合同对待，忽视行政合同与一般民事合同的区别，显然不符合实际情况，不利于及时公正审理这类案件。

行政合同与民事合同相比,两者存在着较大的区别:

(1)在合同主体方面,行政合同的当事人一方必定是行政主体,另一方是行政管理的相对人。双方的权利地位是不平等的,是管理与被管理的关系。而民事合同的双方当事人的法律地位是平等的,一方不得将自己的意志强加给另一方。

(2)在合同成立的原则方面,行政合同的双方意思表示一致是行政要求前提下的自愿和对等。行政主体在行政合同的缔结过程中处于优先要约的地位,行政管理的相对人如果自愿同行政主体缔结合同,就意味着要服从它的管理和监督,履行某些先合同义务。签订合同后,即使在具体的合同中未规定行政特权条款,也应视为其已经就上述内容与行政机关协商一致。而民事合同,充分保护契约自由,必须以当事人双方意思表示一致为前提,任何单位和个人不得非法干预。

(3)在合同的履行、变更或解除方面。由于行政合同双方当事人不具有完全平等的法律地位,行政机关享有行政优益权,行政机关可以根据国家行政管理的需要,单方依法变更或解除合同,行政管理的相对人则不享有此种权利。而民事合同,一旦依法成立,对当事人双方都具有法律约束力,当事人应当按照约定履行自己的义务,不得擅自变更或者解除合同。

由上述可知,虽然行政合同与民事合同都有合同性,但它们之间也存在很大差异。区分民事合同与行政合同的意义在于,明确两者各自的救济途径。民法中的平等主体、意思表示一致、契约自由等原则并不能完全适用于行政合同,但它们体现出来的基本原则仍是行政合同的精髓之所在,是行政合同区别于行政命令、行政处罚、行政强制措施等其他行政行为的重要标志。行政合同中的当事人之间是行政法上的权利义务关系,而民事合同中的当事人之间则是民事权利义务关系。前者由行政法来调整,优先考虑公共利益,通过行政诉讼的方式来解决纠纷;后者则由民法来调整,以意思自治原则为基础,以民事诉讼解决涉诉问题。

四、行政合同产生的背景及其合理性

行政合同可以追溯到罗马法时代的公法合同,那时人们已将国际协议、公法协议与私法协议区分开来,而其中的公法协议便具有行政合同的某些性质。但是行政合同在那时出现只是一种历史的偶然现象,因为当时的社会经济状况决定了政府不可能达到自觉运用行政合同来完成行政任务的程度。

行政合同发展成为一种制度,是在近现代。即使在前资本主义时期,行政合同也并不是一项很重要的制度,因为当时是自由资本主义时代,人们信奉"管得最少的政府是最好的政府"。随着资本主义工业革命的完成,情况发生了巨大变化,经济的社会化程度大大提高。但同时也带来了失业、周期性的经济危机以及环境污染等个人无力或不愿意解决的社会问题,非得政府出面解决不可,于是政府对经济的干预便开始了,政府的职能也开始向公共行政转变,伴随而来的是行政活动的权力色彩日益减少而服务行政、给付行政、参与行政的色彩日益浓重。人们需要的是一个能够更广泛地参与社会生活,协调各方利益,以及维护公共利益最大化的服务型政府,政府职能以空前的规模扩张。这种发展趋势使得更多的经济关系包括合同关系被纳入公法的调整范围,政府的意志也深入了合同的领域,传统的唯当事人意志的合同关系也出现了特殊的表现形式,即行政合同。这意味着,政府在行政管理中不得不向相对人做出一定的妥协,行政合同便是一种体面、灵活而又有效的方式,也是国家和公民双方合意的体现。通过行政合同,可以将某些公益性职能或者经营性活动授权委托给具有专业知识的相对人进行专业化的管理,但保留传统的行政管理职能,有助于最大限度地提高效率和节约纳税人成本,这也是经济学上的"比较优势"理论对于政府职能分工的启迪。

可以说,行政合同产生的背景是与行政权力或者说政府的职能定位分不开的。正是由于社会经济的发展,促使了福利国家的兴起和政府职能的扩张,行政理念由国家行政向公共行政变迁,行政民主化的倾向与日俱增,行政合同作为非权力型的新型管理方式越来越多地出现在国家和社会事务的管理中,以英国为代表的普通法系国家和以法、德为代表的大陆法系国家,都各自形成了一套完整的行政合同制度。

对我国来说,行政合同作为一种公共管理的手段,被采用的时间并不长。行政合同更是经济体制改革、市场经济深入发展的产物。在十一届三中全会之前,我国实行的是高度集中的政府管理模式,即计划经济。

在这种模式下,指令性或者说行政命令是行政机关进行行政管理的最主要甚至可以说是唯一的方式,这种管理方式严重阻碍了我国政治和经济的发展。十一届三中全会后,我国将改革开放作为一项基本国策予以实施,国家取消了先前的社会主义计划经济,取而代之的是社会主义市场经济,市场成为经济的主体。在市场经济下,自由、民主意识更加深入人心,公民、企业不再是行政机关的附属物,传统的行政指令、行政命令已经行不通,行政机关(政府)将更多的权力移交给了非政府组织,国家行政开始向公共行政转变,服务行政、给付行政、参与行政也开始出现。在这样一种情形之下,政府便开始寻求一种更为灵活的管理方式——行政合同。党的十三大报告指出:"无论实行哪种经营责任制,都要运用法律手段,以契约形式确定国家与企业之间、企业所有者与企业经营者之间的责权利关系,都要通过竞争产生合格的经营者。"这段论述是我国提出和研究行政合同的一个政策依据。

实际上,在此之前,行政合同已经存在并在行政管理事务中发挥积极作用。如家庭联产承包合同,就是政府与农民签订的土地承包行政合同。这一类行政合同的履行,理顺了国家与农民这一在中国占主体地位的庞大的阶级群体之间的关系,调动了广大农民的积极性,极大地解放并发展了农村生产力。在建立社会主义市场经济的过程中,经过经济体制改革和政治体制改革,政府的职能不断转变,政府的管理观念不断更新,管理模式不断创新,管理手段更趋多样性。实践中,诸如国有土地出让合同、国有企业承包和租赁合同、土地征购合同以及环境污染治理合同、交通线路或出租车经营权有偿使用合同、广告栏经营权有偿使用合同、管道燃气特许经营协议等各类行政合同已在各个行政管理领域遍地开花。它不仅在行政管理的过程中兼顾了行政相对人的利益,并且将他们的这种民事权利纳入考量范围,还将一种和谐的理念贯彻于行政管理活动的整个过程之中,顺应潮流,符合民意。

五、行政合同的功能

在现代行政中,行政合同作为一种新型的行政方式,能够越来越为人们所接受,是因为行政合同既不像行政命令那样强硬,又不像民事合同那样自由随便,行政合同是权力因素与契约精神的有效结合,具有传统的行政行为所无法替代的功能。在这里,原本看来似乎"水火不相容"的两个概念,"行政"与"合同"被奇妙地融合在一起:一方面,它是行政主体与相对人之间通过相互交流与沟通而达成的协议;另一方面,作为签约一方的行政主体,仍保持其原有公权力的身份,以保证行政目的的实现。

(1)变革管理观念功能。行政合同的出现引起了观念上的巨大变革,在理论层面,对现代行政法的概念、基本原则以及制度创新,对市场经济下行政管理方式和管理体制的变革都有积极意义。

(2)减少行政阻力功能。传统的行政模式是国家的政策靠政府单方的强力推行。在现代行政模式下,政府往往需得到相对人的自愿合作才能取得理想效果,而行政合同在获得相对人自愿合作方面具有突出的优势。行政目的通过行政合同的自觉履行来实现,行政强制手段只是一种次要的辅助手段。行政合同在获得相对人合作、减少行政阻力方面具有卓越的功能。

(3)扩大行政参与功能。行政合同可以扩大行政参与,更好地发挥行政相对人的积极性和创造性。在行政合同这种新型的管理形式中,由于对行政目标的实现方式以及内容的选择,由行政主体与相对人协商确定,并将相对人是否同意作为行政合同能否成立的主要条件。对行政相对人来说,订立行政合同的过程即参与行政管理的过程,这样可以使他们更好地发挥积极性、创造性。

(4)化解矛盾纠纷功能。行政合同的订立使合同双方的争议更易于解决。行政合同因其双方权利、义务关系的确定性、明晰性,双方在发生争议后,比较容易通过法律途径化解矛盾纠纷。

(5)明晰权利义务功能。行政合同是在依法行政理念支配下使契约自由原则在行政管理领域内尽可能发挥。行政行为由于其通过合同的方式使双方当事人的权利、义务关系确定和明晰,从而使行政主体将要达到的行政目标予以明确落实,从而保障行政目标的顺利实现。

(6)补充法律不足功能。行政主体通过行政合同,在法律没有规定的情况下,与行政相对人通过合意来形成其所预期的行政法上的权利、义务关系,从而达到弥补立法的不足并在一定条件下替代立法规制的效果。

(7)平衡公私权益功能。在规制行政中,代表公益的具体行政行为以单方意志和强制手段为主要特征,与相对人的私益之间是命令与服从的关系,行政公益往往不顾及私益的存在,公益高于私益,这种行政手段如果使用不当,则会对私益造成损害。而行政合同作为一种特殊的行政手段,可以维持公益与私益的平衡,相对人的正常利益可以得到满足,行政管理目标可以得到实现。

六、行政合同的订立与效力

(一) 行政机关缔约能力

行政机关的缔约能力,是指行政当事人缔结行政合同应当具有相应的权利能力和行为能力。主要内容是行政机关是否可以缔结行政合同和缔结什么种类的行政合同,包括行政管理权限和财产债务清偿能力。例如,缔结政府特许权合同的行政机关需要有法律赋予的行政特许权,缔结国有土地出让合同的行政机关享有土地管理权限,缔结国家订货合同的行政机关有相应的财政预算。享有缔结行政合同权利能力和行为能力的行政机关,需要委托代理人订立行政合同的,应当依照法律规定的条件进行委托,并对委托代理人的活动进行监督。

(二) 行政合同的形式与内容

行政合同的形式应当依法决定,基本排除当事人之间的自由约定。原则上应当采用书面形式,法律、法规另有规定的除外。

行政合同的内容由当事人约定。在合同内容的协商中,行政机关不得超越权限并须符合法律授权的目的和其他要求。一个重要的原则是,行政当事人缔结行政合同不得超越权限,对方当事人有对此给予特别注意的义务。超越权限缔约会导致非常严重的消极法律后果。

行政合同的主要条款除遵循民事合同法的规定外,国家行政主管部门可以依法做出规定。行政机关提出的合同格式条款,应当符合行政合同格式条款的法律规则,并经国家行政主管部门批准。

(三) 订立方式

目前,我国对行政合同的订立方式并没有统一的规定。但是,行政合同的订立应遵守要约、承诺规则,原则上应当依法采用招标、拍卖或者其他竞争性方式。不采用竞争方式订立合同的,应当符合法律、法规、规章规定的条件。行政合同的订立程序和条件,必须由行政机关和其他公共机构在订立合同以前的合理时间内公布。

根据现行法律规定,我国行政合同的订立方式主要有如下三种:

(1) 招标。招标是指订立合同的一方当事人(称为招标人)通过一定方式,公布一定的标准和条件,向公众发出的以订立合同为目的的意思表示。招标是行政合同订立最常见的方式。1999年8月30日通过的《招标投标法》对招标、投标、开标、评标和中标做出了较为具体的法律规范。

(2) 拍卖。拍卖是以公开竞价的方式,将特定物品或者财产转让给最高应价者的买卖方式。在拍卖过程中,拍卖人可以随时改变自己要约的内容,直至行政机关与条件最优的拍卖人订立合同。拍卖主要适用于国有资产出让,采用这种方式可以使国有资产以最大价值出让。

(3) 直接磋商。直接磋商是指行政机关在特定情形下直接与特定的行政相对人磋商订立合同的方式。直接磋商是民事合同缔结的常用方式之一,但在行政合同中采用则会因其不够公开而极易为权钱交易提供方便,因此需要受到法律、法规的严格限制。

(四) 合同的效力

关于行政合同的生效,依法成立的行政合同自成立时生效。法律、行政法规规定应当办理批准、登记、备案等手续生效的,应当依照其规定。关于行政合同的无效,有《合同法》第52条规定情形之一的行政合同无效;行政机关超越法定职权订立的行政合同应当无效;依据无效的具体行政决定订立的行政合同无效;法律行政法规规定的行政合同无效的其他情形。

七、行政合同的履行

行政合同履行的原则是行政合同在订立、履行、变更和解除过程中所应当遵循的基本准则。依据行政法原理,行政合同履行的原则有以下三个方面。

(一) 实际履行原则

行政合同订立就是基于公共利益的需要,不实际履行合同,没有实现合同预期的目的,就会导致公共利益的损害,因此,实际履行原则尤为重要。实际履行原则有两个方面的表现:一是要求行政机关和行政相对人自觉按照行政合同约定的标的履行,不得任意以其他标的代替;二是行政机关或者行政相对人一方不能自觉履行时,应当承担实际履行的责任,对方可以要求其实际履行。

(二) 全面履行原则

全面履行原则是指行政合同依法订立之后,行政主体和行政相对人双方必须根据行政合同规定的权利和义务全面履行行政合同的条款。对履行主体、履行标的、履行时间、履行地点和方式等内容,都必须严格按照合同约定履行,不能任意变更,特别是行政相对人,更不能委托他人代为履行,必须亲力亲为。行政合同的全面履行是行政合同依法成立的必然结果,并构成行政合同法律效力的核心内容和影响行政合同消灭的主要因素。

(三) 诚实信用原则

诚实信用原则是民法的基本原则,同样也适用于行政合同。在行政合同履行中,行政主体和行政相对人都应本着诚实信用的基本原则,认真履行合同。相对人不能只追求个人利益,损害公共利益;行政主体也不得因其居于管理者的地位而随意变更和解除合同,损害相对人的利益。

八、行政合同的变更和消灭

(一) 行政合同的变更

行政合同的变更是指已订立的行政合同在不改变其基本性质的前提下,行政主体基于特定的法律事实和行政优益权,对合同的主体、标的、内容等条款做出相应的修改、补充或者限制的活动。行政合同变更的主要情形是:行政主体为了国家和公共利益的需要,依法行使裁量特权,单方面变更合同;由于一定的法律事实的出现,如不可抗力等原因,需要变更行政合同。行政合同变更后,原合同的变更部分不再履行,但原合同中的未变更部分仍然需要继续履行。双方当事人应按照合同变更后确定的权利和义务关系履行合同内容。

(二) 行政合同的消灭

行政合同的消灭具体包括行政合同的解除和行政合同的终止两种情形。

行政合同的解除是指合同当事人尚未履行或者未全面履行行政合同时,当事人提前结束合同约定的权利义务关系,不再履行合同。行政合同的解除方式主要有:①单方解除合同。这是行政主体基于其行政优益权单方意思表示所产生的合同解除。②双方协商解除合同。这是经双方当事人协商,意思表示一致所产生的合同解除。这种方式通常是由相对人提出解除合同的意思表示,征得行政主体同意后,提前终止行政合同的效力。行政合同解除后,双方当事人之间的合同关系即告终止,彼此不再享有或者承担原合同规定的权利和义务。因行政主体单方面变更或者解除行政合同的,行政主体应对相对人因此而遭受的损失予以补偿。

行政合同的终止是指因某种原因而引起的债权债务客观上不复存在。合同终止是合同解除的上位概念。行政合同终止的情况主要有:①合同履行完毕或者合同期限届满;②双方当事人合意解除合同;③因不可抗力导致合同履行已不可能;④因一方或者双方过错,经有权机关决定或者法院判定合同解除。

案例

行政合同纠纷属于行政诉讼受案范围

2006年12月,山东唐码齐鲁国际传媒有限公司与济南市城市管理局签订《济南市户外广告设施阵地使用权出让合同》,约定该公司取得绕城高速东线8处广告阵地8年的使用权,同时约定济南市城市管理局应按规划对该路段广告位进行严格控制。

2012年10月,山东唐码齐鲁国际传媒有限公司起诉称,相关路段广告位未按约定得到严格控制,导致媒体市场价格处于无序竞争状态,要求判决自2010年12月30日后,解除与济南市城市管理局签订的《济南市户外广告设施阵地使用权出让合同》。

2013年3月,济南市市中区人民法院做出(2013)市行初字第36号行政判决,判决济南市城市管理局于判决生效之日起30日内履行解除合同的行政职责,并对合同解除后的权利义务予以处理。宣判后,双方当事人均未上诉,判决已发生法律效力。

法院生效判决认为,行政合同具有契约性,参考《中华人民共和国合同法》的有关规定,双方目的无法实现时,应予解除。就本案行政合同而言,行政机关的目的是规范城市户外广告设置管理,相对人的目的是合法参与市场经营,但由于涉案路段户外广告位严重超出规划数量,相对方的经营权益已无法得到合同保障,行政机关管理目的也无法实现,依法应予解除。但行政诉讼以监督或督促行政机关作为及不作为为主要任务,不宜以判决方式直接调整原、被告之间的具体权利义务关系,故本案应通过督促被告履行职责来解决相关争议。

本案属于新类型案件,明确了行政合同纠纷属于行政诉讼的受案范围,理顺了行政合同中的法律关系,为行政合同案件的审理提供了一种思路和方法。

本 章 小 结

本章主要介绍了行政法中模式和体系尚未成熟的两类行政行为:行政指导和行政合同。主要介绍了行政指导与行政合同的基础知识,并对这两种新型行为的产生背景、客观问题乃至发展方向等进行了分析。行政指导是行政机关在其职能、职责或管辖事务范围内,为适应复杂多样的经济和社会管理需要,基于国家的法律精神、原则、规则或政策,适时灵活地采取指导、劝告、建议等非强制性方法,谋求相对人同意或协助,以有效地实现一定行政目的的行为。行政合同也称行政契约,是行政主体为维护与增进公共利益,实现行政管理目标,与行政相对人就有关事项经协商一致而达成的协议,如国有土地使用权出让合同、公用征收补偿合同、国家科研合同等。行政合同作为公私法融合的产物,是介于权力行为与普通合同之间的一种特殊形态,它将私法领域的合同制度引入了公法领域。行政合同与行政指导都是行政管理方式从"硬性行政"走向"柔性行政"的重要标志,也是现代政治、经济发展的必然产物,它比单方面的行政行为更能充分发挥相对人的积极性和创造性,已成为行政主体实现其管理目标不可缺少的手段。

案例分析

某村农民多年以种植粮棉为业,但收益不大。该乡人民政府为让农民尽快富裕起来,解放思想,动脑筋。经多次到外地考察,乡政府认为种植花木比种植粮棉赚钱,便向全乡农民发出《倡议书》,号召农民改种花木;还在某村作试点,作强制性推广。某村66户农民作了响应,纷纷弃粮种花,可经营一年后,他们不仅没有赢利,反而亏损。于是,该村66户农民不断上访,要求乡政府赔偿损失。上访无果后,最后66户农民便以乡政府为被告,向当地人民法院提起行政诉讼。

一审人民法院以被告的行为属于行政指导、不属于具体行政行为为由,裁定"不予受理"。原告不服,上诉至上一级人民法院。二审人民法院认为,乡政府的《倡议书》虽不具有强制性,但在实际执行中,具有强制性质,被确定的试点村农民不能不接受弃粮种花的要求;因此,乡政府的"倡议"行为,名为行政指导,实为具有强制性的具体行政行为;为此,裁定原告起诉符合《行政诉讼法》的规定。

本案66户农民是否有权对乡政府弃粮种花的"倡议"行为提起诉讼,关键在于政府的"倡议"行为属于"行政指导",还是"具体行政行为"。根据《最高人民法院关于执行〈中华人民共和国行政诉讼法〉若干问题的解释》(法释〔2000〕8号)第1条的规定,"不具有强制力的行政指导行为"不属于行政诉讼范围。所谓行政指导,是指国家行政机关在其所管辖事务的范围内,对于特定的行政相对人运用非强制性手段,获得相对人的同意或协助,指导行政相对人采取或不采取某种行为,以实现一定行政目的的行为。行政指导的最大特征是:它是一种规劝性、引导性行为,不具有强制性。所以,最高人民法院在司法解释中把它表述为"不具有强制力的行政指导行为"。这一表述,只是表明行政指导是不具有强制力的;而不意味着行政指导有两类,一类是不具有强制力的,另一类是具有强制力的。如果某种"行政指导"具有"强制力",那只能说:这是一种名为"行政指导",实为"具体行政行为"的行为。行政指导行为一般通过"建议""倡议""指导"等形式表达出来,但最重要的是看它的实质内容。如果实质上该行为具有强制力,那不管其被冠以什么名称,都按具体行政行为而不是行政指导认定。

问题:(1) 本案中乡政府的《倡议书》是否具有强制效力?属于何种行政行为?
(2) 人民法院是否应当受理66户农民的起诉?

复习思考

1. 简述行政指导的含义与特征。
2. 阐述行政指导应该遵循的基本原则。
3. 简述行政合同的概念与种类。
4. 阐述行政合同的功能。
5. 谈谈你对传统行政行为理论的看法。

第十四章
行政决策法律风险评估

 学习目标

- 知识目标:掌握行政决策和重大行政决策的含义;理解依法决策的必要性;了解地方政府重大决策法律风险的表现;了解地方政府重大决策法律风险评估理论。
- 能力目标:能够结合理论和实践理解地方政府重大决策的范畴;能够运用行政决策理论分析实践中政府决策的合法性;能够针对地方政府重大决策实践中存在的问题提出建议。

第一节 行政决策的含义与必要性

 案例引导

> 黑龙江安达市养殖奶牛的历史已近百年,1997年被农业部评定为"中国奶牛之乡"。但是,这个县级市目前面临着严重的产业危机。当地养牛户因饲料严重不足,奶钱长期拖欠,有的农民将正在生产的奶牛当肉牛贱卖。与此同时,政府做出了在本市建设一条"牛街"的决策并付诸实施。"牛街"全长5千米,沿街铺设奶牛图案的路面砖,总投资为一亿多元。由于当地财政紧张,除采用资源置换外,其余投资只能分期偿还。市里已经向美国吉尼斯驻上海办事机构申请,要在奶牛图案路面砖和石牛总数上创造"吉尼斯世界纪录"。对于这一决策,安达市主要领导说:"如果创造出这两项世界纪录,不光是安达人的荣誉、黑龙江人的荣誉,也代表中国为世界填补了两项空白!"
>
> 他说:"安达市是远近闻名的'牛城'。建设'牛街'意义重大,会吸引国内好奇的人们到安达参观旅游,说的是牛文化,吃的是牛肉宴,买的是牛产品。我们这是一次投资百年受益,五百年后你再看,这片平原没有了,考古学家会发现一堆石牛,他们就会像考古一样考到我!秦始皇对中国的贡献,也在于他的长城和兵马俑,后代人现在还享受着这些东西。"
>
> 然而,"牛街"建成了,养牛户们并没有走出困境!
>
> 思考:如何保障科学与民主的行政决策?怎样防范行政决策的法律风险?

在我国,自中央政府提出依法行政和建设法治政府以来,健全行政决策机制便成为基本目标之一。然而,我国地方政府决策尤其在一些重大事项的决策中并没有建立起一套较为健全的机制,决策的科学性、合法性和合理性等方面都存在相应的问题。在法治政府建设的背景下,各级地方政府如何自觉地增强重大决策的法律风险意识,借助于相应的评估机制来把握和防范潜在的法律风险,已经是一项十分紧迫的任务。

一、行政决策与地方政府重大决策的含义

(一) 行政决策的含义

美国学者阿尔蒙德等人指出:"政府是一套制定和执行政策的机构,是在一定领土上对一定人民具有约束的权威。"①由此可见,决策和执行是政府的两项基本工作,也是政府权威的基本作用方式。在政府的各项工作中,决策显然居于起点的地位,直接影响甚至决定政府工作的成效。从理论上讲,政府决策是由政府或其工作部门在先行确立一定的目标之后,选择合适的方法以解决政府或公共事务问题的政治过程。

行政决策是广义上的政府决策的一部分,而广义上的政府决策主要包括三个方面:一是以全国人大及其常委会为主体的权力机关的决策;二是以中央和地方各级政府及其工作部门为主体的行政机关的决策;三是以各级党的机构及其领导为主体的党的决策。无论在党的政策性文件中,还是在法律文本中,"地方政府"主要是在狭义上使用的,也即指的是地方行政机关,包括地方各级政府及其工作部门。因此,地方政府决策等同于行政决策,主要指的是地方行政机关尤其是地方各级人民政府的决策。需要指出的是,尽管作了这样的区分和明确,无论是行政决策还是权力机关或党的决策,都是国家公权力机关的决策或者对国家公权力机关能够产生实质性影响的决策,决策的过程都要遵循相应的程序和实体规则,并以如何更好地提升国家治理能力及实现国家治理目标为价值追求。

(二) 地方政府重大决策的含义

地方政府在履行职能过程中要对大量的行政事务做出决策,而这些事务的内容及其轻重缓急的程度也是不同的,有些事务可以通过较为简便灵活的方式来决策,而有些事务尤其属于"重大事项"的事务则需要谨慎处理,应遵循科学民主的程序及严格的规则来加以决策。在我国《宪法》有关地方权力机关和地方行政机关的职权规定中,并没有明确规定重大决策所指向的具体事务或事项,仅在第104条关于地方人大常委会的职权规定中提到了"重大事项"的概念,即"县级以上的地方各级人民代表大会常务委员会讨论、决定本行政区域内各方面工作的重大事项"。《地方各级人民代表大会和地方各级人民政府组织法》中在县级以上地方各级人大及其常委会的职权中也规定了"重大事项"的讨论、决定权。该如何理解"重大事项"的含义呢?有学者认为,"所谓重大事项,就是本行政区域内事关全局有根本性、长远性以及人民群众切身利益的事项"。例如,国民经济和社会发展方面的各种规划、计划;本行政区域内的政治经济和社会的重大改革方案;重大建设项目;等等。②"重大事项"从立法语言视角看是一个模糊语词,其具体的含义或者所指向的具体事项需要根据具体情景来确定。

一般而言,重大决策的对象是重大事项。根据现行《宪法》规定,地方重大事项的决定权主要由该行政区划内的人大及其常委会来行使,地方政府似乎并没有对重大事项的决策权。然而,正如有学者指出的那样:"考察中国的现实情况,发现事情并不简单。中国的决策,尤其是重大决策并不局限于行政机关的范畴,往往超越了行政机关,而涉及中国共产党和权力机关。"③的确如此,地方重大事项的决策在实践中并非由某一部门或机构所行使,有关地方重大事项决策权的分配和行使既存在着相应的法律规则,也存在着相应的惯例——地方权力机关、党委和行政机关以一种相互合作与制约的方式,共同对地方重大甚至非重大事项进行决策。不过,这并不意味着地方政府不能做出重大决策,因为"重大决策"这一概念与"重大事项"都属于立法上的模糊语词,都是一个相对性较强的概念,并且在实践中很多地方政府就如何"规范政府重大决策行为,健全科学、民主、依法决策机制,提高决策质量和行政能力"制定了相应的地方政府规章或行政规范性文件,例如《江西省县级以上人民政府重大行政决策程序规定》(2008年)、《重庆市政府重大决策程序规定》(2005年)和《扬州市人民政府重大行政决策程序规定》(2010年)等。

---

① [美]阿尔蒙德、小鲍威尔:《比较政治学——体系、过程和政策》,曹沛霖等译,东方出版社2007年版,第270页。
② 周学锋:《地方各级权力机关重大事项决定权落实相关问题探讨》,载《河南司法警官职业学院学报》2003年第4期,第103页。
③ 刘莘主编:《法治政府与行政决策、行政立法》,北京大学出版社2006年版,第79页。

尽管这些规章或规范性文件中多使用"重大行政决策",但这种区别并无多大意义,政府的决策无论大小都属于行政决策(即使是有关行政立法的决策也带有很强的行政色彩)。对于地方政府可以就哪些重大事项进行决策,即重大决策的对象范畴,有关规章或规范性文件无一例外地都进行了列举性规定。例如,《江西省县级以上人民政府重大行政决策程序规定》第3条规定:

"本规定所称政府重大行政决策,包括下列事项:

(一)编制国民经济和社会发展中长期规划、年度计划;

(二)编制财政预算、重大财政资金安排;

(三)制定或者调整各类总体规划、重要的区域规划和专业规划;

(四)研究政府重大投资项目和重大国有资产处置;

(五)制定土地管理、劳动就业、社会保障、文化卫生、科技教育、生态环境保护、住房保障、城市建设等方面的重大政策措施;

(六)制定或者调整政府定价的重要商品、服务价格;

(七)制定行政管理体制改革的重大措施;

(八)需要政府决策的其他重大事项。

县级以上人民政府可以在前款规定的范围内,依法确定本级人民政府重大行政决策的具体事项和量化标准。"

再来看《扬州市人民政府重大行政决策程序规定》第2条的规定:

"市政府重大行政决策主要包括:

(一)审议贯彻落实上级党委、政府和市委重要决定、决策的实施意见和措施;

(二)审议需要报告上级政府的重大事项,提交市委决定的重大事项,提请市人大及其常委会审议的政府工作报告、重要议案等重大事项;

(三)审议市政府规范性文件;

(四)审议全市国民经济和社会发展中长期规划、城市总体规划、土地利用总体规划以及其他涉及全局性的重要规划;

(五)审议市政府年度工作目标任务、全市国民经济和社会发展年度计划、年度预算方案;

(六)审议重大项目,特别是重大国有资产变更事项、政府投资和政府采购的重大项目;

(七)审议关系国计民生和群众切身利益的社会保障、住房保障、文化、公共医疗、教育、食品安全、环境保护等重大事项;

(八)审议政府部门职能调整、行政管理体制改革,行政区划调整,重要奖惩事项;

(九)审议全市突发公共事件总体应急预案、重大突发公共事件处置和保障方案;

(十)其他需要由市政府决策的重大事项。"

从上述两个规范性(法)文件中的相关规定不难看出,所谓重大决策,是建立在对决策事项的重要程度的判断基础之上的,这些事项并没有超出地方政府行政权的权限范围,相关的列举也主要是对"事项"的列举,而非对"重大"的说明。不仅如此,就这些"事项"本身而言,如果属于"重大"的程度或范畴,同级的地方人大及其常委会同样享有决策权,而且无论是地方权力机关还是地方政府的党委按照惯例也享有决策权。在法治政府建设的背景下,如何协调好不同决策主体之间的关系,不仅是地方政府在重大决策时需要考虑的,也是决策体制和机制改进与创新所要解决的重要问题。

之所以要在制度和实践层面区分重大决策与一般决策,主要还是基于决策科学化、民主化和规范化等要求的考虑,不同类型的决策对经济、社会等所产生的影响是不同的,需要设定和遵循的原则和规则也是有差别的。当然,地方政府重大决策的科学化、民主化和规范化等要求不能仅停留在原则或目标的层面,需要建立和实施相应的规则和制度加以保障和实现。在西方国家中,为了提高政府制定法规规章和政策的质量,非常注重决策工具和方法的使用,规制影响分析(Regulatory Impact Analysis)制度便是这样一种方法制度。对于规制影响分析的含义可以这样理解:"就是对拟定的或者已经发布的规制政策和方案产生的影响进行分析和估计的政府决策工具",这一工具的适用范围包括"规制政策和方案酝酿、规制方案形成和实施后的全过程",分析的对象包括"法律法规、规章、政策、措施、制度等具有普遍约束力的政府行为和规则"。①

随着法治政府建设的不断推进,政府任何公权力行为都要依规则做出,并在形式上体现为相应的法规、规章、政策和措施等规范性文件。如此一来,地方政府在就这些规范性文件是否创制、内容如何确定以及具体如何实施等问题进行决策时,便可以也应该借鉴国外规制影响分析制度,逐步引入决策影响分析评估制度,对有关重大决策及相应的规范性文件一旦实施后可能产生的影响、需要支付的成本、可能带来的收益以及合法性与合理性等进行评估和分析,唯有如此,才有可能使地方政府重大决策取得预期的成效,真正实现国家治理能力的提升。

二、行政机关依法决策的必要性

(一) 依法决策是法治政府建设的起点

美国学者麦克斯怀特认为:"在公共行政中,……我们的领域真正鼓舞人心的事,是使政府权威变成人类目标的推动者,这是一个神奇而又实际的任务。"②为了完成这一任务,法治成为不可或缺的基石,促使和保证政府权威行驶在正确轨道上。就我国而言,早在1999年国务院《关于全面推进依法行政的决定》中就已经确立了法治政府建设目标取向,而2004年颁行的《全面推进依法行政实施纲要》中更是直接明确提出了建设法治政府的具体要求。当然,法治政府的建设不应也没有仅停留在目标或原则层面上。近年来,法治政府的建设涵盖了行政管理体制改革、行政立法和行政决策科学化与民主化改进和行政程序建设等多个方面,也取得了不错的成效。作为政府工作或行政权运行的起点,政府决策是否法治化或规范化以及能否很好地避免各种法律风险,直接决定着法治政府建设的程度乃至最终能否成功。基于此,在党的十八届四中全会通过的《关于全面推进依法治国若干重大问题的决定》中,"健全依法决策机制"作为"深入推进依法行政,加快建设法治政府"独立的一部分列出,并且就如何依法决策从机制建立和完善方面提出了具体要求。法治政府建设显然不只是针对中央政府而言的,地方各级政府同样要以此为基本目标,严格依法行政。

行政行为是包含决策、执行和评估等若干环节组成的复合式行为。依法行政要求行政行为的每个环节都要尽量做到有法可依、有章可循。行政决策是整个行政行为的发端。只有依法办事、确保合规合法,才能从根本上确保整体行政行为依法办事、合规合法。事实上,依法决策首先能使行政决策过程规范、程序合法和结果合法,为行政执行、行政协调、行政检查、行政监督、行政反馈等一系列后续行政行为提供合规合法的方案依据和行动指南,从内容实质上确保后续行政行为有一个合规依法的基本保证,同时还可引导依法办事的组织氛围和行政文化,从法治思维和法治方式上深刻影响并强化后续行政行为的依法特性,通过提供自觉依法办事的价值选择、取向示范与引力推力来主导和推动行政严格依法。行政决策如果不规范、不依法,则会给后续所有行政行为提供不合规、不合法的决策结果,在整个后续行政行为中都传递轻规弃法的信号,这样就会使整个行政行为都变得"无法无天"。依法行政很难做到、做好的根源就在于行政决策没有率先做到依法。可以说,依法决策就是依法行政、建设法治政府的起点。行政决策率先依法了,其他行政环节才可能跟着依法;所有行政行为都能严格依法、自动依法了,法治政府才算建成。因此,着眼依法决策将从根本上解决依法行政、建设法治政府的关键问题。

要增进和改善政府管理的依法状态,就一定要从实行依法决策抓起;要实现全面依法行政,就一定要首先深入推进依法决策,确保行政决策率先实现全面法治化。抓住依法决策,就是抓住了依法行政的龙头。只有深入推进、全面实现了依法决策,才能全面推进和实现依法行政,最终建成法治政府。

---

① 吴浩、李向东主编:《国外规制影响分析制度》,中国法制出版社2010年版,第4页。
② [美]O.C.麦克斯怀特:《公共行政的合法性——一种话语分析》,吴琼译,中国人民大学出版社2002年版,第244页。

(二)依法决策是政府决策科学化与民主化的保障

决策的民主化、科学化是正确决策的条件,但决策的民主化、科学化需要法律的保障。没有决策的法定化,民主决策可能走过场,例如有些地方的价格听证会变成了涨价会,制定好涨价的方案让大家发表意见,即使有不同意见,也不会改变初衷。实现决策的民主化与科学化,必须使民主决策程序与科学论证过程法律化和制度化。因为只有法治化,人民群众才能通过各种法律规定的制度参与政府决策,才能通过法律的途径保证政府决策符合社会公众的利益,如果人民群众的合法权益受到侵犯,也可以运用法律手段及时获得有效的法律救济。专家参与决策只有法定化,专家的意见才具有法律效力,成为行政决策的重要依据,专家对其咨询意见和建议也才能相应地负责。专家论证不是民主决策的体现,而是科学决策的要求。决策是决策者的主观行为,人的意志因素在决策中起着重要作用,而决策程序具有客观性,为在决策过程中减少人的意志的随意性,保证决策的客观性、连续性,就要使决策程序法治化。①

更为重要的是,一般人们将依法决策、科学决策和民主决策并行,作为决策的三个同时必须具备的要件。但实际上,这三者之间不是平行的关系,科学决策和民主决策是正确决策的两翼,而依法决策是科学决策和民主决策的保障。科学决策与民主决策本身有时是一对矛盾。科学决策强调决策的成本效益和客观性,但未必是受到民众认同的。民主决策更强调民众的感受和各方利益的平衡,不一定是最明智的选择。科学决策只有在向民众充分公开信息、做出说明的情况下才能得到人民的理解和支持。当民意与专家的论证以及政府的意图不一致时,政府就需要通过法定程序综合权衡利弊,做出各方能够接受的决策。决策的科学性需要与民意基础相协调,政府决策的合理性在于应当选择对公民的利益损害最小的方案。詹姆斯·威尔逊曾提出,人们参与政府决策更多的是为了挽回受到威胁的东西而非获取新东西。② 当决策可能损害到利害关系人的利益时,听取利害关系人的意见便是必经程序。

(三)政府决策法治化是国家治理能力现代化的核心要求

党的十八届三中全会通过的《中共中央关于全面深化改革若干重大问题的决定》(以下简称《决定》)提出,"全面深化改革的总目标是完善和发展中国特色社会主义制度,推进国家治理体系和治理能力现代化"。"国家治理体系和治理能力现代化",是全新的政治理念,它表明我们党对社会政治发展规律有了新的认识。国家治理是现代国家所特有的一个概念,是在扬弃国家统治和国家管理基础上形成的。首先,它凸显了政权的管理者向政权的所有者负责并可以被后者问责这一问题的重要性。其次,它强调政权的所有者、管理者和利益相关者等多种力量合作管理的重要性。最后,它把增进公共利益与维护公共秩序放在了同等重要的地位,实现这两个目的的能力是国家治理能力最重要的体现。国家治理体系的目的是实现可持续发展、普遍提高国民生活质量和实现可持续的稳定。

国家治理体系和治理能力现代化的衡量标准至少有四条:一是民主化。人民成为国家政权的所有者,能够通过合法的渠道直接或通过自己选举的代表参与决策、执行和监督等国家治理的全过程,并拥有追究责任者的制度化手段。二是法治化。国家政权的所有者、管理者和利益相关者参与国家治理的行为,都应纳入法治化的轨道;国家公共权力的运行也应受到宪法和法律的约束;规则和程序之治要代替人治。三是文明化。国家治理应是"更少的强制,更多的同意""寓管理于服务之中""更多的对话协商沟通合作,更少的独断专行""更多的激发权能,更少的排斥和歧视"。四是科学化。各类治理主体拥有更多的自主性,他们履行各自功能的专业化和职业化分工程度不断提高,执政党和政府机关协调其他治理主体的能力、进行战略和政策规划的能力不断提高等。

国家治理最重要的行为在于决策。只有决策现代化,国家治理才能现代化。决策要现代化,不仅要首先做到科学化和民主化,而且要全面做到规范化和法制化。决策现代化的核心在于建立健全依法决策机

---

① 徐秀霞:《建立和完善法治化的行政决策机制》,载《长白学刊》2007年第6期。
② [美]科尼利厄斯·M.克温:《规则制定——政府部门如何制定法规与政策》,刘王景、张辉、丁洁译,复旦大学出版社2007年版,第200页。

制。改革开放三十多年来，我国决策依法的环境和条件得到了极大的改善，决策过程不断现代化，依法决策机制得到初步建立并不断发展。目前，进一步完善依法决策机制已成为决策现代化实现大突破的一个关键。因此，当前亟须按照国家治理现代化的要求，以科学决策和民主决策为前提，切实做好健全依法决策机制的准备。

资料

《中共中央关于全面推进依法治国若干重大问题的决定》（节选）

三、深入推进依法行政，加快建设法治政府

法律的生命力在于实施，法律的权威也在于实施。各级政府必须坚持在党的领导下、在法制轨道上开展工作，创新执法体制，完善执法程序，推进综合执法，严格执法责任，建立权责统一、权威高效的依法行政体制，加快建设职能科学、权责法定、执法严明、公开公正、廉洁高效、守法诚信的法治政府。

（一）依法全面履行政府职能。完善行政组织和行政程序法律制度，推进机构、职能、权限、程序、责任法定化。行政机关要坚持法定职责必须为、法无授权不可为，勇于负责、敢于担当，坚决纠正不作为、乱作为，坚决克服懒政、怠政，坚决惩处失职、渎职。行政机关不得法外设定权力，没有法律法规依据不得做出减损公民、法人和其他组织合法权益或者增加其义务的决定。推行政府权力清单制度，坚决消除权力设租寻租空间。

推进各级政府事权规范化、法律化，完善不同层级政府特别是中央和地方政府事权法律制度，强化中央政府宏观管理、制度设定职责和必要的执法权，强化省级政府统筹推进区域内基本公共服务均等化职责，强化市县政府执行职责。

（二）健全依法决策机制。把公众参与、专家论证、风险评估、合法性审查、集体讨论决定确定为重大行政决策法定程序，确保决策制度科学、程序正当、过程公开、责任明确。建立行政机关内部重大决策合法性审查机制，未经合法性审查或经审查不合法的，不得提交讨论。

积极推行政府法律顾问制度，建立政府法制机构人员为主体、吸收专家和律师参加的法律顾问队伍，保证法律顾问在制定重大行政决策、推进依法行政中发挥积极作用。

建立重大决策终身责任追究制度及责任倒查机制，对决策严重失误或者依法应该及时做出决策但久拖不决造成重大损失、恶劣影响的，严格追究行政首长、负有责任的其他领导人员和相关责任人员的法律责任。

第二节 地方政府重大决策法律风险

案例引导

2014年12月29日17时40分，深圳市政府突然举行新闻发布会，发布《深圳市人民政府关于实行小汽车增量调控管理的通告》，抛出"限购令"，同时公布"限外"方案。此前，深圳市政府主要领导和深圳市交通运输委员会相关负责人多次表态，深圳将以市场手段治堵，不会采取行政手段"限购""限外"。

思考：深圳市政府的突然"限购"是否合法？如何评价深圳市政府的这一行为？

一、风险社会理论与政府决策风险

从词源意义上讲,"风险"这个词来源于拉丁语 resecum,意味着"危险""巨礁""海上危机",也来源于希腊词 rhiza,意思是"悬崖"。总之,在古老的用法中,风险可以理解为自然现象或自然灾害所造成的客观危险。近代以来,尤其是自"二战"结束以后,风险问题开始被来自哲学界、社会学界和法学界等学者的关注。

应该说,任何决策都是有风险的。政府决策虽不同于私营管理决策或个体决策,但在某些方面也有着相似之处,比如对成本—效益的考虑、对各类风险的规避等。之所以强调政府决策的科学化、民主化和规范化,一个很重要的原因是要尽可能地降低决策可能带来的各种风险。尤其是对政府决策过程中法律的重视,目的在于希望通过法律规则的严格性和确定性,来尽量地降低决策本身所包含的不确定性,而各种风险恰恰包含于甚至等同于这种不确定性。对于"风险"的理解可以有不同的视角,其中不可忽视的视角之一便是德国学者乌尔里希·贝克的"风险社会"理论。他在1986年出版的《风险社会》一书中,首次提出了"风险社会"的概念,随后又出版了《风险时代的生态政治学》《世界风险社会》《自由与资本主义》等著作,形成了他关于风险社会理论的基本框架。

严格来讲,风险社会理论是一种用来刻画当代社会整体特征的社会学理论,它是与现代化联系在一起的,正是现代化的发展取向才导致了人类进入了风险社会时代。在贝克看来,"科技的进步使我们能够相对控制一些不确定性,像传统社会所面临的自然风险,比如洪水、旱灾、飓风、地震之类,我们已能相对准确的预测并在一定程度上给予预防。而恰恰是由科技文明本身所带来的风险,特别是技术—经济决策导致的风险,往往超出了我们的预测和控制能力"①。虽然风险社会理论较为宏观,但仍可以用来解析政府决策的风险问题。原因在于,"人的因素对风险变迁的影响主要产生于人口、资源环境、科学技术、组织制度和社会经济结构五个领域,这也构成了现代风险社会的五个基本风险源",其中"组织化的行为使得某些简单的风险变得复杂,也使得风险可能成倍扩大,尤其是它与技术因素的相互混合,更加剧了风险的隐蔽性、复杂性和摧毁性","工业、法律、科学等各个领域的制度在规范各自活动的同时,也导致了许多风险",概而言之,"社会正在制度性地产生和制造风险,因为制度本身就是风险的重要来源"。② 风险社会理论视角中的制度包括广义上的法律、政策、措施和命令等,而这些制度形式大多又来自政府,经由政府的决策而产生。贝克本人也曾明确指出:"风险是以一项决策(进而一个决策者)为预设的,并在下面两种人之间制造了一种极端的不对称:一种人是那些承担风险、定义风险和从风险中获益的人;另一种人是那些作为风险目标的人,他们在无力参与决策进程的前提下不得不直接经验他人决策的'看不见的副作用',甚至还要为此付出自己的生命。"③因此,政府决策同样存在"风险悖论",即政府决策内在地要求应尽量降低甚至避免各种风险,但这种决策本身又是各种风险的制造源之一。当然,政府决策"风险悖论"的存在并不影响我们探索通过制度或规则的改进来降低决策风险的努力,无论是对于中央政府还是地方政府,无论是重大决策还是一般决策,皆是如此。

在讨论如何降低地方政府重大决策风险之前,首先要明确的是决策风险在实践层面的含义和具体表现。风险社会理论毕竟主要着眼于社会整体发展或时代特点的视角,对于风险的界定和阐释较为宏观或抽象。相比较而言,政府决策的风险是一种实践面向的考察与确认,风险的含义及其内容显然要更为具体或实际,更易于被认知并可通过相应机制的改进或措施的采取来加以预防或抑制。一般而言,所谓政府决策风险,指的是政府在决策过程中由于受决策参与者的局限、决策事务的复杂性或者信息掌握的程度等因素的影响,而导致决策内容和目标在确定及其实施中无法有效在实践中转化,或者引发新的负面后果产生的可能性。应指出的是,风险并不意味着一种确定性后果的出现,而是用来表述有关不确定性,尤其是决策者不希望发生的后果发生的可能性。地方政府重大决策的风险同样可以如此界定或理解。所不同的是,与重大决策相伴随的风险强度更大,一旦转化为真实的后果,其难以掌控性甚至带来的负面影响会更大。

---

① 成伯清:《"风险社会"视角下的社会问题》,载《南京大学学报(哲学·人文科学·社会科学)》2007年第2期,第130页。
② 张成福、谢一帆:《风险社会及其有效治理的战略》,载《中国人民大学学报》2009年第5期,第27页。
③ 贝克、邓正来、沈国麟:《风险社会与中国——与德国社会学家乌尔里希·贝克的对话》,载《社会学研究》2010年第5期,第212页。

地方政府重大决策法律风险的表现

提到法律风险,人们首先想到的大多是市场经济背景下企业发展、金融产品及活动等领域,较少与政府的公权力行为联系到一起。如有学者研究了商业银行经营过程中由于法律因素的影响而导致损失的可能性,以及如何通过加强监管等措施来规制法律风险。① 即使有学者研究与政府行为有关的法律风险,例如李伯侨、陈耿宇以商业银行贷款为视角研究了地方政府融资平台的融资法律风险②,文川分析了新型工业化新型城镇化进程中地方政府面临的法律风险③,但很少有学者直接关注地方政府重大决策的法律风险问题,只对其中相关的理论进行较系统的阐述。

所谓地方政府重大决策的法律风险,指的是各级地方政府在履行法定职权,尤其是在开展行政管理的过程中,就某些重大事项进行决策时,由于未对决策所涉及的法律因素给予充分的考虑和反应,而引发各种法律上不利后果或负面评价的可能性。为什么地方政府重大决策会存在或产生法律风险呢?不可否认,任何政府决策都是存在风险的,因为风险的产生从根本上受决策者理性局限、决策时的时空制约,以及决策信息掌握及分析的不充分等因素影响,而这些因素是难以去除或者难以解决的,其中也包括法律或规则因素。但是存在风险并不意味着有些风险是不可预见和不可控制的。法律风险并非一种绝对意义上的风险。相对于其他形式的风险,地方政府在进行重大决策时可以通过遵循科学而审慎的程序规则,对决策的合法性进行严格掌控,从而最大限度地降低甚至避免法律风险。不过,就地方政府重大决策法律风险的产生而言,法律规范自身的不明确和决策过程的问题是两个主要原因。据此,可将地方政府重大决策的法律风险分为两大类:一类是正常的或难以避免的法律风险,另一类则是非正常的或可以避免的法律风险。

正常的法律风险之所以是难以避免的,是因为地方政府在进行重大决策时,相关领域的法律是空白的或者处于模糊状态,或者决策所涉及的不同法律规范之间本身就是冲突的或因决策而必然产生新的法律冲突。例如,近年来,区域经济社会一体化的推进,以及一些区域公共治理问题的出现,使得区域内各地方政府之间产生了通过合作来开展区域治理的客观需要,但是在合作的具体方式和内容上却由于相关法律的缺失而面临着很大的风险。各地方政府之间能否进行立法合作,以及进行利益补充时能否进行财政转移支付等,这两个问题未被现行法律禁止,也缺乏直接的法律依据。一旦有关地方政府开展了区域立法合作,便面临着相关规范性法文件效力无法确定甚至被宣布无效的风险。概言之,正常的法律风险主要源自法律规范的不足或法律情势的难以预料,而非地方政府重大决策在内容和形式上存在的明显的瑕疵。

非正常的法律风险的存在主要与地方政府决策活动有关,而不法律规范直接相关。有学者在分析地方政府公共管理中法律风险防控问题时指出:"受传统的官本位思想的影响,以及利益的驱使,一些地方政府的决策者为追求工作业绩和个人仕途的发展,利用职权擅自做出决定,实践中大量的形象工程、业绩工程的出现就直接体现了这一点。出现这种现象的根本原因在于政府决策机制不完善,没有形成规范健全的决策制度。"④尽管这段论述对政府决策机制究竟在哪些方面不完善或不健全并未作详细说明,但是它直白地表明政府决策机制不完善可以引发很多(不必要的)法律风险。其实,为了保证地方政府重大决策的合法性,很多地方政府都制定了相应的规章或行政规范性文件,例如《重庆市政府重大决策程序规定》第1条明确其立法宗旨在于"为了规范政府决策行为,强化决策责任,减少决策失误,保证决策质量",而且在第5条中将依法决策作为政府重大决策所要遵循的三个原则之一。之所以在实践中很多地方政府未能有效避免不正常的法律风险,很重要的原因是地方政府在进行重大决策时,法治或规则意识较为淡薄,未能将法律风险真正纳入决策时必需考虑的范畴。

---

① 管斌:《商业银行法律风险的产生及其规制——以英国北岩银行危机为分析蓝本》,载《法商研究》2012年第5期,第22页。
② 李伯侨、陈耿宇:《地方政府融资平台融资法律风险研究——以商业银行贷款为视角》,载《兰州学刊》2013年第8期,第212页。
③ 文川:《新型工业化新型城镇化进程中地方政府面临的法律风险及对策》,载《西华大学学报(哲学社会科学版)》2014年第4期,第88页。
④ 柴丽:《法治视角下地方政府公共管理法律风险防控体系的构建研究》,载《才智》2014年第9期,第242页。

二、地方政府重大决策法律风险的分析评估

(一) 法律风险分析评估的必要性

地方政府的决策伴随着相应的法律风险,重大决策的法律风险也会随着决策的重要性而提升其潜在的影响程度。问题是该如何去把握或认知地方政府重大决策中的法律风险呢?规制影响分析工具或制度此时便体现出其重要价值。由于地方政府决策的过程可以视为地方政府对公共事务如何施以规制或对公共服务怎样加以提供的过程,因此规制影响分析不仅适用于经由地方政府决策而拟实施的规制措施,也适用于决策活动本身(也可称为决策影响评估)。再者,地方政府的决策过程可以划分为若干相互关联的环节。"一般来说,西方政府决策主要可以归纳为四个环节或四道程序,即发现问题,确定决策目标;集思广益,拟定备选方案;评估选优,确定决策方案;局部试点,修正完善方案。"①这四道决策的具体程序同样适用于对我国地方政府重大决策过程的理解,在我国地方政府制定的重大决策程序的规范性(法)文件中也有着关于法律审核的规定。例如,《天津市人民政府重大事项决策程序规则》第14条就规定了政府重大决策的承办单位在拟定决策方案时,应当听取市政府法制机构的意见,由后者对决策方案进行法律审核并提出书面意见。也就是说,分析评估各备选方案并确定最优的决策方案原本就是我国地方政府重大决策的一个必要环节。

规制影响分析在不同的国家有不同的制度名称,如加拿大和美国称为规制影响分析,英国称为规制遵守成本评估,德国则称为立法效果评估,但这些制度大体发挥着相同的功能。以加拿大为例,规制影响分析主要有三项功能:"一是在联邦政府部门提供一个考虑和制定规制方案的框架;二是收集所有法规审查部门需要的基本信息,以求法规得到批准和通过;三是向公众公开规制方案的信息。"②不难看出,规制影响分析的这三项功能所指向的也是政府决策的科学化、民主化和规范化,其中自然也包括避免或降低各类风险。因此,借助规制影响分析工具来分析评估决策活动自身的合法性程度及其所要实施的规制措施的法律风险,有其必要性和可行性。接下来要回答的问题是由谁来作分析评估、分析评估哪些具体内容以及如何来开展分析评估,这三个问题分别涉及法律风险分析评估的主体、内容和实施。

(二) 分析评估的主体

决策的过程主要是比较和选择方案的过程,分析与评估正是发生在比较与选择的过程中,是决策者如何进行比较和据此加以选择的重要凭借。一般而言,有关决策的分析评估既可以是正式的也可以是非正式的,既可以由决策者负责也可以由专门的机构或主体负责。但是,随着决策科学化、民主化和规范化要求的不断提高,尤其是地方政府在进行重大决策时,对方案分析评估的质量要求也会更严格。因此,很多地方政府都规定了由特定的机构负责重大决策的调研和论证工作,必要时还可以将一些专业性工作(包括分析评估)委托给有关专家或专业服务机构。例如《重庆市政府重大决策程序规定》(2005年)第10条规定:"下一级政府,本级政府的组成部门、直属机构、办事机构、派出机构、法律法规授权履行行政管理职能的机构及其他有关单位(以下简称决策承办单位)负责承办本级政府重大决策的调研、方案起草与论证等前期工作。决策承办单位可以委托专家、专业服务机构或者其他有相应能力的组织完成专业性工作。"类似规定在其他地方政府的相关规章或行政规范性文件中都有所体现,虽然具体的机构名称、设置和分工等稍有不同,但大都建立了专门机构负责调研论证以及提供咨询等工作的机制。

由此可见,在我国地方政府重大决策过程中,大部分地方政府的决策者都意识到了分析评估(即"调研论证")的重要性,并以制度的形式确立不可或缺的一个决策环节。法律风险的分析评估自然是这一环节中不应被忽视的一项基本内容。因此,结合各地方的有关规定,政府重大决策中法律风险分析评估的主体主要是该地方政府相关规范性文件中所确定的决策承办单位或者委托的社会主体。其中,决策承办单位从立法规定来看主要包括政府的组成部门、直属机构、办事机构、派出机构、法律法规授权的机构等,但基于专业

---

① 卓越主编:《比较政府与政治》,中国人民大学出版社2004年版,第201页。
② 吴浩、李向东主编:《国外规制影响分析制度》,中国法制出版社2010年版,第22页。

的考虑应该主要是地方政府中专门负责法制工作的机构及有关工作人员。委托的社会主体也应该主要是从事法律研究或实务工作的有关专家学者、法律实务工作者或专业的法律服务机构。

从理论上讲，决策承办单位和委托的社会主体在进行分析评估时，可能会因各自相对于决策者及决策内容的密切程度不同，而影响到最终的分析评估结论。这与公共政策或法律绩效评估有着相似之处。为了避免政策或法律的制定者内部评估可能的弊端，学者们开始讨论引入第三方独立评估机制。以立法后的评估为例，汪全胜指出："独立第三方的评估最大的价值倾向是评估结果的客观公正性。因为它超然于法律法规制定与执行的公共部门之外，与法律法规没有密切的利益关系，在很大程度上保证能够客观、公正的进行评估。"① 具体到地方政府重大决策法律风险的分析评估，笔者认为，与重大决策相关的法律规范是一种相对客观的存在，重大决策是否合法合规在大多数情况下是较为明确的或容易判断的，即使由决策者进行内部的法律风险分析评估，也很少会因受利益或其他不正当因素影响而有意做出明显错误的结论。不过，考虑到决策的重要性及其可能产生的各种风险程度之大，有必要对法律风险的分析评估更为严格，使结论更为准确客观。因此，由地方政府法制工作机构（及其工作人员）和法律专家共同组成的混合分析评估主体，共同对地方政府重大决策的法律风险进行评估的模式，值得引入。

（三）分析评估的内容

地方政府重大决策法律风险分析评估的内容应该有具体的指向。对此，有的地方政府在其相关的规范性（法）文件中做出了明确规定。例如，《天津市人民政府重大事项决策程序规则》第14条规定了政府法制机构法律审核的主要内容包括：①重大事项决策是否符合市人民政府的法定权限；②重大事项决策的建议和方案的拟定是否符合法定程序；③重大事项决策方案是否符合法律、法规、规章规定；④其他需要审核的内容。结合该规定并根据法律风险可能产生的地方或环节，我们可将地方政府重大决策需分析评估的法律风险分为三个方面：

一是重大决策活动过程的合法性或合规性风险。随着依法治国方略的全面推进，法治政府建设各方面的标准和要求也会越来越严格。依法行政不仅指向行政机关在对外做出行政行为时要遵守合法性原则，也包括对行政机关自身各项工作活动的要求。相关要求既包括地方政府对所做出重大决策的事项有法定的权限，也包括决策过程要遵循科学、规范的工作制度或机制。地方政府自身工作制度的完善及遵守程度，直接影响到其实施公共管理或提供公共服务水平的高低。也正是基于此，许多地方政府都针对重大决策的做出过程都设定了相应的程序和规则。尽管按照这些程序和规则并不能确保地方政府重大决策的科学性和合法性，但至少就决策活动本身是合乎规则的或决策程序的法律风险能够得到有效的控制。例如，对于所要决策的问题或事项存在较多的分歧时，决策承办单位是否提出至少两项方案供比较和选择，尤其是那些涉及社会公众利益的重大决策事项，是否经过了听证会、论证会和社会公开征集意见等机制。当然，除了分析评估遵循有关重大决策的规范性（法）文件所设定的程序和规则的情况外，还应评估地方政府决策主体的决策行为和过程是否遵守宪法、地方人大和政府组织法，以及其他与地方政府决策活动相关的规范性（法）文件，是否协调好与地方权力机关和党委在重大事项决策方面的关系。

二是决策拟比较和选择方案的形式合法性风险。决策的过程是在抓准问题的基础上，比较多种方案并选择其中最优方案的过程。至于最优方案的判断标准，除了最具可行性外，与现行的法律规范不相违背或不相冲突，也是必须要考虑的。如果地方政府的重大决策是关于制定规章、公共政策、行政规范性文件等抽象性文件的，那么应该按照法制统一原则来评估这些抽象性文件自身及其与现行规范性（法）文件的协调性。例如，享有地方立法权的省或较大的市政府在进行立法决策时，拟颁行的规章是否与已施行的相关规范性法律文件存在不协调甚至相冲突的规定，规章的各条款之间是否协调。如果地方政府的重大决策是要采取具体的指令或者行动措施，那么要分析评估这些指令或行动措施的内容及在采取过程中是否符合法律规定的形式要件和实质要件。

三是决策拟比较和选择方案的实质合法性风险。地方政府的很多重大决策并非针对突发事件或者当下情形的，而是要具有一定的前瞻性。法律并不总是完备的，当进行重大决策且并不存在明确的法律规范

---

① 汪全胜等：《立法后评估研究》，人民出版社2012年版，第87页。

时,一种情形是地方政府决策者是否综合考虑了各种合理因素,确保重大决策所选择的方案具有实质合法性,另一种情形是地方政府是否根据决策时国家的政策方针以及现行的立法规定,预测今后可能的立法方向或宗旨,以使决策方案与立法方向或宗旨相符。一般而言,实质合法性风险属于正常的法律风险,其预见和防范的可能性与有效性相对于形式合法性风险而言是较低的。

(四) 分析评估的实施

地方政府重大决策法律风险分析评估的意识应该贯穿于决策全过程,即从确定最初的决策目标时起,就应该树立法律风险意识,甚至在决策方案实施后的一段时间内仍应及时分析评估已经或可能涉及的法律问题,并及时修正决策方案。不过,作为地方政府决策程序中的重要环节,从制度设置和运行的角度来讲,分析评估的实施应该主要在决策方案选择过程中和最终方案确定之后。

分析评估的启动主要包括确定分析评估主体、拟定分析评估方案和收集相关资料信息。如前文所述,地方政府重大决策法律风险评估主体可选择混合主体模式,即由地方政府法制机构牵头,由法制工作人员和有关法律专家共同组成的分析评估组来具体负责。至于分析评估的主要内容、涉及哪些规范性法文件、需要与哪些部门进行协调,以及具体的时间或活动安排进度等,则需要在正式的分析评估开展前就以方案的形式确定下来。由分析评估组按照预定的方案,首先对重大决策的备选方案所涉及的法律问题进行确定,收集相关的规范性(法)文件,以及汇总重大决策活动有关的会议记录或文件资料等。

其次就是正式开展分析评估。这一环节中分析评估组应对每一项备选的决策方案进行合法性和合规性分析评估,要求所对照的规范性(法)文件一定要全面,如果涉及有关公共政策也应该纳入分析评估的范畴,尽量确保每项决策备选方案都能最大程度地与实施中的法规和政策协调,同时还应对每项备选方案在形式与实质合法性或合规性的情况做出详细描述,并做出合理的推断和结论。同时,还应该结合有关议事规则或程序性规定,对地方政府重大决策活动本身的合法性与合规性进行分析评估。例如,《天津市人民政府重大事项决策程序规则》第 8 条第 2 款规定:"市人民政府应当对民主党派、人民团体、企业事业单位、社会团体及公民提出的重大事项决策建议进行研究,并将结果及时反馈。"那么,在分析评估政府重大决策程序的合法性或合规性时,就可将此款规定作为分析评估的依据、内容或指标之一。此外,在分析评估过程中还可能涉及不同部门之间的协调问题,尤其是当出现因法律规范的不协调而导致利益纠纷时,就需要借助相应的机制来处理。对此,有学者建议,"应当努力选择一个合适的程序论坛,以促进不同利益团体间能就事实和价值上的差异进行协商,从而达到'一致同意'"。① 在有关地方的规范性(法)文件中也规定了听证会、座谈会或咨询机制等,那么当出现需要进行机构或利益协调的情形时,决策是否依照相关规定启动了相关程序机制,也是需要考察和评估的。

最后是形成分析评估报告。分析评估报告作为地方政府重大决策论证的一部分,在最终的决策方案确定和实施之前,由分析评估组完成之后交给决策者供其参考。分析评估报告的撰写应当客观、真实和全面,既要有结论也应该包括相应的论证说明。需要注意的是,分析评估的过程是一个对待评估对象(各备选方案和决策活动)与评估依据(法规和政策等)之间关联性、协调性或契合度等进行比照的过程,期间离不开相应的解释、推理、论证等逻辑方法,这样做出的分析评估结论才会更具说理性和可信性。

三、关于地方政府重大决策法律风险防范的建议

英国学者珍妮·斯蒂尔指出:"在某种意义上,风险在当前时代应该具有普世重要性,这并不令人惊奇。在特定层面,引发风险的情形广泛存在,并且经常需要大量的制度性决策。'风险评估''风险效益分析''风险管理'已经成为政府战略或者金融战略的焦点。"②在风险社会时代背景下,法治政府的建设同时肩负着尽可能消除或降低各种风险的使命。包括重大决策在内的政府行为本身是否遵守法律或规则,是考量政府在多大程度和多大意愿上能够承担这种时代使命及进行良好行政的基本标尺。地方政府重大决策法律风险评估的过程便是合法性审查的过程,同时也是法律风险防范的过程。党的十八届四中全会做出的全面推进依法治国的决定,

---

① 宋华琳:《风险规制与行政法学原理的转型》,载《国家行政学院学报》2007 年第 4 期,第 63 页。
② [英]珍妮·斯蒂尔:《风险与法律理论》,韩永强译,中国政法大学出版社 2012 年版,第 5 页。

明确提出"建立行政机关内部重大决策合法性审查机制,未经合法性审查或经审查不合法的,不得提交讨论",这显然是有的放矢,准确地号住了时代的脉搏。然而,我们也知道,政府决策者的法律风险意识从观念层面到文本(或制度)层面再到实践层面,真正发挥该机制在地方政府重大决策中的积极功能,必将是一个漫长的过程。在这一过程中,地方政府重大决策责任机制追究及法律风险分析评估责任机制的落实,则是法治政府建设过程中有效防范法律风险必须首先予以重视的两项工作。

结合前文对地方政府重大决策法律风险评估问题的分析,本书建议辽宁省人大及其常委会或者辽宁省人民政府以地方性法规或者地方政府规章的形式,对辽宁省内今后各级地方政府在进行重大决策时所应遵循的程序及规则加以具体而系统地规定。由于其他省份已经存在相关立法,所以辽宁省地方立法机关在制定相关规范性法律文件时,可以参考(可见资料《江西省县级以上人民政府重大决策程序规定》)其他省份的现有立法文本,对辽宁省各级地方政府在开展重大决策时所应遵循的程序及规则进行明确规定,以最大限度地降低法律风险。具体而言,地方政府重大决策程序规定应该明确以下几个方面的问题:

一是地方政府权限范围内哪些事项的决策属于重大决策,对此应该在立法中以专门的条款进行列举和规定,或者设定相应的认定标准和认定程序规则。

二是地方政府重大决策过程中如何协调好政府与人大的关系以及政府不同机构或负责人之间的关系,做到分工合作、权责明晰。

三是地方政府重大决策做出的具体程序,其中应该包括评估程序,所要评估的内容除了决策成本、决策效益等之外,还应该将法律风险作为必须评估的内容之一。

四是在地方政府重大决策法律风险评估的开展过程中,社会公众的参与方式(如听证会、座谈会和公开征求意见等),以及地方政府对于社会公众参与的回应等。

五是建立科学合理的地方政府重大决策的责任追究机制。如果说重大决策的经济风险具有很大的不确定性,法律风险的规避则相对容易得多,这表明只要地方政府在进行重大决策时认真按照有关程序和规则开展了相应的法律风险评估,就可以在最大程度上避免此类风险,重大决策实施中如果真的出现了违法现象而招致损失或负面效应,那么就应该由具体参与该项重大决策的负责人员根据各自的职责大小承担相应的责任。

总之,随着依法治国的不断推进,法治政府建设的内涵越来越丰富,其要求也将越来越精致。法治政府建设的要求是立体的,至少包括理念、制度和实践这三个层面,而法律或规则因素在这三个层面中必将占据更加重要的位置。我国的改革开放以及法治建设的推进等,在未来很长一段时期内仍将延续政府主导型的模式,各级政府依然会扮演着主导者或引领者的角色。因此,政府尤其是各级地方政府负责和参与各类具体决策的人员,其法律意识或法治观念的强弱,直接影响甚至决定着决策本身的合法性或者法律风险的大小,也从根本上影响到法治国家、法治政府和法治社会的建设成效。为此,包括辽宁省在内的各级地方政府应该尽量做到未雨绸缪,及早以立法的方式构建科学合理的决策程序规则,从源头上控制地方政府在做出重大决策时的法律风险,以更好地行使政府的各项职能并推动社会的健康良性发展。

资料

江西省县级以上人民政府重大行政决策程序规定

第一条 为了规范政府重大行政决策行为,减少决策失误,提高决策质量,根据《中华人民共和国地方各级人民代表大会和地方各级人民政府组织法》和国务院《全面推进依法行政实施纲要》等有关规定,结合本省实际,制定本规定。

第二条 县级以上人民政府重大行政决策的做出、执行、监督等活动,适用本规定。

有关突发事件应对的决策程序,适用突发事件应对法等有关法律、法规、规章的规定。

拟订地方性法规草案和制定规章及规范性文件程序,适用立法法等有关法律、法规、规章的规定。

第三条 本规定所称政府重大行政决策,包括下列事项:

(一)编制国民经济和社会发展中长期规划、年度计划;

（二）编制财政预算、重大财政资金安排；

（三）制定或者调整各类总体规划、重要的区域规划和专业规划；

（四）研究政府重大投资项目和重大国有资产处置；

（五）制定土地管理、劳动就业、社会保障、文化卫生、科技教育、生态环境保护、住房保障、城市建设等方面的重大政策措施；

（六）制定或者调整政府定价的重要商品、服务价格；

（七）制定行政管理体制改革的重大措施；

（八）需要政府决策的其他重大事项。

县级以上人民政府可以在前款规定的范围内，依法确定本级人民政府重大行政决策的具体事项和量化标准。

第四条　县级以上人民政府应当完善政府重大行政决策的规则和程序，建立健全公众参与、专家论证和政府决定相结合的行政决策机制，实行依法决策、科学决策、民主决策。

第五条　政府行政首长代表本级政府对重大行政事项行使决策权。

政府分管领导、政府秘书长、政府办公厅（室）主任协助政府行政首长行使决策权。

决策咨询机构、政府法制机构等应当为政府重大行政决策提供专业咨询、法律等有关服务。

第六条　政府重大行政决策建议的提出和决策事项的确定，应当遵循下列规定：

（一）政府所属工作部门或者下一级人民政府提出的重大行政决策建议，经政府分管领导审核后报政府行政首长确定；

（二）政府分管领导提出的重大行政决策建议，报政府行政首长确定；

（三）政府行政首长提出的重大行政决策建议，直接进入决策程序；

（四）贯彻落实上一级人民政府、同级党委或者人民代表大会及其常务委员会做出的有关决议、决定的实施意见，由政府行政首长确定后直接进入决策程序；

（五）人大代表、政协委员通过建议、提案方式提出的重大行政决策建议，由有关部门研究提出意见，经政府分管领导审核后报政府行政首长确定；

（六）公民、法人或者其他组织认为某些重大事项需要政府决策的，可以向政府提出决策建议；政府办公厅（室）应当在审查后将合理的建议征求相关部门意见，经政府分管领导审核后报政府行政首长确定。

决策承办单位依照法定职权确定或者由政府行政首长指定。

第七条　政府做出重大行政决策应当经过下列程序：

（一）调查研究；

（二）专家论证；

（三）征求意见；

（四）部门协调；

（五）合法性审查；

（六）集体讨论；

（七）结果公开。

法律、法规或者国家有关文件对政府做出重大行政决策程序另有规定的，从其规定。

第八条　决策承办单位对政府重大行政决策应当开展调查研究工作，全面、准确掌握决策所需的信息。

调查研究的内容应当包括决策事项的现状、必要性、可行性、利弊分析以及决策风险评估等。

调查研究工作完成后，决策承办单位应当拟订决策备选方案。对需要进行多方案比较研究的决策事项，应当拟订两个以上可供选择的决策备选方案。

第九条　决策承办单位应当组织3名以上专家对决策备选方案的必要性、可行性进行论证。

决策承办单位应当根据决策事项的内容和复杂程度,从相关领域选择专家,保证参加论证的专家具有代表性。

决策承办单位应当对专家论证意见进行归纳整理,形成论证报告。专家对所发表意见的科学性负责。

论证报告应当作为政府决策的重要依据。

第十条　决策承办单位应当根据决策事项涉及的范围,将决策备选方案征求政府有关部门意见。被征求意见的部门应当在规定的期限内回复意见。

第十一条　政府重大行政决策与人民群众切身利益密切相关的,决策承办单位应当向社会公布决策备选方案,征求公众意见。公布的事项包括:

(一)决策备选方案及其简要说明;

(二)公众提交意见的途径、方式,包括通信地址、电话、传真和电子邮件地址等;

(三)征求意见的起止时间(不得少于15日)。

决策备选方案公布后,决策承办单位应当根据决策事项对公众的影响范围、程度等,通过举行座谈会、论证会等形式,听取社会各界的意见和建议。

第十二条　政府重大行政决策有下列情形之一的,应当召开听证会:

(一)涉及重大公共利益的;

(二)涉及群众切身利益的;

(三)法律、法规、规章规定应当听证的。

听证会由决策承办单位作为听证机关,听证程序按照国家和本省有关规定执行。

听证会形成的听证报告应当作为政府决策的重要依据。

第十三条　决策承办单位应当将各方提出的意见和建议进行归纳整理,对合理的意见和建议应当采纳;未予采纳的,应当说明理由。

决策承办单位应当根据各方提出的合理意见和建议对决策备选方案进行修改,形成决策方案草案及说明。

第十四条　县级以上人民政府应当建立政府重大行政决策协调制度。有关部门对决策方案草案有不同意见的,由决策承办单位主要负责人进行协调,达成一致意见;不能达成一致意见的,提请政府有关副秘书长或者办公厅(室)副主任、秘书长或者办公厅(室)主任主持协调;仍不能达成一致意见的,由政府分管领导主持协调。

决策事项涉及多位政府分管领导且情况复杂、协调难度较大的,由政府行政首长或者其委托的分管领导召开专题会议对决策方案草案进行研究、协调。

经协调达成一致意见后,决策承办单位应当根据协调意见对决策方案草案进行修改、完善。

第十五条　县级以上人民政府应当建立政府重大行政决策合法性审查制度。对涉及法律法规规章的政府重大行政决策,在决策做出前交由政府法制机构或者组织有关专家对决策方案草案是否超越法定权限、是否违反法定程序、是否符合法律法规规章的规定等进行合法性审查。未经合法性审查或者经审查不合法的,不得做出决策。

第十六条　决策承办单位应当按照政府工作规则的规定,将决策方案草案提请政府全体会议或者常务会议讨论。

提请政府讨论决策方案草案,应当报送下列材料:

(一)决策方案草案及说明;

(二)有关的法律、法规、规章和政策规定;

(三)专家论证报告;

(四)有关单位、社会公众等意见的综合材料及采纳情况;

(五)涉及决策事项的其他材料。

召开了听证会的,还应当报送听证报告。

第十七条　政府讨论决策方案草案,由政府行政首长或者其委托的政府领导主持进行,会议组成人员应当充分发表意见。

会议主持人应当根据会议讨论情况,做出通过、不予通过、修改、搁置或者再次讨论的决定。

会议主持人的决定与会议组成人员多数人的意见不一致的,应当说明理由。

政府讨论决策方案草案,应当记录会议讨论情况及决定,对不同意见应当特别载明。

第十八条　政府重大行政决策需要报同级党委或者上级行政机关批准的,县级以上人民政府提出决策意见后,按程序报同级党委或者上级行政机关批准。

政府重大行政决策依法应当提请同级人民代表大会或者其常务委员会审议决定的,县级以上人民政府提出决策意见后,依法提请同级人民代表大会或者其常务委员会审议决定。

第十九条　政府做出重大行政决策后,应当依照《中华人民共和国政府信息公开条例》的规定,及时、准确地向社会公开,便于公众知晓。

第二十条　政府办公厅(室)应当及时对政府重大行政决策进行工作任务和责任分解,明确决策执行单位和工作要求。

第二十一条　决策执行单位应当根据政府重大行政决策的具体要求,制定决策执行方案,明确主管领导责任、具体承办机构和责任人,全面、及时、正确地贯彻执行政府重大行政决策,确保决策执行的质量和进度,不得拒不执行、不完全执行、推诿执行、拖延执行。

第二十二条　政府分管领导应当经常了解决策执行单位落实政府重大行政决策的有关情况,及时协调解决执行过程中出现的问题;涉及多位政府分管领导且问题复杂的,可以提请政府行政首长召开专题会议,研究解决存在的问题,完善落实决策的措施。

第二十三条　政府办公厅(室)负责政府重大行政决策执行情况的检查、督促、考核等工作,应当采取跟踪检查、督促催办等方式,了解和掌握决策执行的情况、进度和存在的问题,并及时向政府报告。

第二十四条　县级以上人民政府应当建立政府重大行政决策实施情况后评价制度,通过抽样检查、跟踪调查、评估等方式,及时发现决策执行中存在的问题,适时调整和完善决策。

决策执行单位发现政府重大行政决策所依赖的客观条件发生变化或者因不可抗力导致决策目标部分或者全部不能实现的,应当及时向政府报告;公民、法人或者其他组织认为政府重大行政决策有不适当的,可以向政府提出。政府应当认真研究,并根据实际情况做出继续执行、停止执行、暂缓执行或者修改决策的决定。

第二十五条　违反本规定,有下列情形之一,依照国务院《行政机关公务员处分条例》第十九条第(一)项的规定,对负有领导责任的公务员给予处分:

(一)应当听证而未听证做出决策的;
(二)未经合法性审查或者经审查不合法做出决策的;
(三)未经集体讨论做出决策的。

第二十六条　违反本规定,应当依法做出决策而不做出决策,玩忽职守、贻误工作的,依照国务院《行政机关公务员处分条例》第二十条的规定,对直接责任人员给予处分。

第二十七条　决策执行单位违反本规定,导致政府重大行政决策不能正确执行的,依照国务院《行政机关公务员处分条例》第十九条第(二)项的规定,对负有领导责任的公务员和其他直接责任人员给予处分。

第二十八条　乡镇人民政府、县级以上人民政府所属工作部门重大行政决策的做出、执行、监督等活动,参照本规定执行。

第二十九条　本规定自2008年10月1日起施行。

本章小结

本章主要介绍了行政决策的含义与必要性,地方政府重大决策法律风险的表现、评估以及预防的建议等知识。行政决策是由政府或其工作部门在先行确立一定的目标之后,选择合适的方法以解决政府或公共事务问题的政治过程。法治政府的建设、决策科学化与民主化的实现,以及国家治理能力现代化的实现等都需要行政机关依法决策。地方政府重大决策的法律风险分为两大类:一类是正常的或难以避免的法律风险,另一类则是非正常的或可以避免的法律风险。地方政府重大决策需分析评估的法律风险包括三个方面:一是重大决策活动过程的合法性或合规性风险;二是决策拟比较和选择方案的形式合法性风险;三是决策拟比较和选择方案的实质合法性风险。

案例分析

2014年12月29日17时40分,深圳市政府突然举行新闻发布会,发布《深圳市人民政府关于实行小汽车增量调控管理的通告》,抛出"限购令",规定自12月29日18时起,在深圳全市行政区域内实行小汽车增量调控和指标管理。全市小汽车增量指标暂定每年10万个,视道路承载能力、大气环境保护需要等适时调整,其中"50%摇号,50%竞拍"。电动小汽车也在限购之列。每年10万个小汽车增量指标中,2万个针对电动小汽车。自2014年12月29日18时起,单位和个人购置小汽车、小汽车过户、非本市小汽车转入本市的,应按规定申请取得本市小汽车指标证明文件。自2014年12月29日18时起,深圳全市暂停办理小汽车的注册、转移及转入本市的变更登记,暂停期限不超过25天。此前已签订车辆销售合同的小汽车不受暂停限制。同时深圳市交警局还在发布会上公布了"限外"方案。此前,深圳市政府主要领导和深圳市交通运输委员会相关负责人多次表态,深圳将以市场手段治堵,不会采取行政手段"限购""限外"。

问题:(1)深圳市政府的突然"限购"是否合法?

(2)如何评价深圳市政府的这一行为?

复习思考

1. 简述行政决策的含义。
2. 谈谈你对地方政府重大行政决策含义的理解。
3. 结合实践阐述地方政府依法决策的必要性。
4. 怎样理解地方政府重大决策法律风险?
5. 结合工作实际,谈谈你对地方政府重大决策法律风险防范的看法。

第十五章 行政监督

学习目标

- **知识目标**：掌握行政监督的基本含义与特征；了解行政监督的由来和发展演变历程；掌握行政监督的基本类型及其表现；能够系统阐述行政监督的意义。
- **能力目标**：能够运用行政监督知识来分析、解读现实社会现象与问题；通过对中西行政监督的比较分析，能够区分中西行政法治监督理论与制度实践的差异及影响因素；能够较为全面和深入地思考行政监督在我国法治建设尤其是法治政府建设中的地位与作用。

第一节 行政监督的概念

案例引导

西方的一些思想家认为封建国家君权的至高无上、不受制约是导致政府腐败的主要原因。为了防止资本主义国家的政治腐败，他们提出了分权和制衡的思想，认为权力没有监督就会走向腐败。在这种理论背景下，在许多国家的政治实践中，一方面把国家权力分为立法权、司法权、行政权，分别交予议会、法院、政府掌握；另一方面通过宪法规定了三者之间相互制衡监督的关系，以防止权力滥用。这种体制安排使资本主义国家的行政权力受到来自立法机关、司法机关、行政机关内部以及全体公民的监督。西方国家一般不设统一的中央监督机构，但大多建立监察教导员制度，对公务员的违法行为进行监察和处理。美国的行政监察职责主要由分散在政府各个部门中的监察长办事处承担。美国在1978年制定了《监察长法》，规定各部和各独立机构设监察长，其职责是监察本单位的审计和调查，指导、协调本部门的工作，发现和防止舞弊行为，提出纠正措施，提高行政效率。瑞典的监察员制度至今已有180年历史，全国共设六个监察员组织：议会司法监察员、经济自由竞争监察员、消费者监察员、男女工作机会平等监察员、反对种族歧视监察员和新闻监察员。其职能几乎囊括了全国的行政监察、法纪监察、经济审计、工商监督等各种形式的检查监督，形成了一个很细密的监察机制和监督网络。监察员由立法机构选举或任命，独立于政府和国会履行其职责。

思考：如何认识和对待西方的行政监督思想与实践？

一、行政监督的概念

行政监督的概念问题既是一个极具复杂性的理论问题，也是一个在行政实践上存在的难题。目前我国行政法学界对于行政监督这个概念依然没有相对统一的认识，有些学者的理解大相径庭甚至南辕北辙。例如周佑勇教授认为"行政监督，又称行政监督检查或行政检查，是指行政主体基于行政职权，依法对行政相对人是否遵守行政法规范和执行行政决定等情况所做出的事实行为。它具有如下特点：一是行政监督的主体是行政主体;二是行政监督的对象是行政相对人;三是行政监督属于一种事实行为。"① 而苏祖勤、徐军华则认为,行政监督是指行政系统内部依法实施的自我监督。它主要包括一般监督、职能监督、主管监督和专门监督四大类型。一般监督是指各行政机关相互之间按照直接隶属关系,自上而下所产生的监督。在中国,一般监督是指国务院对国务院各部委及直属机关和地方各级人民政府、地方上级人民政府政府对其他各部门和下级人民政府贯彻和执行法律、法规、政策、决定、命令的情况进行监督;职能监督是指政府各职能部门就其所主管的工作,在自己职权范围内对其他部门实行监督;主管监督是指上级主管部门对下级相应的工作部门的监督。如国务院各部委和直属机关对地方各级人民政府相应的工作部门的监督、上级地方人民政府工作部门对下级地方人民政府相应的工作部门的监督等;专门监督是指政府设立专门机关对所有部门的行政工作实行全面性的监督,一般是指在政府系统中设立专门行使监督权的国家行政监督机关。在我国,专门监督还包括审计监督,即在政府系统内设置审计机关对各行政机关的财务运行的合法性进行监督。② 这两种观点极具代表性,同时这两种观点存在截然不同的认识与理解,周佑勇教授界定的行政监督,其监督对象是行政相对人;而苏祖勤、徐军华教授所认为的行政监督对象则是行政机关自身,替代了行政相对人这个监督对象,如此一来,两种观点在监督对象上完全相反,何谈认识统一。

那么,我们不免产生一个疑问,为什么我国行政法学界对行政监督的概念界定会存在如此大的差异呢? 在存在差异的情况下,我们该如何界定行政监督的概念? 一般在何种意义上使用行政监督的概念呢? 针对这些问题,笔者认为我们完全有必要对我国行政监督含义的流变过程进行一个较为清晰而详尽的梳理,如此才能真正搞清楚上述这些问题,也只有在彻底弄清楚这几个问题之后,才能对行政监督这个问题有较为全面的把握。

王珉灿教授早在1983年出版的我国第一部公开发行的高校行政法学教材《行政法概要》中,将行政监督的定义界定为"国家行政机关的内部监督"③,此时,在学术界对于行政监督概念的理解中,对行政监督范围限定得较窄。这种观点基本上代表我国20世纪80年代中期的主流观点,例如在80年代中期姜明安教授和应松年、朱维究教授分别出版的《行政法学》④和《行政法学总论》⑤中,对行政监督的概念基本都沿用了《行政法概要》中的界定。这种情况在1988年皮纯协教授主编的《中国行政法教程》中发生了改变,作者在该书中同时使用了"行政监督"和"行政法制监督"两个概念,另外,作者对行政监督的概念界定与80年代中期流行的行政监督概念也大相径庭。皮纯协教授将"行政监督"从"行政法制监督"中分离出来,不再是行政法制监督的一种形式,而被视为一种具体的行政执法行为。所谓"行政监督",是指行政机关对相对人的外部监督;而"行政法制监督"是以行政机关及其工作人员为对象的监督,包括"内部行政法制监督"与"外部行政法制监督"两类。⑥ 由此可见,皮纯协教授对行政监督的概念界定与之前的观点有很大差异,它指的是一种外部的具体行政行为,对此应松年与朱维究教授在1989年出版的《行政法与行政诉讼法教程》中主张保持行政监督原有含义不变,同时创造新的术语来概括行政主体对相对人的监督活动。⑦ 在该书中,同时使用了"行政监督""行政监督检查""行政法制监督"等概念,其中,行政监督仍指行政机关的内部监督,并且仍属于"行政法制监督"的一种类型;而行政监督检查则是指行政机关为实现行政管理职能,对被管理人是否遵守法律法规和具体行政决定所进行的监督检查。它是行政执法行为的一种类型。一直到2011年,姜明安教授在第四版《行政法与行政诉讼法》教材中,仍然将行政监督界定为,国家权力机关、国家司法机关、专门行政监督机关及国家机关系统外部的个人、组织依法对行政主体及国家公务员、其他行政执法组织和执法人员行使行政职权行为和遵纪守法行为的监督。⑧ 由于在行政法学界长期以来对行政监督这个概念一直没有达成基本

---

① 周佑勇:《行政法原论》,中国方正出版社2005年版,第326~327页。
② 苏祖勤、徐军华:《行政法治》,中国国际广播出版社2002年版,第343页。
③ 王珉灿主编:《行政法概要》,法律出版社1983年版,第136页。
④ 姜明安:《行政法学》,山西人民出版社1985年版。
⑤ 应松年、朱维究:《行政法学总论》,工人出版社1985年版。
⑥ 皮纯协主编:《中国行政法教程》,中国政法大学出版社1988年版。
⑦ 应松年、朱维究:《行政法与行政诉讼法教程》,中国政法大学出版社1989年版,第169页。
⑧ 姜明安:《行政法与行政诉讼法》,北京大学出版社、高等教育出版社2011年版,第145页。

共识,不同的学者对行政监督的概念界定长期处于自圆其说的各自话语体系中,由此也造成了今天我们对行政监督一时难以给出一个准确的概念界定的局面。笔者认为,从我国行政管理实践出发来看,应当将在行政法学界长期争议的行政外部监督与行政内部监督概念统合起来,以此与行政法实践能够有机地联系起来,基于此动机,我们认为对行政监督应当作广义的理解,即"行政监督是指国家行政机关以及其他行政主体实施的一切监督活动,包括行政机关以及其他行政主体的内部监督及其对公民、法人和其他组织实施的外部监督"[1],如此一来,将行政内部监督与外部监督统一起来,都将其视为行政监督的重要组成部分,统合起来之后,即广义的行政监督概念不仅可以解释行政法理论上的很多问题,也能够与行政管理、法治政府实践有机联系起来。

二、行政监督的特征

具体来讲,行政监督是指国家行政机关以及其他行政主体对有义务执行和遵守有关行政法规范、行政指示、命令和决定的组织与个人实施的查看、了解和掌握其义务履行情况,督促其履行义务的具体行政行为。无论发生在行政机关内部还是外部,行政监督都具有一些基本的法律特征与属性。

首先,行政监督是国家行政的一种具体手段,行政监督从法律属性上讲,从属于行政监督权,这是国家行政权的权力属系之一,因此,行政监督主体必然同时也是国家行政主体。姜明安教授认为,行政监督的主体包括国家权力机关、国家司法机关、专门行政监督机关以及国家机关系统外部的个人、组织(即行政管理法律关系中的行政相对人)。[2] 由于任何行政权力的行使都必然伴随着一定的监督过程,因而任何行政主体在行使其法定权力的同时,也必然依法明示或默示地享有相应的行政监督权,从而具有行政监督的主体资格,即行政监督的主体资格与行政主体资格具有共通性。也就是说只有具备行政主体资格的组织才能成为行政监督主体;而行政监督主体在行使权力、履行职责的同时也必然具有行政主体的法律地位,这是行政监督在其主体方面的显著特征。

其次,行政监督的对象是处于国家行政管理之下的公民和组织,包括国家行政机关及其工作人员、法律法规授权的组织、行政机关委托的组织或者个人(在内部行政监督关系中),以及公民、法人和其他组织(在外部行政监督关系中)。其中,国家行政机关及其工作人员、法律法规授权的组织、行政机关委托的组织或者个人在行政监督的过程中具有双重地位,当它们依职权对其他组织和个人实施监督的时候,其身份是行政监督主体或行政监督主体的代表,与此同时,国务院以外的其他行政主体在行使行政监督权的同时又处于其他行政主体的监督之下,它们又具有监督对象的身份。这就意味着,一般的行政主体在行政监督中均兼有监督主体与监督对象的双重身份。

最后,行政监督是一种程序性的具体行政行为。行政监督主要是一种程序性行为,以查明有关情况为目的。行政法学意义上的行政监督一般都是狭义的,重点在于研究行政监督过程中的各种权利义务关系。至于行政监督所引起的各种实体法律后果则从行政监督中分离出来,由其他具体的行政行为,主要是行政处罚与行政处分等具体行政行为进行调整。因此,这里的行政监督主要是一种程序性行为。同时这种程序性行为也是一种具体行政行为,行政监督是行政主体为维护国家行政管理秩序、保障国家行政活动的顺利进行而对特定组织和个人实施的一种单方行为,这种行为依行政主体拥有的行政监督权而发动,不以相对人的同意为前提。同时,需要强调的是,这里的具体行政行为是一个理论上的概念,既包括行政机关内部具体行政行为,也包括外部具体行政行为。行政机关也可以在一定范围内制定有关行政监督的抽象规范,但这种行为在分类上不属于行政监督的范畴,这与特定范围内的行政机关有权依法制定具体的行政处罚法规范而其本身又包含在内的道理是相同的。

---

[1] 张正钊:《行政法与行政诉讼法》,中国人民大学出版社2007年版,第322页。
[2] 姜明安:《行政法与行政诉讼法》,北京大学出版社、高等教育出版社2011年版,第145页。

三、行政监督的功能意义

在掌握了行政监督的概念界定及其法律特征之后,我们有必要对行政监督本身所具有的法律功能与意义加以了解,如此才能全面地理解行政监督的全貌。行政监督是保障行政目的得以实现的重要环节和手段。行政主体需要通过行政监督了解行政法律、法规、规章、命令、指示、决定的实施情况,由此获得的信息反馈,为行政主体的科学决策提供了事实依据;通过行政监督,行政主体可以审视和评估既定的行政法律、法规、规章、命令、指示与决定的正当性和合理性,及时采取修正和改进措施;更为重要的是,行政监督是保障行政法律、法规、规章、命令、指示、决定得到充分、有效贯彻执行的经常性手段。富有实效的行政监督系统的存在本身即可对行政违法、违纪现象起到强有力的震慑作用,而行政主体根据行政监督所获取的相对人执法、守法好坏情况的信息,对特定对象采取的奖惩措施,则有利于进一步加强行政法律和行政行为的权威,抑制行政违法、违纪现象。[①] 这是从行政管理的角度来看的。

从行政运行的角度看,行政监督是行政运行管理过程中不可或缺的重要环节,行政监督在保障行政目标实现的过程中所起的重要作用毋庸置疑,也是无可替代的。有人认为行政法学所研究的行政行为应当以外部行政行为为主,并且应当具有直接涉及当事人行政法权利和义务的性质。由于行政监督行为,特别是外部行政监督行为不涉及对相对人权利和义务的实体处理。因此,行政监督行为不具有行政法上的意义,不应当成为行政法学的研究对象。基于此,有观点以此为理由来否定行政监督所具有的法律意义,笔者认为这种观点是值得商榷的,存在偏颇之处。与行政立法、行政许可、行政处罚等一些具体行政行为相比,这些具体行政行为都必然要涉及行政相对人的权利和义务关系,而行政监督则并非如此,事实情况也的确是并非所有的行政监督行为都有行政法上的意义,都涉及相对人的权利和义务。但行政监督具有自身独特的优势,是其他的具体行政行为所不能替代的。

准确把握行政监督所具有的法律功能意义,可以帮助我们认识和理解行政学与行政法学对于行政监督行为各自研究角度、方法和范围的差异。行政法学并不研究所有的行政监督行为,它主要关注行政监督行为中具有法律意义、有必要为行政法所调整的部分行政监督行为。这点在我们研读、分析行政监督问题时,应当加以注意区分,如此才能全面理解、掌握行政监督行为。

案例

某市某公司经向市工商局申请,办理了户外广告登记证,在公司自有门店悬挂了一块总代理的招牌。该市城管监察大队以擅自设置户外广告牌为由,对其罚款200元,当场出具了行政执法处罚决定书、罚款收据,并发给该公司一份户外广告登记表。这块广告牌到底归谁管?市城建监察大队认为,他们的执法依据是《省城市市容和环境卫生管理实施办法》中明确规定的"户外广告牌的设置必须征得负责城市市容环境卫生管理的部门同意后,按有关规定办理审批手续",对违规者"责令采取补救措施或限期改正,并根据情节轻重,处以1000元以下的罚款";《省户外广告管理实施办法》也规定,"工商行政管理部门对申请人的经营资质等法定条件进行审核,经审核同意后,在《审批登记表》上加盖印章。由申请人将其与申请材料一并转达请城市市容环境卫生等有关管理部门审查"。市工商局广告科认为,根据国务院《广告管理条例》的规定,"户外广告的设置、张贴,由当地人民政府组织工商行政管理、城建、环保、公安等有关部门制定规划,工商行政管理机关负责监督实施";《省实施〈广告法〉办法》规定,户外广告的具体规划经政府批准后,由工商部门监督实施;国家工商行政管理局发布的《户外广告登记管理规定》也明确了工商部门是户外广告的登记管理机关。

思考:在本案例中造成多重审批、多重执法问题的原因是什么?

---

① 张正钊:《行政法与行政诉讼法》,中国人民大学出版社2007年版,第328页。

第二节 行政监督的类型

一、行政监督与行政法制监督

根据我们对行政监督的概念沿革及其梳理,我们可以清楚地发现行政监督和行政法制监督之间存在着千丝万缕的联系,两者之间既存在显著的区别,也具有密切的联系。为了更加清晰地理解行政监督及其类型划分,我们有必要厘清行政监督与行政法制监督之间的区别与联系。

(一)行政监督与行政法制监督之间的区别

首先是两者的监督主体不同。行政监督的主体是特定的,仅指行政机关自身;而行政法制监督的主体则包括行政监督的外部主体,即国家权力机关、国家司法机关专门、专门行政监督机关以及国家机关系统外部的个人和组织等。

其次是两者的监督对象不同。这可能是二者最重要的区别,行政法制监督的对象是行政主体,国家公务员,法律、法规授权的组织和其他社会公权力组织以及行政机关委托的组织中行使被授予、被委托的一定公权力的人员;而行政监督的对象则更为广泛,既包括行政主体,国家公务员,法律、法规授权的组织和其他社会公权力组织以及行政机关委托的组织中行使被授予、被委托的一定公权力的人员,也包括了一般意义上的行政相对人。

再次是监督内容不同。行政法制监督主要是对行政主体行为合法性的监督和对公务员遵纪守法的监督;而行政监督主要是国家行政机关以及其他行政主体对有义务执行和遵守有关行政法规范、行政指示、命令和决定的组织和个人实施的查看、了解和掌握其义务履行情况,督促其履行义务的具体行政行为。

最后是监督方式不同。行政法制监督主要采取权力机关审查、调查、质询、司法审查、行政监察、审计、舆论监督等方式;而行政监督主要采取监察、检验、登记、统计、查验、鉴定等方式。

(二)行政监督与行政法制监督之间的联系

首先是两种监督的目标与方向相同。无论是行政监督还是行政法制监督,其监督的出发点都是为了维护和保障行政法治,维护和保障人权,维护和保障行政管理秩序,以实现在行政领域民主、公正和提高效率的总目标。

其次是两种监督主体之间有部分重叠和交叉。行政法制监督的主体包括专门行政监督机关,如监察机关、审计机关,实际上还包括一般行政机关。而这些行政机关同时也是行政监督的主体。例如,根据我国《宪法》和《审计法》的相关规定,审计监督同时对国务院各部门和地方各级政府的财政收支以及国有金融机构与企事业单位的财务收支进行监督,前者为行政法制监督,而后者则为行政监督。

最后是两种监督方式有时相互结合进行。行政法制监督和行政监督是两种法律性质不同的监督,但这两种监督有时相互结合进行。例如,有关国家机关联合进行的执法大检查,既检查相对人遵守法律和履行行政义务的情况,也检查行政主体及其工作人员执法和廉政的相关情况。行政监督和行政法制监督同时进行在一定条件下更有利于提高监督效率。

二、行政监督的类型及其划分依据

行政监督按照不同的划分依据,可以分为不同的类型,这些分类进一步丰富和拓展了行政监督的理论体系,也对行政监督实践具有一定的启示与指导意义。下面具体阐述行政监督的类型及其划分依据。[1]

---

[1] 关于行政监督的具体分类,主要参见张正钊:《行政法与行政诉讼法》,中国人民大学出版社2007年版,第324~327页。

（一）内部行政监督与外部行政监督

依照行政主体监督对象的不同，可以将行政监督分为内部行政监督与外部行政监督，其划分的依据就是监督对象的差异。内部行政监督是以行政机关及其工作人员、其他行政组织和人员，以及与行政机关之间存在组织隶属关系的国有企事业单位及其负责人员为对象的行政监督。由于国家行政活动主要由国家行政机关及其工作人员实施，法律、法规授权组织以及行政机关委托的组织和个人行使国家行政权的情况只是一种补充和例外，并且当它们行使国家行政权力时，在法律地位上可被视为国家行政机关或国家行政机关工作人员，因此，也有不少学者将内部行政监督视为行政机关的内部监督或自我监督。外部行政监督是行政机关以及其他行政主体以公民、法人以及其他组织为对象进行的行政监督，是外部行政管理的一个重要环节。

内部行政监督与外部行政监督虽然均为行政主体实施的单方行政行为，但两者之间的区别也很明显。首先，内部行政监督建立在组织隶属关系的基础上，进一步的解释是行政机关内部专事监督事务的机关，如监察部门等，与被监督部门和人员之间并无直接指挥关系，但这类机关在组织上不是独立的，仍然要服从上级机关的指挥和命令。因此，专门内部监督机关的存在不改变内部行政监督以组织隶属关系为基础的基本特性；而外部行政监督则完全是一种法律关系，监督主体与被监督对象之间没有组织上的联系。

其次是内部行政监督的对象是行政机关及其工作人员；而外部行政监督的主体则是社会上的公民、法人和其他组织。

再次，内部行政监督一般会引起行政处分等行政责任，在极少数情况下，内部行政监督引起的行政责任会具有经济内容，如行政机关工作人员因故意或重大过失造成国家赔偿而承担全部或部分赔偿费用等，但一般而言，内部行政监督引起的实体行政法律后果通常不具有经济制裁的内容，并且内部行政处分没有限制和剥夺监督对象人身自由的内容；而外部行政监督引起的实体行政法律后果在多数情况下具有经济制裁的实体效果，并且可依法限制或剥夺被监督人的人身自由。

最后，内部行政监督不仅具有监督行政机关及其工作人员是否执行和遵守国家法律、法规和规章的任务，还具有监督行政机关及其工作人员是否服从上级指示、命令，是否遵守行政机关内部纪律和其他规章制度的重要职责；而外部行政监督则完全是一种法律监督，其职责是监督相对人是否遵守国家法律法规和规章以及履行行政主体依法对相对人施加的义务。

（二）主动监督与被动监督

行政监督有着其他监督方式所没有的优势，因为这种监督是立足于行政系统内部，对行政系统的情况了解得比较准确、及时，这就决定了这种监督比较直接、及时和有效。当然，这种监督形式的缺点也是很明显的：自我监督的效果在实践中会打一些折扣，特别是自下而上的监督更是如此，被监督者是监督者的领导者，对上级机关和领导的监督常常会有很大的阻力和干扰。① 从行政监督的形式看，依据监督的启动方式不同，可以分为主动监督与被动监督。主动监督是行政机关不等公民和组织通过申诉、控告、检举、提请复议等方式提出请求，而对被监督人主动实施的行政监督。被动监督则是行政机关在公民、组织以申诉、控告、检举、提请复议等方式提出要求后对有关被监督人进行的行政监督。就主动监督而言，监督主体在选择监督对象、监督时间和监督方式上有较大的自由裁量权。而对于被动监督，有关监督主体一般依法有采取监督行为的义务，监督过程更为公开、透明，监督主体实施监督时负有的程序义务也较多。

（三）事前监督、事中监督与事后监督

从监督的时间过程来看，依据行政监督实施的时间可将行政监督分为事前监督、事中监督与事后监督。

---

① 苏祖勤、徐军华：《行政法治》，中国国际广播出版社2002年版，第343页。

行政主体在某一行为做出之前对其是否合法适当进行的监督是事前监督。例如,相关政府职能部门对于需要进行行政许可登记、颁发营业执照的公民或组织提交的申请是否符合条件的行政监督检查就属于事前的行政监督。行政主体在某一行为的实施过程中对该行为进行的监督是事中监督。例如,行政机关在行政处罚的过程中对该行为所进行的复查即属于事中的行政监督。而行政主体在某一行为实施终了之后对该行为及其结果进行的监督是事后监督。如相对人在行政处罚执行完毕之后对该行为及其结果进行的监督就属于事后的行政监督。事前监督是一种预防性的监督行为,即使发现监督对象有违法或不当情形,因该违法或不当情形并未实际发生,除非当事人另有故意欺诈或其他违法行为,一般不引起惩罚性的法律后果,也不会引起赔偿责任。而事中监督和事后监督因违法或不当的行为已经发生,通常会引起惩罚性的法律后果及赔偿责任。

此外,行政监督依照不同的标准,还有不同的类型。例如,根据行政监督是否为行政机关专门或主要职责,可以将行政监督分为一般监督和专门监督。还可以将行政监督分为例行监督和特定监督、全面监督与专项监督、定期监督与随机监督、纵向监督与横向监督、依职权监督与依授权监督、联合监督与单独监督等。这些不同的监督分类分别具有不同的法律意义,但其中最主要的还是前三种分类。对行政监督进行类型化分析,能够对行政监督进行更为深入的理解和把握,为行政监督的制度设计及贯彻落实奠定坚实的理论基础。

第三节 具体行政监督行为

根据前文对行政监督的概念界定,具体行政监督行为的范围是极其广泛的,本节将就主要的具体行政监督行为进行讨论分析,同时把与具体行政监督行为实践中联系较为密切的行政法制监督行为纳入讨论分析范围,这是本节需要首先交代清楚的问题。

一、行政监察

(一) 行政监察的概念与特征

行政监察是我国行政监督中内部监督的一种主要监督方式。一般认为,行政监察是指国家各级行政监察机关依法对国家行政机关、国家公务员和国家行政机关任命的其他人员执行国家法律、法规、政策和决定、命令的情况进行监督,并对违法、违纪行为予以查处的活动。[①] 概括起来,行政监察主要具有如下几个方面的特征。

首先是行政监察的主体是县级以上各级人民政府内专门设立的行政监察机关及其向政府所属部门派出的监察机构。行政监察活动是内部行政监督的一种形式,但它与其他内部行政监督形式的显著区别就在于行政监察必须由国家为行政监察的目的专门设立的行政机关及其派出机构进行,其他行政机关或机构进行的内部行政监督活动均不能称为行政监察。其次是行政监察的对象遍及各领域、各部门的国家行政机关、国家公务员和国家行政机关任命的其他工作人员。再次是行政监察的主要任务和活动内容是查处国家行政系统内发生的违法、违纪案件,以此保障国家法律、政策和政令的畅通。最后是行政监察机关享有独立的行政处分权,一般属于事后监督的范畴。国家为保障行政监察的权威和效能,通过法律直接赋予行政监察机关对作为其监察对象的其他行政机关的工作人员行使一定权限范围的行政处分权,这是行政监察不同于其他平级间内部行政监督的重要区别。

---

① 张正钊:《行政法与行政诉讼法》,中国人民大学出版社 2007 年版,第 333 页。

(二) 行政监察的职责权限

根据我国《行政监察法》第 18 条的规定,"监察机关对监察对象执法、廉政、效能情况进行监察,履行下列职责:(一)检查国家行政机关在遵守和执行法律、法规和人民政府的决定、命令中的问题;(二)受理对国家行政机关及其公务员和国家行政机关任命的其他人员违反行政纪律行为的控告、检举;(三)调查处理国家行政机关及其公务员和国家行政机关任命的其他人员违反行政纪律的行为;(四)受理国家行政机关公务员和国家行政机关任命的其他人员不服主管行政机关给予处分决定的申诉,以及法律、行政法规规定的其他由监察机关受理的申诉;(五)法律、行政法规规定由监察机关履行的其他职责。监察机关按照国务院的规定,组织协调、检查指导政务公开工作和纠正损害群众利益的不正之风工作。"

上述行政监察的职责权限大体上可以划分为程序性的监察权和实体性的监察权。程序性的行政监察权主要包括会议列席权;查询权;要求提供材料、查阅及复制材料权;要求解释、说明权;责令停止违法违纪行为权;暂扣、封存证据权;责令不得变卖、转移财物权;责令解释、说明权;提请法院采取保全措施权;提请行政协助权。实体性的监察权主要包括:①提出监察建议权,根据《行政监察法》第 24 条的规定,监察机关根据检查、调查结果,遇有下列情形之一的,可以做出监察决定或者提出监察建议:(一)违反行政纪律,依法应当给予警告、记过、记大过、降级、撤职、开除处分的;(二)违反行政纪律取得的财物,依法应当没收、追缴或者责令退赔的。对前款第(一)项所列情形做出监察决定或者提出监察建议的,应当按照国家有关人事管理权限和处理程序的规定办理。"②做出监察决定权,《行政监察法》第 25 条的规定:"监察机关依法做出的监察决定,有关部门和人员应当执行。监察机关依法提出的监察建议,有关部门无正当理由的,应当采纳。"③奖励权,《行政监察法》第 29 条的规定:"监察机关对控告、检举重大违法违纪行为的有功人员,可以依照有关规定给予奖励。"

(三) 行政监察程序

行政监察程序是行政监察中非常重要的一个环节,不同的行政监察行为又包括不同的行政监察子程序,其中最为关键的两个子程序,一是检查程序,二是案件查办程序。这两个程序在我国《行政监察法》中都有明确的规定。

其中,我国《行政监察法》第 30 条明确规定了监察机关的检查程序,"监察机关按照下列程序进行检查:(一)对需要检查的事项予以立项;(二)制定检查方案并组织实施;(三)向本级人民政府或者上级监察机关提出检查情况报告;(四)根据检查结果,做出监察决定或者提出监察建议。重要检查事项的立项,应当报本级人民政府和上一级监察机关备案。"《行政监察法》第 31 条明确规定了监察机关的案件查处程序,"监察机关按照下列程序对违反行政纪律的行为进行调查处理:(一)对需要调查处理的事项进行初步审查;认为有违反行政纪律的事实,需要追究行政纪律责任的,予以立案;(二)组织实施调查,收集有关证据;(三)有证据证明违反行政纪律,需要给予处分或者做出其他处理的,进行审理;(四)做出监察决定或者提出监察建议。重要、复杂案件的立案,应当报本级人民政府和上一级监察机关备案。"

二、审计监督

审计监督是国家审计机关为维护国家财政经济秩序,提高财政资金使用效益,促进廉政建设,保障国民经济和社会健康发展,对国务院各部门和地方各级人民政府及其各部门的财政收支,国有的金融机构和企业事业组织的财务收支依法独立进行的监督活动。其他依照《审计法》规定应当接受审计的财政收支、财务收支,依照《审计法》规定接受审计监督。审计机关对上述所列财政收支或者财务收支的真实、合法和效益,依法进行审计监督。

我国《审计法》明确规定了国家实行审计监督制度,国务院和县级以上地方人民政府设立审计机关,审计机关依照法律规定的职权和程序,进行审计监督。审计机关依据有关财政收支、财务收支的法律、法规和国家其他有关规定进行审计评价,在法定职权范围内做出审计决定。

审计监督的主要特征包括：①审计监督由国家专门设立的审计机关进行,并且审计机关享有依法独立行使审计监督权的法律地位。我国《审计法》第5条明确规定,审计机关依照法律规定独立行使审计监督权,不受其他行政机关、社会团体和个人的干涉。②审计监督的内容是检查监督国务院各部门和地方各级人民政府及其各部门的财政收支,国有的金融机构和企业事业组织的财务收支依法独立进行的监督活动,以及其他依照《审计法》规定应当接受审计的财政收支、财务收支的真实性、合法性和效益情况。③审计机关对预算执行和其他财政收支的审计工作报告每年应向本级人民代表大会常务委员会提出。我国《审计法》第4条明确规定,国务院和县级以上地方人民政府应当每年向本级人民代表大会常务委员会提出审计机关对预算执行和其他财政收支的审计工作报告。审计工作报告应当重点报告对预算执行的审计情况。必要时,人民代表大会常务委员会可以对审计工作报告做出决议。国务院和县级以上地方人民政府应当将审计工作报告中指出的问题的纠正情况和处理结果向本级人民代表大会常务委员会报告。

审计机关根据我国《审计法》等相关法律法规的规定,履行法定职责,具体职责包括：①审计机关对本级各部门(含直属单位)和下级政府预算的执行情况和决算以及其他财政收支情况,进行审计监督。其中,国家审计署在国务院总理的领导下,对中央预算执行情况和其他财政收支情况进行审计监督,向国务院总理提出审计结果报告。地方各级审计机关分别在省长、自治区主席、市长、州长、县长、区长和上一级审计机关的领导下,对本级预算执行情况和其他财政收支情况进行审计监督,向本级人民政府和上一级审计机关提出审计结果报告。②审计署对中央银行的财务收支进行审计监督。③审计机关对国有金融机构的资产、负债、损益进行审计监督。④审计机关对国家的事业组织和使用财政资金的其他事业组织的财务收支进行审计监督。⑤审计机关对国有企业的资产、负债、损益进行审计监督。⑥对国有资本占控股地位或者主导地位的企业、金融机构的审计监督,由国务院规定。⑦审计机关对政府投资和以政府投资为主的建设项目的预算执行情况与决算进行审计监督。⑧审计机关对政府部门管理的和其他单位受政府委托管理的社会保障基金、社会捐赠资金以及其他有关基金、资金的财务收支进行审计监督。⑨审计机关对国际组织和外国政府援助、贷款项目的财务收支进行审计监督。⑩审计机关按照国家有关规定,对国家机关和依法属于审计机关审计监督对象的其他单位的主要负责人,在任职期间对本地区、本部门或者本单位的财政收支、财务收支以及有关经济活动应负经济责任的履行情况进行审计监督。此外,除《审计法》规定的审计事项外,审计机关对其他法律、行政法规规定应当由审计机关进行审计的事项,依照《审计法》和有关法律、行政法规的规定进行审计监督。

根据我国《审计法》的相关规定,审计机关的权限包括：①审计机关有权要求被审计单位按照审计机关的规定提供预算或者财务收支计划、预算执行情况、决算、财务会计报告,运用电子计算机储存、处理的财政收支、财务收支电子数据和必要的电子计算机技术文档,在金融机构开立账户的情况,社会审计机构出具的审计报告,以及其他与财政收支或者财务收支有关的资料,被审计单位不得拒绝、拖延、谎报。被审计单位负责人对本单位提供的财务会计资料的真实性和完整性负责。②审计机关进行审计时,有权检查被审计单位的会计凭证、会计账簿、财务会计报告和运用电子计算机管理财政收支、财务收支电子数据的系统,以及其他与财政收支、财务收支有关的资料和资产,被审计单位不得拒绝。③审计机关进行审计时,有权就审计事项的有关问题向有关单位和个人进行调查,并取得有关证明材料。有关单位和个人应当支持、协助审计机关工作,如实向审计机关反映情况,提供有关证明材料。审计机关经县级以上人民政府审计机关负责人批准,有权查询被审计单位在金融机构的账户。审计机关有证据证明被审计单位以个人名义存储公款的,经县级以上人民政府审计机关主要负责人批准,有权查询被审计单位以个人名义在金融机构的存款。④审计机关进行审计时,被审计单位不得转移、隐匿、篡改、毁弃会计凭证、会计账簿、财务会计报告以及其他与财政收支或者财务收支有关的资料,不得转移、隐匿所持有的违反国家规定取得的资产。审计机关对被审计单位违反上述规定的行为,有权予以制止;必要时,经县级以上人民政府审计机关负责人批准,有权封存有关资料和违反国家规定取得的资产;对其中在金融机构的有关存款需要予以冻结的,应当向人民法院提出申请。⑤审计机关对被审计单位正在进行的违反国家规定的财政收支、财务收支行为,有权予以制止;制止无效的,经县级以上人民政府审计机关负责人批准,通知财政部门和有关主管部门暂停拨付与违反国家规定的财政收支、财务收支行为直接有关的款项,已经拨付的,暂停使用。

根据我国《审计法》的相关规定,审计机关进行审计活动的基本程序包括:①审计机关根据审计项目计划确定的审计事项组成审计组,并应当在实施审计3日前,向被审计单位送达审计通知书;遇有特殊情况,经本级人民政府批准,审计机关可以直接持审计通知书实施审计。被审计单位应当配合审计机关的工作,并提供必要的工作条件。②审计人员通过审查会计凭证、会计账簿、财务会计报告,查阅与审计事项有关的文件、资料,检查现金、实物、有价证券,向有关单位和个人调查等方式进行审计,并取得证明材料。审计人员向有关单位和个人进行调查时,应当出示审计人员的工作证件和审计通知书副本。③审计组对审计事项实施审计后,应当向审计机关提出审计组的审计报告。审计组的审计报告报送审计机关前,应当征求被审计对象的意见。被审计对象应当自接到审计组的审计报告之日起10日内,将其书面意见送交审计组。审计组应当将被审计对象的书面意见一并报送审计机关。④审计机关按照审计署规定的程序对审计组的审计报告进行审议,并对被审计对象对审计组的审计报告提出的意见一并研究后,提出审计机关的审计报告;对违反国家规定的财政收支、财务收支行为,依法应当给予处理、处罚的,在法定职权范围内做出审计决定或者向有关主管机关提出处理、处罚的意见。⑤上级审计机关认为下级审计机关做出的审计决定违反国家有关规定的,可以责成下级审计机关予以变更或者撤销,必要时也可以直接做出变更或者撤销的决定。

三、权力机关的监督

各级国家权力机关,特别是中央一级的国家权力机关,即全国人民代表大会和全国人民代表大会常务委员会,是行政法制监督的最重要的主体。

首先是全国人民代表大会及其常务委员会对行政立法的监督。全国人大及其常委会通过多种方式和途径对行政立法进行监督,具体的监督形式包括:①备案。行政法规发布后,应在30日内向全国人民代表大会常务委员会备案。① ②裁决。地方性法规与部门规章之间对同一事项规定不一致,执法或司法机关不能确定如何适用时,报国务院提出意见。国务院认为应适用地方性法规的,即适用地方性法规;国务院认为应适用部门规章的,应当提请全国人大常委会裁决。② ③审查和撤销。中央军委、最高人民法院、最高人民检察院及省、自治区、直辖市人大常委会认为行政法规与宪法和法律相抵触的,可以要求全国人民代表大会常务委员会进行审查;其他国家机关、社会团体、企事业组织以及公民认为行政法规与宪法和法律相抵触的,可以建议全国人大常委会进行审查,全国人大常委会经审查,如认为行政法规与宪法和法律确实相抵触,有权予以撤销。

其次是地方(包括省、自治区、直辖市以及设区的市等具有立法权的市)人大及其常委会对地方政府规章的监督。根据我国《宪法》《地方各级人民代表大会和地方各级人民政府组织法》《立法法》的相关规定,省级人大及其常委会可以通过备案、审查和撤销其认为不适当的规章的方式对地方政府规章进行监督。其他

---

① 《中华人民共和国立法法》第98条规定:"行政法规、地方性法规、自治条例和单行条例、规章应当在公布后的三十日内依照下列规定报有关机关备案:(一)行政法规报全国人民代表大会常务委员会备案;(二)省、自治区、直辖市的人民代表大会及其常务委员会制定的地方性法规,报全国人民代表大会常务委员会和国务院备案;设区的市、自治州的人民代表大会及其常务委员会制定的地方性法规,由省、自治区的人民代表大会常务委员会报全国人民代表大会常务委员会和国务院备案;(三)自治州、自治县的人民代表大会制定的自治条例和单行条例,由省、自治区、直辖市的人民代表大会常务委员会报全国人民代表大会常务委员会和国务院备案;自治条例、单行条例报送备案时,应当说明对法律、行政法规、地方性法规做出变通的情况;(四)部门规章和地方政府规章报国务院备案;地方政府规章应当同时报本级人民代表大会常务委员会备案;设区的市、自治州的人民政府制定的规章应当同时报省、自治区的人民代表大会常务委员会和人民政府备案;(五)根据授权制定的法规应当报授权决定规定的机关备案;经济特区法规报送备案时,应当说明对法律、行政法规、地方性法规做出变通的情况。"

② 《中华人民共和国立法法》第95条规定:"地方性法规、规章之间不一致时,由有关机关依照下列规定的权限做出裁决:(一)同一机关制定的新的一般规定与旧的特别规定不一致时,由制定机关裁决;(二)地方性法规与部门规章之间对同一事项的规定不一致,不能确定如何适用时,由国务院提出意见,国务院认为应当适用地方性法规的,应当决定在该地方适用地方性法规的规定;认为应当适用部门规章的,应当提请全国人民代表大会常务委员会裁决;(三)部门规章之间、部门规章与地方政府规章之间对同一事项的规定不一致时,由国务院裁决。根据授权制定的法规与法律规定不一致,不能确定如何适用时,由全国人民代表大会常务委员会裁决。"

具有立法权的设区市可以行使相应的监督权力。

最后是其他地方国家权力机关对相应地方人民政府规范性文件的监督。其他地方国家权力机关对相应地方人民政府规范性文件的监督既可以通过备案制度进行,也可以应其他监督主体的请求进行。地方国家权力机关通过审查监督,如认为相应地方人民政府规范性文件与有关法律、法规相抵触,可以撤销相应地方人民政府的规范性文件。

2006年8月27日第十届全国人民代表大会常务委员会第二十三次会议通过,于2007年1月1日起生效实施的《中华人民共和国各级人民代表大会常务委员会监督法》就县级以上人民代表大会常务委员会对人民政府及其工作人员的监督在以下几个方面作了充分而详尽的规定,包括听取和审议人民政府、人民法院和人民检察院的专项工作报告;审查和批准决算,听取和审议国民经济和社会发展计划、预算的执行情况报告,听取和审议审计工作报告;法律法规实施情况的检查;规范性文件的备案审查;询问和质询;特定问题调查;撤职案的审议和决定等。

四、司法机关的监督

司法机关的行政监督包括人民法院对行政的监督和人民检察院对行政的监督。

人民法院对行政的监督,主要是通过行政诉讼的监督方式对具体行政行为的合法性进行审查,撤销违法的具体行政行为,变更显失公平的行政处罚行为,以实现其监督职能。除此之外,人民法院还可以通过司法建议的方式,建议行政机关纠正不属于人民法院撤销范围的违法行政行为和建议处分在违法行政行为中有过错的国家公务人员①,以帮助和促进行政机关改进工作。

人民检察院是我国宪法赋权的法律监督机关,其对国家行政机关及其工作人员实施的监督途径有四种②:①通过对叛国案、分裂国家案以及严重破坏国家的政策、法律、法令、政令统一实施的重大犯罪案件行使检察权的方式对行政进行监督;②通过对涉及国家行政机关工作人员违反职责的刑事案件进行侦查和提起公诉的方式对行政进行监督;③通过对公安机关侦查的案件进行审查,决定是否逮捕、起诉的方式,对公安机关的侦查活动是否合法进行监督;④对监狱、看守所、劳动改造机关的活动是否合法进行监督。此外,人民检察院还具体对劳改、劳教场所及其管教人员实施日常监督,通过处理劳改、劳教工作中的违法行为,保障这一特定行政管理领域的行政法制。

本 章 小 结

本章共包括三节内容,分别是行政监督的概念、行政监督的类型及其划分依据与具体行政监督行为。在行政监督的概念一节,首先梳理了我国行政学与行政法学界对行政监督概念的理论沿革,并重构了行政监督的概念,即行政监督是指国家行政机关以及其他行政主体实施的一切监督活动,包括行政机关以及其他行政主体的内部监督及其对公民、法人和其他组织实施的外部监督。在厘清行政监督的概念之后,又概括了行政监督的主要法律特征及其所具有的法律功能与意义。

在行政监督的类型及其划分依据一节,详细阐述了我国目前行政学与行政法学理论界对行政监督的大致分类并对其分类依据作了交代,主要的类型包括内部行政监督与外部行政监督,主动监督与被动监督,事前监督、事中监督与事后监督等,并对行政监督与行政法制监督的区别与联系作了分析。

在具体行政监督行为一节,主要介绍了目前我国行政监督实践中主要存在的几种具体行政监督行为:

---

① 《中华人民共和国行政诉讼法》第64条规定:"人民法院在审理行政案件中,经审查认为本法第五十三条规定的规范性文件不合法的,不作为认定行政行为合法的依据,并向制定机关提出处理建议。"第66条规定:"人民法院在审理行政案件中,认为行政机关的主管人员、直接责任人员违法违纪的,应当将有关材料移送监察机关、该行政机关或者其上一级行政机关;认为有犯罪行为的,应当将有关材料移送公安、检察机关。人民法院对被告经传票传唤无正当理由拒不到庭,或者未经法庭许可中途退庭的,可以将被告拒不到庭或者中途退庭的情况予以公告,并可以向监察机关或者被告的上一级行政机关提出依法给予其主要负责人或者直接责任人员处分的司法建议。"

② 张正钊:《行政法与行政诉讼法》,中国人民大学出版社2007年版,第344页。

第十五章 行政监督

一是行政监察,是指国家各级行政监察机关依法对国家行政机关、国家公务员和国家行政机关任命的其他人员执行国家法律、法规、政策和决定、命令的情况进行监督,并对违法、违纪行为予以查处的活动,并详解分析了行政监察的概念、特征、行政监察的职责权限与具体程序;二是审计监督,是国家审计机关为维护国家财政经济秩序,提高财政资金使用效益,促进廉政建设,保障国民经济和社会健康发展,对国务院各部门和地方各级人民政府及其各部门的财政收支、国有的金融机构和企业事业组织的财务收支依法独立进行的监督活动,也进一步阐述了审计监督的概念、特征与审计机关进行监督的职权、程序等问题。此外,本节还介绍了与行政监督密切相关的权力机关对行政的监督与司法机关对行政的监督,其中司法机关对行政的监督又可以分为人民法院对行政的监督与人民检察院对行政的监督。

案 例 分 析

【案例分析一】

陕西省周至县政府在城南工业路建设用地未经依法批准的情况下,组织开工建设,致使191亩耕地遭到破坏。同时县政府还违法在城南工业路两侧与村组签订征地协议,圈占土地144亩。经核实,在以上征地用地中存在补偿低于法定最低标准及拖欠征地补偿费问题。周至县政府未经依法批准实施征地占地,不依法补偿并拖欠征地补偿费,违法动用警力造成严重后果,县政府有关领导负有直接责任。依据《中华人民共和国土地管理法》《中国共产党纪律处分条例》《关于违反土地管理规定行为行政处分暂行办法》的有关规定和国土资源部、监察部的建议,陕西省责成有关方面按规定程序给予原县长倪广天(现任西安市计生委副主任)行政降级处分;给予原常务副县长张武平(现任县人大常委会副主任)党内严重警告处分,并责令辞职;给予副县长任胜利行政撤职处分;给予原县长助理蔡兴瑜(现任常务副县长)行政警告处分。同时,陕西省政府还责成有关主管部门对土地违法行为依法进行处罚,要求违法圈占的土地该退还农民的,要坚决退还;拖欠的征地补偿费要限期支付;对违法征地、拆迁给农民造成的损失要采取措施,妥善解决。国土资源部、监察部强调,将进一步加大对土地违法违规案件的查处力度,使农民群众的合法权益得到维护,保证国家严格土地管理的宏观调控政策政令畅通。监察部和国土资源部在陕西省、西安市政府及有关部门的配合下,对陕西省周至县政府土地违法问题进行的调查,主要体现了行政监督系统中的内部监督。不但包括了内部监督中的一般监督、职能监督,还体现了内部监督中特设监督机构的监督,即行政监察。材料中,监察部行使了它的建议权,陕西省有关方面也采纳了国土资源部、监察部的建议,依法追究了周至县政府相关行政人员的行政责任。尽管行政监察在行政监督中发挥着重要的作用,但是,它本身还存在一定的局限性。对于政府违反法律和国家政策的抽象行为,行政监察机关无权改变或者撤销,只能依据《监察法》提出监察建议。对于被监察的部门和人员的违法违纪行为,也不能改变或者撤销,或者责令其重新做出行政行为,而只能依法责令被监察对象停止该行为。因此,在内部监督系统的建设中,应当将行政监察这样的专门监督与一般监督结合起来,使之相互配合、补充,以发挥更有效的监督作用。材料中,监察部对周至县政府土地违法行为的行政监察除联合了国土资源部的职能监督外,还得到了陕西省政府的大力配合。陕西省政府作为内部监督的主体之一,有权对其所属的周至县政府及其工作人员的行政行为进行监督。这种自上而下的监督属于内部监督中的一般监督。陕西省政府依法行使了它对下级政府的监督权,责成有关方面按规定程序对周至县政府的相关责任人做出行政处分,并责成有关主管部门"对土地违法行为依法进行处罚,要求违法圈占的土地该退还农民的,要坚决退还;拖欠的征地补偿费要限期支付;对违法征地、拆迁给农民造成的损失要采取措施,妥善解决"。从而在保护国有土地资源的同时,维护了农民群众的合法权益。

问题:针对上述材料,从行政监督的角度分析所反映的主要问题。

【案例分析二】

2005年7月7日,某县第十三届人大常委会召开会议,听取和审议了县政府2005年7月16日就县安监局《关于三门峡大坝钢桥维修方案》汇报而产生的政府联席会议(2005)11号纪要。会议认为,县政府当时把该桥确定由龙潭沟煤矿维修的决定是错误的,同时"纪要"以人民政府名义减免该煤矿煤炭外运基金,确定增加收费项目标准属于越权行为。而且近一年中,政府也未按"纪要"要求对该桥维修进行监管,龙潭沟煤矿根本没有就钢桥维修、日常维护、道路养护及安全问题采取任何措施,至今钢桥路况并未得到改观,该煤矿反而拦截车辆,公然变相收费。为此县人大常委会决定:撤销《县人民政府(2005)11号联席会议纪要》,龙潭沟煤矿停止执行"纪要"中的各项条款;责成政府成立专门机构,追缴龙潭沟煤矿在三门峡大坝钢桥设卡收取的非法所得,并依法追缴龙潭沟煤矿2005年1月1日至今应缴的煤炭外运基金。此项工作要求在2006年10月底完成。县政府在追缴工作中,对发现触犯刑法的人和事,按有关法律规定移交司法机关处理。据了解,央视《焦点访谈》曾对此事进行曝光。

问题:(1) 材料中的行政监督属于内部监督还是外部监督?监督的法律属性是什么?

(2) 材料中,县人大常委会是否有权做出撤销决定?

复习思考

1. 简述行政监督的概念与特征。
2. 阐述行政监督的种类及其划分依据。
3. 试比较我国行政监督与西方行政法理论中行政监督的异同。
4. 论述行政监督对我国建设廉洁政府、法治政府的重要意义。
5. 对比分析我国未来行政监督理论的发展趋势与实践转型。

第十六章 行政程序

学习目标

- 知识目标：掌握行政程序的基本含义与特征；了解行政程序的价值和功能；掌握行政程序的基本原则。
- 能力目标：能够运用对行政程序含义和特征的理解来解读现实现象；通过对行政程序基本原则的把握，能够分析和思考当下行政行为存在的主要问题和改善措施；能够较为全面和深入地思考行政程序与行政行为的关系。

第一节 行政程序概述

案例引导

1996年某日，王某的住房发生火灾。灭火后，某县公安局消防大队对火灾事故进行调查。经询问王某及证人，进行现场勘查，做出《火灾原因认定书》，认定这起火灾是从王某房内烧起的，起火点在房内北面距房门2.35米的地柜处。由于王某使用电器不慎，导致地柜燃烧引起火灾。但消防大队未将《火灾原因认定书》送达王某，也未告知王某如对火灾认定不服，可以要求重新认定，便于随后做出《消防管理处罚裁定书》，以王某使用电器不慎造成火灾事故为由，决定给予责任人王某1500元的罚款处罚。王某认为处罚违反法定程序，于是提起诉讼。

思考：请思考行政程序法与实体法的关系。

什么是行政程序？为什么要研究行政程序？它对依法行政和法治政府建设有什么作用？从大的依法行政层面来讲，行政程序制度不仅给行政权力的运行提供了一个科学、民主的载体，行政程序制度建设也是现代法治政府建设的一个重要组成部分。依法行政不仅要求行政活动实体合法，也要求行政活动程序合法。行政程序使社会公众特别是行政相对人、利害关系人充分参与到行政程序中来，从而增加了社会公众、行政相对人、利害关系人对行政行为的认同感和主体感，既有利于对行政权力进行有效的监督，也有利于提升行政行为的执行效果。

行政程序制度已经成为现代行政法的一个核心内容。通过行政程序对行政权进行规范，保障相对方的合法权益，促进政府和公众之间的良性互动，提升行政效率，已成为当代行政法和公共行政共同关注的问题。近年来，我国的行政体制改革和政府的职能转换，都将"公开、公正、公平"的行政程序制度建设作为我国民主法制建设的一个重要目标。

从小的行政执法层面来讲，长期以来受"重实体、轻程序"思维定势的影响，各级行政执法机关和行政执法人员的执法能力与执法水平以及执法方式存在不少问题：一是缺乏正当法律程序的行政执法理念；二是在行政执法工作中不依照法定程序办事,甚至滥用职权、执法犯法的现象普遍存在。

一、行政程序的概念

程序是指一定的运动过程及其构成运动的因子或因素之间内在关联的总和。构成程序的过程包括行为的步骤、方式以及实现这些步骤和方式的时限与顺序四个要素。法律程序,则表现为复数以上的人按照一定的步骤、方式、顺序、时限,做出选择或决定的过程,以及在这一过程中当事人之间的相互关系。

行政程序是指行政机关实施行政行为所应遵循的方式、步骤、时限和顺序。也可归纳为它是行政主体及行政相对人依照一定的步骤、方式、时限和顺序做出行政行为的过程,以及在这一过程中行政法律关系主体间的相互关系。

行政行为的方式、步骤(步骤:实现某一程序的若干必经阶段;方式:实现行为的方法和形式)构成了行政行为的空间表现形式;行政行为的时限、顺序(完成这一程序的过程,需要一定时间,为了提高效率,有时完成程序步骤还需要遵循先后顺序)构成了行政行为的时间表现方式。行政程序本质是行政行为空间和时间表现形式的有机结合。

各国由于法律传统、行政法基本观念的差异以及行政程序法调整范围的不同,没有形成普遍适用的行政程序概念。对此,我国学界至今也尚有争论,主要形成了两种代表性的观点,即狭义说和广义说。

狭义说认为:行政程序仅指行政主体的活动程序,即行政主体采取行政行为的步骤、方式、次序。行政程序行为的主体必须是行政机关以及法律法规授权的组织和个人,行政相对人不能成为行政程序行为的主体。广义说认为:行政程序是行政法律关系主体在行政活动中应遵循的程序。因此行政程序的主体不仅包括行政主体,也包括行政相对人,凡是行政法律规范确定的行政法律关系主体活动的程序都是行政程序。

我们认为,行政程序作为规范行政权、体现法治形式合理性的行为过程,是实现行政法治的重要前提。行政法治的实质就是依法定程序行政。虽然行政主体实施行政行为往往离不开行政相对人的参与,但是以行政主体与行政相对人在行政权运行过程中的不平等法律地位为视角,行政程序法治就应当以规范行政主体的行政行为为主要目的。因此,多数人赞同狭义行政程序说。

不同的行政行为有不同的表现方式。行政行为的时间表现方式因不同的行为而不同,例如,行为的步骤。规范性文件的制定是一个抽象行政行为,表现为规范性文件的制定需要经过立项、起草、论证、合法性审查、集体讨论决定、公布、向上一级行政主管机关报送、审查备案等步骤。而一个具体的行政行为,如行政执法机关要对某一违法行为做出行政处罚,该行为的步骤则体现为立案、调查、证据收集、强制措施的采取、相对人陈述理由、做出处罚,行政相对人对行政处罚的具体行政行为不服可提起行政复议或行政诉讼。其行为做出的步骤显然与抽象行政行为做出的步骤不同。

在具体的行政执法行为中,行政机关适用的一般程序与简易程序在行为的空间方式上也有明显的不同。

行政行为的空间、时间方式最典型的表现是行政行为不能越权、出格,顺序不能颠倒,重要的法定程序不能遗漏。《行政处罚法》规定:行政执法机关做出吊销营业证照,责令停产、停业整顿以及较大数额的罚款,需要听证。在此类行政处罚中,听证程序是不能省略的;行政程序不能颠倒并不是绝对的,但是不能遗漏。例如,行政执法人员在现场执法检查时,如果发现了重大的违法事项,可以先调查取证,甚至可以采取强制措施,先将违法人员驱散、强制带离等,再及时办理立案手续。

行政程序法律制度是指有关行政程序法律、法规的总称,是行政程序的法律化、制度化。

程序法律制度本来仅限于司法程序,包括刑事诉讼、民事诉讼和行政诉讼三大诉讼法律制度。由于立法和行政程序法律制度的产生和发展,程序法律制度已超出了司法程序的范畴。现代程序法律制度分为立法程序制度、行政程序制度、司法程序制度三个部分。改革开放三十多年来,我国约用了二十年的时间建立和完善了三大诉讼法律体系,形成了一个相对完备的司法程序法律制度。2000年全国人民代表大会颁布了《立法法》、2001年国务院颁布了《行政法规制定程序条例》等,逐步建立了立法程序法律制度。在行政程序法律制度建设方面,现在还缺少一部规范行政行为的行政程序法典。

在现代行政法治中,行政程序制度具有极其重要的法律地位。行政程序制度发达与否,是衡量一个国家行政法治程度的重要标志。西方主要经济发达国家以及我国台湾地区都相继制定和颁布了行政程序法。随着社会主义法治进程步伐的不断加快,我国行政程序法的制定已迈出了实质性步伐,我国的多部行政单行法律、法规包含了行政程序法律制度的内容,如《治安处罚法》《行政处罚法》《行政许可法》等。

二、行政程序的特征

一般认为,行政程序具有下列主要特征:

(1) 法定性。行政程序的法定性是指用于规范行政行为的程序一般应当通过预设的立法程序法定化,使其具有可控制行政行为合法、正当运作的强制力量。行政主体和相对人在进行法律活动时必须严格遵守法定程序。

(2) 多样性。行政程序的多样性是指因为不同行政行为性质上的差异导致所遵循的行政程序的态势在客观上是不尽相同的。

(3) 分散性。行政程序的分散性是指有关行政程序的规范分散于众多的、具有不同效力的法律文件中。行政法的一个显著特征是行政实体法没有统一的法典,受此影响,行政程序规范往往也分散于众多不同效力等级的单行行政法律文件中。

(4) 顺序性。行政程序的顺序性是指行政程序是由行为的时限、方式和步骤所构成的,这些方面是行政程序的空间和时间表现形式。一般来讲,行政程序都要经历启动、进行和终结三个阶段。

三、行政程序的分类

(一) 事先程序和事后程序

这是根据行政程序在行政管理过程中所处的时间顺序进行的分类,目的是要求人们重视事先程序。在行政管理活动中存在两种行政行为,一种是行政主体直接针对相对一方的相对人做出一种规定或决定;另一种是行政法律关系相对一方的相对人之间或者相对一方的相对人与行政机关之间发生了纠纷或争议,行政主体针对纠纷或争议做出裁判。前一种行为的程序就称为事先程序,它是行政机关主动、积极进行行政管理时所遵循的程序;而后一种行为的程序称为事后程序,它是当事人之间发生矛盾、冲突后,为解决矛盾冲突而要遵循的程序。

(二) 内部程序和外部程序

这是依照行政行为与相对人的关系,即是否影响相对人权利义务为标准来划分的,目的是要求充分认识外部程序的重要性。内部程序是行政主体内部行政活动的工作程序。外部程序是行政主体做出外部行政行为以影响相对人权利义务时所采取的程序。

(三) 抽象行政程序和具体行政程序

这是根据行政行为的抽象性和具体性所作的划分,其目的是要认识对两类行政行为的不同程序要求。抽象行政程序是指行政机关制定规范性文件时所采取的行政程序,这类程序具有稳定性和反复适用性。具体行政程序是指行政主体做出具体行政行为所应遵循的行政程序,这类程序在适用时具有较强的针对性和适用性。不是针对该事项的程序,不能随意适用。

(四) 行政立法程序、行政执法程序和行政司法程序

这是根据实施行政行为时形成的法律关系的特点所作的分类。行政立法程序是制定抽象行政行为所必须遵循的程序,由于行为内容的广泛性、行为对象的不特定性和效力的后及性,使得行政立法程序比较复杂、严格,一般都要经过规划、起草、审定、发布、备案等阶段,每个阶段又包括一些具体的办法和相应的制度,如听证制度、专家论证制度及备案制度等是立法程序不可缺少的内容。

（五）强制性程序和任意性程序

这是以行政主体实施行政行为时所遵循的程序是否可以自主选择为标准所作的划分。强制性程序是指行政主体在实施行政行为时所遵循的程序没有自主选择性，必须严格遵守法律明确规定和要求的程序。任意性程序是指法律未对行政行为程序做出具体的、详细的规定和要求，由行政主体实施行政行为时自由裁量决定或选择采取的程序。

四、行政程序的功能

行政行为的做出依照法定程序来运行，使社会公众将抽象的公平正义变成了看得见、摸得着的实实在在的公平正义，从而使行政权受到很好的监督。各级政府机关及其工作人员要养成按法定程序办事的习惯。从实际情形分析行政程序的基本功能，应分为正面的肯定功能与反面的否定功能。

（一）行政程序的正面肯定功能

行政机关通过行政程序依法行政，维护公民合法权益，也使得行政主体、行政执法的过程有法可依、有章可循。同时，行政程序对行政效率给予了极大的关注。

第一，行政程序是扩大公民参与政权行使的途径。行政程序特别是行政程序中的陈述理由、听证程序，使得行政相对人、利害关系人、社会公众直接介入行政权力的运行过程，在这个过程中，公民权利可以成为行政权力合法、正当行使的一种外在的规范力量，并随时可以对行政权的行使是否合法、正当，在法律范围内提出抗辩，为行政机关行使职权提供一个反思的机制。如果行政机关发现其行政行为有不合法或欠缺正当性的情况，即可以自动纠正。行政程序要求行政主体应当给予行政相对人同等、充分的机会来陈述理由和诉求，明确告知其程序权利和程序结束后产生的法律后果及对结果不服的救济途径。因此，行政相对人充分参与能有效监督行政行为依法做出。

第二，行政程序给行政执法机关以及行政执法人员提供了一套做出行政行为的程式，操作性极强。行政机关要做出某一行政行为，如何去做，行政程序制度有明确的规定，实实在在解决了行政行为做出的每一个环节和过程中行政权力如何运行的问题。行政执法人员应当照此程序运作，认真、切实履行自己的职责。说到底，行政实体法解决了行政机关做出某一行政行为的实体法依据；而行政程序法解决了行政机关做出行政行为的程序法依据。

第三，行政程序关注行政效率。行政程序对行政效率予以关注，原因在于行政权的行使追求效率。行政效率是行政权力扩张的必然要求，目的在于使行政权的行使能够更好地适应社会生产和社会生活需要，高效率地维护社会公共秩序和提供公共服务。在行政程序中如何解决公正与效率这一对矛盾的？一是提高行政效率不得损害行政相对人的合法权益；二是提高行政效率不得违反公平原则。行政程序中效率是通过以下三种方式来实现的，另外还包括有依职权行政、简易程序、联合执法、文书格式化等。

（1）关于时效的规定。行政程序法律关系的主体在法定期限内不作为，在法定期限届满后即产生相应不利法律后果。行政机关在法定期限内不行使职权，在法定期限届满后不得再行使，同时应承担相应的行政责任。行政相对人在法定期限内不行使权利，即丧失了相应的权利，并承担相应的法律后果。

例如，《行政处罚法》第29条第1款规定：违法行为在二年内未被发现的，不再给予行政处罚。法律另有规定动作的除外。

时效制度在于稳定行政法律关系，及时排除行政程序中的不利因素，提高行政效率。

（2）代理。它是指行政程序法律关系的主体不履行或无法履行法定义务时依法由他人代为履行的制度，前提是这种法定义务具有可替代性。代理人可以督促行政主体及时履行职责，减少行政怠职，促使行政相对人自觉履行义务，提高行政效率。

（3）不停止执行。不停止执行是指行政相对人因不服行政行为而提起复议或诉讼后，除非有法律的特别规定,行政行为必须执行,使行政行为获得迅速执行,从而提高行政效率。

例如《行政复议法》第21条规定,行政复议期间具体行政行为不停止执行,但是有下列情形之一的可以停止执行:被申请人认为需要停止执行;行政复议机关认为需要停止执行的;申请人申请,行政复议机关认为其要求合理决定停止执行的;法律规定停止执行的。这几种情形具体行政行为才停止执行。

效率在行政程序和司法程序中的体现和结果完全不一样,民事纠纷在法院立案以前是不允许法院事先介入调查的,否则将被以"先审后立"认定为严重违反程序。在刑事案件侦查中,公、检、法联合办案也是不允许的。而在行政执法中各相关部门则可以联合执法。行政执法人员有权对行政违法行为先调查取证,先采取措施制止违法事端进一步扩大,再及时立案。这就是效率的功能所在。

(二) 行政程序的反面否定功能

主要在于解决行政主体违反行政法定程序要承担的后果。

其一,抽象行政行为违反法定程序的问题。虽然我国没有完整、系统的行政程序法,但随着我国法制建设进程的不断加快,对抽象行政行为违反法定程序的问题已经有了明确的规定。国务院《加强市县政府依法行政的决定》明确要求,坚决制止和纠正超越法定权限、违反法定程序的决策行为。对应当听证而未听证、未经合法性审查或者经审查不合法的、未经集体讨论做出决策的,对负有领导责任的公务员给予处分。《加强市县政府依法行政的决定》对违反法定程序制定规范性文件同样提出了严格的要求:严格规范性文件制定权限和发布程序,要求市县政府以及部门制定规范性文件要严格遵守法定权限和程序,符合法律、法规、规章和国家方针政策,不得违法创设行政许可、行政处罚、行政强制、行政收费等行政权利,不得违法增加公民、法人或其他组织的义务。制定作为行政管理依据的规范性文件,应当采取多种形式广泛听取意见,并由制定机关负责人集体讨论决定;未听取意见、合法性审查并经集体讨论决定的,不得发布实施;未经公布的规范性文件,不得作为行政管理的依据。市县政府发布规范性文件后,应当自发布之日起15日内报上一级政府备案;市县政府部门发布规范性文件后,应当自发布之日起15日内报送本级政府备案。备案机关对报备的规范性文件要严格审查,发现与法律、法规、规章和国家方针政策相抵触或者超越法定权限、违反法定程序的,要坚决予以纠正,切实维护法制统一和政令畅通。

抽象行政行为违反法定程序当然也包括其违反实体法的其他情形,有三种可解决问题的途径:一是对抽象行政行为实行层级监督。例如,规范性文件制定后向上一级政府备案审查,审查备案机构发现该规范性文件违反法定程序可建议制定机关撤销,否则备案审查机构可建议同级人民政府撤销或改变;制定机关发现自己制定的规范性文件有问题,当然也包括违反法定程序的情形,也有权撤销或改正。规范性文件超越法定权限,与法律、法规、规章、国家政策相抵触的,政府法制机构应当直接予以撤销。二是公民、法人或者其他组织对规范性文件提出质疑或建议,也可对有关规范性文件存在的问题向政府法制机构举报。法制机构可以转送制定机构核实处理,也可以直接审查处理。三是公民、法人或其他组织在行政复议、行政诉讼中对于规范性文件的效力(仅指涉案的规范性文件)有权申请进行审查。行政复议机构、人民法院报送相关部门审查,案件中止审理。

其二,具体行政行为违反法定程序的问题。行政相对人、利害关系人认为具体行政行为违反法定程序而侵害了自己的合法权益,有权申请行政复议,提起行政诉讼。分以下几种情形:对土地矿藏、水流、森林、山岭、草原、荒地、滩涂、海域等自然资源所有权或使用权做出的确权决定不服的,必须经过行政复议前置程序,先复议,才能起诉;对海关、金融、国税、外汇管理等实行垂直领导的行政机关和国家安全机关做出的具体行政行为不服的,只能向上一级主管部门复议;依国务院、省、区、市政府对行政区划的勘定,调整或者土地征用的决定,省、区、市确认自然资源所有权、使用权的行政复议法定为最终裁决;国务院做出的行政复议决定不能起诉;具体行政行为违反法定程序有三种情形:第一种是程序违法,实体也直接损害相对一方的合法权益。第二种情形是程序违法,实体合法。第三种情形是程序合法,实体违法。对于第一种、第三种情形,依据我国的《行政复议法》《行政诉讼法》的相关规定,撤销或变更具体行政行为,追究实体违法的责任。

困难的是第二种情形,程序违法应当独立承担法律责任。

程序违法的情况还有其复杂之处。大约又有以下五种情形:一是行政主体在做出行政行为时,违反管辖的规定,不论是对人、对事、对级别的管辖,还是溯及力的规定,行政复议机关或人民法院应当宣布该行政行为因违反法定程序无效,而予以撤销,并且行政机关不得重新做出行政行为;二是行政机关在做出行政行为时,违反了回避的规定、违反集体讨论、适用法律错误的规定等,只要是行政机关有职责、有权限处理,做出具体行政行为的事实清楚,行政复议机构或人民法院应该宣布该行政行为无效,而予以撤销,可以责令行政机关重新做出行政行为;三是行政机关在做出对行政相对方不利的具体行政行为前,不听取对方的陈述意见,或依法应当听证而不听证属于严重违反程序,撤销该行政行为是无疑的,至于是否要重新做出行政行为得依第二种情形区别对待;四是行政机关违法取证、钓鱼执法(或称倒钩事件)。执法圈套(entrapment)是英美法的专门概念,它和正当防卫一样,都是当事人无罪负责的事由。从法理上分析,当事人原本没有违法意图,在执法人员的引诱下,才从事违法活动,国家当然不该惩罚这种行为。这一行为属于严重违反法定程序,不论实体上是否正确,也应一律撤销,不得重新做出行政行为;五是因工作疏忽,程序上存在小的瑕疵,则可以补正,如文件上的日期错误、决定书中的笔误、计算错误等。

其三,不论是抽象行政行为还是具体行政行为,因严重违反法定程序,其结果无疑是因违法而无效进而被撤销,具体行政行为被撤销后进而要涉及行政赔偿,行政执法机关负责人、直接责任人依照法律或政策应承担责任的,还要受到追究,这就是违法的后果。

行政程序虽有很多的功能和作用,特别是在法治政府建设的今天,但它如同任何事物一样,并非是完美无缺的,行政程序的缺陷大体有两点:一是它无价值选择功能。例如,行政机关特别是各级政府在做出一些重大决策,对一些个案做出处理时,涉及目标和价值的选择,比如发展与稳定、国计与民生等。在决策时考虑发展的因素多呢?还是考虑稳定的因素多呢?行政程序解决不了这个问题;二是单纯的"唯程序论"可能会导致错案。例如,行政机关在一开始对行政相对人主体资格审查不严,把不该处罚的人处罚了,最终将导致败诉。另外,唯程序论缺乏人文关怀,不利于和谐社会的构建。要辩证地和理性地看待行政程序与运用行政程序。

要完善行政执法程序,各级政府机关及其工作人员必须养成按法定程序办事的习惯,行政决定要符合法定程序,执法行为要符合法定程序。在行政程序问题的理论研究和制度建设中,我们应当强调程序的作用,但也应该意识到,程序并不是一切。要重视程序,我们不是也不应该是唯程序论者,不能将程序的作用推向极端。法律程序如果过于形式化,过于烦琐,就会适得其反。因此,在法治政府建设中,既要对行政程序制度建设给予高度重视,同时又要避免程序上形式主义和官僚主义。行政程序制度建设既要强调程序价值和意义,又要考虑程序和实体之间的内在关系。

资料

钓鱼执法

钓鱼执法,英美称为执法圈套(entrapment),这是英美法系的专门概念,它和正当防卫等一样,都是当事人无罪免责的理由。从法理上分析,当事人原本没有违法意图,在执法人员的引诱之下,才从事了违法活动,国家当然不应该惩罚这种行为。这种行为如果运用不当将致人犯罪,诱发严重社会问题。钓鱼执法是政德摧毁道德的必然表现。

行政执法中的"钓鱼执法"与刑事侦查中的"诱惑侦查"(或者称"诱惑取证")类似。

从历史上看,一些案情复杂、取证难的案件,往往采取钓鱼执法的方式。美国是钓鱼执法实施比较多的国家,也留下了很多著名的案例。但钓鱼执法具有某种诱导性,一直以来也饱受争议。

世界各国执法机关也都使用类似手段，比如警察扮演瘾君子向毒贩购买毒品。但"诱捕"有着严格的控制要求，是有一定前提的。也就是说，所设之套本身不能成为控告罪犯的证据。

大陆法系国家对此也有严格限制，日本法律禁止执法者为了取证，诱惑当事人产生违法意图，因为这是国家公权侵犯了当事人的人格自律权。在执法经济的利益诱惑之下（比如查处毒品按数额奖励、查处黑车和卖淫嫖娼、赌博等按罚款提成等），我们的"钓鱼执法"大有在行政执法和刑事侦查领域泛滥成灾之势。眼前发生的问题，不算最严重的。仅就查处黑车而言，2008年3月上海奉贤区一位"黑车"司机被所谓"女协查员"带入"执法伏击区"之后，当着执法人员的面在车内用刀捅死"女协查员"（2008年3月9日《东方早报》）。以前上海还发生过黑车司机为泄愤绑架所谓的"倒钩"的事件。

早些年，媒体还披露过，甘肃省在短短一年时间里，三个不同公安机关的部分干警与同一个毒贩合作，分别制造了三起"贩毒案"，导致两人一审被判死刑、一人一审被判死缓的令人毛骨悚然的极端恶性案件。

2012年8月，西安警察被曝联手性工作者"钓鱼抓嫖"。西安张先生向媒体爆料，称自己被警察"钓鱼抓嫖"，交了3 000元罚金没有任何处罚证明。记者按照曝料线索，在发廊外暗访多日发现：警察抓捕并无固定时间，不属于定时巡查；抓人时总有一辆无牌面包车出现带走嫖客和小姐；小姐20分钟内返回按摩店继续营业；嫖客被罚。

事件最新进展：西安市公安局新城分局胡家庙派出所"设伏抓嫖钓鱼执法"的相关案件有了最新进展，原胡家庙派出所所长、教导员等6人被检察机关提起公诉，出庭受审。六名被告分别是胡家庙派出所原所长李某、胡家庙派出所原教导员刘某、2名涉案的正式民警和2名参与此案的社会闲散人员。据悉，检察机关是以涉嫌贪污罪和滥用职权罪对胡家庙派出所原所长李某、胡家庙派出所原教导员刘某提起公诉的，对其他4名涉案人员均以滥用职权罪被提起公诉。据了解，从2009年开始，胡家庙派出所原所长李某、胡家庙派出所原教导员刘某就商议对民警所罚款项提成奖励。民警白某、刘某等多次在辖区内抓嫖，对当事人罚款后获得提成。

个别执法部门和执法人员怀着极其肮脏的利益目的，用尽手段引诱守法公民"违法"，并把所设之套作为守法公民违法犯罪的证据，不仅破坏了法律的严肃与公正，破坏了社会对法治的信仰，而且严重败坏社会风气，撕裂了社会成员间基本的和谐与互信，使社会公德每况愈下，人们的善良、同情、友爱之心被迫穿上了重重自我保护的盔甲，使那些社会上的弱者得不到人们的同情和帮助。同时，还有可能随时随地陷公民于危险和不安，甚至生命安全都得不到保障的境地！

在执法经济的利益驱动下，"钓鱼执法"呈不断向社会扩充"执法力量"之势，"提成"机制让有关部门公然在社会上"招聘"大量"钩子"，也就是所谓的"协查员"乃至"有正义感的社会人士"。他们败坏了"正义"和"正义感"的名声，使社会诞生出大量不从事生产性、创造性劳动的寄生虫，也使法律、公权力的公信陷于崩溃的危险边缘。

个案维权有可能局部讨回"被放逐"的公正，但撼动不了"钓鱼执法"被权力滥用的根。要对"钓鱼执法"斩草除根，必须先从源头上宣判"执法经济"的死刑，并且严格限制公权力机关以各种方式在社会上"聘用"各种社会人员。一方面，法律规定国家公务员非考勿进、非有编制勿进；另一方面，任何执法机关都是由纳税人供养，没有任何理由像公司一样"按业绩提成"。

虽然根据《行政处罚法》的规定，罚款、没收违法所得或者没收非法财物拍卖的款项，必须全部上缴国库，但各地财政一般会按40%~50%的比例将罚没款返还给行政执法部门，有关部门再按照四六或五五的比例返还给各分支机构，此办法被俗称为"两次五五分成"。就等于政府及其职能部门与个人联手设套盘剥被钓鱼执法者，后者除了乖乖挨罚，哪儿有半点回手之力？

从这个利益链条中,我们看到,利益的始端和源头是地方政府,地方政府不给执法部门经费或所给经费很少,不足以维持部门生存,而是寄望于其创收;中端是执法部门,执法单位创收多少与单位和领导的绩效考核挂钩,创收得越多,单位提成和政府财政返回得就越多,领导和员工的奖金、福利等也就越多;末端是执法人员,单位又将创收任务分解给每一个执法人员,并与个人奖金、福利、考核、提职加薪等挂钩。这样就在地方政府、执法部门和执法人员之间结成了一个公权力与私利错位纠缠的利益共同体,共同体及其成员的目标是各自利益的最大化,一损俱损,一荣俱荣。执法部门法治意识比较淡薄,特权思想还很严重,办事随意。由于利益的驱动,更不把法律当回事,以致以罚代法屡禁不止。

钓鱼执法的实行方式有以下三种:

第一种方式可称为"显露式",是指当事人本身有违法或犯罪的企图,且已经实施,但是尚未显露出来。

第二种方式可称为"勾引式",是指当事人本身没有任何的违法或犯罪意图,而执法部门采取行动勾引当事人产生违法、犯罪意图。

第三种方式可称为"陷害式",是指当事人本身没有任何违法或犯罪意图,而执法部门采取计划陷害当事人,使当事人产生违法、犯罪意图。

行政执法中的"钓鱼执法",应当是源于刑事侦查中的"设套抓捕",即在掌握一定证据的同时,为了抓获已知犯罪嫌疑人,而通过"诱惑"方式,以利引之,使其落网。"诱捕"有着严格的控制要求,具体来说,有以下几个条件:第一,诱捕对象是犯罪嫌疑人;第二,已经掌握其部分证据;第三,诱捕时的事实不作为犯罪证据。但刑事侦查中的设套,是为了抓住已有犯罪嫌疑之行为人,而所设之套本身,也不能成为证据。但是,行政执法中的"钓鱼",却是引诱守法公民"违法",并把所设之套作为定性的证据。这种取证的方式本身显然就是违法的。

从动机上来看,行政执法机构的违法执法有两种情况:第一种是为了遏制部分违法行为的泛滥趋势而采取的过激方式;第二种是为了某种利益而进行的理性选择。第一种在一定程度上可以理解,但很遗憾,各地所暴露出的违法执法行为,基本上属于第二种类型——执法者清楚地知道自己在做的与自己的利益有关,并可能为此进行相应的理性策划。

第二节 行政程序基本原则

案例引导

2009年12月初,我国台湾岛内县市长选举,从国民党脱党参选的傅昆萁当选花莲县长。2009年12月20日宣誓就职,接过印信才5分钟,便任命其两天前办妥离婚手续的"前妻"徐榛蔚为副县长。2009年12月22日下午我国台湾"内政部"宣布该人事令违法,傅昆萁也只好撤销了该项任命。傅昆萁的这一做法是典型的违反了"自己不做自己案件法官"的这一正当法律程序的原则。

思考: 上述案件所违法的正当法律程序原则具有怎样的内容?

法的规范依其对社会关系调整的确定性程度和细密程度,可以分为规则、原则和基本原则。规则对社会关系的调整最为确定、具体;原则对社会关系的调整弹性相对较大,较为抽象;基本原则对社会关系调整的弹性更大、更抽象。从规范的对象上来说,规则直接规范社会关系,而规则受原则规范,原则又受基本原则规范。法的基本原则是法的灵魂,任何国家的法,包括行政程序法律制度在内,都不可没有基本原则。

行政程序法律制度的基本原则一般包括:依法行政、正当法律程序、行政公开、行政参与、行政公正、行政公平等原则。下文主要解释前四个基本原则。

一、依法行政原则

依法行政原则是法治国家、法治政府的基本要求。法治要求政府在法律的范围内活动,依法办事;政府和政府工作人员如果违反法律,超越法律活动,即要承担法律责任。法治的实质是人民高于政府,政府服从人民。因为法治的"法"反映和体现的是人民的利益。法治不等于"用法来治理",用法来治理是把法单纯作为工具和手段来治理国家,治理老百姓。单纯"用法来治"的实质是政府高于人民,人民服从政府,因为政府以治者居。因此,依法行政原则强调政府必须守法,包括政府的权力必须受到有效的监督和制约,政府权力存在着边界而不是无限的,政府权力的行使必须按照事先制定并公开的、不受个人意志左右的法律来进行。依法行政原则主要包括以下要求:

第一,依法行政的"法",包括宪法、法律、法规、规章。在所有这些法的形式中,宪法的效力最高,法律效力高于法规,法规的效力高于规章。依法行政首先要求依宪法、法律行政,法规、规章只有符合宪法、法律的规定时,才能作为行政行为的依据。

第二,依法行政不仅要求政府依法的明文规定行政,而且要依法的原则、原理以及法的精神行政。政府不严格按法律规定办事,不严格依法律规定行政,就不是法治政府。依法行政不仅要求政府依法的明文规定行政,还要求政府依法的原理、原则行政。因为法律的具体规定是有限的,而法律调整的社会关系和社会事务是无限的。法律不能不给政府的行政留下大量的自由裁量空间。对于自由裁量行为,依法行政对政府的要求是依据和遵守法的原理、原则、法的精神来恰当做出,如公开、公正、公平、诚信、信赖保护、考虑相关因素和不考虑相关因素,这是其一;其二,法律规定是受法的原理、原则支配的,法的原理、原则不仅指导立法,而且也指导执法、司法,政府实施行政行为,包括实施行政立法、行政执法、行政司法,都不仅要依据法的规定,而且要依法的原则、原理、法的精神;其三,法律规定适用于社会事务是需要解释的,执法者如何确定相应法律规定在具体情境中的含义,就必须依据法的原则、原理、立法本意和法的精神来解释。

第三,依法行政要求政府依法律规定行政。首先要求依行政管理法的规定行政,政府不严格按照行政管理法规定的范围、条件、标准和限度办事,自然谈不上依法行政。其次要求政府依行政组织法和行政程序法的规定行政。行政组织法规定政府的职责、职权。政府违反行政组织法的规定就会越位(即政府内部越权)、错位(即政府外部越权)、缺位(即政府不作为)。行政程序法规定了政府行为的方式、过程、步骤和时限。政府违反行政组织法和行政程序法的规定就会导致专断和滥用权力。可见,依法行政既要求政府依法定行为规则行政,又要求政府依法定职权和法定程序行政。

第四,依法行政要求政府对行政相对人依法实施管理。行政的基本含义是管理,没有依法管理就谈不上依法行政,依法行政不仅要求政府对行政相对人依法管理,还要求政府自身守法,依法提供服务和依法接受监督。政府守法是法治政府的基本要求。

法治首先是要依法治官,依法规范政府和政府公职人员的行为,而不是首先或者仅仅依法治民,只规范行政相对人的行为。政府脱离人民的监督,其权力就必然被滥用,社会公众的利益就必然被侵犯。

二、正当法律程序原则

正当法律程序原则起源于英国古代的自然正义原则,在西方国家对行政行为特别要求程序公正。它包含两条基本规则:

一是任何人不应成为自己案件的法官。根据这条原则,行政机关实施任何行政行为,参与做出该行为的官员如果与该行为有利害关系,或被人认为有成见或偏见,即应回避,否则该行为无效。

二是任何人在受到惩罚或其他不利处分之前,应为之提供公正的听证或其他听取意见的机会。根据正当法律程序原则,公民在遭受到人身自由被限制、财产被征用、申请许可证照被拒绝或受到吊销证照、罚款、开除公职等处罚或不利处分前,行政机关均应事前给予其通知,告知其处分的根据、理由,听取其申辩意见,否则该处分将被行政复议、司法审查确认无效。正当法律程序原则后来被《美国宪法修正案》(第5条、第14条)以成文法形式首次确定:任何人未经正当法律程序不得被剥夺其生命、自由和财产。自20世纪以来,随着对生命、自由、财产基本人权的更加尊重,这一条款的适用范围越来越广泛,甚至包括了公民领取抚恤金、救济金和政府大量福利行为。

正当法律程序原则的基本含义是指行政机关做出的影响行政相对人权益的行政行为,必须遵循正当法律程序,包括事先告知相对人,向相对人说明行为的根据和理由,听取相对人的陈述、申辩,事后为相对人提供相应的救济途径等。

正当法律程序原则主要包括以下三个方面的内容:

其一,回避制度的确立,即自己不做自己案件的法官。行政机关及其工作人员处理涉及与自己有利害关系的事情或裁决与自己有利害关系的争议时,应主动回避或应当事人的申请回避。在我国,行政复议和行政诉讼都是由实施相应行政行为以外的相关机构处理行政争议;在进行听证时,听证主持人由做出行政行为以外的人主持。由于我国传统的熟人社会、亲情社会,回避制度执行得不是很好,一是社会公众有纠纷,不是看法律政策规定的内容是什么,而是千方百计打听办事的人是谁。二是市场经济秩序和机制尚不健全,行政官员的行为与市场机制的运行之间缺乏有效的阻隔,即我们常说的"利益链"。三是长期存在的行政执法机制和体制弊端。如内部层级监督流于形式,外部监督缺失。

要落实好回避制度,一是要建立制度,从回避的情形和范围来界定。《行政处罚法》规定执法人员与当事人有利害关系的,应当回避。什么是利害关系,很难予以界定。如德国《行政程序法》规定:本人是参与人;是参与人的亲属;参与人的法定代理人或指定代理人;代理参与人的亲属;等等,"执法人员与当事人有利害关系",应当回避,规定得很具体。在国外,回避制度一般包括回避职能分离和禁止单方接触制度规定。中纪委关于领导干部廉洁从政准则规定的八种不得为行为也应属于回避的情形。二是要公开,加强监督。办事的程序、原则分开了,回避制度落实自然也就规范。比如行政执法人员首次接触行政相对人时,就应当向行政相对人及时告知自己的身份,出示执法证件,以便行政相对人监督。三是制度运作要顺畅,比如行政相对人申请行政执法人员回避,行政执法人员不能自行决定是否回避,而要由行政执法机关的负责人来决定;行政执法机关负责人的回避,则应当由执法机关集体决定或由其上级机关做出决定。例如,重庆打黑事件,律师李庄涉嫌伪证罪,法院庭审时李庄申请审判人员、公审人回避。审判长当庭决定,驳回申请。审判长当庭做出驳回决定,违反了《刑事诉讼法》规定的"审判人员、检察人员回避,应当分别由院长、检察长决定"的规定。

其二,说明理由。行政机关做出行政行为,特别是做出对行政相对人、利害关系人不利的行政行为,对社会公众生活有重大影响等行政行为,除非有法定保密的要求或者紧急情况下的应急需要,都必须说明理由。对于行政机关制定规范性文件等抽象行政行为,应公开起草说明、制定的理由;对具体行政行为,应在做出决定前或在做出决定时向行政相对人、利害关系人书面或口头说明所依据的事实及证据、决定的理由、适用的法律以及决定的内容。我国《行政处罚法》《行政许可法》均规定了行政机关做出行政行为向行政相对人说明理由的制度。

其三,听取陈述和申辩。行政机关做出任何行政行为,特别是做出对行政相对人不利的行政行为,必须听取相对人的陈述和申辩。行政机关做出严重影响行政相对人合法权益的行政行为,还应依行政相对人的申请或依法主动举行听证,通过行政相对人与执法人员当场举证、质证、辩论,审查行政机关据以做出行政行为认定的事实,证据的真实性、相关性与合法性,适用的法律的准确性,决定结果合法性、合理性。实际上听取行政相对人、利害关系人、社会公众的陈述和申辩,是一个各方冲突利益的均衡、各种诉求的折衷、各种价值选择的过程,自由裁量权的正确行使,就是在这么一个过程中来实现的。听取陈述和申辩也体现出了依法行政的民主色彩,从相对人到社会公众通过陈述、申辩以至听证,充分陈述自己的诉求,使自己的合法权益得到充分保障,人格尊严受到充分的尊重,更有利于和谐社会的构建。

与正当法律程序原则有关的还有行政救济原则。公平正义在依法行政中体现的一个基本准则是"无救济即无权力",行政权力相对公民的权利要强大很多,公民权利是无法与之抗衡的。公平正义一方面赋予行政机关有权依照法律给予的权限、依照法定的程序行使职责,做出行政行为;同时也赋予行政相对人有权申请行政复议机关、向人民法院提起行政诉讼撤销行政机关的行政行为,以及提出国家赔偿。因此,行政法律、法规都规定了在行政执法部门做出具体行政行为时,要告知行政相对人不服具体行政行为的,在接到行政决定书后一定期限内可以向上级主管机关或同级人民政府提起行政复议或者向人民法院提起诉讼。在现实生活中,救济途径不畅是一个实实在在存在的问题,无论如何,我们应该畅通救济通道,让社会公众诉求通过法律规定的途径来得以满足。

从现实生活中来说,公民权利受到侵害需要救济。从法律制度的结构层面来说,司法程序是最终的解决纠纷的机制,如果行政程序的制度缺失了救济途径也是一大缺陷。

三、行政公开原则

行政公开是行政主体在行使行政职权时,除涉及国家机密、个人隐私和商业秘密外,必须向行政相对人及社会公开与行政职权有关的事项。通过行政公开,行政相对人可以有效地参与行政程序,满足参政议政的愿望,以维护自己的合法权益;社会民众因此可以通过行政公开,预防行政权力被滥用,监督行政主体依法行使行政权力,提高行政行为的社会可接受性。行政公开是现代民主理论和基本人权理论发达的结果,它是行政主体的法定职责,同时也是行政相对人的权利。行政公开的本质是通过一种法律程序实现对行政权的制约,具有程序法律意义。

行政公开具有如下法律特征:

(1) 过程性。行政公开的过程性体现在行政公开原则始终贯彻于行政权行使的全过程。只要行政权的行使影响了行政相对人的合法权益,就必须向行政相对人公开相关事项和资讯,除非法律做出了相反的规定。行政公开的过程性决定了行政权的行使必然存在若干个阶段,由于每个阶段的行政权行使具有不同的要求或内容,因此,行政公开的内容也会随之发生变化。行政公开的过程性要求立法针对行政权行使的不同阶段,规定不同的行政公开内容、方式,从而尽可能实现行政公开原则的法律目的。

(2) 有限性。行政公开的有限性是指与行政权有关的事项(如法律有明确规定的),可以不列入行政公开的范围。行政不公开事项范围之所以存在,是因为行政公开不能以损害国家利益或者他人的利益为前提。但是,行政不公开的事项必须由法律明确规定,在某些事项是否可以公开的问题上,尽可能减少行政主体的自由裁量权,更不得由行政主体自行决定或者解释。因此,坚持行政事项公开是原则,不公开属于例外。

(3) 参与性。行政公开的参与性体现在行政公开的过程本身又是一个行政相对人参与行政权行使的过程。没有行政相对人的积极参与,行政事项的公开就没有任何意义。行政公开原则为行政相对人参与行政权的行使过程提供了条件,也使行政相对人的参与权获得了有效的保障。因此,在法律价值意义上,我们可以说行政公开原则从根本上改变了现代行政法的发展主题,改变了行政主体行使行政权的模式,改变了行政相对人在行政法律关系中的被动、依附的法律地位。

西方国家受天赋人权说的影响,很早就开始注重通过宪法来保护公民的基本权利,特别是现代社会,行政权的范围不断扩大,公民生活及社会运作的各个方面无不受到行政机关的控制和影响,而行政机关作为单方面的行为,最容易被滥用而导致侵犯公民权利。在这种情况下,监督行政机关、保障公民权利的要求越来越迫切,于是公民的知情权也上升到基本权利的高度从而获得了宪法的保障。1949年《德国基本法》第5条规定:"人人有自由采访可允许报道的知情权。"美国在20世纪50年代根据正当法律程序原则制定了《情报自由法》等直接规定了公民的知情权。正因为如此,行政机关在其行政管理活动中公开自己的行为,接受群众监督,以防止其滥用权利,保证依法行政,便成为法治时代的要求。

从理论上讲,行政管理活动中的有关行政事务的事项,只要不涉及国家机密、商业秘密和个人隐私,都应该向社会公众或特定的私人公开。从行政过程论的角度来分析行政公开的内容,具体可以细化为如下几个方面:①公开是原则,不公开是例外。对政府行为应该依法保密的则不予公开,包括国家秘密和个人隐私。②行政机关拥有的某公民个人材料无条件地向该个人公开,法律另有规定的除外。③行政机关颁布的一切涉及公民权利义务的规范性文件必须公开,未经正式发布,不发生法律效力。④凡要求公民承担的义务,包括公民在提出各种申请时应具备的条件登记程序都必须全部具体列举、公布、通知,不能在公民提出申请时一次又一次地提出新的条件和要求。⑤凡涉及公民基本权利义务的行政决定必须公布和通知。⑥公民有权要求政府提供咨询。⑦财务公开等。

四、行政参与原则

行政参与原则是指行政主体在实施行政行为过程中,行政相对人有权参与行政过程,并且有权对行政行为发表意见,并要求行政主体对所发表的意见予以重视。公民直接参与行政活动,不仅体现了人民当家做主的精神,也使行政机关在行政活动中能够充分、直接地听取公民意见,以避免错误和违法,同时,有利于公民加强对行政的监督。

行政参与原则重要性的原理在于它是社会发展的必然产物。首先,参与是发展中人权观的体现。现代人权保障制度是以法律肯定公民的积极地位为前提而建立起来的。在国家机关做出各项实体权利决定时,公民只有享有充分的陈述意见、辩论等的参与机会,才可能真正捍卫自己的人格权等基本人权。其次,参与行政也是现代国家职能转变的必然结果。现代社会,国家职能不再局限于消极保障人民不受国家的过度侵害的自由的"夜警国家",而在于要求国家相应地转向为公民谋取各种福利,提高生存质量的"福利国家"。这种性质的国家职能的实现必须听取公民的意见,因此,公民参与行政程序也是实现国家职能的需要。我国《宪法》第2条明确规定:"中华人民共和国一切权力属于人民。人民依照法律规定,通过各种途径和形式,管理国家事务,管理经济和文化事业,管理社会事务。"这是宪法赋予公民的一种权利。《宪法》同时还规定,行政机关与其他国家机关一样,要倾听人民的意见、建议,接受人民的监督,为人民服务,要经常同人民保持密切的联系。

现在我国已建立的参与原则主要体现在以下几个方面:

(1) 在做出影响公民基本权利义务的决定时必须听取公民的意见。如《行政处罚法》第32条第1款规定:"当事人有权进行陈述和申辩。行政机关必须充分听取当事人的意见,对当事人提出的事实、理由和证据,应当进行复核;当事人提出的事实、理由和证据成立的,行政机关应当采纳。"

(2) 行政机关制定各种影响公民权利义务的规范应建立公平听证程序。听证的程序在《行政处罚法》《行政许可法》中都有明确规定,要求听证必须制作笔录,并且要根据听证笔录来做出行政行为决定。

(3) 在做出具体影响公民权利义务的决定时,必须听取当事人的意见。如《价格法》第23条规定:"制定关系群众切身利益的公用事业价格、公益性服务价、自然垄断经营的商品价格等政府指导价、政府定价,应当建立听证会制度,由政府价格主管部门主持,征求消费者、经营者和有关方面的意见,论证其必要性、可行性。"而开创价格听证程序先河的当属铁道部关于春运期间部分旅客列车实行票价上浮的行政行为举行听证。

积极参与行政是维护行政相对人合法权益的重要途径,参与使行政相对人在行政政策或决定做出以前充分发表意见,影响或改变行政机关的决定,从而避免违法不当的行政决定给当事人造成难以弥补的损失。公民主动参与行政政策过程将对行政机关依法行政具有巨大的推动作用。同时,行政参与原则也使得行政公开原则更有意义。没有参与原则,公开原则充其量只是让行政相对人知晓而已,行政相对人还只是"可知而不可为",其民主权利依然无法真正实现。

资料

乔占祥诉铁道部票价上浮案

　　河北律师乔占祥起诉铁道部在2001年春运期间对部分旅客列车实行票价上浮一案,2003年2月21日上午由北京市第一中级人民法院做出一审判决,法院驳回乔占祥的诉讼请求。

　　据了解,2000年12月21日铁道部向有关铁路局发布了关于2001年春运期间部分旅客列车实行票价上浮的通知。通知确定2001年春节前10天及春节后23天北京铁路局、上海铁路局、广州铁路(集团)公司等始发的部分直通列车实行票价上浮20%～30%。为此,乔占祥在2001年1月17日及22日分别购买的车票共多支付9元。乔占祥认为铁道部的通知侵害了他的合法权益,向铁道部提起行政复议。2001年3月19日铁道部做出《行政复议决定书》,决定维持票价上浮通知。乔占祥针对上述票价上浮通知及铁道部的复议决定,起诉到北京市一中院,请求法院判决:撤销复议决定,责令铁道部履行转送审查职责;撤销票价上浮通知。

　　北京市一中院经审理后认定,调整和缓解春运期间客运量与铁路运能的突出矛盾,是保证铁路客运正常发展的客观需要。铁道部依职权拟定的票价上浮通知体现了《价格法》的有关规定,包含了市场需求、地区差别、季节变化和社会承受力等因素,符合法律规定及客运市场的价值规律。

　　另外,铁道部做出的2001年春运期间部分旅客列车价格上浮的决定,是经过有关市场调查、方案拟定、报送国家计委审查,国家计委在国务院授予其批准的权限范围内予以批准后,铁道部依据国家计委的批准文件做出的,上述程序未违反有关法律规定。

　　乔占祥认为铁道部所作的票价上浮通知未经国务院批准及铁道部未能组织价格听证会,并由此请求法院对铁道部做出的上浮票价的通知予以撤销的诉讼请求,缺乏事实依据和法律依据。而且依据价格法的有关规定,主持价格听证会不属于铁道部的法定职责,因此,本案的诉讼并不涉及价格听证及其相关问题。

　　据此,北京市一中院依法做出驳回乔占祥诉讼请求的判决。其后,北京市高级人民法院做出行政判决书[(2001)年高行终字第39号]驳回上诉,维持原判。

本 章 小 结

　　本章的主要内容是行政程序,分两节介绍。第一节介绍行政程序的概念、分类与功能等。行政程序是指行政机关实施行政行为所应遵循的方式、步骤、时限和顺序,它具有法定性、多样性、分散性、顺序性等特征。行政程序可分为:①事先程序与事后程序;②内部程序和外部程序;③抽象行政程序和具体行政程序;④行政立法程序、行政执法程序和行政司法程序;⑤强制性程序和任意性程序。行政程序具有正面肯定功能,也具有反面否定功能,后者主要在于解决行政主体违反行政法定程序要承担的否定的后果。

　　第二节介绍行政程序的基本原则。行政程序法律制度的基本原则一般包括:依法行政、正当法律程序原则、行政公开、行政参与、行政公正、行政公平等原则。依法行政原则是法治国家、法治政府的基本要求。依法行政的"法",包括宪法、法律、法规、规章。依法行政不仅要求政府依法的明文规定行政,而且要依法的原则、原理以及法的精神行政。依法行政要求政府依法律规定行政。依法行政要求政府对行政相对人依法实施管理。正当法律程序原则是指行政机关做出的影响行政相对人权益的行政行为,必须遵循正当法律程序,包括事先告知相对人,向相对人说明行为的根据和理由,听取相对人的陈述、申辩,事后为相对人提供相应的救济途径等,正当法律程序原则主要包括了以下三个方面的内容:其一,回避制度的确立,也即自己不做自己案件的法官;其二,说明理由;其三,听取陈述和申辩。行政公开原则是行政主体在行使行政职权时,除涉及国家机密、个人隐私和商业秘密外,必须向行政相对人及社会公开与行政职权有关的事项。行政公开具有如下法律特征:①过程性;②有限性;③参与性。行政参与原则是指行政主体在实施行政行为过程中,行政相对人有权参与行政过程,并有权对行政行为发表意见,而且有权要求行政主体对所发表的意见予以重视。公民主动参与行政政策过程将对行政机关依法行政具有巨大的推动作用。同时,行政参与原则也使得行政公开原则更有意义。

案 例 分 析

范某诉昆明市盘龙区人民政府房屋征收补偿决定案

2011年9月3日,昆明市盘龙区人民政府(以下简称区政府)发布国有土地上的征收决定公告,范某的房屋位于征收范围之内。在征收补偿方案所确定的补偿期限内,房屋征收部门与范某未能达成安置补偿协议。2012年1月2日,有关评估公司对被征收人范某的房屋进行评估并形成了评估报告。房屋征收部门未将该评估报告送达给被征收人范某。2012年3月2日,区政府对被征收人范某做出了房屋征收补偿决定。被征收人范某对该征收补偿决定不服,向人民法院提起行政诉讼。一审法院判决驳回范某的诉讼请求;二审法院认为,区政府做出的房屋征收补偿决定事实不清,行政程序违法,判决撤销一审判决,并撤销区政府做出的房屋补偿决定。

问题:本案中人民法院的判决是否恰当?请说明理由。

复 习 思 考

1. 简述行政程序的含义与特征。
2. 思考行政程序的基本原则。
3. 举例说明行政程序的价值与功能。

第十七章 行政复议

学习目标

- 知识目标:了解行政救济的基本概念与类型及其分类标准;掌握行政复议制度的基本功能、特征与逻辑;掌握行政复议的原则、范围、管辖机关;了解行政复议的程序、依据与行使;掌握行政复议及决定的种类及其适用条件。
- 能力目标:能够运用行政救济的基本概念与类型决定如何适用行政救济;能够根据行政复议制度的相关知识提出、处理或评价行政复议。

第一节 行政复议概述

案例引导

赵某原为一中外合资企业合同工,1999年3月26日被聘到该公司企管部工作,工资标准为每月2 500元,试用期为3个月,期间工资按标准月工资80%执行。试用期满后,公司将其调入综合管理部工作。1999年9月,公司鉴于其本人工作表现,决定予以辞退。赵某以该公司未按月工资2 500元的工资标准发放和未给其办理社保为由,向市劳动局投诉,要求对公司予以查处,保护其本人合法权益。市劳动局调查后,对该公司进行了处罚,同时责成妥善处理赵某反映的有关情况。赵某认为市劳动局对公司的处罚过轻,欲通过行政复议进行申诉。

思考:通过本案,你认为行政复议有什么样的功能?

一、行政救济的含义与分类

(一) 行政救济的含义

有权利必有救济是现代民主法治的基本原则。如果一项权利没有匹配相应的救济制度,无法通过相应的救济制度来保障和落实,那么该权利就不能被称为法律权利。公民在行政法上的权利必须以相应权利救济制度为支撑,而国家也必须建立相应制度来保障公民权利得到切实救济。我国《宪法》第33条第3款规定:"国家尊重和保障人权"。第41条第3款规定:"由于国家机关和国家工作人员侵犯公民权利而受到损失的人,有依照法律规定取得赔偿的权利。"为了切实保障公民权利在被公共行政机关或组织侵害后受到救济,我国不仅制定了《行政复议法》《行政诉讼法》《国家赔偿法》等有关法律,还在一些单行法律、法规以及规章中规定公民获得行政救济的权利与途径;不仅通过上述法律规范赋予公民获得法制化救济的权利,还通过一些监督法律规范赋予公民通过行政监督法制获得救济的权利。概言之,行政救济是受到公共行政侵害

的公民、法人或其他组织寻求行政法上救济时所依据的法律规范与制度的总称。对于行政救济的含义,我们可从以下三个方面来理解:

第一,行政救济不包括行政机关内部公务员在其权益为行政机关通过人事惩戒制度所侵害时所获得救济。在我国,公务员要救济自己的权益需通过特定的内部救济机制而不是行政救济机制。因此,行政救济体现了行政机关与外部法律主体之间的关系。

第二,行政救济不包括公民、法人或其他组织在其权益为非公共性质组织所侵害时所寻求的救济。公民即使通过诸如行政裁决、调解的方式获得救济,也不属于行政救济。因此,行政救济体现了公民与公共行政组织之间的对抗关系。

第三,行政救济是公民在权利被侵害后获得救济的渠道与方式,即公民通过何种方式向哪个机关提出救济请求,而不是公民获得哪种形式的救济。何种形式的救济本质上依然属于实体权利的范畴,比如处分公民权利的行为被撤销,被认定为无效,对公民不产生法律约束力,这实际上是公民在法律关系上豁免权这一实体权利的组成部分。① 有学者将行政赔偿并列于行政复议与诉讼,认为是行政救济的一种类型,笔者对此不敢苟同。行政赔偿体现的是实体性法律关系,行政赔偿请求权是公民原先的财产权、人身权等实体权利被侵害后转化而成的次生型权利,而行政复议与行政诉讼体现的是公民获得救济的渠道与途径,属于程序性范畴。

(二) 行政救济的分类

行政救济分为法制化救济与非法制化救济。

法制化的救济主要是行政诉讼与行政复议。行政复议是行政机关或行政机关委托的组织按照相应程序受理和处理行政争议的制度,依托于行政机关上下级之间的领导与被领导、监督与被监督关系。行政机关根据这一层级权威与权力,对下级行政机关的具体行政行为的合法性与合理性进行审查,为权益受到该行为剥夺、限制、侵犯或影响的公民、法人或其他组织提供法律救济。1990年国务院发布了《行政复议条例》(已失效,现为《行政复议法实施条例》),建立了行政复议制度,1999年全国人大常委会制定了《行政复议法》,进一步完善了该制度。基于《行政复议法》,公民在认为其权益受到具体行政行为侵犯时,有权要求对该行为有复议权的行政机关受理复议申请,启动复议程序,在法定时限内依法做出复议决定,决定是否以及如何提供相应救济。换言之,根据《行政复议法》,每一个公民、法人或组织在符合法定条件时都有给复议机关下达复议义务的权利,一旦该权利被行使,复议机关就有了进行复议的义务,对此复议机关不能拒绝。为了督促复议机关积极、理性地行使复议权力,2014年修订实施的《行政诉讼法》进一步加大了对复议机关的司法监督。

行政诉讼是人民法院依照宪法、法律的授权,依照司法程序受理和处理行政争议案件的制度。在公民认为其权益受到行政行为剥夺、限制、侵犯或影响时,有权提起诉讼,要求有管辖权的人民法院提供救济。人民法院可以依照公民被侵害的权利的类型,通过相应的撤销、变更、赔偿、给付与确认判决等,对公民权益进行救济。需要注意的是,因为法院对行政机关不具有复议机关那样的层级权威,所以它对于行政机关剥夺、限制公民自由与权利的行政行为,只能审查其合法性,不能审查其合理性。

作为主观权利化的权利救济方式,行政复议与行政诉讼各有侧重、优劣。基于其行政层级性权威,行政复议的优点在于:复议机关既有管理经验和专门知识,又有足够的权威让下级行政机关执行复议决定,同时还可以对行政行为进行深度审查,而且程序简便、高效,从而使公民、法人或其他组织的合法权益能都得到迅速有力的救济;其弱点在于:行政复议机关与被复议行政机关是上下级关系,同处行政系统之内,具有千丝万缕的联系,因此很难处于独立、中立的位置并保证复议的客观公正性。而行政诉讼基于其独立性与法律适用方面的最终性,其优点在于:能够更加中立、客观与公正地处理行政争议、提供行政救济;其弱点在于:法院的审查强度不如复议机关,法院审理程序的效率不如复议机关,法院确保判决得到执行的权威不如复议机关。也正因为两者各有侧重,所以我国法律规定,在大部分情况下,公民、法人或其他组织在寻求行政救济时,可以根据自己的需要选择行政复议或行政诉讼,而不是只能选择一种;而且通过相应的制度设

---

① 参见[美]霍菲尔德:《基本法律概念》,张树友译,中国法制出版社2009年版。

计,在大部分情况下,当事人选择行政复议后如果对复议结果不满还可以进行行政诉讼来救济自己的权利。

非法制化的救济主要包括申诉与控告。行政救济意义上的申诉,是指认为其权益遭受国家行政机关或其他公共行政主体侵犯的公民、法人或其他组织,向国家机关陈述事实和理由并要求救济的行为。因为这种诉求对相应国家机关并没有法律约束力,不能成立该机关提供救济的法律义务,所以在法律上这种申诉属于公民维护自身权益的意愿表达,具有言论自由的效果,即可以表达这种意愿,但这种意愿没有法律效力,不产生法律效果。除非法律对此予以禁止,否则公民可以向任何国家机关表达救济需要。根据我国现行立法,公民提出的申诉主要有向地方人大常委会提出的申诉、向行政监察机关提出的控告与申诉以及向信访机关提出的申诉。

二、行政复议的概念与特征

(一) 行政复议的含义与属性

行政复议是指公民、法人或者其他组织认为行政机关的具体行政行为侵犯其合法权益,按照法定的程序和条件向做出该具体行政行为的上一级行政机关(行为机关所属的人民政府或上一级主管部门)提出申请,受理申请的行政机关对该具体行政行为进行复查,并做出复议决定的活动。在我国,行政复议具有如下属性:

第一,行政复议是行政行为而非司法行为。行政复议的本质属性是行政机关行使其手中的行政权,监督、处理下级行政机关的行为。它的权力基础在于官僚等级制的行政权,因此本质上属于行政行为,并不是司法行为。也正因为它是基于行政权而运作的,所以复议程序、审查强调、管辖权配置、审理依据以及复议决定方面与行政诉讼存在着很多不同。

第二,行政复议具有一些司法行为的形式与特征。行政复议机关充当争议裁决人,对争议做出裁决;公民与被复议行政机关类似于司法诉讼中的两造对抗的当事人;行政复议只能基于公民的申请而启动,而不能主动启动复议权去审查行政机关的行为。当然,上级行政机关可以主动监督、纠正下级行政机关的行为,但这种行为不属于复议行为。复议机关基于其领导权,当然可以变更被复议行为,但是这并不符合行政机关事务管辖与处理的等级制特征,因此只是例外而非常态。相应地,复议机关主要扮演的是类似司法机关的裁决者角色。但其实质又是行政处理和行政监督的结合。

第三,行政复议是一种权利救济机制。行政复议兼具行政监督与救济的属性,救济功能的实现以监督权力的存在为前提,没有行政机关基于层级权威对下级行政机关的监督权力,就没有行政复议的权利救济功能,但救济是行政复议的主要属性。这是因为,公民有提起行政复议的权利,复议机关有依法提供救济服务的义务,如果不履行这一义务,公民有权提请诉讼,通过法院来落实复议机关的复议义务。不管行政机关是否愿意启动监督,它都有因公民申请而启动复议的义务。此时,行政复议的救济功能推动了行政复议的监督功能,所以,行政复议首先是一种权利救济机制,其次才是行政监督机制。

(二) 行政复议的特点

第一,行政复议一般是由原行政机关的上一级行政机关进行的。它是上级行政机关对下级行政机关进行层级监督的一种较为规范的活动,这是行政复议的层级监督功能与行政复议权力的源泉所决定的,体现了行政复议的等级制色彩。

第二,行政复议是一种依申请的行为。所谓依申请属性,是指只有公民提起申请,行政机关才能启动复议程序,行使复议权力。这说明了行政复议既属于行政机关的权力,也属于行政机关的义务,也说明公民通过申请表达了获得救济的意思,给复议机关创设了一个启动复议程序,按照公民请求进行复议、提供救济的义务。因此,复议才成为法制化救济。

第三,行政复议一般采取书面审理的方式。行政复议机关受理申请后,根据复议申请人提交的申请和被复议机关提交的答辩进行审查并做出决定,而不是通过类似司法诉讼那样的公开、对峙性程序进行审查。

之所以如此，一方面是为了提供区别于行政诉讼的差异化救济，即程序简便、高效的救济；另一方面则是因为行政机关具有相关行政经验，对所复议事务比较熟悉，不需要通过两造对抗式程序也能了解争议查明事实进而做出决定。当然，复议机关根据需要，也可以召集复议当事人了解案件情况。

第四，行政复议以特定行政行为为审查对象，并附带审查部分抽象行政行为。行政机关做出的行为分为很多类型，包括事实行为、侵权行为，包括运用权力对争议予以裁决、对行为或事实的法律效果予以确认的裁决行为、确认行为，还包括运用权力剥夺、限制公民自由与权利的行为。行政复议主要针对裁决行为、确认行为、具体行政行为，同时附带审查作为上述行为依据的抽象行政行为。根据我国《国家赔偿法》的规定，行政侵权行为引发的争议主要通过行政先行程序与行政赔偿诉讼程序来解决，而我国《国家赔偿法》在司法赔偿制度中也设定了复议程序，因此，不宜将赔偿纠纷或行政侵权行为也作为行政复议的审查对象，以免加重复议机关与赔偿请求人的负担，同时混淆司法案赔偿中的复议制度。

第五，行政复议实行全面审查。凡属于行政复议受案范围的具体行政行为，行政复议机关对此做出的审查不受复议申请人申请事项范围的限制，既应对具体行政行为的事实进行审查，又应当对具体行政行为的法律依据进行审查；既应当对具体行政行为的合法性进行审查，还应当对具体行政行为的合理性即是否适当进行审查。这既是为了保障公民权利能得到全面救济，也是为了实现上级行政机关对下级行政机关的全面监督。当然，这一特征基于行政复议的行政性。

第六，行政复议实行一级复议原则。行政争议经行政复议机关的一次审理并做出决定后，申请人即使不服，也不得再向有关行政机关申请复议，而只能向法院提起行政诉讼。这是由行政复议的行政性所决定的，毕竟，行政复议是建立在行政系统内部的自我纠错逻辑与权威之上的，具有自身难以克服的缺陷，在审查具体行政行为时很难做到完全的客观、公正。如果采取多级复议，不仅不能避免缺陷，反而会增加行政成本，延迟解决行政复议的时间。行政复议虽然是权利救济，但并不是最终的法律救济，所以没有必要通过多级复议制度来保障公民权利得到充分救济。

三、行政复议的原则

第一，合法原则。在行政复议过程中，无论是行政复议机关，还是复议申请人，或是被申请复议的行政机关，以及其他参与复议程序的主体，都应当遵守现行有关的行政复议的法律、法规、规章以及规范性文件。

第二，公正原则。行政复议机关应当从全面救济申请人权利的角度展开复议，对被复议行政行为的合法性以及合理性进行全面审查。

第三，公开原则。行政复议机关在行政复议过程中，除涉及国家秘密、商业秘密与个人隐私外，整个过程应当向行政复议申请人和社会公开。"阳光是最好的防腐剂"，因此复议公开有助于实现复议的公正性。当然，因为行政复议一般是通过书面审查的方式展开的，所以复议公开主要体现为复议信息的公开。我国《行政复议法》第23条第2款规定："申请人、第三人可以查阅被申请人提出的书面答复、做出具体行政行为的证据、依据和其他材料，除涉及国家秘密、商业秘密和个人隐私外，行政机关不得拒绝。"

第四，及时原则。行政机关应当在法定期限内，尽快完成复议案件的审查，并做出相应的决定，为行政相对人提供及时的法律救济。行政机关在法定期限内没有做出复议决定的，公民可以提起行政不作为诉讼，请求法院判决复议机关在法定期内履行复议的责任。如此规定，既是为了保障公民通过复议寻求救济的权利，也是为了便利于公民对复议结果不满时能够通过行政诉寻求救济。

第五，复议不加重原则（或称行政复议不利变更禁止原则）。所谓复议不加重原则，是指复议机关所做出的复议决定，不能超越被复议行政行为给复议申请人施加更多负担或是更多、更严厉的剥夺或限制申请人自由或权利。它是当今世界许多国家和地区在类似于我国的行政复议制度中规定的一项基本原则，充分体现了行政复议的权利救济性质。不过，我国现行的行政复议制度中没有明确规定该项原则。为了充分体现行政复议的权利救济性质，有必要在修改《行政复议法》时确立这一原则。当然，如果第三人参与复议且第三人主张加重申请人负担的，复议机关不应该受这一原则约束，毕竟，第三人的权利同样值得保护、救济。

第十七章 行政复议

第二节 行政复议的范围与主体

案例引导

姚某系某县农场商店第五门市部的承包人,持有烟草专卖局颁发的烟酒类专卖许可证。1997年1月1日,该县县政府为扶持本县的烟酒行业,发布《禁止本县烟草专实商跨地区批发购销烟酒的有关决定》的文件。姚某于1997年5月21日从外市批发了三十箱外地酒进行销售。该县烟草专卖局得知消息后对姚某的门市部进行检查,检查中并未出示检查证件,即以姚某跨地区经营烟酒为由,当场对其进行了罚款480元的行政处罚,处罚后也未向姚某出具正式发票和处罚单据。姚某不服向县烟草专卖局的上一级机关市烟草专卖局申请行政复议,并要求复议机关对该县县政府发布的《禁止本县烟草专卖商跨地区批发购销烟酒的有关决定》的文件一并进行审查。复议机关受理复议申请后,经审查认为,被申请人县烟草专卖局做出的行政处罚决定所依据的规范性文件违反行政法规、规章的有关规定,适用依据错误,同时行政处罚决定严重违反法律规定的法定程序,因此将被申请人的行政处罚决定予以撤销。同时,将该县县政府发布的文件移交给市政府审查进行处理。

思考:在审查被申请复议的具体行政行为时,复议机关能对具体行政行为所依据的哪些规范性文件一并进行审查?复议机关在对这些抽象行政行为一并进行审查时应遵循哪些规则,应如何处理?

一、行政复议的范围

(一) 可复议具体行政行为的范畴

根据《行政复议法》的规定,公民、法人和其他组织对下列行政行为不服的,可以申请行政复议:①对警告、罚款、没收违法所得、没收非法财务、责令停产停业、暂扣或者吊销许可证、暂扣或者吊销执照、行政拘留等行政处罚决定不服的;②对限制人身自由或者查封、扣押、冻结财产等行政强制措施不服的;③对有关许可证、执照、资质证、资格证等证书变更、中止、撤销的决定不服的;④对关于确认土地、矿藏、水流、森林、山岭、草原、荒地、滩涂、海域等自然资源的所有权或者使用权的决定不服的;⑤认为行政机关侵犯合法的经营自主权的;⑥认为行政机关变更或者废止农业承包合同,侵犯其合法权益的;⑦认为行政机关违法集资、征收财务、摊派费用或者违法要求履行其他义务的;⑧认为符合法定条件,申请行政机关办许可证、执照、资质证等证书,或者申请行政机关审批、登记有关事项,行政机关没有依法办理的;⑨申请行政机关保护人身权利、财产权利、受教育权利的法定职责,行政机关没有依法履行的;⑩申请行政机关依法发放抚恤金、社会保险金或者最低生活保障费,行政机关没有依法发放的;⑪认为行政机关的其他行政行为侵犯其合法权益的。

总的来说,上述行为包括了三方面:第一类是行政机关运用行政权力剥夺或限制了公民的自由、权利或资格的行为。主要是①、②、③、⑤、⑥、⑦项中的行为;第二类是行政机关没有依法行使权力或错误运用该权力确认公民分享公共资源的权利或确认公民公共资源分享权之构成要件的行为。比如行政机关没有依法确认公民达到了一定能力、年龄或其他个人特征从而使得公民无法获得某种分享公共资源的资格,主要是④、⑧项中的行为;第三类是行政机关没有履行法定给付义务从而使公民权利无法落实或是受到侵害的行为,主要体现为⑨、⑩项中的行为。从法律关系类型出发,凡是通过上述行为剥夺、限制了公民权利或自由,或是没有确认公民在公法上资格或能力的,或是没有履行法定职责保护公民权利或是落实公民权利的,都可以被复议。

333

(二) 可一并纳入行政复议的行政规定的范畴

我国《行政复议法》对抽象行政行为的可复议性作了一定程度的规定，即确立了可以附带请求审查部分抽象行政行为的制度。《行政复议法》第7条规定，"公民、法人或者其他组织认为行政机关的具体行政行为所依据的下列规定不合法，在对具体行政行为申请行政复议时，可以一并向行政复议机关提出对该规定的审查申请：（一）国务院部门的规定；（二）县级以上地方各级人民政府及其工作部门的规定；（三）乡、镇人民政府的规定。前款所列规定不含国务院部、委员会规章和地方人民政府规章。规章的审查依照法律、行政法规办理"。这里的"规定"即行政规范性文件。之所以不能申请复议国务院制定的规定，是因为国务院乃最高行政机关，统领一切行政职权，下级行政机关的职权乃至复议职权都源于国务院，所以基于下级服从上级原则，任何复议机关都不可能复议审查国务院制定的规定。

对上述规定的审查只能依托于对具体行政行为的复议而进行，而不能单独提起。这是因为，行政规定针对不特定的行政相对人，所以复议申请人不能单独提起行政复议去否定这一普遍适用之规范的有效性。所以，申请人欲对行政决定提起复议申请，必须符合如下条件：一是申请人必须提起针对具体行政行为的行政复议；二是在提起行政复议时针对被复议行政行为赖以做出的行政决定提起附带审查。复议机关应当根据权限对该规定进行审查，如果没有相应审查权力，比如复议机关是该规定制定主体的下级，那么复议机关应当中止复议，由有权限的机关对此决定进行审查。

(三) 不可申请复议的行为

除了上面列举可复议的行为外，《行政复议法》与《行政复议法实施条例》还从反面列举了不可复议的行为，即行政法规、行政规章、内部行政行为、居间行为。行政法规、行政规章是有权进行立法的机关，根据《宪法》、《立法法》以及法律授权而进行立法的结果，具有立法性质，适用性广，而且具有较强合法性与正当性，因此不宜由复议机关进行附带审查。内部行政行为属于行政机关内部的人事管理行为，较为特殊，要服从于国家人事管理的需要，目前被认为不宜申请复议。居间行为没有强制力，也不是能导致侵害的行为，既不会剥夺公民的权利也不会侵害公民的权利，所以没有复议的必要。

二、行政复议机关及其管辖分配

(一) 行政复议机关

行政复议机关是指依照法律的规定，有权受理行政复议的申请，依法对被诉具体行政行为进行合法性、适当性审查并做出决定的行政机关。根据现行的法律、法规的规定，行政复议机关的种类主要是：①做出被申请的具体行政行为的行政主体，主要是国务院部委以及省级人民政府。之所以由这些人民政府或部门复议自己，是为了维持司法救济最终原则；②做出被申请的具体行政行为的行政主体的上一级行政机关；③做出被申请的具体行政行为的行政主体所属的人民政府。[①]

(二) 行政复议机构

行政复议机构是享有行政复议权的行政机关内部设立的一种专门负责行政复议案件受理、审查和裁决工作的办事机构。行政复议机构不是行政主体，它不能以自己的名义对外行使职权，上下级行政复议机关的行政复议机构之间也没有领导关系，它们各自对所属的行政复议机关负责。根据《行政复议法》的规定，行政机关或人民政府内部负责法制工作的机构为行政复议机构。根据《行政复议法》第3条的规定，依照本法履行行政复议职责的行政机关是行政复议机关。行政复议机关负责法制工作的机构具体办理行政复议事项，履行下列职责：①受理行政复议申请；②向有关组织和人员调查取证，查阅文件和资料；③审查申请行

---

① 马怀德主编：《行政法与行政诉讼法》，中国法制出版社 2000 年版，第 428～429 页。

政复议的具体行政行为是否合法与适当,拟订行政复议决定;④处理或者转送对本法第七条所列有关规定的审查申请;⑤对行政机关违反本法规定的行为依照规定的权限和程序提出处理建议;⑥办理因不服行政复议决定提起行政诉讼的应诉事项;⑦法律、法规规定的其他职责。

有学者认为,《行政复议法》规定将各级行政复议机关的法制机构作为行政复议机构,这种制度安排存在很大缺陷:①行政复议职能虽然属于各级行政机关,但具体履行该职能的却是法制机构,而其作为行政机关的一个内设机构,难以有效发挥行政复议的监督和救济功能。②行政复议机构的专业性和独立性没有保证。复议工作人员由于其所在机构的工作定位与行政机关政务、事务工作人员并无二致,其自主意识和专业知识得不到独立发挥,很难公正裁判。③行政复议程序的特殊性难以体现。许多行政机关领导将复议机构视同普通内设机构,把复议案件的办理视同一般的行政管理行为来操作,将行政复议文书作为一般性公文来对待,办案程序完全按照"行政化"的模式;收文、办文、呈文、征求意见、逐级会签,效率很低。① 这种观点虽然有一定道理,但是没有注意到行政复议权威的来源,忽略了公正与效率价值对于保障行政复议权威的重要性。

(三) 行政复议的管辖

(1) 对县级以上地方各级人民政府工作部门的具体行政行为不服的,由申请人选择,可以向该部门的本级人民政府申请行政复议,也可以向上一级主管部门申请行政复议。

(2) 对海关、金融、国税、外汇管理等实行垂直领导的行政机关和国家安全机关的具体行政行为不服的,向上一级主管部门申请行政复议。

(3) 对地方各级人民政府的具体行政行为不服的,向上一级地方人民政府申请行政复议。

(4) 对国务院部门或者省、自治区、直辖市人民政府的具体行政行为不服的,向做出该具体行政行为的国务院部门或者省、自治区、直辖市人民政府申请行政复议。对行政复议决定不服的,可以向人民法院提起行政诉讼;也可以向国务院申请裁决,国务院依照《行政复议法》的规定做出最终裁决。这种裁决的最终性意味着,国务院的裁决排除了之后司法管辖与司法救济的可能。

(5) 对县级以上地方人民政府依法设立的派出机关的具体行政行为不服的,向设立该派出机关的人民政府申请行政复议。我国地方政府的派出机关分别是省级人民政府设立的行政公署、省辖市人民政府设立的区公所以及县(区)人民政府设立的街道办事处。

(6) 对省级人民政府依法设立的派出机关所属的县级人民政府的具体行政行为不服的,由该派出机关作为复议机关。

(7) 对政府工作部门依法设立的派出机构依照法律、法规或者规章规定,以自己的名义做出的具体行政行为不服的,向设立该派出机构的部门或者该部门的本级地方人民政府申请行政复议。

(8) 对法律、法规授权的组织的具体行政行为不服的,分别向直接管理该组织的地方人民政府、地方人民政府工作部门或者国务院部门申请行政复议。

(9) 对两个或者两个以上行政机关以共同的名义做出的具体行政行为不服的,向其共同上一级行政机关申请行政复议。这里的"以共同名义做出",应当理解为共同签署做出具体行政行为。

(10) 对被撤销的行政机关在撤销前所做出的具体行政行为不服的,向继续行使其职权的行政机关的上一级行政机关申请行政复议。如果没有继续行使该职权的机关,那么由撤销该机关的行政机关充任复议机关。

三、行政复议参加人

行政复议参加人是指与所争议的行政决定有着法律上的利害关系,因此参加复议并且其法律上的利益受复议决定所侵害或影响的当事人,包括申请人、被申请人和第三人等。

(一) 行政复议申请人

行政复议的申请人是指认为其合法权益受到行政主体实施的具体行政行为的侵害而提出行政复议申

---

① 杜宝国、陈欢欢:《我国现行行政复议体制的缺陷分析》,载《法学研究》2004年第2期。

请的行政相对人。需要注意的是,此处的"认为",只是行政相对人的一种主观认识,即只要行政相对人主观地认为行政主体实施的具体行政行为侵犯了其合法权益即可申请行政复议。具体行政行为是否确实侵犯其合法权益是行政复议审查的核心问题,是复议机关受理复议后进行审查才能确定的,所以复议机关不能以申请人不能证明被复议行为确实侵害了申请人权益而拒绝受理行政复议。若有申请资格的行政相对人为无行为能力人或限制行为能力人,其法定代理人可以代理其申请并参加行政复议活动。若有申请资格的自然人死亡,其近亲属可申请行政复议;有权申请行政复议的组织终止,承受其权利的组织可申请行政复议。

(二)行政复议被申请人

行政复议被申请人即申请人认为其权益为其具体行政行为所侵犯的行政主体。根据《行政复议法》的规定,被申请人主要有以下几种情况:①申请人对行政机关做出的具体行政行为不服,直接申请复议的,该行政机关是被申请人;②对县级以上地方人民政府依法设立的派出机关的具体行政行为不服申请复议的,该派出机关是行政复议被申请人;③两个或两个以上行政机关以共同名义做出同一具体行政行为的,共同做出该具体行政行为的行政机关是被申请人;④经上级机关批准而做出具体行政行为的,被申请人是在行政处理决定书上署名盖章的机关;⑤授权组织做出的具体行政行为引起行政复议,该组织是被申请人。根据最高人民法院相关司法解释的规定,法律、法规或者规章都可以授权行政机关内设机构、派出机构或者其他组织实施相关的行政行为;⑥行政机关委托的组织做出的具体行政行为引起行政复议的,委托的行政机关是被申请人;⑦做出具体行政行为的行政机关被撤销的,继续行使其职权的行政机关是被申请人。这里存在三种情况:一是做出具体行政行为的行政机关被合并的,被申请人是合并后的行政机关;二是做出具体行政行为的行政机关被分解的,被申请人是分解后承担原具体行政行为所体现之职能的行政机关;三是做出具体行政行为的行政机关被解散的,被申请人是解散它的上级行政机关或者有权机关指定的其他行政机关。

(三)行政复议第三人

行政复议中的第三人是指与被申请复议的具体行政行为有利害关系,复议决定可能导致其现有法律地位或利益变更、消灭,从而通过申请或复议机关通知,参加复议的公民、法人或者其他组织。对于行政复议中的第三人,我们可从以下三个方面理解:

第一,第三人与被申请复议的具体行政行为有利害关系,该具体行政行为涉及第一人的权利和义务,也涉及第三人的利益,复议决定因此会直接影响到第三人的权益,导致第三人现有的法律地位发生变化,比如从以前的排他性权利变成非排他性的自由,比如从独享公共资源的地位变成要与他人竞争性分享公共资源的地位。此时,如果不允许其参加行政复议程序并听取其意见,将会产生不公平的结果。

第二,第三人是以自己的名义,为了维护自己的合法权益而参加行政复议,享有与复议申请人基本相同的复议权利,具有独立的法律地位,对复议决定不服,可以以原告资格依法提起行政诉讼。

第三,第三人参加行政复议的时间,是在行政复议程序开始之后、终结之前,经过行政复议机关批准参加复议的,在复议尚未开始或者已经结束后,不存在第三人参加复议的情况。

在行政复议的实践中,主要有如下三种第三人参与复议的情形:

其一,在行政处罚案件中,违法行为实施人和受害人任何一方不服行政处罚决定,都可以申请行政复议,另外一方可以作为第三人参加行政复议;如果存在多个被处罚人,部分被处罚人不服处罚决定从而申请行政复议的,其他被处罚人也可以作为第三人参加行政复议。

其二,在行政裁决、行政确权案件中,被裁决、被确权的民事纠纷的一方当事人不服裁决、确权决定,提起行政复议申请,另一方当事人可以作为第三人参加行政复议。如在土地确权案件中,某市政府确认某土地的使用权为甲所有,乙不服并申请复议,要求撤销市政府的确权决定。这时甲与复议结果有直接的利害关系,可作为第三人参加复议。类似的还有在强制性补偿裁决、赔偿裁决中,也有第三人参加复议的情况。

其三,在行政许可案件中,行政机关批准一方许可,可能对其他人既有权利产生影响的,他人可以申请作为第三人参与复议。

总的来说,对第三人的确定必须以法律关系理论与方法作为判断标准,必须结合个案中的法律关系确定第三人既有的法律地位是什么,其法律地位是否因复议决定所确定的申请人法律地位所改变。

案例分析

2000年5月,甲市政府法制办受理乙市(甲市辖区内的下辖市)电信局不服甲市质量技术监督局行政处罚而提出的行政复议申请,由于对《中华人民共和国行政复议法》(简称《行政复议法》)各方的理解不同,引起一些争议。省政府法制办负责人表示:根据《行政复议法》第3条、第12条的规定,甲市政府法制办应当依法受理此案。针对甲市质量技术监督局认为它是实行省以下半垂直领导的行政机关,其行政复议也应实行省以下垂直管辖这一观点,省政府法制办负责人说:首先,关于行政复议管辖,《行政复议法》没有"半垂直"管辖的规定;其次,《行政复议法》第12条第2款只规定了对海关、金融、国税、外汇管理、国家安全等行政机关的具体行政行为不服,申请人只能向其上一级主管部门申请行政复议,并没有规定不服质量技术监督行政机关的具体行政行为,申请人只能向其上一级主管部门申请行政复议。相反,根据《行政复议法》第12条第1款的规定,乙市电信局不服甲市质量技术监督局的处罚,由其选择。可以向甲市政府申请行政复议,也可以向省质量技术监督局申请行政复议。既然乙市电信局选择向甲市政府申请行政复议,甲市政府法制办依法就应该受理,否则就是行政不作为。最后,甲市政府法制办收到甲市质量技术监督局的复议管辖异议后,及时向省政府法制办作专题请示,省政府法制办又专门向国务院法制办请示。

国务院法制办答复,在《行政复议法》被修改或被依法解释之前,省以下半垂直管理的行政机关的行政复议管辖,仍按《行政复议法》第12条第1款的规定执行。省政府法制办根据国务院法制办的上述答复意见,于2000年8月24日对乙市政府做出书面答复。因此,甲市政府法制办受理此起以质量技术监督部门为被申请人的行政复议案件,是很认真、慎重的,也是符合法律规定的。省政府法制办负责人说:行政复议是一种行政机关内部层级监督制度,行政机关实行下级服从上级的组织领导体制。现在,甲市人民政府的行政复议决定已发生法律效力,甲市质量技术监督局应该服从执行该决定,如果认为甲市政府的复议不正确,应依照行政程序,向市政府提出申诉。但不得就这件已被依法撤销的行政处罚,向人民法院提出强制执行申请。否则,根据《行政复议法》第37条的规定,上级政府有权追究其行政责任。

第三节 行政复议程序

案例引导

1997年5月12日,某市技术监督局根据一位司机的举报,指派四名执法人员和两名计量检定人员对某加油站的4台在用加油机进行计量监督检查。现场检定结果表明,这4台加油机的误差分别为 -1.49%、-1.02%、-2.1%、-2.1%,大大超出$\pm 0.3\%$的规定要求。当执法人员欲封存加油机作进一步处理时,遭到加油站负责人的暴力抗拒。在此情况下,执法人员报请公安部门对该站作了治安处理。此后不久,该技术监督局又陆续接到多名司机举报,反映在上述加油站每加一次油就短少10 L左右,如卡车油箱标定容量70 L,而结算值则是80 L。在掌握初步证据后,该局于5月28日办理了立案手续。8月19日,该局执法人员会同计量检定人员对这个加油站组织突击检查,现场检测两台已加过油、结过账的汽车,一台加110 L的短少5.05 L,另一台加100 L的短少4.8 L。而在检定加油机时,仍是负偏差,超出规定,与5月12日的检定结果相似。执法人员对加油机作了封存处理。该局经过审理,确认这个加油站违反了《计量法实施细则》第51条的规定:"使用不合格计量器具或者破坏计量器具准确度和伪造数据,给国家和消费者造成损失的,责令其赔偿损失,没收计量器具和全部违法所得,可并处二千元以下的罚款。"

据此做出处罚决定:没收4台加油机,没收违法所得(因当事人拒绝提供营业资料,只得以现场检测的数量计),并处2000元罚款。加油站对处罚决定不服,向省技术监督局提起行政复议,要求撤销市技术监督局的处罚决定,主要理由是某市技术监督局事实认定不清,负示值误差只会多给,不会少付。

省技术监管局受理复议申请后,在听取双方陈述的基础上,组织有关电脑及流量检测方面的专家对封存的加油机进行系统的检测分析,即进行证据核实。结果发现在加油机电脑控制器的打印机插座上有一截细铁丝,该细铁丝非加油机本身零部件。实验表明,在插孔上插入这根细铁丝,可以改变加油机仪表的工作参数,使显示值与实际值产生较大差异。在事实面前,加油站负责人承认了用这根细铁丝来破坏加油机准确度,损害消费者利益的违法事实。在补充和核实证据的基础上,省技术监督局做出行政复议决定,维持了市技术监督局的处罚决定。加油站没有提起行政诉讼,并承担了行政处罚决定中所确定的责任。

思考: 上述引例中省技术监督局的行政复议决定有何不妥之处?

一、复议申请

(一) 复议申请的时限与要求

第一,行政复议的申请必须在法定期限内提出,否则就不得再行要求复议甚至不得提起行政诉讼。根据《行政复议法》第9条第1款的规定,公民、法人或其他组织认为具体行政行为侵犯其合法权益的,可以自知道该行为之日起60日内提起行政复议申请,法律规定的申请期限超过60日的除外。因不可抗力或者其他正当理由耽误法定申请期限的,申请期限自障碍消除之日起继续计算。基于行政不作为在多数情况下不会有法律文书,因而《行政复议法实施条例》对针对不作为行为提起的复议特别规定了复议期限:规定了履行期限的,自履行期限届满之日起算;没有规定履行期限的,自行政机关收到申请之日起满60日起算;在紧急情况下请求行政机关履行保护人身权、财产权,而行政机关不履行的,行政复议申请期限按照紧急情况的发生之时来认定。

第二,公民、法人或其他组织并未就所欲复议的行政行为向人民法院提起行政诉讼。《行政复议法》第16条规定:公民、法人或其他组织申请复议,行政复议机关以及依法受理的,或者法律、法规规定应当先向行政复议申请机关申请行政复议、对行政复议决定不服再向人民法院提起行政诉讼的,在法定复议期限内不得再向人民法院提起行政诉讼。公民、法人或其他组织向人民法院提起行政诉讼,人民法院已经依法受理的,不得申请行政复议。从法律关系的角度来说,公民向行政复议机关提起行政复议,意味着复议法律关系已经成立,复议程序由此开始启动,复议机关在承担复议义务的同时也具有了排他性处理该行政纠纷的权力,人民法院不得介入。

第三,要提供相应文书材料。根据《行政复议法实施条例》第21条的规定,有下列情形的,申请人应当提供证明材料:第一,认为被申请人不履行法定职责的,提供曾经要求被申请人履行法定职责而被申请人未履行的证明材料;第二,申请行政复议一并提出赔偿请求的,提供受具体行政行为侵害而造成损害的证明材料;第三,法律、法规规定需要申请人提供证明材料的其他情形。

(二) 复议申请的形式与内容

申请人申请复议可以通过书面形式,也可以通过口头形式。通过口头形式的,复议机关应当当场记录申请人的基本情况、行政复议请求、主要事实与理由、时间。通过书面形式的,申请人可以通过当面递交、邮寄或传真等方式提出复议申请,在条件允许的情况下,还应当允许以电子邮件形式提交申请。

行政复议申请书应当载明的事项包括:①申请人的基本情况,即姓名、性别、年龄、身份证号码、工作单位、住所、邮编,法人或其他组织的名称、住所、邮编、法定代表人或主要负责人的姓名、职务;②被申请人名称;③行政复议请求、申请行政复议的主要事实和理由;④申请人的签名或签章;⑤申请行政复议的日期。申请人通过口头形式提交复议申请的,复议机关应当当场制作行政复议笔录交由申请人核对,或者向申人宣读后由申请人签字确认。该笔录应当包含行政复议申请书所要求的事项。

二、复议受理

(一) 对复议申请的审查

根据《行政复议法实施条例》第28条的规定,复议机关应当自收到复议申请书之日起5日内就如下事项进行审查:其一,是否有明确的申请人和符合规定的被申请人。其二,是否与被申请复议的具体行政行为存有利害关系。其三,是否有具体的行政复议请求和理由。复议请求主要有四种:①请求撤销违法的具体行政行为;②请求变更不适当的具体行政行为;③请求责令被申请人限期履行职责;④请求确认具体行政行为违法并责令被申请人赔偿损失。其四,是否在法定的期限内提出。其五,是否属于《行政复议法》规定的行政复议范围。其六,是否属于自己的管辖范围。其七,是否其他有权管辖的复议机关尚未受理同一复议申请且人民法院尚未受理同一申请人就同一具体行政行为提出同一救济诉求。

(二) 对复议申请的处理

审查完毕后,复议机关应当分别做出以下处理:①复议申请符合法定条件的,应予以受理。②复议申请不符合申请条件之一的,裁决不予受理,并告知理由。在复议申请不属于自己管辖的情况下,应当在接到复议申请7日内将申请转达有关复议机关并告知申请人;多个有复议管辖权的机关同时收到复议申请的,由这些机关在10日协商确定管辖权;协商不成的,由其共同上级机关在10日内决定受理机关。协商与指定管辖期限不计入复议审理期限。③复议申请书内容不全的,应发还申请人,限期补正,补正通知应当载明需要补正的事项和合理的补正期限。申请人无正当理由限期不予补正的,视为放弃复议申请。补正所用时间不计入复议审理期限。

(三) 对不予受理复议的决定的救济

对复议机关不予受理的裁决不服的,申请人可在收到不予受理裁决书之日起15日内,依法向人民法院提起诉讼。复议机关的上一级行政机关或法律、法规规定的行政机关,在复议机关无正当理由拒绝受理复议申请或对复议申请不予答复的情况下,有责令其受理或答复的权力。

三、审理与决定

(一) 审理程序

行政复议机关负责法制工作的机构应当自行政复议申请受理之日起7日内,将行政复议申请书副本或者行政复议申请笔录复印件发送被申请人。被申请人应当自收到申请书副本或者申请笔录复印件之日起10日内,提出书面答复,并提交当初做出具体行政行为的证据、依据和其他有关材料。申请人、第三人可以查阅被申请人提出的书面答复、做出具体行政行为的证据、依据和其他有关材料,除涉及国家秘密、商业秘密或者个人隐私外,行政复议机关不得拒绝。

在行政复议过程中,被申请人不得自行向申请人和其他有关组织或者个人收集证据。行政复议决定做出前,申请人要求撤回行政复议申请的,经说明理由,可以撤回;撤回行政复议申请的,行政复议终止。行政复议以书面审理为主,其他方式为辅。

(二) 审理依据

行政复议机关审理复议案件,以法律、行政法规、地方性法规、规章以及上级行政机关依法制定和发布的具有普遍约束力的决定、命令为依据。需要指出的是,行政复议的审理依据与行政诉讼的审理依据大有不同,行政诉讼不以规章和规范性文件为审理依据,但行政复议机关必须以之为审理依据。这是行政复议的行政性所决定的。行政复议机关在申请人附带提出申请或者在对被申请的具体行政行为进行审查时发现其依据不合法,本机关有权处理的,应当在30日内依法处理;如果本机关无权处理,应当在七日内依法定程序转送有权处理的国家机关依法处理,有权处理的行政机关应当在60日内依法处理。处理期间,中止对具体行政行为的审查。

(三) 复议决定

复议机关应当在收到复议申请书之日起两个月内做出决定。法律、法规另有规定的除外。复议决定一经送达即发生法律效力。除法律规定终局的复议外,申请人对复议决定不服的,可以在收到复议决定书之日起15日内或法律、法规规定的其他期限内向人民法院起诉,否则,复议决定即发生执行的法律效力。复议机关经过审理,分别做出维持原行政行为、限被申请人在一定期限内履行行政行为、责令被申请人补正程序的不足及撤销、变更并责令被申请人重新做出具体行政行为四种复议决定。

维持决定是指行政复议机关做出维持被申请的具体行政行为的决定。对被申请的具体行政行为,复议机关认为事实清楚,证据确凿,适用法律、法规、规章和具有普遍约束力的决定、命令正确,符合法定程序和内容适当,应当依法做出维持该具体行政行为的复议决定。

履行决定是指行政复议机关责令被申请复议的行政主体在一定期限内履行法定职责的决定。它主要适用于如下两种情况:其一,被申请的行政主体拒不履行法定职责;其二,被申请人拖延履行法定职责。如果履行职责不可能或是没有意义,即申请人的权益因为不履行已经遭到损害不可通过履行职责的方式而弥补的,复议机关不能做出履行决定。

撤销与变更决定是指行政复议机关经对被申请复议的具体行政行为的审查,认为该行为具有如下情形之一的,依法做出撤销、变更决定:①超越职权;②违反法定程序;③主要事实不清、证据不足;④适用依据错误;⑤滥用职权;⑥具体行政行为明显不当的。

确认决定分为两种:一种是确认违法,另一种是确认公民的请求。前者适用于具体行政行为不可撤销、变更但又不适宜维持的情形,比如撤销或变更会严重损害公共利益,以及责令行政机关履行职责已无可能或没有意义的情形。后者适用于公民申请行政许可、确认而复议机关根据审查可以直接准予许可或确认的情形。

赔偿决定适用于申请人一并提出赔偿请求的情形。虽然法律没有明确规定复议机关不能直接受理相对人单独提出的赔偿请求,但根据《国家赔偿法》的先行处理制度,复议机关不适宜单独受理申请人的赔偿请求,只能在申请人申请行政复议时一并提出行政赔偿请求时才可以受理。行政复议机关经审查如认为符合《国家赔偿法》的有关规定应予赔偿的,应在做出撤销、变更具体行政行为或者确认具体行政行为违法的决定时,同时责令被申请人依法给予赔偿。申请人在申请行政复议时如果没有提出行政赔偿请求,复议机关在依法决定撤销或者变更罚款、撤销违法集资、没收财物、征收财物、摊派费用以及对财产的查封、扣押、冻结等具体行政行为时,应当同时做出责令被申请人返还申请人财产,解除对申请人财产的查封、扣押、冻结措施,或者赔偿相应价款的决定。

行政复议机关做出复议决定后,应当依法送达当事人。申请人如果不服行政复议决定,可依法提起行政诉讼。法律规定复议为终局决定的,行政复议决定一经送达即发生法律效力。法律规定可以起诉的行政复议决定,当事人在法定的期间内既不提起行政诉讼又不履行复议决定,超过法定期限的,复议决定即具有强制执行的法律效力。

四、对行政复议决定的监督

一般情况下,不能对上述行政复议决定提出监督,但在如下两种情形下,可以通过行政诉讼予以监督与救济。根据《行政诉讼法》第26条第2款的规定,经复议的案件,复议机关决定维持原行政行为的,做出原行政行为的行政机关和复议机关是共同被告;复议机关改变原行政行为的,复议机关是被告。

对复议机关的维持决定可以起诉,是《行政诉讼法》修订后的成果之一。以往复议机关对复议工作不积极,往往维持了事,严重影响复议的功能,为此,新《行政诉讼法》规定公民对维持决定不服的,复议机关为共同被告。复议机关为了避免当被告,自然会积极履行复议职能。因此,该规定有督促复议机关审慎、积极地运用其监督权力以救济公民合法权益的功能。

复议决定有下列情形之一的,属于《行政诉讼法》规定的"改变原具体行政行为":①改变原具体行政行为所认定的主要事实和证据的;②改变原具体行政行为所适用的规范依据且对定性产生影响的;③撤销、部分撤销或者变更原具体行政行为处理结果的。在这些情况下,原先的行政行为已经被复议决定所消灭,复议决定实质上成为行政复议机关处分公民权益的具体行政行为,所以再起诉原来被复议的具体行政行为没有意义。

案例分析

违法搭建限期拆除案行政复议

陈某某(下称申请人)系违法建筑搭建行为人,因对某区城管大队(下称被申请人)于2007年3月做出的限期拆除违法建筑决定不服,向区政府申请行政复议。申请人认为,其系支内退休回沪人员,一家三口居住在10平方米的房屋内,居住极为困难。申请人为改善居住条件,欲将厨房的部分空间改作居住使用,因厨房的采光和通风不足,故破墙安装门窗,其行为既没有破坏房屋的承重结构、影响环境,也没有妨碍同楼居民出行。被申请人忽略上述因素做出的限期拆除违法建筑决定不合理,应当予以撤销。被申请人认为,申请人未经职能部门许可,擅自在房屋外的围墙上设置门窗各一扇,被申请人根据市民投诉,到现场拍照取证作现场检查笔录,向某区房地局求证申请人涉案之破墙安装门窗行为的合法性,依照法定程序对申请人展开调查谈话、事先告知、听取申辩,对申请人做出涉案之决定书并依法送达,请求复议机关予以维持。复议机关认为,申请人的行为违反了《上海市住宅物业管理规定》有关"破坏房屋外貌"的规定,应当承担相应的法律责任,申请人提出的涉案行为未破坏房屋承重结构等理由不能消除涉案之破坏房屋外貌行为的违法性。在法治社会,公民出于良好目的,实现个人愿望应当通过正当、合法、稳妥的途径与手段,如果涉及违法行为,行为人必须承担法律责任。复议机关维持了限期拆除违法建筑决定,对申请人开展释法明理工作。随后,申请人自行恢复了房屋外貌。

本 章 小 结

本章包括三节内容,分别介绍了行政救济的性质与种类、行政复议的性质与特征、行政复议的范围与主体、行政复议的程序。行政救济严格意义上是指公民在认为其权益受到行政主体侵犯后通过何种渠道、何种方式获得救济,而不是救济本身。救济可分为法制化救济与非法制化救济,两者的区别在于公民能否有启动法律程序给救济机关施加救济义务的权利。行政复议与行政诉讼是两种法制化救济渠道。

行政复议是基于行政机关上级领导下级、上级监督下级的权力,这一逻辑决定了它具有救济功能,但和行政诉讼在程序、方式、依据以及审查强度等方面存在很大差别。考虑到司法与行政的关系,我国行政复议与诉讼关系多样。复议有司法程序的一面,但又具有很强的行政性。行政复议的管辖基本是按照行政等级制逻辑而建构的,基本上上下级领导关系决定了复议管辖权的分布。基于行政性质,行政复议以书面审查方式为主,其他审查程序为辅,且实行一级复议为原则。复议机关应当根据不同的情况分别维持、撤销、变更被复议具体行政行为,或是决定被复议机关履行相应责任,或是确认公民请求,或是确认被复议行为违法,或是附带做出责令赔偿决定。

案例分析

2000年8月17日,郑某与王某因邻里关系发生争吵,郑某将王某打伤。经某市医院诊断:王某面部皮肤多处抓裂伤,右侧头角软组织损伤。王某住院共花医疗费800元。8月27日,某市公安局做出决定,给郑某警告处罚,并裁决郑某负担医疗费800元。王某认为市公安局对郑某处罚太轻,向某市人民政府提出复议申请。市人民政府受理后于9月18日做出复议决定,将市公安局给予郑某警告处罚变更为拘留12天。

问题:王某是否具有行政复议申请人的资格?如何评价市政府的行为?

复习思考

1. 什么是行政救济?法制化与非法制化救济的区别是什么?
2. 如何理解行政复议的司法属性与行政属性?
3. 行政复议为何能够救济公民权利?
4. 简述行政复议的审查范围、管辖主体与审理依据。
5. 行政复议的决定有哪些类型?

第十八章 行 政 诉 讼

学习目标

- 知识目标:了解行政诉讼的含义与特征;理解行政诉讼的功能;掌握行政诉讼的基本原则;掌握行政诉讼的管辖制度;了解行政诉讼参加人的概念和范围;了解行政诉讼共同诉讼人及共同诉讼的概念;掌握行政诉讼起诉条件;掌握行政诉讼一审、二审和审判监督程序相关制度;掌握行政诉讼判决、裁定和决定的概念、种类和效力等。

- 能力目标:能够准确分析行政诉讼法律关系的构成;能够根据《行政诉讼法》判断案件的管辖法院;能够判断具体案件中原告与被告的资格;能够根据行政诉讼程序中的几个重要制度合理判断诉讼的各个阶段;能够正确理解几种不同的行政诉讼判决的法律效力。

第一节 行政诉讼概述

案例引导

"红狮犸及图"商标由湖北祥云集团于1999年最早使用,2003年到国家工商总局商标局申请注册,2005年8月28日被商标局核准注册享有商标专用权。至今已使用10年之久。德国巴斯夫欧洲公司(以下简称巴斯夫公司)的"狮马牌"商标最早注册于1987年8月30日。2008年7月,巴斯夫公司以湖北祥云集团注册的"红狮犸及图"商标是对其在先申请注册并享有商标专用权的"狮马牌"商标的故意模仿、误导公众为由,向商标评审委员会提出了注册商标争议申请。2010年4月6日,商标评审委员会以两个商标因文字部分相近构成类似商品上的近似商标为由,裁定撤销了湖北祥云集团"红狮犸及图"在相关商品上的商标专用权。湖北祥云集团认为,"红狮犸及图"商标与巴斯夫公司的"狮马牌"商标,二者无论从音、形、义,整体外观,整体颜色,立体结构等方面均存在差异,不构成近似商标。两个商标在作为区分商品来源的功能上,未产生混淆和误认。巴斯夫公司提出撤销"红狮犸及图"商标无事实证据,有明显恶意争议动机。湖北祥云集团还强调,该集团现有"红狮犸及图"和"祥云"两个商标,各占企业的半壁江山,产品遍及全国,"祥云"商标在2008年评估价值为22亿元人民币。"红狮犸及图"商标已使用10年之久,作为湖北省著名商标,已形成较大商标价值。湖北祥云集团就此以商标评审委员会为被告向北京市第一中级人民法院提起行政诉讼。该集团有关负责人称,商标评审委员会一旦败诉,将依据《国家赔偿法》对被告提出行政赔偿。据悉,省级著名商标被撤销注册极为罕见。企业公开声称将对商标评审委员会提起国家赔偿也是第一家。

思考:本案中湖北祥云集团与商标评审委员会之间是一种什么法律关系?

一、行政诉讼的概念与特征

（一）行政诉讼的概念

行政诉讼是指在行政法律关系领域之中，行政相对人认为具有国家行政职权的行政主体或者被授权主体所做出的行政行为，侵犯了自身的合法权益，从而向法院提起诉讼，由法院就被诉行政行为是否违法、是否严重失当进行审查，从而做出裁决的诉讼活动。简言之，行政诉讼是司法机关通过运用司法权力，裁判行政纠纷的一种公权力活动。在英美法系国家，并无行政诉讼的称谓，多称为"司法审查"，指的是根据行政相对人所提出的符合法院受案范围的起诉申请，审查行政机关的行政行为是否违宪和违法的一种诉讼活动。

（二）行政诉讼的特征

第一，行政诉讼是解决行政纠纷的一种诉讼活动。行政诉讼是行政纠纷的行政相对人一方，请求中立的国家审判机关——法院，按照能确保公正的程序解决其与对方当事人的纠纷的一种活动。①对于行政纠纷，可以通过当事人行政复议、行政调解、行政申诉以及政治意味浓重的信访等方式寻求解决，甚至还可以通过立法机关的监督、包括监察和审计在内的行政监督、社会监督来解决，但是，通过司法来解决行政争议具有重要意义。因为诉讼过程建立在一套公开、严密的程序基础上，该程序由多个动态环节和多种静态制度组成，并由训练有素的法官指挥、主导着整个诉讼活动的进行。按照法律规定的诉讼程序，经过程序严格的审理，依照法律规定做出裁判，采取这种程序化极强的诉讼活动，以求最终解决纠纷，使社会关系得以稳定。一旦法院的裁判生效，当事人任何一方都不得就同一事实及理由再次发生争议，也不得对于生效裁判置之不理，否则法院有权将生效裁判予以强制执行，以求当事人在法律上的权利义务得以尽快地确定，相关的社会秩序尽快趋于稳定的状态，此所谓司法最终解决原则。当然，这不影响作为原告的行政相对人通过法定程序寻求再审，也不影响作为法律监督机关的检察院通过法定程序对于已经发生法律效力的裁判结果进行抗诉。

第二，行政诉讼的原告只能是行政相对人，即认为行政机关的行政行为侵犯了自己合法权益的公民、法人和其他组织。原告只要认为自身的权利受到了行政行为的侵害，即可寻求司法救济，至于在实质上行政行为是否确实侵犯了原告的合法权益，只能通过法庭审理知晓。行政诉讼的原告和被告身份恒定，原告只能是作为行政相对人的自然人、法人和其他组织，被告也只能是具有国家行政职权的行政机关或者法律、法规授权的组织。而且，在行政诉讼之中被告不得提出反诉。按照《行政诉讼法》的规定，法院有权受理非诉执行案件②，在通过审查之后，如果非诉执行的申请符合法律规定，法院也有权将非诉执行案件之中所涉及的履行义务予以执行。

非诉执行的受理和执行，从表面上看似乎成了"官告民"，但是不应该忽略的是，非诉行政执行案件不是行政诉讼，由法院强制执行的原本是由行政行为所确定的履行义务，行政行为也并没有经过行政诉讼的审判程序而对之进行合法性审查，因此非诉行政执行案件只是行政行为所确定的履行义务的强制执行，所以非诉执行在性质上并不属于行政诉讼的某种表现，而且它也并没有改变行政诉讼原告、被告身份恒定的这一特征。

第三，行政诉讼最基本的功能是解决纠纷，在实现这一功能的过程中，也起到了救济权利和监督行政权行使的客观效果。行政诉讼通过对行政纠纷的审理与裁判，解决行政机关与相对人之间因行政行为而产生的争议，从而维护正常和稳定的社会秩序。③

---

① 姜明安主编：《行政法与行政诉讼法》（第五版），北京大学出版社、高等教育出版社2011年版，第402页。

② 非诉执行指的是行政机关做出具体行政行为后，相对人在法定期限内既不自觉履行行政行为所确定的义务，也没有依法申请行政复议或提起行政诉讼，行政机关没有强制执行权或者虽然拥有强制执行权但是却因为某种原因而希望由法院将行政文书所确定的履行义务予以强制执行，从而按照法律规定依法申请法院强制执行的一种活动。

③ 王周户主编：《行政法与行政诉讼法教程》，中国政法大学出版社2013年版，第244页。

行政诉讼在客观上确实起到了救济权益和监督行政权行使的作用。具体来说,行政诉讼所解决的纠纷来源于行政权力运行的过程之中,法院通过行政诉讼这一审判程序,为在行政权力实施过程中处于劣势、其合法权益容易受到行政行为侵害的行政相对人提供一条权益救济的司法渠道。但是,法院借助审查行政行为合法与否并对其做出法律评价的这一行为,客观上也确实可以起到对行政权力的行使予以监督的效果。

但是,需要指出的是,尽管通过行政诉讼这一程序,确实可以起到救济权益和监督行政权力行使的作用,但是行政诉讼的最主要的功能还是裁决纠纷,而且救济权益和监督行政权力行使也只是客观上所带来的伴随效果。对于救济权益而言,通过诉讼程序,法院并不是首先着眼于相对人的合法权益受到了哪些侵害而需要予以保护或者恢复,而是透过所发生的纠纷审查行政机关和行政相对人的行为哪些合法、哪些违法,从而根据法律对于行政纠纷之中的权利(力)义务纠纷做出梳理和裁判。在行政权力运行的过程之中,行政相对人确实处于弱势地位,但是并不是一旦发生了行政纠纷,就自然而然地假定行政相对人的权益受到了侵害,就一定是行政主体的行政行为存在违法之处,所以就得出行政诉讼一定是为保护行政相对人权益而构建的,这种偏见性的见解导致了将行政诉讼在客观上所可能起到的救济权益功能视为行政诉讼的主观目的之一,其实是不准确的。

第四,法院在行政诉讼中所拥有的裁判权是有限的。法院在行政诉讼中,只是有权对于被诉行政行为的合法性进行审查并做出法律评判,而对于行政行为所创设起来的实体性的权利(力)义务内容则无权予以界定。此外,法院不受理法律明确规定的特殊的排除事项。与此相反,在民事诉讼中,法律却要求法院不得拒绝裁判。在刑事诉讼中,犯罪嫌疑人的行为一旦被公诉到法院,法院便有职责对之做出法律裁判。相比之下,法院在行政诉讼中所享有的裁判权力受到了极大的限制,当然,这与行政诉讼的本质特征有关。

二、行政诉讼的功能

所谓行政诉讼的功能,是指行政诉讼制度对于处于行政法律关系中的行政相对人、行政主体甚至整个行政管理机制所可能产生的影响。社会生活的复杂化趋势,导致公民与国家管理活动之间的冲突增多,行政诉讼制度旨在使作为管理者的行政机关与作为被管理者的个人、组织之间的关系达到法律所期望的和谐。①

(一) 控制权力功能

行政诉讼通过审查被诉行政行为的合法性与合理性,迫使行政主体在做出行政行为时按照法律规定谨慎行使职权。即使行政主体行使自由裁量权,也应尊重裁量基准和裁量梯次,如果裁量严重不当,便会出现行政行为严重不合理的情形,对此法院也有对之予以审查的权力。然而,这并不意味着司法权是一种超越或优越于行政权的权力。行政权受司法权的制约,行政决定应接受司法的审查,是一种基于民主和法治理念所作的制度安排。②

(二) 客观上的权利救济功能

姜明安教授所认为的行政诉讼具有人权保障功能,其实就是权益救济功能。因为权益救济是微观和具体的人权救济,人权救济是宏观的权益救济。行政诉讼在客观上的权利救济功能主要体现在以下四个方面:①法院通过审查,有权撤销违法的行政行为;②法院有权变更显失公正的行政处罚行为;③法院有权责令行政机关因其违法行政行为而给公民、法人和其他组织造成的损害予以行政赔偿;④法院通过对公民、法人和其他组织的诉讼权利的保障,保护行政相对人的其他实体权利。只要行政相对人认为行政行为侵犯了自身的合法权益,且这种"认为"符合立案的形式要件,法院便可以受理,司法权力借此就具有审查被诉行政行为是否具有违法问题和严重不合理的机会了,而且也可以审查行政相对人的合法权益是否受到了行政主体的侵害,由此在客观上便起到了权利救济的功能。

---

① 姜明安主编:《行政法与行政诉讼法(第五版)》,北京大学出版社、高等教育出版社2011年版,第404页。
② 叶必丰:《行政法与行政诉讼法(第三版)》,武汉大学出版社2008年版,第341页。

(三) 维护社会公正功能

法律之所以能够存在与延续,从根本上来说,并不是它以国家强制力作为后盾,而是它满足了民众保护自身权益,以及维护社会公正与秩序的需要。而行政诉讼正是法律规范得以发挥效力的一条途径、一道机制。"行政诉讼提供社会公正的功能是通过行政诉讼程序本身公正和法院裁判公正来实现的。行政诉讼首先表现为诉讼程序的公正。"实体公正是以程序公正为条件的。法院通过正确地践行法律所规定的行政程序,切实保障作为原告的行政相对人,不因处于弱势的地位而无法享有诉讼权利。诉讼公正必然要求法院裁判公正,原告方当事人向法院提起诉讼,其目的在于请求法院审查行政行为的合法性,若行政行为违法,则法院应该依法做出撤销、确认违法或其他相应判决,并根据需要依法责令行政机关做出某种行政行为。①正是法院为权利提供的司法救济,才使社会公正得到维护。

三、行政诉讼法律关系

(一) 行政诉讼法律关系的含义

行政诉讼法律关系是指在行政诉讼活动中,人民法院和一切诉讼参与人为了正确、及时解决行政案件,依据《行政诉讼法》的规定而形成的相互之间的权利义务关系。这一概念包括以下三层含义:

第一,《行政诉讼法律关系》是由《行政诉讼法》所调整的、在行政诉讼过程中形成的一种法律关系。行政诉讼法律关系直接由行政诉讼法律规范予以规制,是行政诉讼法律规范对行政诉讼中法院与一切诉讼参与人之间诉讼法律地位的确立和具体实现。这里的行政法律规范指的是广义上的行政诉讼法概念,不但包括《行政诉讼法》法典,还包括其他涉及行政诉讼活动的法律规范和司法解释。

第二,《行政诉讼法律关系》是以有关行政诉讼各方之间程序性权利义务为内容的一种法律关系。行政诉讼程序过程是由包括但不限于起诉、受理、审理、审判监督、执行等一系列阶段组成的,每一个阶段都是一些程序性规则的有序构成,法律规范明确规定了相关行政诉讼参与人在各个阶段中的权利义务。行政诉讼主体及其他有关方之间的权利义务是一种程序性权利义务,其发生、变更和消灭以《行政诉讼法》规定的程序性行为、活动或事件的发生为必要条件,无须以行政实体关系的存在为前提和基础。②对于行政诉讼当事人之间是否存在行政程序性或者实体性法律关系,如果存在又是何种行政程序性或者实体性法律关系,均应该通过行政诉讼法律规范加以明确规定。

第三,《行政诉讼法律关系》是法院与一切诉讼参与人之间诉讼权利和诉讼义务的总和。它通过法律规范,使法院与原告、被告、行政诉讼第三人、诉讼代理人以及包括证人、鉴定人、翻译人等在内的一切诉讼参与人之间的诉讼权利和诉讼义务得以明确起来,如此也便于通过法律指导和敦促法院与诉讼参与人能够在行政诉讼中正确地行使权利和履行义务,并对违反法律规定的行为予以制裁与处置,通过正面的指导和反面的鞭策,保障行政诉讼活动得以正常进行。

(二) 行政诉讼法律关系的构成

1. 行政诉讼法律关系的主体

行政诉讼法律关系的主体指的是依据行政诉讼法律规范的规定,享有《行政诉讼法》上的诉讼权利并承担诉讼义务的个人或者组织。包括以下三类:

(1) 法院。法院是行使国家审判权唯一的机关,承担着行政诉讼的受理、组织、指挥和裁判。法院是行政诉讼法律关系不可或缺的主体,其行使职权的重要行为,决定着诉讼程序的发生、变更或者消灭。

(2) 诉讼参与人。诉讼参与人是指行政诉讼当事人以及与当事人诉讼地位相同的主体,包括原告、被

---

① 姜明安主编:《行政法与行政诉讼法(第五版)》,北京大学出版社、高等教育出版社2011年版,第405页。
② 王周户主编:《行政法与行政诉讼法教程》,中国政法大学出版社2013年版,第249页。

告、共同诉讼人、第三人和诉讼代理人等。诉讼参与人虽然在诉讼地位上都是平等的,但是各自所享有的诉讼权利和承担的诉讼义务却并不相同。例如,诉讼当事人参加诉讼活动是为了自身的利益,那么它与法院对行政案件所做出的审判结果自然也有了直接的利害关系。再如,无独立诉讼请求的第三人参与行政诉讼活动却并不是为了维护自身的利益,所以对于法院究竟如何裁判行政案件,他并不关切与重视,因为裁判结果对其自身利益并无关联。

(3) 其他诉讼参与人。其他诉讼参与人是指参与行政诉讼的证人、鉴定人、勘验人和翻译人员等。这些人参与行政诉讼并不是为了自身的利益,与案件裁判结果也没直接的利害关系。他们参与行政诉讼只是为了协助法院和当事人查明案件的事实真相,为法院审判案件提供必要的协助。

2. 行政诉讼法律关系的内容

行政诉讼法律关系的内容是指行政诉讼法律关系主体依行政诉讼法律规范而享有的诉讼权利和应该承担的诉讼义务。在行政诉讼法律关系中,各个主体均具有自己特定的诉讼权利和诉讼义务,且在行政诉讼的不同阶段,其表现内容也有所不同。

(1) 法院在行政诉讼过程中享有的权力和承担的义务。法院所享有的主要权力是:案件受理权、行政诉讼组织权和指挥权、调查取证权、案件裁定和审判权、排除诉讼障碍的强制措施实施权、对裁判文书的强制执行权等。其中,案件裁定和审判权无疑是行政诉讼的核心权力。法院所承担的主要义务是:依法、及时地审理行政案件并依法做出公正的裁判、维护诉讼参与人和其他诉讼参与人行使诉讼权利并监督其履行诉讼义务。

(2) 诉讼参与人享有的诉讼权利和承担的义务。诉讼参与人享有的相同的诉讼权利是:辩论权、上诉权、申请回避权、查阅并申请补正庭审笔录的权利、申诉权等。应当承担的相同的诉讼义务是:不得滥用权利的义务、依法提供证据的义务、遵守诉讼秩序的义务、服从法庭对于诉讼的组织和指挥的义务、按照法律规定缴纳诉讼费用的义务、自觉且及时履行法院所做出的已经生效的裁判的义务,等等。

当然,诉讼参与人基于不同的诉讼地位,所享有的权利和承担的义务自然也会有所不同。例如,原告有起诉和撤诉的权利,被告有在行政诉讼中改变原来行政行为的自由,被告有对被具体行政行为的合法性进行举证的义务。

(3) 其他诉讼参与人享有的诉讼权利与承担的诉讼义务。作为行政诉讼法律关系主体的证人、鉴定人、翻译人员也有根据法律而享有的诉讼权利和承担的诉讼义务。例如,他们有依法作证的义务、依法鉴定的义务、依法勘验的义务、依法提供鉴定意见和勘验笔录的义务。他们在承担义务的同时,自然也享有国家法律给予其的利益保护的权利。

3. 行政诉讼法律关系的客体

行政诉讼法律关系的客体指的是行政诉讼法律关系的主体享有的诉讼权利和承担诉讼义务所指向的对象。主要包括以下两种情形:

(1) 法院与诉讼当事人之间的诉讼权利和诉讼义务所指向的对象是查明案件事实的真相,以及解决当事人之间的行政实体性和程序性法律关系争议。

诉讼主体进行诉讼活动,行使诉讼权利和承担诉讼义务,首要任务便是查明案件事实的真相。诉讼当事人有权提请法院查明案件事实的真相并给予公正的审判,从而维护自身的合法权益。同时,诉讼参与人也有义务向法院提供事实和证据,以支持其诉讼请求。诉讼当事人之间的行政实体性和程序性法律关系的争议集中表现在被诉行政行为的合法性的争议上,审查该行政行为是否合法便成为法院解决行政争议的核心内容,由此双方当事人所争议的行政行为的合法性便是行政诉讼法律关系的客体。

法院为了解决当事人之间的行政争议,依法行使审判权力,有权依据法律规定要求起诉人即原告提供相应的证据材料,借此以证明自己的起诉符合《行政诉讼法》所规定的基本条件,有权要求作为被告的行政主体提供相应的法律依据,借此证明被诉的行政行为是有法律依据的,也有权组织当事人在法庭上对证据进行质证并展开必要的辩论,等等。除此之外,法院同时有义务公正地审理行政诉讼案件,有义务正确地运用证据和适用法律,从而确定被诉的行政行为是否具有合法性以及原告的实体性诉讼请求是否应该予以满足,以求正确、及时和公正地解决行政纠纷,等等。

（2）法院与包括证人、鉴定人、勘验人、翻译人员等在内等的其他诉讼参与人的诉讼权利和诉讼义务关系所指向的对象仅仅是查明案件事实的真相。

在行政诉讼过程中，法院有权要求证人如实供述案件事实，有权要求鉴定人据实做出科学鉴定，有权要求勘验人提供真实的勘验笔录，也有权要求翻译人员正准确地翻译语言等，对此诉讼参与人有义务给予配合，不过他们行使权利和履行义务之行为，均在于协助法院以及当事人查明案件事实的真相。因为证人、鉴定人、勘验人和翻译人员等与诉讼当事人之间并无行政实体和行政程序法律关系的争议，他们参与诉讼，行使其诉讼权利和履行其诉讼义务，只是协助人民法院查明案件的事实。

四、行政诉讼的基本原则

（一）与民事诉讼、刑事诉讼共有的原则

1. 法院依法独立行使审判权原则

《行政诉讼法》规定人民法院依法对行政案件独立行使审判权，不受行政机关、社会团体和个人的干涉。这一原则在《宪法》和《人民法院组织法》中都有所规定，反映了诉讼制度最基本的特点和要求，是适用于刑事诉讼、民事诉讼和行政诉讼的共有原则，有助于保障法院客观、公正行使审判职权。在行政诉讼中，被告只能是行政机关，要实现行政诉讼维护作为原告的行政相对人的合法权益的目的，必须处理好审判权和行政权之间的关系，使得审判权的行使必须不受行政权掣肘，确保法院可以独立行使审判权。

由于中国历来行政权比较强势，甚至有挟持司法权的情形，因此，法院如果没有足够的权威和独立性，以抵御其他主体尤其是行政主体对于其独立行使审判权的干扰，那么法院通过诉讼来裁判行政纠纷的目标就难以实现。详细而言，法院依法独立行使审判权这一原则应该包括以下三个方面：

第一，只有法院才有权审判行政诉讼案件。审判权是国家权力的重要组成部分，国家通过诉讼审理各种纠纷案件并对案件所涉及的纠纷做出裁判。根据我国《宪法》关于法院依照法律独立行使审判权的相关规定，法院依法独立行使审判职权。无论何种主体，都必须接受法院的审判结果，以及执行法院发生法律效力的判决和裁定。

第二，法院依法独立审判不仅指法院作为一个整体独立行使审判权，也指合议庭和法官在审理案件之时独立行使审判权。没有法官的独立，法院独立审判原则就会受到削弱。当然，如何既充分保障法官以及合议庭尤其是法官独立行使职权，又能通过创建合理的体制来抑制其滥用职权，还有很多相关的问题需要思考和解决。

第三，法院独立行使审判权要求每一级法院都能独立行使职权，既不受上一级法院通过审级监督而非法干预，也不受下一级法院已做出审判结果的影响。法院独立既包括横纵向独立，也包括纵向独立。根据《宪法》和《人民法院组织法》的相关规定，我国上下级法院之间的关系是审级监督关系而非领导关系。各级法院对于审判权的行使应该是各自独立和不受干预的。每个法院对自己所做出的裁判负责，即使是上级法院，也不能就某一案件要求或者命令下级法院按照自己的意见予以审理与裁判，纵然是下级法院的裁判确实存在错误之处，上级法院也只能通过法定程序予以纠正。

第四，审判权力独立与接受监督并不相悖。《宪法》规定，各级法院受同级人民代表大会及其常委会的监督，向其负责并报告工作。① 既然如此，各级法院必须接受同级人民代表大会及其常务委员会的监督。除此之外，法院的行政审判活动还要受检察院的法律监督。但是，任何监督主体的监督都必须尊重法院在根据宪法和法律的前提之下，独立地行使审判行政案件的权力，不能将这种监督变成了干涉审判权力独立。

2. 以事实为根据，以法律为准绳原则

《行政诉讼法》规定人民法院审理行政案件，以事实为根据，以法律为准绳。此原则要求法院在审理行

---

① 《宪法》第128条规定：最高人民法院对全国人民代表大会和全国人民代表大会常务委员会负责。地方各级人民法院对产生它的国家权力机关负责。

政诉讼案件时,要忠于案件事实和法律规定。所谓"以事实为根据",是指人民法院依照法定程序,审查认定行政机关据以做出具体行政行为的事实是否符合客观情况,证据是否充分确实,以充分的客观事实作为适用法律的基础。所谓"以法律为准绳",是指人民法院以法律、法规为依据,查明具体行政行为适用法律是否正确,判断具体行政行为是否合法,而不能凭审判案件的法官的主观认识来判定具体行政行为是否合法。[①] 法院对行政行为合法性的审查,实际上是对行政主体认定事实和适用法律的双重审查。以事实为依据,以法律为准绳的原则,从法律上奠定了行政诉讼的审判既是事实审又是法律审,法院只有在查明案件事实以及查明基于此种事实所做出的行政行为是否具有合法性的基础上,才可能做出正确的裁判。

3. 当事人法律地位平等原则

《行政诉讼法》规定,当事人在行政诉讼中的法律地位平等。虽然给付行政、授益行政或者服务行政逐渐增多,但是行政主体与行政相对人在行政实体和行政程序的法律关系中主要还是规制者与被规制者的关系。但是,当行政争议一旦进入诉讼程序成为行政诉讼之后,作为被告的行政主体和作为原告的行政相对人,都转化为行政诉讼法律关系的当事人,到了这一阶段原告与被告的诉讼地位便是平等的。

这一原则包含三个方面:①双方当事人都是行政诉讼法律关系的主体。即双方地位相同,应同受法院裁判的约束。②双方当事人在行政诉讼上的权利义务由法律规定,地位平等,但却并不对等。行政诉讼的特点决定了当事人权利义务的差异性。例如,行政相对人具有起诉权,而行政主体却无此权利,此外它也不具有反诉权,却有按照法律应诉并承担举证的义务。③法院应平等对待双方当事人,切实尊重和保障双方能够平等地行使权利。更为重要的是,当事人法律地位平等原则要求人民法院在适用法律上对双方当事人一律平等,不能因人而异,也不能因国家行政机关在社会生活中的特殊地位而异。[②] 总之,在《行政诉讼法》中,对于被告有承担行政行为合法性的举证义务的规定,看似偏向于原告,有违公平的精神,但是从本质上而言并非如此,正是这种不对等的权利义务分配模式,才能起到维护双方当事人地位平等的作用。由于在行政法律关系中,行政主体具有行政权,行政决定具有先定力和公定力,使相对人处于不平等地位,因此在行政诉讼中坚持和贯彻这一原则具有特别重要的意义。[③]

4. 使用本民族语言文字原则

中国是统一的多民族国家,各个民族一律平等,在行政诉讼活动的进行中,也应该允许当事人使用本民族语言文字进行诉讼。这一原则包括以下三个方面:

(1) 任何一个民族的公民,无论在何时、何地参与行政诉讼活动,都有权使用本民族的语言文字,这是一项法定的权利,任何主体都无权以任何理由阻碍或者限制有关公民对这一权利的享有。

(2) 在少数民族聚居地或者多民族共同居住地的法院审理行政案件时,以及在发布裁判文书时,应当采用当地较为通用的语言文字。

(3) 对于不通晓当地通用的语言文字的行政诉讼参与人,法院有义务为之提供免费的翻译以防止他们因文字不通而无法行使诉讼权利和参与各项诉讼活动。

5. 辩论原则

辩论原则是指在法院对行政诉讼活动的主持下,诉讼参与人为了维护自己的合法权益,向法院提出诉讼请求或者反驳对方的诉讼请求并且出示相关证据,或者在法庭上出示证据对于与法律适用有关的问题进行质证和辩论的一项基本诉讼制度。

辩论的方式既可以以言辞方式进行,也可以以书面方式进行。一般而言,在法庭辩论阶段,多采用言辞辩论的方式,而在诉讼的其他阶段,则主要以书面方式进行。辩论原则的践行有一定的限制范围,法院有权对当事人双方的辩论进行引导、指挥和控制。当然,法院也不应该因此而妨碍当事人对于辩论权利的行使。辩论原则不仅体现于法庭辩论的阶段,而且应该贯穿行政诉讼的全部过程中。

---

① 王周户主编:《行政法与行政诉讼法教程》,中国政法大学出版社2013年版,第255页。
② 王周户主编:《行政法与行政诉讼法教程》,中国政法大学出版社2013年版,第256页。
③ 叶必丰:《行政法与行政诉讼法》(第三版),武汉大学出版社2008年版,第344页。

6. 合议、公开审判和两审终审原则

(1) 法院审理行政案件实行合议制。合议制要求法院审理行政案件应该一律组成合议庭进行审理。通过实现合议原则,使合议庭组成人员之间可以起到相互制约和相互监督的作用,从而在一定程度上避免因法官个人的错误、偏见甚至违法行为而导致错审错判和损害司法公正现象的出现。

根据《人民法院组织法》和《行政诉讼法》的相关规定,一审行政案件由审判员或者审判员和陪审员组成合议庭,二审行政案件由审判员组成合议庭。合议庭成员必须是3人以上的单数,并由法院院长指派1名审判员担任审判长。如果合议庭中有法院院长或者审判庭庭长,那么其是当然的审判长。

(2) 公开审判是指法院在行政案件的审理和宣布判决时,除涉及国家秘密、个人隐私以及法律规定的特殊情况之外,审判活动一律公开进行。公开审判是原则,不公开审判是例外。除非有法定的理由,否则不公开审判都是违法的,随之会引起裁判无效的法律后果。公开审判这一原则的践行,是促使法院依法、正确、公正审理案件的重要措施,同时也是社会与公众对法院审判进行监督的制度保障。

(3) 两审终审指的是一个行政案件在经过两级法院审理之后,所做出的裁判立即生效,对于这一案件的裁判也宣告着司法救济的终结。据此原则,案件经过一审法院的审理之后,如果当事人对于法院所做出的裁判不服,在法律规定的期限内,有权依照法律的规定向上一级法院提出上诉,二审法院对上诉案件进行审理所做出的裁决是终审性的,当事人必须执行法院的裁决,不得再次就原有争议上诉或者起诉。不过,由于最高人民法院是最高审判机关,它所做出的第一审行政案件的裁决,则是终审性的,立即发生效力。

7. 回避原则

回避指的是在行政诉讼过程中,遇有法律规定的情形,审判人员以及其他相关的人员不得参加案件的审理或者承担与案件有关的事务,否则将容易导致行政诉讼的裁判结果出现徇私舞弊的情形,或者虽然在实质上未出现有违公正的情形,却使人们有充足的理由相信案件审理与裁判结果具有违反公正之嫌疑,从而损害了案件裁判所应该具有的公信力。回避制度是法律为当事人所规定的一项重要的诉讼权利。回避制度的意义在于:①保证法院和法官公正地审理案件;②以"看得见的方式"增强当事人对于法院公正审判的信任感;③保障行政诉讼得以客观公正地进行。

回避分为两种:一是自行回避,二是申请回避。前者指的是审判人员、书记员、勘验人、鉴定人或者翻译人员之中的一人或者数人在审理案件或者执行与案件有关的事务时,遇有法律规定的应该予以回避的情形,由自己主动提出回避的请求,以期不再参和自身可能带有利害关系的案件的审理或者与案件相关的事务的一种诉讼行为。后者指的是行政诉讼参与人或者其他诉讼代理人认为审判人员、书记员、勘验人、鉴定人和翻译人员之中的一人或者数人是本案当事人的近亲属,或者与本案存在着利害关系,或者与本案当事人有其他某种关系,可能影响到案件的公正审理,故而向法院提出请求存在或者可能存在利害关系的诉讼参与人予以回避的一种诉讼行为。

审判人员、书记员、勘验人、鉴定人和翻译人员与案件的审理结果之间,或者与对方诉讼当事人或其诉讼代理人之间,不论是否真的可能存在某种利害关系,只要这种可能性在实质上已经能够影响到案件的审理,或者在形式上也已经能够引起人们尤其是对方当事人对于案件的公正审理产生较为确信的怀疑,那么相关人员便应该自行回避或者申请回避。

按照法律规定,当事人提出回避的申请应当在案件开始审理时提出。倘若回避事由是在案件审理后才知晓的,也可以在法庭辩论终结前提出,这也是为了使当事人能够充分地享有申请相关人员予以回避的权利所提供的一种充分保护。回避的对象不同,决定回避的审批权限以及回避程序也不同。院长担任审判长时的回避由审判委员会决定,审判人员的回避由院长决定;其他人员的回避由审判长决定。法院对于当事人所提出的回避申请应当在3日之内作出决定并向当事人宣布,当事人就法院对于回避申请所做出的决定若不服,可以在接到法院的决定时申请复议一次。复议期间法院所做出的该决定依然发挥效力,被申请回避的人员也不必停止参加案件的审理活动和其他活动。

8. 检察院对于行政诉讼实行法律监督原则

依据《宪法》和《人民检察院组织法》的规定,检察院是我国的法律监督机关,对法律的实施有权进行法

律监督。《行政诉讼法》对此也有所规定。检察院对行政诉讼实进行法律监督,对于保护公民、法人或者其他组织的合法权益,维护行政审判权的公正行使,促使行政机关依法履行职责,维护国家法治的统一,都具有重要的意义和作用。依照《行政诉讼法》的规定,检察院监督法院行使审判职责主要是通过行使抗诉权这一形式来体现的。① 这也就意味着,检察院监督的重点是在法院审判权力行使的是否合法上。如果检察院认为法院已经做出或者生效的判决、裁定,有违反法律法规或者确实存在错误情形的,从而按照审判监督程序依法向法院提出抗诉的,法院应该按照再审程序重新审理该案件。

(二) 行政诉讼的特有原则——合法性审查原则

1. 合法性审查原则的概述

《行政诉讼法》规定,人民法院审理行政案件,对行政行为是否合法进行审查。这一规定确认了行政诉讼的原则是对于行政行为的合法性进行审查。合法性审查原则旨在对法院行使司法审查权进行限制,所以说法院在行政诉讼中的审判权是不完整的。

对于这一原则,可以作如下三个方面的理解:①明确了法院在行政审判中的职责与权限,划清了司法权与审判权发生作用的领域;②确认了行政相对人的权益因行政主体的违法行政行为而遭受到损害时,有寻求司法救济的权利;③合法性审查原则符合行政法对行政行为的基本要求,它是指行政权的存在、运用必须依据法律,符合法律要求,不与法律抵触,从而使《行政诉讼法》与行政法紧密联系起来,使客观评价行政机关的具体行政行为是否合法有理论上和法律上的依据。

2. 合法性审查的范围

(1) 合法性审查只针对被诉具体行政行为。虽然新的《行政诉讼法》已经将"具体行政行为"改为"行政行为",但是第12条还是规定了法院的受案范围是具体行政行为。法院的司法审查之所以只限于具体行政行为,主要是因为对于行政机关所作的抽象行政行为的监督权和审查权主要由各级人民代表大会及其常务委员会行使,或者由做出抽象行政行为的行政机关的上级行政机关行使。即使法院确信被诉具体行政行为所依据的具有普遍约束力的抽象行政行为违法,也不能用判决的形式来确认或者宣告抽象行政为违法,更不能用判决的方式将其撤销,只能判决据此而做出的具体行政行为违法。之所以如此,是因为行政权与司法权都有宪法和法律为其所规定的活动区域和运行规则,不得违反权力分立或者权力分工而有所僭越。

但是法院在对具体行政行为合法性进行审查时,难以避免地要对作为具体行政行为依据的规范性文件的合法性做出评价。如果是法律、法规的话,法院自然无权对其合法(宪)与否进行评价;但是如果是规章的话,法院虽然无权对其合法与否进行评价,但是有权不予以参照适用。换句话说,这种参照与否的权力,实际上就是赋予了法院在一定程度上判断规章合法与否的审查权力——合法的规章予以适用,不合法的规章不予以适用。同时,《行政诉讼法》第64条规定,人民法院在审理行政案件中,经审查认为国务院部门和地方人民政府及其部门制定的规范性文件(不含规章)不合法的,不作为认定行政行为合法的依据,并向制定机关提出处理建议。此条法律赋予了法院对规章以下规范性文件一定的审查权。

(2) 合法性审查原则上只针对具体行政行为的合法性,一般不涉及其合理性。法院应该在法律规定的范围内行使行政审判权力,对于行政机关在法定职权之内行使裁量权力应该给予尊重。因此,法院在行政诉讼活动中,原则上只对被诉行政行为进行合法性审查,而不对也无权对行政行为的合理性与否进行审查与判决。由于行政机关在行政活动中依法享有一定的自由裁量权,法律也为行政机关规定了一定的裁量幅度和选择手段,行政机关在法定幅度内准确裁量、做出正确决定的,称为行政行为合理,反之则是不合理。②

---

① 《行政诉讼法》第92条规定:各级人民法院院长对本院已经发生法律效力的判决、裁定,发现有本法第九十一条规定情形之一,或者发现调解违反自愿原则或者调解书内容违法,认为需要再审的,应当提交审判委员会讨论决定。最高人民法院对地方各级人民法院已经发生法律效力的判决、裁定,上级人民法院对下级人民法院已经发生法律效力的判决、裁定,发现有本法第九十一条规定情形之一,或者发现调解违反自愿原则或者调解书内容违法的,有权提审或者指令下级人民法院再审。

② 王周户主编:《行政法与行政诉讼法教程》,中国政法大学出版社2013年版,第260页。

在行政诉讼活动中,法院对于行政行为的合法性审查原则实际上限制了法院对于行政行为的合理性进行审查的权力。《行政诉讼法》第70条规定,对于明显不当的行政行为,法院可以撤销或部分撤销,也可以判决行政机关重新做出。"明显不当"乃明显丧失(合理性)之意,在此情势之下,虽然行政行为在表面或者形式上也许并未违法,但是其自由裁量权力在本质上已经超越了明显的底线,则法院便有权力对其进行审查,此乃行政行为合法性审查的例外。

3. 合法性审查的依据与审查后果

行政诉讼只是针对被诉行政行为合法性进行审查的这一原则,法律自然有着明确的规定。《行政诉讼法》第63条规定:"人民法院审理行政案件,以法律和行政法规、地方性法规为依据。地方性法规适用于本行政区域内发生的行政案件。人民法院审理民族自治地方的行政案件,并以该民族自治地方的自治条例和单行条例为依据。人民法院审理行政案件,参照规章。"除此之外,《最高人民法院关于执行〈中华人民共和国行政诉讼法〉若干问题的解释》第62条规定:"人民法院审理行政案件,适用最高人民法院司法解释的,应当在裁判文书中援引。人民法院审理行政案件,可以在裁判文书中引用合法有效的规章及其他规范性文件。"可见,在行政诉讼中,法律、行政法规、地方性法规必须作为裁判的依据,而规章和其他规范性文件只是参照性的适用,如果法院认为它们合法有效,则可作为裁判依据而被适用,即它们可以成为法院对行政行为进行合法性审查的审查标准。

对于被诉行政行为进行合法性与否的审查,《行政诉讼法》第69条、第70条、第72条、73条、第74条、第75条、第76条、第78条对此都做出了规定。详细而言,对被诉行政行为的审查后果有三类:

(1)行政行为合法。合法行政行为应该同时具备以下三个要件:①证据确实、充分;②适用法律、法规正确;③符合法定程序。如果被诉行政行为同时满足这三个条件,那么法院应该驳回原告的诉讼请求。

(2)如果被诉的具体行政行为存在以下六种情形之一的,则属于违法行政行为,法院可以做出撤销或者部分撤销的判决,同时并可以判决被告重新做出具体行政行为:①主要证据不足;②适用法律、法规错误;③违反法定程序;④超越职权;⑤滥用职权;⑥明显不当。

(3)法院确认行政行为违法,但是不撤销行政行为。例如:①行政行为依法应当撤销,但撤销会给国家利益、社会公共利益造成重大损害的;②行政行为程序轻微违法,但对原告权利不产生实际影响的;③行政行为违法,但不具有可撤销内容的;④被告改变原违法行政行为,原告仍要求确认原行政行为违法的;⑤被告不履行或者拖延履行法定职责,判决履行没有意义的。

(4)判决确认行政行为无效。当行政行为的实施主体不具有行政主体资格,或者没有规范性依据等重大且明显违法情形时,法院可以确认行政行为无效。

(5)判决被告履行法定职责。行政主体不履行法定职责有三种情况:①行政主体不履行法定职责;②行政主体负有给付义务但是不履行;③行政主体不依法履行、未按照约定履行或者违法变更、解除政府特许经营协议、土地房屋征收补偿协议等协议。在此种情况下,法院可以判决行政主体履行法定义务,采取补偿措施。

资料

"民告官"现实困境:行政干预司法影响公信力

半月谈记者在福建莆田、漳州、泉州、龙岩等地采访时了解到,当前,行政干预司法主要表现为:行政机关干预法院立案;行政机关工作人员不出庭应诉,只委托律师出庭应诉;以"支持地方中心工作"等为由要求法院做出不适法的裁决;以行政机关败诉率考核法院工作等。福建省高级人民法院行政庭负责人说:"行政诉讼'告状难'、公民诉权得不到有效保护等问题仍然存在。近5年来,全省行政诉讼一审被裁定驳回起诉的案件有1583起,这些未能进入实体审理的案件,在二审审查时发现不少是应当依法予以审理的。"

泉州中级人民法院行政庭副庭长夏惠英说："从实践来看，被诉具体行政行为中有不少存在合法性问题，但行政机关往往以'考虑案件处理的社会效果'或'服务政府工作大局'等为由施加压力，要求法院驳回诉讼请求。"以征地拆迁为例，莆田中级人民法院行政庭庭长郑完育介绍，地方政府为快速推进项目进展，有时在征地拆迁手续尚不齐备，或未与被拆迁人达成补偿协议的基础上就实施了拆迁行为，这类明显违法的行为被诉至法院后，地方政府往往以"败诉会导致项目无法开展，已经签约的住户会闹事"等为由要求法院支持地方工作。更为荒唐的是，在泉州鲤城、晋江等地，因为近两年是当地城市建设年，征地拆迁任务重，一些基层法院行政庭负责人被地方政府抽调到工程项目部，要求承担一定数量的拆迁户签约工作。部分基层法官表示，这种行政机关既当"运动员"又当"裁判员"的做法既损害了司法公信力，也会使行政权力因缺乏司法制约而恣意妄为，侵害行政相对人权益。福建省高级人民法院行政庭负责人透露，少数地方甚至要求法院在受理行政诉讼案件时，必须征得政府同意后才能立案。

第二节 行政诉讼受案范围与管辖

案例引导

张某是2008年从内地某市A县到广东省某市B区一间家具厂打工的务工人员，2009年1月，张某结识了同在一间工厂打工的刘某，并于1个月后两人成为恋人关系。2010年3月的某日，张某约恋人刘某一起到工厂临近的C区游玩。当天两人玩得比较尽兴且天色已晚，遂两人决定当晚不回工厂，直接在C区一家小旅馆同宿一间屋。当晚C区公安局温泉派出所接报警来此打黄，见二人无身份证又无结婚证，遂分别询问，二人各说一词。派出所民警认为有违法嫌疑，便采取强制措施将二人带回派出所，至第二天晚11时后才将两人释放。

事后，张某不服，遂以温泉派出所为被告向C基层人民法院提起了行政诉讼，认为温泉派出所侵犯了自己的人身自由，要求该派出所赔礼道歉并赔偿200元钱误工费。C基层人民法院在审查原告行政起诉状以及证据材料后，决定受理此案，并在法定期限内向被告温泉派出与第三人刘某送达了起诉状副本、应诉通知等文书。第三人刘某于2010年4月2日接到法院通知书后，认为C基层人民法院无权管辖，并书面提出管辖权异议。

C基层人民法院对被告提出的管辖异议进行审查后，于2010年4月16日做出裁决，认为根据《行政诉讼法》第18条规定："对限制人身自由的行政强制措施不服提起的诉讼，由被告所在地或者原告所在地人民法院管辖。"且原告所在地包括原告户籍所在地、经常居住地和被限制人身自由所在地，因此，C基层人民法院是被告温泉派出所所在地与原告被限制人身自由所在地的人民法院，享有对本案的管辖权，根据《行政诉讼法》的规定，裁定驳回异议。

思考：什么是行政诉讼的管辖？什么是管辖权异议？

一、行政诉讼受案范围

（一）行政诉讼受案范围的含义

行政诉讼的受案范围，又称人民法院主管范围，是指人民法院受理行政诉讼案件的范围，即依照法律规定，法院受理一定范围内行政诉讼案件的权限。行政诉讼受案范围具有如下几点意义：第一，明确了法院对行政机关实施司法审查的权限范围。行政诉讼实质上是司法权对行政权的监督，受案范围的存在，表明了司法权的触角延伸到行政领域的广度,法院无权审查受案范围以外的行政行为;第二,划清各个国家机关之间解决行政争议的权限,受案范围决定着法院与其他国家机关在处理解决行政案件上的合理分工;第三,确定公民、法人和其他组织的诉权。虽然诉权与受案范围概念不同,但公民、法人和其他组织诉权的行使,却受限于受案范围的规定,不属于受案范围内的行政行为,公民、法人和其他组织的诉权就无法行使;第四,便于法院及时、正确地受理案件,防止和减少因职责范围不清而错误受案或推诿受案。

(二)行政诉讼受案范围的影响因素

行政诉讼的受案范围并非一成不变,不同时期,国家都会根据政治、经济、文化等各方面的需要,调整行政诉讼的受案范围。影响行政诉讼受案范围的因素,是指立法者在确定行政诉讼受案范围时需要考虑的因素。与决定受案范围的因素不同,这些影响因素对于行政诉讼来说具有外在性,而决定受案范围的变量往往内置于行政诉讼中。一般来说,影响行政诉讼受案范围的因素主要有如下五个方面:

其一,行政任务的变迁。行政任务的内容决定着行政诉讼受案范围的大小,行政任务的变迁也就必然会影响行政诉讼受案范围的变化。当前全球范围内开展的公共行政改革,我国也深受其影响。在这场强调行政效率和灵活性运动的背景下,传统行政法中的强制性、命令性、单方性的行政行为模式相形见绌,协商性、双方性的行政行为模式备受推崇。可以预见,当后一种行政行为模式在我国更广范围内推行时,《行政诉讼法》中主要以行政处罚和行政强制措施为主的受案范围规定,也将进行相应的修改。

其二,法院解决行政争议的能力。法院解决行政争议的能力通常受到以下几个方面的影响:法院在整个国家机构的宪法地位;法院在公众中的威信;法院对行政机关进行有效监督的可能性;法院的人、财、物的配置状况;人员的素质,等等。上述因素直接或间接影响着法院解决行政争议的能力。法院解决行政争议的能力越低,则行政诉讼的受案范围就会相对缩小,反之亦然。从国外的司法实践来看,如果一国的行政诉讼制度仅仅旨在维护行政法律秩序,就倾向于缩小行政诉讼范围;如果一国的行政诉讼制度旨在维护行政法律秩序和切实解决行政争议,就倾向于扩大行政诉讼范围。

其三,法治行政的进程。"中国行政诉讼范围的变化是中国行政法治程度的晴雨表"①,从提倡"有法可依,有法必依,执法必严,违法必究"的行政法治建设,到依法行政原则的倡导,再到法治行政的提出,这一过程推进了法制建设的进程,促进行政法律体系更加完备,行政机关的执法理念更加文明,公民、法人和其他组织的权利意识更加强化。法治行政的进展情况直接关系着行政诉讼受案范围的扩张程度。

其四,国家的权力架构及运作机制。行政诉讼不仅反映公民权利与国家权力的关系,也反映国家权力中立法权、行政权与司法权之间的关系。在行政权强势的国家,很多争议司法机关无法涉足。而在立法权强势的国家,立法机关倾向于授予司法机关更多的权力监督行政机关依法行政,以保障国家意志得以贯彻执行。可见,国家的权力架构及运作机制也是影响行政诉讼受案范围的重要因素。

其五,《行政诉讼法》的一个重要目的是保障公民法人和其他组织的合法权益。在这个诉讼目的的指引下,行政案件的受案范围必然趋向于扩大。只有将更多的行政行为纳入法院的司法审查范围,公民、法人和其他组织受到违法行政行为侵害的权利才能得到司法救济。当然,受案范围的扩大不是盲目的,而应与行政任务的现状、司法权的定位、法治行政的进程相匹配。

(三)人民法院受理行政案件的具体类型

1. 不服行政处罚的案件

行政处罚是行政机关依照其职权对违反行政管理秩序但尚未构成犯罪的公民、法人或者其他组织给予的一种行政制裁。《行政诉讼法》第12条第1款第1项规定,人民法院受理对行政拘留、暂扣或者吊销许可证和执照、责令停产停业、没收违法所得、没收非法财物、罚款、警告等行政处罚不服提起的诉讼。同时,根据《行政诉讼法》该项规定的精神,公民、法人或其他组织对行政机关其他行政处罚类型不符的,也可以提起

---

① 胡建淼:《中国行政诉讼范围的演变和趋向》,《政法论坛》2005年第5期。

行政诉讼。

根据我国法律、法规对行政处罚的规定,全部行政处罚大体可以分为申诫罚,如警告、通报批评等;财产罚,如罚款、没收等;能力罚,如吊销许可证和执照、责令停产停业等;人身罚,如行政拘留等。在我国,很多行政机关都拥有行政处罚权,由此引起的行政争议比较多,在行政诉讼案件中所占的比例较大。

2. 不服行政强制的案件

根据《行政诉讼法》第12条第1款第2项中的规定,人民法院受理对限制人身自由或者对财产的查封、扣押、冻结等行政强制措施和行政强制执行不服提起的诉讼。《行政诉讼法》将行政强制执行明确纳入了行政诉讼的受案范围之中,弥补了在行政诉讼受案范围方面关于行政强制行为法律规定的不足。

依据《行政强制法》的规定,以其适用的目的和程序为标准,行政强制行为可以分为行政强制措施和行政强制执行。行政强制措施是法律赋予某些特定机关的一种紧急处置权,主要有以下形式:①强制带离现场、盘问;②约束、扣留;③收容、审查;④使用警械、武器;⑤强制检疫、强制治疗。行政强制执行是为保障行政决定内容的实现,对不履行行政决定的行政相对人,依法强制履行义务的行为,主要包括查封、扣押、冻结、划拨、扣缴、强制收购、限价出售等直接强制执行措施和执行罚、代履行等间接强制执行措施。根据新《行政诉讼法》规定的精神,公民、法人或者其他组织对行政机关任何行政强制措施和行政强制执行不服的,都可以提起行政诉讼。

3. 不服行政许可的案件

根据《行政诉讼法》第12条第1款第3项规定,人民法院受理申请行政许可,行政机关拒绝或者在法定期限内不予答复,或者对行政机关做出的有关行政许可的其他决定不服提起的诉讼。《行政许可法》第7条规定,公民、法人或者其他组织对行政机关实施行政许可,享有陈述权、申辩权;有权依法申请行政复议或者提起行政诉讼;其合法权益因行政机关违法实施行政许可受到伤害的,有权依法要求赔偿。行政许可是行政机关对行政相对人从事某种特定活动或实施某种特定行为的条件和资格依法予以判定并确认的行政行为,包括确认已具备条件或资格准予许可、确认不具备条件或资格不予许可以及对准予许可的事项进行全程监管等行为方式,在行政许可行为中,不单单是在许可申请过程中争议频繁出现,在许可的监管过程中也容易导致纠纷的产生,因此在新《行政诉讼法》扩大了行政诉讼对行政许可行为的受案范围,将行政许可行为较为全面地纳入法院的监督。

4. 不服相关行政确权的案件

行政确权一般是指行政机关针对行政相对人之间发生的土地、矿藏、水流、森林、山岭、草原、荒地、滩涂、海域等自然资源以及非自然资源之财物的所有权或使用权纠纷。根据《行政诉讼法》第12条第1款第4项的规定,人民法院受理对行政机关做出的关于确认土地、矿藏、水流、森林、山岭、草原、荒地、滩涂、海域等自然资源的所有权或者使用权的决定不服提起的诉讼。根据《土地管理法》《草原法》《森林法》《渔业法》《矿产资源法》等法律的规定,对土地、矿藏等自然资源的所有权或使用权予以确认和核发证书,是县级以上各级人民政府的法定职权。对土地、矿藏等自然资源的行政确权行为与行政相对人的利益直接相关,公民、法人或其他组织等行政相对人对各级政府所作的关于土地、矿藏的行政确权行为不服的,可以依据《行政诉讼法》提起行政诉讼。

5. 对征收、征用决定及其补偿决定不服的案件

根据《行政诉讼法》第12条第1款第5项规定,人民法院受理对征收、征用决定及其补偿决定不服提起的诉讼。行政征收是指行政主体依据国家和社会公共利益的需要,依法向行政相对人强制性征取税、费或者其他财产,并获取其所有权的行政行为。行政征用是指行政主体根据国家与社会公共利益的需要,依法征取行政相对人的相关财物的使用权的行政行为。行政征收、行政征用都是典型的侵益行政行为,直接涉及相对人的财产权利,如果行政权力被滥用,将会造成非常严重的消极后果,而且最近随着经济社会的发展,关于行政征收、行政征用的纠纷越来越多。因此,《行政诉讼法》第12条将行政征收和行政征用纳入了行政诉讼的受案范围。

6. 认为行政机关不履行保护人身权、财产权法定职责的案件

根据《行政诉讼法》第12条第1款第6项规定,人民法院受理公民、法人或者其他组织因申请行政机关履行保护人身权、财产权的法定职责,行政机关拒绝履行或不予答复而提起的诉讼。保护行政相对人的人身权、财产权是行政机关应尽的职责和义务,如果行政机关负有法定职责不履行而导致公民、法人或者其他组织人身权受到伤害的,则是行政机关的失职行为,所以《行政诉讼法》将这一类案件纳入受案范围内。

行政相对人提起这类案件的基本条件是:①相对人的人身权、财产权正在受到或即将受到实际的侵害;②相对人已向行政主体提出了保护的请求;③被申请的行政主体负有相应的法定职责;④行政主体对相对人的申请予以拒绝或不予答复。无论行政主体是拒绝履行还是不予答复,都会侵犯相对人的合法权益,相对人可依法提起行政诉讼。

7. 行政机关侵犯经营自主权或者农村土地承包经营权、农村土地经营权的案件

根据《行政诉讼法》第12条第1款第7项规定,人民法院受理公民、法人或者其他组织认为行政机关侵犯法律规定的经营自主权或者农村土地承包经营权、农村土地经营权提起的诉讼。所谓法律规定的经营自主权,是指企业和经济组织依照法律、法规和规章的规定,对自身的机构、人员、财产、生产、销售、原材料供应等事项的自主管理、经营权利。根据相应的法律、法规规定,企业的自主经营权具体包括:生产经营决定权,产品定价、销售权,物资采购权,资产处置权,投资决策权,留用资本支配权,联营兼并权,劳动用工权,内部人事管理权,工资奖金分配权,内部机构设置权,拒绝摊派权等。非国有企业和国有企业相比,它们因所有制性质的不同,其法定经营自主权的范围更为广泛,特别是私营企业以及个体经营户、承包户,他们在经营活动中对其财产享有完全的处分权、收益权。农村土地承包经营权是指农村土地承包人对其依法承包的土地享有占有、使用和一定处分的权利。根据《农村土地承包法》第61条的规定,国家机关及其工作人员侵犯农村土地承包经营权,应当承担损害赔偿等责任。所以,当行政相对人认为自己的经营自主权、农村土地承包经营权、农村土地经营权受到侵犯时,依照《行政诉讼法》的规定,都可以提起行政诉讼。

8. 认为行政机关滥用行政权力排除或者限制竞争的案件

根据《行政诉讼法》第12条第1款第8项规定,人民法院受理认为行政机关滥用行政权力排除或者限制竞争提起的诉讼。滥用行政权利限制竞争行为即行政垄断行为,是指政府及其所属部门滥用行政权力,限定他人购买其指定的经营者的商品,限制其他经营者正当的经营活动,或者政府及其所属部门滥用行政权力,限制本地商品流向外地市场,主要包括以下几种表现形式:①政府及其所属部门行政规定,销售外地商品必须搭售本地缺乏竞争力的产品;②规定在辖区内只能以指定企业的商品为限;③以明示或暗示要求购买者必须到与政府及其所属部门有挂靠关系的企业购买商品;④明文规定在本行政辖区内不得销售外地商品,或对外地商品的销售数量范围进行限定;⑤以各种行政手段对外地商品在辖区内销售实行公开的管、卡、压或变相阻止外地商品进入本地市场;⑥限制阻碍本地区、本部门的信息、原材料、技术、自由流向外地、外部门,以防外地、外部门增强竞争优势。

根据《反不正当竞争法》第7条的规定以及《反垄断法》第32条的规定,都严禁行政机关滥用行政权力排除或限制竞争,干涉行政相对人正常的经营活动,所以行政相对人只要认为行政机关滥用行政权力的行为侵害了自己合法的经营权,就可以依据《行政诉讼法》的规定提起行政诉讼。

9. 认为行政机关违法集资、摊派费用或者违法要求履行其他义务的案件

根据《行政诉讼法》第12条第1款第9项规定,人民法院受理认为行政机关违法集资、摊派费用或者违法要求履行其他义务的提起的诉讼。在我国,权利义务都是依法确定的,对于法定义务,公民、法人或者其他组织应当认真履行;不履行的,行政机关可以依法强制其履行。但是,行政机关无权要求公民、法人或者其他组织履行法定义务以外的其他义务,否则就是侵犯他们的合法权益。行政机关违法要求履行义务的行为有多种,其中最主要的就是乱集资、乱收费、乱摊派。这里的"违法要求履行其他义务"是指违法要求承担"三乱"以外的其他财产或者劳务负担。因而,只要相对人认为行政机关要求自己履行没有法律依据的义务,就可以提起行政诉讼。

另外还要注意的一点就是,《行政诉讼法》第12条第1款第9项规定的"违法要求履行其他义务的",必须是行政机关以具体行政行为来要求行政相对人履行义务,也就是行政机关以行政主体身份运用行政权力要求对方履行义务,如果行政机关在民事活动中以民事主体的身份要求对方履行民事义务,所引起的只是民事纠纷案件,不能提起行政诉讼。

10. 不服行政给付的案件

根据《行政诉讼法》第12条第1款第10项规定,人民法院受理认为行政机关没有依法支付抚恤金、最低生活保障待遇或者社会保险待遇提起的诉讼。抚恤金首先从狭义上理解,是指国家规定对某些伤残人员或死亡人员遗属为抚慰和保障其生活而发放的专项费用,主要分为两种:一种是伤残抚恤金,发放对象是革命残废军人、因公致残的职工及其他人员;另一种是遗属抚恤金,发放对象是革命烈士、牺牲人员或其他死亡人员的遗属。从广义上理解,国家对公民发放的社会福利保障费用,如福利金、救济金等,也具有抚恤金的性质。最低生活保障是指国家对家庭人均收入低于当地政府公告的最低生活标准的人口给予一定现金资助,以保证该家庭成员基本生活所需的社会保障制度。最低生活保障线即贫困线,对达到贫困线的人口给予相应补助以保证其基本生活。社会保险待遇是指劳动者在何种情况下享受社会保险待遇及社会保险待遇水平如何。《劳动法》第76条规定,我国劳动者享有的待遇有:退休后的养老保险待遇;患病、负伤时的疾病保险待遇;受工伤时的工伤保险待遇;失业时的失业保险待遇;生育时的生育保险待遇。劳动者死亡后其遗属还有遗属津贴。

抚恤金、最低生活保障待遇、社会保险待遇的发放都属于行政给付行为,具有发放职责的行政机关,如果没有依法发放相应资金给行政相对人,将会构成失职行为,侵犯行政相对人获得物质帮助的基本权利。

11. 关于行政合同的案件

根据《行政诉讼法》第12条第1款第11项的规定,人民法院受理认为行政机关不依法履行、未按照约定履行或者违法变更、解除政府特许经营协议、土地房屋征收补偿协议等协议提起的诉讼,将行政合同纳入行政诉讼的受案范围之中。行政合同也称行政契约,是指行政机关为达到维护与增进公共利益,实现行政管理目标的目的,与相对人之间经过协商一致达成的协议,包括政府特许经营协议、土地房屋征收补偿协议、公共工程承包合同、计划生育合同等多种形式。从特征上来说,行政合同具有双重属性,但从根本属性上来说,它并不是一个纯粹的民事行为,而是公法契约的一种,是一种非强制性的公法行为,以非强制性的自愿接受、自觉履行为原则。这是因为,在行政合同的双重属性中,行政性是第一性,合同性则是第二性。"行政合同其实质就是受行政权监督的契约关系"。将行政合同纳入行政诉讼,这一方面可以监督行政机关依法履行职责,防止行政机关以订立合同的方式规避法律;另一方面可以加强对行政机关的强权进行监控,防止行政机关利用强权或滥用职权,侵害另一方当事人的合法权益。这两个方面是民事诉讼无法完成的。

12. 认为行政机关侵犯其他人身权、财产权的案件

这一类案件是除上述案件之外的涉及人身权、财产权的案件,是对上述列举不足的补充。《行政诉讼法》所列的上述11种案件,都是因为行政机关具体行政行为涉及相对人一方的人身权、财产权的行政案件,但是逐一列举的方式是难以做到全面完整的。为了能够将涉及公民、法人或者其他组织人身权、财产权的其他行政案件也都纳入行政诉讼受案范围,《行政诉讼法》概括性地规定,人民法院受理公民、法人或者其他组织认为行政机关侵犯其他人身权、财产权而提起的诉讼。除上述11种案件外,在司法实践中,常见的侵犯人身权、财产权的其他行为主要有:行政机关对平等主体间赔偿问题所做出的裁决或强制性补偿决定;行政机关做出违背公民、法人或者其他组织意愿,并直接导致增加义务或妨碍权利的行政确认、其他各种行政处理及不作为的行政行为等;行政机关对一方公民、法人或者其他组织做出行政处理,另一方公民、法人或者其他组织认为该处理涉及并侵害了自己相邻权或者公平竞争权而起诉的;行政机关做出复议决定、撤销或变更原具体行政行为的决定,有关公民、法人或者其他组织认为该类决定侵犯其人身权、财产权因而起诉的;行政机关对发明专利权的确认裁决。

13. 法律、法规规定的可以提起诉讼的其他行政案件

根据《行政诉讼法》第12条第2款的规定,人民法院受理法律、法规规定可以提起诉讼的其他行政案件,

这是一条兜底性的规定。这就是说,《行政诉讼法》第12条第1款对属于人民法院受案范围的各类案件虽然做了列举,但并不等于我国的行政诉讼受案范围就只限于《行政诉讼法》规定的范围。对于其他超出《行政诉讼法》规定之外的行政案件,只要其他法律、法规规定可以起诉,也都属于人民法院的受案范围。但对于这一条规定,需要从以下几个方面来理解:

(1) 这里所指的法律、法规是不包括《行政诉讼法》在内的其他各种法律、行政法规、地方性法规以及自治条例和单行条例等。它们既包括《行政诉讼法》制定实施以前就颁布并仍然有效的法律、法规,也包括《行政诉讼法》制定实施以后颁布的法律、法规,还包括将来可能会颁布的有关法律文件。如《政府信息公开条例》第33条第2款规定,公民、法人或者其他组织认为行政机关在政府信息公开工作中的具体行政行为侵犯其合法权益的,可以依法申请行政复议或者提起行政诉讼。

(2) 这些法律、法规所规定的其他可以起诉的行政案件,是《行政诉讼法》未予规定的行政案件。

(3) 这些行政案件不只限于公民、法人或者其他组织的人身权、财产权方面,还可以是其他的合法权益,如劳动权、受教育权、政治权利和自由,以及其他社会权利等。

(四) 人民法院不予受理的案件

根据《行政诉讼法》第13条以及《最高人民法院关于执行〈中华人民共和国行政诉讼法〉若干问题的解释》第1条第2款的规定,以下几类行为属于不可诉行为。

1. 国防、外交等国家行为

《行政诉讼法》第13条第1项规定,国防、外交等国家行为不属于《行政诉讼法》的受案范围。国家行为又称"统治行为""政治行为",是指国务院、中央军事委员会、国防部、外交部等根据宪法和法律的授权,以国家的名义实施的有关国防和外交事务的行为,以及经宪法和法律授权的国家机关宣布紧急状态、实施戒严和总动员等行为。由此,国家行为实际上是有权代表整个国家的特定国家机关,根据宪法和法律授予的权限,以国家的名义实施的全局性的重大行为。

在各国行政诉讼的传统中,国防、外交等国家行为不能被提起行政诉讼。我国《行政诉讼法》将其排除在受案范围之外,原因在于:

(1) 国家行为不是具体行政行为,它不是行政机关以自己的名义对单个特定对象实施的行政管理行为,而是宪法、法律授权的特定主体,代表整个国家,以国家名义实施的行为。

(2) 由于国防、外交等国家行为是以国家的名义实施的,因而是体现国家主权的行为,其权力具有国家的整体性和统一性,因而不属于人民法院的司法审查范围。

(3) 国防、外交等国家行为关系到国家和民族的整体利益,即使这种行为会影响某些公民、法人或者其他组织的利益,但在这种情况下,公民、法人或者其他组织的个别利益要服从国家的整体利益。

2. 抽象行政行为

《行政诉讼法》第13条第2项规定,行政法规、规章或者行政机关制定、发布的具有普遍约束力的决定、命令不属于行政诉讼的受案范围。这里所称的"具有普遍约束力的决定、命令",是指行政机关针对不特定对象发布的能反复适用的行政规范性文件。

在我国,抽象行政行为目前不能被提起行政诉讼的理由在于:①我国的宪法和组织法把对抽象行政行为的审查监督权,交由权力机关和行政机关行使;②抽象行政行为涉及政策问题,而政策问题不宜由法院判断;③抽象行政行为涉及不特定相对人,有时甚至涉及一个或几个地区乃至全国的公民,其争议不适于通过诉讼途径解决。

值得一提的是,虽然《行政诉讼法》没有将抽象行政行为列入行政诉讼的受案范围,但是规定法院可对规范性文件附带审查,主要有以下两种情况:一是公民、法人或者其他组织认为行政行为所依据的国务院部门和地方人民政府及其部门制定的规范性文件不合法,在对行政行为提起诉讼时,可以一并请求对该规范性文件进行审查。但规范性文件不含规章。二是人民法院在审理行政案件中,发现上述规范性文件不合法的,不作为认定行政行为合法的依据,并应当向制定机关提出处理的司法建议。法院对规范性法律文件进

第十八章 行政诉讼

行附带审查,有利于纠正相关规范性文件的违法问题,对于规范具体行政行为具有重要的作用,对于相对人权利的保护具有重要的意义。

3. 行政机关对其工作人员的奖惩、任免等决定

《行政诉讼法》第13条第3项规定,行政机关对其工作人员的奖惩、任免决定不属于行政诉讼受案范围。行政机关对其工作人员的奖惩、任免等决定不仅指奖惩和任免这两类决定,而且泛指行政机关做出的涉及该行政机关工作人员权利义务的(如公务员工资的升降、福利待遇、住房分配等)各类决定。这些决定涉及的是行政机关的内部人事管理关系,属于内部人事管理活动,由此导致的行政纠纷可由行政机关自己处理解决,人民法院不予干预。

但需要注意的是,并不是行政机关对其工作人员所作的各种人事管理决定都不属于行政诉讼的受案范围,关键是看其所涉及的权利义务的性质。如果这类决定涉及的权利义务是国家行政机关公务员的权利义务,则不能通过行政诉讼的方式解决,但是,如果涉及的权利义务是行政机关工作人员作为普通公民所具有的权利义务,则仍可以通过行政诉讼的方式解决。

4. 法律规定由行政机关最终裁决的具体行政行为

《行政诉讼法》第13条第4项规定,法律规定由行政机关最终裁决的具体行政行为不属于行政诉讼的受案范围。这里所称的"法律",根据《最高人民法院关于执行〈中华人民共和国行政诉讼法〉若干问题的解释》的规定,仅仅是指全国人民代表大会及其常务委员会制定、通过的规范性文件。

我国目前只有少数几部法律,如《外国人入境出境管理法》《出境入境管理法》以及《行政复议法》根据实际需要规定了对某些具体行政行为引起的争议,行政机关所作的裁决是最终裁决,对于这些由法律授予行政机关最终裁决权的行政案件,人民法院不予受理。

5. 公安、国家安全等机关实施的刑事司法行为

所谓刑事司法行为,根据《最高人民法院关于执行〈中华人民共和国行政诉讼法〉若干问题的解释》第1条第2款规定,是指公安、国家安全等机关依照《刑事诉讼法》的明确授权实施的行为。在我国,公安、国家安全等国家机关具有双重的职权身份,它们既是实施刑事案件侦查等刑事司法活动的机关,又是从事公安、国家安全等方面管理活动的行政机关,因此公安、国家安全等机关实施的行为,通常可以分为两类:一类是刑事司法行为,由检察机关实施监督;另一类是行政行为,由法院通过司法审查进行监督。根据《行政诉讼法》的规定,我国的行政诉讼目前只针对行政行为,公安、国家安全等机关的刑事司法行为尚不在刑事诉讼的受案范围之内。在这种情况下,如何对刑事司法行为作一个界定便显得十分重要。

我们可以从以下几个方面来正确理解和掌握公安、国家安全等机关实施的刑事司法行为:

(1) 这类行为的主体,只能是公安机关、国家安全机关、海关、军队保卫部门、监狱等特定机关。

(2) 这类行为必须在《刑事诉讼法》明确授权的范围内实施。我国《刑事诉讼法》对公安、国家安全机关能够实施的刑事司法行为做出了详细的规定,如讯问刑事犯罪嫌疑人、询问证人、检查、搜查、扣押物品、冻结存款汇款、通缉、拘传、取保候审、监视居住、刑事拘留、执行逮捕等。公安、国家安全机关在《刑事诉讼法》规定范围之外实施的行为,如没收、违法收审等均不在此类行为之列。

(3) 这类行为必须是针对《刑事诉讼法》规定的对象所实施的刑事司法行为。这是对刑事司法行为进行的实质性限定,根据《刑事诉讼法》的授权,公安、国家安全等机关只能对刑事犯罪嫌疑人等有限的对象实施刑事司法行为,如果公安、国家安全等机关对其他公民滥用刑事司法行为,或故意用刑事司法行为代替具体行政行为,也是对《刑事诉讼法》授权范围的超越。在这种情况下,即使它们拥有"刑事司法行为"的形式,但仍应将其视作具体行政行为,如果公民一方提起行政诉讼,人民法院应当受理。

6. 调解行为及法律规定的仲裁行为

行政机关的调解行为是指行政机关居间对双方当事人之间的民事权益争议,经说服教育和劝导后,由当事人双方自愿达成纠纷协议的一种行为。调解行为之所以被排除在行政诉讼的受案范围之外,是因为调解行为并不具有法律上的拘束力,对行政机关做出的调解,当事人既可以接受,也可以不接受。因此,当事

人对调解行为不服,没必要提起行政诉讼。

仲裁是法律规定的机构以中立者的身份对平等主体之间的民事纠纷,按照一定的程序做出的具有法律拘束力的判定。《最高人民法院关于执行〈中华人民共和国行政诉讼法〉若干问题的解释》第1条第2款第3项规定,法律规定的仲裁行为不属于行政诉讼的受案范围。仲裁行为之所以被排除在行政诉讼受案范围之外,是因为:《仲裁法》颁布实施之后,除劳动争议仲裁属于行政仲裁以外,其他的仲裁已经被纳入民间仲裁,不再属于行政仲裁。而根据《劳动法》第79条和最高人民法院的司法解释规定,当事人对劳动争议仲裁不服的,可以向法院提起民事诉讼,但不能提起行政诉讼。

7. 行政指导行为

行政指导行为是行政机关以倡导、示范、建议、咨询等方式,引导相对人自愿做出某种行动而达到行政管理目的的行为。行政指导行为之所以被排除在行政诉讼受案范围之外,是因为该行为不具有行政强制力,相对人既可以服从,也可以置之不理,所以当事人没有必要因为不服行政指导行为而提起行政诉讼。值得注意的是,如果行政主体强迫相对人服从"行政指导",该行为就不再属于行政指导行为,相对人可以提起行政诉讼。

8. 对相对人的权利义务不产生实际影响的行为

对相对人的权利义务不产生实际影响的行为一般是指行政机关的行政行为没有使相关公民、法人或者其他组织的权利、义务发生现实的变动,包括有利的变动和不利的变动。在司法实践中,这些行为主要有以下几种:①行政主体的行为处于内部准备阶段,并未形成外部具体行政行为;②行政主体在行政相对人提起行政诉讼之前及时主动地收回已经送达的行政处理决定而使之无效;③行政主体的行政行为涉及公共利益而非个人的特定利益等。

将这类行为排除在行政诉讼的受案范围之外,原因在于行政诉讼的一个重要目的就是消除违法行政行为对行政相对人权利义务造成的不利影响。相对人对行政主体的具体行政行为提起行政诉讼的条件之一,就是认为具体行政行为侵犯其合法权益,即行政主体的具体行政行为对其权利义务产生了实际影响。如果某一行为没有对相对人的权利义务产生实际影响,就不能作为被起诉的对象,也不属于行政诉讼受案范围。

9. 驳回当事人对行政行为提起申诉的重复处理行为

重复处理行为是指行政主体以原已存在的行政行为为基础,并未实现或加强原行政行为所设定的权利义务关系而再次实施的行为。如相对人对已过争议期限的行政行为不服,向行政机关提出申诉,行政机关经过审查,维持原有行为,驳回当事人的申诉,这种驳回申诉的行为,就是行政法上的重复处理行为。

这类行为之所以没有被纳入行政诉讼受案范围,主要是基于以下两点考虑:①重复处理行为没有对相对人的权利义务产生新的影响,没有形成新的行政法律关系;②如果对这种重复处理行为可以提起诉讼,就是在事实上取消提起诉讼的期间,就意味着任何相对人在任何时候都可以通过申诉的方式重新将任何一个行政行为提交法院进行重新审查,这就会使法律规定的诉讼期限失去意义。

二、行政诉讼的管辖

(一) 行政诉讼管辖的含义与确定原则

行政诉讼管辖是指各级人民法院和同级人民法院之间受理第一审行政案件的权限和分工。它是法院系统内部之间受理第一审行政案件的职权划分。为进一步掌握行政诉讼管辖的内涵,我们需要比较分析与管辖相近的几个法律概念。

一是管辖与受案范围。行政诉讼受案范围明确的是人民法院和其他国家机关之间受理行政诉讼案件的分工。行政诉讼管辖解决的是人民法院系统内部、各人民法院之间审理某个行政案件的具体分工。可见,受案范围是确定管辖的前提和基础;管辖是对受案范围的体现和落实。

二是管辖权与审判权。管辖权是指人民法院基于《行政诉讼法》有关管辖的规定,所获得的受理行政案件的权力。而审判权则有两种不同的见解：①对于实行双轨制的国家，审判权是指不同系统审判机关之间有关权限的划分，即行政法院与其他普通法院之间在受案范围上的分工，通常与司法权的界限、行政法院与民事法院审判权的冲突以及法院的国际管辖权等问题有关。②根据《行政诉讼法》第4条第1款有关"人民法院依法对行政案件独立行使审判权，不受行政机关、社会团体和个人的干涉"之规定，结合我国实行的单一制模式现状，我国学术界和实务界均认为，审判权是指人民法院受理、审查、裁判、执行行政案件的综合权力，其内涵囊括了管辖权。

由于行政案件种类繁多、情况复杂、影响较大，因此在确定人民法院对案件的管辖时应当遵循一定的原则，以此保证人民法院能够正确、及时地行使审判权，保护当事人的合法权益。根据我国《行政诉讼法》与其他相关法律法规，确定行政诉讼管辖的原则主要有如下四个方面：

一是便于当事人进行诉讼的原则。行政诉讼是当人们认为行政机关的具体行政行为侵犯其合法权益时，由法律所提供的一种救济和监督手段，其目的在于通过人民法院的审判活动，保护双方当事人的合法权益均不受侵犯。因此在确定管辖时，应当为原告、被告进行行政诉讼提供便利。例如《行政诉讼法》第14条有关"基层人民法院管辖第一审行政案件"之规定，绝大部分的第一审行政案件由基层人民法院管辖，因为基层人民法院辖区一般是原告、被告双方共同所在区域，无论是原告起诉还是被告应诉都非常便利。另外《行政诉讼法》关于特殊地域管辖，对限制人身自由不服的，原告可以在原告所在地或被告所在地的基层人民法院提起诉讼等规定，均体现出了方便当事人的原则，力求减轻当事人在行政诉讼中的负担。

二是保证人民法院正确、公正、有效行使审判权的原则。在行政诉讼过程中，人民法院处于主动地位，既是行政案件审判的指挥者，也是联结着当事人及其他诉讼参与人进行诉讼活动的桥梁，在行政诉讼中有着重要意义。因此在确定管辖时，法律必须为人民法院办理行政案件提供便利，便于人民法院调查取证、传唤当事人以及执行行政诉讼的裁判文书等。如《行政诉讼法》规定了基层人民法院管辖第一审行政案件，里面就包含就地、就近审判，便于查证、认定事实，而《行政诉讼法》规定裁定管辖中有关"特殊原因""认为需要"与"有权审判"等实际上就包含了排除和减少行政机关的干扰，尽可能保证人民法院依法独立公正行使对行政案件的审判权。

三是人民法院均衡负担的原则。这一原则包含两个方面的内容：一是同级人民法院之间审判工作量的合理分工；二是上下级人民法院之间审判能力和审判工作量的合理分工。其目的在于尽量使各个或各级人民法院对行政案件的审判工作均衡负担，以避免不同地方、不同层级之间的人民法院因负担失衡而导致行政案件得不到有效处理。但是近年来受经济社会发展等因素的影响，不少地方基层人民法院之间第一审行政诉讼案件受案数量相差非常悬殊，有人甚至提出"异地管辖"的观点。因此，负担均衡原则的有效实施目前已成为了行政诉讼管辖研究的重要课题。

四是原则性和灵活性相结合的原则。因行政案件的复杂性与现实情况的多变性，《行政诉讼法》在管辖方式上，采取法定管辖为主、上级人民法院裁定管辖灵活处理为辅的原则。例如《行政诉讼法》第23条规定，当两个人民法院就管辖权发生争议时，如果协商不成，由其共同上一级人民法院进行审查并做出指令管辖的决定，从而赋予了上级人民法院裁定管辖一定的灵活处理权。

(二) 行政诉讼的级别管辖

行政诉讼的级别管辖又称事务管辖，是法院各审级之间受理行政案件时的权限与分工，是关于上下级法院之间的权限分工。确定级别管辖主要是根据案件的性质、影响大小以及被告级别的高低等因素。根据《行政诉讼法》的规定，我国的行政诉讼级别管辖分为基层人民法院管辖、中级人民法院管辖、高级人民法院管辖和最高人民法院管辖四级。

1. 基层人民法院管辖的第一审行政案件

根据《行政诉讼法》第14条"基层人民法院管辖第一审行政案件"与其他有关条款规定，凡是一审行政诉讼案件，除法律规定由上级人民法院管辖的特殊情形外，一般均由基层人民法院管辖。

在我国法院组织体系中，基层人民法院是按地域设置分布的最低层级审判机关，数量最多、遍布最广。

基层人民法院辖区一般是在原告与被告所在地,又是行政行为与行政争议的发生地,将大量行政案件交由基层人民法院审理,既有利于当事人进行诉讼,又便于法院调查取证,正确、及时地处理行政案件。

但是《行政诉讼法》实施以来的实践表明,由基层人民法院负责审理主要的行政案件显现出越来越多的弊端。由于我国法院系统与行政区域划分重合,司法辖区与行政辖区合一,不仅司法权地方特征明显,法院的人事、财务等审案条件也往往受制于同级权力机关和行政机关。因此对有些涉及同级或上级行政机关的案件,客观上存在着一些法院不敢受理、不愿管辖、难以做出公正判决或不能执行等情况。另外,由于基层人民法院法官素质和审案条件的限制,行政诉讼案件处理的质量也不尽如人意。这些问题一定程度上影响了我国行政审判的公正和效率,影响了司法权威,是我国新一轮司法改革所要面临的重要内容,《行政诉讼法》的最新修改中将跨行政区域管辖纳入立法也体现了这一点。

2. 中级人民法院管辖的第一审案件

根据《行政诉讼法》第15条的规定,中级人民法院管辖如下第一审行政案件:

(1) 对国务院部门或者县级以上地方人民政府所作的行政行为提起诉讼的案件。对国务院各部门或县级以上地方人民政府所作的行政行为提起诉讼的案件包括了国务院各部门或县级以上地方人民政府直接做出的行政处罚决定和其他行政处理决定,以及他们做出的变更和撤销原行政决定的复议决定。一般来说,这样的管辖级别规定是考虑到国务院各部门和县级以上地方人民政府所作的具体行政行为比较复杂,其涉及的领域和范围比较大,案件的审理结果对社会产生的影响也比较大,形成案件后也大大增加了人民法院的审理难度,故基层人民法院恐难以胜任此类案件的审判工作。

(2) 海关处理的案件。海关处理的案件主要包括关税的纳税义务人同海关发生的纳税争议,或因海关做出的扣押查禁等行政处罚发生的纠纷。将海关处理的案件纳入中级人民法院管辖是基于两方面的考虑:一是海关行政的业务种类繁多,行政案件专业技术性较强,同时又涉及对外贸易的交往,因此对法院审判能力的要求较高,法院审理的难度也较大;二是海关的行政级别一般比较高,基本相当于县级以上行政部门,因此将其处理的案件纳入中级人民法院的管辖范围,也与新《行政诉讼法》把县级以上地方人民政府为被告的案件提高到中级人民法院管辖的规定保持一致。

(3) 本辖区内重大、复杂的案件。确定"重大""复杂"的因素主要包括特定时期的经济、政治、社会情况,案件性质、涉及范围和影响后果等。根据《最高人民法院关于执行〈中华人民共和国行政诉讼法〉若干问题的解释》,本辖区内重大、复杂案件包括:①被告为县级以上人民政府,且基层人民法院不适宜审理的案件;②本辖区内社会影响重大的共同诉讼、集团诉讼案件;③本辖区内重大涉外或者涉及香港特别行政区、澳门特别行政区、台湾地区的案件等。另外,最高人民法院《关于审理国际贸易行政案件若干问题的规定》《关于审理反倾销行政案件应用法律若干问题的规定》和《关于审理反补贴行政案件应用法律若干问题的规定》等也列举了国际贸易行政、反倾销行政和反补贴行政案件等作为中级人民法院第一审行政案件。

(4) 其他法律规定由中级人民法院管辖的案件。除上述三项规定外,如果其他法律规定其他行政案件应由中级人民法院管辖的,也应按照其他法律的规定,将这些案件交由中级人民法院进行第一审。

3. 高级人民法院管辖的第一审行政案件

根据《行政诉讼法》第16条的规定,高级人民法院管辖本辖区内重大、复杂的第一审行政案件。依照《中华人民共和国人民法院组织法》规定,在每一个省、自治区、直辖市设一个高级人民法院。高级人民法院的主要任务是对本辖区内的基层和中级人民法院的审判工作进行指导、监督,以及审理不服中级人民法院裁判的上诉案件,一般不管辖第一审行政案件,除非是遇到在本辖区内发生的重大、复杂行政案件,以及案件比较复杂、审理难度较大的情况下,且认为中级人民法院不便审理、不利于判决或执行的,才由高级人民法院作为第一审法院。

4. 最高人民法院管辖的第一审行政案件

根据《行政诉讼法》第17条的规定,最高人民法院管辖全国范围内重大、复杂的第一审行政案件。最高人民法院是最高国家审判机关,其主要任务是指导、监督地方各级人民法院和专门人民法院的审判工作,并对在审判实践中如何具体适用法律、法令等问题进行司法解释,以及审理不服高级人民法院裁判的上诉案件。因此由最高人民法院管辖的第一审行政案件只能是全国范围内重大、复杂的行政案件,并且实行一审终审原则。

(三) 行政诉讼的地域管辖

行政诉讼的地域管辖又称土地管辖或区域管辖,是指同级人民法院之间在各自辖区内受理第一审行政案件的权限和分工。由于我国人民法院的辖区一般和行政区域划分相重合(专门人民法院例外),因此我国《行政诉讼法》规定的地域管辖是以行政辖区为标准划分同级人民法院之间受理第一审行政案件的权限和分工。一般认为,法院系统内的纵向分工形成了级别管辖,而横向分工形成了地域管辖,通常先确定行政案件的级别管辖,再确定其地域管辖。因此,级别管辖是地域管辖的前提。我国《行政诉讼法》将地域管辖划分为一般地域管辖、特殊地域管辖、共同地域管辖。

1. 一般地域管辖

一般地域管辖又称普通管辖或一般管辖,是指除法律有特别规定外,一般按照最初做出具体行政行为的行政机关所在地来确定法院的辖区。《行政诉讼法》第18条第1款规定:"行政案件由最初做出具体行政行为的行政机关所在地人民法院管辖。经复议的案件,也可以由复议机关所在地人民法院管辖。"这里提到的行政机关所在地,指的是行政机关的整个或主要机构所在的法院辖区区域。

经复议的案件有两层含义:一是复议机关没有改变原具体行政行为,此时还是应以做出原具体行政行为的行政机关为被告;二是复议机关改变了原具体行政行为,此时行政复议机关也具有了作为行政诉讼的被告资格。另外,根据《最高人民法院关于执行〈中华人民共和国行政诉讼法〉若干问题的解释》第7条的规定,"复议机关改变原具体行政行为"主要包括三种情形:①改变原具体行政行为所认定的主要事实和证据的;②改变原具体行政行为所适用的规范依据且对定性产生影响的;③复议机关撤销、部分撤销或变更原具体行政行为处理结果的。

由于我国现行司法管辖区与行政区划完全相对的体制,一般地域管辖也容易导致行政诉讼受理难、审判难、执行难的"三难"困境。为了解决行政案件"三难"问题,减少地方政府对行政审判的干预,我国某些地区已经开始针对跨区域管辖进行试点,《行政诉讼法》第18条第2款规定了"经最高人民法院批准,高级人民法院可以根据审判工作的实际情况,确定若干人民法院跨行政区域管辖行政案件"。以避免行政诉讼地方化色彩浓厚、受地方政府制约严重等现象。

2. 特殊地域管辖

特殊地域管辖又称特别管辖或特殊管辖,是指法律特别针对某些案件列举规定的,优先适用于所针对案件的管辖。特殊地域管辖是相对于一般地域管辖而言的,它与一般地域管辖的区别就在于:一是在内容方面,特殊地域管辖的行政案件属于法律特别列举的特殊性质案件,包括人身强制措施、不动产等;二是在法律适用方面,特殊地域管辖优先于一般地域管辖。一个案件如果兼备以上两种性质的话,原则上应当优先适用于特殊地域管辖的规定。例如一个案件,既是因不服限制人身自由而提起的行政诉讼,同时又是经过复议机关改变了原具体行政行为,在管辖上就应该适用关于因限制人身自由提起诉讼的特殊地域管辖规定,而非一般地域管辖规定。

《行政诉讼法》第19条和第20条规定了两种特殊地域管辖的情形:

(1) 对限制人身自由的行政强制措施不服提起的诉讼,由被告所在地或者原告所在地人民法院管辖。

人身自由是宪法赋予公民的一项最基本的权利,为了充分保障这一项权利,《行政诉讼法》第19条规定:"对限制人身自由的行政强制措施不服提起的诉讼,由被告所在地或者原告所在地人民法院管辖";《最高人民法院关于执行〈中华人民共和国行政诉讼法〉若干问题的解释》第9条规定:"行政诉讼法规定的'原告所在地'包括原告的户籍所在地、经常居住地和被限制人身地。行政机关基于同一事实既对人身又对财产实施行政处罚或者采取行政强制措施的,被限制人身自由的公民、被扣押或者没收财产的公民、法人或者其他组织对上述行为均不服的,既可以向被告所在地人民法院提起诉讼,也可以向原告所在地人民法院提起诉讼,受诉人民法院可一并管辖。"

《行政诉讼法》与《最高人民法院关于执行〈中华人民共和国行政诉讼法〉若干问题的解释》表现出的立法意图就是充分保护公民的人身自由,便于原告进行诉讼。一方面行政机关在财力、物力的承受诉讼能力都高于一般公民;另一方面原告是行政诉讼的主要参加人,不便于原告诉讼,会给人民法院的审判工作带来很大的难度,因此行政案件由原告所在地人民法院管辖可以最大程度保证便于原告诉讼。但同时也考虑到受到公安机关强制措施对待的人分布全国各地,若发生纠纷都只由原告所在地应诉,不仅费事费时、非常不便,而且也会给人民法院勘验现场、收集和核查证据等审判准备以及后续审判、执行工作带来一定的困难。所以《行政诉讼法》对不服限制人身自由的行政强制措施提起诉讼的行政案件的管辖作了如上特殊规定,但这种特殊规定并不是排除一般地域管辖,而是一般地域管辖与该种特殊地域管辖的选择适用关系。

(2) 因不动产提起的行政诉讼,由不动产所在地人民法院管辖。

新《行政诉讼法》第20条规定:"因不动产提起的行政诉讼,由不动产所在地人民法院管辖。"此种情形也可称为不动产案件的专属管辖,即法律强制规定因不动产提起的行政诉讼只能由不动产所在地的人民法院管辖,其他人民法院无管辖权。这种特殊地域管辖与涉及人身自由的特殊管辖不同,具有管辖上的排他性,排除了一般地域管辖的选择适用。

因不动产提起的行政诉讼,是指公民、法人或其他组织对行政机关做出的有关不动产所有权或使用权的具体行政行为不服,以及其他涉及不动产物权而产生的行政争议,向法院提起的诉讼。其他涉及不动产物权而产生的行政争议,比如近年来争议、影响均比较大的因建筑的拆除、翻建、改建、扩建而起诉的行政案件,因不动产污染而提起的行政案件等。《行政诉讼法》规定由不动产所在地人民法院专属管辖,一是因为有关不动产的行政案件涉及金额一般都比较大,影响比较广,需要有专门知识和经验的人民法院与法官进行妥善处理;二也是为了便于对案件就近勘验、调查,便于人民法院收集证据和对案件进行正确、及时地审理和执行。

3. 共同地域管辖

共同地域管辖也称共同管辖,是指同一个行政案件,法律规定两个或两个以上的人民法院都有管辖权。《行政诉讼法》第21条规定:"两个以上人民法院都有管辖权的案件,原告可以选择其中一个人民法院提起诉讼。原告向两个以上有管辖权的人民法院提起诉讼的,由最先立案的人民法院管辖。"

共同管辖是基于某些牵连关系发生的,一般可以发生在两种条件下:①法律规定的管辖标准各异,因而导致几个法院均有管辖权。比如,经过复议的案件,由原行政机关所在地和复议机关所在地人民法院管辖。②法律规定的管辖标准一致,但由于当事人因素或案件性质而导致共同管辖发生。比如,同一诉讼的几个被告住所地不在一个法院管辖区,双方争执的标的物不在一个法院管辖区等,均发生共同管辖。

《行政诉讼法》第21条也规定了解决共同管辖中发生管辖冲突时的处理原则,即将选择权赋予了原告,原告可以选择向其中一个人民法院提起诉讼;如果原告向两个以上有管辖权的人民法院提起诉讼,由最先立案的人民法院管辖。这种情况同样适用于共同原告分别向不同法院起诉的必要共同诉讼。在个别特殊情形下,有管辖权的人民法院同时接到诉状,同时立案,无法分清先后,根据《行政诉讼法》的规定,则由有管辖权的人民法院协商,协商不成的,可以报请它们共同的上级人民法院指定其中一个法院受理,以此达到规避人民法院之间在受理案件时因管辖权问题发生相互争执或推诿的情况,实现人民法院正确、有效地处理行政案件的目的。另外,一旦确定管辖法院后,受案人民法院应该依法及时通知原告和其他诉讼参与人,以免审理中途原告重新选择,造成司法资源的浪费。

(四) 行政诉讼的裁定管辖

行政诉讼的裁定管辖是指不是由法律直接明确规定,而是由人民法院做出裁定或决定来确定诉讼管辖法院的管辖方式。裁定管辖并非一个独立的管辖,而是法定管辖的补充,以解决具体案件在管辖上出现的一些特殊问题,同时按照原则性和灵活性相结合的方法,赋予了人民法院可以根据案件具体情况调整管辖的机动权,从而较好地体现行政诉讼的特点和保护弱势当事人一方、追求公平正义的精神。根据《行政诉法》第22条、第23条和第24条的规定,裁定管辖包括三种情形:移送管辖、指定管辖和管辖权的转移。

1. 移送管辖

移送管辖是指人民法院已经受理了行政案件后,发现自己对所受理的行政案件并无管辖权,依法将案件移送给其认为有管辖权的人民法院审理。移送管辖是对管辖发生错误时的一种补救措施,一般发生在同级异地人民法院之间,但也不能排除上、下级人民法院之间适用,属于地域管辖的一种补充形式。

根据《行政诉讼法》第22条规定:"人民法院发现受理的案件不属于本院管辖的,应当移送有管辖权的人民法院,受移送的人民法院应当受理。受移送的人民法院认为受移送的案件按照规定不属于本院管辖的,应当报请上级人民法院指定管辖,不得再自行移送。"移送管辖的适用应当具备下列条件:

(1) 人民法院已经受理案件,但尚未审结。若尚未受理的案件,人民法院还处于对案件的审查阶段,经审查不归本法院管辖的,不存在移送管辖问题,应告知当事人向有管辖权的人民法院起诉。如果两个以上人民法院都有管辖权的诉讼,先立案的人民法院不得将案件移送给另一个有管辖权的人民法院;人民法院在立案前发现其他有管辖权的法院已经立案的,不得重复立案,立案后发现其他有管辖权的人民法院已经立案的,裁定将案件移送给先立案的人民法院。如果该案件已经做出判决,也不发生移送管辖。

(2) 受理案件的人民法院对该案无管辖权。依法享有管辖权的人民法院才有权行使审判权,因此在审理案件的过程中发现是错误受理,即发现自身无管辖权的人民法院无权审理案件。这里值得注意的问题是,根据管辖恒定原理,案件受理后,受诉人民法院的管辖权不受当事人户籍所在地、经常居住地等变更因素的影响,即有管辖权的人民法院受理案件后,不得以行政区域变更或当事人复合因素等为由,将案件移送给变更后有管辖权的人民法院。

(3) 接受移送案件的人民法院依法享有管辖权。这是对移送案件法院的要求,即不得随意移送,只能向有管辖权的人民法院移送。

在具备上述三个条件的同时,还必须正确理解《行政诉讼法》第22条"受移送的人民法院不得再自行移送"的含义,即移送管辖虽然是人民法院的单方行为,但却是程序上的一种法律行为,具有程序法上的约束力,如果接受移送的人民法院认为本院对该案也无管辖权时,应当报请上级人民法院指定管辖,不能再自行移送、退回,以免影响行政诉讼当事人依法行使起诉权和人民法院对行政案件的及时审理。

2. 指定管辖

指定管辖是指由于发生《行政诉讼法》规定的某种特殊情况,上级人民法院以裁定的方式,指定下级人民法院对某个案件行使管辖权。指定管辖的实质在于,法律赋予上级人民法院在特殊情况下有权变更和确定案件管辖法院,以适应现实案情和审判实践的需要,保证案件得到及时、有效、正确地处理。

根据《行政诉讼法》第23条的规定:"有管辖权的人民法院由于特殊原因不能行使管辖权的,由上级人民法院指定管辖。人民法院对管辖权发生争议,由争议双方协商解决。协商不成的,报它们的共同上级人民法院指定管辖。"指定管辖有如下两种情形:

一是有管辖权的人民法院由于特殊原因不能行使管辖权的,由上级人民法院指定管辖。所谓"特殊原因",包括以下几种:

(1)由于事实原因导致人民法院不能行使管辖权,如自然灾害、战争、意外事故等不可抗力的客观事实发生,使人民法院不能行使管辖权;

(2)由于法律原因导致人民法院不能行使管辖权,如有管辖权的人民法院因当事人申请或审判人员自行申请回避而无法组成合议庭对案件进行审理;

(3)依照法律的规定,有管辖权的人民法院不适宜管辖的第一审行政案件,经原告申请,该人民法院提请或上一级人民法院决定,由上一级人民法院将案件指定到本辖区内其他基层人民法院进行管辖审理,如下级人民法院先行参与土地征收、房屋拆迁等具体行政管理活动后,因该次土地征收、拆迁引发行政诉讼的案件等;

(4)当事人向有管辖权的基层人民法院起诉,受诉人民法院在7日内未立案也未做出裁定,当事人向中级人民法院起诉时,中级人民法院根据情形可以指定本辖区内的其他基层人民法院进行管辖审理。

二是因管辖权发生争议,经双方协商未能解决争议。所谓管辖权发生争议,是指两个或两个以上人民法院对同一案件是否享有管辖权相互推诿或争夺。造成这些争议的原因包括对法律的规定理解不一致,局部利益争端,行政区域变动,或者在共同管辖的情形下,原告同时向两个或两个以上的人民法院提起诉讼,各人民法院同时立案或无法确定谁最先立案等。不管是何种原因引起的管辖争议,都应该由争议双方协商解决,协商不成的,报请它们的共同上级人民法院指定管辖。

3. 管辖权的转移

管辖权的转移又称移转管辖,是指经上级人民法院决定或同意,将某个案件的管辖权由上级人民法院转交给下级人民法院,或由下级人民法院转交给上级人民法院。其实质是行政案件管辖权的垂直转移,根据现实情况对级别管辖的一种变通和补充方式。

根据《行政诉讼法》第24条规定:"上级人民法院有权审理下级人民法院管辖的第一审行政案件。下级人民法院对其管辖的第一审行政案件,认为需要由上级人民法院审理或者指定管辖的,可以报请上级人民法院决定。"管辖权的转移有两种情况:

(1) 上级人民法院有权审判下级人民法院管辖的第一审行政案件。有管辖权的人民法院不适宜管辖的第一审行政案件,可以由上一级人民法院决定自己审理;当事人向有管辖权的基层人民法院起诉,受诉人民法院在7日内未立案也未做出裁定,当事人向中级人民法院起诉时,中级人民法院根据情形可以指定本辖区内的其他基层人民法院进行管辖审理,也可以决定自己审理;下级人民法院对其管辖的第一审行政案件,认为需要由上级人民法院审判的,可以报请上级人民法院决定。

(2) 下级人民法院对其管辖的第一审行政案件,认为需要由上级人民法院审理或者指定管辖的,可以报请上级人民法院决定。

管辖权的转移与移送管辖不同,两者的区别主要在于以下三个方面:

第一,管辖权的转移发生在上下级人民法院之间,但不受级别管辖和地域管辖的限制,可以上提一级或几级,也可以下移一级或几级;移送管辖除个别案件涉及级别管辖外,一般发生在同级人民法院之间。

第二,管辖权的转移是由有管辖权的人民法院将行政案件的管辖权移交给原本无管辖权的人民法院,使其获得管辖权;移送管辖是由无管辖权的人民法院把已经受理但不属于自己管辖的行政案件移交给原本就有管辖权的人民法院管辖。

第三,管辖权的转移由上级人民法院同意或决定;移送管辖是依照法律规定发生,无须上级人民法院同意或决定。

(五) 行政诉讼的管辖权异议

1. 管辖权异议的概念

行政诉讼的管辖权异议是指人民法院受理行政案件后,当事人依法提出该人民法院对本案无管辖权的主张和意见。《最高人民法院关于执行〈中华人民共和国行政诉讼法〉若干问题的解释》第10条规定:"当事人提出管辖异议,应当在接到人民法院应诉通知之日起10日内以书面形式提出。对当事人提出的管辖异议,人民法院应当进行审查。异议成立的,裁定将案件移送有管辖权的人民法院;异议不成立的,裁定驳回。"

2. 管辖权异议的条件

根据上述《最高人民法院关于执行〈中华人民共和国行政诉讼法〉若干问题的解释》第10条规定,提出管辖权异议应当具备下列条件:

(1) 人民法院已经受理案件,但尚未进行实体审理。未受理的行政案件或已进入实体审理阶段,不得提出管辖权异议。

(2) 管辖权异议只能对第一审法院提出,对于第二审法院不得提出管辖权异议(包括地域管辖与级别管辖)。

(3) 管辖权异议的提出主体是行政诉讼当事人,即原告、被告或第三人。

(4) 提出管辖权异议的期限是在接到人民法院应诉通知之日起10日内。

(5)管辖权异议须由当事人正式提出,即只能采用书面形式,并且应在书面异议中说明异议内容和理由。

3. 管辖权异议的处理

人民法院对当事人提出的管辖权异议,应当进行审查。经审查,管辖权异议成立的,裁定案件移送给有管辖权的人民法院审理;异议不成立的,应裁定驳回。当事人对裁定不服的,有权在5日内向上一级人民法院起诉。但根据《最高人民法院关于行政案件管辖若干问题的规定》第7条第2款对管辖权异议作了例外规定:"对指定管辖裁定有异议的,不适用管辖异议的规定",即中级人民法院改变管辖所做出的管辖裁定具有终局效力,当事人无权提起上诉。为了维护当事人的诉讼权利,人民法院对当事人提出的管辖权异议,未经审查或审查后尚未做出裁定的,不得进入对该案的实体审理。当事人对管辖权异议提出申诉的,不影响受诉人民法院对该案的审理。

案例分析

某市昌和装修有限公司不服某区劳动和社会保障局工伤认定案

1. 案情介绍

李某经人介绍于2008年2月到某市A区昌和装修有限公司承建的豪庭小区工程工地从事外墙装修工作。2009年3月6日下午,李某在A栋8楼进行外墙装修工作时,不慎从施工架上摔下来,造成严重外伤。事后,李某与昌和装修有限公司向A区劳动和社会保障局申请工伤认定。经过调查取证后,某区劳动和社会保障局认定,李某在工程工地从事装修本职工作内受到意外事故损伤属于《工伤保险条例》第14条第1项"在工作时间和工作场所内,因工作受到事故伤害的"所规定的情形,应当认定为工伤,并于2009年5月20日做出了李某的工伤认定。

昌和装修有限公司对该份工伤行政认定决定不服,向某市劳动和社会保障局申请行政复议。某市劳动和社会保障局经审查后认为A区劳动和社会保障局做出的具体行政行为事实清楚、适用法律正确,遂于2009年6月30日做出维持A区劳动和社会保障局做出的具体行政行为的复议决定。

昌和装修有限公司对该份工伤行政认定决定不服,遂向某市劳动和社会保障局所在的B基层人民法院提起行政诉讼,原告昌和装修公司诉称:其与李某并未签订书面的劳动合同,双方的劳动关系不成立,并且李某不是在公司规定的工作时间内遭受的意外,被告A区劳动和社会保障局做出的工伤行政认定决定事实错误,请求人民法院判决撤销被告A区劳动和社会保障局做出的工伤行政认定决定。

B基层人民法院审查原告昌和装修有限公司的行政起诉状以及证据材料后,决定受理此案,并在法定期限内向被告A区劳动和社会保障局与第三人李某所送达了起诉状副本、应诉通知等文书。被告A区劳动和社会保障局于2009年7月20日收到起诉状副本、应诉通知书等材料后,认为本案应由A区劳动和社会保障局所在地的A基层人民法院管辖,并于2009年7月25日向B基层人民法院提出书面的管辖权异议。

B基层人民法院对被告提出的管辖异议权进行审查后,于2010年8月1日做出裁决,认为被告提出的管辖权异议不成立,根据《行政诉讼法》第18条规定,裁定B基层人民法院继续审理本案,并依法做出裁判。

2. 案件评析

B基层人民法院关于被告A区劳动和社会保障局提出的管辖权异议的处理是正确合法的。

首先,提出管辖权异议的主体适格。根据《最高人民法院关于执行〈行政诉讼法〉若干问题的解释》的规定,行政诉讼案件的当事人可以提出管辖权异议。行政诉讼案件的当事人包括原告、被告或第三人,一般情况下主要以被告或第三人居多,其他诉讼主体或诉讼外主体不能成为管辖权异议的主体。本案中,被告A区劳动和社会保障局作为本行政诉讼的当事人,有权提出管辖权异议。

其次,当事人提出管辖权异议的期限和形式符合要求。《最高人民法院关于执行〈行政诉讼法〉若干问题的解释》第10条规定:"当事人提出管辖异议,应当在接到人民法院应诉通知之日起10日内以书面形式提出。"本案中,被告A区劳动和社会保障局在收到起诉状副本、应诉通知书等材料之日起10日内以书面形式提出了管辖权异议,符合《最高人民法院关于执行〈行政诉讼法〉若干问题的解释》关于管辖权异议提出的期限和形式要求。

最后,B基层人民法院关于被告A区劳动和社会保障局提出的管辖权异议的裁定是正确合法的。根据2014年修改的新《行政诉讼法》第18条规定:"行政案件由最初做出具体行政行为的行政机关所在地人民法院管辖。经复议的案件,也可以由复议机关所在地人民法院管辖。"因此,不管复议机关有没有改变原具体行政行为,复议机关所在地人民法院都享有管辖权。本案中,复议机关为某市劳动和社会保障局,即使它没有改变被告所作的行政工伤认定决定这一原具体行政行为,其所在地的B基层人民法院也依法享有对该案的管辖权,故B基层人民法院裁定其继续审理本案是符合法律规定的。

第三节 行政诉讼参加人

案例引导

郝某于2004年10月21日以邮政特快专递的方式向北京市地方税务局举报原北京铁路分局下属客运列车销售饭菜、商品等拒开发票,涉嫌偷税漏税的违法行为。北京市地方税务局将举报转至东城区地税局,2004年12月14日东城区地税局决定立案检查。经查,东城区地税局认为原北京铁路分局不存在拒开发票、偷税漏税的违法行为,并于2005年6月15日对郝某做出税务违法案件查处结果答复单,认为郝某于2004年10月21日采取举报方式举报北京铁路分局存在拒开发票、涉嫌偷税漏税的税务违法行为,经东城区地税局依法进行检查,所反映的问题不属实。郝某不服该答复,于2005年9月12日向北京市东城区人民法院提起行政诉讼。

思考:在该案中,行政诉讼的当事人包括哪些?

一、行政诉讼的参加人与当事人

(一)行政诉讼的参加人

一个具体的行政诉讼活动有哪些主体参加,行政诉讼法上用行政诉讼参加人、行政诉讼参与人的概念来加以界定。行政诉讼参加人是指依法参加行政诉讼活动、享有诉讼权利并承担诉讼义务,与诉讼结果有利害关系的或处于类似诉讼地位的人。行政诉讼参与人则是指参与行政诉讼活动,享有相应诉讼权利并承担相应诉讼义务的人。

依据概念和《行政诉讼法》的规定,行政诉讼参加人的范围有:原告、被告、第三人、共同诉讼人、诉讼代理人,其中,行政诉讼参加人又可以分为当事人和诉讼代理人。除了行政诉讼参加人外,参与到行政诉讼中的主体还包括证人、勘验人员、鉴定人员、翻译人员,这些法律主体都统称为行政诉讼的参与人。除诉讼参加人以外的参与人,参加诉讼的目的是由于案件审理的需要,如存在语言障碍需要翻译人员、存在证明事实的需要要求证人出庭作证等。由此可见,行政诉讼参与人的概念大于行政诉讼参加人的概念。

（二）行政诉讼的当事人

在行政诉讼活动中，行政诉讼当事人是行政诉讼参加人的核心主体。行政诉讼的当事人是指因行政行为发生争议，以自己的名义参加诉讼，并受人民法院裁判拘束的公民、法人、其他组织和行政主体。依据法律的规定，当事人有狭义和广义之分。狭义的当事人仅指原告、被告。而广义的当事人包括原告、被告、第三人、共同诉讼人。在不同的程序中，当事人的称谓是不同的。在第一审程序中，当事人各方被称为原告、被告、第三人、共同诉讼人。在第二审程序中，上诉的一方被称为上诉人，被上诉的一方称为被上诉人，诉讼利益与上诉人一致且没有行使上诉权的主体则依一审诉讼地位列明。在审判监督程序中，称为申诉人和被申诉人。在执行程序中，申请法院强制执行的权利人称为申请执行人，被申请采取强制措施的义务人称为被申请执行人。不同的称谓既反映出不同的诉讼审理程序，又反映出诉讼活动各方的诉讼地位以及相应的诉讼权利与诉讼义务。

二、行政诉讼的原告

（一）行政诉讼原告的含义与法律特征

关于原告的界定，《行政诉讼法》第25条第1款规定："行政行为的相对人以及其他与行政行为有利害关系的公民、法人或者其他组织，有权提起诉讼。"第49条第1项规定："原告是符合本法第二十五条规定的公民、法人或者其他组织"，由此可以确定，行政诉讼的原告应当具备以下法律特征：

第一，从形态上讲，行政诉讼的原告是提起诉讼的个人、法人或者其他组织。

根据《行政诉讼法》第99条的规定，在对等原则下，外国人、无国籍人在我国领域内进行行政诉讼，也适用《行政诉讼法》关于原告的规定，同我国公民享有同等的诉讼权利和义务。因此，个人作为行政诉讼的原告，不仅包括中国公民，也包括外国人或者无国籍人。从组织形态上看，行政诉讼的原告包括法人和其他组织。法人在民法中界定为具有权利能力和行为能力，依法独立承担法律责任、履行法律义务的组织。具体包括企业法人、事业法人、机关法人和社会团体法人。其他组织是指合法成立、有一定的组织机构和财产，但又不具备法人资格的组织。其他组织是否具有诉讼上的主体资格，应当由法院依照案件来确定。

第二，行政诉讼的原告与被诉行政行为有法律上的利害关系。

如何认定原告的主体资格，按照《行政诉讼法》第25条来理解，认定的标准是原告是否与被诉行政行为有利害关系。原告如果与被诉行政行为之间不存在法律上的利害关系，即法院无法对其法律上的利益进行判决，因此，利害关系是认定原告主体资格的标准，也是法院能否对被诉行政行为做出实体审查的一个标准。利害关系的标准也是诉讼法原理"无利益无诉权"的具体体现。

当然，确定原告的主体资格条件，需要明确两个概念：一是如何判断原告是否与被诉行政行为有利害关系，通说认为需结合《最高人民法院关于执行〈中华人民共和国行政诉讼法〉若干问题的解释》第1条来理解。《最高人民法院关于执行〈中华人民共和国行政诉讼法〉若干问题的解释》第1条第6款规定："对公民、法人或者其他组织权利义务不产生实际影响的"不属于人民法院的受案范围，那么，利害关系可以理解为"对公民、法人或者其他组织的权利义务产生实际影响。"当然，这种利害关系可以是有利的关系，也可以是不利的关系。

第三，行政诉讼的原告是向人民法院提起诉讼的公民、法人或者其他组织。

与被诉行政行为有利害关系，是确定法律主体是否具有行政诉讼原告资格的条件。但具体到诉讼活动，某一法律主体是否称其为原告，还取决于该主体是否向人民法院提起诉讼。而原告提起诉讼的目的在于维护自身的合法权益。此外，结合《行政诉讼法》第29条关于第三人的界定（即同被诉行政行为有利害关系但没有提起诉讼的可以作为第三人参加诉讼），可以明确的是，原告在主观上必须有向人民法院提起诉讼的行为。

通过分析行政诉讼原告的法律特征，依据法律规范的具体规定，行政诉讼的原告可以界定为：行政诉讼的原告是指与行政行为有利害关系，就该行政行为向人民法院提起行政诉讼的个人、法人或者其他组织。

(二)行政诉讼原告的确认

1. 行政诉讼原告资格的确认

根据《行政诉讼法》第25条的规定,与行政行为有利害关系的主体,首先是指行政行为做出时针对的对象,即行政相对人。因此,按照行政法律关系中确定的行政相对人,就行政行为向人民法院提起行政诉讼,其具有原告的资格。

此外,不具有行政相对人的身份,但与行政行为有利害关系的主体,也具有原告的资格。为了区别行政相对人,本书把这些主体统称为利害关系人。利害关系人的具体情形可按照《最高人民法院关于执行〈中华人民共和国行政诉讼法〉若干问题的解释》的规定来判断。

2. 利害关系人的确认

《最高人民法院关于执行〈中华人民共和国行政诉讼法〉若干问题的解释》第13条规定:"有下列情形之一的,公民、法人或者其他组织可以依法提起行政诉讼:(一)被诉的具体行政行为涉及其相邻权或者公平竞争权的;(二)与被诉的行政复议决定有法律上利害关系或者在复议程序中被追加为第三人的;(三)要求主管行政机关依法追究加害人法律责任的;(四)与撤销或者变更具体行政行为有法律上利害关系的。"该司法解释明确规定下述几类利害关系人具有原告的资格:

(1)相邻权人。相邻权是一个民法概念,具体是指不动产的占有人在行使物权时,对相毗邻的他人的不动产享有一定的支配权。因相邻权引起的法律关系为相邻关系。根据《物权法》的规定和实践,相邻关系常见的有通行、管线安设、防险排污、用水、流水、截水、排水、光照、通风、音响、震动、竹木归属等。相邻关系是民法关系,相邻权是民法权利,但很多情况下,民事主体侵犯他人相邻权,其行为往往是在行政机关审批许可后进行的,典型的如行政机关许可一方当事人使用某块土地建房,涉及相邻一方当事人的通行、采光、通风等相邻权的行使;行政机关许可当事人使用河流上流的水源,涉及下流当事人使用水源的权利。由此可见,依据"利害关系"的标准,相邻权人认为行政机关的审批许可行为侵犯其合法权益的,可以向法院提起行政诉讼。

(2)公平竞争权人。在行政法理论和司法实践中,一般认为公平竞争权是市场中的竞争者当然享有的一项基本民事权利。对公平竞争权的侵害,主要来自于其他竞争者违反公平竞争原则的行为。但在某些情况下,行政机关的行政行为破坏了公平竞争的规则,也可成为公平竞争权的侵权者。此时对于行政机关的行政行为,竞争者有权向人民法院提起行政诉讼。例如,某市发布一个规范性文件,规定以投标的方式,将某块商业用地的使用权转让给出资的企业,以出资额的高低决定中标者。甲企业和乙企业均出资投标,甲企业和乙企业的其他条件相同,但甲企业的出资额大大高于乙企业,但该市政府仍决定由乙企业开发这块商业用地。甲企业认为该市政府的行为侵犯了其公平竞争权,向法院提起诉讼。根据司法解释的规定,该市政府的行政行为影响到甲企业的公平竞争权,因此法院应当受理该案。①

(3)与行政复议决定有利害关系的人。司法解释中规定的"在复议程序中被追加为第三人"的情形实际上是"与行政复议决定有利害关系"的一种情形,两种情形是一种从属关系。行政复议决定是一种典型的行政行为,与行政复议决定有利害关系实质是与行政行为有利害关系的一种典型情形,司法解释对其进行列举,目的在于突出行政复议决定这一特殊的行政行为。例如,某县公安局认定张某殴打孙某致轻微伤,决定对张某处以拘留15天的行政处罚。张某不服,向市公安局申请复议。市公安局经过审查,认定孙某辨认错误,张某没有殴打孙某,而是钱某殴打了孙某,撤销了县公安局的处罚决定。尽管钱某与原行政行为不具有利害关系,但由于该复议决定涉及钱某的权利义务,钱某与该复议决定具有法律上利害关系。在本案中,钱某尽管不是县公安局行政处罚的第三人,但在行政复议程序中,钱某应当被追加为第三人。尽管在市公安局行政复议程序中的钱某没有被追加为第三人,但与行政复议决定具有利害关系,根据司法解释的规定,有权提起行政诉讼。②

---

① 甘文:《行政诉讼法司法解释之评论》,中国法制出版社2000年版,第66页。
② 甘文:《行政诉讼法司法解释之评论》,中国法制出版社2000年版,第67页。

(4) 受害人。司法解释中确定的受害人是指受到其他公民(加害人)违法行为侵害的人。发生侵害时,行政机关追究加害人的行政法律责任,是否属于保护受害人合法权利的范畴？司法解释采纳了肯定的观点。因此,基于这一观点,司法解释赋予受害人对行政机关处罚加害人的行政行为起诉的权利。例如,甲殴打了乙,公安机关对甲做出5日行政拘留的决定,乙对该决定不服,可以向人民法院提起行政诉讼。

(5) 与撤销、变更具体行政行为有法律上利害关系的人。在此规定中,行政诉讼的对象是行政机关撤销、变更的具体行政行为。公民、法人或者其他组织与行政机关的撤销、变更行为有利害关系,实质上属于"与具体行政行为有利害关系"的情形之一,因此不服其行为的,可以向人民法院提起行政诉讼。例如,教育行政部门取消了某甲的办学权,甲对此不服向人民法院提起行政诉讼。正在甲处学习的20个学生因此中断了学习,他们需要另外找学校学习,另外租房子或者乘车回家,经济上的损失较大。因此这20个学生也对取消办学权的行政决定提起了行政诉讼。依据我国现行的法律制度,办学需申请许可,所以教育行政部门取消办学权的行为实质上是撤销许可的行为,因此,在该案中,这20个学生与撤销具体行政行为有利害关系,可以对取消办学权的行为提起行政诉讼。

3. 其他原告资格的确认及诉权的行使

在司法实践中,具有原告主体资格条件的人如何行使诉权？这在《行政诉讼法》中没有具体规定,而依据《最高人民法院关于执行〈中华人民共和国行政诉讼法〉若干问题的解释》的相关规定,原告行使诉权的情形有以下几种：

(1) 合伙企业。根据《最高人民法院关于执行〈中华人民共和国行政诉讼法〉若干问题的解释》第14条的规定："合伙企业向人民法院提起诉讼的,应当以核准登记的字号为原告,由执行合伙企业事务的合伙人作诉讼代表人；其他合伙组织提起诉讼的,合伙人为共同原告。"

(2) 其他组织。根据《最高人民法院关于执行〈中华人民共和国行政诉讼法〉若干问题的解释》第14条的规定："不具备法人资格的其他组织向人民法院提起诉讼的,由该组织的主要负责人作诉讼代表人；没有主要负责人的,可以由推选的负责人作诉讼代表人。"

(3) 集团诉讼。所谓集团诉讼是指由人数众多的原告推选诉讼代表人参加的且法院的判决及于全体利益关系人的行政诉讼。根据《最高人民法院关于执行〈中华人民共和国行政诉讼法〉若干问题的解释》第14条的规定："同案原告为5人以上,应当推选1至5名诉讼代表人参加诉讼；在指定期间内未选定的,人民法院可以依职权指定。"

(4) 联营企业、合资企业或者合作企业。根据《最高人民法院关于执行〈中华人民共和国行政诉讼法〉若干问题的解释》第15条规定："联营企业、中外合资企业或者合作企业的联营、合资、合作各方,认为联营、合资、合作企业权益或者自己一方合法权益受具体行政行为侵害的,均可以自己的名义提起诉讼。"此司法解释的本意是要解决:当联营企业、中外合资企业、中外合作企业的法定代表人对行政行为不行使起诉权的情况下,联营企业、合资或合作企业的内部权利人不能通过行使企业的起诉权维护其自身合法权益,故需要赋予各方独立的起诉权。

(5) 农村集体土地使用权人。根据《最高人民法院关于执行〈中华人民共和国行政诉讼法〉若干问题的解释》第16条规定："农村土地承包人等土地使用权人对行政机关处分其使用的农村集体所有土地的行为不服,可以自己的名义提起诉讼。"行政机关处分农村集体所有土地的行为,不仅影响到所用权人的权益,也影响到使用权人的权益,两者的权益都要保护,因此使用权人也具有原告的资格。一般而言,农村土地使用权人包括使用农村土地的乡镇企业、在农村土地上建房的村民等。例如,某食品厂租用某村一块土地建造厂房进行生产,后某县政府做出规定,将该地收归某乡政府所有。对于该决定,某食品厂即以农村集体土地使用权人的身份享有诉权。

(6) 非国有企业。根据《最高人民法院关于执行〈中华人民共和国行政诉讼法〉若干问题的解释》第17条规定："非国有被行政机关注销、撤销、合并、强令兼并、出售、分立或者改变企业隶属关系的,该企业或者其法定代表人可以提起诉讼。"企业被行政机关强制终止,在法律上没有行为能力,不能实施某些法律行为。但其合法权益仍然受到法律保护,所以应当赋予其诉讼权利。

(7)股份制企业。根据《最高人民法院关于执行〈中华人民共和国行政诉讼法〉若干问题的解释》第18条规定:"股份制企业的股东大会、股东代表大会、董事会等认为行政机关做出的具体行政行为侵犯企业经营自主权的,可以企业名义提起诉讼。"一般情况下,企业的利益就是股东的利益,当企业的利益与股东的利益冲突时,股东可以通过行使股东的权利提起行政诉讼。此规定旨在解决企业法定代表人不提起行政诉讼,股东根据《公司法》的有关规定行使起诉权的问题。

(三)行政诉讼原告资格的转移

1. 行政诉讼原告资格转移的条件

行政诉讼原告资格的转移是指有权提起诉讼的公民死亡、法人或者其他组织终止,原告的资格依法转移给有利害关系的特定主体的法律制度。原告资格发生转移,实质上是由特定的法律主体来充任原告,该主体因原告资格的转移而获得行政诉讼原告的资格。前者称为原始原告,后者称为承继原告。行政诉讼原告资格转移的制度,其目的是保护原始原告和承继原告的综合权利。

通说认为,原告资格的转移应当具备以下几个条件:①享有原告资格的主体在法律上不复存在,这是原告资格转移的前提条件。依据《行政诉讼法》的规定,有权起诉的公民死亡,或者法人、其他组织终止,即是享有原告资格的主体在法律上不存在。②享有原告资格的主体死亡或者终止时,仍在法定的起诉期限内。若享有原告资格的主体不复存在,此时起诉期限已过,起诉权在法律上消灭,也就不存在原告资格转移的问题。③法律规定的特定承受主体存在。享有原告资格的主体死亡或者终止,承受其权利的主体是由法律明确规定的。而法律规定特定主体的范围,是依原告与承受主体之间有特定的利害关系来确定的。

具体而言,原告资格的转移分为两种情况:自然人原告资格的转移、法人或者其他组织原告资格的转移。

2. 自然人原告资格的转移

《行政诉讼法》第25条第2款规定:"有权提起诉讼的公民死亡,其近亲属可以提起诉讼。"《最高人民法院关于执行〈中华人民共和国行政诉讼法〉若干问题的解释》第11条第1款规定,近亲属包括配偶、父母、子女、兄弟姐妹、祖父母、外祖父母、孙子女、外孙子女和其他具有扶养、赡养关系的亲属。

有权提起诉讼的公民死亡,其近亲属享有原告的资格,可以以自己的名义提起诉讼,享受相应的权利,承担相应的法律后果。但是,关于人身方面的权利义务(如行政主体对行政相对人做出行政拘留的处罚决定),不应由近亲属代为承受。

此外,《最高人民法院关于执行〈中华人民共和国行政诉讼法〉若干问题的解释》第11条第2款规定:"公民因被限制人身自由而不能提起诉讼的,其近亲属可以依口头或者书面委托以该公民的名义提起诉讼。"这里规定的是公民被限制人身自由期间的诉权行使问题,由于被限制人身自由的公民在法律上仍然存在,所以也就不存在公民原告资格转移的问题。此外,对该法律规范的理解,还应当注意几点:其一,公民被限制人身自由的,只有本人不能行使起诉权的,才能由其近亲属代为行使。若公民被限制人身自由但仍能提起诉讼的,则不能委托其近亲属代为提起诉讼。这一规定在司法实践中很难把握,有学者提出,只要行政机关不能举证证明被限制人身自由的公民可以实施诉讼行为,法院就应当受理该公民近亲属提起的行政诉讼。①其二,如前所述,该情形不属于原告资格的转移,在此情形下公民与其近亲属之间是委托关系,因此其近亲属只能以该公民的名义提起诉讼,而不能以自己的名义提出。其三,依据《行政诉讼法对》委托代理的相关规定,接受委托的主体必须向人民法院提交书面委托书。但在公民被限制人身自由期间,该公民不一定能进行书面委托;为保证公民诉权的行使,法律规定了口头或者书面两种委托形式。

3. 法人或者其他组织原告资格的转移

《行政诉讼法》第25条第3款规定:"有权提起诉讼的法人或者其他组织终止,承受其权利的法人或者其他组织可以提起诉讼。"同理,有权提起诉讼的法人或者其他组织终止的,承受其权利的法人或者其他组织

---

① 甘文:《行政诉讼法司法解释之评论》,中国法制出版社2000年版,第61页。

可以以自己的名义提起诉讼,享受相应的权利,承担相应的法律后果。

三、行政诉讼的被告

(一) 行政诉讼被告的含义

行政诉讼的被告是指原告起诉其所做出的行政行为侵犯其合法权益,且由法院通知参加应诉的行政主体。

具体而言,行政诉讼的被告应当具备三个条件:一是行政诉讼的被告必须是行政主体,其有能力在行政诉讼活动中就被诉行政行为承担实体责任。行政诉讼的被告在行政法上具备行政主体的资格条件,即有能力在行政诉讼中承担相应的实体责任。由此,行政诉讼的被告包括行政机关和法律法规规章授权的组织。可见,行政诉讼的被告从形态上来讲是组织,不能是个人。二是行政诉讼的被告是被诉行政行为的实施主体,具备行政主体资格条件的组织能否成为行政诉讼的被告,需要明确该主体做出的行政行为是否为原告指控的行为,即原告认为该行政主体的行政行为侵犯其合法权益并诉诸法院。三是行政诉讼的被告应当是由法院通知其参加应诉,自法院通知其应诉之日起,有关行政主体具备法律上的被告诉讼地位。因此,当原告指控的被告不适格时,应当由法院确认适格的被告来参加诉讼。根据《最高人民法院关于执行〈中华人民共和国行政诉讼法〉若干问题的解释》第23条的规定:"原告所起诉的被告不适格,人民法院应当告知原告变更被告;原告不同意变更的,裁定驳回起诉。应当追加被告而原告不同意追加的,人民法院应当通知其以第三人的身份参加诉讼。"

(二) 行政诉讼被告的确认

我国《行政诉讼法》第26条根据不同的情形,规定了具体确定行政诉讼被告的五种情形。

第一,原告直接向人民法院提起行政诉讼的案件。(1)公民、法人或者其他组织直接向人民法院提起诉讼的,做出行政行为的行政机关是被告。理解该规定时,还有一个问题需要解决,即对于不是最终决定的行政行为如何确定被告?如需要下级行政机关或者经授权的组织初步审查后做出的行政行为,这种初步审查虽然不是最终决定,但会对行政相对人的权利义务产生影响。因此,对于初步审查的行为,宜以下级行政机关或者经授权的组织作为被告。从理论上讲,在初步审查中,上级行政机关尚未参与行政过程,未体现本机关的意志,不宜作被告。①《最高人民法院关于审理行政许可案件若干问题的规定》第4条作了类似的规定,行政许可依法须经下级行政机关或者管理公共事务的组织初步审查并上报,当事人对不予初步审查或者不予上报不服提起诉讼的,以下级行政机关或者管理事务的组织为被告。

(2)两个以上行政机关做出同一行政行为的,共同做出行政行为的行政机关是共同被告。如何认定是共同做出的行为,简单的方法是看行政决定文书上的署名和印章。实践中,有些经上级行政机关批准的行政决定并没有上级机关的署名和印章,这时被告的认定原则上还是以决定文书上的署名和印章来确定。因为,下级行政机关事先请示上级行政机关,不是法律、法规规定的程序,是行政机关的内部程序,上级行政机关不对外承担法律后果,不宜作为共同被告。但是,如果批准程序是法定程序,就应当认定为共同做出行政行为。②此外,最高人民法院关于审理行政许可案件若干问题的规定》第5条规定,行政机关依据行政许可法第26条第2款规定统一办理行政许可的,当事人对行政许可行为不服提起诉讼,以对当事人出具由实质影响的不利行为的机关为被告。

第二,经复议的案件。(1)经复议的案件,复议机关决定维持原行政行为的,做出原行政行为的行政机关和复议机关是共同被告。之所以规定复议机关作为共同被告,在于解决行政复议维持率高、纠错率低的问题。

(2)经复议的案件,复议机关改变原行政行为的,复议机关为被告。复议机关改变了原行政行为,原行政行为的效力就不存在,该复议决定本身就是一个新的行政行为,应当由复议机关承担该行为的法律责任。那么,什么情形属于复议机关"改变"了原行政行为呢?结合《最高人民法院关于执行〈中华人民共和国行政

---

① 袁杰主编:《中华人民共和国行政诉讼法解读》,中国法制出版社2014年版,第76页。
② 袁杰主编:《中华人民共和国行政诉讼法解读》,中国法制出版社2014年版,第78页。

诉讼法〉若干问题的解释》第7条的规定来理解，"改变"包括：改变原行政行为所认定的主要事实和证据的；改变原行政行为所适用的规范依据且对定性产生影响的；撤销、部分撤销或者变更原行政行为处理结果的。

(3) 复议机关在法定期间内未做出复议决定，当事人起诉原行政行为的，做出原行政行为的行政机关是被告；起诉复议机关不作为的，复议机关是被告。

综上所述，经复议的案件应当依据复议机关复议行为的内容来确定适格的被告。

第三，法律、法规规章、授权的组织所做出的行政行为。按照法律规定，法律、法规、规章授权的组织做出的行政行为，做出被诉行政行为的该组织是被告。依据《行政诉讼法》第2条第2款的规定，公民、法人或者其他组织向人民法院提起行政诉讼的行政行为，包括法律、法规、规章授权的组织做出的行政行为。因此，《行政诉讼法》是肯定法律、法规、规章授权组织的被告资格的。此外，结合《行政诉讼法》第26条确定被告资格的标准，可以确定的是，授权组织在行政诉讼中具有独立的被告的主体资格。

第四，委托的组织所做出的行政行为。依据法律规定，行政机关委托的组织所作的行政行为，委托的行政机关是被告。典型如乡政府委托某村民委员会行使某项行政职权，该村委会按照委托的权限做出某一行政行为，行政相对人对此不服的，必须以该乡政府为被告提起诉讼。这就是行政法上的"权利可以委托、责任不能豁免"的原则的具体体现。当然，委托的组织主要是指行政机关以外的社会组织，也包括行政机关。

第五，除上述《行政诉讼法》规定的几种不同的情形之外，《最高人民法院关于执行〈中华人民共和国行政诉讼法〉若干问题的解释》第19~21条还规定了被告的几种情形：(1) 当事人不服经上级行政机关批准的具体行政行为，向人民法院提起诉讼的，应当以在对外发生法律效力的文书上署名的机关为被告。

(2) 行政机关组建并赋予行政管理职能但不具有独立承担法律责任能力的机构，以自己的名义做出具体行政行为，当事人不服提起诉讼的，应当以组建该机构的行政机关为被告。

(3) 行政机关的内设机构或者派出机构在没有法律、法规或者规章授权的情况下，以自己的名义做出具体行政行为，当事人不服提起诉讼的，应当以该行政机关为被告。

(4) 法律、法规或者规章授权行使职权的行政机关内设机构、派出机构或者其他组织，超出法定授权范围实施行政行为，当事人不服提起诉讼的，应当以实施该行为的机构或者组织为被告。

(5) 行政机关在没有法律、法规或者规章规定的情况下，授权其内设机构、派出机构或其他组织行使行政职权的，应当视为委托。

综上所述，司法解释中将没有法律、法规、规章授权的行为一律视为行政委托行为，因此确定被告资格一律按照行政委托的理论来确认，即受委托的组织其所做出的行政行为由委托的行政机关承担法律上的后果，由该行政机关作为行政诉讼的被告。

(三) 行政诉讼被告资格的转移

在诉讼活动中，被告的资格也存在转移的可能，根据《行政诉讼法》第26条第5款的规定，行政机关被撤销或者职权变更的，继续行使其职权的行政机关是被告。

但是，《行政诉讼法》及其司法解释没有规定，没有继续行使其职权的行政机关时如何确定被告。我国《国家赔偿法》第7条第5款有类似的规定："赔偿义务机关被撤销的，继续行使其职权的行政机关为赔偿义务机关。没有继续行使其职权的行政机关的，撤销该赔偿义务机关的行政机关为赔偿义务机关。"因此，可以参照《国家赔偿法》的相关规定，当行政机关被撤销，没有继续行使其职权的行政机关时，做出撤销决定的行政机关是被告。

四、行政诉讼第三人与共同诉讼人

(一) 行政诉讼第三人的含义与法律特征

《行政诉讼法》第29条第1款规定："公民、法人或者其他组织同被诉行政行为有利害关系但没有提起诉讼，或者同案件处理结果有利害关系的，可以作为第三人申请参加诉讼，或者由人民法院通知参加诉讼。"由此,行政诉讼的第三人是指与被诉行政行为有利害关系但没有提起诉讼,或者同案件处理结果有利害关系,为维护自身利益而申请或者由法院通知参加诉讼的人。

行政诉讼的第三人具有以下法律特征:

第一,行政诉讼的第三人是与被诉行政行为但没有提起诉讼,或者诉讼结果有利害关系的人。与被诉行政行为或者诉讼结果有利害关系是判断第三人能否参加诉讼的标准,是第三人在诉讼活动中最显著的特征。正是因为第三人与被诉行政行为或者诉讼结果有利害关系,法院对行政案件的裁判就可能对第三人的权利义务产生影响。

第二,行政诉讼的第三人是具有独立诉讼地位的人。第三人参加诉讼活动,目的是为了维护自身的权益,因此,第三人既不依附于原告,也不依附于被告,具有独立的诉讼地位。例如,第三人可以提出不同于原告或者被告的诉讼主张,可以提供证据,进行辩论,委托代理,特定的情形下可以对一审判决以自己提起上诉等。当然,第三人具有诉讼地位的独立,并不意味着第三人在诉讼利益上与原告或者被告有区别,大部分情况下,第三人的诉讼利益或者诉讼主张,可能与原告或者被告部分或全部一致。

第三,行政诉讼的第三人参加诉讼活动的方式多样化。第三人参加诉讼的途径主要包括:第三人在起诉受理后自己申请以第三人的方式参加诉讼、法院依职权通知其参加诉讼。由此,第三人参加诉讼的方式与原告、被告比较而言,呈现出多样化的特点。

第四,行政诉讼的第三人参加诉讼,必须是在诉讼开始之后至案件审理结束之前。依据第三人参加诉讼的方式可以明确,第三人参加诉讼的时间与原告、被告有区别,如果没有这一区别,就不发生第三人参加诉讼的问题。当然,这一特征与民事诉讼第三人的特征是共同的。

(二) 行政诉讼第三人的确认

按照法律规定,在实践中,存在第三人的情形主要有以下几种:

(1) 行政处罚案件中的共同违法人。行政机关对同一违法事实中的共同违法人做出行政处罚,其中一部分违法人不服处罚向法院起诉,没有起诉的其他违法人可以作为第三人参加诉讼。

(2) 在治安处罚案件中的违法人(即被处罚人)或者受害人。在治安处罚案件中,行政机关对违法人做出处罚决定,如果违法人不服起诉,则受害人可以作为第三人参加诉讼。如果受害人不服处罚决定起诉,则违法人作为第三人参加诉讼。

(3) 行政裁决案件中的一方行政相对人。在行政裁决案件中,如果一方相对人对行政裁决决定不服,向法院提起诉讼,则另一方没有提起诉讼的相对人应当作为第三人参加诉讼。

(4) 行政确权案件中的一方相对人。在行政确权案件中,如果有两个相对人都主张权利归属其所有,而行政主体确认其中一方享有权利,另一方相对人不服确认行为提起诉讼,则确认享有权利的一方应当作为第三人参加诉讼。

综上所述,如果行政主体的同一行政行为涉及两个以上利害关系人的,其中一部分利害关系人对行政行为不服提起诉讼,人民法院应当确认并通知其他没有起诉的利害关系人作为第三人参加诉讼。

(5) 两个行政主体基于同一事实、对同一行政相对人做出了相互矛盾的两个具体行政行为,行政相对人对其中一个具体行政行为不服向法院起诉,其他的行政主体应当作为第三人参加诉讼。

(6) 原告所起诉的被告不适格,应当追加被告而原告不同意追加的,人民法院应当通知其以第三人的身份参加诉讼。

(7) 行政机关和非行政机关共同署名做出行政决定,行政相对人对行政决定不服起诉,被告是具有行政主体资格的行政机关,而非行政机关应当作为第三人参加诉讼。

(三) 行政诉讼第三人参加诉讼的程序

依据《行政诉讼法》第29条规定,第三人参加诉讼的有以下形式:

一是申请参加诉讼。与被诉行政行为有利害关系的第三人知道本诉讼正在法院进行时,第三人可以以第三人的身份,向法院申请参加本诉讼。法院在接到申请后,应当进行审查,确定其是否符合参加诉讼的条件,符合条件应当通知第三人参加诉讼。

二是法院通知参加诉讼。法院通知第三人参加诉讼具体分为两种情形:一是原告在起诉状中明确将利害关系人列为第三人;或者在诉讼过程中,当事人明确要求法院将利害关系人列为第三人。法院在审查起诉或者当事人请求后,依法确认并通知第三人参加诉讼。二是当事人在诉讼中均未提出将利害关系人列为第三人,但法院在案件审理过程中,发现案件中有利害关系人应当作为第三人参加诉讼,此时法院应当通知利害关系人作为第三人参加诉讼。因此,在上述两种情形下,法院通知利害关系人作为第三人参加诉讼,第三人即应参加诉讼。法院没有通知应当参加诉讼的第三人参加诉讼的,构成诉讼主体的遗漏,法院依此做出的裁判应当发回重审。此外,依据《最高人民法院关于执行〈中华人民共和国行政诉讼法〉若干问题的解释》第49条的规定:"第三人经合法传唤无正当理由拒不到庭,或者未经法庭许可中途退庭的,不影响案件的审理。"依此可见,第三人不参加诉讼,不影响案件的审理,法院可以做出判决。

(四)行政诉讼共同诉讼人的含义

一般情况下,诉讼的原告、被告方各为一人。但在有的情况下,诉讼的一方或者双方当事人可能为二人以上。《行政诉讼法》第27条规定:"当事人一方或者双方为二人以上,因同一行政行为发生的行政案件,或者因同类行政行为发生的行政案件、人民法院认为可以合并审理并经当事人同意的,为共同诉讼。"依据法律规定,行政诉讼的共同诉讼是指当事人一方或者两方为二人以上的诉讼。原告为二人以上,称为共同原告;被告为二人以上的,称为共同被告。共同原告和共同被告通称为共同诉讼人。本质上共同诉讼不是诉讼标的的合并,而是诉讼主体的合并。

依据法律规定和理论通说,行政诉讼的共同诉讼分为两类:一是必要共同诉讼;二是普通共同诉讼。

(五)必要共同诉讼与普通共同诉讼

1. 必要共同诉讼

必要共同诉讼是指当事人一方或者双方为两人以上,因同一行政行为而发生的诉讼。具体而言,必要共同诉讼的法律特征有:第一,两个或者两个以上的当事人都受到同一行政行为的影响,即必要共同诉讼的诉讼标的是同一行政行为。第二,在必要共同诉讼中,两个或者两个以上的当事人受到被诉的同一行政行为的影响,有着共同的利害关系,任何一人的诉讼行为都会影响到其他人的权益,任何其中一人不能代替他人参加诉讼。对于必要共同诉讼,法院必须一并审理。因此,法院在审理案件的过程中,发现利害关系人没有作为共同原告参加诉讼的,应当通知没有参加诉讼的利害关系人参加诉讼。如果当事人在起诉时没有将共同被告列入,法院可以告知当事人申请追加必要的共同被告到庭,当事人不申请追加的,法院可以追加其作为第三人参加诉讼。当然,如果法院追加其作为第三人参加诉讼,这时被告只有一个,该案就不存在诉讼主体合并的问题,不再属于共同诉讼的案件。第三,必要共同诉讼人在诉讼中都是独立的诉讼主体,有独立的法律地位,其自身的诉讼行为对其他共同诉讼人没有法律上的效力。共同诉讼人均以自己的名义参加诉讼,提出自己的诉讼请求,对自己的诉讼行为承担法律责任。

在实践中,存在必要共同诉讼的情形主要有:①行政机关对共同违法人做出同一行政处罚决定的,共同违法人对该处罚决定不服起诉的,为共同原告;②两个以上的受害人受到同一违法人的违法行为的侵害,行政机关对违法人做出行政处罚,受害人对行政处罚决定不服均提起诉讼的,为共同原告;③在行政裁决案件中,两个以上的相对人均对裁决决定不服起诉的,为共同原告;④两个以上的行政主体共同署名做出同一行政行为,为共同被告;⑤两个以上的行政主体共同署名对两个以上的行政相对人做出同一行政行为,行政相对人均不服行政行为起诉的,为共同原告及共同被告。

2. 普通共同诉讼

普通共同诉讼是指当事人一方或者双方为两人以上,因同类行政行为而发生的诉讼。普通共同诉讼的法律特征主要有:其一,普通共同诉讼的当事人之间无共同的利害关系,或者无共同的事实关系;普通共同诉讼的诉讼标的不是同一行政行为,而是同类行政行为。依照通说,同类行政行为应当是指处理事实同类、适用法律相同的行政行为。其二,普通共同诉讼法院可以合并审理。普通共同诉讼的当事人就同类行政行为向法院提起诉讼,他们之间的行政争议具有相似性,但无共同的权利义务关系,所以法院可以决定合并审理也可以分案审理。是否合并审理,法院主要从审判效率、诉讼经济的角度考虑。所以说,法律规定普通共同诉讼的目的,是为了能够简化诉讼程序,提高人民法院的审判效率。当然,依据法律规定,普通共同诉讼是否合并审理须经当事人同意,当事人不同意的,人民法院不能合并审理。由此,普通共同诉讼须符合几个条件:须由同一法院管辖;须属于同一诉讼程序;当事人同意合并审理;须符合合并审理的目的,即提高审判效率。①

根据《最高人民法院关于执行〈中华人民共和国行政诉讼法〉若干问题的解释》第46条规定以及司法实践,普通共同诉讼主要存在的情形有:

(1) 两个以上行政机关依据不同的法律、法规对同一事实分别做出具体行政行为,公民、法人或者其他组织均不服向同一人民法院起诉的。

(2) 行政机关就同一事实对若干公民、法人或者其他组织分别做出具体行政行为,公民、法人或者其他组织不服分别向同一人民法院起诉的。

(3) 行政机关就同类事实对若干公民、法人或者其他组织分别做出具体行政行为,公民、法人或者其他组织不服分别向同一人民法院起诉的。

(六) 诉讼代表人制度

诉讼代表人制度是指在原告方人数众多的情况下,由其中一人或者数人代表众多的原告进行诉讼,其余的当事人不直接参加诉讼的制度。代表众多原告参加诉讼的当事人就是诉讼代表人。《行政诉讼法》第28条规定:"当事人一方人数众多的共同诉讼,可以由当事人推选代表人进行诉讼。代表人的诉讼行为对其所代表的当事人发生效力,但代表人变更、放弃诉讼请求或者承认对方当事人的诉讼请求,应当经被代表的当事人同意。"可见,诉讼代表人自身是诉讼活动中的当事人,同时也是代表其他当事人参加诉讼活动的代表,因此,诉讼代表人在诉讼活动中具有双重身份:一是当事人;二是其他未直接参加诉讼的代理人。诉讼代表人在诉讼活动中,可以代表被代表的当事人进行一般的诉讼行为,如提出管辖权异议、提供证据、进行法庭辩论等,其诉讼行为的效力及于所有其代表的当事人,但如果进行实体处分,必须征得被代表的当事人的同意。诉讼代表人滥用代表权或者超出代表权限,损害被代表人利益的,应当认定其诉讼行为无效。当然,需要明确的是,该法律条文规定共同诉讼可以推选代表人参加诉讼,非一定要推选代表人参加诉讼,因此,不同意推选诉讼代表人的共同诉讼,当事人可以自己出庭应诉。当然,在行政诉讼中,这里的当事人一方主要是指原告一方。被诉的行政行为如果是两个或者两个以上的行政机关做出的,因行政机关的职权不同,法律依据不同,因此,被告不适宜推选代表人进行诉讼。

除《行政诉讼法》第28条规定外,依据《最高人民法院关于执行〈中华人民共和国行政诉讼法〉若干问题的解释》第14条规定,诉讼代表人还可能存在下述的情形中:一是合伙企业向人民法院提起诉讼的,应当以核准登记的字号为原告,由执行合伙企业事务的合伙人为诉讼代表人;其他合伙组织提起诉讼的,合伙人为共同原告。二是不具备法人资格的其他组织向人民法院提起诉讼的,由该组织的主要负责人为诉讼代表人;没有主要负责人的,可以由推选的负责人为诉讼代表人。

此外,在掌握诉讼代表人的概念时,需将其与诉讼代理人区别:第一,诉讼代表人本身是诉讼当事人,与诉讼有利害关系。而诉讼代理人与诉讼活动没有利害关系,不具有诉讼当事人的诉讼地位;第二,诉讼代表人自身在进行诉讼活动的同时,也代表其他当事人进行诉讼活动,是其他当事人的诉讼代理人。其代理权限为一般代理,在征得当事人的同意下,也可以进行实体处分。而诉讼代理人的代理权限取决于代理人的种类;第三,诉讼代表人一般由被代表的当事人共同推选,当事人无法就诉讼代表人的人选达成一致时,人民法院为了保证诉讼的顺利进行,应当依职权从当事人中指定诉讼代表人。而诉讼代理人的产生,并不存

---

① 袁杰主编:《中华人民共和国行政诉讼法解读》,中国法制出版社2014年12月版,第80页。

在共同推举的情况,且只有在特定情况下才存在指定代理的问题。

五、行政诉讼代理人

(一)行政诉讼代理人的概念

行政诉讼的代理人是指以当事人的名义,在代理权限内代理当事人进行行政诉讼活动的人。诉讼代理制度设置的目的在于维护当事人合法权益,协助当事人有效地进行诉讼活动,实现诉讼权利和履行诉讼义务。诉讼代理人的法律特征主要有:

第一,行政诉讼的代理人在诉讼活动中是以当事人的名义进行诉讼活动的,其从事诉讼活动的后果归属于当事人。这是诉讼代理人与当事人的主要区别。诉讼代理人与当事人在诉讼活动中的法律关系在性质上是代理关系,诉讼代理人能否参加诉讼活动,取决于诉讼代理人与当事人之间是否存在代理关系。

第二,行政诉讼的代理人从事诉讼活动的目的是维护被代理人的合法权益。因此,诉讼代理人只能代理一方当事人,而不能代理双方当事人。

第三,不同种类的诉讼代理人的代理权限不同。诉讼代理人在诉讼活动中能做出哪些诉讼行为,受到诉讼代理人的代理权限的限制。

(二)行政诉讼代理人的种类

1. 法定代理人

法定代理人是指依据法律的直接规定而享有诉讼代理权限,代理无诉讼行为能力人进行诉讼的人。《行政诉讼法》第30条规定:"没有诉讼行为能力的公民,由其法定代理人代为诉讼……"法定代理人的权限直接来源于法律的规定,其代理权限为全权代理,即法定代理人可以从事被代理人有权进行的任何诉讼活动,在诉讼活动中,法定代理人的行为视为当事人的行为,与当事人的行为具有同等的法律效力。一般情况下,法定代理人由无诉讼行为能力被代理人的近亲属担任。如果被代理人的近亲属死亡或者因其他原因不能行使代理权的,由未成年人的所在单位或者精神病人所在单位,或其住所地的居民委员会、村民委员会作为法定代理人。法定代理权来源于监护人的监护权,一旦丧失监护权,其不能再以法定代理人的身份参加诉讼。

2. 指定代理人

《行政诉讼法》第30条规定:"……法定代理人互相推诿代理责任的,由人民法院指定其中一人代为诉讼。"指定代理人是指当法定代理人之间互相推诿不行使代理权限从事诉讼活动时,由法院在法定代理人中指定代为进行诉讼活动的人。法院应当在法定代理人中指定代理人,受法院指定代为进行诉讼的人,仍然是法定代理人,其代理权限仍是全权代理,与正常情况下的法定代理人有同等的权利和义务。但是,指定代理人对代理权限的行使受到法院的监督,其代理范围应当限于法院指定的具体案件。

3. 委托代理人

《行政诉讼法》第31条第1款规定:"当事人、法定代理人,可以委托一至二人作为诉讼代理人。"委托代理人是指当事人、法定代理人委托其代为进行诉讼的人。委托代理人进行诉讼活动来源于当事人、法定代理人的委托,因此当事人、法定代理人委托的权限决定了委托代理人能代为进行哪些诉讼活动。通常来讲,当事人本人应当亲自委托诉讼代理人,但在当事人无诉讼行为能力的情况下,可以由其法定代理人委托诉讼代理人,此时,委托代理人是无诉讼行为能力当事人的代理人,而不是法定代理人的代理人。

委托代理人的种类,依《行政诉讼法》第31条第2款规定:"下列人员可以被委托为诉讼代理人:(一)律师、基层法律服务工作者;(二)当事人的近亲属或者工作人员;(三)当事人所在社区、单位以及有关社会团体推荐的公民。"此外,《行政诉讼法》第32条规定:"代理诉讼的律师,可以依照规定查阅、复制本案有关材料,有权向有关组织和公民调查,收集与本案有关的证据。对涉及国家秘密、商业秘密和个人隐私的材料,应当依照法律规定保密。当事人和其他诉讼代理人有权依照规定查阅、复制本案庭审材料,但涉及国家秘密、商业秘密和个人隐私的内容除外。"可见在行政诉讼中,委托代理人的种类不同,依据法律规定享有不同的权利,《行政诉讼法》明确规定了律师作为委托代理人在诉讼活动中相对独立的地位,即律师享有调查收集证据的权利。当然,若被告委托律师进行诉讼,其收集证据的权利受到《行政诉讼法》第35条的限制。

至于委托代理人参加诉讼的程序,《最高人民法院关于执行〈中华人民共和国行政诉讼法〉若干问题的解释》第25条明确规定:"当事人委托诉讼代理人的,应当向人民法院提交由委托人签名或者盖章的授权委托书。授权委托书应当载明委托事项和具体权限。公民在特殊情况下无法书面委托的,也可以口头委托。口头委托的,人民法院应当核实并记录在卷;被诉机关或者其他有义务协助的机关拒绝人民法院向被限制人身自由的公民核实的,视为委托成立。当事人解除或者变更委托的,应当书面报告人民法院,由人民法院通知其他当事人。"该条规定主要包括四个方面的内容:第一,当事人委托代理人,应当向法院提交委托书。即委托的形式原则上必须是书面形式。第二,在特殊情况下,公民无法书面委托的,可以口头委托。特殊情况主要是指公民被限制人身自由的情况。第三,法院对于公民口头委托应当核实并记录在案。第四,当事人解除或者变更委托,应当书面报告法院,经法院准许后,由法院通知其他当事人。①

案例分析

行政诉讼被告的确定规则

某年3月,原告某村村委会向某县林业局申请采伐树木,作为增建村小学教室用。某县林业局批准并发给采伐许可证,指定原告在该村北公路(国道)30～193路标间采伐榆树200棵,伐后补栽幼树。原告获准后,于3月20日组织村民按林业局指定的区域如数采伐榆树200棵。该县公路局发现原告的采伐行为后,于5月12日以原告滥伐树木为由,对原告做出补栽幼树200棵,并处违法所得3倍的罚款,共计18万元(按每棵树300元计价)的处罚决定。原告不服,于5月20日向某县市公路局申请复议。县市公路局经复议认为,县公路局认定事实正确,但是适用法律不当,于5月28日依据《森林法实施条例》第22条第(1)项规定,做出复议决定:责令原告某村委会在采伐路段补栽幼树200棵,并处违法所得3倍罚款共计18万元。原告对市公路局的复议决定不服,于6月10日以市公路局为被告向县人民法院提起行政诉讼,请求县法院认定市公路局的复议决定认定事实错误,适用法律错误,撤销市公路局的复议决定。在该案中,市公路局是否为适格的被告?被告是参加行政诉讼活动中重要的主体,是行政诉讼参加人,是行政诉讼当事人。诉讼活动的顺利展开,依赖于适格的法律主体进行诉讼行为。因此,确定适格的诉讼主体,是有序进行诉讼程序的前提。只有理解行政诉讼关于确认被告的规则,才能明确具体案件中适格的被告。

依据法律确定行政诉讼被告的规则,一般情况下,行政诉讼被告是最初做出行政行为的行政主体。若是经过复议的案件,复议机关维持原行政行为的,做出原行政行为的行政机关和复议机关是被告;复议机关改变最初具体行政行为,复议机关是被告。何谓"改变",根据《最高人民法院关于执行〈中华人民共和国行政诉讼法〉若干问题的解释》第7条的规定,这里的改变包括:①改变原具体行政行为所认定的主要事实和证据的;②改变原具体行政行为所适用的规范依据且对定性产生影响的;③撤销、部分撤销或者变更原具体行政行为处理结果的。在该案中,复议机关仅改变了县公路局的行政处罚决定的适用依据,但对行政相对人的违法行为定性以及处罚结果没有发生任何改变,因此,复议机关的复议决定不属于"改变"的法定情形,由此,该案适格的被告应当是做出原行政行为的行政机关和复议机关,即县公路局和市公路局。由此,法院应当通知原告追加市公路局为被告。

---

① 甘文:《行政诉讼法司法解释之评论》,中国法制出版社2000年版,第84～85页。

第四节 行政诉讼程序

案例引导

公民甲某因不服县工商局对其的处罚决定而向人民法院提起行政诉讼。人民法院受理后,由1名审判员和3名陪审员组成合议庭进行审理,其中一名陪审员为工商局的副局长。在审理过程中,县委领导曾几次要求听取了该案的审理情况,并要求人民法院做出维持县工商局处罚决定的判决。人民法院按县委领导的意见做出了维持的判决。在判决书送达原告5日后,县人民检察院以该审理的程序不合法为由向县人民法院提出抗诉。

思考: 本案有哪些地方违反了《行政诉讼法》的有关规定?

一、行政诉讼的起诉与受理

(一) 起诉条件

在行政诉讼中,起诉是指公民、法人或其他组织认为自己的合法权益受到行政主体所做出的具体行政行为的侵害,而向人民法院提出诉讼请求,要求人民法院通过行使审判权,依法保护自己合法权益的诉讼行为。行政诉讼同样适用"不告不理"的诉讼原则,只有当公民、法人或其他组织依法起诉时,行政诉讼程序才能正式启动。起诉是原告的一项重要的诉讼活动,是行政诉讼程序开始的前提。原告单方面行使法律赋予的起诉权的行为,必须符合《行政诉讼法》所规定的起诉条件,法院才能立案受理。

根据法律的规定,起诉要能被人民法院立案受理需要满足很多条件,如不能超出起诉期限、符合起诉程序等具体规定。这些条件都会最终影响到起诉能否被人民法院实际受理和审理。这可以称其为广义的关于起诉条件的理解,即所有能够影响公民、法人或其他组织有效行使起诉权的因素。狭义的起诉条件是指《行政诉讼法》第49条所规定的起诉条件,即起诉条件是指《行政诉讼法》所规定的,公民、法人或其他组织起诉时必须满足的法定要件。在《行政诉讼法》中,通常在提及起诉条件时,传统上是指狭义的起诉条件。

根据《行政诉讼法》第49条的规定,提起行政诉讼应符合以下条件:

第一,原告必须是认为具体行政行为侵犯其合法权益的公民、法人或者其他组织。

①原告必须是认为具体行政行为侵犯其合法权益的公民、法人或者其他组织。这一条件表明行政诉讼是一种法定救济途径,其立法目的在于为权益可能受到具体行政行为侵犯的公民、法人或其他组织提供司法救济。那些合法权益不可能受到具体行政行为侵犯的公民、法人或其他组织是不能以自己的名义提起诉讼的。同样,那些不以权利救济为目的的起诉也不会被法院受理。但值得注意的一点是,有人依据这一条件可能认为,公民、法人或其他组织只要"认为"具体行政行为侵犯自己合法权益就可以成为适格原告,就可以以自己的名义向法院起诉,法院就应当受理。我们认为这种看法没有充分考虑到原告资格的客观存在,而只是一味地强调主观"认为"。按照这种理解推演,法律关于原告资格的规定就会失去实质意义。

②起诉的客体是具体行政行为而不是其他行为。行政主体行使行政职权的行为包括抽象行政行为、具体行政行为和部分行政事实行为。那么,只有当公民、法人或其他组织认为是具体行政行为侵犯其合法权益时,才能依法起诉。即起诉请求法院审理的客体只能是行政主体做出的具体行政行为。对于抽象行政行为及部分事实行为,即使公民、法人或其他组织认为侵犯其合法权益,也不能依法起诉。这表明法律对行政诉讼的救济范围是有所限定的。

第二,有明确的被告。

公民、法人或其他组织在提起行政诉讼时,必须明确指出告哪个行政机关或者法律、法规和规章授权的组织。这是民事诉讼、行政诉讼等所有诉讼的共同要求。如果原告在起诉时不指明被告是谁,而是含糊其词,人民法院就无法明确行政争议的双方当事人,审理活动就无从谈起,更谈不上解决行政争议。当然,起诉状所列被告不一定是真正的做出具体行政行为的主体,但起诉人必须表明被告是谁。公民、法人或其他组织在起诉状中未列明被告的名称、地址等主体身份信息,必须及时补正,才能符合法律的要求。至于在司法实践中错列被告或遗漏共同被告的情形,不属于对该条款的违反,应当按照法律的其他规定进行处理。

第三,有具体的诉讼请求和事实根据。

所谓诉讼请求,是当事人向人民法院提出的,希望获得司法保护的权利要求,是原告要求人民法院给予审判保护的具体内容。诉讼请求之所以要具体是由"不告不理"的诉讼原则决定的。法院依法受理后,审理和裁判活动皆是紧紧围绕诉讼请求展开的,如果诉讼请求不具体,法院的审理和裁判活动就失去方向,更难以为公民、法人或其他组织提供权利救济。行政主体行使职权的活动表现多样,其所适用的法律规定也很复杂。只有针对具体的诉讼请求,法院才能选择相应的法律规定对其涉及的具体行政行为进行合法性审查。否则,"胡子眉毛一把抓"不仅难以实现对相对人权益的救济,也难以实现司法对行政的法律监督。"具体的诉讼请求"要求起诉状有明确的针对性,即针对特定的被告、就特定的事(某一实际存在的具体行政行为)提出特定的诉讼请求。司法实践中,公民、法人或其他组织与行政主体连续发生行政纠纷后起诉的,容易出现这种诉讼请求不明确的错误。如公民甲数年来多次向某行政机关申请履行法定职责未果,遂向法院提起行政诉讼,提交了其数次向行政机关申请的事实材料,要求法院确认该行政机关多年来的不作为违法。该案中诉讼请求不明确,法院难以确定到底针对哪一次申请的行政不作为进行审查。实际上,每一次申请所对应的行政不作为之诉的起诉期限以及所适用的法律规定情况可能存在不同,导致法院实际审理无从下手。

根据《行政诉讼法》第69条~79条规定、1999年《最高人民法院关于执行〈中华人民共和国行政诉讼法〉若干问题的解释》第57条、第58条规定以及2015年《最高人民法院关于适用〈中华人民共和国行政诉讼法〉若干问题的解释》第2条规定,原告的诉讼请求有以下几种基本类型:①撤销之诉,即请求人民法院撤销违法的具体行政行为;②限期履行之诉,即行政机关不履行或者迟延履行法定职责的,请求人民法院判决其在一定期限内履行;③变更之诉,即在行政处罚显失公正的情况下,请求人民法院予以变更;④确认之诉,即在行政机关实施侵权行为时,请求人民法院确认该行为的违法或无效。

所谓事实根据,是指公民、法人或其他组织向人民法院起诉时所依据的事实和根据,包括案件的案情事实和证据事实。案情事实是行政法律关系变动的事实及起诉人合法权益因此而受到损害(侵犯)的事实及与行政机关(对该行政法律关系)发生行政争议的事实。证据事实是指证明这些案件事实客观存在的必要根据。缺少事实根据,就不可能证明起诉成立。法律上要求起诉人提供事实根据是为了证明行政争议是否存在,而不是要求起诉人提供证据证明具体行政行为违法,也不要求原告所提供的事实根据具有全面、真实的证明作用,只以能够证明因具体行政行为所发生的行政争议客观上存在为必要。"事实根据"是形式要件,不要求一定真实、全面和系统。起诉人的权益是否受到侵犯,属于立案后审理阶段要解决的问题。事实根据证明的主要内容表现为两个方面:一是具体行政行为的存在;二是具体行政行为对公民、法人或其他组织权益的侵犯。

第四,属于人民法院的受案范围和受诉人民法院管辖。

所谓人民法院受案范围,是指人民法院受理行政案件的权限,又称主管范围。公民、法人或其他组织所诉的行政主体的行为必须属于人民法院主管范围,人民法院才能立案受理,否则,即使侵犯了公民、法人或其他组织的权益,也只能通过其他救济途径进行维权。司法对行政争议的救济存在例外,这是行政诉讼区别于民事诉讼的重要方面。《行政诉讼法》对人民法院受案范围作了比较细致明确的规定。受案范围与起诉权的行使具有直接的关系,受案范围决定了当事人起诉权的范围,当事人只能在人民法院的受案范围内才能有效地行使起诉权。所谓属于受诉人民法院管辖,是指当事人起诉的行政案件,既属于人民法院的受案范围,同时也依法属于接受起诉状的人民法院管辖。需要注意的是,这一起诉条件仅要求受诉法院依法拥有管辖权,而不要求受诉法院享有排他的管辖权。因为在共同管辖的情况下,只要未发生受诉法院丧失对该案管辖权的情形,有管辖权的法院就可以受理。在司法实践中,当公民、法人或其他组织向无管辖权的人民法院起诉时,法院应告知其向有管辖权的法院起诉,若法院已经错误受理,则应当按照移送管辖的程序规定移送给有管辖权的人民法院管辖。

(二)起诉程序

起诉条件是法律规定的行政起诉的基本条件。除此之外,公民、法人或其他组织向人民法院提起诉讼还必须满足有关起诉程序的规定。起诉程序与起诉条件一样,都是一个比较大的概念,如起诉期限、起诉状的格式都应当属于起诉程序的范畴。但在行政诉讼领域,起诉程序特指行政复议对行政起诉的影响,即行政复议与行政诉讼的关系问题。所谓符合起诉程序,主要是要符合法律规定的行政诉讼与行政复议关系的规定。

行政复议是一种由行政机关解决行政争议的法律制度,是指公民、法人或者其他组织以具体行政行为侵犯其合法权益为由,依法请求做出该行为的上一级行政机关或法律、法规规定的行政机关对该行为进行审查,以保障其合法权益,受理复议申请的上一级行政机关或法律、法规规定的行政机关依照法定程序对该具体行政行为予以全面审查并做出决定的法律制度。行政复议的根本性质是行政行为,但和行政诉讼一样也属于法定救济途径。为合理配置和发挥行政复议与行政诉讼在公民权益救济方面发挥更好的效能,不同部门行政法律规范对行政复议和行政诉讼的关系做出不同规定。不同类型行政案件,行政复议对公民向人民法院提起诉讼所产生的法律影响可能不尽相同。依据我国《行政诉讼法》以及一些单行行政法律的规定,行政复议与行政诉讼有下列三种关系:

第一,自由选择关系。所谓自由选择关系,是指公民、法人或其他组织既可以首先申请行政复议,对行政复议决定不服的,再向人民法院起诉,也可以不经过行政复议程序直接向人民法院提起诉讼。即有无经过行政复议不影响公民、法人或其他组织向人民法院起诉。但需要注意的有两点:一是公民、法人或其他组织首先向人民法院提起诉讼,已经被法院受理的,公民、法人或其他组织就不能再向行政复议机关提出行政复议;二是公民、法人或其他组织向行政复议机关提出复议申请,行政复议机关已经受理,公民、法人或其他组织同时又向人民法院提起诉讼的,人民法院不予受理。《行政诉讼法》第44条第1款规定:"对属于人民法院受案范围的行政案件,公民、法人或者其他组织可以先向上一级行政机关或者法律、法规规定的行政机关申请复议,对复议不服的,再向人民法院提起诉讼;也可以直接向人民法院提起诉讼。"《行政诉讼法》确立了行政程序的一般原则,即法律、法规未作特别规定的情形下,都应适用《行政诉讼法》所规定的自由选择关系。

第二,行政复议前置关系。行政复议前置关系是指公民、法人或其他组织要想向人民法院提起行政诉讼,必须先经过行政复议,对行政复议决定不服的,才可以向人民法院提起行政诉讼。对于适用行政复议前置关系的行政案件,公民、法人或其他组织未经行政复议直接向人民法院提起行政诉讼的,人民法院不予受理。即行政复议的存在是起诉的必要条件之一,行政复议是行政诉讼的前置程序。《行政诉讼法》第44条第2款规定:"法律、法规规定应当向行政机关申请复议,对复议不服的再向人民法院提起诉讼的,依照法律、法规的规定。"1999年《最高人民法院关于执行〈中华人民共和国行政诉讼法〉若干问题的解释》第33条第1款规定:"法律、法规规定应当先申请复议,公民、法人或者其他组织未申请复议直接提起诉讼的,人民法院不予受理。复议机关不受理复议申请或者在法定期限内不做出复议决定,公民、法人或其他组织不服,依法向人民法院提起诉讼的,人民法院应当依法受理。"即《行政诉讼法》在确立前述自由选择关系的基础上,承认法律、法规有权做出行政复议前置的例外规定。这些例外规定散见于其他单行行政法律法规中。应当注意的是,2015年《最高人民法院关于适用〈中华人民共和国行政诉讼法〉若干问题的解释》第6条规定:"复议机关决定维持原行政行为"包括复议机关驳回复议申请或者复议请求的情形,但以复议申请不符合受理条件为由驳回的除外。"复议机关改变原行政行为"是指复议机关改变原行政行为的处理结果。

在司法实践中,常见的适用行政复议前置的案件有:一是《行政复议法》所规定的侵犯已经取得的自然资源所有权或使用权的行政案件;二是《税收征收管理法》所规定的有关征税数额、方式等税务争议适用行政复议前置;三是《商标法》所规定的对商标局撤销注册商标的决定,向商标评审委员会申请复议,对复议决定不服的,可以向人民法院起诉;四是《专利法》所规定的对专利行政部门驳回申请的决定,向专利复审委员会申请复议,对复议决定不服的可以向法院起诉。从行政复议前置程序的立法例可以看出,作为自由选择关系的例外规定,行政复议前置程序主要是针对那些行政专业性相对较强的行政争议。行政复议前置程序规定的理论基础是旨在发挥行政机关在解决行政专业性较强的行政争议的积极作用,更有利于行政争议的高效解决,而不是对公民、法人行政诉权的约束和限制。

第三,排他性选择关系。排他性选择关系是指公民、法人或其他组织只能在行政复议与行政诉讼之间选择一种救济途径,如果选择了行政复议,则相应地丧失了行政诉讼的权利。和前述自由选择关系相比,这种选择是排他性的选择。排他性选择关系意味着公民、法人或其他组织一旦选择行政复议,行政复议决定则为终局裁决。根据《行政诉讼法》的规定,只有法律才有做出限制公民、法人或其他组织司法最终救济的权力。我国加入世界贸易组织以后,法律规定行政机关终局裁决的案件越来越少,这主要与此种排他性选择关系的理论基础薄弱有关。

(三) 起诉期限

在行政诉讼中,起诉期限是指法律所规定的公民、法人或其他组织提起诉讼的期限,是法院对公民、法人或其他组织行使司法救济权的保护期限,超过该期限提起行政诉讼,人民法院不予受理。在司法实践中,行政诉讼起诉期限最易与民法中的诉讼时效的概念相互混同。二者的主要区别是性质不同,行政诉讼起诉期限是程序规定,是人民法院受理行政案件的程序条件之一。如果人民法院查明超出起诉期限,法院就不予受理。而民法中的诉讼时效是一个实体问题,法院在受理或审理案件时一般不主动审查,只有当超过诉讼时效被作为当事人的一个抗辩理由出现时,法院才会审查该抗辩能否成立。即使超出诉讼时效的抗辩能够成立,法院一般也以判决形式驳回另一方当事人的诉讼请求,而不是做出不予受理或驳回起诉的裁定。正因为二者的性质不同,所以行政诉讼起诉期限与民事诉讼时效对公民、法人或其他组织的法律意义也就不同。公民、法人或其他组织超过行政诉讼起诉期限,就意味着丧失了进行诉讼的权利。而当公民、法人或其他组织超出民事诉讼时效,则意味着可能(看对方以不以此为抗辩)会丧失胜诉权(即法院强制保护民事权利的权利)。由此可见,行政诉讼起诉期限有着较之民事诉讼时效更为重要的意义。

按照规定期限的法律不同以及适用范围的不同,行政诉讼的起诉期限可以分为一般起诉期限和特殊起诉期限。

第一,一般起诉期限。一般起诉期限是指如果没有法律特殊规定的话,一般行政诉讼的起诉都应当适用的期限。根据《行政诉讼法》第45条、第46条的规定,对于经过行政复议仍然不服的,公民、法人或其他组织自收到行政复议决定之日起15日内起诉,复议机关逾期不作复议决定的,从复议期满之日起15日;公民、法人或者其他组织直接向人民法院提起诉讼的,其起诉期限是自知道做出行政行为之日起6个月。法律另有规定的除外。针对起诉中的特殊情形,1999年《最高人民法院关于执行〈中华人民共和国行政诉讼法〉若干问题的解释》第43条规定:"由于不属于起诉人自身的原因超过起诉期限的,被耽误的时间不计算在起诉期间内。因人身自由受到限制而不能提起诉讼的,被限制人身自由的时间不计算在起诉期间内。"2015年《最高人民法院关于适用〈中华人民共和国行政诉讼法〉若干问题的解释》第4条规定:"公民、法人或者其他组织依照行政诉讼法第47条第1款的规定,对行政机关不履行法定职责提起诉讼的,应当在行政机关履行法定职责期限届满之日起六个月内提出。"《行政诉讼法》第48条规定:"公民、法人或者其他组织因不可抗力或者其他不属于当事人自身的原因超过起诉期限的,被耽误的时间不计算在起诉期限内。因人身自由受限制而不能提起诉讼的,人身自由受限制的时间不计算在起诉期限内。"

第二,特殊起诉期限。所谓特殊起诉期限是指根据单行法律所规定的期限,具有特别法的效力。如《邮政法》《统计法》规定的起诉期限为15日;《森林法》《海关法》《渔业法》规定的起诉期限为30日;《专利法》规定的起诉期限为3个月。按照《行政诉讼法》第28条、第29条的规定,只有法律才能对一般起诉期限作例外规定。法规、行政规章都无权对一般期限作例外规定。特殊起诉期限与一般起诉期限的区别主要是期限长短的不同。但无论是特殊起诉期限还是一般起诉期限,在起诉期限的计算方面却是统一的。

虽然起诉期限长短是既定的,但是起诉期限该如何计算又实际影响到公民、法人或其他组织起诉权的行使。因此,在司法实践中,起诉期限如何计算常常成为法院、双方当事人关注的焦点之一。《行政诉讼法》以及单行法律所规定的起诉期限一般都比较短,不利于保护公民、法人或者其他组织的起诉权。同时也为了进一步严格规范行政主体行使行政职权。为此,最高人民法院在其司法解释中通过对起诉期限计算方式的说明,建立了更为合理的保护起诉权的期限制度。

《最高人民法院关于执行〈中华人民共和国行政诉讼法〉若干问题的解释》第41条规定:"行政机关做出具体行政行为时,未告知公民、法人或者其他组织诉权或者起诉期限的,起诉期限从公民、法人或者其他组织知道或应当知道诉权或者起诉期限之日起计算,但从知道或者应当知道具体行政行为内容之日起最长不得超过2年。复议决定未告知公民、法人或者其他组织诉权或者法定起诉期限的,适用前款规定。"第42条规定:"公民、法人或者其他组织不知道行政机关做出的具体行政行为内容的,其起诉期限从知道或者应当知道该具体行政行为内容之日起计算。对涉及不动产的具体行政行为从做出之日起超过20年、其他具体行政行为从做出之日起超过5年提起诉讼的,人民法院不予受理。"

解读《最高人民法院关于执行〈中华人民共和国行政诉讼法〉若干问题的解释》第41条、第42条的规定,可以看出有两点内容:一是《行政诉讼法》所确立的从知道具体行政行为起算的方式,只能针对那些行政主体在做出具体行政行为时,既告知了行政相对人具体行政行为的内容,也告知了相对人诉权的情形。《行政诉讼法》确立的自知道具体行政行为起算的法定标准被司法解释所实际改变。二是对起算点存在较大弹性的情形,司法解释规定了最长起诉期限。导致在司法实践中,需要根据具体行政行为做出时行政主体对相对人的告知情况不同确立不同的起诉期限起算点。因此,当行政主体难以证明已经送达或告知相对人时,则只能适用最长起诉期限。而最长起诉期限本身不是起诉期限,其实质是旨在规范起诉期限因起算点难以确定所造成的期限可能无限延长的情况出现。

另外,需要注意的是,经过复议起诉的案件,其起诉期限的计算按照《行政诉讼法》第45条的规定,是从收到行政复议决定之日起15日,复议机关逾期不作决定的,从复议期满之日起15日。但是,《行政诉讼法》这条规定的本意在于规定原告起诉"原具体行政行为"的起诉期限。由于我国行政复议制度中复议机关的审查决定权力比行政诉讼中人民法院的审查决定权力要大,如复议机关可以对所有被申请复议的行为审查其合法性与适当性,行政复议的受案范围比行政诉讼受案范围要广。所以,在司法实践中,当复议机关不受理复议申请或者在法定期限内不做出复议决定时,存在要起诉复议行为的情形。我们认为,复议机关也是行政机关,复议行为也是一种具体行政行为。如果当事人不服复议行为,当然有权起诉。因此,经过复议程序的案件,其起诉期限不能都一律以15天计算,应当区分不同的情况:

第一,申请复议,复议机关做出复议决定,无论复议决定的内容是维持原行为还是改变原行为,当事人不服的,都应当在收到复议决定之日起15日内起诉。第二,申请复议,复议机关不受理当事人的复议申请的,或者虽然受理但在法定期限内没有做出复议决定,当事人不服,如果起诉原行为,应当在复议机关不受理之日或者法定复议期限届满之日起15日内起诉。如果在上述情形下,当事人起诉复议机关的不受理或者不做出复议决定的不作为,应当在复议机关不受理之日或者法定复议期限届满之日起3个月内起诉。

在有关起诉行政机关不作为的案件中,作为被申请履行法定职责的行政机关应当在多长时间内对相对人的申请做出回应,是计算这类案件起诉期限的关键。由于我国目前还没有统一、完善的行政程序立法,大多数行政领域没有明确的行政机关履行法定职责的期限规定,以至于在诉讼中往往是相对人起诉法院受理后,行政机关称其仍在作为期间,从而给人民法院的受理和审判造成困难,损害相对人的合法权益。为此,1999年《最高人民法院关于执行〈中华人民共和国行政诉讼法〉若干问题的解释》第39条规定:"公民、法人或者其他组织申请行政机关履行法定职责,行政机关在接到申请之日起60日内不履行的,公民、法人或者其他组织向人民法院提起诉讼,人民法院应当依法受理。法律、法规、规章和其他规范性文件对行政机关履行职责的期限另有规定的,从其规定。""公民、法人或者其他组织在紧急情况下请求行政机关履行保护其人身权、财产权的法定职责,行政机关不履行的,起诉期间不受前款规定的限制。"前述条款实质上是规定构成行政不作为的期限要件。一般情况下,由于行政不作为难以证明依法送达或告知行政相对人诉权,结合前述司法解释关于行政诉讼起诉期限的规定,常常需要适用最长起诉期限的规定。

(四) 起诉方式

起诉是当事人依法请求人民法院行使审判权给予司法保护的诉讼行为。这种诉讼行为要通过一定的方式表达出来,即除了符合起诉条件、起诉程序、起诉期限外,还必须具备一定的外在形式。《行政诉讼法》第50条规定:"起诉应当向人民法院递交起诉状,并按照被告人数提出副本。书写起诉状确有困难的,可以口头起诉,由人民法院记入笔录,出具注明日期的书面凭证,并告知对方当事人。"由此可知行政诉讼的起诉有两种:一是以书面形式进行;二是考虑部分当事人的实际情况,以口头起诉的方式进行。上述两种方式以书面方式为主,只有在起诉人"书写起诉状确有困难"的情况下,为便利其行使诉权才允许口头起诉。

起诉状在行政诉讼中具有非常重要的地位和意义。起诉状是人民法院审查起诉是否符合法定条件的重要方面,是决定是否受理的重要依据之一。起诉的主要法定条件基本上在起诉状中都有所体现。因此,人民法院对起诉的审查对象主要就是起诉状。起诉状能比较全面地反映公民、法人或其他组织的诉讼请求和事实理由,构成了整个诉讼的基础。它为被告的答辩界定了方向。起诉状也是人民法院进行审判的重要材料。

我国《行政诉讼法》未对起诉状作具体规定,参照《民事诉讼法》的相关规定以及《行政诉讼法》规定的起诉条件,行政诉讼的起诉状应包括以下主要内容:

第一部分是当事人的情况。原告的姓名、性别、年龄、民族、职业、工作单位和住所,法人或其他组织的名称、住所和法定代表人或主要负责人的姓名、职务;被告行政机关的名称、所在地、法定代表人的姓名、职务;有诉讼代理人的,还应写明代理人的姓名、所在单位、职业。第二部分是诉讼请求和所根据的事实和理由。证据和证据来源、证人姓名和住所。此外,起诉状还应写明接受起诉状的人民法院和具状的具体日期,并由原告签名或盖章。起诉状所载事项若有欠缺,接受起诉状的人民法院可要求限期补正。同时起诉状提交时应按被告人数提交起诉状副本。

(五) 行政诉讼的登记立案

1. 行政诉讼的登记立案概述

《行政诉讼法》第51条第1款规定:"人民法院在接到起诉状时对符合本法规定的起诉条件的,应当登记立案。"该条第2款规定:"对当场不能判定是否符合本法规定的起诉条件的,应当接收起诉状,出具注明收到日期的书面凭证,并在七日内决定是否立案。不符合起诉条件的,做出不予立案的裁定。裁定书应当载明不予立案的理由。原告对裁定不服的,可以提起上诉。"该条第3款规定:"起诉状内容欠缺或者有其他错误的,应当给予指导和释明,并一次性告知当事人需要补正的内容。不得未经指导和释明即以起诉不符合条件为由不接收起诉状。"该条第4款规定:"对于不接收起诉状、接收起诉状后不出具书面凭证,以及不一次性告知当事人需要补正的起诉状内容的,当事人可以向上级人民法院投诉,上级人民法院应当责令改正,并对直接负责的主管人员和其他直接责任人员依法给予处分。"2015年《最高人民法院关于适用〈中华人民共和国行政诉讼法〉若干问题的解释》第1条第1款规定:"人民法院对符合起诉条件的案件应当立案,依法保障当事人行使诉讼权利。"第2款规定:"对当事人依法提起的诉讼,人民法院应当根据行政诉讼法第五十一条的规定,一律接收起诉状。能够判断符合起诉条件的,应当当场登记立案;当场不能判断是否符合起诉条件的,应当在接收起诉状后七日内决定是否立案;七日内仍不能做出判断的,应当先予立案。"第3款规定:"起诉状内容或者材料欠缺的,人民法院应当一次性全面告知当事人需要补正的内容、补充的材料及期限。在指定期限内补正并符合起诉条件的,应当登记立案。当事人拒绝补正或者经补正仍不符合起诉条件的,裁定不予立案,并载明不予立案的理由。"第4款规定:"当事人对不予立案裁定不服的,可以提起上诉。"

党的十八届四中全会通过的《中共中央关于全面推进依法治国若干重大问题的决定》提出,改革法院案件受理制度,变立案审查制为立案登记制,对人民法院依法应当受理的案件,做到有案必立、有诉必理,保障当事人起诉权。《行政诉讼法》第51条就是落实这一精神的具体体现。解决行政诉讼面临的"立案难、审理难、执行难"问题是新《行政诉讼法》修改的重点。从近些年行政诉讼的受案量和法院积累的行政争议数量对比来看,还有大量的行政争议案件被挡在人民法院大门之外,因此,《行政诉讼法》第51条的设计为最终解决立案难创造制度条件。通过《行政诉讼法》第51条可以看出以下几个方面的内容：一是法院在接到起诉状时对符合《行政诉讼法》规定的起诉条件的，应当登记立案。而对于是否符合《行政诉讼法》规定的起诉条件的审查，应当是初步的、形式上的。立案后，一般发给当事人立案通知书。对于法院而言，严格执行法律是职责所在，不应在法律之外去考虑立案之后能不能审、能不能执行等因素。二是对当场不能判定是否符合《行政诉讼法》规定的起诉条件的，应当接收起诉状，出具注明收到日期的书面凭证，并在七日内决定是否立案；不符合起诉条件的，做出不予立案的裁定，裁定书应当载明不予立案的理由，原告对裁定不服的，可以提起上诉。这里的"书面凭证"主要是证明当事人来法院起诉过，法院接收了起诉状。这里的"七日"限制了法院的期间，主要是避免"久立不决"的现象。三是起诉状内容欠缺或有其他错误的，应当给予指导和释明，并一次性告知当事人需要补正的内容。这样规定的目的是防止人民法院以此为由，不断要求当事人补正，变相拒绝立案。经指导和释明，当事人能够立即补正的，人民法院应当当场立案，不能立即补正的，应当详细告知当事人需要补正的内容，达到一次性告知的要求。

人民法院对起诉进行审查的主要内容有：第一是法定条件的审查，即依据《行政诉讼法》第49条的规定，审查原告是否合格；被告是否明确、合格；诉讼请求是否具体明确、事实根据是否具备；是否属于人民法院的受案范围和受诉人民法院管辖。第二是法定起诉程序的审查，即审查当事人起诉是否符合法定的行政诉讼与行政复议的关系。有复议前置条件的是否经过了复议程序。第三是法定起诉期限的审查，即审查当事人是否在法定期限内起诉。第四是审查是否重复诉讼，即审查当事人起诉的案件，是否为人民法院已经审理过，或者正在审理的，或者撤诉后，无正当理由又以同一事实和理由再行起诉的。第五是审查起诉状内容是否明确、完整，手续是否符合法律要求。

2. 登记立案后的法律后果

公民、法人或者其他组织向人民法院提起的行政诉讼，被人民法院依法立案后，即产生以下法律后果：一是对人民法院来说，意味着行政诉讼程序开始，人民法院享有对该行政案件的审判权，并负有依法定程序按法定期限审结该案的义务。如果没有法律规定的终止诉讼程序的情况出现，法院就必须完成审判的全过程。二是对双方当事人来说，立案使双方当事人取得原告和被告资格，各自享有法律赋予的诉讼权利，承担法律规定的诉讼义务，服从法院的生效判决、裁定，并负有自觉履行法院判决、裁定的义务。三是禁止原告重复诉讼，同时也排斥了其他国家机关，包括其他法院对该案的管辖权。即使以后发生原告住所变更、被告行政机关被撤销、合并等情况，该案管辖权不变。四是被告行政机关不得自行向原告和证人收集证据。

3. 对于法院不立案向上一级法院起诉的规定

《行政诉讼法》第52条规定："人民法院既不立案，又不做出不予立案裁定的，当事人可以向上一级人民法院起诉。上一级人民法院认为符合起诉条件的，应当立案、审理，也可以指定其他下级人民法院立案、审理。"该条规定可以从以下几方面理解：一是上一级人民法院认为符合起诉条件的，应当立案、审理，也可以指定其他下级人民法院立案、审理。这改变了先由上一级人民法院受理，然后可以移交或指定下级法院审理的做法。二是对于既不立案又不做出不予立案裁定的法院，不能再被上一级人民法院指定审理该案件。如果再让其审理的话，对当事人而言，便难以相信其还能维持公正立场审理案件。因此，该条规定"也可以指定其他下级人民法院立案、审理"。

(六)行政诉讼附带审查制度

《行政诉讼法》第53条规定："公民、法人或者其他组织认为行政行为所依据的国务院部门和地方人民政府及其部门制定的规范性文件不合法，在对行政行为提起诉讼时，可以一并请求对该规范性文件进行审查。前款规定的规范性文件不含规章。"该条规定是《行政诉讼法》修改后新增的内容。根据我国宪法和法律的规定，行政机关有权制定规范性文件。规范性文件作为行政机关行使行政权的一种方式，对加强行政管理、提高行政管理水平和效率发挥着至关重要的作用。但是，在实践中，有很多规范性文件不合法或各部门之间制定的规范性文件出现冲突，严重损害公民利益，导致行政机关在公民心目中的地位大幅下降。因此，人民法院审查行政机关做出行政行为是否合法的同时也可应当事人的申请对其所依据的规范性文件一并进行审查。

在这里,应注意两点:一是公民、法人或其他组织只有认为规章以下的规范性文件不合法时,才可以提出审查请求,规章以下的规范性文件是指《行政诉讼法》第53条所列举的国务院部门的规范性文件,地方各级人民政府及其工作部门的规范性文件以及乡、镇人民政府的规定。二是《行政诉讼法》第53条规定能够提出审查其规范性文件是否合法的主体只能是受依据该规范性文件做出的行政行为影响的公民、法人或其他组织。此外,公民、法人或其他组织不能单独对规范性文件的合法性提出审查请求,必须是在对行政行为提起行政诉讼的同时一并提出。2015年《最高人民法院关于适用〈中华人民共和国行政诉讼法〉若干问题的解释》第20条规定:"公民、法人或者其他组织请求人民法院一并审查行政诉讼法第五十三条规定的规范性文件,应当在第一审开庭审理前提出;有正当理由的,也可以在法庭调查中提出。"2015年《最高人民法院关于适用〈中华人民共和国行政诉讼法〉若干问题的解释》第21条规定:"规范性文件不合法的,人民法院不作为认定行政行为合法的依据,并在裁判理由中予以阐明。做出生效裁判的人民法院应当向规范性文件的制定机关提出处理建议,并可以抄送制定机关的同级人民政府或者上一级行政机关。"

二、行政诉讼的第一审程序

第一审程序是从人民法院立案受理到做出第一审判决期间的诉讼程序。在行政诉讼中,第一审程序是最重要的诉讼程序,它不仅是所有行政诉讼的必经程序,也是第二审程序和审判监督程序的前提与基础。

(一) 审理前的准备

审理前的准备是指人民法院为保证案件开庭审理的顺利进行,在开庭审理之前依法所做的必要的准备工作。它是行政诉讼程序的重要组成部分,是法院审理案件的必经法定程序。根据《行政诉讼法》和相关司法解释的规定,审理前的准备主要包括以下内容:

1. 组成合议庭

合议庭是人民法院行使行政审判权、审理行政案件的基本组织形式。法院审理案件有多种组织形式,根据《行政诉讼法》的规定,行政案件的审理应采取合议庭形式,不采取独任审判方式,由此构成行政诉讼在审判组织上的特点之一。

《行政诉讼法》第4条第2款规定:"人民法院设行政审判庭,审理行政案件。"第68条规定:"人民法院审理行政案件,由审判员组成合议庭,或者由审判员、陪审员组成合议庭。合议庭的成员,应当是三人以上的单数。"根据法律的规定,合议庭的组成形式有两种:一种是由审判员组成的合议庭,另一种是由审判员和人民陪审员组成的合议庭。人民法院可根据具体案件的实际情况,灵活决定合议庭的组织形式。合议庭的具体成员可以根据具体案件的实际情况确定,但人数必须是三人以上的单数。

合议庭设审判长一名,由人民法院院长或行政审判庭庭长指定合议庭中审判员一人担任。院长、副院长、审判委员会成员、庭长、副庭长参加合议庭审理案件时,依照法律规定担任审判长。合议庭在审判长组织领导下活动,合议庭成员集体审理、共同评议,意见不一致时,按少数服从多数的原则表决。对少数人的不同意见应如实记录在评议记录中。

2. 通知当事人应诉和发送诉讼文书

(1) 通知被告应诉,人民法院应当在立案之日起5日内,将起诉状副本和应诉通知书发送给被诉行政机关,通知被告应诉并提交答辩状。人民法院向当事人送达应诉通知书时,应当告知其举证范围、举证期限和逾期提供证据的法律后果,并告知因正当事由不能按期提供证据时应当提出延期提供证据的申请。

(2) 被告提交答辩状,被告应当在收到起诉状副本之日起10日内,向人民法院提交以做出具体行政行为的全部证据材料和所依据的规范性文件,并提出答辩状。被告因不可抗力或者客观上不能控制的其他正当事由,不能在前款规定的期限内提供证据的,应当在收到起诉状副本之日起10日内向人民法院提出延期提供证据的书面申请。人民法院准许延期提供的,被告应当在正当事由消除后10日内提供证据。逾期提供的,视为被诉具体行政行为没有相应的证据。被告不提出答辩状的,不影响对案件的正常审理。

(3) 发送答辩状副本。人民法院应当在收到答辩状之日起5日内,将答辩状副本发送给原告。

(4) 通知第三人参加诉讼,并比照上述规定发送起诉状副本或答辩状副本。

3. 处理管辖异议

被告或者第三人对法院管辖有异议的,应当在接到人民法院应诉通知之日起10日内以书面形式提出。对当事人提出的管辖异议,人民法院应当进行审查。异议成立的,裁定将案件移送有管辖权的人民法院;异议不成立的,裁定驳回。

对指定管辖裁定有异议的,不适用管辖异议的规定。

4. 审查诉讼文书和调查收集证据

法院通过审查原告、被告提供的起诉状、答辩状和各种证据材料,了解原告的诉讼请求和理由,熟悉被告的答辩理由,全面掌握案情,并对当事人的资格进行复核,根据情况变更或者追加当事人,决定或者通知第三人参加诉讼。

法院在审查起诉材料的基础上,根据案情需要,有权依当事人的申请或依职权,调查、收集证据;对案件涉及的专门性问题,决定是否需要鉴定、勘验现场。

法院可以依申请或者职权,采取保全证据措施。当事人申请保全证据的,人民法院可以要求其提供相应的担保。

5. 审查是否需要停止执行、先予执行、财产保全

这主要是依据《行政诉讼法》和相关司法解释的规定,根据案件的具体情况,审查具体行政行为是否具有停止执行的条件,是否有先予执行和财产保全的情况存在,并依法做出相应的处理。

6. 审查其他内容

这主要是根据案件的具体情况,决定起诉的分离与合并,确定开庭审理的时间、地点,决定是否公开审理等。

(二) 开庭审理

开庭审理是指在人民法院合议庭的主持下,在双方当事人和其他诉讼参与人的参加下,以被诉具体行政行为的合法性为核心,审查核实证据、查清案件事实,并依法做出裁判的诉讼活动。根据《行政诉讼法》的规定,所有第一审案件都应当开庭审理,不得进行书面审理。

开庭审理有两种方式:公开审理与不公开审理。人民法院审理案件,以公开审理为原则,以不公开审理为例外。人民法院审理行政案件的活动,除涉及国家秘密、个人隐私和法律另有规定外,一律公开审理。

开庭审理通常包括开庭准备、宣布开庭、法庭调查、法庭辩论、合议庭评议、宣读裁判等程序。

1. 开庭准备

(1) 通知、公告开庭。人民法院应在开庭前3日,传唤、通知当事人、诉讼参与人参加诉讼,告知其开庭的时间、地点等。案件公开审理的,应当在开庭前3日发布公告,内容包括案由、当事人姓名或机关名称、开庭的时间和地点等。

(2) 查明当事人等到庭情况、宣布法庭纪律。开庭前由书记员查明当事人以及其他诉讼参与人是否到庭,并报告合议庭。如有必须到庭的人员未到庭的,还应查明不到庭的原因,由审判长根据不同的情况依法做出决定是否延期审理或再次传唤当事人。查明情况后,书记员应宣布法庭纪律。

2. 宣布开庭

开庭审理时,首先由审判长宣布开庭,宣布案由,依次核对当事人身份,宣布合议庭组成人员和书记员及本案鉴定人、勘验人、翻译人员名单,告知当事人诉讼权利和义务,交代申请回避权,询问当事人是否申请回避。

回避制度是司法审判公正性的一个重要体现。关于回避的事由和具体程序,《行政诉讼法》《民事诉讼法》及其相关司法解释都做出了明确规定。2011年,最高法院颁布实施的《最高人民法院关于审判人员在诉

讼活动中执行回避制度若干问题的规定》(法释〔2011〕12号)和《行政诉讼法》第55条对回避制度做出了全面具体的专门规定。《行政诉讼法》第55条规定:"当事人认为审判人员与本案有利害关系或者有其他关系可能影响公正审判,有权申请审判人员回避。审判人员认为自己与本案有利害关系或者有其他关系,应当申请回避。前两款规定,适用于书记员、翻译人员、鉴定人、勘验人。院长担任审判长时的回避,由审判委员会决定;审判人员的回避,由院长决定;其他人员的回避,由审判长决定。当事人对决定不服的,可以申请复议一次。"

(1) 申请主体。回避分为自行回避和依申请回避。前者的申请主体是审判人员;后者的申请主体是当事人及其法定代理人。

(2) 回避主体。回避主要针对审判人员,包括各级人民法院院长、副院长、审判委员会委员、庭长、副庭长、审判员和助理审判员,同时适用于书记员、翻译人员、鉴定人、勘验人。

(3) 回避事由。根据性质的不同,回避事由分为两类。

首先,审判人员具有下列情形之一的,应当自行回避,当事人及其法定代理人有权以口头或者书面形式申请其回避:①审判人员是本案的当事人或者与当事人有近亲属关系的;②本人或者其近亲属与本案有利害关系的;③担任过本案的证人、翻译人员、鉴定人、勘验人、诉讼代理人、辩护人的;④与本案的诉讼代理人、辩护人有夫妻、父母、子女或者兄弟姐妹关系的;⑤与本案当事人之间存在其他利害关系,可能影响案件公正审理的。

这里所称的近亲属,包括与审判人员有夫妻、直系血亲、三代以内旁系血亲及近姻亲关系的亲属。

其次,当事人及其法定代理人发现审判人员违反规定,具有下列情形之一的,有权申请其回避:①私下会见本案一方当事人及其诉讼代理人、辩护人的;②为本案当事人推荐、介绍诉讼代理人、辩护人,或者为律师、其他人员介绍办理该案件的;③索取、接受本案当事人及其受托人的财物、其他利益,或者要求当事人及其受托人报销费用的;④接受本案当事人及其受托人的宴请,或者参加由其支付费用的各项活动的;⑤向本案当事人及其受托人借款,借用交通工具、通信工具或者其他物品,或者索取、接受当事人及其受托人在购买商品、装修住房以及其他方面给予的好处的;⑥有其他不正当行为,可能影响案件公正审理的。

(4) 申请的提出和审查。当事人提出回避申请,在案件开始审理时提出,并应当说明理由;回避事由在案件开始审理后知道的,也可以在法庭辩论终结前提出。被申请回避的人员在人民法院做出是否回避的决定前,应当暂停参与本案的工作,但案件需要采取紧急措施的除外。人民法院对当事人提出的回避申请,应当在申请提出的3日内,以口头或者书面形式做出决定。申请人对决定不服的,可以在接到决定时申请复议一次。复议期间,被申请回避的人员不停止参与本案的工作。人民法院对复议申请,应当在3日内做出复议决定,并通知复议申请人。

3. 法庭调查

法庭调查是审判人员在法庭上,在当事人和其他诉讼参与人的参加下,全面调查案件事实、审查判断各项证据的诉讼活动。法庭调查的核心环节是举证和质证,根据《最高人民法院关于行政诉讼证据若干问题的规定》,证据应当在法庭上出示,并经庭审质证。未经庭审质证的证据,不能作为定案的依据。

法庭调查主要包括当事人陈述、证据的出示和质证两个环节。

(1) 当事人陈述。当事人陈述按照如下顺序进行:①被告介绍具体行政行为;②原告宣读起诉状,讲明具体的诉讼请求和理由;③被告宣读答辩状,对原告的诉讼请求提出异议并说明理由;④第三人陈述。

当事人陈述结束后,审判长应当归纳本案争议的焦点和法庭调查的重点,并征求当事人的意见。

(2) 证据的出示和质证。关于行政诉讼中当事人出示证据的顺序,法律没有明确规定。基于行政诉讼中被告负主要举证责任的原则,一般首先由被告出示证据,原告进行质证;之后原告出示证据,被告进行质证;当事人申请人民法院调取的证据,由申请调取证据的当事人在庭审中出示,并由其他当事人质证。人民法院依职权调取的证据,由法庭出示,并可就调取该证据的情况进行说明,听取当事人意见。

有关证据的出示顺序,原则上按照证人与证人证言、书证、物证、视听资料和电子数据、鉴定意见、勘验笔录和现场笔录的顺序依次出示、接受质证。在法庭调查过程中,审判人员可以对当事人、证人、鉴定人发问,当事人经审判长许可,可以向证人、鉴定人发问,当事人也可以互相发问。法庭调查结束前,审判长应当就法庭调查认定的事实和当事人争议的问题进行归纳总结。

4. 法庭辩论

法庭辩论是指在审判人员的主持下,当事人及其代理人结合法庭调查的事实情况,围绕法律适用问题陈述意见、进行辩驳的诉讼活动。法庭辩论是在法庭调查的基础上进行的,为了提高效率,合议庭可以归纳案件争议的焦点问题,要求当事人主要围绕焦点问题展开辩论。法庭辩论应按下列顺序进行:①原告及其诉讼代理人发言;②被告及其诉讼代理人发言;③第三人及诉讼代理人发言;④双方互相辩论。

当事人在法庭辩论中提出在法庭调查中没有提出的新的事实和证据的,审判长认为必要时,可以宣布暂停辩论,恢复法庭调查。待事实查清后,再继续法庭辩论。

辩论结束后,法庭告知当事人作最后陈述。

5. 合议庭评议

法庭辩论结束后,审判长宣布休庭,合议庭成员和书记员退出法庭进行案件评议。评议时,采取少数服从多数原则。书记员应当将合议庭成员的意见和理由如实记入笔录,并请合议庭成员核对后签字。合议庭合议后,根据多数意见做出裁判。合议庭不能形成多数意见或者认为案件重大、疑难的,应当报请庭长、院长讨论研究。院长认为需要提交审判委员会讨论决定的,由院长提交审判委员会讨论决定。合议庭应当根据审判委员会的决定制作裁判文书。

6. 宣读判决、裁定

《行政诉讼法》第80条规定:"人民法院无论公开审理和不公开审理的案件,一律公开宣告判决。……"法院可以当庭宣判,也可以定期宣判。当庭宣判的,由审判长宣布继续开庭,当庭公开宣读案件的判决或裁定,并在10日内向当事人发送判决书。定期宣判的,由审判长宣布休庭,择期公开宣判。具体宣判的时间和地点既可以当庭告知,也可另行通知,宣判后应立即发给当事人判决书。

宣告判决时,人民法院必须告知当事人有关的上诉事宜,包括上诉的权利、上诉期限和上诉法院。

7. 法庭笔录

在庭审过程中,书记员应当将法庭审理的全部活动记入笔录,由审判人员和书记员签名。庭审结束后,书记员应当庭宣读法庭笔录,也可以告知当事人和其他诉讼参与人当庭或者在5日内阅读。当事人和其他诉讼参与人认为对自己的陈述记录有遗漏或者差错的,有权申请补正。如果不予补正,应当将申请记录在案。法庭笔录由当事人和其他诉讼参与人签名或者盖章。拒绝签名盖章的,记明情况附卷。

(三) 审理期限

根据《行政诉讼法》第81条和相关司法解释的规定,第一审行政案件的审理期限是指从立案之日起至裁判宣告之日止的期间。鉴定、处理管辖争议或者异议以及中止诉讼的时间不计算在内。人民法院应当自立案之日起6个月内做出一审判决。有特殊情况需要延长的,应当直接报请高级人民法院批准;高级人民法院审理第一审案件申请延长的,由最高人民法院批准。

三、行政诉讼的第二审程序

上诉是当事人不服地方各级人民法院未生效的第一审判决或裁定,依法要求上一级人民法院进行审理、撤销或者变更原裁判的诉讼行为。

(一) 上诉的提起

当事人提起上诉必须符合如下法定要件:

第一,具有上诉人和被上诉人是上诉的法定要件之一。根据法律规定,上诉人和被上诉人必须是第一审程序中的当事人。其中,上诉人是提起上诉的一方当事人,其他未上诉的当事人则是被上诉人。《行政诉诉法》第85条规定,所有行政诉讼当事人对第一审人民法院的判决、裁定不服,都有权提出上诉。《最高人民法院关于执行〈中华人民共和国行政诉讼法〉若干问题的解释》第65条规定,第一审人民法院做出判决和裁定后,当事人均提起上诉的,上诉各方均为上诉人。诉讼当事人中的一部分人提出上诉,没有上诉的对方当事人为被上诉人,其他当事人依原审诉讼地位列明。

第二,上诉的对象是第一审人民法院的判决或裁定。其中,当事人对第一审判决不服都可以上诉。对于裁定,只有法律允许上诉的,当事人才能上诉,根据《最高人民法院关于执行〈中华人民共和国行政诉讼法〉若干问题的解释》第63条的规定,允许上诉的裁定包括不予受理的裁定、驳回起诉的裁定和管辖异议的裁定三种。对于其他的裁定,如中止诉讼、终结诉讼、准许撤诉、财产保全等,当事人可以异议,但不能上诉。

第三,上诉必须在法定期限内提起,超出上诉权限,当事人就丧失了上诉权。《行政诉讼法》第85条规定,当事人不服第一审判决的,上诉期限为15日;当事人不服第一审裁定的,上诉期限为10日。上诉期限的算法,从第一审判决、裁定书送达当事人后的第二天开始计算,送达之日不计算在内。①

在上诉期间,当事人因不可抗力或者其他正当理由耽误期限的,在障碍消除后的10日内,可以申请顺延期限,是否准许,由人民法院决定。

第四,上诉应当以书面方式提出,当事人应当递交上诉状,内容包括上诉人的姓名或者名称,原审人民法院名称、案件的编号和案由,上诉的请求和理由。

第五,上诉途径。原则上,上诉应当向原审人民法院提出,并按照其他当事人或者诉讼代表人的人数提出上诉状副本。但也允许直接向第二审法院提出。当事人直接向第二审人民法院上诉的,第二审人民法院应当在五日内将上诉状移交原审人民法院。

原审人民法院收到上诉状,应当在5日内将上诉状副本送达其他当事人,对方当事人应当在收到上诉状副本之日起10日内提出答辩状。原审人民法院应当在收到答辩状之日起5日内将副本送达当事人。原审人民法院收到上诉状、答辩状,应当在5日内连同全部案卷和证据,报送第二审人民法院。已经预收诉讼费用的,一并报送。

(二)上诉的受理

上诉的受理是指第二审人民法院收到上诉状后,依法对其上诉要件进行审查,决定是否立案、开始第二审程序的诉讼活动。

第二审法院经过审查,认为不符合上述法定条件的,应当裁定驳回。

(三)上诉案件的审理

第二审法院审理上诉案件,除《行政诉讼法》对第二审程序有特别规定外,均适用第一审程序。以下仅对二审程序中的一些特殊审理规则做一下说明。

就审判组织而言,第二审人民法院审理行政案件时,合议庭成员必须均为审判员,陪审员不能作为合议庭成员参与上诉案件的审理。

在审理方式上,第二审案件的审理方式分为书面审理和开庭审理两种方式:①书面审理,是指第二审人民法院只对当事人提出的上诉状、上诉答辩状以及其他书面材料进行审理,并依之做出裁判,不需要诉讼参加人出席法庭,也不向社会公开的审理方式。书面审理的核心是法律审,其适用条件是事实清楚。《行政诉讼法》第86条规定,人民法院对上诉案件,应当组成合议庭,开庭审理。经过阅卷、调查和询问当事人,对没有提出新的事实、证据或者理由,合议庭认为不需要开庭审理的,也可以不开庭审理。②开庭审理,《最高人民法院关于执行〈中华人民共和国行政诉讼法〉若干问题的解释》第67条规定,当事人对原审人民法院认定的事实有争议的,或者第二审人民法院认为原审人民法院认定事实不清楚的,第二审人民法院应当开庭审理。因此,开庭审理的适用条件是原审认定事实不清楚或者存在争议。

---

① 《民事诉讼法》第82条规定,期间以日计算的,期间开始之日,不计算在期间内。

宪法与行政法学

就审理对象而言,第二审人民法院审理上诉案件实行全面审原则,即应当对第一审人民法院的裁判和被诉具体行政行为是否合法进行全面审查,而不受上诉范围的限制。该原则包括以下两个方面:第一,第二审法院审理行政案件,既要对一审法院的裁判是否合法进行审查,又要对被诉具体行政行为的合法性进行审查。第二,第二审法院审理行政案件时,与第一审法院相同,应对被诉具体行政行为的合法性进行全面审查,不受上诉范围和当事人争议的限制。

(四) 审理期限

《行政诉讼法》第 88 条规定:"人民法院审理上诉案件,自收到上诉状之日起三个月内做出终审判决。有特殊情况需要延长的,由高级人民法院批准,高级人民法院审理上诉案件需要延长的,由最高人民法院批准。"

四、行政诉讼简易程序与审判监督程序

(一) 简易程序

和民事诉讼不同,《行政诉讼法》对第一审程序未按简繁进行划分,所有的行政案件均依照统一的普通程序审理。随着行政诉讼审判实践的发展和审判经验的积累,为保障和方便当事人依法行使诉讼权利,减轻当事人诉讼负担,保证人民法院公正、及时审理行政案件,2010 年,最高人民法院颁布了《最高人民法院关于开展行政诉讼简易程序试点工作的通知法》(法〔2010〕446 号),决定在部分基层人民法院开展行政诉讼简易程序试点工作。2014 年 11 月通过的《行政诉讼法》也明确规定对一些事实清楚、法律关系明确、争议不大的案件可以适用简易程序。

根据《行政诉讼法》第 82 条的规定:"人民法院审理下列第一审行政案件,认为事实清楚、权利义务关系明确、争议不大的,可以适用简易程序:(一)被诉行政行为是依法当场做出的;(二)案件涉及款额二千元以下的;(三)属于政府信息公开案件的。除前款规定以外的第一审行政案件,当事人各方同意适用简易程序的,可以适用简易程序。发回重审、按照审判监督程序再审的案件不适用简易程序。"应当注意的是,行政案件简易程序的适用主体为基层人民法院和中级人民法院。与民事诉讼简易程序只能适用于基层人民法院和它的派出法庭不同,中级人民法院审理第一审行政案件也可以适用简易程序。这样规定,主要是基于行政案件级别管辖的特殊性。另外,适用简易程序的行政案件应当符合三个标准:事实清楚、权利义务关系明确、争议不大。

适用简易程序审理的案件,经当事人同意,人民法院可以实行独任审理。人民法院可以采取电话、传真、电子邮件、委托他人转达等简便方式传唤当事人。经人民法院合法传唤,原告无正当理由拒不到庭的,视为撤诉;被告无正当理由拒不到庭的,可以缺席审判。前述传唤方式,没有证据证明或者未经当事人确认已经收到传唤内容的,不得按撤诉处理或者缺席审判。适用简易程序审理的案件,一般应当一次开庭并当庭宣判。法庭调查和辩论可以围绕主要争议问题进行,庭审环节可以适当简化或者合并。适用简易程序审理的行政案件,应当在立案之日起 45 日内结案。如果当事人就适用简易程序提出异议且理由成立的,或者人民法院认为不宜继续适用简易程序的,应当转入普通程序审理。

(二) 审判监督程序

审判监督程序又称再审程序,是指人民法院对已经发生法律效力的判决、裁定或者行政赔偿调解书,发现违反法律、法规的规定,依法重新审理的程序。再审程序不构成一个审级,而是对两审终审制度的补充,是针对确实违法的生效判决、裁定的纠错制度。

和上诉不同,审判监督程序启动方式可分为当事人申请的再审、法院提起再审、检察院抗诉三种。① 其

---

① 根据《民事诉讼法》第 227 条的规定,执行程序中的案外人也有申请再审的权利,但对于该案外人申请再审的程序未作进一步规定,具体制度尚不明确,因此,本章仅对当事人、法院、检察院三方启动的再审制度进行介绍。

中,当事人申请再审并不会必然启动审判监督程序。

1. 当事人申请再审

当事人申请再审,需要具备以下条件:

(1)申请审查对象。申请再审所针对的对象应是发生法律效力的判决、裁定或者调解书,且当事人认为该判决、裁定或者调解书确有错误。

(2)申请期限。当事人申请再审有时间限制。《行政诉讼法》第90条、第91条及第101条的规定,当事人申请再审的期限应当适用《民事诉讼法》第205条规定,2015年《最高人民法院关于适用〈中华人民共和国行政诉讼法〉若干问题的解释》第24条规定:"当事人向上一级人民法院申请再审,应当在判决、裁定或者调解书发生法律效力后六个月内提出。有下列情形之一的,自知道或者应当知道之日起六个月内提出:(一)有新的证据,足以推翻原判决、裁定的;(二)原判决、裁定认定事实的主要证据是伪造的;(三)据以做出原判决、裁定的法律文书被撤销或者变更的;(四)审判人员审理该案件时有贪污受贿、徇私舞弊、枉法裁判行为的。"

(3)当事人申请再审的次数。《行政诉讼法》没有明确当事人申请再审次数的规定。民事诉讼法第209条规定:"有下列情形之一的,当事人可以向人民检察院申请检察建议或者抗诉:(一)人民法院驳回再审申请的;(二)人民法院逾期未对再审申请做出裁定的;(三)再审判决、裁定有明显错误的。人民检察院对当事人的申请应当在三个月内进行审查,做出提出或者不予提出检察建议或者抗诉的决定。当事人不得再次向人民检察院申请检察建议或者抗诉。"对于这一问题《行政诉讼法》也应适用。

(4)当事人申请再审的事由。《行政诉讼法》第91条规定:"当事人的申请符合下列情形之一的,人民法院应当再审:(一)不予立案或者驳回起诉确有错误的;(二)有新的证据,足以推翻原判决、裁定的;(三)原判决、裁定认定事实的主要证据不足、未经质证或者系伪造的;(四)原判决、裁定适用法律、法规确有错误的;(五)违反法律规定的诉讼程序,可能影响公正审判的;(六)原判决、裁定遗漏诉讼请求的;(七)据以做出原判决、裁定的法律文书被撤销或者变更的;(八)审判人员在审理该案件时有贪污受贿、徇私舞弊、枉法裁判行为的。"

申请再审是当事人的一项权利,当事人只要认为生效判决、裁定有错误,就可以申请再审。但法院是否再审,则需要符合一定的条件。因为终审的判决、裁定具有既判力,非经法定的条件和程序不能撤销和改判。只有当事人符合上述情形之一的,人民法院才应当再审。

2. 法院提起再审

《行政诉讼法》第92条规定:"各级人民法院院长对本院已经发生法律效力的判决、裁定,发现有本法第九十一条规定情形之一,或者发现调解违反自愿原则或者调解书内容违法,认为需要再审的,应当提交审判委员会讨论决定。最高人民法院对地方各级人民法院已经发生法律效力的判决、裁定,上级人民法院对下级人民法院已经发生法律效力的判决、裁定,发现有本法第九十一条规定情形之一,或者发现调解违反自愿原则或者调解书内容违法的,有权提审或者指令下级人民法院再审。"对于何为违反法律法规,《最高人民法院关于执行〈中华人民共和国行政诉讼法〉若干问题的解释》第72条进一步规定,有下列情形之一的,属于"违反法律、法规规定":①原判决、裁定认定的事实主要证据不足;②原判决、裁定适用法律、法规确有错误;③违反法定程序,可能影响案件正确裁判;④其他违反法律、法规的情形。

法院提起再审的程序,基于提起主体的不同,分为两种:

(1)人民法院院长对本院已经发生法律效力的判决、裁定,发现违反法律、法规规定认为需要再审的,应当提交审判委员会决定是否再审。审判委员会对于是否再审享有决定权。

(2)上级人民法院对下级人民法院已经发生法律效力的判决、裁定,发现违反法律、法规规定的,有权提审或者指令下级人民法院再审。这里的上级人民法院应区别最高人民法院和其他上级人民法院。其中,最高人民法院对地方各级人民法院的生效判决、裁定有权提审或者指令下级人民法院再审。而其他上级人民法院仅对其下一级人民法院的生效判决、裁定有权决定提审或者指令再审。

3. 检察院抗诉

人民检察院作为国家的法律监督机关，有权对人民法院的审判活动进行监督。检察院抗诉以生效判决、裁定违反法律法规规定为条件。《行政诉讼法》第93条规定："最高人民检察院对各级人民法院已经发生法律效力的判决、裁定，上级人民检察院对下级人民法院已经发生法律效力的判决、裁定，发现有本法第九十一条规定情形之一，或者发现调解书损害国家利益、社会公共利益的，应当提出抗诉。地方各级人民检察院对同级人民法院已经发生法律效力的判决、裁定，发现有本法第九十一条规定情形之一，或者发现调解书损害国家利益、社会公共利益的，可以向同级人民法院提出检察建议，并报上级人民检察院备案；也可以提请上级人民检察院向同级人民法院提出抗诉。各级人民检察院对审判监督程序以外的其他审判程序中审判人员的违法行为，有权向同级人民法院提出检察建议。"

抗诉遵循"上一级抗诉"的原则。最高人民检察院对地方各级人民法院、上级人民检察院对下级人民法院生效判决、裁定，认为违反法律法规或者损害国家利益、社会公益的，应当向同级人民法院提出抗诉。

同级检察院发现同级法院生效判决、裁定、调解违反法律法规或者损害国家利益、社会公益的，应遵循以下程序：

（1）提起再审监察建议。地方各级人民检察院发现生效判决、裁定、调解违反法律法规或者损害国家利益、社会公益的，经检察委员会决定，可以向同级人民法院提出再审检察建议。

（2）法院审查。人民法院收到再审检察建议后，应当在三个月内进行审查并将审查结果书面回复人民检察院。人民法院认为需要再审的，应当通知当事人。

（3）提起抗诉。人民检察院认为人民法院不予再审的决定不当的，应当提请上级人民检察院提出抗诉。人民检察院提出抗诉的，人民法院应当再审，并在开庭审理时，通知人民检察院派员出庭。

4. 再审案件的审理

（1）中止执行。按照审判监督程序决定再审的案件，应当裁定中止原判决的执行。上级人民法院决定提审或者指令下级人民法院再审的，应当做出裁定，裁定应当写明中止原判决的执行；情况紧急的，可以将中止执行的裁定口头通知负责执行的人民法院或者做出生效判决、裁定的人民法院，但应当在口头通知后10日内发出裁定书。

（2）重新组成合议庭。人民法院审理再审案件，无论是指令再审还是自行再审，都应当另行组成合议庭进行审理，并且原合议庭成员不得参加新组成的合议庭。

（3）分别适用一审、二审程序。按照《最高人民法院关于执行〈中华人民共和国行政诉讼法〉若干问题的解释》第76条的规定，人民法院按照审判监督程序再审的案件，发生法律效力的判决、裁定是由第一审人民法院做出的，按照第一程序审理，所作的判决、裁定，当事人可以上诉；发生法律效力的判决、裁定是由第二审人民法院做出的，按照第二审程序审理，所作的判决、裁定是发生法律效力的判决、裁定；上级人民法院按照审判监督程序提审的，按照第二审程序审理，所作的判决、裁定是发生法律效力的判决、裁定。

人民法院对再审案件的宣判，同样应公开进行，可以采取两种方式，即自行宣判或者委托原审人民法院或者当事人所在地人民法院代为宣判。2015年《最高人民法院关于适用〈中华人民共和国行政诉讼法〉若干问题的解释》第25条规定："有下列情形之一的，当事人可以向人民检察院申请抗诉或者检察建议：（一）人民法院驳回再审申请的；（二）人民法院逾期未对再审申请做出裁定的；（三）再审判决、裁定有明显错误的。人民法院基于抗诉或者检察建议做出再审判决、裁定后，当事人申请再审的，人民法院不予立案。"

五、行政诉讼审理中若干重要制度

（一）诉的合并

诉是当事人因自己合法权益受到被诉具体行政行为的侵害，而向法院提出的请求给予司法救济的请求。原则上，法院审理案件实行一案一诉，但也存在诉的合并。所谓诉的合并，是指法院为了提高审判效率，将两个或者两个以上具有一定关联性的诉合并于一个诉讼程序进行审理和裁判的诉讼制度。诉的合并一般应满足三个条件：①数个诉之间存在关联性，一般表现为诉讼主体相同或者诉讼标的之间具体关联性；②受诉法院起码对其中一个诉具有管辖权；③被合并之诉可以适用同一审判程序。

《行政诉讼法》第 27 条规定："当事人一方或者双方为二人以上，因同一行政行为发生的行政案件，或者因同类行政行为发生的行政案件，人民法院认为可以合并审理并经当事人同意的，为共同诉讼。"《最高人民法院关于执行〈中华人民共和国行政诉讼法〉若干问题的解释》第 46 条进而规定，下列案件人民法院可以决定合并审理：

（1）两个以上行政机关分别依据不同的法律、法规对同一事实做出具体行政行为，公民、法人或者其他组织不服向同一人民法院起诉的；

（2）行政机关就同一事实对若干公民、法人或者其他组织分别做出具体行政行为，公民、法人或者其他组织不服分别向同一人民法院起诉的；

（3）在诉讼过程中，被告对原告做出新的具体行政行为，原告不服向同一人民法院起诉的；

（4）人民法院认为可以合并审理的其他情形。

对于法院认为可以合并审理的案件，须经当事人同意才能作为共同诉讼、进行合并审理。

（二）撤诉与被告改变被诉具体行政行为

1. 撤诉

撤诉，是指对于法院已经受理的案件，原告、上诉人、再审申请人（以下简称原告等）在人民法院宣告判决或者裁定之前，向人民法院表示撤回自己起诉（上诉、再审申请）的诉讼行为。撤诉是单纯的诉讼上的行为，原告等的实体权利不受撤诉行为的影响。根据《行政诉讼法》的规定，撤诉分为申请撤诉和按撤诉处理两种情况。

申请撤诉，是指在人民法院宣告判决或者裁定之前，原告等明确向人民法院申请撤回起诉的诉讼行为。它是原告等对自己诉权的一种积极处分，是一种单方行为，原告等申请撤诉后，能否准许，须经法院审查、裁定。这种制度设置既是为了确保原告等撤诉是基于真实的意思表示，防止因受行政机关胁迫而申请撤诉，也是为了防止被告为让原告撤诉而违法损害公共利益或者他人合法权益。如果人民法院裁定不予准许，原告等经合法传唤无正当理由拒不到庭，或者未经法庭许可而中途退庭，人民法院可以缺席判决。

根据《行政诉讼法》第 62 条的规定，人民法院对行政案件宣告判决或者裁定前，原告申请撤诉的，或者被告改变其所作的具体行政行为，原告同意并申请撤诉的，是否准许，由人民法院裁定。对于被告改变被诉具体行政行为，原告申请撤诉的，《最高法院关于行政诉讼撤诉若干问题的规定》第 2 条规定，法院应审查是否符合如下条件：①申请撤诉是当事人真实意思表示；②被告改变被诉具体行政行为，不违反法律、法规的禁止性规定，不超越或者放弃职权，不损害公共利益和他人合法权益；③被告已经改变或者决定改变被诉具体行政行为，并书面告知人民法院；④第三人无异议。符合上述条件的，法院应裁定准许撤诉。

根据《最高法院关于行政诉讼撤诉若干问题的规定》，经过审查，法院可以做出如下裁定：①被告改变被诉具体行政行为，原告申请撤诉，有履行内容且履行完毕的，人民法院可以裁定准许撤诉；不能即时或者一次性履行的，人民法院可以裁定准许撤诉，也可以裁定中止审理。②准许撤诉裁定可以载明被告改变被诉具体行政行为的主要内容及履行情况，并可以根据案件具体情况，在裁定理由中明确被诉具体行政行为或者原裁判全部或者部分不再执行。③申请撤诉不符合法定条件，或者被告改变被诉具体行政行为后当事人不撤诉的，人民法院应当及时做出裁判。

视为申请撤诉，也被称为按撤诉处理，是指原告或者上诉人并未明确向法院申请撤回起诉或者上诉，法院基于其拒绝履行法定诉讼义务的行为，依法推定其自愿申请撤诉的诉讼制度。视为申请撤诉不是基于当事人的明确意思表示，而是基于法律的明确规定。根据《行政诉讼法》和相关司法解释的规定，当出现下列情况时,视为申请撤诉:①原告或者上诉人经合法传唤,无正当理由拒不到庭的[①];②原告或者上诉人未经法庭许可中途退庭的;③原告或者上诉人未按规定的期限预交案件受理费,又不提出缓交、减交、免交申请,或者提出申请未获批准的。

撤诉的法律后果:①人民法院准许撤诉或者按撤诉处理后,诉讼程序即告终结,法院不再对案件进行审理。②人民法院裁定准许原告撤诉后,原告以同一事实和理由重新起诉的,人民法院不予受理。准予撤诉的裁定确有错误,原告申请再审的,人民法院应当通过审判监督程序撤销原准予撤诉的裁定,重新对案件进行审理。③原告或者上诉人因诉讼费预交问题被按撤诉处理后,在法定期限内再次起诉或者上诉,并依法解决诉讼费预交问题的,人民法院应予受理。

2. 被告改变被诉具体行政行为

撤销或者变更具体行政行为是行政机关所享有的固有职权。对于引发行政诉讼的被诉具体行政行为,行政机关当然可以主动纠正,予以改变。被诉具体行政行为被改变后,对于同一事实,便存在两个具体行政行为。对于这一问题应如何处理,《最高人民法院关于执行〈中华人民共和国行政诉讼法〉若干问题的解释》第50条规定做出了如下规定:

(1) 被告在一审期间改变被诉具体行政行为的,应当书面告知人民法院。

(2) 基于法院审查的被动性,法院不能径行决定改审新的具体行政行为,诉讼程序如何继续取决于当事人的主观判选择:

第一,原告接受新的具体行政行为并申请撤诉的,法院应对该申请进行审查,做出是否准予撤诉的裁定。

第二,原告不撤诉的,法院应继续审查原具体行政行为。经审查认为原具体行政行为违法的,应当做出确认其违法的判决;认为原具体行政行为合法的,应当判决驳回原告的诉讼请求。

第三,原告或者第三人对改变后的行为不服的,应对新的具体行政行为另案起诉,人民法院就改变后的具体行政行为进行审理。如果是在原被诉具体行政行为审理过程中对同一法院起诉的,法院可以决定合并审理。

原告起诉被告不作为,在诉讼中被告做出具体行政行为,原告不撤诉的,参照上述规定处理。

被告改变具体行政行为是撤诉制度的重要前提基础,因此,对于如何界定被告是否改变了原具体行为,就显得尤为重要。对此,《最高法院关于行政诉讼撤诉若干问题的规定》规定了如下标准:

(1) 属于"被告改变其所作的具体行政行为"。具体包括:改变被诉具体行政行为所认定的主要事实和证据;改变被诉具体行政行为所适用的规范依据且对定性产生影响;撤销、部分撤销或者变更被诉具体行政行为处理结果。

(2) 视为"被告改变其所作的具体行政行为"。这是指虽然没有直接触及具体行政行为本身,但却通过其他行为,改变了具体行政行为的法律后果,从而达成了和当事人的和解。这种情况包括:根据原告的请求依法履行法定职责;采取相应的补救、补偿等措施;在行政裁决案件中,书面认可原告与第三人达成的和解。

(三) 诉讼程序的延阻

1. 延期审理

延期审理是指人民法院将已定的审理日期或正在进行的审理推延至另一日期再审理的制度。通知、公告开庭日期后,或者开庭审理期间,由于特殊情况,合议庭无法在原定审理期日进行审理的,应推迟审理期日。

对于延期审理的情况,《行政诉讼法》未作具体规定,参照《民事诉讼法》第146条的规定:"有下列情形之一的,可以延期开庭审理:(1)必须到庭的当事人和其他诉讼参与人有正当理由没有到庭的;(2)当事人临时

---

① 对于合法传唤的次数,《行政诉讼法》第48条规定为两次,而《最高人民法院关于执行〈中华人民共和国行政诉讼法〉若干问题的解释》第49条未作次数要求,对于这两种不同的规定,实务界的理解有所不同。如果严格按照司法解释的解释权限判断,应该以《行政诉讼法》中的明确规定为准。

提出回避申请的;(3)需要通知新的证人到庭,调取新的证据,重新鉴定、勘验,或者需要补充调查的;(4)其他应当延期的情形。"

2. 诉讼中止

诉讼中止,是指在诉讼进行过程中,由于发生某种特殊情况而暂时停止诉讼程序的一种法律制度。诉讼中止只是诉讼程序的暂时停止,中止的原因消除后,将重新恢复诉讼程序。中止之前已经做出的诉讼行为仍然有效,并对新进入到诉讼中的当事人具有约束力。

根据《最高人民法院关于执行〈中华人民共和国行政诉讼法〉若干问题的解释》第51条的规定,行政诉讼中有下列情形之一的,中止诉讼:①原告死亡,须等待其近亲属表明是否参加诉讼的;②原告丧失诉讼行为能力,尚未确定法定代理人的;③作为一方当事人的行政机关、法人或者其他组织终止,尚未确定权利义务承受人的;④一方当事人因不可抗力的理由不能参加诉讼的;⑤案件涉及法律适用问题,需要送请有权机关做出解释或者确认的;⑥案件的审判须以相关民事、刑事或者其他行政案件的审理结果为依据,而相关案件尚未审结的;⑦其他应当中止诉讼的情形。

3. 诉讼终结

诉讼终结,是指在诉讼程序因特殊情况的发生不能继续或者继续进行毫无意义的情况下,结束正在进行的诉讼程序的法律制度。

根据《最高人民法院关于执行〈中华人民共和国行政诉讼法〉若干问题的解释》第52条,行政诉讼中有下列情形之一的,终结诉讼:(1)原告死亡,没有近亲属或者近亲属放弃诉讼权利的;(2)作为原告的法人或者其他组织终止后,其权利义务的承受人放弃诉讼权利的;(3)因原告死亡,须等待其近亲属表明是否参加诉讼,或者原告丧失诉讼行为能力、尚未确定法定代理人,或者因作为一方当事人的法人或者其他组织终止、尚未确定权利义务承受人,因这三种情况诉讼中止满90日仍无人继续诉讼的。但有特殊情况的除外。终结诉讼的裁决自做出之日起生效,当事人不得上诉。

4. 缺席判决

缺席判决,是指人民法院开庭审理时,在一方当事人缺席的情况下,经对案件进行审理所做出的判决。缺席判决是相对于出席判决而言的,它是为了维护法律的尊严,维护到庭一方当事人的合法权益,保证审判活动正常进行而设立的一种法律制度。

根据《行政诉讼法》第48条和《最高人民法院关于执行〈中华人民共和国行政诉讼法〉若干问题的解释》第49条的规定,出现下列情况时,法院可以缺席判决:(1)经过人民法院两次合法传唤,被告无正当理由拒不到庭的;(2)原告或者上诉人申请撤诉,人民法院裁定不予准许后,原告或者上诉人经合法传唤无正当理由拒不到庭或者未经法庭许可而中途退庭。第三人与案件无直接的利害关系,因此,其经人民法院合法传唤无正当理由拒不到庭,或者未经法庭许可中途退庭的,不影响案件的审理。

(四) 行政诉讼的举证责任

1. 行政诉讼举证责任的性质和构成

一般来说,举证责任是指诉讼当事人依法对特定主张承担提供证据加以证明,并在不能提供相应证据证明自己的主张成立时承担不利法律后果的一种责任。对举证责任研究最早可追溯至古罗马时期,《十二铜表法》规定:"凡主张曾缔结现金借贷或要式买卖契约的,负举证责任。"在行政诉讼中是否承担举证责任以及承担多少将直接决定案件的结果,当案件事实真伪难辨时,由负有举证责任的当事人对其主张提供证据并加以证明,如果不能、不愿或者不在法定的举证期限内提出相应的证据,则承担败诉风险和不利于自己的法律后果,这不仅仅是行为意义上的举证责任,即谁主张谁举证;更是结果意义上的举证责任,即负有举证责任的当事人不能举证则承担败诉的风险。举证责任既不是权利,也不是义务,而是一种败诉的风险承担。①

---

① 举证责任的性质,主要有以下三种学说:一是权利说,认为举证责任是当事人的诉讼权利;二是义务说,认为举证责任是当事人的义务,当事人必须举证;三是败诉危险负担说,认为举证责任的性质并非权利也非义务,仅为当事人为得胜诉判决之实际上必要。换言之,不主张、不举证将导致败诉。参阅叶自强:《民事证据研究》,法律出版社,2002年第2版,第141页。

行政诉讼的举证责任由证据提出责任或推进责任(程序责任)和说服责任(实体责任)两部分构成。不是无缘无故就可以起诉的,否则就会导致滥用诉权,这时就需要原告承担一定的举证责任。推进责任是指当事人提出证据证明其主张构成法律争端,当事人无须证明其主张的成立,只要在其提供的证据能够证明他所主张的事实有存在的可能性,从而值得法院予以审判的举证责任。当然也无须证明行政机关的主张不成立,只需证明其有不成立的可能性,只需要得到法官确信有审判必要性,否则便会被驳回起诉。说服责任是指当事人提出证据使法官确信其主张成立的举证责任,是由负有举证责任当事人承担举证不能的不利后果。二者之间相辅相成,但说服责任是用于确定行政诉讼后果的程序规则,更具有实质意义,而推进责任是用于确定行政诉讼审理方式和方法的程序规则。我国行政诉讼中的举证责任不同于其他诉讼的举证责任,根据《行政诉讼法》第34条第1款的规定,被告对做出的具体行政行为负有举证责任,应当提供做出该行政行为的证据和所依据的规范性文件①。这种举证责任属于说服责任。

2. 行政诉讼举证责任的分配及范围

解决当事人之间的纠纷是法院的职责。通常在进行裁判时,必须首先确定法律事实是否存在,然后才能适用相应的法律做出判决。但是,如果法院、原告及被诉行政机关缺乏证据,无法使待证事实明确时,法院又不得以待证事实不明为由拒绝裁判,面对这种情况谁应当承担败诉的后果,就是举证责任的分配问题。

(1) 被告负举证责任为一般情形

在行政诉讼中,举证责任主要由被告承担。但是被告并不负担全部的举证责任,被告负担的应当是行政行为合法性的证据。被告对做出的行政行为承担举证责任,应当提供做出该行政行为的证据和所依据的规范性文件。这在行政诉讼中具有特殊的意义,主要理由如下:

第一,被告负有举证责任有利于发挥行政主体的举证优势。行政机关和行政相对人处于不平等地位,他们是管理与被管理的关系。因此行政行为(除行政合同)具有单方向的特点。即行政行为的做出是行政主体单方意志做出的决定,并不考虑行政相对人的主观意志,无须征得其同意,而行政相对人并不一定知悉行政行为的形成背景②,因此行政机关与行政相对人相比,更有举证能力。行政机关做出行政行为时应当遵循"先取证,后裁决"的法定程序,不得在没有事实根据的时候做出任何决定,否则就是程序违法或者滥用职权。因此在行政诉讼时,如果行政机关在法定期限内未能举证,便说明其已经违法,理应承担败诉责任。

第二,由被告举证有利于保护原告的诉权。在行政诉讼中,行政相对人难以了解行政管理的具体依据和有关的专业知识,很难让原告举证证明行政机关的行政活动的违法性,从而无法实质性地保护原告的诉讼权利。同时在诉讼过程中,被告及其诉讼代理人不得自行向原告和证人收集证据。

第三,被告承担举证责任,有利于依法行政。依法行政原则要求行政机关必须依法行政,所做出的任何行政行为都应当有事实根据和法律根据,行政机关所提供的证据必须应当是合法证据,行政机关在做出具体裁决前,应充分收集证据,根据事实按照法律做出行政行为。行政机关在做出行政行为时遵守的是"先取证,后裁决"的行政程序,非法证据是没有任何效力的。因此,在行政诉讼中行政机关有义务提供其做出行政行为的合法依据。这同时也增加了行政机关的证据意识。

行政机关在做出行政行为前,必须"先取证,后裁决",根据自己收集的证据和当事人提供的证据来构建行政处罚决定的事实基础,全部的取证记录和应用文件构成行政案卷。行政机关的裁决只能来源于案卷,不能来自案卷之外,这个原则便是"案卷排他性原则"。

在行政诉讼中,被告在二审中举证的效力,在一审中由于行政机关隐匿证据导致败诉后又上诉时,在二审时又举出证据,导致改判。在二审时行政机关的举证是否有效力,能否成为定案的根据?民事诉讼举证期限不应受到限制,原告、被告都可以在终审判决前提交证据。《行政诉讼法》规定,被告应当在收到起诉状副本之日起15日内向人民法院提交做出行政行为的有关材料。且行政诉讼被告完全有能力在一审中将事实和法律根据提交给法院,方便法院进行审判,且被告不会因为败诉而放过原告的违法行为,《行政诉讼法》第71条规定,人民法院裁判被告重新做出行政行为的,被告不能以同一事实和理由做出与原行政行为基本相同的行政行为。所以,行政机构依旧可以按照新证据做出处罚相对人的裁决。

---

① 一种观点认为,规范性文件不属于证据,不适应证据规则;另一种观点认为,法律规范性文件是书证的一种特殊形式。
② 《行政处罚法》第31条规定,行政机关在做出行政处罚决定前,应告知当事人做出行政处罚决定的事实、理由及根据。

(2) 原告承担举证责任的例外情形

行政诉讼中由被告承担举证责任,并不代表原告就不向法院提供任何证据。当原告指控被告实施违法行为时,如果被告确实没有实施法律禁止的行为,被告的证明不容易针对原告的否定;如果被告实施了法律禁止的行为,由于被告不会积极举证自己的违法行为,原告对其主张的证明相对于被告自证清白来讲就更容易些。法律授权或要求行政机关实施的行为和法律禁止行政机关的行为,往往共存,原告应当对不能冲抵的余下事实承担举证责任。一般来说,原告承担举证责任,不如说是提供证据的权利,原告对下列事项承担举证责任:

第一,证明起诉符合法定条件,但被告认为原告起诉超过起诉期限的除外。行政案件立案前,行政相对人应当承担证明其符合一定程序要件的举证责任,否则便不能进入以后的诉讼程序,行政相对人认为行政机关的行政行为侵犯合法权益的,应提供证据证明其行政行为的存在。如果法律、法规规定行政复议前置,还要提供已申请复议及复议结果的证据。

第二,在起诉被告不作为的案件中,证明其提出申请的事实。行政机关的行政行为有依申请的行政行为和依职权的行政行为。行政机关依申请的行政行为只有在相对人申请的条件下方能作为,没有相对人的申请行政机关便不能主动做出行政行为。原告起诉不作为时,证明向行政机关提出申请的举证责任由原告承担。其他如被告是否不作为,不作为是否合法则应当由被告负证明责任。原告起诉不作为时,除以下情形外原告应当证明其曾经提出过申请:①被告应当依职权主动履行法定职责的;②原告因被告受理申请的登记制度不完备等正当事由不能提供相关证据材料并能够做出合理说明的。①

第三,在一并提起的行政赔偿诉讼中,证明因受被诉行为侵害而造成损失的事实。行政赔偿诉讼不同于一般的行政诉讼,其诉讼的重点在是否赔偿、赔偿数额、赔偿方式等,此时原告具有更强的举证优势,为保护原告应当参照民事诉讼的规则,谁主张,谁举证。原告应该在行政赔偿诉讼中,对自己的主张承担举证责任,例如行政机关对原告做出的损害事实。被告则有权提供不予赔偿或者减少赔偿数额方面的证据②,例如不存在损害行为、行政行为与损害结果的因果关系、行政行为的违法性等证据。

第四,其他应当由原告承担举证责任的事项。在授益行政行为中,原告应当承担对申请材料的实质真实负举证责任;对于自己的行为已经获得行政机关批准或许可,应当提供证据证明;对有利行政行为,应当提供自己符合法定条件的证据。

在涉及行政法上请求权的方面,这种受益性的权利原告应当负有证明自身符合条件;原告应当就预测性事实的存在承担举证责任。③

在行政合同中,原告应当按照其主张进行举证,参照民事诉讼法进行举证,在行政合同中主要体现行政合同的契约性。

(3) 人民法院依职权调取证据的情形

《行政诉讼法》第39条规定,人民法院有权要求当事人提供或补充证据。第40条规定,人民法院有权向有关行政机关以及其他组织、公民调取证据。但是,不得为证明行政行为的合法性调取被告做出行政行为时未收集的证据。《最高人民法院关于执行〈中华人民共和国行政诉讼法〉若干问题的解释》第29条规定,有下列情形之一的,人民法院有权调取证据:①原告或者其诉讼代理人提供了证据线索,但无法收集而申请人民法院调取的;②当事人应当提供而无法提供原件或者原物的。《关于行政诉讼证据若干问题的规定》第22条规定,有下列情形之一的,人民法院有权向有关行政机关以及其他组织、公民调取证据:①涉及国家利益、公共利益或者他人合法权益的事实认定的;②涉及职权追加当事人、中止诉讼、终结诉讼、回避等程序性事项的。《关于行政诉讼证据若干问题的规定》第23条规定,原告或者第三人不能自行收集,但能够提供确切线索的,可以申请人民法院调取下列证据材料:①由国家有关部门保存而须由人民法院调取的证据材料;②涉及国家秘密、商业秘密、个人隐私的证据材料;③确因客观原因不能自行收集的其他证据材料。

---

① 《最高人民法院关于行政诉讼证据若干问题的规定》第4条。
② 《最高人民法院关于审理行政赔偿案件若干问题的规定》第32条。
③ 参见宋随军、梁凤云主编:《行政诉讼证据案例与评析》,人民法学出版社2005年版,第97页。

(4) 第三人举证的情形

同提起诉讼的行政行为有利害关系的其他公民、法人或者其他组织，可以作为第三人申请参加诉讼，或者由人民法院通知参加诉讼（《行政诉讼法》第29条）。行政诉讼第三人有参加诉讼的权利，对其举证责任，法律却无明确规定。一般认为，根据第三人的诉讼法律地位确定不同的举证责任，通常，处于原告地位的第三人的举证责任等同于原告，处于被告地位的第三人的举证责任等同于被告；独立于本诉原告和被告的第三人除了证明与被告行政行为具有法律上的利害关系外，类似于原告的举证责任。

（五）举证时限

1. 被告的举证时限

《行政诉讼法》第67条第1款规定："人民法院应当在立案之日起五日内，将起诉状副本发送被告。被告应当在收到起诉状副本之日起十五日内向人民法院提交做出行政行为的证据和所依据的规范性文件，并提出答辩状。人民法院应当在收到答辩状之日起五日内，将答辩状副本发送原告。"

被告因不可抗力或者客观上不能控制的其他正常事由，不能在前款规定的期限内提供证据的，应当在收到起诉状副本之日起十日内向人民法院提出延期提供证据的书面申请。人民法院准许延期提供的，被告应当在正常事由消除后十日内提供证据。逾期提供的，视为被诉行政行为没有相应的证据。

复议机关在复议过程中收集和补充的证据，不能作为人民法院维持原行政行为的根据。被告在二审过程中向法庭提交在一审过程中没有提交的证据，不能作为二审法院撤销或者变更一审裁判的根据。

2. 原告或者第三人的举证时限

原告或者第三人应当在开庭审理前或者人民法院指定的交换证据之日提供证据。因正当事由申请延期提供证据的，经人民法院批准，可以在法庭调查中提供。逾期提供证据的，视为放弃举证权利。原告或者第三人在第一审程序中无正当事由而在第二审程序中提供的证据，人民法院不予接纳。

人民法院向当事人送达受理案件通知书或者应诉通知书时，应当告知其举证范围、举证期限和逾期提供证据的法律后果，并告知因正当事由不能按期提供证据时应当提出延期提供证据的申请。

资料

《中华人民共和国行政诉讼法》节选

第六章 起诉和受理

第四十四条 对属于人民法院受案范围的行政案件，公民、法人或者其他组织可以先向行政机关申请复议，对复议决定不服的，再向人民法院提起诉讼；也可以直接向人民法院提起诉讼。

法律、法规规定应当先向行政机关申请复议，对复议决定不服再向人民法院提起诉讼的，依照法律、法规的规定。

第四十五条 公民、法人或者其他组织不服复议决定的，可以在收到复议决定书之日起十五日内向人民法院提起诉讼。复议机关逾期不作决定的，申请人可以在复议期满之日起十五日内向人民法院提起诉讼。法律另有规定的除外。

第四十六条 公民、法人或者其他组织直接向人民法院提起诉讼的，应当自知道或者应当知道做出行政行为之日起六个月内提出。法律另有规定的除外。

因不动产提起诉讼的案件自行政行为做出之日起超过二十年，其他案件自行政行为做出之日起超过五年提起诉讼的，人民法院不予受理。

第四十七条 公民、法人或者其他组织申请行政机关履行保护其人身权、财产权等合法权益的法定职责，行政机关在接到申请之日起两个月内不履行的，公民、法人或者其他组织可以向人民法院提起诉讼。法律、法规对行政机关履行职责的期限另有规定的，从其规定。

公民、法人或者其他组织在紧急情况下请求行政机关履行保护其人身权、财产权等合法权益的法定职责,行政机关不履行的,提起诉讼不受前款规定期限的限制。

第四十八条　公民、法人或者其他组织因不可抗力或者其他不属于其自身的原因耽误起诉期限的,被耽误的时间不计算在起诉期限内。

公民、法人或者其他组织因前款规定以外的其他特殊情况耽误起诉期限的,在障碍消除后十日内,可以申请延长期限,是否准许由人民法院决定。

第四十九条　提起诉讼应当符合下列条件:

(一)原告是符合本法第二十五条规定的公民、法人或者其他组织;

(二)有明确的被告;

(三)有具体的诉讼请求和事实根据;

(四)属于人民法院受案范围和受诉人民法院管辖。

第五十条　起诉应当向人民法院递交起诉状,并按照被告人数提出副本。

书写起诉状确有困难的,可以口头起诉,由人民法院记入笔录,出具注明日期的书面凭证,并告知对方当事人。

第五十一条　人民法院在接到起诉状时对符合本法规定的起诉条件的,应当登记立案。

对当场不能判定是否符合本法规定的起诉条件的,应当接收起诉状,出具注明收到日期的书面凭证,并在七日内决定是否立案。不符合起诉条件的,做出不予立案的裁定。裁定书应当载明不予立案的理由。原告对裁定不服的,可以提起上诉。

起诉状内容欠缺或者有其他错误的,应当给予指导和释明,并一次性告知当事人需要补正的内容。不得未经指导和释明即以起诉不符合条件为由不接收起诉状。

对于不接收起诉状、接收起诉状后不出具书面凭证,以及不一次性告知当事人需要补正的起诉状内容的,当事人可以向上级人民法院投诉,上级人民法院应当责令改正,并对直接负责的主管人员和其他直接责任人员依法给予处分。

第五十二条　人民法院既不立案,又不做出不予立案裁定的,当事人可以向上一级人民法院起诉。上一级人民法院认为符合起诉条件的,应当立案、审理,也可以指定其他下级人民法院立案、审理。

第五十三条　公民、法人或者其他组织认为行政行为所依据的国务院部门和地方人民政府及其部门制定的规范性文件不合法,在对行政行为提起诉讼时,可以一并请求对该规范性文件进行审查。

前款规定的规范性文件不含规章。

第五节　行政诉讼的裁判

案例引导

2005年7月22日,济南市民政局、财政局联合下发济民发[2005]44号文件,要求县级民政部门"从2005年1月1日起,按照每人每年500元提高在乡复员军人定期定量生活补助标准。在此基础上,回乡务农抗战老战士每人每年再增加500元"。为此,商河县民政局于2005年9月21日为原告袁某等解放战争时期入伍的复员军人补发了前三季度的提高部分375元,并于当年10月份开始按每年500元新标准发放。

宪法与行政法学

> 七旬老人袁某于1946年入伍，1955年3月回到老家贾庄镇某村务农，系解放战争时期入伍的复员军人。可他认为，不论是参加过"解放战争"还是"抗日战争"，均系"抗战"，自己应属于"回乡务农抗战老战士"，故每季度应给其再增加生活补助125元。在此请求得不到落实的情况下，袁某于2005年11月24日向县法院提起行政诉讼，请求判令县民政局限期履行增加生活补助金的法定职责。
>
> **思考：** 在本案中法院应当做出什么判决？

一、行政诉讼的判决

（一）行政诉讼判决的概念、特征与效力

判决是人民法院在案件审理终结时，就案件实体问题所作的处理决定，是人民法院代表国家行使司法审判权的集中体现和主要形式。行政诉讼判决是指人民法院在审理行政案件终结时，就行政案件中的实体问题所作的处理决定。结合行政诉讼的审查对象是具体行政行为的合法性以及行政赔偿等相关行政争议，可将上述行政诉讼判决的概念进一步具体化，行政诉讼判决是指人民法院在审理行政案件终结时，就被诉具体行政行为的合法性以及行政赔偿等相关实体争议所作的处理决定。

行政诉讼判决在不同的诉讼审级程序中又具体地表现为行政诉讼一审判决、二审判决和再审判决。一审判决是指受理第一审行政案件的人民法院在审理行政案件终结时，就被诉具体行政行为的合法性以及行政赔偿等相关实体争议所作的处理决定。一审判决非终审判决，当事人在上诉期限内还可以上诉，所以又被称为初审判决。二审判决是指第二审人民法院在审理被上诉行政案件终结时，就被上诉一审判决以及所涉及的具体行政行为的合法性及其相关行政赔偿等争议性问题所作的处理决定。依据四级两审终审的审级制度，二审判决一经做出并依法送达后，立即生效，所以又被称为终审判决。最高人民法院审理的第一审行政案件所作的判决因无相应的上诉程序，所以也是属于终审判决的范畴。再审判决是指人民法院在对确有错误且已生效的判决的申诉案件重新审理终结时，就已生效判决中所涉实体问题所作的处理决定。再审判决的效力情况较为复杂一些，主要看再审所适用的具体程序。如果适用的是一审程序，其效力则相当于一审判决；反之则相当于二审判决。

第一审行政判决书的内容包括：人民法院的名称、判决书的类别；原告的姓名（名称）、性别和其他身份情况以及诉讼代理人的相关情况，被告的名称、法定代表人的姓名职务以及诉讼代理人的相关情况；法庭组成人员的姓名；案由及其诉讼事实与理由；判决认定的事实、理由及法律适用；判决结果；上诉期限和上诉审理法院；判决宣告的日期。第二审行政判决书的内容包括：第二审人民法院的名称、判决书的类别；上诉人的姓名（名称）性别和其他人身情况、法定代表人的姓名、职务以及诉讼代理人的姓名、职务、被上诉人的姓名（名称）性别和人身情况、法定代表人的职务以及诉讼代理人的姓名与职务；法庭组成人员的姓名；上诉理由及事实；第一审人民法院认定的事实、理由及适用的法律；第二审人民法院认定的事实、理由及适用的法律；判决的结果；判决宣告的日期。再审判决书的内容随再审程序所适用的具体程序不同而不同，以第一审程序进行的再审则需要符合第一审判决书的内容；以第二审程序进行的再审则需要符合第二审判决书的内容。所有判决书均应由审判人员、书记员签名，并加盖人民法院印章方能生效。

行政诉讼判决依法一经宣告或送达当事人后，就会发生一定的法律效力。法律效力的内容具体表现如下：

第一，确定力。《行政诉讼法》第90条规定："当事人对已经发生法律效力的判决、裁定，认为确有错误的，可以向原审人民法院或者上一级人民法院提出申诉，但判决、裁定不停止执行。"按照《最高人民法院关于执行〈中华人民共和国行政诉讼法〉若干问题的解释》第63条第1款第11项的规定，裁定也适用于补正裁判文书中的笔误。这些规定表明行政诉讼判决无论实体还是程序需要改动，都要经过法定程序。

第二，拘束力。行政诉讼判决的拘束力是指诉讼当事人必须依判决的内容为一定行为或者不为一定行为。人民法院的判决是代表国家行使审判权的结果，一经做出，就具备了法定效力。其法律依据是《行政诉

诉讼法》第 94 条第 1 款,即"当事人必须履行人民法院发生法律效力的判决、裁定、调解书"。

第三,执行力。行政诉讼判决的执行力是指当事人必须履行人民法院的判决,否则人民法院可以根据不同情况对拒不履行判决义务者采取强制执行的措施。按照《行政诉讼法》第 65 条的规定,公民、法人或者其他组织拒绝履行判决,行政机关可以向第一审人民法院申请强制执行或者依法自行强制执行。行政机关拒不履行判决的,公民、法人或者其他组织可以申请人民法院依法迫使其履行判决确定的义务。

(二) 第一审判决及其适用

行政诉讼一审程序的任务不同于其他审级,是人民法院对行政案件的第一次全面审理,因此把好第一关是至关重要的。从合法性审查来看,被诉行政行为审查结果只可能有两种,即合法或违法。按照此逻辑的话,一审判决只需要两种形式。但司法实践中合法或者违法的具体情况不尽一样,而且,还要考虑立法现状、当事人的诉讼请求以及判决的具有功能存在差异等相关因素,所以行政诉讼一审判决的形式就超过了两种。依据我国《行政诉讼法》以及最高人民法院相关解释,我国行政诉讼的一审判决有以下几种形式:

1. 驳回原告诉讼请求判决

《行政诉讼法》第 69 条规定:"行政行为证据确凿,适用法律、法规正确,符合法定程序的,或者原告申请被告履行法定职责或者给付义务理由不成立的,人民法院判决驳回原告的诉讼请求。"驳回原告诉讼请求判决,就意味着原告败诉,由原告来承担相应的败诉责任。对于该判决,法院仍要坚持对被诉行政行为的合法性进行审查,而不能将审查对象转为原告诉讼请求和提出的证据,更不能以原告诉讼请求和提出的证据不成立就直接判决驳回原告诉讼请求。

驳回原告诉讼请求适用以下三种类型:一是行政行为合法的,即证据确凿,适用法律、法规正确,符合法定程序的情形;二是原告申请被告履行法定职责不成立的;三是原告要求履行给付义务理由不成立的。

2. 撤销判决

撤销判决是指人民法院经审查认定被诉行政行为违法,对其全部或部分予以撤销的判决。对于一些特定情况,人民法院在做出撤销行政行为的同时,还可以责令被告重新做出行政行为。撤销判决是人民法院对违法的行政行为进行否定的主要方式。撤销判决不仅宣告被诉行政行为违法,而且要消除行政行为所具有的法律效力。与后文中确认违法判决相比,撤销判决具有确认违法和撤销法律效力的双重功能。

在行政诉讼中撤销判决占有非常重要的地位。从立法宗旨来看,保护公民、法人和其他组织的合法权益不受行政权力的侵犯始终是行政诉讼最重要的使命。在行政诉状中不管原告有什么诉求,其核心要求都是请求人民法院对行政行为的合法与否进行认定,从而做出撤销判决,使得法律关系恢复到行政行为未做出的状态。从行政法治的高度来看,撤销判决是监督行政机关依法行政最重要的手段。对于行政机关违法的行政行为,人民法院通过撤销可以保证国家法治的统一和权威。

撤销判决和其他判决一样,有其适用的特定条件。依据 1999 年《最高人民法院关于执行〈中华人民共和国行政诉讼法〉若干问题的解释》第 57 条第 2 款、第 58 条的规定及《行政诉讼法》第 70 条的规定:"行政行为有下列情形之一的,人民法院判决撤销或者部分撤销,并可以判决被告重新做出行政行为:(一)主要证据不足的;(二)适用法律、法规错误的;(三)违反法定程序的;(四)超越职权的;(五)滥用职权的;(六)明显不当的。"

可见,撤销判决必须符合以下条件:

第一,主要证据不足。依照行政程序的基本逻辑,行政机关应当在证据确实充分、法律适用正确的基础上做出行政行为。因此,人民法院在审查被诉行政行为时,必然要审查行政机关所认定的事实是否在证据确实充分的基础上做出的。主要证据不足是指证据质和量两个方面存在缺陷。质的要求是对证据真实性、合法性、相关性等的要求。量的要求是对证据证明力大小的要求,即证据的证明力是否足够强。如果证据的缺陷影响到行政行为的合法性,就可以认定主要证据不足。但是,如果存在证据缺陷,没有影响到行政行为的合法性,还达不到主要证据不足的程度,还不能适用撤销判决。

第二,适用法律法规错误。行政机关做出行政行为的过程实际上就是一个法律适用的过程。法律法规适用错误是指行政机关在运用法律法规处理具体问题时,错误地适用了不该适用或者是没有适用应当适用的法律法规及其条款,或者是在运用具体条款时,对法律规则的适用条件和处理方式运用不当。

第三,违反法定程序。违反法定程序是指行政机关没有按照法律所规定的形式、手续、步骤或时限做出了行政行为的这种情形。例如,法律规定应采用书面形式,而行政机关却采用了口头形式;行政程序要求行政机关"先取证,后裁决",而行政机关"先裁决,后取证"等。现代行政法治观念普遍认为程序违法必然导致与程序相应的整个行为违法。

第四,超越职权。行政机关的职权是由法律法规授予的,有权力就应当有制约。法律法规往往在赋予行政机关权力的同时,也规定了其行使权力的范围和幅度,这就是行政权限。超越职权就是指行政机关实施行政行为时超过了行政权限。如法律赋予某一行政机关50元以下的罚款权,结果该行政机关给予某人100元的行政处罚,即超越了法律赋予职权的幅度。

第五,滥用职权。法律法规都是在一定的立法背景、立法宗旨下赋予行政机关特定行政职权,因此行政机关行使行政权不仅要符合法律规则的具体规定,还要符合法律的目的、精神。所以滥用职权是指行政机关在不违反法律规则具体规定的形式下,而违背法律精神、目的而实施行政行为的情形。滥用职权是一种比较隐蔽的违法行为,其形式上的合法掩盖不了其实质上的违法。

第六,明显不当的。这是《行政诉讼法》新增的内容。考虑到机械式的合法性审查不能满足实践需求,全面的合理性审查却又偏离诉讼制度的定位和实际情况,于是将行政机关行使自由裁量权过程中极端不合理的情形纳入合法性审查的范围增加了此内容。

撤销判决有三种具体形式:一是撤销整个行政行为。不管行政行为是否可分,如果人民法院认为整个行政行为违法的话,那么就会对行政行为的效力作完全的否定,使行政行为向前向后失去效力。二是撤销部分行政行为。有的行政行为具有可分性,那么当一部分违法而另一部分合法的情况下,法院则对合法的部分采取维持或确认合法有效的判决,而对违法的部分则可以判决撤销。所以涉及行政行为时,有可能既有维持判决又有撤销判决等。三是撤销并责令被告重新做出行政行为。人民法院在做出撤销判决的过程中,认为需要重新做出行政行为的,如发现原告或其他行政相对人确实有违法事实,应在判决撤销的同时责令行政机关重新做出合法决定。行政机关应根据法院的判决重新做出行政行为。《行政诉讼法》第71条规定:"人民法院判决被告重新做出行政行为的,被告不得以同一的事实和理由做出与原行政行为基本相同的行政行为。"1999年《最高人民法院关于执行〈中华人民共和国行政诉讼法〉若干问题的解释》第54条规定:"人民法院判决被告重新做出行政行为,被告重新做出的具体行政行为与原具体行政行为的结果相同,但主要事实或者主要理由有改变的,不属于行政诉讼法第55条规定的情形。人民法院以违反法定程序为由,判决撤销被诉具体行政行为的,行政机关重新做出具体行政行为不受行政诉讼法第71条规定的限制。行政机关以同一事实和理由重新做出与原具体行政行为基本相同的具体行政行为,人民法院应当根据行政诉讼法第70条、第71条的规定判决撤销或者部分撤销,并根据行政诉讼法第六十五条第三款的规定处理。"

3. 履行判决

《行政诉讼法》第72条规定:"人民法院经过审理,查明被告不履行法定职责的,判决被告在一定期限内履行。"这一判决形式主要解决行政机关违法做出行政行为,以及消极懈怠不履行法定职责的违法情形。在实践中,行政机关不作为的危害极大,严重损害了公民的合法权益。因此,该条对不作为案件的诉讼规则进行了完善与发展。

需要注意一点,不履行包括拒绝履行和拖延履行。不履行的是法定职责,法律法规明确规定的职责,而所谓的约定职责等不适用于该判决形式。

4. 给付判决

《行政诉讼法》第73条规定:"人民法院经过审理,查明被告依法负有给付义务的,判决被告履行给付义务。"随着社会经济的发展,政府职能从管制型向治理服务型转变,行政给付等受益性行政行为大量出现。行政给付的案件也由原来的支付抚恤金扩大为最低生活保障费、社会保险费等事项。给付判决和履行职责判决在适用范围上是不同的,人民法院只有经审查,查明被告依法负有给付义务的,才能做出此判决。2015

年《最高人民法院关于适用〈中华人民共和国行政诉讼法〉若干问题的解释》第23条规定:"原告申请被告依法履行支付抚恤金、最低生活保障待遇或者社会保险待遇等给付义务的理由成立,被告依法负有给付义务而拒绝或者拖延履行义务且无正当理由的,人民法院可以根据行政诉讼法第73条的规定,判决被告在一定期限内履行相应的给付义务。"

5. 确认违法判决

《行政诉讼法》第74条规定:"行政行为有下列情形之一的,人民法院判决确认违法,但不撤销行政行为:(一)行政行为依法应当撤销,但撤销会给国家利益、社会公共利益造成重大损害的;(二)行政行为程序轻微违法,但对原告权利不产生实际影响的。

行政行为有下列情形之一,不需要撤销或者判决履行的,人民法院判决确认违法:(一)行政行为违法,但不具有可撤销内容的;(二)被告改变原违法行政行为,原告仍要求确认原行政行为违法的;(三)被告不履行或者拖延履行法定职责,判决履行没有意义的。"

确认违法判决分为两种情况:第一,该条第1款中的确认违法判决,是指被诉行政行为虽然违法,但考虑其他法益,该行政行为仍有效,不予撤销。第二,该条第2款的确认违法判决中的被诉行政行为虽然违法,但客观上不需要撤销,只需要宣告该行政行为违法。适用确认违法判决需要坚持两个原则:一是确认违法判决是撤销判决、履行判决的补充,不是主要的判决形式;二是确认违法判决必须符合法定条件,法定条件一定要严格把握。

6. 确认无效判决

《行政诉讼法》第75条规定:"行政行为有实施主体不具有行政主体资格或者没有依据等重大且明显违法情形,原告申请确认行政行为无效的,人民法院判决确认无效。"引入确认无效判决的目的有以下几方面:一是有利于将一些重大且明显违法的无效行政行为纳入行政诉讼审查范围,发挥行政诉讼的作用,防止将矛盾和争议推向社会;二是有利于提高行政机关执法水平,这是对行政机关的执法能力的新考验,只有提出更高的要求,才能纠正那些低水平的违法行为,从长远角度看能够大大提高执法人员的执法水平;三是增强行政诉讼制度的完备性,从判决方式的完善方面出发,使行政诉讼制度趋于科学化、完备化。

《行政诉讼法》第76条规定:"人民法院判决确认违法或者无效的,可以同时判决责令被告采取补救措施;给原告造成损失的,依法判决被告承担赔偿责任。"该条是关于确认违法和确认无效判决的补充规定。对于行政机关的过错,通过法律的形式规定其要采取积极的补救措施,使行政相对人的合法权益免受更大的损失。

7. 变更判决

变更判决是指人民法院审理特定的行政案件时,运用国家审判权直接变更被诉的行政行为所作的判决。对于变更判决需要特别注意的是该判决的适用范围是非常有限的。依据行政合法性原则可知,人民法院只对被诉行政行为是否合法进行审查并宣告,不涉及具体行政权利义务的处理。否则,司法权就会干预行政权,就是代替行政权去做出一个行政决定,违反了权力分立的基本宪法构建。所以通常情况下,法院都不能变更被诉行政行为。

但在司法实践中出现了一些仅靠传统判决形式很难救济的情形,在行政处罚领域表现明显。假如一个公民违法,被行政拘留15天,该公民不服起诉到法院。法院经审理认为不应当适用行政拘留的处罚,于是做出撤销判决,并责令重新做出行政行为。可是公安部门又重新做出的行政处罚是行政拘留14天。该公民仍然不服,又进行新的一轮救济,结果换来的是行政拘留13天。那么,按照此逻辑推导下去,要想不适用行政拘留,必须打15次官司才能达到预期效果。正是为了解决此类可能出现的问题,加强对公民、法人或其他组织权益的保护。

《行政诉讼法》第77条规定:"行政处罚明显不当,或者其他行政行为涉及对款额的确定、认定确有错误的,人民法院可以判决变更。人民法院判决变更,不得加重原告的义务或者减损原告的权益。但利害关系人同为原告,且诉讼请求相反的除外。"

8. 行政协议履行及补偿判决

《行政诉讼法》第78条规定:"被告不依法履行、未按照约定履行或者违法变更、解除本法第十二条第一款第十一项规定的协议的,人民法院判决被告承担继续履行、采取补救措施或者赔偿损失等责任。被告变更、解除本法第十二条第一款第十一项规定的协议合法,但未依法给予补偿的,人民法院判决给予补偿。"该条是对行政诉讼受案范围中涉及政府特许经营协议、房屋土地征收补偿协议等协议的一种回应方式。

需要注意一点:为解决行政复议制度空转的现象,以更好地发挥行政复议的作用,《行政诉讼法》第79条规定:"复议机关与做出原行政行为的行政机关为共同被告的案件,人民法院应当对复议决定和原行政行为一并做出裁判。"原行政行为被撤销、确认违法或者无效,给原告造成损失的,应当由做出原行政行为的行政机关承担赔偿责任;因复议程序违法给原告造成损失的,由复议机关承担赔偿责任。

2015年《最高人民法院关于适用〈中华人民共和国行政诉讼法〉若干问题的解释》第10条规定:"人民法院对原行政行为做出判决的同时,应当对复议决定一并做出相应判决。人民法院判决撤销原行政行为和复议决定的,可以判决做出原行政行为的行政机关重新做出行政行为。人民法院判决做出原行政行为的行政机关履行法定职责或者给付义务的,应当同时判决撤销复议决定。原行政行为合法、复议决定违反法定程序的,应当判决确认复议决定违法,同时判决驳回原告针对原行政行为的诉讼请求。……"

(三) 二审裁判及其适用

二审裁判是指第二审人民法院运用第二审程序对行政案件所作的裁定和判决。行政诉讼第二审虽然也是上诉审,但与民事诉讼二审仅以一审判决或裁定为审理对象不同。《最高人民法院关于执行〈中华人民共和国行政诉讼法〉若干问题的解释》第67条规定:"第二审人民法院审理上诉案件,应当对原审人民法院的裁判和被诉具体行政行为是否合法进行全面审查。"因此,第二审裁判不仅要对行政诉讼当事人之间的行政争议所涉及的事实根据和法律依据做出结论,还要对第一审裁判的事实根据和法律依据做出结论。

我国行政诉讼二审裁定和判决有以下几种:

第一,判决驳回上诉,维持原判。该类判决是第二审人民法院认为第一审人民法院所认定的事实证据充分,法律、法规适用正确,从而对一审判决的合法性予以肯定并确认其法律效力的情况下所作的判决。依据《行政诉讼法》第89条的规定,维持原判的适用条件是:认定事实清楚,即第一审判决所依据的事实有充分的证据可资证明;适用法律法规正确,即第一审人民法院在事实认定清楚的基础上,严格按照法定程序,准确适用了法律法规,对被诉具体行政行为做出了公正的判决。

第二,依法改判。按照《行政诉讼法》第89条的规定,二审人民法院在两种情况下可做出改判:原审判决认定事实清楚,但法律、法规适用错误的,二审人民法院必须依法改判;原审判决认定事实不清、证据不足,或者由于违反法定程序可能影响案件正确判决的,二审法院可以查清事实后改判。

第三,撤销原判,发回重审。按照《行政诉讼法》第89条的规定,二审人民法院如果认为一审判决认定事实不清、证据不足,或者违反法定程序可能影响案件公正审判的,可以裁定撤销原判、发回重审。

第四,二审中对特殊问题的处理。除上述裁判及其所适用的情形外,针对二审中出现的特殊问题的处理,最高人民法院司法解释做出了补充规定。按照《最高人民法院关于执行〈中华人民共和国行政诉讼法〉若干问题的解释》第68条、第71条、第79条的规定,包括五个问题的处理:一是第一审人民法院不予受理或驳回起诉的裁定,当事人提出上诉的,如果第二审人民法院经审理认为原审人民法院不予受理或驳回起诉的裁定确有错误,且起诉符合法定条件的,应当裁定撤销原审人民法院的裁定,指令原审人民法院依法立案受理或者继续审理。二是第一审判决遗漏了必须参加诉讼的当事人或者诉讼请求的,第二审人民法院应当裁定撤销原审判决,发回重审。三是第一审人民法院做出实体判决后,第二审人民法院认为不应当受理的,在撤销第一审人民法院判决的同时,可以发回重审,也可以径行裁定驳回起诉。四是原审判决遗漏行政赔偿请求时,第二审人民法院经审查认为依法不应当赔偿的,应当判决驳回行政赔偿请求;经审理认为应当赔偿的,在确认被诉具体行政行为违法的同时,可以就行政赔偿问题进行调解;调解不成的,应当就赔偿部分发回重审。五是当事人在第二审期间提出行政赔偿请求的,第二审人民法院可以进行调解;调解不成的,应当告知当事人另行起诉。

(四) 再审程序中特殊问题的裁判制度

再审裁判是人民法院运用审判监督程序对行政案件所作的判定。审判监督程序都是针对已经生效的裁判而进行的重新审理。因此,原则上再审依案件的审理程序分别适用一审、二审裁判。此外,为解决由于再审程序与原第一审、第二审程序上的衔接中出现的特殊问题,以及为改革完善我国诉讼制度中的再审程序,最高人民法院对行政诉讼再审中一些特殊问题的处理做出了特别规定,在这些情形中,人民法院应当依照司法解释的规定办理,而不能机械地套用一审、二审裁判。

依据《最高人民法院关于执行〈中华人民共和国行政诉讼法〉若干问题的解释》第78条、第79条、第80条的规定,这些制度包括:

第一,民法院审理再审案件,认为原生效判决、裁定确有错误,在撤销原生效判决或裁定的同时,可以对生效判决、裁定的内容做出相应裁判,也可以裁定撤销生效判决或者裁定,发回做出生效判决、裁定的人民法院重新审判。

第二,再审中发现第二审人民法院维持第一审人民法院不予受理裁定错误的,再审法院应当撤销第一审、第二审人民法院的裁定,指令第一审人民法院受理。

第三,再审中发现第二审人民法院维持第一审人民法院驳回起诉裁定错误的,再审法院应当撤销第一审、第二审人民法院的裁定,指令第一审人民法院审理。

第四,再审中发现生效裁判有六种情形之一时,应当裁定撤销原裁判,发回做出生效裁判的人民法院重新审理。审理本案的审判人员、书记员应当回避而未回避的;依法应当开庭审理而未开庭即做出判决的;未经合法传唤当事人而缺席判决的;遗漏必须参加诉讼的当事人的;对于本案有关的诉讼请求未予裁判的;其他违反法定程序可能影响案件正确裁判的。

二、行政诉讼裁定和决定

(一) 行政诉讼裁定

行政诉讼裁定是指人民法院在审理行政案件过程中或者在行政案件的执行过程中,就程序问题所作的处理。裁定针对程序问题,在多数情形中,裁定针对的是纯粹的程序问题,如指定管辖。但在,有些情况下,裁定针对的虽然表面上是程序问题,但与当事人的实体权利密切相关,如驳回起诉。因为一旦被驳回起诉,当事人的实体权益肯定无法通过诉讼予以救济。判决是人民法院结案的主要方式,法院通常不可能以裁定的方式结案,但有些裁定也包含着结案的意义,如诉讼终结的裁定、准予撤诉的裁定。

一般情况下,行政诉讼裁定一经做出立即发生法律效力。但不予受理、驳回起诉或管辖权异议这三种裁定的违法行使会影响到当事人诉权及其实体权益的保护,所以这三种裁定无论在民事诉讼中还是在行政诉讼中都允许上诉,而不是立即发生法律效力。2015年《最高人民法院关于适用〈中华人民共和国行政诉讼法〉若干问题的解释》第3条规定:"有下列情形之一,已经立案的,应当裁定驳回起诉:(一)不符合行政诉讼法第四十九条规定的;(二)超过法定起诉期限且无正当理由的;(三)错列被告且拒绝变更的;(四)未按照法律规定由法定代理人、指定代理人、代表人为诉讼行为的;(五)未按照法律、法规规定先向行政机关申请复议的;(六)重复起诉的;(七)撤回起诉后无正当理由再行起诉的;(八)行政行为对其合法权益明显不产生实际影响的;(九)诉讼标的已为生效裁判所羁束的;(十)不符合其他法定起诉条件的。人民法院经过阅卷、调查和询问当事人,认为不需要开庭审理的,可以迳行裁定驳回起诉。"

(二) 行政诉讼决定

行政诉讼决定是人民法院为了保证行政诉讼的顺利进行,就行政诉讼中的某些特定问题所作的处理。对于行政诉讼的判决或裁定,法律都规定了具体的适用对象,那么当出现一些判决裁定所不能容纳的特定情况

时,人民法院就需要行政诉讼的决定来解决。把行政诉讼的决定和判决、裁定相比较,可以得出以下特征:

第一,决定所解决的问题,既不同于判决所解决的实体问题,也不同于裁定所解决的程序问题,而是解决诉讼过程中的一些特定问题。

第二,决定的功能旨在保证案件的正常审理和诉讼程序的正常进行。与判决相比,相当于目的和手段的关系。

第三,决定不是对案件的审判行为,也不是对案件的裁定,当事人不能上诉。而当事人对行政诉讼判决和某些裁定不服都是可以上诉的,对于某些决定不服,当事人可以申请复议。所以行政诉讼决定一旦做出就立即生效。

行政诉讼中的决定无论其内容,一经向当事人宣布或者送达,即发生法律效力。依照法律规定当事人可以申请复议的,复议期间不停止决定的执行。凡未列入判决、裁定解决范围的特定问题,可以采用决定的方式解决。在司法实践中,决定主要有以下几种:

一是有关回避事项的决定。当事人申请审判人员回避,依所申请回避的对象不同,由不同的组织或者人员做出是否回避的决定。院长担任审判长时的回避,由审判委员会决定;审判人员的回避,由院长决定;其他人员的回避由审判长决定。

二是有关妨害行政诉讼行为采取强制措施的决定。予以训诫、责令具结悔过的,通常由审判长当庭做出口头决定。予以罚款、拘留的,经院长批准,由合议庭做出书面决定。

三是有关诉讼期限事项的决定。公民、法人或者其他组织因不可抗力或其他特殊事由耽误法定期限的,依法申请延长期限的,是否延长由人民法院决定。

四是有关审判委员会对已生效的行政判决认为应当再审的决定。裁判发生法律效力后,发现违反法律法规认为需要再审的,由院长提交审判委员会讨论决定是否再审。审判委员会决定再审的,院长应依照决定做出再审的裁定。

五是有关审判委员会对重大疑难行政案件的处理决定。合议庭审理的重大疑难案件,经评议后应报告院长,由院长提交审判委员会讨论做出决定,再由合议庭根据决定制作判决书。

六是有关执行程序事项的决定。行政机关拒绝履行裁判的,人民法院可以对其做出罚款等决定。

七是其他需要决定的事项。决定的适用范围非常广泛,人民法院作为诉讼活动的组织者和指挥者,其在诉讼过程中的任何行为,都应当以某种法律形式表现出来,当在案件审理结束需要对当事人争议的实体问题表达意见时,用判决的形式;当在案件审理中对程序或者与实体相关的程序问题表达意见时,用裁定的形式,裁定的适用范围,诉讼法通常做出明确规定;对于其余不能用判决或者裁定形式表示意见的问题,人民法院都用决定的形式。因此,上述决定的种类,只是诉讼中比较重要事项的决定适用,并不意味着决定仅仅适用这些事项。

案例解析

法院因具体行政行为违反法定程序而确认违法

2004年3月1日,第三人王某以办理车辆月票手续为名,向原告周某借身份证,在吉安市光明汽车贸易有限公司购买了一辆昌河轻型普通货车,并以原告为购车人开具了机动车销售统一发票。当日,王某委托代理人陈某持本人过期身份证和周某身份证、机动车销售发票等材料向被告申请办理该车注册登记。被告在车辆所有人委托他人办理注册登记的情况下,仅审查了机动车销售发票和原告身份证一致,及办理完车辆检验等其他相关手续后,于2004年3月2日将赣D90822昌河轻型普通货车车主登记为原告。

同年8月2日晚,王某驾驶赣D90822昌河车与刘某驾驶的无号牌东风带挂货车追尾碰撞,造成车辆受损、车上人员死伤的重大道路交通事故。9月6日,死者家属诉至法院。法院判决周某承担连带赔偿责任。

原告周某认为,被告在审查当事人提交的车辆登记资料时,委托代理人身份证的姓名与机动车注册登记申请表中的代理人的姓名不一致,且委托代理人提供的身份证已过期,但被告却进行了登记,属违法。

问:原告诉请法院判决被告的行政行为违法,你认为该案是否可以适用确认判决?

参考答案:被告作为机动车注册登记机关,在办理机动车注册登记时,依法应负形式审查义务。根据2001年10月1日开始实施的《中华人民共和国机动车登记办法》第六十一条的规定:"机动车所有人可以委托代理人申请各项机动车登记业务,但申请补发《机动车登记证书》除外。代理人申请机动车登记时,应当提交代理人的身份证明和机动车所有人与代理人共同签字的《机动车登记申请表》。"根据该条款的规定,委托代理人提供的身份证明应是合法有效的证明,但本案原告代理人提供的身份证是过期的身份证,属无效资料。被告在未审查代理人提供的身份证是否有效及机动车注册登记申请表"代理人"一栏中,代理人的签名与身份证的姓名不一致的情况下,对该车注册登记,该行为违反了法律规定。4月24日,江西省吉安市吉州区人民法院对原告周某诉被告江西省吉安市公安局交通警察支队车辆管理所公安车辆行政登记一案,做出一审判决,确认被告车管所做出的赣D90822昌河牌轻型普通货车注册登记行为违法。

本 章 小 结

本章主要介绍了行政诉讼相关制度,共包括五节内容,具体讲述了行政诉讼的概念、行政诉讼的受案范围与管辖、行政诉讼参加人、行政诉讼程序和行政诉讼的裁判相关知识。

行政诉讼是指在行政法律关系领域中,行政相对人认为具有国家行政职权的行政主体或者被授权主体所做出的行政行为,侵犯了自身的合法权益,从而向法院提起诉讼,由法院就被诉行政行为是否违法、是否严重失当进行审查,从而做出裁决的诉讼活动。行政诉讼的受案范围又称人民法院主管范围,是指人民法院受理行政诉讼案件的范围,即依照法律规定,法院受理一定范围内行政诉讼案件的权限。行政诉讼管辖是指各级人民法院和同级人民法院之间受理第一审行政案件的权限与分工。它是法院系统内部之间受理第一审行政案件的职权划分。行政诉讼管辖主要包括级别管辖和地域管辖等。行政诉讼参加人是指依法参加行政诉讼活动、享有诉讼权利承担诉讼义务,与诉讼结果有利害关系的或处于类似诉讼地位的人。行政诉讼参与人则是指参与行政诉讼活动,享有相应诉讼权利并承担相应诉讼义务的人。行政诉讼参加人有原告、被告、第三人、共同诉讼人和诉讼代理人等。行政诉讼的程序包括一审程序、二审程序以及审批监督程序等,在这一节中还介绍了行政诉讼中的若干重要制度,如延期审理、合并审理、被告改变原行政行为等。行政诉讼的裁判主要包括判决、裁决和决定三种类型。行政诉讼判决是指人民法院在审理行政案件终结时,就行政案件中的实体问题所作的处理决定。行政诉讼裁定是指人民法院在审理行政案件过程中或者在行政案件的执行过程中,就程序问题所作的处理。行政诉讼决定是人民法院为了保证行政诉讼的顺利进行,就行政诉讼中的某些特定问题所作的处理。

案 例 分 析

经工商局核准,甲公司取得企业法人营业执照,经营范围为木材切片加工。甲公司与乙公司签订合同,由乙公司供应加工木材1万吨。不久,省林业局致函甲公司,告知按照本省地方性法规的规定,新建木材加工企业必须经省林业局办理木材加工许可证后,方能向工商行政管理部门申请企业登记,违者将受到处罚。1个月后,省林业局以甲公司无证加工木材为由没收其加工的全部木片,并处以30万元罚款。期间,省林业公安局曾传唤甲公司人员李某到公安局询问该公司木材加工情况。甲公司向法院起诉要求撤销省林业局

的处罚决定。(2011年司法考试案例分析真题)

1. 对省林业局的处罚决定,具有原告资格的是( )。
   A. 甲公司　　　B. 乙公司　　　C. 甲公司和乙公司　　　D. 李某
2. 甲公司向法院提起行政诉讼,应当由哪个法院管辖?( )
   A. 甲公司注册地　　　　　　　　B. 甲公司主要营业地
   C. 省林业局所在地　　　　　　　D. 省林业局主要办事机构所在地
3. 关于省林业公安局对李某的传唤,下列说法正确的是( )。
   A. 对李某的传唤不能作为本案的审理对象　B. 对李某的传唤可以作为本案的审理对象
   C. 李某可以作为传唤对象　　　　　　　　D. 对李某传唤有法律依据
4. 关于省林业局要求办理许可证的行为,下列说法正确的是( )。
   A. 该许可属于法定许可　　　　　　B. 该许可属于企业设立的前置性行政许可
   C. 许可的依据是行政法规　　　　　D. 许可的做出需报上级行政机关审批

复习思考

1. 简述行政诉讼的特征与功能。
2. 简述行政诉讼不予受理的案件的范围。
3. 试论行政诉讼中管辖权转移与移送管辖的区别。
4. 行政诉讼参加人与行政诉讼参与人有什么区别?
5. 简述提起行政诉讼的条件。
6. 简述行政诉讼简易程序的适用范围。
7. 简述适用驳回原告诉讼请求判决的情形。
8. 简述法院应当做出撤销判决的情形。
9. 简述确认违法判决适用的情形。
10. 简述行政诉讼决定的特征及其适用情形。

第十九章 行政赔偿

学习目标

- 知识目标：掌握行政赔偿的基本含义、特征及其法治意义；了解行政赔偿的归责原则与构成要件；掌握行政赔偿的实现程序与赔偿标准；了解行政赔偿与追偿的关系。
- 能力目标：能够运用对行政赔偿的实体法逻辑及其法治意义的理解来剖析现实生活中的行政侵权行为；能够通过对行政赔偿构成要件与归责原则的理解来分析和处理赔偿请求；能够根据行政赔偿程序与赔偿标准提出合理赔偿请求、启动并推动相关程序。

第一节 行政赔偿概述

案例引导

2002年6月27日凌晨3时左右，在卢氏县某招待所住宿的栾川籍生意人吴某发现街对面有几个黑影正在撬一家商店的卷闸门。吴某当即唤醒了同室的程某和旅馆老板任某。此时，对面门市的门已被撬开，盗贼正在往外搬东西。任某两次拨打"110"报警电话，均遭值班民警拒绝。后盗贼将东西装上机动三轮车后逃离现场。被盗商店系卢氏县城关镇居民尹某所开的工艺礼品渔具门市，当晚被盗物品价值约25 000元。案发后，卢氏县公安局下发文件，对当晚"110"值班民警给予处分，并调离工作岗位，责令刑警队尽快侦破此案。然而两个多月过去了，案件却一直没有侦破，其间尹某多次向卢氏县公安机关协商损失赔偿一事均无果。尹某遂将卢氏县公安局告上了法庭，要求其承担赔偿责任。

思考：本案中尹某是否有权要求卢氏县公安局承担赔偿责任？为什么？

一、行政赔偿的含义

行政赔偿是指行政主体因公务上的行为造成公民、法人或者其他组织合法权益损害由国家所承担的责任。对于行政赔偿，可从以下几个方面来理解：

第一，行政赔偿责任是一种行政补救责任。根据行政法律关系理论，行政赔偿法律关系是次生型法律关系，行政赔偿责任是次生型义务。行政赔偿责任的前提是存在着行政法上国家对公民的义务关系，这是原权利，且这种关系被违反、被侵犯，没有实现的可能，法律为了恢复、填补这种法律关系，才设定了行政赔偿法律关系。因此，行政赔偿责任对公民来说具有补救价值。

第二，行政赔偿责任是一种惩戒性责任。行政赔偿责任也具有惩戒性。虽然行政赔偿责任具有补救性价值,是对被损害的权利的恢复,但对于行政机关及其公务员而言,也同样具有惩戒性价值,意味着经济上的制裁。它提高了行政机关及其公务员违法行政的成本,有效预防了他们违法行政,能够更好地促进他们依法行政。美国之所以不采取由国家承担一切行政赔偿责任而是由公务员对重过错侵权行为直接承担赔偿责任的做法,就是因为这种做法更能实现对公务员的惩戒,从而促进他们审慎运用行政职权。换言之,行政赔偿责任的存在意味着,行政机关除了要受到那些赋予行政机关执法权力的法律、法规与规章的约束外,还要受到公民权利这一法则的约束;行政机关既要遵循客观法,也要遵循主观法;行政机关不得逾越其权力的边界,也不得在没有法律依据的情况下侵犯公民的权利。①

第三,行政赔偿责任不是补偿责任。虽然行政赔偿责任具有补救性价值,但它是行政侵权责任,而非行政补偿责任。行政补偿责任是行政主体实施合法具体行政行为,在造成相对人损失时由国家依法所给予的一种补偿。也就是说,行政补偿的前提并不是行政主体违法行使职权,它是根据公共负担平等原则,基于相对人所作的特别牺牲或者说所承担的比他人更多的义务,由国家给予的一种补偿。

第四,行政赔偿责任是国家责任而非代位责任。对行政赔偿责任的性质,在理论上有各种各样的解释,并形成了代为责任说、自己责任说、合并责任说和中间责任说等关于国家赔偿责任性质学说。② 本书认为,行政赔偿主要是一种国家赔偿责任,而非公务员或行政机关个人要承担的责任,除非公务员个人对侵权行为具有重过错。在这种情况下,国家赔偿责任是代位责任,即国家代替公务员个人承担赔偿责任,然后国家可以向公务员追偿。

二、行政赔偿的起源与发展

作为人权保障制度的一部分,它是法治进步的产物。近代资产阶级政治体制建立以前,国家奉行"君权神授"原则,国家权力并不来源于法律也不受法律约束,自然无所谓国家赔偿责任。尽管资本主义制度建立以后,近代法治也同时得以确立,但国家赔偿责任长期没有得到承认。在以英国为代表的普通法国家,长期奉行"英王不能为非"的原则,实行国家豁免,国家并不承担侵权赔偿责任,而是由公务员自己承担责任。在大陆法系国家,长期以来也将行政公务实施过程的侵权责任视为公务员个人应当承担、而不由国家承担的责任。这种将行政侵权赔偿责任归于公务员的做法,既不能有效保护受害人,也对公务员不公平,影响了公务的顺利实施,更不符合法理。国家有权剥夺公民的权利或自由,但在这些授权性法律之外,国家依然有着尊重和维护公民权利与自由的义务,一旦违反,依然要承担赔偿责任。这是法治的要求,是民主的要求,也是保护人权的要求。因此,到了20世纪中后期,西方各国纷纷放弃了主权豁免理论,建立了国家赔偿制度。

我国向来就有保护公民合法权益对其损害进行赔偿的传统。1989年的《行政诉讼法》规定了行政赔偿制度。为充分救济在国家职务活动中合法权益受到损害的公民、法人或其他组织,我国于1994年制定了专门的《国家赔偿法》,详尽规定了国家赔偿的原则、范围、赔偿请求人、赔偿义务机关、赔偿程序、赔偿方式和赔偿费用等各项制度,以保障受害人国家赔偿请求权充分、及时、有效地实现。在该法的实施过程中,出现了一些问题,表明该法的某些条款与制度并不能适应更有效的保障"公民、法人和其他组织依法取得国家赔偿的权利",所以,立法者在2010年对该法进行了修改,以求能够更好地实现这一宗旨。在全国人民代表大会及常务委员会制定、修改《国家赔偿法》的同时,国务院、最高人民法院、最高人民检察院以及其他国家部委也纷纷围绕、根据《国家赔偿法》制定了相关行政法规、司法解释以及规章。这些法律规范以及司法解释大大丰富了国家赔偿法律体系,推动了国家赔偿实践。

基于各国国情的不同,行政赔偿制度分为两种类型:一种是公务员个人直接对重大过错行为承担赔偿责任,国家对非重大过错行为承担赔偿责任,由此形成行政赔偿的二元制。如在法国,基于行政职能实施过

---

① 参见陈国栋:《法律关系视角下的行政赔偿诉讼》,中国法制出版社2015年版。
② 参见江必新:《国家赔偿法原理》,中国人民公安大学出版社1994年版,第10页。

程中侵权行为索体呈现出来的一般过错(公务过错)与重大过错(个人过错)的区分,法国行政机关对公务过错行为承担赔偿责任,法国公务员对重大过错行为承担个人赔偿责任。① 美国制度与此相似。② 另一种是国家作为责任主体承担一切行政赔偿责任,但对有过错公务员进行追偿,由此形成一元制行政赔偿责任制度。我国、德国等采取这样的制度。

资料

《中华人民共和国国家赔偿法修正案(草案)说明》(摘录)

修改国家赔偿法,总的指导思想是以邓小平理论和"三个代表"重要思想为指导,落实科学发展观,贯彻党的十六大和十七大精神,坚持实事求是和有法必依、有错必纠的原则,体现宪法规定的尊重和保障人权的精神,体现我们党以人为本、执政为民的执政理念。修改工作要注意从我国现阶段经济社会发展的实际出发,分清体制机制问题和工作执行问题,既要保障公民、法人和其他组织依法获得国家赔偿的权利,也要保障国家机关及其工作人员依法行使职权。

第二节 行政赔偿范围

案例引导

1995年7月25日,江苏省某县公安局王店派出所以原告刘某"卖淫"为由对其强制传唤,并关押达26小时。刘某通过医院检查,证明自己为处女膜未破,是清白无辜的。同年8月9日,某县公安局又以"流氓"为由对刘某非法收容审查。9月19日,该县公安局对刘某解除收容审查,同时对其实施"取保候审"。之后,刘某因该冤案得不到及时处理而先后到北京、南京、徐州等处上访、申诉。直至1996年4月10日,该县公安局确认对刘某的收容审查行为违法,并做出行政赔偿决定书,赔偿刘某632.94元,并分别于1996年3月10日、3月15日在刘某所居住的王店乡及其理发生意所在地某镇对原告进行赔礼道歉、恢复名誉。刘某仍不服,乃于1996年10月8日向某县人民法院提起行政诉讼,诉称被告某县公安局以"卖淫"为由将其非法拘禁26小时,后又以"流氓罪"收审42天,致使原告及其父母在名誉与精神上受到很大创伤,并使原告身体受到损害,视力减退造成延迟性精神障碍,且使她理发生意不能做,父母农活受到影响,故要求被告赔偿原告误工损失2.8万元,精神损害10万元,父母农活误工及精神补偿3.5万元,弟弟精神损失1万元,上访告状费用1万元,合计18.8万元。

该县人民法院经审理,判决被告某县公安局赔偿原告刘某被限制人身自由42天的赔偿金909.45元。原告不服,上诉于某市中级人民法院。该市中级人民法院经审理,于1997年8月2日做出判决如下:(1)维持某县人民法院的判决:被告该县公安局赔偿原告刘某被限制人身自由42天的赔偿金909.45元;(2)某县公安局赔偿上诉人刘某688天的误工费14 895.20元,交通费669.40元,诉讼代理费500元。以上判决(1)、(2)项计16 974.05元待判决送达后15日内一次付清;(3)被上诉人应当在侵权行为影响的范围内,为刘某消除影响,赔礼道歉。

思考: 是否应当对该案中的精神损害判决金钱赔偿?

---

① 参见[法]让·里维罗、让·瓦利纳:《法国行政法》,鲁仁译,商务印书馆2008年版。
② 参见[美]切斯特·J.安提奥:《公务员的豁免权与侵权责任》,苌宏亮译,中国社会科学出版社1996年版。

行政赔偿范围是指国家对哪些违法行政行为造成的损害给予行政赔偿,对哪些损害不予赔偿。或者说,行政赔偿范围就是国家承担赔偿责任的领域。对于这一点,我们可以从这两方面加以理解。

一、侵犯人身权与财产权的行为

(一)行政主体侵犯人身权的行为

根据《国家赔偿法》第3条规定,行政机关及其工作人员在行使行政职权时有下列侵犯人身权情形之一的,受害人有取得赔偿的权利:①违法拘留或者违法采取限制公民人身自由的行政强制措施的;②非法拘禁或者以其他方法非法剥夺公民人身自由的;③以殴打等暴力行为或者唆使他人以殴打等暴力行为造成公民身体伤害或者死亡的;④违法使用武器、警械造成公民身体伤害或者死亡的;⑤造成公民身体伤害或者死亡的其他违法行为。这五种情形又分为两类:一是违法限制公民人身自由乃至侵犯人身权的情形,即《国家赔偿法》第3条第①、第②款所指向的情形。从本质上说,不管是违法拘留还是违法的强制措施,不管是非法拘禁还是其他方法非法剥夺公民人身自由,都属于限制人身自由,使得被限制自由的公民不能自由行动;二是直接侵犯人身权的情形,即该条③~⑤项所指向的情形。

(二)侵犯公民财产权的行为

根据《国家赔偿法》第4条的规定,行政机关及其工作人员在行使行政职权时有下列侵犯财产权情形之一的,受害人有取得赔偿的权利:①违法实施罚款、吊销许可证和执照、责令停产停业、没收财物等行政处罚的;②违法对财产采取查封、扣押、冻结等行政强制措施的;③违法征收、征用财产的;④造成财产损害的其他违法行为。这四种情形也可分为两类,一类是剥夺被害人自由使用财产的自由的情形,如吊销许可证和执照,责令停产停业、查封、扣押与冻结;另一类是直接剥夺或侵犯公民财产权利的行为。

1. 剥夺公民自由进而侵犯公民财产权利的行为

无论是吊销许可证和执照,还是责令停产停业,都是剥夺公民、法人或者其他组织为某种行为的自由的行为,受处罚人将因此无法继续从事某一行业而蒙受经济上的损失。同样,对财产的行政强制措施也是限制或剥夺自由。从对这些行为的本质分析来看,上述行为实际上是剥夺了受害人自由处分、利用自己财产的自由,受害人因此不能从事生产、不能行使用益物权,由此就可能导致财产利益的损失。也就是说,这样的行为实际上是侵犯了被害人原本可以产生的、将来的财产利益。换言之,我们可以称为合法预期利益。但是,我国《国家赔偿法》主要赔偿直接损失,一般不赔偿这种间接损失。所以上述剥夺自由的行为就不一定导致金钱赔偿责任。比如,被吊销驾照这种处罚措施,对一般司机和出租车司机的损害是不一样的,出租车司机以开出租为生,驾驶自由是其劳动权利的当然组成部分,因此,吊销驾照意味着出租车司机不能行使其劳动权,不能借此获得合法收入,对该种行为的赔偿,必须考虑到出租车司机的劳动收入。

对这样的限制财产上自由的行为,首先要通过撤销方式撤销那些限制自由的行政行为,恢复当事人从事该类行为的自由,同时要对该类行为是否造成财产损失进行评断,进而决定是否要予以金钱赔偿。当然,在扣押、查封行为的过程中,行政机关未履行对被扣押物、查封物的注意义务,致使这些财产毁损,那么行政机关对这些财产的毁损要承担赔偿责任,不过这种赔偿责任不是因为剥夺自由而产生的赔偿责任,而是侵犯财产权而要承担的赔偿责任。

2. 直接侵犯公民财产权利的行为

直接侵犯公民财产权利的行为可分为两类:一是以具体行政行为的名义对公民权利进行剥夺的行为,二是不以具体行政行为的名义来侵犯公民权利的行为。

从本质上来说,行政处罚或征收、征用,属于行政机关运用职权,做出具体行政行为,剥夺公民、法人或其他组织财产权的行为。其逻辑是,行政机关运用职权,消灭了公民、法人或其他组织的财产权,再确立自己对这些财产的权利,从而掌握了支配、处分这些财产的自由。比如,没收行为就是宣告了相对人对被没收物不再有合法所有权,其处分自由归属于行政机关,行政机关可以依其性质拍卖,也可以依其性质销毁。从法律逻辑上来看,处罚、没收或征收行为,实际上是一种财产权的转移行为,是相对人的财产权通过行政机关的意思表示而流转到行政机关手中。一旦证明这种意思表示不符合法律的授权,那么行政机关就不再能合法地拥有这些财产的所有权,行政机关再将其掌握在手中就是不当得利了,就应当返还财产。如果在此前财产损害了,就应当进行金钱赔偿,或是以同类型物品替代。对于违法的处罚、征收、征用、没收之类的行政行为,其救济方式就是撤销这些行为,判决行政机关返还相应财物或折价赔偿。

不以具体行政行为名义而侵犯公民财产权的行为,是纯粹的侵权行为,直接违背了权利义务关系。比如没有尽到对公民财产维护义务的行为,对这样的行为,一般以支付赔偿金为主要赔偿方式。

二、造成公民直接财产损失行为

损害结果可分为直接损失和间接损失。间接损失是指可得利益的减少或丧失。可得利益是指在正常情况下应当得到的利益。① 其中,有的可得利益是已经具备现实取得条件的,即如果没有侵权行为则必可实现的利益,称为现实的可得利益。根据《国家赔偿法》的规定,应予赔偿的损害结果一般只限于直接损失。对于行政侵权行为所造成的间接损失,国家不承担赔偿责任。但从《国家赔偿法》的规定来看,对侵犯人身权所造成的现实可得利益损失,如误工损失等,国家承担赔偿责任;对侵犯财产权所造成的可得利益,即使是现实可得利益,一般情况下国家不承担赔偿责任。比如,通过行政许可或行政合同,公民或法人本可以获得某种预期收益,但国家撤销了合同或许可,则国家并不赔偿这种预期利益,仅仅赔偿受害人为获得或履行合同或许可而支付的成本。② 如《国家赔偿法》规定,暂停营业期间支付的工资水电费等,属于直接损失。而可能获得的利润,则属于预期利益,不予赔偿。

三、免责情形

所谓免责,是指损害发生后,根据法定的能够免除责任的事由存在,导致损害的行为人无须承担责任的情形。根据《国家赔偿法》规定,行政机关在如下三种情形下,不承担赔偿责任:行政机关工作人员与行使职权无关的个人行为;因公民、法人和其他组织自己的行为致使损害发生的;法律规定的其他情形。

(一) 行政机关工作人员与行使职权无关的个人行为

行政赔偿属国家赔偿,即由国家而非公务员个人承担赔偿责任,其前提是损害由行政职权行为引起,所以国家对那些非职权行为引起的损害不负赔偿责任。这里所谓的非职权行为,即《国家赔偿法》所规定的行政机关工作人员与行使职权无关的个人行为。

一般来说,公务员所做出的与职权无关的个人行为有两类:①公务员不在行使职权过程中所做出的行为,比如公务员在下班路上驾车撞人,在小区内与人纠纷打人毁物。这类行为纯粹属与职务无关的个人行为;②公务员利用职权或以职权的名义做出的、与职权具有一定关联但在本质上不属于职权行为的行为。比如行政机关工作人员在行使职权过程威逼利诱渔猎钱色的行为,比如行政机关工作人员滥用职权实现个人目的行为。

与此同时,还要注意行政机关工作人员行使职权时的非职权行为能否与职权行为相分离。行政机关工作人员在行使职权的过程中做出的非职权行为如构成职权行为的方式、手段或条件,则不论这种行为是否合法、得当,其均与职权行为构成一个不可分割的整体,因而此种行为属于与行使行政职权有关的行为,对其违法造成的损害,国家应负行政赔偿责任。如工商行政管理人员在行使市场管理职权时殴打不服管理的商贩、公安人员对违反治安管理的嫌疑人用刑等。如果行政机关工作人员在行使职权时的行为虽与职权行为有某种关联(如利用工作之便或职务上的影响等),但具有明显的个人目的,内容上也与行使行政职权缺乏内在联系,则这种行为即可与职权行为相分离,应视为与行使行政职权无关,由此造成的损害,国家不负赔偿责任。

---

① 参见张俊浩主编:《民法学原理》,中国政法大学出版社1998年版,第826页。
② 参见"益民公司诉河南省周口市政府等行政行为违法案",载《中华人民共和国最高人民法院公报》2005年第8期。

(二)公民、法人和其他组织自己致使损害发生的行为

"谁损害谁负责"是法律规定赔偿责任的基本准则。这一准则既体现了法律的公平性,也体现出法律对意志自由的尊重。一般来说,自己致自己利益受损乃是基于个人意志所为,他人行为并非损害的主因或唯一原因,故他人得因此减免赔偿责任,否则他人因此而受不公平对待,而且法律所欲保护的自由也无从实现。因此,当公民、法人和其他组织因自己的行为导致自己利益受损时,国家机关不负赔偿责任或减免责任。如果受害人是自己造成了损害而国家给予其赔偿,那么这只能放纵受害人,并导致国家利益的受损,导致公共利益的受损。不仅如此,因自己的行为致损还要国家赔偿,那么国家也必然会畏手畏脚,难以良好实现国家职能。

需要注意的是,所谓的免责是广义的免责,即不仅包括狭义的、完全的免责,还包括广义的、减责意义上的免责。行政机关工作人员在行使职权时造成公民、法人损害的原因很多,如完全由于行政机关或其工作人员的违法行为所造成的,国家应承担全部赔偿责任,但如果损害是因受害人自己故意采取行为造成的,如上面所列举的情况,则国家对其不负赔偿责任或减少赔偿责任。因受害人自己行为导致国家减免赔偿责任的有如下三种情形:

其一,受害人自己的行为导致损害发生。在很多情况下,国家采取剥夺或侵害受害人权利的行为是因为受害人自己提供了虚假的信息让国家机关误以为受害人满足适用行政管理措施的条件。这种提供虚假信息的行为有两种,一是明示的提供;二是默示的提供。前者类似《国家赔偿法》规定的刑事赔偿中当事人自己故意作虚伪供述,或者伪造其他有罪证据被羁押或者被判处刑罚的行为;后者是指在行政程序过程中当事人明明掌握有自己不符合行政管理措施实施条件的证据却故意不提供,等到行政管理措施付诸实施后却提供的行为。这样的损害主要是因为当事人自己的过错,国家不能负担赔偿责任。在这样的情况下,当事人只能通过撤销具体行政行为的方式来达到清除不利后果的目的,却不能请求金钱赔偿;换言之,基于"以事实为依据"的原则,国家机关应当撤销具体行政行为,但无须承担金钱赔偿责任。

其二,受害人自己的行为导致损害实际发生或扩大。在很多情况下,行政机关的职权行为虽然给受害人的权益带来了损害,但这种损害并未现实发生,只是停留在意思表示层面,因此可以通过合法手段消除。对于前者,可以通过法律救济手段。可相对人怠于行使法律途径消除损害而是放任损害的现实发生或扩大。比如罚款通知已下达,但罚款并没有被执行,受害人完全可以通过行政复议或行政诉讼途径撤销罚款决定,但受害人却没有采取这样的措施而是坐等罚款决定被强制执行,这就形成了损害现实发生的局面。

所谓损害的扩大,是指损害已经发生并且日益扩大。有些损害是现实发生的,但却是可以通过行使法律手段予以控制的。比如,责令停产停业的处罚决定导致受害人在停产停业之间遭受必要的经营开支的损失,而且停产停业的时间越长这种损失就越大,受害人完全可以通过行政复议或诉讼的途径撤销行政管理措施,从而得以停止损害加大的进程,但受害人却没有采取这样的措施而是坐等停产停业决定持续发生效力,这就形成了损害扩大。在这种相对人怠于运用合法途径救济自己权利的情况下,国家就可以免除或部分免除赔偿责任。

其三,侵权行为乃有效职权行为。侵权行为乃有效职权行为与致害行为不具有违法性是两个不同的范畴。如本章后面关于行政赔偿责任违法性要件的判断的讨论所揭示的,致害行为不具有违法性,或者因为致害方对被损害的权益没有法律上的注意义务,或者因为致害方已经尽到注意义务但损害确实超出公务员正常所能预料的范围,或致害行为满足诸如紧急避险、不可抗力等免责要件。而侵权行为乃有效职权行为意味着,虽然政府行为造成了受害人权益损失,但是这种损失是通过这样的机制发生的:政府机关根据职权合法、主动剥夺了受害人的权利或自由,而且这种剥夺行为符合法律规定的职权行使要件,即主体合法,证据确凿充分,符合法律规定的范围和幅度等行政行为的有效性要件。一言以蔽之,致害行为虽然因不具有违法性而得免责,但致害行为毕竟损害了无辜的人的权益,而有效职权行为的损害,却是行政机关有意识、主动实施行政管理、实现社会公共利益的结果,受害人权益的损害可说是受害人负担的义务。因此,关于致害行为是否具有违法性,要从注意义务的有无及其履行是否良好等方面进行认定,而对于职权管理行为,则

不需要关注其义务维度,只需要关注其职权维度、是否符合权力规范即可。

其四,法律规定的其他情形。除了上述情形外,还有其他法律规定的国家得以免除赔偿责任的事由。在这里必须注意的是,此处所指的法律乃是全国人民代表大会或全国人民代表大会常务委员会所制定的法律,其他国家机关自定的法规、规章都不能制定免责规定,否则既违背了《国家赔偿法》又侵犯了受害人的赔偿权利。目前,法律上比较认可的其他国家赔偿免责事由有不可抗力、紧急避险、第三人过错与正当防卫等。

其五,无过错行为。国家并非是对一切因自己行为而产生的对合法权益的侵害承担赔偿责任,否则国家所承担的就是无过错责任或者结果责任,而不是违法责任。这样既对国家财政势必造成过重负担,也对公务产生过多干扰。因此,在域外行政赔偿制度中,国家承担赔偿责任的理由基本都是违法或者过错。反过来说,对于无过错的职权行为,国家一般免责。当然,国家对一切无过错的情形都免除责任难免会对受害人过于不公,因此有的国家在特定情形下也承担一定的无过错赔偿责任。比如在法国,虽然基于人权保护的精神,国家参事院发展了公物赔偿中的无过错归责原则,但是这种国家基于危险责任原则或公平负担平等原则而承担的赔偿,也仅适用于一些比较大的、特定的损害而已,并没有适用一切无过错的公务损害。随着我国国家赔偿实践的发展与人权保护能力的增强,可以预见的是,在将来司法实践中也会出现对无过错行为,行政机关承担赔偿责任的情形。

资料

《中华人民共和国国家赔偿法修正案(草案)说明》(摘录)

国家赔偿法没有明确精神损害赔偿。目前在民事侵权赔偿中,可以请求赔偿财产损失,也可以提出精神损害赔偿。一些人大代表、地方和部门提出,国家机关及其工作人员违法侵犯公民的人身自由及生命健康权,同样会对受害人造成精神损害。实践中,不少赔偿请求人要求赔偿义务机关支付精神损害赔偿金。国家赔偿法应当明确精神损害赔偿。

经与有关部门研究,建议在国家赔偿法现行有关规定的基础上,明确规定:有本法第三条或者第十七条规定情形之一,致人精神损害的,应当在侵权行为影响的范围内,为受害人消除影响,恢复名誉,赔礼道歉;造成严重后果的,应当支付相应的精神损害抚慰金(草案第十二条)。考虑到现实中这类情况非常复杂,法律难以对精神损害的赔偿标准做出统一规定,可由最高人民法院根据审判实践中出现的具体问题,做出具体应用的解释。

第三节 行政赔偿请求人和赔偿义务机关

案例引导

1995年7月9日,四川省荣昌县五福乡村民汤某与本村供销点经理胡某为20元钱债务发生纠纷,胡某便向荣昌县公安局五福乡派出所报案。7月14日,五福乡派出所向汤某发出传唤证。17日,汤某在其叔叔汤某某的陪同下来到五福乡派出所。在汤某接受派出所询问时,汤某某留在五福乡政府大门口等候。约十分钟后,派出所工作人员出来问汤某某:"你侄儿是否有病?"汤某某即到派出所办公室,见汤某右手抓住椅子的边,左手发抖,脸色转青,眼睛发楞,呼吸困难,说不出话来。经五福乡卫生院院长刘某观察,决定就近送附近某厂矿医院抢救。汤某在送医院抢救的途中死亡。在处理汤某的死亡及家属的善后工作中,荣昌县公安局以汤某曾患过肾病为由,认定汤某系肾病发作死亡,公安机关对此不负任何责任。在汤某家属一再要求进行尸检的情况下,荣昌县公安局拒不对汤某进行尸检、法医鉴定,责成汤某的家属将其尸体送殡仪馆火化。汤某的家属不服,向重庆市公安局申请复议。

重庆市公安局复议后认为:荣昌县公安局在未对汤某尸体进行尸检、法医鉴定的情况下,便认定汤某属肾病死亡依据不足;但五福乡派出所对汤某违反治安管理行为依法传唤是合法的,调查中也未发现派出所民警有违法行政的行为,也无证据证实汤某是派出所民警殴打致死的。根据《中华人民共和国国家赔偿法》的有关规定,做出维持荣昌县公安局对汤某的死亡不负赔偿责任的决定。汤某的家属仍不服,以汤某死亡前的症状符合电警棍电击后的特征、公安机关无证据证实汤某的死亡不是派出所民警行为所致为由,向重庆市中级人民法院提起行政诉讼,请求公安机关履行法定职责、查清汤某死亡的真相并予以赔偿。

思考:如何确定特殊情况下的因果关系?其证明责任由谁承担?

所谓行政赔偿责任请求权的构成要件,是指在什么条件满足的情况下才有行政赔偿责任的产生。《国家赔偿法》第二条规定:"国家机关和国家机关工作人员行使职权侵犯公民、法人和其他组织的合法权益造成损害的,受害人有依照本法取得国家赔偿的权利。"这一条文规定了国家赔偿的构成要件,实际上也确定了行政赔偿责任的构成要件。

一、损害要件

有损害才可能有赔偿,所以确定损害的存在才是公民获得行政赔偿的第一要件。一般而言,满足如下条件的损害才是法律上可赔偿的损害:

(一)现实、确定的损害

首先,损害必须是现实的,可确定的,属已经发生、确实存在的事实。对于将来发生的损害,则需要视情况而认定。如果将来必定发生的损害基于人身权的损害而产生,则一般能获得赔偿;如果将来必定发生的损害基于合同或许可被撤销而发生,一般不能获得赔偿。目前,这属于间接损失。一般来说,现实、确定的损害都是基于既有的人身权、财产权等受损而引起的,因此对损害的确定必须紧紧围绕着请求人是否有着人身权、财产权而进行。

其次,损害必须是可以量化确定的,受害人必须提出定量的赔偿请求。《国家赔偿法》规定,赔偿的方式以金钱赔偿为主,以恢复原状、返还原物为辅,这就要求在提出金钱赔偿的时候,损害是可以以金钱来量化确定的。

最后,损害必须是实在的,而不是观念世界中的。比如,行政机关向公民下达了罚款决定,那么在罚款被缴纳之前,这种损害只是观念世界中的损害,还不是现实的损害,因为公民的金钱尚未到行政机关手中,公民此时请求国家赔偿就会因为缺乏现实损害而无法进行。对于这种情形,公民只能通过撤销诉讼的形式来寻求救济,消灭这种观念表示的法律效力,恢复原本的法律关系。而行政机关通过法律决定所做出的诸如责令停产停业、查封、扣押、冻结等行为,因为限制了公民使用财产的自由,所以是现实的损害,这个时候可以寻求恢复原状、返还原物等赔偿方式的救济。

(二)特定的损害

损害必须是特定的,异常于他人的损害。损害为一个或少数受害人所特有,而非一般人所共有。一般人所共有的损害,会形成人民针对国家所共同形成的付出——比如税收,在这种情形下予以赔偿并无意义也无必要。并且,损害应超过合理的负担。国家活动是代表公共利益的,根据公共负担平等原则,人们在一般意义上具有承担因公共行为而导致的损害的义务,故合理负担所带来的损失不引起国家赔偿。只有当损害超过合理的负担,这种负担对于受害人来说超过了一般人所应承受的范围时才导致国家赔偿。比如在国家机关依法检查时,公民、法人或其他组织有义务配合检查,因此而遭受的时间或机会的损失并不是可赔偿的损害,并没有超过合理负担。

(三) 合法权益所受的损害

国家赔偿请求权是一种次生型权利。即公民、法人或其他组织本来具有国家机关所不能侵害的原生型权利,但国家机关违反了对这一权利的职务义务,《国家赔偿法》为了保护这种原生型权利,就确认了受害人对国家的赔偿请求权,以弥补原先被侵害的权利。因此,国家赔偿责任的前提是国家违反了对合法权益的义务,侵害了公民、法人或其他组织的合法权利。反之,对违法利益国家并不存在保护义务,因此国家即使侵犯了这些利益,也不会有赔偿责任。例如,违章建筑属于侵犯国家或他人属地所有权、使用权的行为的产物,也属于违反土地建筑管理秩序的行为的产物,不受法律保护,对其进行的拆迁,不能赔偿或补偿。因此,损害必须是合法权益受损所发生的损害。

二、因果关系要件

损害必须是职权行为导致的才能获得国家赔偿,即职权行为与损害之间存在着因果关系,职权行为是损害的原因,损害是职权行为的结果。通说认为,认定因果关系的主要标准是相当因果关系标准。根据该标准,某种原因仅在现实特定情形中发生某种结果的,尚不能断定二者之间有因果关系,而只有在一般情形中,依照行为时当时当地的社会观念普遍认为能发生同样的结果,才能认定行为与结果之间有因果关系。一般认为,相当因果关系可根据这一公式适用:无此行为,则不生损害,若此行为通常会发生此损害,则有因果关系;无此行为,则不发生损害,有此行为通常也不发生这种损害,即为无因果关系。

相当因果关系标准源于民法学说与审判实践,但国家赔偿有其区别于民法之处,所以有在国家赔偿中不能完全适用相当因果关系说,而应当针对不同的情况采用不同的标准来判断职权行为与损害事实之间有无因果关系。当损害事实仅与职权行为相联系时,可适用相当因果关系说,如某警察在行使职权时侮辱某公民,该公民一气之下心脏病发作而死。这里死亡的原因,按照相当因果关系理论,只能是该公民所患的心脏病而非警察的侮辱行为,当然,侮辱行为也是引起心脏病发作的原因,国家要为此承担部分赔偿责任。当损害与国家职权行为、民事侵权行为以及犯罪行为等多种因素相联系时,要结合国家职权行为主体的法定职责进行分析。只要国家职权行为与损害有间接的关联性,即可认定职权行为与损害之间存在因果关系,当受害人不能从直接侵害人那里得到赔偿时,可请求国家赔偿。例如,当受害人遭受流氓地痞骚扰抢夺以致所卖西瓜受损时,受害人打110请求警察帮助,而警察无正当理由没有及时到场,那么受害人在向直接引发损害的那些流氓地痞求偿不能时,可向公安机关寻求国家赔偿。这里公安机关未能及时履行出警救助的义务虽然不是损害的直接原因,但属于对法定义务的违反,且与损害有间接关系,可以认定与损害之间存在因果关系。

三、行为要件

所谓行为要件,就是损害公民、法人后其他组织受《国家赔偿法》保护的合法权益的行为事实。根据《国家赔偿法》,只有侵权行为是国家机关及其工作人员行使职权的行为或不作为,才有可能导致国家赔偿责任。而对于职权行为,存在着狭义与广义两种理解。狭义的职权行为是指国家机关行使公共职权对社会主体及事务进行管理、规范的行为,广义的职权行为还包括在行使职权过程中发生的一切与职权相关的行为。比如,公务员驾车去送传票,那么这一为送传票而进行的驾驶行为,即属广义职权行为。从保护公民权利、保护公务员放心大胆执行公务的需要出发,职权行为广义说更为合适,也更为合理。毕竟,公务员若不是为了执行公务,就不用驾车,就不用承担侵权风险。实践中也有地方机关作如此理解,如《辽宁省实施〈中华人民共和国国家赔偿法〉若干规定》第6条规定:本规定所称执行职务是指行使职权过程中或职权范围内的活动,包括执行职务本身的行为和执行职务有关联的行为。

所谓行使职权的行为,指的是具有公共管理职能或公共服务职能的行为,或者是在实施公共管理职能或公共服务职能过程中的行为。不能仅仅将职权行为理解为是那种单方面管理公民、法人或其他组织的行为,更应该将那些服务于公众的行为也囊括进来、通过公共设施来服务民众的行为、实施行政给付的行为。基于传统单方具体行政行为观念的影响,我们可能会因为具体行政行为所谓单方性将职权行为理解为具有强制力的行为,因而容易将那些非单方性行为排除出职权行为范畴,将那些目的在于为公众提供服务的行为排除在职权行为之外。又比如在公共设施运转不良导致利用公共设施的公民、法人或其他组织权益受损的情形中,致损行为也是行政机关未能尽到对公共设施的良好维护义务的行为。因此,理解职权行为的关键在于致损行为的公共性是否发生在政府机关履行公共职能的过程中。

四、归责要件

确定了损害、职权行为及行为与损害之间的因果关系,并不意味着受害人就一定能得到赔偿,国家就一定要承担赔偿责任。因为法律责任是立法者基于特定价值安排的结果,唯有基于特定的价值,国家才会承担赔偿责任。否则,赔偿责任就会变成单纯的结果责任,失去了法律内在的规范价值,不能对人们的意志与道德发挥明确的指引、调整作用。这种价值安排,就体现在国家赔偿责任的归责要件。依据我国《国家赔偿法》行政赔偿分则的规定,行政职权行为只有在违法时才可导致赔偿责任。① 那什么才构成行政赔偿中的"违法"呢?

《国家赔偿法》的目的在于保护公民合法权益,在于监督行政机关及其公务员合理行使职权,同时,也要避免国家机关承担不应有的责任和负担。因此,对于违法,要从协调多重价值和利益的角度加以理解。从本质上来说,国家机关就像普通自然人一样,同样需要法律的规范,也同样需要法律的保护,保护其行为的自由,而不是承担无限的维护和照顾公民、法人或其他组织的个别权益的义务。因此,对违法性的认定,要从界定国家对公民的义务以及履行这一义务的角度入手。换言之,国家若是在特定场合对公民具有特定义务,而国家没有履行这一义务或是没有良好履行这一义务且没有正当理由,那么国家就应当赔偿。进一步说,要从如下两个角度来判断国家机关及其公务员的行为是否违法。

一是从法律义务有没有的角度。这本质上体现为对行政机关德行方面的要求,即行政机关必须在某一场合合理注意他人权益而不能随意行使职权以致损害其权利。这一方面关注的是职务注意义务的有无。它侧重于"合理注意",体现了法律价值追求。一方面,该要求强调"注意义务",侧重于行政机关对他公民权利的一种道德义务,即在这样的场合行政机关有这样的义务但普通人可以没有这样的义务;另一方面,该义务又必须是"合理的",这表明了法律对国家行政机关能力的尊重,即法律不能给行政机关过多维护和照顾公民的行政义务,否则就是把国家视为全知全能、无所不能的主体。这意味着,即使国家行政机关及其公务员的行为和损害有关联,但如果国家行政机关对这样的损害没有注意义务,行政机关也不用承担赔偿责任。这样做就保护了国家行政机关作为法律主体的自由,实现了公共利益和私人利益的平衡,确保有限公共资源更多地用于公益而非更多地用于保护个别化的私益。

二是从法律义务有没有良好履行的角度。因为公务终究是由公务员完成的,所以这一方面本质上是对公务员理性方面的要求,即公务员在存在职务注意义务的场合必须作出相应行为以规避可预见的损失。此处的理性,是工具理性意义上的理性,形象地讲就是认识和处理事务的能力,即办事能力。它一方面强调"损失的可预见性",侧重于强调公务员对公民履行注意义务的条件,即在这样的场合公务员应该作出相应行为以避免损失产生;另一方面侧重于损失预见的"合理性",表明了法律对公务员理性的尊重,即法律不会给公务员提出不可能完成的任务,只要求在人的理性可以控制的范围内避免损害的产生。这意味着,即使公务员有职务注意义务,但如果损失不可预见,行政机关也无须为此承担赔偿责任。

---

① 《国家赔偿法》第3条规定:行政机关及其工作人员在行使行政职权时有下列侵犯人身权情形之一的,受害人有取得赔偿的权利:
  (一)违法拘留或者违法采取限制公民人身自由的行政强制措施的;
  (二)非法拘禁或者以其他方法非法剥夺公民人身自由的;
  (三)以殴打、虐待等行为或者唆使、放纵他人以殴打、虐待等行为造成公民身体伤害或者死亡的;
  (四)违法使用武器、警械造成公民身体伤害或者死亡的;
  (五)造成公民身体伤害或者死亡的其他违法行为。

要判断公务员行为是否未尽合理注意义务,就要结合具体情况来认定,而不能一概以结果来论。比如在行政裁量领域,只要公务员对客观上存在疑义的法律状态是在经过认真的法律审查和事实审查的基础上得出合理的法律结论,那么即使该结论后来没有得到法院的肯定并且因此被证明是"不正确"的,也不因此而被认为存在可归责的过错。这是因为,法律承认人的理性是有限的,公务员即使尽到合理注意的义务也会有犯错的可能,而再完备的办事程序也不能保障没有冤假错案的产生,故公务员尽了合理注意的行为就不是有过错、需负责任的行为。又如某些公务活动由于特别困难或特别重要,如警察公务、消防活动等,仅因重大过错而有责,也正是因为这些领域本来就容易出错,公务员需要付出很高的注意力才能达到执法成功的程度。

资料

《中华人民共和国国家赔偿法修正案(草案)说明》(摘录)

国家赔偿法对人民法院审理行政赔偿案件、人民法院赔偿委员会处理刑事赔偿案件应如何举证没有做出规定。一些人大代表、地方和部门提出,在一些赔偿案件中,赔偿请求人和赔偿义务机关对于导致损害发生的原因各执一词,如没有关于举证的规定,法院难以认定。特别是受害人被羁押期间死亡的,因赔偿请求人无法举证,这种情况下应当明确由监管机关提供证据。

经同有关部门沟通研究,建议在行政赔偿程序和刑事赔偿程序中分别规定:赔偿请求人和赔偿义务机关对自己提出的主张,应当提供证据。受害人被羁押期间死亡的,被请求机关对自己的行为与损害结果之间不存在因果关系的主张,应当提供证据(草案第四条、第八条)。

第四节 行政赔偿程序

案例引导

1998年11月17日,葛洲坝集团公司内设的葛洲坝规划处、城管中队(1999年12月这两个机构并入新成立的葛洲坝集团公司内设的城管局)以联合执法大队的名义,因城市建设的需要,在拆除其下属望峡公司的房屋时,一并拆除了原告刘某依附望峡公司房屋搭建的房屋。在此前的1998年11月2日,葛洲坝规划处曾书面通知原告于11月15日前拆除搭建的违章建筑,原告表示坚决不拆、不搬。在对原告搭建的建筑实施强制拆除并对室内未搬出的物品进行清理时,被告只登记了电器和部分陶瓷,其他物品只写明"货物若干",无具体品种、数量登记,物品清单上无原告签字。因原告在现场不接收自己的物品,拆迁部门遂将它们交由三峡实业公司保管。同年12月11日,城管中队书面通知原告于12月3日前领回其物品,并告知逾期不领所造成的损失城管中队概不负责。该通知在送达原告时,未履行送达手续。同年12月4日该物品转至城管局处保管。1999年8月6日,原告请人与葛洲坝规划处协商处理拆房争议时,规划处曾要求原告尽快把物品领走。协商未果后,原告于2002年10月25日以葛洲坝城管局为被告,提起行政诉讼附带赔偿诉讼,要求法院确认该拆除行为违法并赔偿违法拆除给自己带来的损失。经审查,法院认为,虽然原告房屋属于违法建筑,不受法律保护,应当限期拆除或没收,不属于《国家赔偿法》上应被赔偿的损失,原告所主张的赔偿自建房财产损失不成立,但葛洲坝规划处、城管中队在拆房时并无独立行政主体资格,也没有自行强制拆除房屋的权力,因此判决确认该拆房行为为违法行为。法院同时认定,虽然原告以证人证言、拆除前申请人清点的仓库货物清单、盘存明细表为证据,主张拆除房屋时,被告造成了价值近70万元的物品被毁灭,但其提供的证据要么不实,要么证明力不强,不足以证明原告所提出的被告拆除房屋时造成了室内物品毁灭的主张,所以即使被告在对原告室内未搬出的物品进行清理时,只登记了电器和部分陶瓷,其他物品只写明"货物若干",无具体品种、数量登记,物品清单上无原告及中立第三人签字,原告所提出的赔偿拆房造成的屋内财产损失主张也不能成立。法院还认为,规划处、城管中队对原告违法建筑强制拆除时,对原告物品清理登记不完整,其清理登记的物品清单上没有注明原告未签字、未接收的情况,没有无利害关系的见证人签字,在对原告的物品保管后,未及时有效地做好该物品的善后处理,客观上使这些物品的价值受到了影响(因未能及时销售而贬值),城管局对这些物品的损害后果应承担相应的责任,故判决被告赔偿原告金钱若干,以弥补原告因物品贬值而遭受的部分财产损失。

思考:本案该按照什么进路、什么步骤审理才能实现公平公正?

一、行政赔偿法律关系主体

(一)赔偿请求人

其一,侵权行为所直接损害其权益的公民、法人或者其他组织。首先是受害的公民本人与法人或其他组织,即行政侵权行为所直接作用于其人身、财产权的受害人。在有完全行为能力的情况下,行政赔偿的请求权应当由受害的公民本人行使,当受害公民本人由于年幼或者其他原因处于无民事行为能力或限制行为能力状态,无法有效、适当地行使赔偿请求权时,其监护人或法定代理人可代为行使其行政赔偿请求权。

其二,侵权行为侵害其亲属权和被抚养权的继承人及有抚养关系的人。在一般情况下,受害公民死亡前为行政机关非法剥夺、非法扣押的财产的,其继承人有赔偿请求权,因为侵权行为侵害了继承人可以通过继承而享有的财产权。在这种情况下,有赔偿请求权的继承人应该是其法定继承人;有遗嘱继承人的,为遗嘱继承人。继承人在此是以遗产继承人的身份来继承的,非法剥夺、侵占财产的行为,属于侵犯其继承权的行为。在受害公民有死亡赔偿金的情形下,有赔偿请求权的应为具有法定继承资格的亲属权人和有抚养关系的受抚养人。

其三,受害法人和其他组织终止后承受其权利的法人和其他组织。如果请求人是法人或组织而该法人或组织终止的情况下,按照《民法通则》以及《公司法》等的规定,企业由于依法被撤销,或者解散,或者依法宣告破产,以及其他特殊原因,企业法人便终止;机关依据法律、法规、权力机关及上级机关的决议、决定、命令,可能被撤销,撤销后机关法人便终止;事业单位、团体也有可能解散、依法撤销,解散、撤销后,事业法人、团体法人便终止。这些法人终止后,依法承受或继承其权利的法人承继其赔偿请求权。其他组织也可能解散或取消,承受其权利的其他组织承继其赔偿请求权。

(二)赔偿义务机关

根据《国家赔偿法》的规定,哪个行政机关或其所属的公务员造成了侵害,就由哪个机关作为赔偿义务机关。在这一方面,赔偿义务机关的确定也奉行行政主体原则。对此,可参见本书行政主体部分,此处不再赘述。

二、行政赔偿程序

(一)先行程序

所谓先行处理程序,是指除非赔偿请求人是在提起非行政赔偿诉讼的撤销诉讼、要求履行义务诉讼的同时一并提起行政赔偿诉讼,否则赔偿请求人必须先向赔偿义务机关提出赔偿请求,由行政赔偿义务机关先行决定是否赔偿、如何赔偿,而不得绕开行政赔偿义务机关而直接向人民法院提起行政赔偿诉讼。换句话说,只有行政赔偿义务机关先单独处理了赔偿请求,人民法院才可能受理行政赔偿诉讼请求并启动行政赔偿程序。立法者之所以设计先行程序,是因为它"一方面减少法院诉源和讼累,减轻了法院在处理赔偿事件上的负担;另一方面又方便了当事人,使受害人可以不经过烦琐复杂的诉讼程序及时得到赔偿,同时也是对赔偿义务机关本身的尊重"。①

1. 启动要件

根据《国家赔偿法》第四十条的规定,国家赔偿请求时效为自受害人知道或应当知道自己被国家机关及其工作人员行使职权时的行为侵犯其人身权、财产权之日起两年。因此,受害人启动先行处理程序必须在其知道或应当知道其权利被行政职权行为侵害之日起的两年的时效期内启动。过了两年失效期而受害人又没有正当理由的,赔偿义务机关可以拒绝赔偿。

2. 赔偿先行程序赔偿申请书的内容

(1) 受害人及赔偿请求人的具体情况

一是受害人是自然人的,应当载明其姓名、性别、年龄、工作单位和住所。受害人与赔偿请求人不是同一人的,如受害人死亡,或因年幼等原因不能行使请求人权利,由其继承人、监护人或者其他亲属提出赔偿要求的,申请书除载明受害人的上列事项外,还应当载明该赔偿请求人的姓名、性别、年龄、工作单位和住所,说明与被害人之间的关系,并提交与受害人关系的证明。之所以要载明这些事项,不仅为了核实提出赔偿要求的人是否具有赔偿请求权,也是为了便于通知和联系赔偿事项。

二是受害人是法人或者其他组织的,应当载明法人或者其他组织的名称、住所和法定代表人或者主要负责人的姓名、职务。法人和其他组织的住所是指其常设机关所在地或者营业中心所在地。法人或者其他组织终止,由承受其权利的法人或其他组织提出赔偿要求的,还需载明其承受已终止的法人或者其他组织权利的事实,并提交有关证明,以便表明其拥有合法的赔偿请求权。

(2) 具体的赔偿要求、事实根据和理由

一是具体的赔偿要求,包括赔偿的项目、方式和赔偿金额等。例如财产受到损坏的,是要求恢复原状还是要求给付赔偿金要表述清楚,要求给付赔偿金的要根据受到损害的程度和损害的范围及数量提出具体赔偿金额,方式和金额不明确的,视为申请书有瑕疵,求偿人应当补足。赔偿请求人可以根据《国家赔偿法》第11条的规定,对受到的不同损害同时提出数项赔偿请求,并把每一项请求都表述清楚。

二是具体的事实根据。这方面主要是指请求人应当标明行政机关及其工作人员在行使职权过程中侵犯其合法权益的各种要素,包括侵害的主体,损害发生的时间、地点、简要经过、损害方面及程度等内容。如有相关证明材料一并附上,例如医院诊断证明、医药费用收据、其他与损害相关发生的费用收据等,而且这些材料不能隐瞒,无故隐瞒的证据事后不得在赔偿诉讼中提出。

三是说明要求赔偿的理由。关键是要表述清楚赔偿请求人受到的损害是由赔偿义务机关行使职权时侵犯其合法权益,包括人身权和财产权造成的,把损害事实与行使行政职权之间的因果关系表述清楚。

(3) 递交赔偿申请书的具体时间(即年、月、日)

在赔偿申请书中写明递交时的具体时间,尽管简单,但很重要,不可忽略,因为这关系到赔偿义务机关进行处理的时限,同时也关系到赔偿请求权时效是否逾期。《国家赔偿法》第39条规定,赔偿请求权时效为两年,自赔偿请求人知道或应当知道国家机关及其工作人员行使职权行为侵害其人身权、财产权之日起算,因此,赔偿义务机关得根据申请的日期来判断其赔偿请求是否在法定时效内。若赔偿义务机关不做决定的,赔偿请求人提起行政赔偿诉讼的起诉期间,也要以提出赔偿申请的日期为准,即赔偿起诉期限以提出赔偿申请的时间加法定先行处理期限为起算点。

3. 赔偿义务机关的受理

赔偿义务机关在收到请求人赔偿请求申请书时,只要经审查的赔偿申请书形式合格,就应当当场出具

---

① 马怀德:《国家赔偿法的理论与实务》,中国法制出版社1994年版,第160页。

加盖本行政机关专用印章并注明收讫日期的书面凭证,作为收到申请的有效凭据。这是为了以法定的形式来表明求偿人已经经过先行程序,满足了单独提起的行政赔偿诉讼程序的形式要件。这样做,既有力地约束了行政机关,促使其认真对待先行程序,增强其在《国家赔偿法》规定的期间内通过先行程序解决赔偿纠纷的压力和动力,也有效地保护了受害人的行政赔偿诉讼请求权。

当然,申请人受制于专业能力不足的原因,在书写和提出赔偿请求及其依据时,肯定有形式上的缺漏和错误。行政赔偿义务机关应当对申请书进行审查,并采取相应措施。审查的主要内容有:赔偿请求人是否符合法定条件;赔偿请求人是否已经得到其他赔偿义务机关的赔偿,以防止重复赔偿;受害人提出赔偿请求是否已经超过时效等;申请书的形式和内容是否符合要求。如果申请书在前三项内容上不满足要求,赔偿义务机关有义务当场或者在五日内一次性告知赔偿请求人需要补正的全部内容,而不能以材料不齐全为名拒绝接受赔偿请求人的赔偿申请。出于高效解决赔偿纠纷的目的,赔偿义务机关应当充分告知赔偿请求人填写申请书所应具备的内容和形式。如果因为赔偿义务机关未尽告知义务致使申请书内容与形式不完备的,由赔偿义务机关承担相应的责任,由此耽误的时间不算在赔偿时效内。

4. 先行处理程序的期限与形式

《国家赔偿法》规定,赔偿义务机关收到赔偿申请后,行政赔偿义务机关应当在自收到申请之日起2个月内,依法给予请求人赔偿。之所以规定2个月,是因为赔偿义务机关在决定是否给予赔偿、采取何种方式赔偿、给予多少赔偿金等事项时,需要一定时间核实或查明有关情况,同时也是为了防止赔偿义务机关拖延处理赔偿请求人提出的赔偿申请,致使受害人迟迟得不到赔偿。换言之,在确保赔偿处理程序便民的同时也确保赔偿程序的顺利实施,在受害人和赔偿义务机关之间取得平衡。

先行处理程序在本质上是赔偿纠纷双方平等协商处理赔偿事务的程序。这是由行政赔偿法律关系的本质决定的。行政赔偿法律关系本质上是债权法律关系,赔偿请求人是债权人,处在要债的地位,而赔偿义务机关处于债务人地位,处于被要求履行债务的地位。先行程序就像是双方私下解决债务纠纷的程序。因此,基于这种债权债务关系,赔偿请求人在赔偿程序中是主动方,而赔偿义务机关则是被动方。行政机关不再如同在行政管理程序中那样可以发号施令单方面要求相对人服从,而受害人也不再如同在行政管理程序中那样只能被动服从。因此,先行处理程序并不是具体行政行为程序,先行处理行为也不是具体行政行为,行政机关并不是站在发号施令的地位上。即使行政机关以上级机关裁决或调解的方式来做出赔偿决定,这一决定也不具有单方强制力,不具有法官判决那样的效力,当事人可以接受,也可以不接受,不接受也不会面临国家制裁,因此赔偿决定只能和请求人的同意结合起来才产生法律效力。当然,在先行处理事务中,赔偿请求人也不能将自己的意志强加于对方头上,赔偿请求人拒绝行政机关减少赔偿金额或方式的提议,也无法获得赔偿。

也就是说,正因为这种债权债务关系,双方主体之间的法律地位实际上是平等的民事法律关系地位,而不是高权行政中行政机关与相对人之间不平等的地位。而为了法律所追求的和谐与高效等多种目的,相对人才必须主动找行政机关解决赔偿纠纷,而赔偿义务机关也必须放下身段,释放善意,以主动热情的姿态来打动赔偿请求人,以便求得对方的谅解与对赔偿决定的赞同。因此,行政赔偿义务机关在处理赔偿请求时应当充分听取受害人的意见,并就赔偿方式、赔偿项目和赔偿数额等内容与受害人进行协商。因此,这里所谓的行政赔偿义务机关应当充分听取受害人的意见,仅仅意味着赔偿义务机关要尊重受害人的意见,充分给予其表达意见的机会,并在考虑这些意见的基础上就是否赔偿做出决定,而不意味着赔偿义务机关就一定要在实质上服从这些意见。总之,先行程序是一个双方就赔与不赔、怎么赔、赔多少而展开的讨价还价的过程。

行政赔偿决定不因为赔偿义务机关没有充分听取受害人意见而无效。其根本原因还是因为赔偿法律关系在本质上是债权债务关系。就像民事纠纷中法官不能因为被要求承担债务的一方没有充分听取要求债务的一方意见就判定被要求承担债务的人应当承担债务一样,行政赔偿中法官也不能因为赔偿义务机关在先行程序中没有充分听取受害人意见就判定赔偿义务机关做出的赔偿决定无效、不合法,并判定赔偿义务机关应当承担赔偿责任。

5. 先行程序赔偿申请书的法律效力

我国《国家赔偿法》设计先行处理制度,既是为了给行政机关提供优先解决赔偿争议的程序上的特权,也是为了减轻法院的诉讼负担,还寄托了希望赔偿纠纷双方高效便捷和谐地解决纠纷的期望。因此,立法者不仅希望赔偿义务机关尽量运用先行程序解决纠纷,还希望赔偿请求人认真对待先行程序,积极寻求通过行政途径实现赔偿请求权,力争在先行程序中达成纠纷解决方案。这并不是希望当事人双方无原则地利用先行程序,而是希望双方都诚心诚意地运用这一平台,而不是对它敷衍了事。因此,请求人必须以正式、庄重的形式来清晰地表达自己的请求,必须认真考虑自己提出什么赔偿请求是合适的,自己所提供的证据是否能支持赔偿请求,赔偿义务机关提出的解决方案是否值得考虑,而不是不负责任地怀着走过场的心理,将希望和心思放在此后的行政赔偿诉讼程序或是将一切责任推到行政机关身上让行政机关去调查一切。因此,为了确保先行程序发挥作用,《国家赔偿法》首先要求行政赔偿请求人在提出赔偿请求时必须满足以申请书这一书面形式表达赔偿请求,而且申请书必须清晰全面地记载法律规定的各项内容。

这些内容对赔偿请求人具有约束力。先行处理程序在一定意义上相当于法院的初审程序,就像审判程序一样具有法律约束性,因此相对人在先行程序中所作的某些意思表示,比如证据的提交、赔偿金额的确定,在后续赔偿诉讼中也具有效力,不得无故更改,否则,人民法院不予支持。如果请求人在先行程序中提供的证据不符合要求,或无正当理由而没有提交证据,赔偿义务机关应拒绝根据这些证据做出赔偿决定。而且,在后续的赔偿诉讼程序中,人民法院应因此认为申请人没有认真对待先行赔偿程序,没有通过这一途径解决纠纷的诚意,或赔偿请求根本就没有依据,因此拒绝给予司法保护以免浪费司法资源。如果请求人在诉讼中提出过高数额请求而又没有新的证据支持,或隐瞒了重要的且在之前就可以提供的证据,也说明他没有认真对待先行赔偿程序,不够诚信,法院因此对超出部分不予支持,使请求人因不诚信而承受不利后果。同样,在这一过程中,请求人也必须理性地对待行政机关的建议,不得实施引诱策略,因此,若请求人在诉讼中以行政机关曾如此处理为由而要求法院认可其主张时,法院不会支持。对此,《最高人民法院关于行政诉讼证据若干问题的规定》也有肯认。[1] 因此,申请人应该全面提交其所掌握的证据,申请人应当理性审慎确定赔偿金额。

(二) 行政赔偿诉讼程序

1. 起诉条件

在符合其他形式要件,比如具有原告资格、符合管辖规定等情况下,在如下两种条件之一存在的情况下,赔偿请求人可以向人民法院行政庭提出赔偿诉讼:

其一,赔偿义务机关自正式收到形式规范、内容齐全、意思表示真实的赔偿申请书三个月内,没有做出赔偿还是不赔偿的决定;

其二,赔偿义务机关就赔偿还是不赔偿做出了书面决定,但该决定是不赔偿决定,或者该赔偿决定中的有关赔偿的方式、项目、数额这三方面的一项或数项或全部都不能让赔偿请求人满意。在实践中,可能会出现赔偿义务机关提出了在方式、项目与数额这三方面都满足赔偿请求人,但在赔偿理由方面不符合赔偿请求人要求的情形。根据《国家赔偿法》规定,这不属于赔偿请求人可以提出赔偿诉讼的情形。

2. 赔偿诉讼的审理

行政赔偿诉讼处理的是原告和被告之间的行政赔偿法律关系,而赔偿法律关系存在的前提是被告对原告的人身权或财产权存在法定的职务注意义务,因此,赔偿诉讼必须围绕着确定双方当事人之间是否有这种权利义务法律关系以及被告是否存在这种法律关系而展开。具体而言,赔偿诉讼应当按照下列顺序展开。

(1) 对原告所主张的损害的审查。在这一阶段,法官应当细分为几个依次递进的阶段:首先,法官须确定被告主张的损害是否为《国家赔偿法》予以保护的利益所受损害,或者说,是否属于《国家赔偿法》上的损

---

[1] 该司法解释第66条规定:在行政赔偿诉讼中,人民法院主持调解时当事人为达成调解协议而对案件事实的认可,不得在其后的诉讼中作为对其不利的证据。

害。否则,赔偿诉讼就完全没有进行下去的必要;其次,这些损害是否存在。不能证明存在的损害不足以表明有权利义务关系受到侵害,对这一损害赔偿请求没有必要展开诉讼;最后,业已审查证明存在损害到底有几个。这是为了最终确定诉讼中到底要审查几个独立的权利义务关系及其衍生的赔偿义务关系,并确定是否有消灭这些关系的权力责任关系,以免弄错判对象。

(2) 对因果关系要件与被告侵害行为要件的审查。这二者是沟通权利义务关系与赔偿关系的桥梁。不能确定这两者,那么损害就只是纯粹事实,没有法律意义,不能引导权利义务关系转化为赔偿法律关系。反过来说,如果不先审查因果关系就展开对原告所认为的侵权行为的违法性审查,那么诉讼就会给人们这样一种印象:法官已经先入为主、未经审判就认定了侵权行为的存在以及侵权行为与损害之间因果关系的存在,而此后再进行的因果关系审查不过是走过场而已。无疑,诉讼在形式上的合理性就大受损害,被告的诉讼权利也受到了侵害。

(3) 违法性要件审查与作为免责事由的具体行政行为合法性审查。侵害行为违法性审查阶段又分为两个步骤。首先是案件场景中原告、被告之间权利义务关系审查,而后是被告行为的违法性审查。之所以要先确定具体场景中原告、被告是否存在权利义务关系,是因为在被告对原告没有职务注意义务时,即便被告行为对原告造成了损害,被告也无所谓违法。此时若要展开对被告行为的违法性审查,就毫无意义了。在确定被告对原告存在着具体场景中的权利义务关系后,法官才能根据具体情境来确定被告行为是否违法。

3. 行政赔偿诉讼的判决

根据本书在前面《国家赔偿法》第3条对侵权行为违法性的界定和《国家赔偿法》第十三条对赔偿法律关系的界定,行政赔偿诉讼的审判客体其实是侵权行为所致的债权债务关系,所以其审判思路不仅类同于普通民事侵权赔偿诉讼的审判思路,而且其判决应当类同于民事侵权赔偿诉讼判决。

具体说来就是:其一,赔偿诉讼判决主文部分无须对侵权行为的违法性进行确认。侵权行为的违法性是行政赔偿责任的构成要件,是法官判决赔偿时在判决理由部分要解决的问题,而不是赔偿诉讼的审判对象,所以法官只须在判决说理部分确认被诉侵权行为有无违法性即可。其二,赔偿诉讼判决类型只有三种,一是判决驳回赔偿请求;二是判决被告承担部分赔偿责任;三是判决被告承担全部赔偿请求。

(三) 行政附带赔偿诉讼程序

所谓行政附带赔偿诉讼,是指原告在提起行政诉讼的同时,附带提出赔偿请求,从而法院在审理行政诉讼的同时顺带处理赔偿请求。从比较法的角度来看,国外很多国家与地区都存在行政附带赔偿。①

1. 行政附带赔偿诉讼的受理条件

(1) 行政附带赔偿诉讼中的主诉具有独立于赔偿诉讼的价值。除了通过附带的赔偿诉讼获得赔偿外,作为主诉的撤销之诉或确认之诉依然具有独立的价值,原告才能提起行政附带赔偿。换言之,受害人提起附带诉讼主要是因为单独的行政赔偿程序无法实现全面救济,主诉具有赔偿诉讼所不能实现的效果。比如说,当事人既需要撤销停产停业的处罚决定以恢复此前所具有的营业自由这一法律地位,又需要要求行政机关赔偿其停产停业期间的损失。如果提起行政诉讼没有独立意义,那么受害人直接提起行政赔偿诉讼就可以了。比如说当事人被行政拘留,其人身自由已经被侵害,提起撤销诉讼或违法确认之诉已经不能挽回损害,那么在这种情形下再提起这类诉讼是对社会资源的浪费,直接提起行政赔偿诉讼反而是最直接有效的选择。法国即采取这种做法,法国行政法院拒绝受理那些通过撤销判决已经无法挽回损害的行政诉讼请求,要求原告直接提起行政赔偿诉讼。②

(2) 主诉所审判的行为带来了通过撤销无法全面救济的侵害。主诉所针对的行政行为不仅剥夺了公民

---

① "台湾行政诉讼法"第7条;《韩国行政诉讼法》第10条、第28条;《英国民事诉讼规则》第54条第3条第2款。其中,韩国的条款明确规定,只有针对行政处分(即我国的具体行政行为)时,才可以因为关联性的返还不当得利、损害赔偿与恢复原状而合并行政赔偿诉讼。
② 王名扬:《法国行政法》,中国政法大学出版社1988年版,第725页。

原有的权利或自由,而且还造成了其他只能通过赔偿来救济的损害的情况下,附带赔偿诉讼就可能成立。其中的关键在于主诉所针对的具体行政行为造成了需要以不同救济方式加以救济的损害。换言之,导致赔偿的侵害是由主诉所针对的具体行政行为导致的,与该具体行政行为具有直接因果关系。

(3) 主诉所确定的违法性乃实体违法性。主诉所针对的具体行政行为也具有赔偿法上的违法性。当事人提起附带赔偿请求是因为其认为自己的实体性的人身权、财产权被侵犯,其提起诉讼一方面是为了寻求国家赔偿所不能获得的救济——比如撤销无效的行政决定,另一方面也是为了搭上诉讼的便车,从诉讼程序来获得赔偿责任构成中的因果性、违法性要件。也就是说,当事人提起诉讼是获得赔偿的前提和手段,诉讼具有确认损害行为在赔偿法上的因果性、违法性的作用。在这种情况下,如果行政诉讼仅仅是从形式上来审查行政行为的有效性,比如职权方面、主体方面或是程序方面而不是深入调查行政机关据以剥夺、限制受害人人身权、财产权的法律依据和事实依据是否正确充足,那么这种审查不足以确认被诉具体行政行为确实侵犯了受害人的合法权益,就不足以作为附带赔偿请求的解决依据。因此,人民法院在确定是否受理附带赔偿诉讼时,必须考虑其是否要审查具体行政行为在实体上的合法性。如果原告只是基于形式合法性方面的理由来提起主诉,人民法院就不能受理附带赔偿诉讼。

2. 行政附带赔偿诉讼起诉的处理

针对行政相对人提起的行政附带赔偿诉讼,人民法院应当根据不同情形分别采取如下方式来处理:

(1) 当行政诉讼与赔偿诉讼满足行政附带赔偿诉讼的受理条件时,人民法院应当受理赔偿诉讼,并且一并审理、一并判决。

(2) 当行政诉讼与赔偿诉讼不具有附带可能性,或者主诉缺乏提起的意义,当事人通过行政赔偿诉讼就可以获得充分救济的,建议原告经过先行处理程序再提起行政赔偿诉讼;如果原告坚持提起行政赔偿诉讼的,人民法院可以受理行政诉讼,但驳回行政赔偿诉讼,告知附带赔偿诉讼不能成立,当经过先行程序后提起行政赔偿诉讼。

(3) 当行政诉讼与行政赔偿诉讼不具有附带可能性,如果主诉具有独立价值,则应当驳回原告的赔偿诉讼,告知原告附带赔偿诉讼不能成立,当经过先行程序后提起行政赔偿诉讼。

资料

中华人民共和国国家赔偿法修正案(草案)说明(摘录)

国家赔偿法对行政赔偿程序和刑事赔偿程序仅作了原则规定。一些人大代表、地方和部门提出,现行的国家赔偿程序没有明确期限要求、办理程序及方式,缺乏可操作性,建议增加赔偿义务机关、人民法院赔偿委员会办理赔偿请求的程序性规定,促进有关机关依法公正处理赔偿请求,保障赔偿请求人的合法权益。

经同有关部门研究,建议增加以下规定:一是赔偿请求人递交申请书后,赔偿义务机关应当出具加盖本行政机关印章并注明收讫日期的书面凭证(草案第二条);二是赔偿义务机关做出赔偿决定,应当充分听取赔偿请求人的意见,并可以与赔偿请求人就赔偿方式、赔偿项目、赔偿数额依照本法关于赔偿标准的规定进行协商。赔偿义务机关做出不予赔偿决定的,应当书面通知赔偿请求人,并说明不予赔偿的理由(草案第三条、第七条);三是人民法院赔偿委员会处理赔偿请求,采取书面审查的办法。必要时,可以向有关单位和人员调查情况、收集证据。赔偿请求人与赔偿义务机关对损害事实及因果关系有争议的,赔偿委员会可以听取赔偿请求人和赔偿义务机关的陈述和申辩(草案第九条);四是人民法院赔偿委员会应当自收到赔偿申请之日起三个月内做出决定。对于疑难、复杂、重大案件,经本院院长批准,可以延长一个月(草案第十条)。

第五节 行政追偿

案例引导

四川省某市红岩乡农民李某因盗窃他人小四轮拖拉机,被红岩乡政府治安室关押。1994年8月5日晚,关押李某的房门锁被人锯开,李某不知去向。治安室怀疑是李某的弟弟李某某所为,乃于8月29日将李某某带到治安室审查。在当晚审问过程中,乡干部、治安室主任杨某及治安室工作人员兰某、廖某、山某等以李某某态度生硬不招供为由,对李某某刑讯逼供,将李某某打成重伤后,次日将李某某放回。李某某因重伤,其亲属和被告红岩乡政府先后将他送到乡、区、市等多家医院治疗,最后因医治无效,于9月7日死亡。死后经该市公安局法医技术鉴定,受害人李某某的死亡是由于外力作用造成全身广泛性软组织损伤、急性肾功能衰竭所致,冠状动脉粥样硬化及普通性肝炎为辅助死因。李某某之父据此遂向该市人民法院提起行政诉讼,称红岩乡人民政府治安室在无任何证据的情况下怀疑李某某放走李某,并将李某某非法拘禁毒打致死,是违反国家法律的,特请求法院撤销红岩乡政府的上列行政行为,并判决被告赔偿李某某被打致死的赔偿金12万元及原告夫妇的生活费4万元。被告辩称:治安室怀疑李某某放走盗窃拖拉机的李某,带李某某到治安室审查是正确的,审查中因其态度生硬,治安室工作人员采用刑讯逼供手段是不当的,对造成的后果应当赔偿,但原告提出的赔偿数额过高,能否在3万元以内考虑。

人民法院经审理认为,被告某市红岩乡政府治安室的工作人员怀疑原告李某某放走其兄李某对其非法拘禁、刑讯逼供致死的行为,是没有事实依据和法律依据的,是不合法的具体行政行为。原告的诉讼请求应予支持。审理中法院对双方当事人的赔偿部分进行了调解,双方达成协议,由被告赔偿受害人李某某死亡赔偿金及原告夫妇生活费的1/2(另1/2由原告长子李某负担),共计人民币5万元。赔偿调解书另行制作。被告在签收调解书时一次付清。1995年7月12日,该市人民法院做出判决:撤销该市红岩乡人民政府1994年8月29日非法拘禁李某某、刑讯逼供造成严重后果的具体行政行为。判决后原告、被告均未上诉。红岩乡政府赔偿后,依法向4名责任人员对赔偿金额进行了部分追偿,其中对主要责任人员杨某追偿1万元,对其他责任人共同追偿1万元。1995年9月27日,4名责任人员因刑讯逼供罪被判刑。

思考:是否应当对上述责任人进行追偿?

一、行政追偿的性质

行政赔偿的追偿程序是指在代表国家承担行政赔偿责任后,赔偿义务机关责令因故意或重大过失而造成国家赔偿的受委托组织或个人或行政机关工作人员承担部分或者全部国家赔偿费用的程序。对于这一制度的性质,在学术上存在着多种见解,有的学者认为它是基于特别权力关系的内部人事惩戒责任,有的学者认为它是代位求偿责任,还有的学者认为它是公务员应承担的违约责任。

本书认为,将其定位为代位求偿责任更为合理,即该责任是国家代替公务员承担赔偿责任后,公务员所应承担的代位求偿责任。这种见解的基础在于,国家对于一般过错行为独立承担行政赔偿责任,而公务员对重大过错行为独立承担行政赔偿责任。在国家承担全部赔偿责任而公务员却不直接面对求偿人承担行政赔偿责任的情况下,国家等于是在代替重大过错公务员承担代位赔偿责任,由此也就产生了国家向公务员代位求偿的权利。这既符合公务员与国家各自为独立的理性法律主体的预设,又贯彻了现代法制的自负其责原则。如果将其理解为基于特别权力关系理论的人事惩戒权,则无法解释为什么现代行政法制度在普遍确立公务员的执法过错责任同时,又让其承担重大过错赔偿责任。

行政追偿制度具有重要的法治意义。行政侵权行为始终是由具体的公务员作出的,行政职权始终是由具体的公务员行使的,但在赔偿义务机关承担赔偿责任的情况下,公务员实际上是游离在法制轨道之外的。因此,通过追偿制度让公务员承担赔偿责任、通过追偿程序来确定公务员是否为此要承担个人责任,实际上是将公务员纳入了法制轨道,从而实现法治的全面实现。

二、行政追偿的要件与标准

(一) 行政机关行使行政追偿权的要件

其一,行政机关工作人员以及受委托的组织或个人在做出侵权行为时,在主观上有故意或者重大过失。所谓故意,是指致害的行政机关工作人员以及受委托的组织或个人在行使行政职权执行行政职务时,明知自己的行为会给行政相对人的合法权益造成侵权损害,却仍然希望或者放任这种损害结果发生的主观心理态度。所谓重大过失,通说认为是指行政机关的工作人员以及受委托的组织或个人在行使行政职权执行公务时,不但没有达到与其身份或职务上的特别要求相符的能力表现,而且没有达到普通公民水平与能力所能达到的标准。

其二,赔偿义务机关已经向赔偿请求人,即受到损害的公民、法人或其他组织支付了赔偿金。如前所述,行政追偿的性质是代位求偿权,因此只有在行政机关向受害人履行了赔偿义务之后,这种代位债权才能现实的产生。因此,只有在赔偿义务机关根据行政赔偿协议书、决定书或人民法院依法做出的已经发生法律效力的判决、裁定或调解书履行行政赔偿义务后,才能行使行政追偿权。

(二) 行政追偿的标准

根据《国家赔偿法》第16条的规定,赔偿义务机关应自行决定被追偿主体是承担全部还是部分赔偿金额。但如何确定追偿金额的比例,该条款语焉不详。我们认为,首先要确定赔偿金额的数量,因为赔偿金额是追偿金额的基础。追偿金额的确定,应以赔偿义务机关支付的损害赔偿金额(包括恢复原状、返还财产及其他赔偿方式的所需费用)为限。在行政赔偿案件处理过程中,赔偿义务机关所支付的办案经费(包括诉讼费用、律师费用等)应当从行政机关的行政经费中支付,而不应列入追偿范围。如果请求权人放弃部分请求权,而赔偿义务机关也减少给付的,减少的部分不能追偿;如果请求权人放弃全部请求权,而赔偿义务机关全部未给付的,不能追偿。如果赔偿义务机关因为自己的过错而支付了过多的赔偿金时,对超额部分无权追偿。

基于追偿制度的法治功能与对公务员的保护,追偿金额的确定应该依序考虑以下因素:①主观恶性程度。具有故意情节的公务员要比具有重大过失情节的公务员多承担赔偿金额;②侵权严重性程度。侵权后果越重,对他人伤害越大,就越应该多承担赔偿金额;③公务员平素表现。平素表现好的少承担,平素表现不好的多承担;④公务员个人经济状况。经济状况好的多承担,经济状况不好的少承担。

三、行政追偿的程序

追偿权乃代位求偿债权,并非人事惩戒权,所以不能基于所谓的人事管理逻辑单方面责令被追偿的公务员或被委托的机关承担追偿责任,只能是基于民事法律关系的逻辑、基于债权逻辑要求被追偿人承担追偿责任。《国家赔偿法》第16条所言的"责令",并不具单方命令的意义。即使抛开追偿权的代位逻辑不谈,从被追偿主体包含被委托组织或者个人我们也可以明确这一点。即被委托组织与个人与行政机关并无隶属关系,行政机关基于何种逻辑能够责令其承担追偿责任?与被委托组织与个人并列为被追偿人的公务员,也同样不能够被单方责令承担追偿责任。因此,在法理上,如果被追偿的公务员不服行政机关的追偿决定,行政机关只能通过司法程序来求偿。

行政机关在运用追偿制度时,不要拘泥于赔偿金额确定后的追偿,而要灵活实施追偿,将追偿中的重大过错认定环节提前,将追偿程序与赔偿程序结合起来,利用赔偿程序来认定重大过错,从而达到既解决赔偿纠纷又教育公务员的效果。具体而言,在先行程序中,赔偿义务机关应该通知关联公务员参与此程序,在受害人、行政机关和公务员三方的讨论、协商中确定是非曲直,有无重大过错。当然,公务员不认可自己有重大过错不否定赔偿义务机关赔偿责任的成立,也不能阻碍赔偿程序的顺利进行;在赔偿诉讼程序中,赔偿义务机关可以要求关联公务员参与程序,通过法庭的辩驳对公务员进行法制教育,并要求法院在确定有无赔偿责任的同时顺带确定公务员有无重大过错。应该说,这并不会影响庭审的效率,也没有偏离庭审的中心,因为在行政赔偿中,对违法的确定其实就是对公务员有无过错的认定。当然,公务员具有抗辩的诉讼权利。

公务员不能拒绝参与赔偿程序。赔偿义务机关有权责令公务员参与,这种责令参与,本身就是责令公务员承担金钱责任的权力的一部分,因此公务员必须参与赔偿程序就像公务员必须参与追偿程序一样。对不参加行政赔偿程序的被追偿人,可以考虑不再给予他们以后对行政追偿机关的追偿决定的异议权,以激励他们参与赔偿程序。但是,公务员有权拒绝在赔偿决定做出之前拒绝确定追偿金额。同时,因为追偿制度体现着公务员被作为独立的法律责任主体,是与国家并列的公务赔偿责任主体,在法律人格上独立于行政机关,而不是作为国家机关的组织出现,因此,赔偿义务机关在追偿后可以责令公务员缴纳赔偿金,但不能通过强制手段来划拨赔偿金,其单方面决定的赔偿金数额对被追偿公务员没有法律效力。简言之,在追偿关系中,赔偿义务机关的确是在行使其代位求偿权,它只能通过诉讼的方式来强制实现其权利请求。当然,司法机关应当尊重但不需要服从赔偿义务机关所确定的追偿金额。

本 章 小 结

行政赔偿责任是行政机关及其公务员在行使职权时因违背对公民权利注意或照顾义务时所要承担的责任。这一责任是公民与行政机关及其公务员之间原本的权利义务关系被破坏后的弥补性责任,也具有惩戒性质,体现了权利对行政的规范。为了合理分配责任,在平衡其他价值的基础上,不同国家采取了不同的行政赔偿制度。基于行政赔偿责任的法律关系,行政赔偿责任的构成要件和一般侵权法的构成要件并无区别,同样由损害、行为、因果关系与违法性四个要素构成,区别之处在于侵权主体上的不同。行政赔偿上的违法与具体行政行为的违法具有根本的不同。除此之外,行政赔偿制度在实施程序上独具特色,主要体现为强制性的行政赔偿先行处理程序,即求偿人先向赔偿义务机关求偿未果后,才能提起行政赔偿诉讼程序。先行处理程序绝非具体行政行为的程序,只是基于债权债务关系的协商程序,行政机关除了有优先于司法程序处理赔偿请求的程序上特权外,并无其他任何实体与程序上的特权。在行政机关履行赔偿责任,应当启动追偿程序,来审查做出侵权行为的公务员是否具有重大过错,进而决定是否向其追偿。

案 例 分 析

王某是开封市金属回收公司的下岗工人,现在中牟县某村开办一个养猪场。2001年9月27日上午,王某借用村民张某、王甲、王乙的小四轮车拖拉机,装载31头生猪,准备开到开封贸易事业公司所设立的收猪点销售。路上,遇到中牟县交通局的工作人员查车,经检查,县交通局的工作人员以没有缴纳养路费为由,向张某、王甲、王乙3人送达了暂扣车辆凭证,然后将装生猪的3辆两轮车拖斗摘下,放在某村村南,驾驶3台小四轮车离去。卸下的两轮拖斗车失去车头支撑后,成45°角倾斜。拖斗内的生猪站立不稳,往一侧挤压,当场因挤压受热死亡两头。王某通过马某的帮助,才将剩下的29头生猪转移到收猪车上。29头生猪运抵开封时,又死亡13头。同年11月22日,王某向县交通局申请赔偿,遭到拒绝,遂提起诉讼,请求法院判决县交通局赔偿生猪死亡损失10 500元,交通费损失1 700元。

问题:公民可以就行政主体的哪些违法行政行为造成的损失要求赔偿?

复习思考

1. 简述行政赔偿责任的性质。
2. 简述比较法上行政赔偿制度的种类。
3. 简述行政赔偿的要件。
4. 试述行政赔偿的先行处理程序。
5. 试述行政赔偿诉讼程序的构造。
6. 试述行政追偿制度的性质与实施程序。

参考文献

一、著作类

[1] 胡锦光.宪法学原理与案例教程.北京:中国人民大学出版社,2009.

[2] 周叶中.宪法.2版.北京:高等教育出版社,2011.

[3] 张千帆.宪法学.北京:法律出版社,2014.

[4] 亚里士多德.政治学.吴寿彭,译.北京:商务印书馆,1965.

[5] [法]孟德斯鸠.论法的精神(上册).张雁深,译.北京:商务印书馆,1961.

[6] 许崇德.宪法.4版.北京:中国人民大学出版社,2009.

[7] [英]洛克.政府论(下篇).叶启芳,瞿菊农,译.北京:商务印书馆,1997.

[8] 张千帆.宪法学讲义.北京:北京大学出版社,2011.

[9] [美]富勒.法律的道德性.郑戈,译.北京:商务印书馆,2005.

[10] 徐显明.公民权利义务通论.北京:群众出版社,1991.

[11] 胡锦光,韩大元.中国宪法.北京:法律出版社,2004.

[12] 韩大元.比较宪法.2版.北京:高等教育出版社,2008.

[13] 林来梵.从宪法规范到规范宪法.北京:法律出版社,2001.

[14] 牛津法律大辞典.北京:光明日报出版社,1988.

[15] [英]米尔恩.人的权利与人的多样性——人权哲学.夏勇,张志铭,译.北京:中国大百科全书出版社,1995.

[16] 法治斌,董保城.宪法新论.台北:元照出版有限公司,2004.

[17] 央视名栏目评说"男体盛".江南时报,2005-09-24,14.

[18] 韩大元,林来梵,郑贤君.宪法专题研究.北京:中国人民大学出版社,2004.

[19] [美]德沃金.认真对待权利.信春鹰,吴玉章,译.北京:中国大百科全书出版社,1995.

[20] 陈新民.平等原则拘束行政权的问题——论"不法平等".载台湾行政法学会.行政法争议问题研究(上).台北:五南图书出版公司,2000.

[21] 吴家麟.宪法学.北京:群众出版社,1983.

[22] 许崇德.宪法学(修订本).北京:中国人民大学出版社,1996.

[23] 韩大元.宪法学.北京:高等教育出版社,2006.

[24] 何华辉.比较宪法学.武汉:武汉大学出版社,1988.

[25] [日]大须贺明.生存权论.林浩,译.北京:法律出版社,2001.

[26] 谢鹏程.公民的基本权利.北京:中国社会科学出版社,1999.

[27] [日]小林直树.宪法讲义(新版)(上).转引自韩大元,林来梵,郑贤君.宪法专题研究.北京:中国人民大学出版社,2004.

[28] [英]布莱斯.现代民主政体.张慰慈,译.长春:吉林人民出版社,2001.

[29] 张千帆.西方宪政体系(上册).北京:中国政法大学出版社,2000.

[30] 王世杰,钱端升.比较宪法.北京:中国政法大学出版社,1997.

[31] 谢瑞智.宪法新论.台北:文笙书局,1999.

[32] 周伟.宪法基本权利.北京:法律出版社,2006.

[33] 蒋兆康.迁徙自由——它的意义、历史:一种以《国际人权法案》为蓝本的比较研究.宪法比较研究文集.

北京:中国民主法制出版社,1993.

[34] [日] 芦部信喜.宪法.3 版.林来梵,等,译.北京:北京大学出版社,2006.

[35] [瑞典] 格德门得尔·阿尔弗雷德松,[挪威] 阿斯布左恩·艾德.世界人权宣言:努力实现的共同标准.中国人权研究会,译.成都:四川人民出版社,2000.

[36] [英] 雪莱.雪莱政治论文选.杨熙龄,译.北京:商务印书馆,1981.

[37] 周叶中.宪法.北京:高等教育出版社,北京大学出版社,2000.

[38] 许崇德.中国宪法.北京:中国人民大学出版社,1996.

[39] 甄树青.论表达自由.北京:社会科学文献出版社,2000.

[40] [德] 黑格尔.哲学史讲演录(第一卷).贺麟,王太庆,译.北京:商务印书馆,1978.

[41] [英] J.B. 伯里.思想自由史.宋桂煌,译.长春:吉林人民出版社,1999.

[42] 中国人权百科全书.北京:中国人权百科全书出版社,1998.

[43] [英] 休谟.人类理智研究.吕大吉,译.北京:商务印书馆,1999.

[44] [英] 弗洛姆.为自己的人.孙依依,译.北京:三联书店,1988.

[45] 简明不列颠百科全书.中国大百科全书出版社,1996.

[46] 金耀基.大学之理念.北京:三联书店,2001.

[47] 邹喻,顾明.法学大辞典.上海:上海辞书出版社,1998.

[48] 李步云.人权法学.北京:高等教育出版社,2005.

[49] [美] 杰克·唐纳利.普遍人权的理论与实践.王浦,等,译.北京:中国社会科学出版社,2001.

[50] 王家福,刘海年.中国人权百科全书.北京:中国大百科全书出版社,1998.

[51] [英] A.J.M. 米尔恩.人的权利与人的多样性.夏勇,张志铭,译.北京:中国大百科全书出版社,1995.

[52] 梅夏英.财产权构造的基础分析.北京:人民法院出版社,2002.

[53] 李步云.宪法比较研究.北京:法律出版社,1998.

[54] 韩德培,李龙.人权的理论与实践.武汉:武汉大学出版社,1995.

[55] 关怀.劳动法学.北京:群众出版社,1985.

[56] 刘海年.经济社会和文化权利国际公约研究.北京:中国法制出版社,2000.

[57] [德] 路德维希·艾哈德.大众的福利.武汉:武汉大学出版社,1995.

[58] 徐放鸣,路和平,朱青.社会保障初论.北京:中国财经出版社,1990.

[59] 郭崇德.社会保障学概论.北京:北京大学出版社,1992.

[60] 葛寿昌.社会保障经济学.上海:复旦大学出版社,1990.

[61] 张慧平.论社会保障权.杨海坤.宪法基本理论新论.北京:北京大学出版社,2004.

[62] 梁宪初,冉永萍.社会保险.台北:五南图书出版公司,2000.

[63] 张文显.法理学(第三版).北京:高等教育出版社,2007.

[64] 季卫东.法治秩序的建构.北京:中国政法大学出版社,1999.

[65] [日] 谷口安平.程序的正义与诉讼.王亚新,刘荣军,译.北京:中国政法大学出版社,1996.

[66] [美] 约翰逊.走向司法平等.载宫晓冰.各国法律援助理论研究.北京:中国方正出版社,1999.

[67] 刘荣军.程序保障的理论视角.北京:法律出版社,1999.

[68] 马克思恩格斯选集(第3卷).北京:人民出版社,1995.

[69] 列宁选集(第4卷).北京:人民出版社,1995.

[70] [英] 密尔.代议制政府.汪瑄,译.北京:商务印书馆,1982.

[71] 张千帆.宪法学导论——原理与应用.北京:法律出版社,2014.

[72] 马克思恩格斯全集(第19卷).北京:人民出版社,1963.

[73] 韩大元.中国宪法事例研究(三).北京:法律出版社,2009.

[74] 胡弘弘,马红军.宪法同步辅导与案例集.武汉:武汉大学出版社,2010.

[75] 谢振民．中华民国立法史(上册).张知本,校订．北京:中国政法大学出版社,2000.
[76] 周旺生.立法学.2版.北京:法律出版社,2009.
[77] [法]孟德斯鸠.论法的精神(上册).北京:商务印书馆,1982.
[78] 姚岳绒.立法过程中公众参与问题研究.载徐向华．新时期中国立法反思.上海:学林出版社,2004.
[79] [美] D. B. 杜鲁门.政治过程——政治利益与公共舆论.陈尧,译．天津:天津人民出版社,2005.
[80] 周振鹤.外重内轻还是内重外轻?——中央地方关系变迁研究.载学说中国.南昌:江西教育出版社,1999.
[81] [英]弗里德里希·冯·哈耶克.法律、立法与自由(第一卷).邓正来,等,译．北京:中国大百科全书出版社,2000.
[82] 陈颐.立法主权与近代国家的建构——以近代早期法国法律为中心.北京:法律出版社,2008.
[83] [法]卢梭.社会契约论.3版.何兆武,译．北京:商务印书馆,2003.
[84] 金太军,赵晖,等.中央与地方政府关系建构与调谐.广州:广东人民出版社,2005.
[85] 苏力.道路通向城市——转型中国的法治.北京:法律出版社,2004.
[86] 徐向华.中国立法关系论.杭州:浙江人民出版社,1999.
[87] 汪全胜.制度设计与立法公正.济南:山东人民出版社,2005.
[88] 封丽霞.中央与地方立法关系法治化研究.北京:北京大学出版社,2008.
[89] 崔卓兰,于立深,等.地方立法实证研究.北京:知识产权出版社,2007.
[90] 唐燕.德国大都市地区的区域治理与协作(序).北京:中国建筑工业出版社,2011.
[91] 叶必丰.行政法与行政诉讼法.3版.武汉:武汉大学出版社,2008.
[92] 王周户.行政法学.北京:中国政法大学出版社,2011.
[93] 马怀德.行政法学.北京:中国政法大学出版社,2009.
[94] 杨海坤,章志远.中国行政法原论.北京:中国人民大学出版社,2007.
[95] [英]威廉·威廉.行政法.徐炳,等,译．北京:中国大百科全书出版社,1997.
[96] 胡建淼.比较行政法——20国行政法评述.北京:法律出版社,1998.
[97] 姜明安.行政法与行政诉讼法.5版.北京:北京大学出版社,高等教育出版社,2011.
[98] [日]南博方.日本行政法.杨建顺,周作彩,译．北京:中国人民大学出版社,1988.
[99] [日]室井力.日本现代行政法.吴薇,译．北京:中国政法大学出版社,1995.
[100] 周佑勇.行政法基本原则研究.武汉:武汉大学出版社,2005.
[101] 王名扬.美国行政法.北京:中国法制出版社,1995.
[102] 章志远.行政法学总论.北京:北京大学出版社,2014.
[103] 钱锦宇.行政法与行政诉讼法.武汉:华中科技大学出版社,2015.
[104] 王岷灿.行政法概要.北京:法律出版社,1983.
[105] [日]杉村敏正.论行政处分的公定力.载城仲模.行政法之基础理论.台北:台湾三民书局,1988.
[106] 胡建淼.行政法学概要.杭州:浙江工商大学出版社,2012.
[107] [美]加布里埃尔·A.阿尔蒙德、小G.宾厄姆·鲍威尔.比较政治学——体系、过程和政策.曹沛霖,等,译．上海:东方出版社,2007.
[108] 刘莘.法治政府与行政决策、行政立法.北京:北京大学出版社,2006.
[109] 吴浩,李向东.国外规制影响分析制度.北京:中国法制出版社,2010.
[110] [美] O. C. 麦克斯怀特.公共行政的合法性——一种话语分析.吴琼,译．北京:中国人民大学出版社,2002.
[111] [美]科尼利厄斯·M·克温.规则制定——政府部门如何制定法规与政策.刘王景,张辉,丁洁,译．上海:复旦大学出版社,2007.
[112] 卓越.比较政府与政治.北京:中国人民大学出版社,2004.

[113] 汪全胜,等.立法后评估研究.北京:人民出版社,2012.
[114] [英]珍妮·斯蒂尔.风险与法律理论.韩永强,译.北京:中国政法大学出版社,2012.
[115] [美]霍菲尔德.基本法律概念.张树友,译.北京:中国法制出版社,2009.
[116] 甘文.行政诉讼法司法解释之评论.北京:中国法制出版社,2000.
[117] 袁杰.中华人民共和国行政诉讼法解读.北京:中国法制出版社,2014.
[118] 叶自强.民事证据研究.北京:法律出版社,2002.
[119] 宋随军,梁凤云.行政诉讼证据案例与评析.北京:人民法学出版社,2005.
[120] 陈国栋.法律关系视角下的行政赔偿诉讼.北京:中国法制出版社,2015.
[121] 江必新.国家赔偿法原理.北京:中国人民公安大学出版社,1994.
[122] [法]让·里维罗,让·瓦利纳.法国行政法.鲁仁,译.北京:商务印书馆,2008.
[123] [美]切斯特J·安提奥.公务员的豁免权与侵权责任.苌宏亮,译.北京:中国社会科学出版社,1996.
[124] 张俊浩.民法学原理.北京:中国政法大学出版社,1998.
[125] 马怀德.国家赔偿法的理论与实务.北京:中国法制出版社,1994.
[126] 王名扬.法国行政法.北京:中国政法大学出版社,1988.

二、论文类

[1] 李龙,周叶中.宪法学基本范畴简论.中国法学,1996(6).
[2] 夏正林.从基本权利到宪法权利.法学研究,2007(6).
[3] 张翔.基本权利的双重性质.法学研究,2005(3).
[4] 刚威.谈全民公决问题.云南行政学院学报,1999(3).
[5] 朱福惠.论迁徙自由.四川师范大学学报(社会科学版),2001(3).
[6] 岳智明.我国宪法应恢复迁徙自由.河南社会科学,1999(4).
[7] 付建明.人权保障的两个基本理论问题探讨.中共四川省委党校学报,2005(1).
[8] 徐显明.生存权论.中国社会科学,1992(5).
[9] 李累.论宪法限制财产权的两种形式.学术研究,2001(8).
[10] 于恒魁,王玉兰.论完善保护私人财产的法律制度.学习论坛,2003(5).
[11] 曹永军.私人财产权宪法保障的法理学思考.法学理论前沿论坛,(第三卷).
[12] 王锴.中国宪法与私有财产保护的完善.法苑,2003(10).
[13] 沈同仙.劳动权探析.法学,1997(8).
[14] 莫纪宏.论人权的司法救济.法商研究,2000(5).
[15] 苗连营.公民司法救济权的入宪问题之研究.中国法学,2004(5).
[16] 陈瑞华.司法权的性质——以刑事司法为范例的分析.法学研究,2000(5).
[17] 范进学.美国宪法解释"麦迪逊两难"之消解.法律科学(西北政法学院学报),2006(6).
[18] 朱久伟.论公民立法参与制度的原则与地位.华东政法学院学报,1999(3).
[19] 封丽霞.中央与地方立法权限的划分标准:"重要程度"还是"影响范围"?.法制与社会发展,2008(5).
[20] 崔卓兰,赵静波.中央与地方立法权力关系的变迁.吉林大学社会科学学报,2004(2).
[21] 陈光.论区域发展促进立法的实施效果评估与反思——以《辽宁沿海经济带发展促进条例》为例.河南财经政法大学学报,2015(4).
[22] 高积顺.德国磨房主人状告皇帝案透析——兼与中国法律史相比较.环球法律评论,2005(4).
[23] 夏红焰.行政裁决的效力分析——以一起房屋拆迁案为例.110法律咨询网.
[24] 周学锋.地方各级权力机关重大事项决定权落实相关问题探讨.河南司法警官职业学院学报,2003(4).
[25] 徐秀霞.建立和完善法治化的行政决策机制.长白学刊,2007(6).
[26] 成伯清."风险社会"视角下的社会问题.南京大学学报(哲学·人文科学·社会科学),2007(2).

[27] 张成福,谢一帆.风险社会及其有效治理的战略.中国人民大学学报,2009(5).

[28] 贝克,邓正来,沈国麟.风险社会与中国——与德国社会学家乌尔里希·贝克的对话.社会学研究,2010(5).

[29] 管斌.商业银行法律风险的产生及其规制——以英国北岩银行危机为分析蓝本.法商研究,2012(5).

[30] 李伯侨,陈耿宇.地方政府融资平台融资法律风险研究——以商业银行贷款为视角.兰州学刊,2013(8).

[31] 文川.新型工业化新型城镇化进程中地方政府面临的法律风险及对策.西华大学学报(哲学社会科学版),2014(4).

[32] 柴丽.法治视角下地方政府公共管理法律风险防控体系的构建研究.才智,2014(9).

[33] 宋华琳.风险规制与行政法学原理的转型.国家行政学院学报,2007(4).

[34] 杜宝国,陈欢欢.我国现行行政复议体制的缺陷分析.法学研究,2004(2).

[35] 胡建淼.中国行政诉讼范围的演变和趋向.政法论坛,2005(5).